SHAWAN YEARBOOK 2019

沙湾年鉴

（2019）

沙湾年鉴编纂委员会　编

方志出版社
Publishing House of Local Records

图书在版编目（CIP）数据

沙湾年鉴．2019 / 沙湾年鉴编纂委员会编．-- 北京：方志出版社，2021.9

ISBN 978-7-5144-4849-8

Ⅰ. ①沙… Ⅱ. ①沙… Ⅲ. ①沙湾县—2019—年鉴 Ⅳ. ① Z524.54

中国版本图书馆 CIP 数据核字（2021）第 242508 号

沙湾年鉴（2019）

编　　者：沙湾年鉴编纂委员会
责任编辑：张　颢

出 版 者：方志出版社
地址　北京市朝阳区潘家园东里 9 号（国家方志馆 4 层）
邮编　100021
网址　http://www.zgfzcb.cn
发　　行：方志出版社图书经销中心
电话　（010）67110500
经　　销：各地新华书店
排　　版：北京纺印图文设计制作有限公司
印　　刷：北京中科印刷有限公司

开　　本：889mm × 1194mm　1/16
印　　张：22.5
字　　数：600 千字
版　　次：2021 年 9 月第 1 版　2021 年 9 月第 1 次印刷

ISBN 978-7-5144-4849-8　定价：260.00 元

序

贫困问题一直是困扰人类社会发展的重大问题。中国作为世界上最大的发展中国家，为解决贫困问题进行了长期不懈的努力。改革开放以来，特别是党的十八大以来，以习近平同志为核心的党中央把脱贫攻坚作为全面建成小康社会的底线任务和标志性指标，纳入“五位一体”总体布局和“四个全面”战略布局，以前所未有的力度推进精准扶贫、精准脱贫，扶贫开发成就举世瞩目，显著改善了贫困地区和贫困群众生产生活条件，具有重大的现实意义和深远的历史意义。身处中华民族几千年发展历史上将首次整体消除绝对贫困现象的伟大时代，如何更好地发挥地方志的存史、育人、资政的作用，是新时代全国地方志系统必须深入研究和着力解决的重大课题。

党的十八大以来，在党中央国务院的正确领导下，全国地方志系统深入学习贯彻习近平新时代中国特色社会主义思想，紧紧围绕党和国家事业发展需要，深入推进地方志改革创新发展，凝心聚力，稳扎稳打，勇于担当，主动作为，全国地方志形势和地方志工作者的精神面貌发生了深刻变化，取得了优异成绩。其中，为贯彻落实《全国地方志事业发展规划纲要（2015—2020 年）》，经中国地方志指导小组领导批准，中国地方志指导小组办公室于 2015 年、2017 年先后启动民族地区与贫困地区志书、年鉴出版资助工程（以下简称“志鉴出版资助工程”），对国家级贫困县（区、旗、县级市），中西部地区、少数民族边疆地区面临出版经费困难的志书和综合年鉴给予出版资助。实施志鉴出版资助工程是紧扣时代脉搏、坚持创新发展、传承弘扬中华优秀传统文化的一项创举，不仅有力推动了“两全目标”的实现，而且数十部资助出版的志书、年鉴及时记述了民族地区与贫困地区在全面建成小康社会伟大征程中取得的新成绩和新经验、出现的新情况和新问题、涌现的优秀人物和典型事迹，留住地方文化的“根”和“魂”，为这些地区的经济社会发展、地域文化传播、爱国主义教育、精神文明建设等提供了历史借鉴和智力支持，对全面提升民族地区与贫困地区文化建设水平、确保民族地区与贫困地区和全国其他地区同步全面建成小康社会具有重要意义。

尤为可喜的是，志鉴出版资助工程促成了一批扶贫志书的编纂出版，在文化脱贫攻坚中发挥了独特的作用。例如，《贵州省减贫志》全面系统客观记述了从 1978

年至2015年贵州省扶贫、减贫工作的历程及取得的经验，为贵州省实施大扶贫战略提供了有力的资政辅治参考，集中体现了地方志工作因时而动、顺势而为的新作为。前不久，由福建省地方志编委会和人民网共同编纂的《闽宁扶贫协作图志》，是全国首部扶贫协作图志，图文并茂、直观立体、全方位地展现闽宁扶贫协作波澜壮阔的历程，弘扬“闽宁一家亲”“携手奔小康”的深厚情谊和滴水穿石、久久为功的精神，是贯彻落实习近平总书记扶贫工作重要论述精神，服务国家精准扶贫、精准脱贫战略的有力举措。希望各地以此为鉴，编纂出版更多、更好的扶贫志书、年鉴，助力国家精准扶贫、精准脱贫战略的实施，充分展现地方志的独特价值和作用。

当前，我国脱贫攻坚已进入全面决战决胜的关键时期，尚未脱贫的贫困地区集中分布在中西部深山区、极端干旱山区、高寒阴湿地区等，文化建设还比较薄弱，文化产品还不够丰富，文化精品更是少之甚少。同时，这些地区往往是民族文化、历史文化、红色文化、生态文化富集区，具有发展文化旅游、推进文化扶贫的巨大潜在优势，也是繁荣发展地方志事业的巨大文化宝库。要发挥好文化扶贫凝聚人心的优势，善于利用方志文化优势为贫困地区“赋能”，在脱贫攻坚中做出方志人应有的贡献。要发挥好中国名镇志文化工程、中国名村志文化工程的引领作用，大力加强乡镇村志编纂，让百姓记得起乡情、记得住乡愁，凝聚贫困乡镇村庄的强大民心，补齐贫困乡镇村庄的文化短板，以“扶智”的方式“扶志”，践行习近平总书记强调的“扶贫先扶志，扶贫必扶智”的重要理念。

求木之长者，必固其根本；欲流之远者，必浚其泉源。扶贫扶起的是志气骨气，传承的是家国情怀，守护的是绿水青山。扶贫既要富口袋，也要富脑袋。必须坚持文化脱贫和物质脱贫两手抓，筑牢贫困地区文化之基，补足信仰精神之钙，引领脱贫发展之舵。全国地方志系统要围绕中心、服务大局，坚决投入脱贫攻坚这场必须打赢的硬仗，积极参与脱贫攻坚战，发挥优势和特长，深入挖掘文化资源，着力补齐文化短板，努力帮助民族地区与贫困地区的文化建设实现较大的发展提升，在全面建成小康社会、实现中华民族伟大复兴中国梦的征程中贡献方志人的力量。

是为序。

中国社会科学院院长
中国地方志指导小组组长　谢伏瞻

民族地区与贫困地区年鉴出版资助工程领导小组

组　　　长：高　翔

常务副组长：冀祥德

副　组　长：高京斋　邱新立

民族地区与贫困地区年鉴出版资助工程领导小组办公室

主　　　任：冀祥德

副　主　任：邱新立

成　　　员：于伟平　刘永强　冷晓玲　李　静

《沙湾年鉴》编纂委员会

主　　任：李永翔

副 主 任：李　艳

委　　员：霍峰辉　袁金鹏　李　芳　张建辉　廖海龙　宋鸿飞
单新生　韩振激　王金海　李　坚　赵春林　丁志毅
王立军　高西京　冯　锐

《沙湾年鉴（2019）》编辑人员

主　　编：单新生

副 主 编：李红涛

编　　校：李　琪　沙亚·巴德什　张翔宇

编辑说明

一、《沙湾年鉴》是以马克思列宁主义、毛泽东思想、邓小平理论、“三个代表”重要思想、科学发展观、习近平新时代中国特色社会主义思想为指导，坚持辩证唯物主义和历史唯物主义的立场、观点和方法，由沙湾县委、县人民政府主办的地方综合性年鉴。

二、《沙湾年鉴（2019）》收载2018年沙湾县经济和社会发展的基本情况，是信息密集、资料权威的工具书。它旨在反映沙湾县2018年度物质文明、政治文明、精神文明和生态文明的建设成果，为认识、研究、开发、建设沙湾提供翔实资料和历史借鉴，为科学决策、指导工作提供可靠依据，为读者提供多种信息服务，为编史修志积累宝贵资料。注重从人物、事件入手记载历史，力争为不同级别、不同部门、不同读者展现沙湾发展的全貌，使之成为了解沙湾的窗口、服务沙湾的指南、开创事业的钥匙、建功立业的平台。

三、《沙湾年鉴（2019）》设26个部类，依次为：（1）特载；（2）大事记；（3）沙湾概览；（4）中国共产党沙湾县委员会；（5）沙湾县人民代表大会；（6）沙湾县人民政府；（7）中国人民政治协商会议沙湾县委员会；（8）纪检监察；（9）群众团体；（10）法治；（11）军事；（12）农业；（13）工业；（14）商贸；（15）经济管理与监督；（16）财政　税务；（17）金融；（18）交通运输　通信；（19）城乡建设；（20）环保　气象　地震；（21）文化旅游　自然资源　档案；（22）社会生活；（23）教育和科学技术；（24）卫生；（25）乡（镇、场）；（26）附录。

四、本年鉴以部类为单元，由分目和条目组成。

五、本年鉴采用的资料由各部门（单位）撰稿人提供，经部门（单位）领导审核签名并加盖单位公章。个别缺漏资料是因部门（单位）没有提供所致。

六、本年鉴的综合资料、数据，一般截至2018年年底。为了实际需要，也有跨年度记事情况。因统计口径等原因，有关部门所用个别数据与统计资料不尽一致，采用时请以统计资料为准。

沙湾县行政区划图

注：此图不作为行政划界依据。

新疆维吾尔自治区第二测绘院编制　审图号：新S(2020)001号

数字沙湾

面积：13110 平方千米
镇：9 个
乡：3 个
社区：14 个
县属人口：202460 人
男性：101642 人
女性：100818 人
年平均气温：7.9℃
年降水总量：235 毫米
年日照时数：2708.1 小时
野生动物：293 种
县域生产总值：1343300 万元
第一产业增加值：568524 万元
第二产业增加值：350281 万元
第三产业增加值：424495 万元
农业机械总动力：72.76 万千瓦
农作物总播种面积：154454.9 公顷
粮食作物播种面积：25749.5 公顷
棉花播种面积：12032.3 公顷
甜菜产量：43969 吨
油料产量：308 吨
蔬菜产量：317019 吨
植树造林：876 公顷
畜牧业总产值：172189 万元
牲畜存栏：45.7 万头（只）
牛奶产量：25278.5 吨
羊毛产量：574.3 吨
禽蛋产量：2188 吨
工业增加值：139405 万元
原煤产量：1938660 吨
发电量：12733 万千瓦时
食用植物油产量：64361 吨
棉纱产量：56666 吨
建筑业产值：108000 万元
房屋施工面积：490000 平方米
接待游客（过夜）：165.84 万人次
旅游收入：153600 万元
交通运输业货运量：2934 万吨
交通运输业客运量：1962 万人
邮政业务总量：2309.1 万元
固定电话用户：46950 户
移动电话用户：75890 户
互联网用户：49520 户
全社会固定资产投资：302000 万元
社会消费品零售总额：212804.3 万元
城市消费品零售总额：163289.5 万元
农村消费品零售总额：49514.8 万元
金融机构各项存款余额：1096575 万元
金融机构各项贷款余额：794218 万元
农牧民人均可支配收入：18568 元
基本医疗保险参保人数：26123 人
工伤保险参保人数：13725 人
生育保险参保人数：15311 人
失业保险参保人数：13608 人
居民社会基本医疗保险参保人数：158226 人
各级各类学校：86 所
年末全县在校学生数：31784 人
全年通过各种途径实现城镇新增就业人数：6150 人
卫生机构：270 家
医疗病床：859 张
卫生专业技术人员：1358 人

2019 年 1 月 9 日，中共沙湾县委十二届四次全委（扩大）会议召开

2018 年 1 月 18 日，沙湾县第十六届人民代表大会第三次会议召开

2018 年 5 月 7 日，沙湾县第十二届纪律检查委员会第三次全体会议召开

2018 年 12 月 14 日，沙湾县各族各界妇女代表传达学习中国妇女第十二次全国代表大会　自治区九届六次全委会精神暨集体发声亮剑大会

重大活动

2018 年 1 月 10 日，沙湾县公安局以“110，守护新时代美好生活”为主题，开展第三十二个“110 宣传日”活动

2018 年 9 月 9 日，沙湾县召开庆祝第三十四个教师节表彰大会

2018 年 9 月 14 日，辽宁公安援塔文艺慰问首场会演在沙湾县举行

2018 年 10 月 17 日，沙湾县委老干部局开展“九九重阳节　浓浓敬老情”联谊活动

2018 年 2 月 6 日，沙湾县委宣传部组织举办“新时代　新征程　新作为”党的十九大精神知识竞赛

2018 年 11 月 8 日，沙湾县组织开展“党纪印我心”知识竞赛

2018 年 5 月，沙湾县林业局组织灭虫作业

2018 年 9 月，沙湾县东湾镇农民种植玉米喜获丰收

2018 年 2 月，沙湾县在影剧院举办春节联欢晚会

2018 年 5 月 12 日，沙湾县 2018 年中小学生田径运动会在沙湾第五中学举行

2018 年 6 月 17 日，在哈拉干德工业园区，天舜众鑫组织沙湾县生产安全事故综合应急演练

2018 年 9 月 26 日，沙湾县总工会在信泰纺织公司组织开展第六届职工技能大赛（纺织技能大赛）

目　录

特　载

凝心聚力　攻坚克难　奋力谱写和谐生态宜居塔城的沙湾篇章
——在县委十二届四次全委（扩大）会议上的讲话……1
政府工作报告
——沙湾县第十六届人民代表大会第四次会议……11
七十载风雨铸辉煌　新时代砥砺再前行
——中华人民共和国成立70周年沙湾县发展情况……21

大事记

1月……28
2月……28
3月……29
4月……29
5月……30
6月……30
7月……31
8月……31
9月……33
10月……33
11月……34
12月……34

沙湾概览

概　貌

地理位置……35
行政区划……35
人口民族……35
河流水系……35
自然资源……35

经济社会发展

荣誉……37
先进典型……37

中国共产党沙湾县委员会

概况……40
社会稳定……40
经济建设……40
民生建设……40
党的建设……41
县委中心组学习……41

组织工作

基层党建……45
组织工作……46
干部监督……47
干部培训工作……48

信息调研……49
“访惠聚”（访民情、惠民生、聚民心）工作……49
荣誉……50

宣传思想工作

意识形态……50
理论学习……51
宣传引导……51
媒体宣传……53
文化建设……53
精神文明建设……54

县委经工办

日常工作……55
油地工作……55
全面深化改革工作……56
农业农村……58
乡村振兴战略……58

机关党建

概况……58
“两学一做”教育……59
机关党的建设……59
夯实基础……59
党风廉政建设……59

党校教育

概况……60
干部培训……60
教研工作……60
师资队伍建设……61
后勤工作……61

老干部工作、关心下一代工作

概况……61
老干部思想政治建设……61
政治待遇……62
生活待遇……62
老干活动中心和老干部（老年）大学“两个阵地”建设……62
自身建设……62
已故离休干部……63
关心下一代工作……63

党史、地方志工作

党史研究……64
地方志编修……64
各类党史书籍发放工作……64

统战民宗工作

概况……64
民族团结工作……65
驻村管寺工作……65
宗教服务管理工作……65
较少数民族发展资金项目……65

网络安全和信息化

机构设置……65
主要职责……66
业务工作……66

沙湾县人民代表大会

概况……67
监督“一府一委两院”工作……67
代表履职工作……67
自身建设……68

沙湾县人民政府

重要会议

沙湾县人民政府全体会议……69

沙湾县人民政府常务会议……69

重要工作
政务公开……70
信息发布……70

应急管理
概况……71
消防工作……71

电子政务工作
电子政务平台应用……72
政府网站……72
政府信息公开……72
电子政务外网维护……72

行政服务中心
概况……72
提高审批效能……72
制度建设……73
监督管理……73
窗口服务……73

机关事务管理
概况……74
公务接待……74
公房管理……74
公共机构节能……74
后勤管理服务……75

外事侨务
概况……75
业务工作……75

信 访
概况……76
工作职责……76
来信来访……76
领导接访……76
矛盾纠纷排查化解……77
信访信息化建设和业务规范化……77

中国人民政治协商会议沙湾县委员会

概 况
政治建设……78
扶贫帮困……78

重要工作
建言献策……79
提案办理……79
队伍建设……79

纪检监察

概况……81
严明政治纪律……81
惩治腐败……81
作风建设……81
巡察工作……82
监察体制改革……82
全面从严治党……82
自身建设……82
荣誉……83

群众团体

总工会
概况……84
企业集体合同签订……84
困难帮扶……84
职工维权……84

共青团沙湾县委员会

概况…………84
青少年引领…………84
从严治团…………85
从严治队…………85

妇 联

“巾帼宣讲”行动…………86
发声亮剑…………86
“美丽庭院”建设…………86
“关爱志愿”活动…………86
寻找“最美家庭”…………86
主要业务…………86
技能培训…………87
普法维权…………87
维护妇女土地权益…………88
信访工作…………88
开展“两纲”监测…………88
基层妇联改革…………88
网上妇联建设…………88
妇女干部培训…………88

科学技术协会

概况…………88
普及科学知识…………89
青少年科技教育工作…………89

工商联

参政议政…………90
光彩事业…………90
服务企业…………90

社会科学界联合会

概况…………90
社科理论活动…………91
社科队伍建设…………91

文学艺术界联合会

概况…………91
送文化进基层…………91
横向交流…………91
队伍建设…………92

残疾人联合会

概况…………92
残疾人康复…………92
残疾人就业培训…………92
残疾人扶贫解困…………92
残疾人信访维权…………92
残疾人宣传…………92
残疾人证发放…………93

红十字会

概况…………93
业务规则…………93
帮扶慰问…………93
志愿服务…………93
救助项目…………94
无偿献血…………94

法 治

政法委及综治

基础建设…………95
流动人口服务管理…………95
矛盾纠纷排查化解…………95
群防群治…………95

公 安

概况…………95
流动人口服务管理…………96
业务工作…………96
荣誉…………96

检 察

概况 95
刑事检察 97
控告申诉检察 97
诉讼监督 97
公益诉讼 97
司法体制改革 97

法 院

业务工作 97

司法行政

概况 98
人民调解 98
社区矫正与安置帮教 98
普法依法治理 99
法律援助 99
法律服务 99
荣誉 99

军 事

人民武装

概况 100
思想建设 100
战备建设 100
制度建设 100
征兵工作 101
班子建设 101
安全生产 101
综合保障 101
荣誉 101

中国人民解放军某部

双拥共建 101
扶贫帮困 102
军民共建 102
国防教育 102

新疆军区农业新技术试验培训基地

农业新技术 102
培训工作 103

武警沙湾中队

党支部建设 103
政治工作 103
拥政爱民 103

农 业

农业农村工作

概况 104
农业产业结构 104
农业供给侧结构性改革 104
优势特色产业 104
职业农民培训 104
壮大新型经营主体 105
农业产业化经营 105
农业科技创新发展工程 105
农业生态建设 105
农业农村改革 105
农产品质量安全监管 106
农业综合执法能力建设 106
农业项目建设 106
荣誉 106

农牧机械

概况 107
农牧机械化发展 107
农机购置补贴及深松整地 107
农机化项目 107
农机合作社 107

农机科技培训 …… 107
农机化供给侧结构性改革 …… 107
农机安全生产 …… 108
首届农机博览会 …… 108
农机信息宣传 …… 108

畜牧兽医

概况 …… 109
重大动物疫病防控 …… 109
“非洲猪瘟”防控 …… 109
现代畜牧业发展 …… 109
牲畜品种改良 …… 109
草原保护与建设 …… 109
畜产品质量安全监管 …… 110

林　业

概况 …… 110
林业项目执行情况 …… 110
森林资源保护与发展管理情况 …… 111
林业有害生物防治 …… 111

新疆维吾尔自治区天山东部国有林管理局沙湾分局

概况 …… 112
地理位置 …… 112
森林资源 …… 112
森林资源管护 …… 112
经济建设 …… 112
所站建设 …… 112
荣誉 …… 112

三道河子林场

概况 …… 112
四大产业发展 …… 113

水　利

概况 …… 113
职能 …… 114
水利建设 …… 114
水利项目 …… 114
水资源综合管理 …… 115
河长制工作 …… 115
灌溉用水管理和农村饮水安全 …… 115
防汛抗旱 …… 115
安全生产 …… 116
荣誉 …… 116

金沟河流域管理局

概况 …… 116
水政工作 …… 116
工程建设与运行管理 …… 116
水管业务工作 …… 117
安全生产和综合治理 …… 117

工　业

工业园区

概况 …… 118
园区产业发展及布局 …… 118
园区基础设施建设 …… 118
重点项目推进 …… 118
安全生产 …… 119
环境保护 …… 119

供电公司

概况 …… 119
生产经营 …… 119
电网建设 …… 119
经营管理 …… 120
荣誉 …… 120

煤炭工业

概况 120
煤矿发展建设 120
安全管理 120
应急救援 121
环境保护 121

塔城地区烟草公司（专卖局）

企业经营 121
专卖管理 121
公益活动 122

商 贸

商务和经济信息化

概况 123
工业经济完成情况 123
国内贸易和对外经济 123
电子商务 123
物流体系建设 123
企业减负 123
污染防治攻坚 124
安全生产 124

招商引资

概况 124
经济建设 124

供 销

概况 124
经济指标 125
棉花收购 125
农资供应 125
安全生产 125

经济管理与监督

经济管理

概况 126
安全生产工作 126
项目管理 126
规划引领 127
价费监管 127
脱贫攻坚 128
粮油储备 128
援疆项目 128
节能减排 128

统 计

概况 129
统计业务 129
城乡驻户一体化调查 129
全国第四次经济普查 129
人口变动抽样调查 129
统计法制建设 129

审 计

概况 129
审计成果 129

市场监督管理

概况 129
安全生产 130
优化营商环境 130
质量品牌优化升级 131
优化企业可持续发展环境 132
食品安全 132
药品安全 132
特种设备安全 133
农资市场专项整治 133
保护商标专用权工作 133

"民生计量"执法工作……133
重点领域执法工作……133
消费维权……134

安全生产监督管理

概况……134
安全生产事故……134
安全生产责任制……134
安全生产监管……135
安全生产事故查处……136

财政 税务

财 政

概况……137
财政收入……137
财政支出……138
财源建设……138
财政保障……138
财政管理……138

税 务

概况……139
税收收入……139
税收征管……139
纳税服务……139
机构改革……139
荣誉……140

金 融

银 行

人民银行沙湾县支行……141
沙湾县辖经济金融发展态势……141
货币政策执行情况……141
金融服务工作……142
内部管理工作……143
荣誉……144
中国农业发展银行沙湾县支行……144
概况……144
贷款业务……144
基金项目……144
中国工商银行股份有限公司沙湾支行……144
概况……144
主要工作……144
主要业务……145
企业文化……145
荣誉……145
中国农业银行股份有限公司沙湾县支行……145
概况……145
业务竞赛活动……145
存款工作……145
服务三农工作……145
经营效益……145
合规文化建设……145
荣誉……145
中国银行股份有限公司沙湾县支行……146
概况……146
业务发展……146
企业文化建设……146
内控案防……146
中国建设银行股份有限公司沙湾县支行……146
概况……146
主要业务……146
主要工作……146
企业文化……147
荣誉……147
沙湾农商银行……147
主要经营指标……147
服务"三农"……147
服务城市客户群……147
服务小微……147

创新惠民产品 …… 148
安全生产 …… 148

保 险

沙湾人寿保险公司 …… 148
概况 …… 148
主要工作 …… 148
经营状况 …… 149
荣誉 …… 149

中国人民财产保险股份有限公司沙湾支公司 …… 149
经营情况 …… 149
企业管理 …… 149

中华联合财险沙湾分公司 …… 149
概况 …… 149
主要经营指标 …… 150

交通运输 通信

交通运输
概况 …… 151
农村公路建设 …… 151
农村公路管理养护 …… 151
运输市场管理 …… 152

公共交通
概况 …… 152
安全生产 …… 153
办理便民公交 IC 卡 …… 153
爱心送考、关爱老人 …… 153
拥军爱军 …… 153
严抓车辆卫生 …… 154

公路管理养护
概况 …… 154
组织人事管理 …… 154
养护管理工作 …… 154
安全生产、机械设备管理 …… 154
工会、退休职工管理 …… 155
文书档案管理工作 …… 155

路政管理
概况 …… 156
路域管理 …… 156
联勤联动 …… 156
车辆管理 …… 157
“三基三化”建设 …… 157
安全生产、综合治理 …… 157
荣誉 …… 157

道路运输管理
概况 …… 157
服务范围 …… 157
道路运输市场概况 …… 157
安全生产监管 …… 157
规范道路运输市场秩序 …… 158

汽车客运
概况 …… 158
安全生产 …… 158
客运服务和管理 …… 158
站点建设及运营 …… 159

铁 路
概况 …… 159

邮 政
概况 …… 160
业务工作 …… 160

电 信
经营业务及成果 …… 160

经营管理 …… 160
经营服务 …… 160
安全生产管理 …… 160
企业文化建设 …… 160

移动通信

概况 …… 160
业务发展 …… 160

联合网络通信

概况 …… 161
通信建设 …… 161
服务工作 …… 161

城乡建设

住房与城乡建设

重点工程建设 …… 162
建筑市场管理 …… 162
建筑工程安全方面 …… 162
城市精细化管理 …… 163
抓好城市美容 …… 163

供排水

安全供水工作 …… 163
安全生产 …… 164
水源地环保整改 …… 164
新建和改建供排水管道工程 …… 165

环保　气象　地震

环境保护

概况 …… 166
环境质量 …… 166
污染防治工作 …… 166
环境监察 …… 166
环境监测 …… 167
环保督察 …… 167
污染源普查 …… 167
荣誉 …… 167

气　象

概况 …… 167
气候概况 …… 167
气象业务 …… 167

沙湾县地震工作

业务工作 …… 168
防震减灾宣传 …… 168

文化旅游　自然资源　档案

文化体育广播传媒

概况 …… 169
广播电视 …… 169
基础设施建设 …… 170
农村公益电影 …… 170
文化工作 …… 170
文物保护 …… 171
非物质文化遗产 …… 171
体育工作 …… 171
新闻出版 …… 171
文化市场 …… 171

旅　游

概况 …… 172
旅游项目 …… 172
宣传促销及招商 …… 172
行业管理 …… 173
荣誉 …… 173

国土资源

概况……173
地政管理……173
地矿管理……174
不动产统一登记……175
化解矛盾纠纷……175
机关法治教育……176
档案管理……176

档 案

概况……176
档案业务工作……176
机构改革涉改单位档案整理指导工作……176
档案等级评定与复验工作……176
档案的提供利用……176

新华书店

概况……177
图书发行……177
发行服务工作……177
重点图书销售……177

社会生活

机构编制

概况……178
机构编制管理……178
党政机构改革……179
“放管服”改革……179

人力资源和社会保障

概况……180
就业创业……180
社会保险……180
劳动保障……180
技能鉴定……181
档案管理……181
工资福利……181
专技人员管理……181
公务员管理……181
军转工作……181

社会保险管理

概况……182
五项保险参保人数……182
社保基金收入……182
社保待遇支付……182
退休人员基本养老金调增补发……182
慢性病和养老认证……182
异地就医即时结算……182
“两定”管理……182
查询、制卡、发卡……183
社保关系转移接续……183

民 政

概况……183
社会救助……183
双拥优抚安置……183
社会事务管理……183
老龄事业……184
项目建设……184

教育和科学技术

教育工作

概况……185
义务教育……185
高中教育……185
职业教育……185
学前教育……186
双语教育……186
师资队伍建设……186

教育教学 186
体艺卫工作 187
教育督导 187

科技工作

科技培训 187
知识产权 187
科技项目情况 187
创新驱动发展 187
科技人才队伍建设 187
科技合作与交流 188
国家农业科技园区建设 188

中　学

沙湾第一中学 188
概况 188
德育工作 188
教师队伍 188
教学教研 188
安全生产 189
2028 年高考 189
科技创新 189
素质教育 189
发放国家助学金 189
送教进疆 190
召开成人宣誓仪式 190
组织承办讲课大赛 190
荣誉 190
第二中学 190
概况 190
安全生产 190
教育教学 191
特色亮点工作 191
第三中学 191
概况 191
改善办学条件 191
队伍建设 191
德育育人 192
教学教研 192
安全保障 192
学校特色 193
第四中学 193
概况 193
重点工作 193
师资队伍建设 194
特色教育 194
荣誉 194
第五中学 194
概况 194
办学思路 194
“三精”管理模式 195
教育教学质量 195
立德树人 195
校园安全 196
中等职业技术学校 196
概况 196
机构设置 196
开设专业 196
鞍沙职教城规划建设 197
校企合作 197
教学改革 197
“双师型”队伍建设 198
招生就业升学 198
校园文化建设 199
短期技能培训 199
办学特色 199

小　学

第一小学 200
概况 200
教育目标 200
教师队伍建设 200

德育教育 ……201
教育教学 ……202
后勤保障 ……203
荣誉……204
第二小学 ……204
概况……204
德育管理 ……204
教育教学 ……204
特色教育 ……205
荣誉……205
第三小学 ……205
概况……205
德育教育 ……205
教育教学 ……205
特色教育 ……206
荣誉……206
第四小学 ……206
概况……206
办学目标 ……206
德育工作 ……206
教师队伍建设 ……207
教学科研 ……207
体育艺术教育 ……207
荣誉……207
第五小学 ……208
概况……208
办学特色 ……208
教学工作 ……209
德育工作 ……209
荣誉……209
第七小学 ……209
概况……209
学校特色 ……210
干部队伍建设 ……210
教师队伍建设 ……210
学校管理 ……210
德育工作 ……210
教学工作 ……210
安全工作 ……210
特色品牌建设 ……211
荣誉……211

各乡镇学校

安集海镇中心学校 ……211
概况……211
教育教学 ……211
安集海镇中心学校夹河子分校……212
概况……212
教育教学 ……212
大泉乡中心学校 ……212
概况……212
教育教学 ……212
大泉乡中心学校东泉分校……213
概况……213
教育教学 ……213
大泉乡中心学校西泉分校……213
概况……213
教育教学 ……213
乌兰乌苏镇中心学校 ……213
概况……213
教育教学 ……214
乌兰乌苏镇中心学校乌兰乌苏分校……214
概况……214
教育教学 ……214
乌兰乌苏镇中心学校三宫店分校……214
概况……214
教育教学 ……214
老沙湾镇中心学校 ……214
概况……214
教育教学 ……215
四道河子镇中心学校 ……215
概况……215

教育教学 …… 215
柳毛湾镇中心学校 …… 215
概况 …… 215
商户地乡中心学校 …… 215
概况 …… 215
教育教学 …… 216
西戈壁镇中心学校 …… 216
概况 …… 216
教育教学 …… 216
牛圈子牧场寄宿制学校 …… 216
概况 …… 216
东湾镇中心学校 …… 216
概况 …… 216
教育教学 …… 217
博尔通古乡中心学校 …… 217
概况 …… 217
教育教学 …… 217
博尔通古牧场寄宿制学校 …… 217
概况 …… 217
哈拉干德希望小学 …… 217
概况 …… 217
教育教学 …… 217

幼儿园

实验幼儿园 …… 218
概况 …… 218
办园宗旨 …… 218
特色教育 …… 218
教育联盟 …… 218
城东双语幼儿园 …… 219
概况 …… 219
改善办园条件 …… 219
校园安全 …… 219
学前教育 …… 220
教师队伍建设 …… 220
荣誉 …… 221
城西双语幼儿园 …… 221
概况 …… 221
幼儿园文化 …… 221
教育教学 …… 221
特色教育 …… 221
学前教育发展联盟 …… 221
安全保障 …… 221
第一双语幼儿园 …… 222
概况 …… 222
教育教学 …… 222
幼儿德育教育 …… 222
教师队伍建设 …… 222
后勤工作 …… 223
校园安全 …… 223
第二双语幼儿园 …… 223
概况 …… 223
“四维一体化”管理 …… 223
安全保障 …… 223
保教质量 …… 223
幼儿园特色 …… 223
第三双语幼儿园 …… 224
概况 …… 224
办园理念 …… 224
办园目标 …… 224
办园宗旨 …… 224
办园特色 …… 224
教师队伍建设 …… 224
教育教学 …… 224
卫生保健 …… 224
安全保障 …… 225
家长工作 …… 225
后勤工作 …… 225
第四双语幼儿园 …… 225
概况 …… 225
教育教学 …… 225
德育工作 …… 226

教师队伍建设……226
校园文化建设……226
后勤工作……226
天山路双语幼儿园……227
概况……227
教育教学……227
家园共育……227
教师成长……227
联系社区……227
安全工作……227
教育联盟活动……227
荣誉……228
老沙湾路双语幼儿园……228
概况……228
加强队伍建设……228
教育教学……228
幼儿饮食……228
荣誉……228

乡镇公办幼儿园

大泉乡双语幼儿园……228
大泉乡东泉村双语幼儿园……229
大泉乡西泉村双语幼儿园……229
安集海镇双语幼儿园……229
安集海镇夹河子双语幼儿园……229
安集海镇元兴宫幼儿园……230
安集海镇农庄幼儿园……230
金沟河镇双语幼儿园……230
乌兰乌苏镇双语幼儿园……230
乌兰乌苏镇三宫店双语幼儿园……230
乌兰乌苏镇万家槽子双语幼儿园……231
商户地乡双语幼儿园……231
商户地乡蘑菇湖双语幼儿园……231
良种场双语幼儿园……231
柳毛湾镇双语幼儿园……232
四道河子镇双语幼儿园……232
老沙湾镇双语幼儿园……232
西戈壁镇双语幼儿园……232
西戈壁镇二层台子双语幼儿园……233
西戈壁镇庙台子村幼儿园……233
西戈壁镇金河畔双语幼儿园……233
东湾镇双语幼儿园……234
东湾镇潘家庄双语幼儿园……234
东湾镇夹山孜双语幼儿园……234
牛圈子牧场双语幼儿园……234
牛圈子牧场交勒萨依双语幼儿园……235
牛圈子乔汗双语幼儿园……235
博尔通古乡双语幼儿园……235
博尔通古乡阿热勒托别双语幼儿园……235
博尔通古乡下西湾双语幼儿园……235
博尔通古乡玛依托别幼儿园……236
博尔通古牧场双语幼儿园……236
博尔通古牧场开干齐双语幼儿园……236

民办及部队幼儿园

萌生幼儿园……237
七彩乐迪双语幼儿园……237
天博幼儿园……237
小博士幼儿园……238
安集海镇星星幼儿园……238
金沟河镇南头道河子幼儿园……238
四道河子镇学海幼儿园……239
柳毛湾镇小太阳幼儿园……239
部队幼儿园……239
部队春蕾幼儿园……239

沙湾县青少年活动中心……239

卫 生

卫生和计划生育

概况……240

主要工作 …… 240

妇幼保健计划生育服务工作

概况 …… 241
业务情况 …… 241
业务管理工作 …… 241
项目建设 …… 241
健康教育及妇幼保健知识宣传 …… 242

中医医院

概况 …… 242
业务情况 …… 242
项目建设 …… 243

人民医院

概况 …… 243
业务工作 …… 243
学科建设 …… 244
分级诊疗和医疗共同体建设 …… 245
急救体系建设 …… 246
“互联网 +”建设智慧医院 …… 246
全民健康体检 …… 246
人才队伍 …… 246
医院完成指标情况 …… 246
项目工程情况 …… 246

疾病预防控制中心

传染病防控 …… 247
地方病监测工作 …… 247
结核病防治工作 …… 247
免疫规划工作 …… 247
基本公共卫生服务 …… 248
慢病综合防治 …… 248
健康教育及学生体检工作 …… 248
工作亮点 …… 248

卫生计生综合监督执法局

概况 …… 249
业务工作开展情况 …… 249

计划生育协会

概况 …… 250
宣传教育 …… 250
开展诚信计生工作 …… 251
计划生育保险工作 …… 251

乡（镇、场）

安集海镇

概况 …… 252
经济建设 …… 252
党建工作 …… 253
党风廉政建设 …… 254
宣传思想 …… 255
精神文明建设 …… 255
民族团结工作 …… 255

大泉乡

概况 …… 256
经济建设 …… 256
党建工作 …… 257
党风廉政建设 …… 259
宣传思想 …… 260
精神文明建设 …… 260
民族团结工作 …… 261

金沟河镇

概况 …… 261
经济建设 …… 261
党建工作 …… 262
党风廉政建设 …… 263
宣传思想 …… 264

精神文明建设 264
民族团结工作 264

四道河子镇
概况 265
经济建设 265
党的建设 266
民族团结一家亲 267

乌兰乌苏镇
概况 268
经济建设 268
党建工作 269
党风廉政建设 270
宣传思想 271
精神文明建设 271
民族团结工作 271

老沙湾镇
概况 272
经济建设 272
党建工作 272
党风廉政建设 273
宣传思想 273
精神文明建设 273
民族团结工作 273
美丽乡村建设 273

柳毛湾镇
概况 275
经济建设 275
党建工作 276
党风廉政建设 277
宣传思想 277
精神文明建设 277
民族团结 278

东湾镇
概况 279
经济建设 279
党建工作 280
党风廉政建设 282
宣传思想 282

商户地乡
概况 284
经济建设 284
党建工作 286
宣传思想和精神文明建设 287
民族团结工作 287
美丽乡村建设 287

西戈壁镇
概况 288
经济建设 288
党建工作 289
党风廉政建设 290
宣传思想 290
民族团结 291

牛圈子牧场
概况 292
经济建设 292
党建工作 293
党风廉政建设 294
宣传思想 294
民族团结工作 295

博尔通古乡
概况 295
经济建设 295
党建工作 296
党风廉政建设 298

宣传思想 …… 298
精神文明建设 …… 299
民族团结工作 …… 299

三道河子镇

概况 …… 300
民族团结工作 …… 300
宣传思想文化工作 …… 300
精神文明工作 …… 302
党风廉政工作 …… 303
党建工作 …… 304
民生工作 …… 304

各社区情况

光明路社区 …… 305
广场路社区 …… 306
凯旋路社区 …… 306
奎屯路社区 …… 306
老沙湾路社区 …… 307
林场社区 …… 307
人民路社区 …… 307
沙城路社区 …… 308
少年路社区 …… 308
塔城路社区 …… 309
体育场路社区 …… 309
天山路社区 …… 309
乌西路社区 …… 310
伊宁路社区 …… 310

良种场

概况 …… 310
经济建设 …… 311
党建工作 …… 311
党风廉政建设 …… 311
宣传思想 …… 311
精神文明建设 …… 311
民族团结工作 …… 312
美丽乡村建设 …… 312

博尔通古牧场

概况 …… 312
经济建设 …… 312
党建工作 …… 313
党风廉政建设 …… 313
民族团结工作 …… 313
民生工作 …… 313
深化改革工作 …… 314
打好“三大攻坚战” …… 314

小拐农业开发区管理委员会

概况 …… 315
党建工作 …… 315
主要工作 …… 315
党风廉政建设 …… 316
民族团结工作 …… 316

附　录

主要机构与负责人名录 …… 317

沙湾县 2018 年国民经济和社会发展统计公报 …… 331

特　载

凝心聚力　攻坚克难
奋力谱写和谐生态宜居塔城的沙湾篇章

——在县委十二届四次全委（扩大）会议上的讲话

（2019 年 1 月 14 日）

县委书记　黄佳俊

这次会议的主要任务是，深入学习贯彻习近平新时代中国特色社会主义思想和党的十九大精神，认真贯彻落实自治区党委九届六次全体会议、自治区党委经济工作会议和地委扩大会议精神，回顾总结 2018 年工作，安排部署 2019 年工作，进一步动员全县各级党政和广大党员干部凝心聚力、攻坚克难，奋力谱写和谐生态宜居塔城的沙湾篇章。

2018 年面对艰巨繁重的高质量发展任务，县委团结带领全县各级党政和各族干部群众，坚持以习近平新时代中国特色社会主义思想统揽经济社会发展全局，围绕总目标、聚焦总目标、落实总目标，全面践行新发展理念，认真落实高质量发展要求，积极做好稳增长、促改革、调结构、惠民生、防风险、保稳定各项工作，稳定发展取得新的成效。

一是社会大局持续和谐稳定。

二是经济持续健康发展。深入贯彻新发展理念，坚定不移地推动经济高质量发展。预计全年完成生产总值 122.5 亿元，增长 2%；完成财政一般公共预算收入 8.14 亿元，固定资产投资 30.2 亿元，农牧民人均纯收入达 18568 元，增加 800 元，城镇居民可支配收入 31782 元、增加 1000 元。“三大攻坚战”开局良好。打好防范化解重大风险攻坚战，积极稳妥化解 2017 年 7 月 14 日前形成的隐性债务余额 8.05 亿元，2017 年 7 月 14 日之后的违规举债全部化解完毕，2018 年实现违规零举债。打好精准脱贫攻坚战，24 户 82 人新识别贫困人口全部脱贫，512 户 1445 名已脱贫人口进一步巩固提升。打好污染防治攻坚战，中央环保督察和生态环境部西北督察局反馈的 47 个问题得到彻底整改，县域空气质量在“乌昌石”区域排名第一。乡村振兴战略稳步实施。农业农村改革取得重大突破，成功承办自治区农村集体资产清产核资工作现场推进会，向全疆推广沙湾经验。以共赢制为主体的土地股份合作社迅速发展，累计成立土地股份合作社 112 家，入股土地面积 2.13 万公顷，亩均年分红 900 元以上。农业先进实用技术大面积普及，农业综合机械化水平达到 97.7%。以纺织服装产业为重点的现代工业规模进一步扩大。天目湖织造等一批纺织项目先后实施，信泰纺织二期、天泰纤维等项目相继投产，为纺织服装企业申请补贴资金4829万元。哈拉干德园区污水处理厂、固废填埋场项目顺利推进，工业园区基础设施进一步完善。以旅游业为主的三产发展活力进一步增强。积极推进旅游景区创建工作，温泉景区综合开发项目顺利推进，完成17.5千米景区内道路建设，旅游宣传促销力度进一步加大，沙湾旅游知名度不断提升。全年接待游客165.8万人次，同比增长33.9%；实现旅游综合收入15.4亿元，同比增长31.3%。

三是人民生活不断改善。坚持以人民为中心的发展思想，尽力而为、量力而行，持续推进惠民工程。2018年，全县民生支出占一般公共财政预算支出的75%。转移农村富余劳动力1.46万人次，实现城镇新增就业6175人。实施“阳光助学”工程，发放各类助学金2402万元，惠及学生1.7万人次。完成全民健康体检任务，深化公立医院改革，县人民医院与疆内外7个医院建立医联体，医疗服务水平进一步提升。加快保障性住房建设，建设安居富民房910户；全面落实城乡低保、医疗救助、临时救助制度，累计发放城乡低保、大病救助等资金2592万元，发放残疾人补贴288.8万元，惠及各族群众2.54万人，城乡困难群众基本生活得到保障。深化援疆工作，实施援疆项目10个，投入援疆资金5761万元。社会保障、防灾减灾水平不断提高，计划生育、关心下一代、老龄、残疾人等社会事业全面进步，各族群众获得感、幸福感、安全感进一步提升，社会稳定和长治久安的民心基础更加牢固。

四是党的建设全面加强。坚决贯彻新时代党的建设总要求，认真践行新时代党的组织路线，坚定不移全面从严治党，严肃党内政治生活，强化党内监督，全县各级党组织和广大党员干部自觉增强“四个意识”、坚定“四个自信”、做到“两个维护”，自觉在政治立场、政治方向、政治原则、政治道路上与以习近平同志为核心的党中央保持高度一致。扎实推动基层组织建设和“访惠聚”驻村工作，持续推进党的基层组织全覆盖，整顿软弱涣散党组织23个，51个党建示范点建设扎实推进，建成惠民生项目170个，基层党组织服务群众、维护稳定、凝聚人心的能力显著增强。坚持以习近平总书记“二十字”好干部标准和民族地区“三个特别”政治标准选人用人，一批具有“访惠聚”、基层党组织第一书记、重点工作实践锻炼经历的85名干部走上领导岗位。坚持一手抓反分裂斗争、一手抓党风廉政建设和反腐败斗争，紧紧围绕落实总目标、“1+3+3+改革开放”工作总体部署，持续加大监督检查力度，查处“四风”“四气”、违反中央八项规定等方面问题3318个，给予党纪政务处分371人、组织处理2959人次；保持惩治腐败高压态势，不断加大执纪问责力度，全年立案审查454件，涉及党员干部455人，释放了越往后执纪越严的强烈信号。人大、政府、政协工作得到不断加强，爱国统一战线不断发展壮大，工会、共青团、妇联等人民团体的桥梁纽带作用充分发挥，老干部工作取得新成绩，汇聚起了推进社会稳定和长治久安的强大力量。

这些成绩的取得，是以习近平同志为核心的党中央亲切关怀的结果，是自治区党委、地委坚强领导的结果，是县委团结带领全县各级党政、各族各界齐心协力、奋力拼搏的结果。在此，我代表中共沙湾县委、县人民政府，向全县各级党组织和各族干部群众，各驻县单位、人民解放军、武警官兵、公安干警和所有关心支持沙湾稳定发展的各级领导、老干部、社会各界和援疆干部表示衷心的感谢。

看到成绩的同时，我们也必须清醒地认识到工作中还存在诸多问题和短板，主要是：各级党组织和党员干部队伍面对维稳工作全面上水平上台阶，实现“三年基本常态”的艰巨任务，仍然不同程度存在思想不聚焦、认识不到位，作风不实、能力不足的问题。一些干部仍然存在麻痹大意、消极厌战情绪和时紧时松现象，落实维稳措施不实不细；一些干部想干不会干的问题没有得到彻底解决；群众工作还存在诸多问题，群众困难诉求解决不够，个别单位和村队在帮扶帮教工作上仍存在重帮扶、轻帮教的现象等。经济下行压力依然较大，离高质量发展要求还有差距；防风险任务仍然艰巨，财政体量偏小，保工资、保民生、保运转、保重点压力巨大。民生领域还有短板，与人民群众对美好生活的向往还有差距。形式主义、官僚主义等“四风”“四气”还都不同程度的存在，消灭干部作风不实这个“最大的敌人”依然在路上，等等。面对这些风险挑战，我们要牢固树立忧患意识、坚持问题导向，在新的一年采取更加有力的措施，切实加以解决。

2019年是中华人民共和国成立70周年，是实现新疆社会稳定和长治久安“三年基本常态”攻坚之年，是贯彻新发展理念、落实高质量发展要求、实施“十三五”规划的关键之年。当前沙湾发展面临一系列重大机遇，国家高度重视新疆发展，制定出台了实施更大规模的减税降费、较大幅度增加地方政府专项债券规模、扶持边疆地区发展等政策措施，“一带一路”建设和全方位开放格局加快推进；新疆稳定形势不断向好，稳定红利持续释放，沙湾区位优势、农牧业资源优势、矿产资源优势、旅游资源优势、生态环境优势突出和民族团结好、兵地融合好“五优两好”特点为我们加快发展提供了良好条件。全县各级党政和广大党员干部一定要认清形势、坚定信心，齐心协力、团结拼搏，为推进沙湾稳定发展各项事业凝聚强大力量。

2019年工作总体要求是：以习近平新时代中国特色社会主义思想为指导，全面贯彻党的十九大及十九届二中、三中全会精神，深入贯彻落实习近平总书记关于新疆工作的重要讲话和重要指示批示精神，贯彻落实以习近平同志为核心的党中央治疆方略、特别是社会稳定和长治久安总目标，按照自治区党委九届六次全体会议、经济工作会议部署和地委扩大会议要求，始终全力聚焦总目标、打好组合拳，抓好12个常态，强力推进维稳工作全面上水平上台阶；坚持稳中求进工作总基调，坚持新发展理念，坚持推动高质量发展，坚持以供给侧结构性改革为主线，坚决打好“三大攻坚战”，抓好“三项重点”，坚持深化市场化改革、扩大高水平开放，统筹推进稳增长、促改革、调结构、惠民生、防风险、保稳定各项工作，进一步稳就业、稳金融、稳外贸、稳外资、稳投资、稳预期，提振市场信心，增强各族群众的获得感、幸福感、安全感，奋力谱写和谐生态宜居塔城的沙湾篇章，为全面建成小康社会收官打下决定性基础，以优异成绩迎接中华人民共和国成立70周年。

2019年预期目标是：力争地方生产总值增长5.7%，固定资产投资增长6.5%，一般公共预算收入增长9%，社会消费品零售总额增长8%，进出口贸易总额增长5%，城镇居民人均可支配收入增加1000元，农牧民人均纯收入增加800元，城镇登记失业率控制在4.5%以内，居民消费价格涨幅控制在3%以内。

做好2019年工作，我们必须坚决贯彻落实自治区党委九届六次全体会议、自治区党委经济工作会议、地委扩大会议精神，按照地委提出的始终坚持政治引领、始终坚持聚焦总目标、始终坚持新发展理念、始终坚持人民立场、始终坚持全面从严治党的原则，各级党组织主要负责人当好“施工队长”，不打乱仗，不喊口号、不搞棚架，结合实际，狠抓落实。

下面，我讲几点意见：

一、持续推动维稳工作上水平上台阶，确保常态年社会稳定不出事

全县各级党政特别是党政主要负责人要切实按照自治区党委和地委的部署要求，深入领会、敢于担当、狠抓落实，全力推动沙湾县维稳工作全面上水平上台阶。

二、坚持新发展理念，奋力推动经济高质量发展

我们要紧紧抓住稳定红利持续释放机遇，聚焦总目标，坚定不移贯彻新发展理念，扎实推进“1+3+3+改革开放”工作部署，持续推动经济向更高质量发展。

（一）继续打好“三大攻坚战”。要从沙湾实际出发，抓住重点、精准施策，防范风险、消除隐患，坚定坚决打好“三大攻坚战”。一是坚决打好防范化解重大风险攻坚战。要坚决守住不发生政府债务风险底线，牢固树立宁可发展慢一点，也绝不违规举债的思想，坚持把地方政府债务限额内发行地方政府债券作为政府举债的唯一合法途径，不得以任何方式为单位和个人债务提供担保，不得承诺为其他任何单位和个人融资承担偿债责任，不得违规实施政府购买服务，确保今后政府零违规举债。要按照化解方案和计划，积极稳妥化解2017年7月14日以前产生的政府隐性债务存量，按照5—10年期限有序稳妥化解。要坚决守住不发生系统性金融风险的底线，严格规范金融市场交易行为，坚决打击非法集资、地下钱庄、地下保单等违法违规金融活动，积极防范化解互联网金融、资本市场等领域的风险，确保金融领域安全。金融监督管理部门要切实履行属地金融监管和风险处置职责，加强日常监管，确保金融机构稳健经营。二是坚决打好精准脱贫攻坚战。严格坚持中央确定的现行扶贫标准，紧紧围绕解决“两不愁三保障”，扎实落实“七个一批”“三个加大力度”，稳步推进已脱贫人口巩固提升工作。坚持分类施策，在“准”和“实”上狠下功夫，抓好易返贫群体、已脱贫群体、稳定脱贫群体帮扶，确保脱贫不返贫。要在就业、大病兜底、教育补助等方面给足贫困群众政策，强化政策保障防止返贫。继续做好区内协作扶贫工作，重点在就业、优势产业互补等方面协作帮扶，为伽师县与全国同步全面建成小康社会贡献沙湾力量。三是打好污染防治攻坚战。牢固树立保护生态环境就是保护生产力、绿水青山就是金山银山的理念，坚持宁可经济发展慢一点、也绝不以牺牲生态环境为代价，努力建设天蓝地绿水清的美丽沙湾。要严守生态红线底线。严禁“三高”项目落户沙湾，落实最严格的生态保护制度和空间用途管制制度、最严格的水资源管理制度，全面落实河（湖）长制，坚决守住生态功能保障基线、环境质量安全底线、自然资源利用上线；要深刻汲取秦岭北麓西安境内违建别墅和卡山自然保护区生态环境等问题教训，举一反三、自查自纠，深入查找县域“三高”项目和可能影响生态安全方面存在的问题，抓好整改，一经划定的保护区一律不允许擅自调整。要加大污染防治力度。持续打好蓝天、碧水、净土、农村人居环境整治“四场标志性战役”，加快推进产业结构、能源消费结构调整，坚决淘汰落后产能，加大工业源、机动车尾气、城市扬尘等方面的污染治理力度，主动参与“乌昌石”大气污染联防联控，抓好水污染防治工作，扎实推进生活垃圾处理场项目建设。积极开展农村人居环境整治行动，下大力气解决群众反映强烈的生态环境突出问题，让各族群众喝干净的水、呼吸洁净的空气、感受到环境改善的成果。要强化督察整改落实。巩固环保督察反馈意见整改成果，加强监管、严防反弹。

（二）坚定坚决抓好“三项重点”。紧紧抓住国家“一带一路”建设、实施乡村振兴战略、新疆社会大局持续稳定的机遇，抓好“三项重点”，以重点工作突破带动全局发展。一是积极融入丝绸之路经济带核心区建设。抢抓丝绸之路经济带核心区建设机遇，积极参与天山北坡经济带（乌沙）国际物流通道建设，加强商品流通设施、商业网点和特色农副产品仓储保鲜设施建设，提高物流基础设施水平，努力构建以专业批发市场为中心的现代物流体系，力争将沙湾打造为丝绸之路经济带特色农产品进出口加工贸易和物流配送基地。突出抓好外向型企业发展，大力支持现有果蔬、粮油、纺织、矿产等加工企业发展壮大，加快推进工业园区哈拉干德污水循环利用工程等11项“十三五”丝绸之路经济带核心区建设项目，争取早日建成投产。二是大力实施乡村振兴战略。按照“产业兴旺、生态宜居、乡风文明、治理有效、生活富裕”的总要求，坚定不移推进乡村振兴战略。扎实推进乡村产业振兴。坚持以农业供给侧结构性改革为主线，进一步调整优化农业产业结构，稳定粮食面积，优化棉花种植，扩大辣椒、番茄等特色作物种植，大力发展富硒农产品，打造一批叫得响的新疆农业名牌产品。拓宽“第一产业+”的范畴，丰富发展模式，引导适合农村发展的二、三产业扎根农村，大力扶持聚力、大盘鸡等社企联盟发展，推动农村一、二、三产业融合发展；要把大盘鸡产业作为县域重点产业扶持发展，充分发挥“沙湾大盘鸡”品牌引领作用，整顿规范“沙湾大盘鸡”门店，推动大盘鸡产业健康发展，让大盘鸡产业叫响全国。积极规范发展共赢制土地合作社，推进规模经营，转移农村富余劳动力，为乡村产业发展提供人力资源。大力发展智慧农业，加快农业大数据平台建设，逐步将现有农业、水利、农机等系统进行整合，推动信息化、智能化技术在农业生产、管理服务等领域应用，提升农业生产效率。规范和创新农村集体经济组织参与乡村产业振兴的形式，发展壮大村级集体经济，不断增强村级组织服务群众的能力。扎实推进乡村人才振兴。积极探索政府、市场“双手”推动人才向基层流动的激励机制，引导各类人才到农村广阔天地大显身手。依托新疆农业大学、石河子大学等高等院校及农业部三道沟村培训基地、农牧民夜校等平台，开展新型职业农民培育；建立农村实用人才库，推行“人才+产业+基地”的农村实用人才孵化培养模式，培养一批“土专家”“田秀才”，提升农村乡土人才数量和质量。扎实推进文化振兴。加快推进农村公共文化服务设施建设，管好农家书屋、文化室等各类基层阵地，积极开展丰富多彩的文化活动，打造一批叫得响的基层文化品牌。大力弘扬和践行社会主义核心价值观，加强农村思想道德建设，广泛开展文明村镇、星级文明户、文明家庭等群众性精神文明创建活动，扎实开展“移风易俗”，培育文明乡风、良好家风、淳朴民风。扎实推进乡村生态振兴。构建农村生态安全屏障，继续大力开展植树活动，完成造林1万亩。加强农村生态保护，继续加大土地清理和关停机电井力度，强化土地荒漠化、盐渍化治理。推进农业绿色发展，实施化肥、农药零增长行动，支持有机肥代替化肥。扎实推进乡村组织振兴。坚持以提升组织力为重点，围绕建设善治乡村，推动农村基层组织全面进步、全面过硬；同时，抓好规划、培训、示范三项具体工作，每年分类打造5个示范乡（村）。三是大力发展旅游产业。按照“全域旅游、突出特色、打造核心、生态自然”发展思路，聚焦构建“油画塔城、文化净土、康养天堂”目标任务，大力推进旅游产业健康发展、提档升级，打造高质量发展引擎。围绕鹿角湾、温泉等旅游资源，积极融入自治区“天山廊道世界遗产旅游产业带”“天山北坡休闲度假旅游产业带”，联合乌苏创建乌沙板块“天山画廊”全域旅游示范区。加快“天山画廊”AAAAA级景区、鹿角湾国家AAAA级景区创建。完善旅游基础设施，推进旅游集散中心规划建设，加快机场至县城快速旅游通道规划，改善公路通达条件，逐步完善景区景点、游客服务中心、生态停车场、景区内道路、旅游厕所、标识牌系统等硬件设施和通信信号、管理服务等软件设施，提升景区服务水平。依托鲜明的地域和民俗特色，发挥沙湾旅游优势资源，推动“旅游+”，打造一批生态旅游、康养旅游、四季旅游节庆活动、乡村旅游等品牌。强化旅游营销统筹、创新营销方式、完善营销网络，继续办好大盘美食文化旅游节，提升沙湾旅游美誉度和知名度。力争2019年游客达到220万人次以上，实现旅游综合收入20亿元以上。

（三）大力发展实体经济。坚持以供给侧结构性改革为主线，培育壮大优势特色产业，调整优化经济结构，构建高质量发展新动能。一要大力发展农副产品加工业，强化“抓两端促中间”，注重“三品”、坚持“四化”方向，立足县域优质绿色生态农产品优势，鼓励支持各类资本进入农副产品加工领域，培育和引进一批带动力强的农副产品深加工龙头企业，延伸产业链、提高附加值。完善“龙头企业+合作社+农户”模式，大力发展电子商务、物流配送、冷链运输等新业态，推动农业全产业链发展。二要大力推进工业转型升级。突出抓好重点企业、重点行业、重点项目、重要增长点，加快推进纺织服装、民族手工业等劳动密集型产业发展，支持“卫星工厂”建设，延伸纺织下游产业，引进民营资本盘活标准化厂房项目，打造产业集群，高密度吸纳劳动力就业；依托“金三角”石化基地，编制储备一批石油下游产品深加工项目；加快矿区总规跑办力度，完成煤矿升级改造，推进全部煤炭企业达到二级安全生产标准。抓好招商引资，着力引进一批科技含量高、能够起到科技支撑作用、具有成长潜力的企业集团，增强经济发展后劲。三要加快发展服务业。着力培育消费新增长点，推动物业服务、社区服务、家政服务等公共服务行业全面升级；积极发展商贸物流、电子商务、金融服务、信息中介等现代服务业，加强物流枢纽设施和城乡市场网络建设，培育壮大智慧医疗、育幼养老、文化体育、家政服务、休闲娱乐等产业，扩大服务供给、释放需求活力，不断提高对经济增长的贡献率。

（四）深化重点领域改革。要坚定不移地向改革要动力、向开放要活力，用改革的办法、开放的手段、市场的机制推动高质量发展。一要积极稳妥推进机构改革，把准时间节点，紧盯关键环节，令行禁止，步调一致，确保机构改革在2019年3月底前全面完成。二要推进供给侧结构性改革，坚持以提升供给质量为方向，深入实施创新驱动发展战略，加快推进产业创新体系建设，大力培育新动能；坚定不移推进“三去一降一补”，降低企业生产、经营、融资等成本；加大“僵尸”企业处置力度，坚决化解钢铁、煤炭、水泥等过剩产能。三要深化“放管服”改革，制定政府部门权力和责任清单，推进“互联网+政务服务”，完善事中事后监管制度，优化审批程序、审批流程，推行联审联批，提高办事时效、提高服务质量，实现企业和群众办事“马上办、就近办、网上办、一次办”。四要深化农业农村改革，实施好农村集体产权制度改革，继续推进农村集体土地确权登记颁证，抓好农村土地所有权、承包权、经营权“三权分置”；扩大农村集体产权制度改革成果，盘活用好集体资源资产，让资源变资产、资金变股金、农民变股民，确保集体资产保值增值，增强集体经济发展活力，让农民享受更多改革红利；稳步推进国有农牧场改革，做好博尔通古牧场撤场建镇工作，确保到2020年全面完成改革任务。五要支持民营经济发展壮大，不折不扣贯彻落实党中央和自治区党委关于民营企业发展的各项支持政策，落实减轻税费负担、放开市场准入、解决融资难题、提高科技创新能力等方面的政策措施，积极破解民营企业信贷、财税、创新、招投标、人才等方面的各种隐性障碍，帮助解决民营企业发展中遇到的困难问题，依法维护民营企业合法权益，保障民营企业家人身和财产安全，更好地发挥民营企业在高质量发展中的生力军作用。优化营商环境，构建“亲清”新型政商关系，既热情服务又坚持底线，营造尊重、激励和保护企业家干事创业的良好氛围。

（五）强化财税金融支撑作用。坚持用好积极的财政政策和稳健的货币政策，强化财税金融支撑保障作用，更好地服务总目标，助力县域经济高质量发展。要抓财源建设，规范资源开发占用土地各项税费征管，加强重点税源、重点企业、重点行业的税收征管工作，加大清欠力度，挖掘增收潜力，依法征税、应收尽收。要抓财税支出，重视支出效果、硬化预算约束、强化支出管理，加强预算执行进度，集中财力保工资、保运转、保民生、保重点，确保有限财力用在“1+3+3+改革开放”工作推进和项目建设上。发挥财政资金“四两拨千斤”作用，引导更多社会资本和金融资本投入重点领域和薄弱环节。要抓金融支撑，引导各类金融机构积极支持县域经济社会发展，增强服务实体经济的能力，为高质量发展提供支撑。

（六）全面提高城市工作水平。要牢固树立“精品、文化、特色、经营”意识，坚持城市特色为要、生态环保为基、基础设施为先、公共设施为引擎、和谐宜居为本，努力打造更具鲜明特点、文化品位、独特魅力的城市。一要坚持规划先行。统筹推进城乡规划与经济社会发展规划、产业规划、土地利用总体规划、旅游规划“多规融合”，地上地下规划协调融合，高起点、高标准、高质量编制城市规划。要优化城市空间布局，按照地委要求，深度融入以石河子市为区域中心的城市群，主动与石河子市同城化发展。二要坚持做好城市特色。完成县城风貌特色专项规划设计，充分融入沙湾本土文化元素。深入挖掘传统特色与多元文化融合的现代城市内涵，利用金沟河景观轴，将旧城与新城区的建筑风貌相协调，将文化与城市产业相融合，大力发展与大盘美食文化相关联的特色产业和服务业，塑造完美展示“历史与现代交相辉映”“文化与创新深度融合”的城市形象。要树立城市经营意识，立足沙湾地域特色，通过对城市土地、基础设施和公共服务设施的市场化运作和管理服务，实现城市资源合理配置、良性运作和高效使用，达到城市建设与城市经济发展互动共进。三要坚持做到和谐宜居。要补齐城市基础设施短板、公共服务短板、生态环境短板，不断完善城市功能，为各族群众提供更加方便、舒心、美好的居住环境。要优化城市交通，科学合理编制和实施城市综合交通体系规划，提高道路通达性和出行便利化。大力推进保障性安居工程，加大城镇棚户区改造力度，重点实施老旧小区改造。要保护和扩大绿地、水域、湿地等生态空间，大力倡导生活方式绿色化。四要坚持做好产城融合。进一步完善工业园区基础设施，优化工业布局结构，重点发展纺织服装、石油化工、装备制造、新型建材、精细化工产业。突出第三产业集聚促发展，依托天山北坡经济带城市群区位优势，加快发展面向群众且消费潜力大的公共服务行业。突出兵地协作促发展，推进兵团团场与乡镇区域经济一体化，实现优势互补，提升融合发展水平。五要抓好城市基础设施建设。要完善市政公用基础设施，规划好城市道路布局，有序推进地下综合管廊建设，推进“海绵城市”建设，解决好城市“马路拉链”“空中蜘蛛网”及城市排涝等问题。加大老旧小区和背街小巷改造力度，逐步完善配套设施，提高居民幸福感和获得感。六要做到城乡统筹。完善城乡公共服务体系，推动公共服务下乡，健全城乡公共服务资源均衡配置机制，推动基础设施向农村延伸，水、电、路等基础设施城乡联网，推动就业、医疗等公共资源向农村拓展，逐步建立全民覆盖、普惠共享、城乡一体的基本公共服务体系。

（七）**加强基础设施建设**。要坚持统筹兼顾、远近结合，优化配套、适度超前，逐步破除瓶颈制约，不断夯实发展基础。一是交通方面，争取国道312线县城过境段北迁、省道101岔口至温泉景区道路、林区道路、旅游道路尽快纳入自治区公路建设计划；稳步推进县乡公路改造升级，形成以县城为中心，覆盖乡镇、村队的农村公路网络，提升互联互通水平，完善交通运输网络，改善出行条件。二是能源方面，加快县域油田开发建设，实施好金沟河六级水电站35千伏线路送出等各类电网建设项目，抓好东湾镇、西戈壁镇等农村电网升级改造，推进“电化沙湾”建设。三是水利方面，实施金沟河灌区续建配套与节水改造、沙湾县农业开发区宁家河中型灌区节水配套改造、玛纳斯河防洪治理工程沙湾段等项目，不断提高防汛抗旱能力。四是通信方面，加快推进信息化与维护稳定、新型工业化和社会管理服务现代化等融合发展，推动现代信息技术在各个领域应用。稳妥推进宽带网络基础设施建设，加大基站建设力度，完成光纤扩容；提早谋划5G战略储备，持续推进光纤网络、高速移动网络等向农村及偏远地区延伸，提高覆盖率。

三、奋力保障和改善民生，不断提升各族群众幸福指数

要始终坚持以人民为中心的发展思想，积极回应新时代人民群众新期待，把本级财政支出和对口援疆资金重点用于保障改善民生，继续实施以就业、教育、医疗为重点的9项惠民工程，让各族群众有更多获得感、幸福感、安全感。一是努力实现更高质量的就业。坚持把就业作为最大的民生，认真落实“大众创业、万众创新”工作机制，加大创业孵化基地、孵化园区建设，大规模开展职业技能培训，统筹做好城镇零就业家庭、未就业大中专毕业生、退役军人、困难群体和农村富余劳动力转移就业工作，动态消除城镇零就业家庭，力争新增城镇就业6000人以上、转移农村富余劳动力9000人次以上。二是办好人民满意的教育。全面贯彻党的教育方针，落实立德树人的根本任务，加强社会主义核心价值体系教育，促进青少年德智体美全面发展。要继续加大教育投入，实施五小、二中综合楼等项目，改善办学条件。要统筹各阶段教育均衡发展，大力实施学前三年免费教育，巩固提高义务教育，不断提高职业教育水平；对贫困家庭学生实行精准资助和差异化资助，努力让每个孩子享受公平而有质量的教育。要加强师德师风建设，培养高素质教师队伍，倡导全社会尊师重教。三是深入推进健康沙湾建设。认真贯彻落实国民健康政策，深化全民免费健康体检，提高体检质量。继续完善县、乡、村三级医疗卫生服务体系，加快中医院综合门诊楼、康复中心、妇幼保健与计划生育服务中心建设，确保乡镇卫生院和村卫生室标准化率达到100%。深化公立医院改革，完善县医院管理、补偿、运行与监督机制，健全现代医院管理制度，深入开展区域医联体、县域医共体和分级诊疗建设。要广泛开展全民健身活动，让全县人民乐享健康、快乐生活。四是完善社会保障体系。全面实施全民参保计划，完善基本养老、医疗、人身意外伤害、大病等保险制度和城乡社会保障体系，确保城乡居民参保率稳定在95%以上；完善失业、工伤保险制度，完善社会救助、最低生活保障、慈善事业、优抚安置等制度，确保困难群众及时有效救助。积极推进养老制度改革，创新养老模式，完善养老保障体系，建立适应县域经济社会发展的养老服务管理体制和运营机制。五是做好城乡居民安居工作。继续实施农村安居工程，加快保障性住房建设和棚户区改造力度，建立多主体供给、多渠道保障、租购并举的住房制度，让各族群众住得起、住得好。六是强化安全体系建设。完善救灾应急预案体系，健全应急救援队伍，全面提升应对处置各类突发事

件的能力和水平；严格安全生产责任制，坚决遏制重特大安全事故发生；强化食品药品安全监管，努力让各族群众饮食更加放心、用药更加安心、生活更加舒心。

四、大力加强民族团结，促进各民族深入交往交流交融

五、精心做好宗教工作，推动宗教领域持续和睦和谐

六、坚决守好阵地，确保意识形态领域安全

七、坚持全面从严治党，为实现总目标提供坚强保证

习近平总书记在庆祝改革开放40周年大会上指出，“办好中国的事情，关键在党，关键在坚持党要管党、全面从严治党”。我们要坚决贯彻新时代党的建设总要求，特别是新时代党的组织路线，推动全面从严治党向纵深发展，全面提升党建引领稳定发展的能力。

（一）坚持把党的政治建设摆在首位。把旗帜鲜明讲政治贯穿到党的建设全过程，树牢“四个意识”、坚定“四个自信”、做到“两个维护”，任何时候、任何情况下始终做到认同核心、维护核心、服从核心、紧跟核心、捍卫核心、绝对忠诚核心，在思想上政治上行动上同以习近平同志为核心的党中央保持高度一致。严格落实党的组织生活制度，坚持民主集中制原则，深入推进“两学一做”学习教育常态化制度化，抓好“不忘初心、牢记使命”教育活动，引导广大党员干部牢记宗旨，自觉做共产主义远大理想和中国特色社会主义共同理想的坚定信仰者和忠实实践者。要坚持在维护祖国统一、民族团结、反对民族分裂等重大政治原则问题上，始终做到旗帜鲜明、立场坚定、认识统一、表里如一、态度坚决、步调一致。

（二）建设忠诚干净担当的干部队伍。按照习近平总书记“二十字”好干部标准、民族地区干部“三个特别”政治标准和顾全大局、认真负责、诚实担当、干事成事的具体要求，坚持德才兼备、以德为先、任人唯贤，注重在维稳一线和复杂环境、基层一线和艰苦边远地区培养锻炼干部，突出选拔政治立场坚定、综合素质强、群众基础好、工作热情高的优秀党员干部，积极培养使用优秀年轻干部，重视培养选拔女干部、少数民族干部和援疆干部，努力造就一支忠诚干净担当的高素质干部队伍。要坚持党管人才原则，实行更加开放的人才政策，抓好重点人才工程建设。要继续带着感情、带着责任重视做好老干部工作，落实好各项政策待遇，发挥好老干部的积极作用。

（三）加强基层组织建设。始终坚持把抓基层、打基础作为实现总目标的长远之计和固本之举，认真落实《中国共产党支部工作条例（试行）》《中国共产党农村基层组织工作条例》，夯实党的执政根基。要牢固树立党的一切工作到支部的鲜明导向，突出政治功能，把基层党组织建设成宣传党的主张、贯彻党的决定、领导基层治理、团结动员群众、推进维稳、推动改革发展的坚强战斗堡垒。坚持“一村一策”持续整顿软弱涣散党组织，实现软弱涣散基层党组织“销号清零”。要选优配强村队（社区）党组织书记，坚持把最强的干部选派到“第一书记”岗位，选优配强村队（社区）“两委班子”，建立完善村干部教育培养机制，提升工作能力和水平。推进党的组织全覆盖，进一步加强各类学校、村队（社区）、机关企事业单位、媒体网站等反分裂斗争关键部位、重点领域的党组织建设，切实把思想政治工作落实到支部、把从严教育管理党员落实到支部、把群众工作落实到支部，使党支部真正成为教育党员的学校、团结群众的核心、攻坚克难的堡垒。要不断壮大党员队伍，充分发挥共产党员的先锋模范作用。

（四）加强党风廉政建设。坚持一手抓反分裂斗争，一手抓党风廉政建设和反腐败斗争，坚持无禁区、全覆盖、零容忍，坚持重遏制、强高压、长震慑，坚决减存量、重点遏增量，严厉惩治政治、经济、作风交织的问题和群众身边腐败问题，严肃整治领导干部利用名贵特产类特殊资源谋取私利问题，深入开展扶贫领域腐败和作风问题专项治理，持续传导全面从严治党压力，加强对权力运行的制约和监督，让失责必问、问责必严成为常态，努力营造风清气正的政治生态。坚持巡察工作常态化，重点加强对贯彻党章和党的十九大精神、落实党中央治疆方略、特别是总目标的巡察。要以钉钉子精神打好作风建设持久战，严格执行中央八项规定和实施细则，坚持不懈整治“四风”“四气”，特别是形式主义、官僚主义，做到“十要十严禁”，以良好的作风保证以习近平同志为核心的党中央决策、自治区党委部署和地委要求落地生根。

八、凝聚各方力量，形成推动社会稳定和长治久安强大合力

实现社会稳定和长治久安总目标、推进和谐生态宜居沙湾建设，必须加强民主法治建设，充分发挥好对口援疆作用。一是加强民主法治建设。要始终坚持党对一切工作的领导，充分发挥党委总揽全局、协调各方的领导核心作用。支持人大依法开展监督，有效行使宪法法律赋予的各项职责，充分发挥人大代表的作用。支持政府依法行政，努力建设法治政府、责任政府、人民满意政府。支持人民政协发挥建言献策作用，推进政治协商、民主监督、参政议政制度化、规范化、程序化。加强对统战工作的领导，进一步巩固和发展最广泛的爱国统一战线。加强对群团组织的领导，充分发挥工会、共青团、妇联等人民团体联系群众、服务群众的作用，组织动员广大人民群众坚定不移跟党走，凝聚起建设和谐生态宜居沙湾的强大力量。二是高度重视对口援疆工作。要围绕总目标，聚焦脱贫攻坚、民生改善、产业发展、干部人才、民族团结，在广度拓展、深度挖掘、力度强化上狠下功夫，进一步密切鞍沙两地交流合作，最大限度发挥好援疆工作的综合效益。要重视、支持、关心关爱援疆干部人才工作生活，促进援疆干部成长进步，推动援疆工作再上新水平。三是坚持兵地融合发展。要牢固树立“兵地一盘棋”思想，坚持平等互利共赢原则，全力支持兵团改革、支持兵团提高维稳戍边能力，推动形成融合机制共建、稳定责任共担、经济发展共赢、生态保护共为、社会事业共享、民族团结共创、文化交流共融、干部人才共育的融合发展格局。要主动支持部队建设，大力加强民兵、预备役工作，强化国防动员、国防教育，坚持做好军民融合和双拥共建工作，不断巩固新形势下的军政军民团结。

使命呼唤担当，奋斗成就梦想。让我们更加紧密地团结在以习近平同志为核心的党中央周围，坚持以习近平新时代中国特色社会主义思想为指导，在自治区党委和地委的坚强领导下，紧紧围绕社会稳定和长治久安总目标，敢于担当、求真务实，凝心聚力、攻坚克难，奋力谱写和谐生态宜居塔城的沙湾篇章，以优异成绩迎接中华人民共和国成立70周年。

（县委办）

政府工作报告

——沙湾县第十六届人民代表大会第四次会议

（2019 年 1 月 16 日）

县委副书记、县长 木合塔尔·卡里木别克

现在，我代表县人民政府向大会作工作报告，请予审议，并请政协委员和其他列席人员提出意见。

2018 年工作回顾

2018 年，县人民政府在地委、行署和县委的坚强领导下，在县人大、政协的监督支持下，深入贯彻落实党的十九大、十九届二中、三中全会精神以及上级党委、政府和县委的一系列安排部署，紧紧围绕社会稳定和长治久安总目标，把握关键、主动作为，着力推进“1+3+3+ 改革开放”重点工作，切实保障和改善民生，稳定发展各项工作取得新成效。

（一）社会大局持续稳定。

（二）三大攻坚战开局良好。我们将打好三大攻坚战作为重要工作任务，统筹安排部署，抓重点、补短板、强弱项，取得明显成效。打好防范重大风险攻坚战，坚持全面清理、严格规范，清理确定 2017 年 7 月 14 日以前形成的隐性债务，并制定债务化解方案，积极稳妥化解。实现 2017 年 7 月 14 日以来零违规举债，守住了不发生系统性金融风险的底线。打好精准脱贫攻坚战，推进 512 户 1445 名已脱贫人口巩固提升工作，投入 470 余万元改善贫困村基础设施，深入开展结对帮扶，为贫困户购买商业保险、落实最低生活保障，24 户 82 名新识别贫困人口全部脱贫。打好污染防治攻坚战，中央环保督察反馈问题年度既定整改任务全部销号，提前完成银鹰工贸公司废水未达标排放问题整改和热力企业除尘、脱硫脱硝设施改造，关停县城规划区内小锅炉 82 台，清理整顿“小散乱污”企业 45 家，县域空气质量不断改善。全面推行河（湖）长制，依法取缔水源地保护区内畜禽养殖场、污染类企业 30 余家。自然资源部西安局土地例行督察反馈问题整改和“大棚房”清理整治任务全面完成。稳妥推进退地减水，清退农用地 0.49 万公顷，关停机电井 50 眼、减水 5178 万立方米。大力推进国土绿化，完成植树造林 0.087 万公顷，生态环境质量持续好转。

（三）县域经济平稳健康发展。我们深入贯彻新发展理念，坚定不移推动经济向更高质量发展，预计全县完成生产总值 122.5 亿元，增长 2%。完成一般公共预算收入 8.14 亿元，固定资产投资 30.2 亿元，农牧民人均纯收入达 18568 元，增加 800 元；城镇居民可支配收入达 31782 元，增加 1000 元。优化农业产业结构和区域布局，全县完成农作物总播 15.37 万公顷，建成智慧农业科技示范点，推广智能施肥 3.67 万公顷。深化农业农村改革，全面完成农村集体资产清产核资工作，成功承办自治区农村集体资产清产核资工作现场推进会，向全疆推广沙湾经验。大力培育发展新型农业经营主体，累计组建土地股份合作社 112 家、入股面积 2.13 万公顷，2 家合作社入选全国农民专业合作社示范社。积极应对工业经济下行压力，大力发展纺织服装产业，申请纺织服装补贴 4829 万元，天泰纤维、信泰纺织二期等项目相继投产，纺织企业带动就业 6000 余人。加快完善工业园区基础设施，哈拉干德园区污水循环利用、固废填埋场及国电投智慧能源项目顺利推进，园区承载力不断增强。旅游产业发展势头强劲，温泉景区综合开发项目加快推进，旅游基础设施不断完善，旅游接待能力稳步提升，全年接待游客 165.8 万人次、实现旅游综合收入 15.4 亿元，同比分别增长 33.9%、31.3%。加快发展商贸物流业，规范物流寄递行业管理，市场流通体系不断完善，以旅游业为主战场的三产发展活力进一步增强。

（四）城乡基础设施日益完善。我们加强以市政、交通、水利等为重点的基础设施建设，完成县城世纪大道、教育路、乌鲁木齐路维修及市政基础设施养护工程。大力开展城市绿化，城区绿化面积达 552 公顷，绿化率达 38.1%。完善城区道路交通标识，合理调整公交线路，公交服务能力有效提升。投资 4200 万元建设农村公路 72.8 千米，群众出行条件不断改善。投资 9300 万元实施金沟河防洪堤、柳树沟水库引洪渠除险加固和两个灌区水利设施升级改造工程，县域防汛抗旱能力稳步提高。投资 8600 万元建成 35 千伏红柳坡、沙门子变电站等 7 个电网项目，城乡供电安全可靠性显著提升。

（五）各项社会事业稳步推进。我们始终坚持群众第一、民生优先，一般公共预算支出的 75% 用于保障和改善民生，发展成果更多更公平地惠及各族群众。坚持教育优先发展，农村学前三年免费教育全面普及，义务教育、高中教育、职业教育协调发展。普通高考再创佳绩，本科上线率达 78.4%，位居地区前列。大力实施“阳光助学”工程，发放各类助学金 2402 万元，惠及学生 1.7 万人次。深入推进全民健康工程，公立医院改革不断深化，农村户籍人口“先诊疗后付费”实现全覆盖。深化爱国卫生运动，顺利通过自治区卫生县城复审。深入开展群众性文体活动，群众文化生活不断丰富。实施援疆项目 10 个，落实援疆资金 5761 万元。新建安居富民房 910 户，群众住房条件不断改善。全面落实就业政策，实现城镇新增就业 6175 人、转移农村富余劳动力 1.46 万人次。加快完善城乡社会救助体系，累计发放城乡低保、大病救助等资金 2592 万元，发放残疾人补贴 288.8 万元，惠及 2.54 万人，各族群众幸福感、获得感明显增强。

（六）政府自身建设不断加强。我们深化“放管服”改革，精简行政审批事项，公布行政中介服务事项，落实审批服务“马上办、网上办、就近办、一次办”工作机制，激发市场活力，办理“多证合一、一照一码”营业执照 2823 户，个体工商户“两证整合”6441 户。规范行政执法，推进“双随机、一公开”监管，确定抽查任务 12 项，检查经营单位 285 家，并及时公开抽查情况及查处结果。主动接受人大法律监督和政协民主监督，办理人大代表议案建议 59 件、政协委员提案 66 件，办复率 100%。积极做好国务院大督查迎检工作，整改上级检查及自查发现问题 112 个，一批群众办事堵点问题得到有效解决。全面落实党风廉政建设责任制，强化“一岗双责”，持续加大监督检查力度，支持纪委监委查处“四风”“四气”、扶贫领域等方面问题 3318 个，给予党纪政务处分 371 人、组织处理 2959 人次，并通报曝光，形成了强有力震慑，切实维护了群众利益，进一步创优了发展环境。

与此同时，统计、武装、气象、档案、史志、供销、外事侨务、语言文字等工作也取得新进展，汇聚起了推进沙湾社会稳定和长治久安的强大力量。

过去的一年，我们在推进沙湾社会稳定和长治久安进程中，取得了令人鼓舞的成绩，荣获全国文明城市提名城市、全国农业创新创业典型示范县、全国农村一、二、三产业融合发展先导区、自治区全域旅游示范区创建单位等荣誉称号。这些成绩的取得，得益于县委的统揽全局、坚强领导，得益于人大、政协的有力监督、鼎力支持，得益于各位人大代表、政协委员的理解信任、建言献策，更得益于全县各族人民的同心同德、努力奋斗。在此，我代表县人民政府，向辛勤劳动、无私奉献的全县各族干部群众，向给予政府工作大力支持的人大代表、政协委员、离退休老干部和各人民团体，向驻县部队官兵、武警战士和公安干警，向辽宁鞍山援疆干部及友邻团场干部职工，向所有参与和关心、支持沙湾稳定和发展的各界朋友，表示衷心的感谢并致以崇高的敬意！

在肯定成绩的同时，我们也清醒地认识到，一些影响沙湾稳定和发展的问题依然存在，主要表现在：维稳工作压力传导不够、落实措施不实不细，部分干部还存在松懈麻痹思想、消极厌战情绪和时紧时松现象；农业产业结构需进一步调整优化，农产品品牌建设需进一步加强；工业经济下行压力较大，项目储备不充分，企业融资难问题依然存在；旅游基础设施还不完善，旅游服务业在县域经济社会中促进消费、加快流通的作用还需进一步增强；财政体量小，收支矛盾比较突出，保工资、保民生、保运转、保重点压力较大；城乡社会事业发展还不均衡，公共服务体系还不能有效满足各族群众对美好生活的需求；部分干部工作作风不实，依法行政水平还有待进一步提高，等等。这些问题必须认真加以解决。

2019 年工作安排

2019 年是中华人民共和国成立 70 周年，是全面建成小康社会的关键之年，是实施“十三五”规划承上启下的重要一年。做好今年的各项工作，对我们谱写好和谐生态宜居塔城的沙湾篇章具有十分重要的意义。

今年，我县工作总体要求是：以习近平新时代中国特色社会主义思想为指导，全面贯彻党的十九大及十九届二中、三中全会精神，深入贯彻落实习近平总书记关于新疆工作的重要讲话和重要指示批示精神，贯彻落实以习近平同志为核心的党中央治疆方略、特别是社会稳定和长治久安总目标，按照自治区党委九届六次全体会议、自治区党委经济工作会议、地委扩大会议及县委十二届四次全委（扩大）会议部署要求，始终全力聚焦总目标，强力推进维稳工作全面上水平上台阶；坚持稳中求进工作总基调，坚持新发展理念，坚持推动高质量发展，坚持以供给侧结构性改革为主线，坚决打好“三大攻坚战”，抓好“三项重点”，坚持深化市场化改革、扩大高水平开放，统筹推进稳增长、促改革、调结构、惠民生、防风险、保稳定各项工作，进一步稳就业、稳金融、稳外贸、稳外资、稳投资、稳预期，提振市场信心，增强各族群众的获得感、幸福感、安全感，奋力谱写和谐生态宜居塔城的沙湾篇章，为全面建成小康社会收官打下决定性基础，以优异成绩迎接中华人民共和国成立 70 周年。

预期目标是：力争地方生产总值增长 5.7%，全社会固定资产投资增长 6.5%，一般公共预算收入增长 9%，社会消费品零售总额增长 8%，进出口贸易总额增长 5%，城镇居民人均可支配收入增加 1000 元，农牧民人均纯收入增加 800 元，城镇登记失业率控制在 4.5% 以内，居民消费价格涨幅控制在 3% 以内。完成以上目标任务，我们将重点做好以下工作：

一、全力聚焦总目标，强力推动维稳工作全面上水平上台阶

牢牢把握以习近平同志为核心的党中央治疆方略，坚持把维护社会稳定作为压倒一切的政治任务、重于泰山的政治责任，时刻放在心上、抓在手上、落实到行动上。

（一）加强维稳工作。

（二）加强民族宗教工作。

（三）加强应急管理和安全生产工作。紧紧围绕总目标，修订完善救灾应急预案，健全应急救援队伍，扎实开展应急演练，全面提升处置各类突发事件的能力和水平。坚守发展决不能以牺牲安全为代价这条不可逾越的红线，严格落实“党政同责、一岗双责、齐抓共管、失职追责”和“管行业必须管安全、管业务必须管安全、管生产经营必须管安全”的要求，进

一步完善安全生产责任体系，切实做到责任、措施、资金、时限和预案“五落实”。加强重点行业领域安全监管，持续开展安全生产隐患排查整治，不放过任何一个漏洞、不丢掉任何一个盲点、不留下任何一个隐患，严密防范各类安全事故，坚决遏制重特大安全事故发生，确保人民群众生命财产安全。

二、全力聚焦总目标，奋力推动经济高质量发展

坚定不移贯彻新发展理念，贯彻“巩固、增强、提升、畅通”的方针，坚持以供给侧结构性改革为主线，坚决打好“三大攻坚战”，突出抓好“三项重点”，进一步提高经济发展质量。

（一）继续打好三大攻坚战。三大攻坚战是全面建成小康社会、推动高质量发展的重大决策部署，我们必须稳扎稳打、攻坚克难、力求全胜。一是打好防范化解重大风险攻坚战。坚持宁可发展慢一点，也决不违规举债的思想，巩固深化前期防范化解重大风险成果，坚持把债务限额内发行地方政府债券作为政府举债的唯一合法途径，积极争取上级债券资金支持，严禁以任何方式违规举债，坚决制止违法违规融资担保行为，不得违规实施政府购买服务，切实消除隐性债务风险。将政府隐性债务纳入财政预算，按照5—10年期限有序稳妥化解。严格规范金融市场交易行为，坚决打击非法集资等违法违规金融活动，积极防范化解互联网金融、资本市场等领域风险，加大日常监管，坚决查处各类违规违法举债行为，对造成严重后果的倒查追责、终身问责。二是打好精准脱贫攻坚战。按照“六个精准”要求，紧扣“两不愁三保障”，扎实落实“七个一批”“三个加大力度”，全面落实转移就业、项目支持、发展产业、生态补偿、综合社会保障兜底等脱贫举措，抓好已脱贫人口巩固提升，确保稳定脱贫。加强思想教育引导，激发群众内生动力，确保脱贫群众生活水平有新提高、精神面貌有新变化、思想认识有新提升。认真落实区内协作扶贫工作部署，加大资金支持力度，重点在就业、双语人才培养、优势产业互补等方面协作帮扶，为伽师县与全国同步全面建成小康社会贡献沙湾力量。三是打好污染防治攻坚战。牢固树立宁可发展慢一点、也绝不以牺牲生态环境为代价的理念，严守生态红线底线，严禁“三高”项目落户，严格执行环境保护“一票否决”制。坚决守住生态功能保障基线、环境质量安全底线、自然资源集约节约利用上线、自然资源保护区违规调整高压线，今后划定的保护区，一律不允许擅自调整。加强重点区域生态管控，推进千泉湖国家湿地公园建设，认真落实草原保护、草畜平衡和禁牧休牧制度。严格执行最严格水资源管理制度，稳妥推进退地减水工作。大力实施退耕还林、荒山造林工程，保护好国家重点公益林，筑牢生态安全屏障。加大污染防治力度，持续打好蓝天、碧水、净土、农村人居环境整治“四场标志性战役”，推进“乌昌石”区域大气污染联防联控，加快产业和能源消费结构调整，坚决淘汰落后产能，从源头上减少污染，完成全国第二次污染源普查任务。全面落实河（湖）长制，持续加强重点流域及水库周边污染专项整治，依法治理河道非法采砂、倾倒垃圾、排污等破坏生态环境行为，确保良好水体水质和生态服务功能不降低。加强土壤污染防治，改善土壤环境质量，完成全国第三次国土调查任务。强化督察整改落实，抓好中央环保督察、生态环境部西北督察中心反馈问题整改“回头看”，切实解决群众反映强烈的环保突出问题，推动生态环境质量持续改善，让各族群众喝干净的水、呼吸洁净的空气、感受到环境改善的成果。

（二）坚定坚决抓好“三项重点”。紧紧抓住国家推进“一带一路”建设、实施乡村振兴战略和全疆社会大局持续稳定的机遇，不断释放稳定红利，以重点工作突破带动全局发展。一是积极融入丝绸之路经济带核心区建设。积极参与天山北坡经济带（乌沙）国际物流通道建设，加强商品流通设施、商业网点和特色农副产品仓储保鲜设施建设，提高物流基础设施水平，努力构建以专业批发市场为中心的现代物流体系，力争将沙湾打造成丝绸之路经济带特色农产品进出口加工贸易和物流配送基地。加快推进哈拉干德园区污水循环利用、国电投综合智慧能源等11个“十三五”丝绸之路经济带核心区项目，积极参与地区重点开发开放试验区建设。突出抓好外向型企业发展，大力支持纺织服装、农副产品加工、化工等企业“走出去”开拓国际市场，力争完成外贸出口1500万美元。二是大力实施乡村振兴战略。坚持把乡村振兴战略作为新时代“三农”工作总抓手，按照“产业兴旺、生态宜居、乡风文明、治理有效、生活富裕”总要求，因地制宜、循序渐进、久久为功，推动农村增力、农业增效、农民增收。推进产业振兴。坚持以农业供给侧结构性改革为主线，按照“稳粮、优棉、促畜、兴特色”发展思路，调整优化产业结构，扩大富硒农产品及辣椒、水稻、小米、红薯等特色作物种植规模，划定9.67万公顷棉花生产保护区、3.33万公顷粮食生产功能区，建成现代农业（辣椒）产业园。扶持发展现代畜牧业，加大牲畜品种改良力度，稳步提高出栏率、商品率。加强重大动物疫病防治，抓好“非洲猪瘟”防控，确保畜牧业生产安全。以乳肉制品为重点，支持畜产品加工企业完善屠宰、分割、包装和现代化冷链物流体系，拓宽畜产品销售市场，提升畜牧业生产效益。大力发展智慧农业，加快农业大数据平台建设，推动信息化、智能化技术在农业生产、管理和服务等领域应用，提升农业生产效率。重视农产品品牌创建，抓好商标注册、宣传推介、品牌经营，积极推进“三品一标”认证。发挥沙湾大盘鸡品牌引领作用，整顿规范大盘鸡门店，推动大盘鸡产业健康快速发展。充分发挥各类新型农业经营主体作用，规范发展共赢制农民土地股份合作社，促进小农户与现代农业发展有机衔接，推动农村一、二、三产业融合发展，让农民合理分享全产业链增值效益。推进人才振兴。整合各类培训资源，加强与周边农业科研院所合作，推行“人才＋产业＋基地”农村实用人才孵化培养模式，加快培育一批新型农业经营主体带头人和新型职业农民，探索组建农业技术服务合作社，鼓励人才向农村流动，为现代农业发展提供人才支撑。推进文化振兴。健全完善乡村公共文化服务体系，管好农家书屋、文化室等基层文化阵地，重视乡村文艺骨干培养，广泛开展群众性文体活动，丰富农牧民精神文化生活。加强农村思想道德建设，大力弘扬和践行社会主义核心价值观，积极引导各族群众树立科学文明的生活观念和健康文明的生活方式，培育文明乡风、良好家风、淳朴民风，不断提高乡村社会文明程度。推进生态振兴。加强农村生态保护，严禁污染下乡。继续大力开展植树活动，完成造林666.7公顷。推进生态农业建设，实施残膜回收、化肥农药零增长行动，支持有机肥代替化肥，改善土壤环境质量。加快作物秸秆、畜禽粪便等资源循环利用，有效降低畜禽规模养殖污染。大力推进农村人居环境整治三年行动和村庄清洁行动，持续推进厕所革命、污水垃圾专项治理，不断提高农村环境质量。推进组织振兴。坚持以提升乡村组织力为重点，充分发挥乡镇干部、驻村工作队、村“两委”班子等各支力量作用，全面整顿软弱涣散基层组织，持续壮大村级集体经济，切实把基层组织打造成推动乡村振兴的坚强战斗堡垒。在资金投入、人员配备等方面向乡村倾斜，每年分类打造5个示范乡（村），推进农村基层基础全面进步、全面过硬。大力推进平安乡村建设，深入开展扫黑除恶专项行动，确保农村社会持续和谐稳定。三是大力发展旅游产业。按照“全域旅游、突出特色、打造核心、生态自然”发展思路，聚焦“油画塔城、文化净土、康养天堂”目标，大力推动旅游产业提档升级，打造高质量发展的重要引擎。修编《沙湾县全域旅游发展规划》，加快南部天山画廊风情旅游带、中部丝绸之路文化旅游带、北部沙漠生态旅游体验带“三大旅游带”建设，重点实施“天山画廊”AAAAA级景区及鹿角湾、温泉等国家AAAA级景区创建，加快开发铁门槛国家沙漠公园，积极推进森林公园、大盘美食城、“一个人的村庄”等人文景点建设，逐步完善游客集散中心、停车场、景区内道路、旅游厕所、标识标牌、通信服务等软硬件设施，提升景区服务水平。大力推动“旅游+”，积极培育旅游新业态。以乌兰乌苏富硒农产品、安集海辣椒等为重点，打造乡村旅游品牌；以温泉AAAA级景区创建为重点，打造康养旅游品牌；以冰雪旅游、影视旅游、直升机低空观光旅游、工业研学旅游等为重点，打造一批特色旅游品牌，推进旅游业与一、二、三产业融合。深度挖掘包装地方特色文化，加快培育富硒农产品、辣椒酱、沙湾大盘鸡及民族手工艺品等一批特色旅游商品，促进旅游商品纪念品提档升级，争取入选“塔城礼物”。依托地区旅游发展集团公司，加强营销统筹，创新营销方式，实施全媒体旅游宣传推介，加快旅游电商平台建设，办好大盘美食文化旅游节庆活动，提升沙湾旅游知名度和影响力，力争接待游客220万人次以上、实现旅游综合收入20亿元以上。

（三）深化重点领域改革。坚持向改革要动力、要活力，进一步激发市场活力和经济内生动力。推进供给侧结构性改革，巩固“三去一降一补”成果，降低全社会营商成本。加大“僵尸”企业处置力度，坚决化解过剩产能。深化农业农村改革，稳步推进国有农牧场改革，深入推进农村集体产权制度改革，激活农村发展潜力，让农民享受更多改革红利。积极推进国企国资改革，规范国有企业市场化运行，盘活水权、土地等资源资产，加强国有资产监管，实现保值增值。大力发展民营经济，全面落实减轻民营企业税费负担、放开市场、解决融资难题、提高科技创新能力等方面的政策措施，着力破除民营企业信贷、财税、创新、招投标、人才等方面的各种隐性障碍，专项治理拖欠民营企业资金问题，依法保护民营企业合法权益。结合第四次全国经济普查，全面摸清企业现状，坚持“一企一策”分类指导、精准帮扶，全力做好水、电、暖、气、运等生产要素保障，积极支持民营企业主动转型升级，扎实开展帮扶民营企业专项行动，真心实意为企业担当，实实在在为项目负责，让民营企业家专心创业、放心投资、安心经营，大力营造尊重、激励和保护企业家干事创业的良好氛围，着力构建亲清新型政商关系。

（四）培育壮大特色优势产业。紧紧围绕推动高质量发展，坚持一产上水平、二产抓重点、三产大发展，加大调结构、转方式力度，大力发展实体经济，培育壮大特色优势产业。加快发展农副产品加工业，强化“抓两端促中间”，注重“三品”，坚持“四化”方向，依托优质绿色生态富硒农产品优势，鼓励支持各类资本进入农副产品加工领域，培育和引进一批带动力强的精深加工龙头企业，延伸产业链、提高附加值，努力把特色产品优势转化为发展优势、竞争优势。加快推进工业转型升级，改造提升传统产业，支持现有装备制造、建材等企业扩大生产、开拓市场，实现转型升级。依托现有精细化工企业，着力引进一批石油下游产品深加工项目，积极打造“煤—化”“煤—电—冶”产业链。争取矿区总规早日批复，完成煤矿机械化改造，提升区域煤炭产业竞争力。加大招商引资力度，依托资源和现有项目，瞄准龙头企业，创优发展环境，吸引更多疆内外企业到沙湾投资兴业。大力发展劳动密集型产业，用足用好国家、自治区支持纺织服装产业发展优惠政策，扶持现有纺织服装企业在技术研发、面辅料市场、服装设计、服装商贸等方面实现突破，进一步延伸织布、地毯、家纺等下游产业。加快推进食品加工、旅游品加工、民族手工业等劳动密集型产业发展，支持“卫星工厂”建设，打造产业集群，拉动经济增长，促进就业增收。加快发展现代服务业，依托交通区位和生态环境优势，推动商贸物流、酒店餐饮、电子商务、旅游康养等产业全面升级，着力培育消费新增长点。大力发展信息、金融、中介等生产性服务业和医疗、养老、物业、家政等公共服务业，扩大服务供给，释放需求潜力，为县域经济发展注入新活力。

（五）提高城市工作水平。牢固树立“精品、文化、特色、经营”意识，坚持城市特色为要、生态环保为基、基础设施为先、公共设施为擎、和谐宜居为本，努力打造更具鲜明特点、文化品位、独特魅力的城市。坚持规划先行，加快推进“多规合一”，编制海绵城市、高铁区、人防、城市特色风貌等专项规划，切实维护规划的严肃性。做好城市特色，充分融入沙湾本土文化元素，利用金沟河景观轴，将旧城区与新城区建筑风貌相协调，将大盘美食文化与城市产业相融合，塑造完美展示“历史与现代交相辉映、文化与创新深度融合”的城市形象。加快建设生态宜居城市，优化城市交通，完善道路布局，提高道路通达性和出行便利化。不断完善学校、幼儿园、菜市场、便民超市及医疗卫生、文化体育、社区养老等设施，突出抓好金沟河生态治理和翠山生态绿化工程管护，保护和扩大绿地、水域等生态空间，让各族群众生活的更方便、更舒心、更美好。坚持产城融合发展，统筹推进工业园区、纺织服装产业园与城市融合发展，加快发展面向群众且消费潜力大的公共服务业，实现以业兴城、以城带业、产业发展和城镇建设良性互动。加快城市基础设施建设，推进供排水、供热、绿化、环卫、电力、通信等市政设施改造，完善公共消防设施，着力解决“马路拉链”“空中蜘蛛网”及城市排涝等问题。加大棚户区、老旧小区改造力度，逐步完善配套设施，提高居民幸福感和获得感。加强城市经营管理，健全全民参与和多部门协调联动的综合管理机制，完成住宅小区合并封闭，实现专业化物业管理全覆盖。深化城市“三乱”治理，加强环境卫生整治，大力营造最畅通、最干净、最舒适的城市环境。推进城市土地管理、融资体制改革，盘活低效用地、闲置土地，创新投融资模式，广泛吸收各类资本参与城市建设，尽快补齐基础设施、公共服务、生态环境的短板，促进城市可持续发展。坚持统筹城乡发展，健全城乡公共服务资源均衡配置机制，推动基础设施、公共服务向农村拓展延伸，逐步建立全民覆盖、普惠共享、城乡一体的基本公共服务体系。

（六）加快推动基础设施建设。抢抓中央、自治区财政政策支持机遇，积极储备和申报一批重大基础设施项目。坚持用改革的办法、市场化运作方式，广泛吸引社会资本参与基础设施建设，大幅拉动有效投资，不断厚植发展基础。交通方面，积极争取国道312县城过境段北迁项目，推进重要农村公路改造升级，加快形成以县城为中心，覆盖乡、镇、村的农村公路网络，提升互联互通水平。水利方面，加快推进金沟河灌区续建配套改造、宁家河中型灌区节水配套改造、玛纳斯河沙湾段防洪治理等项目，新建改造防渗渠30千米，不断提高防汛抗旱能力。能源方面，新建改造金沟河七级水电站、特孜勒—沙湾110千伏双回路线路送出等9个项目，积极推进东湾、西戈壁等乡镇电网升级改造，加快推进“电化沙湾”建设。成立工作专班，加快县域油田开发建设。信息化方面，加快宽带网络基础设施建设，新建一批4G基站，进一步提高覆盖率。实施光纤扩容工程，加快光纤网络、高速移动网络等向农村延伸，谋划5G战略储备，提升信息基础设施保障能力。

（七）加强财税金融工作。 坚持把财税金融支撑摆在重要位置，更好服务总目标、服务经济高质量发展。大力扶持潜力大的重点财源建设项目，加快培育新增长点。依法规范资源开发占用土地各项税费征管，加强重点税源、重点企业、重点行业税收征管工作，加大清欠力度，挖掘增收潜力，依法征税、应收尽收。依法规范预算管理，全面公开预决算信息。严格压缩一般性支出，集中财力保工资、保运转、保民生、保重点，确保有限财力用在“1+3+3+改革开放”工作推进和项目建设上。充分发挥财政资金“四两拨千斤”的作用，积极争取新增债券和专项资金支持，引导更多社会资本和金融资本投入重点领域和薄弱环节。用好财税金融政策，进一步激发民间有效投资活力，形成投资的良性循环。支持各类金融机构在沙湾设立分支机构，积极开发金融产品，扩大信贷规模，加大对重点项目、涉农、中小微企业及困难群众创业的金融支持，增强金融服务实体经济的能力，为高质量发展提供支撑。

三、全力聚焦总目标，不断提升受援和融合经济工作水平

深入贯彻落实第六次全国对口援疆工作会议精神，聚焦维护稳定、教育医疗、基层基础建设，实施11个援建项目，强化援疆项目资金审计监管，确保项目落地快、建设快、见效快。深入推进产业援疆，加强与鞍山市在城镇化建设、新型材料加工、旅游等方面的交流合作，做好辽宁援疆旅游专列接待服务，为旅游产业发展添动力。推进海城市经济开发区与沙湾工业园区结对共建，建立鞍山市所属区县与博尔通古乡、西戈壁镇、东湾镇对口帮扶共建机制。发挥援疆干部人才“传帮带”作用，深化干部人才交流交往交融。加强援疆干部人才管理服务，真情关心援疆干部，支持援疆干部干事创业，推动援疆工作再上新水平。

牢固树立“兵地一盘棋”思想，建立兵地融合发展协调机制，统筹兵地经济社会发展规划，将融合发展纳入“多规合一”，推进基础设施共建共享，深度融入以石河子市为区域中心的城市群，积极推动与八师石河子市同城化发展。打破行政区域界限，建立兵地联合维稳处突、信息共享机制，共同加强基层维稳力量，构建维稳联动新格局。加快乌兰乌苏南山坡兵地融合工业园规划建设，积极融入石河子空港经济区。借助石河子纺织服装产业优势，积极承接印染、织造等产业。规划建设乌兰乌苏富硒产业园，联合打造蟠桃、葡萄、富硒红薯等果蔬品牌，共同培育国道312沿线蔬菜林果生产、销售基地。加快兵地旅游资源融合，将石河子军垦文化、红色旅游与沙湾大盘美食、自然风光等资源一体规划建设、联合宣传推介，扩大区域旅游知名度和影响力。深入开展兵地干部挂职任职，促进干部人才交流互动。大力支持新疆油田、胜利油田进行石油勘探开发，拓宽与克拉玛依、独山子的合作领域，积极承接石油石化下游产业，实现互惠共赢。

四、全力聚焦总目标，着力保障和改善民生

坚持以人民为中心的发展思想，加快完善以就业、教育、医疗、文化为重点的基本公共服务，确保将财政支出和对口援疆资金的70%以上用于保障和改善民生，持续推进惠民工程，让各族群众有更多获得感、幸福感、安全感。

（一）坚持稳定和扩大就业。 坚持把稳定就业摆在更加突出的位置，全面落实就业政策，推进培训促进就业，发展劳动密集型产业吸纳就业，加快创业孵化基地、孵化园区建设，鼓励创业带动就业，让劳动者实现更高质量和更充分的就业。统筹做好城镇零就业家庭、未就业大中专毕业生、退役军人、困难群体和农村富余劳动力转移就业工作，力争新增城镇就业6000人以上、转移农村富余劳动力9000人次以上。加大劳动保

障监察力度，落实建设项目缴存农民工工资保证金制度，维护劳动者合法权益，积极构建和谐劳动关系。

（二）优先发展教育科技事业。加大投入力度，实施五小、二中综合楼等项目，切实改善办学条件。全面推行国家通用语言文字教学，办好学前教育，巩固义务教育均衡发展成果，加大公共教育资源向农村转移力度，推进教育联盟捆绑发展。深化普通高中教学改革，提升教育教学质量。大力发展职业教育，深化产教融合、校企合作，优化专业设置，围绕县域重点产业办好特色专业，推进初高中未升学毕业生职业教育全覆盖。加强师资队伍建设，办好名师（名校长）工作室，提高教师队伍整体素质。对贫困家庭学生实行精准资助和差异化资助，努力让每个孩子享受公平而有质量的教育。推动大众创新，深入实施科技之冬、基层科普行动计划，加大科技人才培养力度，鼓励青少年、农牧民开展实用小发明、小创造，重视知识产权保护，推进农业科技示范园建设，运用高新技术改造提升传统产业，进一步增强县域科技实力。

（三）深入推进健康沙湾建设。持续推进全民免费健康体检，提高体检质量。加快完善医疗卫生服务体系，完成乡镇卫生院、村卫生室标准化建设，推进中医院康复中心、妇幼保健与计生服务中心建设，不断改善群众就医条件。深化医药卫生体制改革，落实医疗、医保、医药联动机制，严控医疗费用增长幅度，巩固“先诊疗、后付费”“一站式”结算服务成果，着力解决群众“看病难、看病贵”问题。深入推进区域医联体、县域医共体建设，做实分级诊疗，抓好医疗人才“组团式”援沙和培养培训，提升医疗服务质量和水平。严格执行计划生育政策，保持适度生育水平。加强传染病、地方病、职业病防治，创建自治区慢性病综合防控示范区，着力打造健康沙湾。

（四）大力发展文体事业。坚持以社会主义先进文化为引领，深入推进文化惠民工程，开展“百日文化广场”“乡村百日文体竞赛”“文化六进”活动，巩固“两馆一站”免费开放成果，广泛开展群众性文体活动，办好大型文化活动及品牌赛事，不断丰富群众文化生活。引导各类文艺团体、广大文艺工作者聚焦总目标，创作一批反映多元文化融合、具有浓郁民族风情、地域特色的优秀作品，更好地服务基层群众。重视文物传承与保护，加大文化市场监管力度，深入开展“扫黄打非”专项行动，大力营造积极健康的社会文化环境。

（五）加快完善社会保障体系。持续推进全民参保计划，确保城乡居民参保率稳定在95%以上。规范城乡低保动态管理，提高低保救助精准度。健全完善城乡社会救助体系，推进“五保”老人、孤儿早日实现集中供养收养，保障困难群众基本生活。强化质量强县工作，确保产品质量安全。加强食品药品安全监管，保障群众饮食用药安全。加大保障性住房建设力度，新建安居富民房1500户，完成棚户区改造150户，改善城乡居民居住条件。全面落实老年人优待政策，大力宣传老年人权益保障法等法律法规，切实维护老年人合法权益。鼓励社会资本参与养老机构建设和运营管理，提升养老服务质量。坚持做好军民融合和双拥共建工作，加强退役军人服务保障体系建设，维护退役军人合法权益。持续加强残疾人康复服务、就业等工作，不断提高残疾人生活质量。

五、全力聚焦总目标，着力打造人民满意的服务型政府

对人民负责是政府工作的第一准则，为人民服务是政府工作的第一要务，让人民满意是政府工作的第一追求。我们将全力聚焦总目标，进一步加强自身建设，切实提高政府的公信力和执行落实力。

（一）加强政治建设。坚持以习近平新时代中国特色社会主义思想为指导，深入贯彻以习近平同志为核心的党中央治疆方略、特别是社会稳定和长治久安总目标，严格遵守政治纪律和政治规矩，树牢“四个意识”、坚定“四个自信”，坚决做到“两个维护”。按照中央、自治区、地区和县委的决策部署抓稳定、谋发展、促改革、惠民生，确保政令畅通、令行禁止。深入推进“两学一做”学习教育常态化制度化，抓好“不忘初心、牢记使命”教育活动，切实提高政府系统各级党员干部履职尽责、推动发展的能力。

（二）严格依法履职。坚持把依法行政作为政府工作基准，做到“法无授权不可为、法定职责必须为”，健全完善“公众参与、专家论证、风险评估、合法性审查、集体讨论决定”决策机制，提高决策透明度和公众参与度。深入推进“七五”普法，加快法治政府建设，提升政府执行力和公信力。主动接受县人大及其常委会的法律监督、工作监督和县政协的民主监督，认真办理人大议案、代表建议和政协提案。大力推进政务公开，办好政府网站，整合各类政务热线电话，用好微信、微博、APP等新平台，全面推行主动公开基本目录制度，让政府管理更加规范、开放、阳光。

（三）深化政务服务。推进政府职能转变，按期完成政府机构改革任务。深化“放管服”改革，持续推进“双随机一公开”监管，完善政府部门权责清单动态管理机制，全面实施市场准入负面清单制度。加强行政服务中心运行管理，理顺工作机制，强化部门协调，完善中心智能化服务功能，推进“三集中、三到位”。大力压缩企业开办时间、工程建设项目审批时间，推行审批服务“马上办、网上办、就近办、一次办”。深入推进“互联网+政务服务”，逐步整合分散隔离的政务信息系统，推动政务服务“一网通办”，切实提高行政效能。

（四）强化责任担当。坚持高站位、高标准，说了就算、定了就干，强化“钉钉子”精神，认真解决发展中的新矛盾、新问题，努力提升发展质量。按照地委“六步工作法”推进各项工作落实，主动当好“施工队长”，不搞棚架、不打乱仗，着力办好有力度更有温度的民生实事，满腔热情地帮助解决群众反映强烈的办事堵点问题。加强对重点工作、重大项目和民生工程的督促检查，严格考核奖惩，以目标倒逼进度，以时间倒逼程序，全力推动政府工作提速、提质、提效。

（五）坚守廉政本色。认真落实全面从严治党主体责任和“一岗双责”，强化重点领域和关键岗位廉政风险防控，全力支持纪委监委执纪监督、巡察监督、派驻监督和审计监督，保持惩治腐败高压态势。深入贯彻中央八项规定实施细则及自治区、地区和县委贯彻落实的实施办法，坚持不懈整治“四风”“四气”，坚决做到“十要十严禁”，推动干部作风实现根本转变，全力打造干部清正、政府清廉、政治清明的政务环境。

蓝图已绘就，使命在召唤，奋进正当时。让我们更加紧密地团结在以习近平同志为核心的党中央周围，坚持以习近平新时代中国特色社会主义思想为指导，在上级党委、政府和县委的坚强领导下，全力聚焦总目标，加快推动经济高质量发展，着力保障和改善民生，凝心聚力、攻坚克难，奋力谱写和谐生态宜居塔城的沙湾篇章，以优异成绩迎接中华人民共和国成立70周年。

（政府办）

七十载风雨铸辉煌 新时代砥砺再前行

——中华人民共和国成立70周年沙湾县发展情况

沙湾县是自治区确定的天山北坡经济带优先发展的县市之一，是塔城地区的东大门，位于新疆天山北麓中段、准噶尔盆地南缘，东接石河子市，南依和静县，西邻奎屯市、独山子区，北连克拉玛依市。辖区面积1.31万平方千米，总人口39万人，其中地方人口21万人，由汉族、哈萨克族、回族、维吾尔族等30个民族组成，辖9个镇、3个乡、2个农牧场、220个村队、14个社区。沙湾县生态环境良好，旅游资源得天独厚，区位优势突出，文化底蕴深厚，矿产资源较为丰富，农牧业现代化基础好，新型工业化初具规模，社会大局持续和谐稳定。

新中国成立以来特别是改革开放以来，沙湾县委、县政府团结带领全县各级党政和各族干部群众，认真贯彻落实中央、自治区党委决策部署和地委工作要求，扎实推进政治建设、经济建设、文化建设、社会建设和生态文明建设，县域经济社会发展取得辉煌成就，为今后的发展打下了坚实基础。2018年，全县地方生产总值达134.3亿元，比1949年增长13299倍，年均增长14.4%，比1978年增长384.5倍，年均增长15.4%；三次产业结构由1949年的83∶5∶12调整为2018年的42.3∶26∶31.7；2018年，完成地方财政收入9.69亿元，是1949年的10767倍，是1978年的157倍；2018年农牧民人均纯收入18570元，比1990年增长24.8倍，年均增收638元。先后荣获全国文明县城、全国民族团结进步模范县、全国双拥模范县、全国科技进步先进县、全国主要农作物生产全程机械化示范县、自治区优秀平安县、自治区招商引资先进县、自治区基层组织建设先进县等50多项国家级、自治区级荣誉称号，蝉联九届自治区文明县。

一、着力建设平安沙湾，社会大局持续和谐稳定

新中国成立以来，沙湾县以促进民族团结进步为主线，以发展少数民族经济为中心，加快少数民族干部队伍建设，广泛开展民族团结进步创建活动，努力推进各民族共同繁荣发展，长期以来，各民族和睦相处，各族群众安居乐业。近年来，县委、县政府坚决贯彻落实中央、自治区维护民族团结、维护社会稳定的一系列决策部署，全面强化治标治本措施，深入开展平安沙湾建设，民族团结、军民团结、兵地团结不断巩固，成功创建为自治区平安县、全国双拥模范县，4个乡镇成功创建为自治区优秀平安乡镇。特别是第二次中央新疆工作座谈会以来，县委、县政府坚决贯彻落实以习近平同志为核心的党中央治疆方略、特别是社会稳定和长治久安工作总目标，始终把维护社会稳定作为压倒一切的政治任务，坚定不移聚焦总目标、打好组合拳，持续加大人防物防技防建设，确保了社会大局持续稳定、长期稳定、全面稳定。创新开展了“人人都是维稳哨兵”活动，各族干部群众都把发现影响稳定的情况立即报告当作义不容辞的责任，自觉地成为维护稳定的哨兵，群防群治工作不断成为常态。大张旗鼓地做好民族团结工作，广泛深入开展民族团结模范单位、模范个人创建活动，大力宣传民族团结先进典型，从我做起，从身边人做起，从孩子抓起，各民族亲如一家的生动局面不断再现。2018年末，创建成县级以上民族团结进步模范单位460个，创建成功率达97.6%，2015年与地区同步成功创建为全国民族团结进步模范县。坚持“保护合法、制止非法、遏制极端、抵御渗透、打击犯罪”的宗教工作方针，依法加强宗教管理，严格落实县级领导干部联系宗教场所、定

期与宗教人士谈心制度，扎实开展党员干部和爱国宗教人士培训工作，正确教育和引导宗教人士和信教群众，宗教在维护稳定、促进发展中发挥了应有的作用。2015年成功创建全国无邪教示范县。主动做好矛盾纠纷排查化解工作，最大限度将各类矛盾纠纷化解在基层、萌芽状态，安定有序、团结和谐的社会局面进一步巩固。

二、抢抓发展机遇，经济实现又好又快发展

（一）农业综合生产能力大幅提高，农村经济全面发展。新中国成立70年来，沙湾农业取得了长足发展。特别是党的十一届三中全会以来，县委、县政府创造性地贯彻执行中央、自治区党委、地委关于农村工作的一系列方针政策，逐步深化农村改革，1985年全面实行家庭联产承包责任制，2005年起取消农业税和农林特产税，全面落实国家各项农业补贴政策，极大地调动了各族农民的生产积极性。2005年，四道河子镇下八户村开展土地互换，实现规模化集约化经营，掀起了沙湾“第三次农村改革”，成为全国各地探索土地流转的五大模式之一，并在2008年《半月谈》中刊载。改革开放以来，沙湾农业发展经历了三个阶段。第一阶段是改革开放后到90年代初，农业生产以大力发展粮食生产为主，把粮食生产作为基础产业；第二阶段是90年代初到90年代末，发展重点开始转向以不放松粮食生产，大力发展棉花、蔬菜、番茄等经济作物生产，棉花成为种植业的主导产业；第三阶段是进入新世纪以来，以市场为导向，以结构调整为重点，以增加农牧民收入为目标，在保证粮食安全、棉花稳定的基础上，确立了以畜牧业为主导，围绕畜牧业调优种植业的新的发展思路。改革开放以来，沙湾县成功创建为全国生态农业县、国家粮食基地县、国家优质棉生产基地县。一是主要农产品产量大幅增长。2018年粮食总产量29.65万吨，比1949年增长32倍，比1978年增长3.6倍；棉花总产量27.07万吨，比1978年增长446倍；甜菜总产量4.4万吨，比1959年增长93倍，比1978年增长1.3倍；蔬菜总产量31.7万吨，比1950年增长550倍，比1978年增长46.7倍；以大棚温室栽培为主的设施农业从无到有，已发展到632座，面积达96.73公顷，极大地丰富了淡季蔬菜市场。二是畜牧业快速发展。近年来，沙湾县把加快发展畜牧业作为推进农业结构调整的突破口，大力推进品种改良、牧民定居、标准化养殖小区及防疫体系建设，着力打造高产奶牛、牛羊肉、生猪和禽肉禽蛋四大生产基地，加快推进传统畜牧业向现代畜牧业转变。2018年，牲畜年末存栏45.8万头（只），比1949年增长17倍；畜牧业总产值占农业总产值的比重由1978年的18.3%提高到20%。三是农业产业化进程快速推进。坚持以市场为导向，大力扶持、改造、引进科技含量高、辐射带动力强的农副产品加工企业，不断提高产品附加值和市场竞争力，构筑起市场引领、企业带动、品牌支撑、产加销相衔接的产业化体系。2018年，全县自治区级、地区级农业产业化龙头企业达22家以上，涌现出天海粮油、银鹰工贸、盖瑞乳业、瑞隆农业、天宝食品、信泰纺织、森禾纺织等一批具有相当实力的农业产业化龙头企业。加快培育以农民土地股份合作社、草畜联营合作社为主的新型农业经营主体，以共赢制合作社为主的农业新型经营主体不断壮大，累计成立土地股份合作社112家，入股面积2.13万公顷；大力培育新型农机服务主体，全县农机合作社54家，服务面积8.67余万公顷。大力推进农产品品牌建设，“西域白浪”棉花成为新疆著名商标，天宝食品“沁康”“好年景”小麦粉获中国企业四星级品牌认证，广海记农业科技“禧安椒”辣椒酱入选中国十大地方名吃和全国消费者放心满意品牌。四是农业先进实用技术大面积推广。大面积应用地膜覆盖栽培技术，在农业上掀起了一场“白色革命”；粮食“吨粮田”建设、多熟制，棉花矮、密、早、宽膜、高

密度加膜下滴灌，测土配方施肥、农作物病虫草害综合防治，瓜果园艺优质高产栽培技术的推广应用，改变了过去粗放耕作的状况，把科技兴农水平提高到了一个崭新的阶段，农业科技贡献率达到47%。大力推广胚胎移植、冻精冷配等技术，牛羊良种率达80%以上、猪禽良种率达95%以上。农业机械化在全疆具有引领作用，2018年，全县大宗农作物耕种收综合机械化水平达97.7%。

（二）工业经济逐步发展壮大。沙湾工业起步迟，20世纪60年代前，县内工业以手工业为主。到60年代末，沙湾有了以粮油加工、拖拉机修配、白酒生产为代表的国有企业。十一届三中全会后，沙湾县因地制宜，把握历史发展机遇，新建了水泥、采矿、灯芯绒、塑料、橡胶、水泥预制为核心的集体企业和私营企业。1993年，县委作出加快发展乡镇企业的决定，使乡镇企业异军突起，沙湾工业产值超过农业产值，改变了沙湾长期以来以农为主农牧结合的经济格局。1994年，批准在22家企业实行股份合作制，在12家企业和部分企业的门店实行国有民营，私营经济蓬勃兴起，企业步入一个新的发展阶段。1998年，全面推进企业改革；2000年末，完成134家公有制企业的改制，全面完成公有制企业改制任务。近年来，县委、县政府大力实施工业立县、科技兴县和人才强县战略，以股份制、民营企业为核心，内引外联、招商引资、筑巢引凤，依托资源优势，加快以采矿、化工、食品加工、塑料、纺织为龙头的金沟河综合工业园区和哈拉干德综合发展园区建设，2012年成功申报为自治区级工业园区，沙湾纺织服装产业园被纳入自治区纺织服装产业“三城七园一中心”，2016年定位为北疆织造产业基地，从此沙湾工业发展步入快车道。2004年，沙湾县被中国社会科学院西部发展研究中心和中国西部大开发活动组织委员会授予“中国西部大开发新疆十座投资最佳城市（县）”荣誉称号。先后引进中粮、中材、新兴铸管、山东正元、港能发电、银鹰工贸、永弘焦化、信泰纺织、天目湖地毯等一批大企业大集团。全县已建立棉纺、食品、煤炭、建材、能源、塑化等门类比较齐全、结构趋于合理的现代工业体系。2018年，全县完成工业增加值16.34亿元，是1978年的520.3倍，年均增长16.8%。

（三）第三产业长足发展。中华人民共和国成立70周年，特别是改革开放以来，沙湾县加快改造传统服务业，大力发展现代服务业，第三产业发展的规模和层次不断提升。城乡市场繁荣兴旺，2018年，全县社会消费品零售总额21.3亿元，是1978年的91.9倍。目前，随着人们收入水平的提高和生活观念的转变，居民在满足了吃、穿的基础上，消费支出更多地投向了住房、通信、旅游、教育、汽车等新兴领域，城乡市场呈现繁荣兴旺的大好局面。依托沙湾县是享誉全国的大盘鸡美食的故乡和县内九种特色旅游资源，大力发展全域旅游。建成AAA级景区3家，星级酒店2家，旅游接待服务能力进一步提升。深入挖掘和发展以大盘鸡为代表的特色餐饮产业，积极开发以鸡为主的各类新菜品，加快大盘鸡标准化建设，成功注册“沙湾大盘鸡”商标。2018年，接待游客875.6万人次，实现旅游综合收入32.03亿元。电商产业开辟新局面，成功申报国家、自治区级电子商务进农村综合示范县，建成县级电子商务服务中心和15个乡级服务站、100个村级服务网点及社区电子商务服务站点、县乡村三级物流配送网络重点配送中心。绿色康养、交通运输等服务业稳步发展，城乡群众生活更加舒适便利。

三、加强基础设施建设和生态环境保护，可持续发展能力进一步增强

县委、县政府抢抓西部大开发、中央支持新疆、全国对口援疆政策机遇，加强农田水利、道路交通、电网改造、生态环境等基础设施建设，生产生活条件和生态环境逐步改善，经济和社会发展后劲进一步增强。一是水利方面。截至2018

年底，全县共建成海子湾、柳树沟、宁家河等中小型水库7座，总库容达4776万立方米；建成干、支、斗、农四级防渗渠道2609千米，配套机电井3450眼，节水灌溉面积190万亩，有效保障了农业灌溉需要。二是交通建设方面。加强县乡公路建设，建成沙柳、沙温、沙博等县乡公路10条201千米、乡村公路630千米、村道1658千米、专用公路11千米。辖区有县级客运站1个、乡镇级客运站11个、乡村招呼站5个，有各类班线69条，乡镇通班车率100%、行政村通班车率98.9%，“北疆之星”城际列车在沙湾停靠；开通长途客运班线9条、乡村班线21条、公交线路5条，运营新能源公交车30辆、城市出租车380辆，群众出行更加方便快捷。三是电网建设方面。1964年10月，沙湾县城建成第一座发电厂，开启了沙湾电力发展的先河。目前，已引进建成港能发电、富春水利、新疆河能发电企业3家，总装机容量8.2万千瓦。55年来，沙湾电网从无到有、从小到大，1999年实现电网全覆盖。目前，共有变电站39座，其中220千伏3座、110千伏12座；主变6台，变电容量2178兆伏安；35千伏及以上线路71条、总长2130千米，10千伏172条、总长2461千米，为经济社会发展提供了可靠安全的电力支撑和保障。四是生态建设方面。突出抓好“三北”农防林、退耕还林、宜林荒山荒地造林等重点造林工程建设，坚持生态效益与经济效益并重，发展以苹果、葡萄、枸杞、蟠桃等为主的经济林果业，初步形成以绿洲内部生态经济型农田防护林、绿洲外缘准噶尔盆地南缘防沙治沙基干林为主的立体生态绿色屏障。1978年被列为“三北”防护林体系工程重点县之一。1986—1990年，连闯植树造林万亩大关。2018年末，全县平原人工林0.75万公顷，其中防护林0.62万公顷、经济林0.2万公顷，全县森林覆盖率为13.5%，申报千泉湖国家级湿地公园1个。五是环境保护方面。始终牢固树立保护生态环境就是保护生产力、绿水青山就是金山银山的理念，积极贯彻执行国家环境保护的一系列法律、法规和方针政策，始终把工业污染防治作为治理的重点，坚决淘汰落后产能，对重点污染企业进行限期治理，新建、扩建、改建项目尽可能采用能耗物耗小、污染物排放量少的清洁生产工艺，并对防治污染设施进行统一规划、配套建设。采取工程减排、结构减排、管理减排等措施，2011年以来，减排化学需氧量18062吨、氨氮302吨、二氧化硫6768吨、氮氧化物846吨。严禁“三高”项目落户沙湾，严格执行环境影响评价和“三同时”制度，共审批建设项目环境影响评价579项，环评执行率达95%以上。全面推进农村环境综合整治和生态示范建设，成功申报地区级生态乡镇8个、生态村174个。2016年被命名为地区级生态县。

四、着力保障和改善民生，人民生活质量显著提高

中华人民共和国成立70周年，特别是改革开放以来，县委、县政府始终把保障和改善民生作为一切工作的出发点和落脚点，坚持把有限的财力主要用于改善民生上，进一步完善以就业教育医疗文化为重点的基本公共服务，全县各族群众的获得感和幸福感进一步提升。一是教育事业全面发展。解放后，县委、县政府有步骤地接管、整顿各类学校，集训留用教师。1950年，全县学校13所，在校学生1065人。党的十一届三中全会以来，沙湾县坚持教育事业优先发展，采取一系列切实可行的措施，努力增加教育投资，调动全社会办学的积极性。1982年，全县基本普及小学教育。进入20世纪90年代，沙湾县教育事业稳步发展，形成广播电视教育、高等教育自学考试和函授成人教育体系。公办、民办教育齐头并进，民汉合校、双语教育、职业教育深入推进，素质教育取得长足发展；九年义务教育巩固率达96.5%，高考上线率年均达93%。1999年被评为国家级教育工作先进县，2010年被评为自治区两基工作先进县，2013年通过自治区义务教育标准化建设验收，2014年通过国家义务教育均衡发展评估验收。2018年，全县有各级各类学校86所，其中，小学18所、初级中学2所、完全中学2所、九年一贯制学校8所、高级中学1所、中等职业技术学校1所、幼儿园55所；在校学生31784人，其中，幼儿园6624人、小学13378人、初中6709人、高中5073人、职业技术学校1375人；共有教职工3408人，其中专任教师2796人。二是卫生事业健康发展。1950年仅有县人民医院1家卫生机构，有卫生技术人员7人。1978年开始审批个体行医和医疗部门承包责任制试点。1979年，卫生机构有县人民医院、10个公社卫生院、62个村卫生室、4个工矿企业卫生所、防疫站18个，卫生技术人员146人，拥有床位282张。1991年以来，通过深化医疗卫生改革，完成了各乡（镇）场卫生院的“一无三配套”（无危房房屋配套、设备配套、人员配套）工程。2005年，成功实施新型农牧区合作医疗制度，缓解了农民“看病难”“看病贵”的问题。2006年全县实行乡村医生一体化管理，逐步形成县、乡、村三级网络建设。2007年，沙湾县被命名为自治区新型农牧区合作医疗先进试点县。2016年起每年实施全民健康体检工程，各族群众健康水平逐步提升。至2018年，全县有各级各类医疗卫生机构270个，卫生专业技术人员1358人，千人拥有卫生技术人员6.71人；床位859张，千人拥有床位4张。城乡居民基本医疗保险参保率达90%，各种免疫接种率均达到99%以上，孕妇产后访视率达90.1%。三是文化软实力不断增强。加大文化事业投入，文化场所基础设施建设明显改观。全县15个乡（镇、场）全部建立健全了文化站、图书室，各类文化艺术民间社团活动活跃，文化市场空前繁荣，文化产业蓬勃发展。一批文学艺术新秀迅速崛起，文艺创作成果显著，涌现刘亮程、张景祥等一批知名本土作家和诗人，《一个人的村庄》《家住沙湾》《一代匠人》《大盘鸡正传》等一批沙湾本土文化作品更是渗透出沙湾人思维深层的文化根脉。1996年沙湾县被自治区命名为文化建设先进县；1997年被命名为全国文化建设先进县、国家群众体育先进单位；2000年获全国体育先进县；2001年起连续14年荣获自治区百日广场文化活动竞赛先进县荣誉。县、乡、村三级文化网，广播网，电视网，图书服务网基本建立健全。广播电视经过数次升级改造，2004年实现“村村通”。2018年，广播电视覆盖率达91.2%，发展数字电视用户1.2万余户。四是社会保障体系进一步完善。坚持把就业作为最大的民生，大规模开展职业技能培训，统筹做好城镇零就业家庭、未就业大中专毕业生、退役军人、困难群体和农村富余劳动力转移就业工作，动态消除城镇零就业家庭。2003年以来，城镇新增就业6.7万人。加大安居富民工程、公租房等保障性住房建设，累计完成公租房1103套、棚户区改造2655套、安居富民房30039户。认真落实社保政策，完善失业、工伤保险制度，完善社会救助、最低生活保障、慈善事业、优抚安置等制度，困难群众及时得到有效救助。全县建成社会福利院5所、儿童福利机构1所，社会福利事业不断壮大。

五、坚定不移全面从严治党，党的基层基础更加牢固

中共沙湾县委自成立以来，坚持把政治建设放在首位，坚持把学习和运用马克思主义理论作为党员和干部教育的中心内容，注重把对党员的经常性教育和适时的集中教育结合起来，健全完善县委中心组学习制度和党员学习教育制度，各级领导班子政治素质明显提高。特别是近年来，县委坚决贯彻新时代党的建设总要求，认真践行新时代党的组织路线，坚定不移全面从严治党，严肃党内政治生活，强化党内监督，全县各级党组织和广大党员干部自觉增强“四个意识”、坚定“四个自信”、做到“两个维护”，自觉在政治立场、政治方向、政治原则、政治道路上与以习近平同志为核心的党中央保持高度一致。一是各项专题教育活动扎实开展。近年来，县委严格按照中央、自治区党委、地委要求，创新实践载体，丰富活动内容，扎实开展了农牧区社会主义教育、“三讲”、“三个代表”重要思想学习教育、保持共产党员先进性教育、学习科学发展观、党的群众路线教育实践、“三严三实”专题教育等活动，深入开展“治庸治懒治乱”专项行动，各级党员干部作风明显转变，县委班子连续多年在年度考核中群众满意率达99%以上。二是党的基层组织更加坚强有力。县委牢固树立大抓基层的鲜明导向，突出政治功能，大力推进农村、社区、机关、学校、企业、社会组织等基层党组织建设，推动基层党组织设置从“有形覆盖”向“有效覆盖”转变、组织活动从“偏于形式”向“突出作用”转变，着力把基层组织建设成为宣传党的主张、贯彻党的决定、领导基层治理、团结动员群众、推动改革发展的坚强战斗堡垒。着力推进党的组织覆盖，基层组织从1950年1个支部发展到目前的23个基层党委、41个党组、51个总支、600个支部。着力整顿软弱涣散基层党组织，一些基层党组织弱化、虚化、边缘化问题得到解决，基层组织的战斗堡垒作用充分发挥。坚持从先进工作者、劳动模范、民族团结模范、致富带头人、返乡大学生、退伍军人等基层一线先进分子中发展党员，严格落实党员发展制度，党员人数从1950年的4名发展到目前的12264名。完善制度、创新形式、立足实际，认真落实“三会一课”制度，党员的思想政治素质和业务素质不断提高。三是领导班子和干部队伍建设取得新进展。坚持好干部标准和民族地区“三个特别”政治标准，建立和完善干部政治表现台账和实绩台账，注重从具有重点工作实践锻炼经历的干部中考察识别干部，注重选拔培养少数民族干部、女干部和年轻干部，干部队伍结构不断优化。截至2018年底，全县有625名科级干部，其中研究生及以上学历17人、大学本科366人、大学专科219人；少数民族干部139人，占22.24%；女干部135人，占21.6%。健全完善人才工作制度，大力引进高层次人才，全县有各类人才1.86万人，其中党政人才1653人、业经营管理人才2500人、专业技术人才5739人、高技能人才2941人、农村实用人才5500人、社会工作专业人才500人。四是持续深化“访惠聚”驻村工作。自“访惠聚”驻村工作开展以来，县委先后择优选派5批6165人次干部驻村队（社区）开展工作，着力推进“1+2+5”工作任务落实，在共促和谐、维护稳定方面发挥了主力军作用。切实建强基层组织，发挥好“传帮带”作用，工作队员联系村“两委”班子成员1128人，发展党员1484人，培训基层党员17.72万人次，基层党组织和党员干部服务群众、维护稳定、凝聚人心的能力得到显著提升。用心做好群众工作，落实各类资金5.36亿元，实施惠民生项目、幼儿园、卫生室、新建道路渠道改造等项目953个，组织开展村（居）民实用技能培训3613场次，引导村级组织成立农民专业合作社397个，帮助村民发展庭院经济543个，通过转移就业、就地创业等形式帮助群众就业1.5万人次，为群众办实事好事1.68万件，各族人民群众的获得感、幸福感、安全感不断提高。五是党风廉政建设和反腐败工作不断加强。县委坚持全面从严治党，把党风廉政建设和反腐败工作摆在重要位置，坚持无禁区、零容忍，保持惩治腐败高压态势，着力惩治群众身边的腐败问题。改革开放以来，受理信访举报1635件（次），处置问题线索2092件，立案审查1226件，涉及党员干部2142人，给予党纪政纪处分1193人。严格落实中央八项规定和实施细则，驰而不息纠治“四风”“四气”，深入开展工程领域突出问题、正风肃纪、损害群众利益、扶贫领域腐败和作风问题、“学讲话转作风促落实”、形式主义官僚主义专项整治等活动。突出“两个维护”，深化政治巡察，利剑作用得到彰显，推动了全面从严治党向基层延伸。大力推进纪检监察体制改革，2012 年 10 月自治区在沙湾县成功召开了地、县两级纪检监察派驻机构统一管理工作座谈会，在全疆推广沙湾经验；2018 年 1 月如期完成县监察委员会挂牌组建、人员转隶，实现县监察委员会派出乡镇监察办公室全覆盖，监督体系日趋完善。六是鞍山援助沙湾作用有效发挥。牢牢把握对口援疆的重大历史机遇，以保障和改善民生为重点，全面推进就业、教育、干部人才援疆，实施了一批涉及民生需求、产业发展、人才培养、促进就业等方面的重大项目。累计实施援疆项目 89 个，总投资 16.42 亿元，其中援疆资金 5.5 亿元，新建村级阵地 43 个、社区阵地 14 个、乡镇干部周转房 30 套、安居富民和牧民定居房 9000 余套，建设教学场地 5 万平方米。组织 3224 名干部人才赴辽宁开展轮训，柔性引进各领域专业急需人才 189 名，帮带提升本地专业技术人才 2000 余名。全体援沙干部把援疆当事业、把沙湾当故乡、倾心贡献智慧和力量，赢得了全县各族干部群众的高度赞誉。

翻篇归零再出发，撸起袖子加油干。在新时代，沙湾县委、县政府将坚持以习近平新时代中国特色社会主义思想为指导，在自治区党委、政府和地委、行署的坚强领导下，紧紧围绕社会稳定和长治久安总目标，敢于担当、求真务实，凝心聚力、攻坚克难，奋力谱写和谐生态宜居塔城的沙湾篇章，努力创造无愧于伟大新时代的新辉煌。

（县委党史和地方志研究室）

大事记

1月

5日　沙湾县第十六届人大常委会第八次会议召开。

8日　政协沙湾县十五届委员会第六次常务委员会召开。

9日　中共沙湾县委十二届三次全委（扩大）会议召开。县委书记乾正峰作题为《认真贯彻落实党的十九大精神　奋力开创和谐稳定生态宜居旅游休闲之都建设新局面》的报告，县委副书记、县长木合塔尔·卡里木别克主持大会，并就贯彻落实会议精神作总结讲话。对2017年稳定工作突出贡献先进集体、发展工作突出贡献先进集体和做出突出贡献的先进个人进行表彰。

10—11日　塔城地委副书记、辽宁援疆前方指挥部总指挥杨军生带领地区民族团结进步工作督导调研组到沙湾县督导调研民族团结进步工作情况。杨军生一行深入部分学校、清真寺、社区、企业和居民区，详细了解沙湾县民族团结进步工作落实情况。

17—18日　中国人民政治协商会议沙湾县第十五届委员会第三次会议召开。

18—19日　沙湾县第十六届人民代表大会第三次会议召开。

23—24日　伊犁州党委常委热孜别克·哈木扎带领伊犁州农业农村考察团到沙湾县考察农业农村发展情况。考察团一行前往沙湾县部分村队、高中城、合作社、企业、金沟河生态治理工程进行实地考察，详细了解沙湾县农业农村及美丽乡村建设工作等方面的经验和做法。

27日　塔城地委副书记、行署专员木合亚提·加尔木哈买提到沙湾县调研。

2月

8日　沙湾县召开发声亮剑活动推进会。县委书记乾正峰，县委副书记、县长木合塔尔·卡里木别克等县四套班子在家领导及法检两院、县直各单位、各部门相关负责人参加会议，各乡（镇、场）以视频会议的形式在分会场参加会议。

10日　沙湾县与兵团第八师石河子市座谈会召开。

12—13日　县委书记乾正峰等四套班子领导分组前往县人武部、驻县各部队、新疆军区农业新技术实验培训基地、消防大队、武警中队走访慰问驻县部队官兵，同庆新春佳节，共叙军民鱼水深情。

25日　全县2017年度乡（镇、场）党委书记抓基层党建工作述职评议考核视频会议召开。15个乡（镇、场）党委、2个县直党（工）委负责人分别进行大会述职，其他县直各党（工）委作书面述职。县委书记乾正峰现场点评，并就抓好基层党建工作作进一步强调安排。

3月

5日 沙湾县召开第二十批异地挂职干部欢迎会。

11日 自治区经信委党组成员、副主任张晓峰率自治区经信委园区管理处、发改委、环保厅、住建厅等相关部门人员一行，到沙湾县现场核查工业园区污水处理厂的建设及运行情况。

20日 中棉行协副秘书长王耀一行到沙湾县调研棉纺企业发展情况。

23日 沙湾县委召开巡察工作动员部署会议。

4月

1日 乾正峰离任沙湾县委书记，黄佳俊到任沙湾县委书记。

4日 2017年度自治区“访惠聚”驻村工作沙湾县总结表彰大会召开。会上宣读《中共沙湾县委员会 沙湾县人民政府关于表彰2017年度自治区“访民情 惠民生 聚民心”驻村工作沙湾县先进工作队、先进工作者和优秀组织单位的决定》。县四套班子领导为受表彰的2017年度“访惠聚”驻村工作先进工作队、先进工作者和优秀组织单位颁奖。乡镇代表、优秀组织单位代表、先进工作队代表进行交流发言。

5日 自治区2017年防治艾滋病工作考核组组长宋玉霞带领考核组一行到沙湾县考核防治艾滋病工作开展情况。

5—6日 县委书记黄佳俊深入三道河子镇、金沟河公安检查站和青年路清真寺调研指导工作。

9日 自治区教育厅办公室副主任魏金良带领验收组一行到沙湾县，验收第三中学创建自治区级“平安校园”情况。

9—10日 自治区人民政府副厅长级督学戴跃红带领教育专项督导组到沙湾县就“全面改薄”工程进展、20条底线要求达标及义务教育经费保障机制落实情况进行督导检查。督导组先后前往沙湾三小、沙湾一中、金沟河镇中心学校、西戈壁镇中心学校、安集海镇元兴宫村教学点、博尔通古乡中心学校、博尔通古乡下西湾村幼儿园进行实地督导检查。

12日 县委书记黄佳俊一行看望慰问退休老干部代表赵忠宪、陈克定、吐尔迪汗·吐尔斯别克、木拉提江·艾合买提，退休教师代表宁正武，退休医生代表潘运程和环卫工人代表阿合买江·热合曼，为他们送去县委、县政府的关心和温暖。

18日 自治区党委农办副主任徐涛带领春耕生产调研组到沙湾县调研指导春耕生产工作。

△ 自治区经信委副主任谢青一行就落实吸纳南疆贫困家庭劳动力转移就业工作情况到沙湾县调研督导。调研督导组前往信泰纺织、裕鑫源纺织、天目湖地毯、森禾纺织有限公司，就落实吸纳南疆贫困家庭劳动力转移就业，详细查看餐厅的就餐条件和住宿环境，并与来自南疆务工人员面对面交流，详细了解大家学习、工作和生活情况。

20日 沙湾县科级干部学习贯彻习近平新时代中国特色社会主义思想和党的十九大精神集中轮训班开班。

21日 沙湾县委书记黄佳俊深入涉农企业、合作社、村队等，调研指导全县农业农村工作。

21—22日 塔城地委副书记、行署专员木合亚提·加尔木哈买提深入沙湾县乡镇村队、企业、合作社就当时重点工作任务进行调研督导。

22日 自治区党委常委、自治区副主席艾尔肯·吐尼亚孜带领自治区农业厅、水利厅主要负责人一行到沙湾县就粮油产业发展、农业农机合作社发展、农业“供给侧”结构性改革和农村产权制度改革等方面工作进行调研。

24日　共青团沙湾县第十七次代表大会胜利召开，县委书记黄佳俊，团地委党组书记、团委书记张鸿，县委常委、组织部部长李永翔，副县长孟虹和119名代表参加会议。会议听取共青团沙湾县第十六届委员会工作报告；审议通过《共青团沙湾县第十七次代表大会关于共青团沙湾县第十六届委员会工作报告的决议（草案）》；会议选举产生共青团沙湾县第十七届委员会委员、候补委员、常委、书记、副书记。

30日　阿克苏地委党校第二十一期公务员培训班和第三十一期县（处）级干部培训班学员到沙湾县考察学习。考察团先后前往乌兰乌苏镇、金沟河镇、安集海镇、大泉乡，听取介绍，观看视频，对沙湾县农民、农机专业合作社、村级阵地建设、农产品企业经营和发展等情况进行考察学习。

是月　塔城地委书记薛斌到乌苏市和沙湾县调研社会稳定和“三大攻坚战”等重点工作。

5月

4日　自治区妇联党组成员、副主席库来惜·阿不都拉一行到沙湾县调研妇联改革工作情况。调研组一行先后到三道河子镇凯旋路社区、乌兰乌苏镇水磨沟村、沙湾县圣果润泽苑创业合作社，通过实地考察、询问、讲解等方式，了解沙湾县妇联改革、妇女发展创业等情况。

7日　沙湾县政法、组织、纪检、宣传思想文化工作会议召开。

10—11日　县委书记黄佳俊带领纪检委、政法委、组织部、统战部、公安局等单位负责人先后深入东湾镇、四道河子镇检查指导综治和群众工作。

12日　沙湾县2018年提升全民科学素质推进会在地区地震局召开。会议宣读受表彰沙湾县优秀科技辅导员、科普工作者名单，并对6名代表进行颁奖；科技工作者代表发声亮剑，全体科技界代表进行宣誓；根据《沙湾县科协第三届委员会选举办法》，补选了沙湾县第三届委员会成员。

14日　沙湾县深化医药卫生体制改革暨医共体工作推进会在东湾镇卫生院召开。

17日　沙湾县2018年全民健康体检工作全面启动，全县各乡（镇、场）卫生院有序开展全民健康体检工作。

18—19日　自治区水利厅巡视员李新江率2017年度自治区实行最严格水资源管理制度检查组一行到沙湾县检查工作。

22日　国家土地督察西安局2018年土地例行督察沙湾县汇报会在县政府党组会议室召开。

31日　沙湾县平安高考工作动员会在沙湾一中召开。

6月

3日　自治区政协副主席马雄成带领自治区政协关于“因病致贫　因病返贫问题”专题调研组到沙湾县调研。调研组一行先后前往乌兰乌苏镇三宫店村、乌兰乌苏镇卫生院、县人民医院、博尔通古牧场哈拉干德社区、博尔通古牧场卫生院，通过入户走访、实地查看等方式就“因病致贫　因病返贫问题”进行调研。

6日　2018年普通高等学校招生全国统一考试沙湾县考区一中考点考务工作会召开。

9日　塔城地委委员、组织部部长、教育工委书记刘莉，地委副秘书长、教育工委常务副书记、地区教育局党组书记、副局长谢丽一行到沙湾一中高考考点进行巡视，并深入部分中小学调研教育教学工作。县委书记黄佳俊等领导陪同调研。

9—10日　塔城地区食品安全委员会办公室主任、地区食品药品监督管理局局长秦建设一行到沙湾县督导检查食品药品安全监管工作。

19日　沙湾县第十六届人大常务委员会第

十一次会议召开。

26日 首趟辽宁—塔城援疆旅游专列进疆抵达沙湾县火车站。

△ 塔城地委副书记、辽宁援疆前方指挥部总指挥杨军生，地区人大工委副主任玛依努尔·加汗带领地委办、地区河长办、环保局、国土局等相关部门负责人一行，对沙湾县金沟河开展巡河工作。

7月

6—7日 辽宁省鞍山市委副书记、市长赵爱军带领鞍山市党政代表团一行，在沙湾县调研援疆工作并看望慰问援疆干部人才。先后到鞍山市援疆干部公寓、沙湾县就业培训孵化基地、大泉乡双泉合作社和博尔通古乡等地实地考察，详细了解沙湾县援疆项目建设、农业现代化发展、社会综合治理和旅游产业发展等方面情况。

8日 塔城地委委员、组织部部长、教育工委书记刘莉，地区行署副专员阿里带领地区河长办负责人一行到玛纳斯河沙湾县流域开展巡河调研。

9日 由中组部、农业农村部举办的2018年第五期农村实用人才带头人培训班在农村实用人才带头人三道沟村培训基地开班。来自全疆各地的100名村党支部书记、村委会主任和大学生村干部参加培训。

11日 辽宁省农科院党组书记、院长隋国民带领辽宁省农科院调研组一行到沙湾县调研涉农合作社的发展情况。

16—25日 塔城地区安全生产巡察组在沙湾县进行为期10天的巡察工作。

19—20日 地区政协工委党组书记、副主任阿米娜·瓦尔汗一行到沙湾县调研促进生态文明示范区创建工作。调研组一行先后到温泉景区、鹿角湾景区、盖瑞乳业、第二污水处理厂、哈拉干德污水处理厂进行实地调研，县委书记黄佳俊等县领导陪同调研或座谈。

20日 国家税务总局沙湾县税务局挂牌成立，原沙湾县国家税务局、沙湾县地方税务局正式合并。

23日 沙湾县召开第九批援疆专业技术人才总结表彰会。

24日 中组部、农业农村部2018年第六期农村实用人才带头人和大学生村干部示范培训班在农村实用人才三道沟村培训基地开班。中央农广校党委副书记、纪委书记张广卿，自治区农业厅副厅长王平，县领导及县农业局、县农广校负责人参加开班仪式。

24—25日 塔城地委第一巡察组、第三巡察组、第四巡察组分别在金沟河镇、东湾镇、老沙湾镇、西戈壁镇召开党委情况反馈会。

27日 自治区政协副主席、玛纳斯河自治区级副河长马雄成到玛纳斯河开展巡河工作。水利厅党组成员、副厅长凯色尔·阿不都卡的尔，地区人大工委副主任赛力克·乌拉孜别克，县委书记黄佳俊等陪同巡河。

30日 县人大党组书记吴红一行代表县委、县政府先后看望慰问抗战老战士徐光安、高永安，为他们送上慰问金、慰问品和节日问候。

31日 县委书记黄佳俊等县领导分组开展慰问驻县部队活动，与部队官兵共同庆祝“八一”建军节。向驻县部队、武警、消防队员致以诚挚的问候，向他们为维护社会稳定与长治久安做出的贡献表示感谢。

31日晚 沙湾县2018年“八一”建军节送文艺进军营慰问演出活动在驻县某部驻训场举行。

8月

1日 自治区政协党组成员、副主席伊力哈木·沙比尔率领自治区政协调研组一行到沙湾县，就加强重要水源地保护、推进北疆城市群大气污染防治联防联控、加强“散乱污”企业整治进行专题调研。调研组一行在塔城地区政协工委党组书记、副主任阿米娜·瓦尔汗，行署副专员诺尔买买提·诺尔东，县委书记黄佳俊等地县领导的陪同下，分组前往沙湾县第一水厂、巴音沟水源地、沙湾盖瑞乳业有限责任公司燃气锅炉项目、金沟河生态治理工程、沙湾县金诚热力有限公司除尘脱硫脱硝项目等，通过实地查看、听取汇报，详细了解沙湾县在加强重要水源地保护、推进北疆城市群大气污染防治联防联控和加强“散乱污”企业整治方面的工作情况。

1—3日 地委书记薛斌带队赴乌苏市、沙湾县督导检查防汛工作。薛斌一行先后到乌苏市大湾水库，沙湾县海子湾水库、千泉湖水库、金沟河流域部分河段，走大坝、看河段、查桥涵，听取相关工作介绍，与有关负责人、水库管理人员交谈，实地查看防洪工作情况及病险水库除险加固情况并现场指出存在的问题短板，就深入贯彻落实习近平总书记关于防汛救灾工作的重要批示指示精神，深入贯彻落实8月1日自治区党委常委（扩大）会议精神，做好地区防汛工作提出明确要求。

2日 2018年第七期中组部、农业农村部农村实用人才带头人和大学生村干部示范培训班开班。

6日 伊犁州人大常委会法工委副主任李小平及相关部门组成的立法调研组，到沙湾县开展关于《伊犁哈萨克自治州乡村清洁条例（草案）》的立法调研工作。

8日 塔城地区“百名法学家百场报告会”暨沙湾县“法治大讲堂”专题巡回讲座在县科技中心主会议厅开讲。来自全县各乡（镇、场）、各单位、各部门的200余名党员干部聆听了讲座。

10日 中国气象局党组书记、局长刘雅鸣一行到沙湾县气象局进行慰问和调研。自治区气象局党组书记、局长张守保，塔城地区政协工委主任陈建国，塔城地区气象局党组书记、局长童忠，县委书记黄佳俊等领导陪同调研。

11日 地委副书记、行署专员木合亚提·加尔木哈买提在沙湾县督导调研经济工作。

12日晚 沙湾县举办2018年“围绕总目标 建功新时代”纪念改革开放40周年广场文化活动。

14日 新疆公安文学艺术联合会第三次代表大会在塔城地区沙湾县公安局隆重召开。全国公安文联副主席王亚茹，自治区文联副主席张君超，自治区公安厅党委委员、副厅长李明甫及各地州公安机关推荐理事人选、代表等50余人参加会议。会议对沙湾县公安局等5个全区公安文化建设先进集体、崔黛等5名先进个人进行表彰。会议期间，代表组实地观摩、检查沙湾县公安局政治建警、人才励警、素质强警、文化育警、作风树警、从优待警等方面建设情况。现场与沙湾民辅警进行了文艺表演互动、挥毫泼墨、即兴创作。

16日 全国“扫黄打非”办公室专职副主任薛松岩带队的调研组一行到沙湾县调研“扫黄打非”工作开展情况。

16—18日 地区政协工委党组书记、副主任阿米娜·瓦尔汗带领防汛工作督导检查组到沙湾县督导检查防汛工作。

20日 县委书记黄佳俊等县领导分五组看望慰问部分少数民族退休老干部，代表县四套班子领导和全县各族干部群众，向他们致以节日的问候和祝福。

21日 沙湾县文化交流团带着21万名沙湾各族人民的深厚情谊到伽师县，为伽师县的人民群众带去文化盛宴。

26日 2018新疆塔城沙湾首届农业机械博览会在准南农机产业园开幕。自治区农机局局长木合塔尔·艾沙，县委书记黄佳俊，地区农机局党组书记马合沙提·加列勒汗，新疆兵团棉麻公司党委委员、副总经理王自村出席开幕式。

△ 鞍山市教育局副局长王艳带领鞍山市23名援疆教师抵达沙湾县。

27日 沙湾县召开辽宁鞍山援沙支教教师欢迎会。辽宁省鞍山市作为沙湾县的援建城市，经过积极动员和选拔，最终选出23名优秀的教育工作者到沙湾县进行为期一年半的支教工作。

是月 沙湾县牛圈子牧场并入西戈壁镇。

9月

4日 沙湾县举行“民族团结一家亲”典型事迹报告会。

8日 沙湾县第十六届人大常委会第十二次会议召开。

△ 沙湾县“千企帮千村”扶贫活动启动仪式在东湾镇举行。

9日 沙湾县召开庆祝第三十四个教师节表彰大会，表彰教育战线涌现出来的“学科带头人”等优秀教师，统筹安排今后一个时期的教育工作，努力争创国家教育优质均衡发展县。

13日 中国辣椒之乡沙湾县安集海镇的辣椒获得2018年度气候品质认证“特优”等级，这是该镇第二次获得此殊荣。

14日 沙湾县举办2018年度“七五”普法骨干培训班。

△ 辽宁公安“不忘初心　牢记使命”主题首场文艺慰问演出在沙湾县影剧院拉开帷幕，开启辽宁公安援塔文艺慰问演出之旅。

17日 沙湾县召开辽宁省鞍山市第三批中期轮换援疆专业技术人才见面会。

19日 由奎屯市委副书记、市长赛力克·马哈提带领奎屯市考察交流组一行到沙湾县考察交流。考察交流组一行先后到哈拉干德工业园区污水循环利用工程、县机电井监控中心、职业技术学校、第二污水处理厂、新疆信泰纺织公司、金沟河镇宋圣宫村、金沟河生态治理工程、大泉乡双泉农民专业合作社等地，详细了解沙湾县污水处理、中水回用、水资源管理、职业教育、工业企业管理、城市规划与建设、农村土地清理以及农业股份制合作社发展情况，交流学习经验。

21日 国务院发展研究中心农村部副巡视员、研究员秦中春一行到沙湾县专题调研棉花目标价格改革工作。调研组一行先后前往大泉乡双泉土地股份合作社、沙湾县元一棉业有限责任公司、沙湾县棉花产业有限责任公司优质棉分公司进行实地调研。并与企业负责人进行交流，详细了解合作社发展、棉花生产、加工效益等情况，并听取对棉花目标价格改革工作的意见和建议。

23日 沙湾县举行“中秋月·援疆情”活动，慰问援疆干部人才。

27日 国家发改委西部司处长唐明龙带领国家发改委调研组一行到沙湾县调研塔城重点开发开放试验区的创建等工作。自治区发改委副主任赵曦峰，地委委员、行署常务副专员侯兴会，县委书记黄佳俊等陪同调研。

28日 沙湾县召开组织工作暨基层党委书记抓党建工作半年述职评议大会。

10月

7日 县第十六届人大常委会第十三次会议召开。会议听取审议并表决通过县人民政府《关于提请审议撤销博尔通古牧场设立哈拉干特镇的报告》。

12日 政协沙湾县第十五届委员会常务委员会召开第十二次会议。

15日 沙湾县召开旅游发展大会。会议要求全县上下紧紧围绕社会稳定和长治久安总目标，统一思想，充分认识发展旅游业的重大意义，坚定信心、创新理念、抢抓机遇、乘势而上，推进沙湾县旅游业全面发展、快速发展、高质量发展，奋力谱写“油画塔城、文化净土、康养天堂”的沙湾篇章。

18日　国家发改委经济贸易司副司长陈达一行调研沙湾县棉花产销形势。

22日　农业农村部发布《2018年全国农村一、二、三产业融合发展先导区创建名单公示》，沙湾县上榜。

26日　沙湾县举行东风工程免费赠阅出版物发放仪式。

11月

6日　塔城地区国有农牧场改革工作现场推进会在沙湾县召开。

6—8日　沙湾县举办草根宣讲员培训班。

6—9日　辽宁省教育专家组团式“送教进疆”活动在沙湾县启动。来自辽宁省的9名优秀校长和教师，在沙湾县9个分会场开展16场教学活动和18场专题讲座。

8日　沙湾县举行今冬明春火灾防控工作暨119消防宣传月活动启动仪式。

9日　地区政协工委委员、党组成员、副主任马学武带领地区政协各级委员到沙湾县调研经济社会发展情况。

16日　沙湾县人民政府与人保财险公司塔城分公司战略合作备忘录签约仪式举行。县委副书记、县长木合塔尔·卡里木别克与人保财险公司塔城分公司党委书记、总经理王强共同签订《战略合作备忘录》。

17—18日　沙湾县举办第二届青少年科技创新大赛暨第30届“科技之冬”活动启动仪式。

18日　地区人大工委党组副书记、主任沙勒塔娜提·黑那亚提带领地区全国人大代表、自治区人大代表视察组，对沙湾县经济社会发展情况进行视察。

△　沙湾县召开创建全国文明城市工作推进会。

25日　沙湾县召开冬季旅游宣传推介会。

是月　沙湾县第一小学荣获全国少工委授予的“全国优秀少先队集体”荣誉称号。

12月

5日　中国社会福利基金会“暖流计划”克拉玛依志愿者团队和塔城团队在沙湾县大泉乡东泉分校和西泉分校开展爱心物资发放活动。

14日　沙湾县召开第十四次妇女代表大会。

26日　第八师党委书记、政委、石河子市委书记董沂峰带领第八师石河子市党政代表团一行到沙湾县考察。

29日　县委书记黄佳俊到沙湾县第一小学，与该校师生共同开展“三进两联一交友”活动。

沙湾概览

概　貌

【地理位置】 沙湾县位于天山中段北麓，准噶尔盆地南缘。地处北纬 43° 29′—45° 56′，东经 84° 57′—86° 09′。东距自治区首府乌鲁木齐市 185 千米，西距塔城地区塔城市 445 千米，东接石河子市，与玛纳斯县隔河相望；南到依连哈比尔尕山分水岭与和静县、尼勒克县毗连；西至巴音沟、开干齐、小拐、与乌苏市、奎屯市接壤；北伸古尔班通古特沙漠，与克拉玛依市、和布克赛尔蒙古自治县为邻。北疆铁路、115 省道、国道 30（乌奎高速公路）、克榆公路自东向西横穿县境，219 省道、223 省道、224 省道 3 条省道和 3 条县道自南向北纵贯全县。

【行政区划】 沙湾县 2018 年辖 9 个镇、3 个乡、3 个农牧林场、14 个社区、220 个村（队）。

【人口民族】 沙湾县 2018 年末常住总人口 20.24 万人，其中城镇人口 11.12 万人，乡村 9.12 万人。人口出生率 10.45‰，死亡率 10.17‰，自然增长率 0.28‰。主要由汉族、哈萨克族、维吾尔族、回族、蒙古族等 30 个民族组成。

【河流水系】 沙湾县水资源丰富，金沟河、巴音沟河、玛纳斯河、沙湾河、宁家河、大小南沟河 6 条河流自南向北流经全境，有 2 座中型水库和 5 座小型水库；地表水径流量达 21 亿立方米，地下水储量达 3.18 亿立方米，可采量 1.7 亿立方米。

【自然资源】 沙湾县已发现铁、铜、金、铂等金属矿，煤、石油等燃料矿，芒硝等化工原料矿，石灰岩、黏土、页岩、石棉、珍珠岩、膨润土等建筑材料矿，软玉（碧玉）等工艺美术原料矿。煤及建材矿产蕴藏量较大，已探明煤炭资源量 10 亿吨、石灰岩资源量 3.5 亿吨，探明石油、天然气储量分别为 2 亿吨和 1100 亿标准立方米。有野生动物 293 种，其中两栖类 5 种、爬行类 18 种、鸟类 247 种、兽类 23 种。被列入国家保护的珍贵稀有动物 19 种，其中有黑鹤、雪豹 11 种一类保护动物，有大天鹅、鸢、苍鹰、雀鹰、草原雕、燕隼、黄爪隼、红隼、灰鹤、蓑羽鹤、雕鸮、长耳鸮、棕熊、兔狲、马鹿、鹅喉羚、盘羊等 51 种二类保护动物；森林覆盖率 13.52%、林地面积 16.862 万公顷、活立木蓄积量 43.76 万立方米。全县共有国家 AAA 级景区 9 家、三星级饭店 1 家、S 级滑雪场 2 家、SS 级滑雪场 1 家，旅行社 8 家。全国农业旅游示范点、自治区 4 星级农家乐示范点 1 家，三星级农家 7 家，二星级农家乐 8 家，三星级宾馆 1 家。2018 年 11 月 1 日，经地区旅游景区评定委员会评定，批准沙湾县安集海大峡谷、千泉湖景区、绢道影视城、华录文化广场获得国家 AAA 级旅游景区等级称号。

经济社会发展

全县地方生产总值134.4亿元，比上年增长2.2%；其中第一产业增加值56.9亿元、第二产业增加值35亿元、第三产业增加值42.5亿元，三次产业结构比调整为42.3∶26∶31.7。

全县完成农业总产值86.05亿元，其中种植业产值63.03亿元、畜牧业产值18亿元、林业产值1.13亿元、渔业产值0.4亿元、农林牧渔服务业产值3.49亿元。主要农产品产量：棉花270728吨、油料308吨、甜菜43969吨、蔬菜317019吨、小麦44824吨、玉米251031吨、豆类445吨。全县牲畜年末存栏45.7万头（只），肉、奶、禽蛋、毛产量分别达20635吨、25278吨、2188吨、574.3吨。年末农业机械总动力72.26万千瓦。

全县规模以上工业企业实现总产值63.8亿元，实现工业增加值13.9亿元。主要工业产品产量：原煤193.87万吨、乳制品2.31万吨、小麦粉3.3万吨、食用植物油4.92万吨、棉纱5.67万吨、棉浆粕2.96万吨、供电量14.68亿千瓦时。建筑企业完成产值10.8亿元，建筑企业房屋建筑施工面积49万平方米，竣工产值10.17亿元。沙湾县有沁康牌面粉、西域白浪牌皮棉、天宝牌食用植物油等新疆著名商标，老岳母鲜辣酱、豇豆酱、盖瑞系列乳制品、西域白浪牌农膜等新疆农业名牌产品。福临门、福味来、福掌柜牌系列植物油、金沙湾牌系列白酒、泰山牌棉浆、神内系列酱菜等特色地方产品。

全年全社会固定资产投资30.2亿元，招商引资到位资金39.33亿元。各种交通运输工具共完成货物周转量139118万吨千米、旅客周转量94091万人千米、客运量1962万人、货运量2934万吨。全年实现邮政业务收入2309.7万元。全年接待游客165.84万人次、实现旅游综合收入15.36亿元。全年社会消费品零售总额21.28亿元，其中批发和零售业17.77亿元、住宿和餐饮业3.51亿元。全年进出口贸易总额2179万美元。全年地方财政收入9.69亿元（公共财政预算收入8.14亿元），地方财政支出26.72亿元（公共财政预算支出22.79亿元）。年末金融机构各项存款余额109.6亿元。

全县有各级各类学校86所（教学点2个），其中小学18所、初级中学2所、完全中学2所、九年一贯制学校8所、高级中学1所、中等职业技术学校1所；全县幼儿园55所。在校（在园）学生33159人，其中幼儿园6624人、小学13378人、初中6709人、高中5073人、职业技术学校1375人。全县共有教职工3408人。全县共有医疗卫生机构270个，床位859张；专业技术人员1358人，其中医生697人、护士472人。

全县城镇居民人均可支配收入31782元，农牧民人均纯收入18568元，在岗职工年平均工资42644元。实现城镇新增就业6150人，转移农村富余劳动力14650人次。年末，基本养老保险参保（含离退休）22395人，基本医疗保险参保26123人，机关事业养老保险（含离退休）11713人，城乡居民医疗保险参保158226人，城乡居民养老保险（含60周岁以上）92330人，失业保险参保15311人，工伤保险参保13725人，生育保险参保15311人。全县有福利机构1个，收养老人80人、儿童56人。

稳步实施乡村振兴战略。农业农村改革取得重大突破，成功承办自治区农村集体资产清产核资工作现场推进会，向全疆推广沙湾经验。以共赢制为主体的土地股份合作社迅速发展，累计成立土地股份合作社112家，入股土地面积32万亩，亩均年分红900元以上。农业先进实用技术大面积普及，农业综合机械化水平达到97.7%。大力发展以纺织服装产业为重点的现代工业。天目湖织造等一批纺织项目先后实施，信泰纺织二期、天泰纤维等项目相继投产，为纺织服装企业申请补贴资金4829万元。哈拉干德园区污水处理厂、固废填埋场项目顺利推进，工业园区基础设施进一步完善。大力发展以旅游业为主的第三产业。积极推进旅游景区创建工作，温泉景区综合开发项目顺利推进，完成17.5千米景区内道路建设，旅游宣传促销力度进一步加大，沙湾旅游知名度不断提升。全年接待游客165.8万人次，同比增长33.9%；实现旅游综合收入15.4亿元，同比增长31.3%。

2018年，全县民生支出占一般公共财政预算支出的75%。转移农村富余劳动力1.46万人次，实现城镇新增就业6175人。实施“阳光助学”工程，发放各类助学金2402万元，惠及学生1.7万人次。完成全民健康体检任务，深化公立医院改革，县人民医院与疆内外7个医院建立医联体，医疗服务水平进一步提升。加快保障性住房建设，建设安居富民房910户；全面落实城乡低保、医疗救助、临时救助制度，累计发放城乡低保、大病救助等资金2592万元，发放残疾人补贴288.8万元，惠及各族群众2.54万人，城乡困难群众基本生活得到保障。深化援疆工作，实施援疆项目10个，投入援疆资金5761万元。社会保障、防灾减灾水平不断提高，计划生育、关心下一代、老龄、残疾人等社会事业全面进步，各族群众获得感、幸福感、安全感进一步提升，社会稳定和长治久安的民心基础更加牢固。

【荣　誉】 国家级集体荣誉。2018年10月，沙湾县荣获“全国农村创业创新典型县范例”荣誉称号。

2018年10月，沙湾县荣获“全国农村一、二、三产业融合发展先导区”荣誉称号。

2018年10月，沙湾县乌兰乌苏镇入选“中国美丽休闲乡村”。

国家级个人荣誉。2018年2月、12月，刘皓栋先后荣获公安部基层民警心声提名奖、全国公安机关网安部门互联网监控工作优秀个人称号。

2018年10月，燕文德获中央宣传部“基层理论宣讲先进个人”荣誉。

【先进典型】 沙湾县荣获“全国农村创业创新典型县范例”。近年来，沙湾县深化农村改革，转变农村发展方式，大力发展特色农业，全面提升现代农牧业发展水平，沙湾已跻身国家现代农业示范县行列，正朝着全疆领先、全国一流的目标大步前进。沙湾县委、县政府紧紧依托沙湾生态富硒优势，以健康、绿色、有机、安全为发展理念，以18个现代农业示范区为基础，加强生态富硒农畜产品基地建设，借助技术、市场、加工优势，大力开发健康食品，打响富硒生态农产品品牌，延伸农业产业链，增加农牧民收入，力争把沙湾打造为全疆乃至全国富硒农业最具优势产业带。

沙湾县农业局以建立全国农村创业创新园区（基地）目录为抓手，按照“政府搭建平台、平台聚集资源、资源服务创业”的总体思路和“创设一套政策、搭建一批平台、培育一批带头人、总结一批模式、构建一个服务体系”的“五个一”工作布局，会同有关部门积极推动农村创业创新园区（基地）建设，进一步强化产业引导，强化政策集成，强化典型示范，强化公共服务，强化宣传推介，发挥好基地作为返乡下乡本乡人员创业创新的重要载体和平台，加快沙湾县一、二、三产业融合深度和广度，为农业强起来、农村美起来、农民富起来和全面建成小康社会作出更大的贡献。

沙湾县以扶持农民工、大学生、退役士兵、农业科技人员等返乡下乡创业创新为重点，加强政策扶持，开展创业创新培训，支持乡村旅游和农业电商等新产业新业态新模式，加快推进“互联网+”现代农业发展，让“双创”成为农业农村发展新动能。一是开展创业创新培训，整合各类培训资源开展有针对性的培训，建立创业创新实训基地，加强导师队伍建设。二是依托阿里巴巴·塔城产业带，不断提高农村电商产业化经营水平，强化信息技术支撑，支持返乡下乡人员发展益农信息社，发展电子商务和网上培训，开展互联网服务。三是提升公共服务能力，建设服务平台，为返乡下乡人员提供法律等公共服务，加强返乡下乡人员创业创新动态监测和调查分析。四是积极组建社企联盟，推进新型经营主体快速成长。五是深入开展农业供给侧结构性改革，推进一产迈进新阶段。六是大力发展休闲农业，促进富余劳动力转移。经统计，沙湾县共有农村创业创新园区2个，分别是新疆马兰鑫科农业发展有限公司和沙湾县金沟河工业园花生产业园区。农村创业创新经营主体35个、人员总数30人、年营业收入总额11657万元、带动就业人数1070人、支付工资总额2715万元。

沙湾县荣获“全国农村一、二、三产业融合发展先导区”。2018年，沙湾县以深入贯彻落实党的十九大提出的“促进农村一、二、三产业融合发展”和农业农村部办公厅《关于支持创建农村一、二、三产业融合发展先导区的意见》的文件精神为指导，以深入推进农业供给侧结构性改革为抓手，以推进棉花产业迈向中高端、提高棉花综合质量效益和市场竞争力为目标，以延长棉花产业链条、完善产业布局、加强科技创新、加快品牌培育、建立利益联结机制为衡量标准，培育和打造集生产、加工、物流、信息、研发、服务等现代生产要素为一体，一、二、三产业深度融合的先导区，将棉花产业融合先导区形成的全产业链模式和典型经验向小麦、玉米、辣椒、经济林果、畜产品等其他产业复制和推广，形成由龙头企业带动、各类新型经营主体功能互补，优势产业向优势企业集中、优势企业向优势区域集聚，以棉花全产业链经营模式带动其他产业“形成一元为主、多元融合”的产业化经营格局，成功创建“全国一、二、三产业融合发展先导区”。

沙湾县乌兰乌苏镇入选“中国美丽休闲乡村”。沙湾县是国家现代农业示范区，县域绿色农牧产品资源丰富，农业产业化、市场化、标准化、规模化、集约化、机械化和农民组织化程度高，农牧民科技文化素质高。以合作社为主体的现代农业新型生产经营组织发展迅速，全县农民专业合作社达712家，通过合作社流转土地1.4万公顷。农业休闲观光园20家已经初具规模。沙湾县共有各类休闲农业经营主体399个，总占地面积2760.7公顷，总投资69240万元，平均每个经营主体占地约6.91公顷，每个经营主体投资约173.5万元。沙湾县现拥有全国农业旅游示范点1家，星级休闲农业企业（“农家乐”）17家。其中，自治区四星级“农家乐”1家、三星级“农家乐”7家、二星级“农家乐”9家。据统计，沙湾县有休闲农庄43家，其中观光型30家、体验型6家、创意型4家、养生型3家，类型多样，各具特色。

2018年，乌兰乌苏镇20余家农家乐以发展富硒农产品为突破口，以生态农业为依托，把新农村建设与体现传统农庄风貌结合起来，把生态农业建设与农家旅游结合起来（御园开心农场），把村庄建设成一个集旅游观光、农业高效、环境优美、社会文明于一体的社会主义新农村。走近水磨人家，浓浓的新农村气息扑面而来，幽静的林间曲径，精美的花园，丰硕大棚林果，成片的富硒红薯，让人们有一种置身于大自然独特的清爽感觉。站在荷花池旁，可看到清澈见底的水缓缓流过，鱼儿畅游，好一幅乡村休闲的美景。现在生态旅游观光景区里配备了停车场、游客服务中心、休闲茶舍、农家餐厅、农家旅馆、体育健身场所，还有无公害蔬菜林果大棚基地、大樱桃种植基地，还有农家土鸡、富硒红薯等独具本地特色的农家美食，让游客们找回久违的“田园记忆”。据初步统计，2018年乌兰乌苏镇已接待游客5万多人次，桃花节、“五一”国际劳动节、“十一”国庆节等重大节假日期间，日均接待游客1000多人次。乌兰乌苏镇休闲农业和生态旅游观光的强势发展，更是为村经济注入了新活力，村民们开始把土地出租给观光园，然后又在观光园里工作，获得了租金与劳务的“双收入”，因此乌兰乌苏镇的休闲农业和生态旅游，不仅绿了村庄，还富了村民。

沙湾县获评“自治区全域旅游示范区创建单位”。沙湾县是自治区确定的天山北坡经济带优先发展的县市之一，地处天山北坡经济带核心地段，是塔城地区的东大门。2016年，沙湾县在全地区率先完成《沙湾县全域旅游（全景新疆）发展规划》的编制，并得到县人代会的审议通过和自治区、地区两级旅游行政主管部门的批复。沙湾县是享誉全国的大盘鸡美食的故乡，南部有天山中段最美的国家森林公园东大塘、鹿角湾、天山温泉和《国家地理》杂志推荐的安集海大峡谷，中部有国家湿地公园——千泉湖，北部有位于中国最大的固定半固定沙漠——古尔班通古特沙漠铁门槛国家沙漠公园，尽显冰川雪岭、峡谷山川、原始森林、天山草原、湖泊河流、天然湿地、瀚海沙漠等多种旅游资源，自然景观和人文景观众多。新疆9种旅游景观资源在一个县（市）集中体现是不多见的。根据《沙湾县全域旅游（全景新疆）发展规划》，沙湾县已经形成了“两特”（大盘鸡美食、天山温泉）、“六美”（山美、水美、沙美、果美、人美、丝路美）两个特色核心吸引物体系和体现新疆“六美”的旅游发展新格局。2017年，沙湾县接待游客123.9万人次，同比增长16.5%，实现旅游综合收入11.7亿元，同比增长14.05%。依据国家旅游局《关于开展“国家全域旅游示范区”创建工作的通知》的要求和《国家全域开旅游示范区创建工作导则》制定的标准，按照2017年4月塔城地委书记薛斌在沙湾调研时提出的沙湾县“全域旅游当先锋”的指示，沙湾县作为国家全域旅游示范县创建单位上报自治区旅游局审批。2018年8月25日，自治区高规格召开“旅游发展大会”，沙湾县荣获“自治区全域旅游示范区创建单位”称号。

（县委党史和地方志研究室）

中国共产党沙湾县委员会

【概　况】 2018年，县委、县政府团结带领全县各级党政和各族干部群众，紧紧围绕社会稳定和长治久安总目标，主动适应经济发展新常态，抢抓中央“一带一路”倡议机遇，坚定信心，智慧作为，为沙湾应有的形象而努力奋斗。

【社会稳定】 社会大局持续和谐稳定。坚定不移聚焦总目标、打好组合拳，持续加大人防、物防、技防建设，推进维稳工作标准化、规范化、长效化实现常态化，在“一年稳住”的基础上实现了“两年巩固”。

【经济建设】 深入贯彻新发展理念，坚定不移推动经济高质量发展。全年完成生产总值134.4亿元，增长2.2%；完成财政一般公共预算收入8.14亿元，固定资产投资30.2亿元，农牧民人均纯收入达18568元，增加800元；城镇居民可支配收入31782元，增加1000元。“三大攻坚战”开局良好。打好防范化解重大风险攻坚战，积极稳妥化解2017年7月14日前形成的隐性债务余额8.05亿元，2017年7月14日之后的违规举债全部化解完毕，2018年实现违规零举债。打好精准脱贫攻坚战，24户82人新识别贫困人口全部脱贫，512户1445名已脱贫人口进一步巩固提升。打好污染防治攻坚战，中央环保督察和生态环境部西北督察局反馈的47个问题得到彻底整改，县域空气质量在“乌昌石”区域排名第一。乡村振兴战略稳步实施。农业农村改革取得重大突破，成功承办自治区农村集体资产清产核资工作现场推进会，向全疆推广沙湾经验。以共赢制为主体的土地股份合作社迅速发展，累计成立土地股份合作社112家，入股土地面积2.13万公顷，亩均年分红900元以上。农业先进实用技术大面积普及，农业综合机械化水平达到97.7%。以纺织服装产业为重点的现代工业规模进一步扩大。天目湖织造等一批纺织项目先后实施，信泰纺织二期、天泰纤维等项目相继投产，为纺织服装企业申请补贴资金4829万元。哈拉干德园区污水处理厂、固废填埋场项目顺利推进，工业园区基础设施进一步完善。以旅游业为主的三产发展活力进一步增强。积极推进旅游景区创建工作，温泉景区综合开发项目顺利推进，完成17.5千米景区内道路建设，旅游宣传促销力度进一步加大，沙湾旅游知名度不断提升。全年接待游客165.8万人次，同比增长33.9%；实现旅游综合收入15.4亿元，同比增长31.3%。

【民生建设】 坚持以人民为中心的发展思想，尽力而为、量力而行，持续推进惠民工程，2018年，全县民生支出占一般公共财政预算支出的75%。转移农村富余劳动力1.46万人次，实现城镇新增就业6175人。实施“阳光助学”工程，发放各类助学金2402万元，惠及学生1.7万人次。完成全民健康体检任务，深化公立医院改革，县人民医院与疆内外7个医院建立医联体，医疗服务水平进一步提升。加快保障性住房建设，建设安居富民房910户；全面落实城乡低保、医疗救助、临时救助制度，累计发放城乡低保、大病救助等资金2592万元，发放残疾人补贴288.8万元，惠及各族群众2.54万人，城乡困难群众基本生活得到保障。深化援疆工作，实施援疆项目10个，投入援疆资金5761万元。社会保障、防灾减灾水平不断提高，计划生育、关心下一代、老龄、残疾人等社会事业全面进步，各族群众获得感、幸福感、安全感进一步提升，社会稳定和长治久安的民心基础更加牢固。

【党的建设】 坚决贯彻新时代党的建设总要求，认真践行新时代党的组织路线，坚定不移全面从严治党，严肃党内政治生活，强化党内监督，全县各级党组织和广大党员干部自觉增强“四个意识”、坚定“四个自信”、做到“两个维护”，自觉在政治立场、政治方向、政治原则、政治道路上与以习近平同志为核心的党中央保持高度一致。扎实推动基层组织建设和“访惠聚”驻村工作，持续推进党的基层组织全覆盖，整顿软弱涣散党组织23个，51个党建示范点建设扎实推进，建成惠民生项目170个，基层党组织服务群众、维护稳定、凝聚人心的能力显著增强。坚持以习近平总书记“二十字”好干部标准和民族地区“三个特别”政治标准选人用人，一批具有“访惠聚”、基层党组织第一书记、重点工作实践锻炼经历的85名干部走上领导岗位。坚持一手抓反分裂斗争、一手抓党风廉政建设和反腐败斗争，紧紧围绕落实总目标、“1+3+3+改革开放”工作总体部署，持续加大监督检查力度，查处“四风”“四气”、违反中央八项规定等方面问题3318个，给予党纪政务处分371人、组织处理2959人次；保持惩治腐败高压态势，不断加大执纪问责力度，全年立案审查454件，涉及党员干部455人，释放了越往后执纪越严的强烈信号。人大、政府、政协工作得到不断加强，爱国统一战线不断发展壮大，工会、共青团、妇联等人民团体的桥梁纽带作用充分发挥，老干部工作取得新成绩，汇聚起了推进社会稳定和长治久安的强大力量。

【县委中心组学习】 1月19日，县委中心组第一次集中学习。会上传达学习《中办印发习近平总书记关于进一步纠正“四风”、加强作风建设重要批示的通知》；自治区《关于认真贯彻落实习近平总书记重要指示精神进一步纠正“四风”、加强作风建设做到“十改进”“十不准”的通知》；传达学习陈全国等自治区和地区领导关于银鹰工贸有限公司环保问题的重要批示精神；传达学习《中共塔城地区委员会2018年第三次委员（扩大）会议纪要》；观看纪录片《厉害了，我们的新时代》（4—6集）。

2月9日，县委中心组第二次集中学习。会上传达学习《自治区公务接待禁止饮酒规定》《关于不准领导干部相互拜年拜节的通知》；传达学习自治区党委经济工作会议精神；传达学习地委扩大会议精神及新修订《新疆维吾尔自治区人口与计划生育条例》。

3月23日，县委中心组第三次集中学习。会上传达学习《全国“两会”精神传达提纲》；传达学习地区常态化推进发声亮剑活动部署会、《地委副书记杨军生在地区审读工作电视电话会上的讲话》精神；传达学习新修订宪法和自治区党委召开干部大会精神。

4月11日，县委中心组第四次集中学习。会上传达学习《自治区党委书记陈全国同志在全区贯彻新发展理念打好“三大攻坚战”再部署会议上的讲话》；传达《自治区党委书记陈全国同志在自治区“访民情惠民生聚民心”驻村工作2017年度总结表彰大会上的讲话》；传达《自治区党委　自治区人民政府关于坚决贯彻以习近平同志为核心的党中央决策部署贯彻落实新发展理念推动经济高质量发展坚决打好“三大攻坚战”的通知》；传达《自治区党委办公厅关于对各级地方政府违规举债问题严肃追责问责的通知》；传达《陈全国书记批示〈关于全国两会期间对14个地州市交叉督导工作开展再督导再检查情况的报告〉》；传达《陈全国书记批示〈关于规范做好政府投资项目债务清理工作稳妥推进政府和社会资本合作规范发展的报告〉》。

5月26日，县委中心组第五次集中学习。会上传达学习《习近平总书记在十九届中央政治局第五次集体学习时的讲话》《陈全国同志在中共新疆维吾尔自治区第九届委员会第五次全体会议上的报告和讲话》《中共新疆维吾尔自治区委员会关于贯彻落实〈中共中央关于深化党和国家机构改革的决定〉和〈深化党和国家机构改革方案〉的实施意见》《中共塔城地区委员会关于县级领导班子和县级领导干部2017年度（绩效）考核情况通报》文件精神；传达学习《自治区党委办公厅　自治区人民政府办公厅印发〈关于深入学习贯彻习近平总书记在十九届中央政治局第四次集体学习时重要讲话精神认真开展宪法学习宣传和贯彻落实工作的意见〉的通知》《自治区党委　自治区人民政府关于稳步推进农村集体产权制度改革的实施意见》《自治区党委办公厅　自治区人民政府办公厅印发〈关于推动农村土地所有权承包权经营权分置的实施意见〉的通知》文件精神和自治区全面推进河（湖）长制电视电话精神（新闻稿）；传达学习《中共中央办公厅国务院办公厅印发〈关于加强和改进新形势下伊斯兰教工作的意见〉的通知》《自治区党委办公厅印发〈关于贯彻中央纪委蹲点调研组工作要求的具体措施及责任分解方案〉的通知》《中共塔城地区委员会2018年第十九次委员（扩大）会议纪要》文件精神和自治区网络安全和信息化工作电视电话会议精神（新闻稿）；传达学习《自治区党委办公厅关于学习贯彻中办发〔2018〕20号文件精神的通知》《自治区党委办公厅印发〈关于防止干部“带病提拔”的实施意见〉的通知》《自治区党委办公厅关于印发〈持续整顿软弱涣散基层党组织10条〉的通知》《自治区党委办公厅关于谷文胜严重违纪案及其教训警示的通报》《中共塔城地区委员会2018年第二十一次委员（扩大）会议纪要》文件精神；县委书记黄佳俊讲话（①通报近期赴各乡镇〈场〉调研情况；②通报自治区群众工作督导组在塔城地区督导情况；③安排部署近期重点工作）。

6月22日，县委中心组第六次集中学习。会上传达学习《陈全国、雪克来提·扎克尔、李鹏新同志在全区生态环境保护大会上的讲话》文件精神；县委书记黄佳俊领学《习近平新时代中国特色社会主义思想三十讲》第一讲至第五讲《习近平新时代中国特色社会主义思想是党和国家必须长期坚持的指导思想》（第一讲）、《坚持和发展中国特色社会主义是当代中国发展进步的根本方向》（第二讲）、《实现中华民族伟大复兴是近代以来中华民族最伟大的梦想》（第三讲）、《党和国家事业历史性、根本性的变革和成就》（第四讲）、《中国特色社会主义新时代标志我国发展新的历史方位》（第五讲）精神；传达学习《习近平、李克强、韩正同志在全国生态环境保护大会上的讲话》《关于认真学习贯彻习近平总书记在深入推进长江经济带发展座谈会上重要讲话精神的通知》文件精神；传达学习《中共塔城地区委员会2018年第二十二次委员（扩大）会议纪要》《中共塔城地区委员会2018年第二十四次委员（扩大）会议纪要》文件精神；传达学习《中共塔城地区委员会关于落实党风廉政建设党委主体责任和纪委监督责任的意见》；县委书记黄佳俊讲话〔①传达6月21日地委委员（扩大）会议精神；②安排部署近期重点工作〕。

8月5日，县委中心组第七次集中学习。会上传达学习《陈全国书记在〈8月群众工作督导工作方案〉上的批示》《陈全国书记在〈关于

“7·28”期间对地州市督导情况的报告〉（自治区群众工作督导情况专报第103期）上的批示》精神；传达学习《关于对新疆银鹰工贸有限公司环境污染整治不力问题调查及问责追责情况的通报》精神；传达学习《陈全国书记在〈曾存对喀什地区政治生态的分析和反思〉上的批示》精神；传达学习《陈全国同志在全区防汛抢险救灾工作视频会议上的讲话》精神。

8月9日，县委中心组第八次集中学习。会上传达学习习近平总书记《在十九届中央政治局第六次集体学习时的讲话》《习近平、陈希同志在全国组织工作会议上的讲话》《中共中央　国务院关于印发〈乡村振兴战略规划（2018—2022年）〉的通知》；传达学习《正确认识妥善应对中美经贸摩擦》（党委中心组《学习参考》第3期）、《中共中央办公厅关于部委党组与部委管理的国家局党组工作关系问题的通知》、《关于进一步规范向地委请示报告及加强党委信息、督促检查有关工作的通知》精神；传达学习《关于哈哈尔曼·阿合曼严重违纪违法案及其教训警示的通报》《塔城地区党员干部违纪违法典型案例剖析材料选编》《额敏县施工队长群众工作限时办结指南》精神；传达学习《中共塔城地区委员会2018年第二十七次委员会议纪要》《中共塔城地区委员会2018年第二十八次委员（扩大）会议纪要》《中共塔城地区委员会2018年第二十九次委员（扩大）会议纪要》《中共塔城地区委员会2018年第三十次委员（扩大）会议纪要》精神；传达学习《地委薛斌书记在〈关于印发李鹏新副书记在自治区中央环保督察反馈意见整改工作领导小组第一次整改调度电视电话会议上讲话的通知〉》、《中共塔城地区委员会2018年第三十一次委员（扩大）会议纪要》、《坚定不移贯彻党中央决策部署推动全面深化改革向纵深推进》（7月9日自治区党委常委〈扩大〉会议，新闻稿）、《坚持习近平新时代中国特色社会主义经济思想　贯彻新发展理念努力推动全区经济高质量发展》（7月17日自治区党委常委〈扩大〉会议，新闻稿）。

8月28日，县委中心组第九次集中学习。会上传达学习习近平总书记《在十九届中央政治局第六次集体学习时的讲话》《习近平、陈希同志在全国组织工作会议上的讲话》《中共中央　国务院关于印发〈乡村振兴战略规划（2018—2022年）〉的通知》《新疆维吾尔自治区人口与计划生育条例》精神；传达学习《坚定不移贯彻党中央决策部署　推动全面深化改革向纵深推进》（7月9日自治区党委常委〈扩大〉会议，新闻稿）、《坚持习近平新时代中国特色社会主义经济思想　贯彻新发展理念努力推动全区经济高质量发展》（7月17日自治区党委常委〈扩大〉会议，新闻稿）精神；传达学习《中共塔城地区委员会2018年第二十七次委员会议纪要》《中共塔城地区委员会2018年第二十八次委员（扩大）会议纪要》《中共中央办公厅关于部委党组与部委管理的国家局党组工作关系问题的通知》《关于进一步规范向地委请示报告及加强党委信息、督促检查有关工作的同志》精神；传达学习《关于对塔城地区托里县闲置扶贫资金问题处理情况的通报》《自治区党委关于张正荣严重违纪违法案及其教训警示的通报》《塔城地区扶贫工作约谈会议纪要》精神；传达学习《地委薛斌书记在〈关于印发李鹏新副书记在自治区中央环保督察反馈意见整改工作领导小组第一次整改调度电视电话会议上讲话的通知〉》《中共塔城地区委员会2018年第二十九次委员（扩大）会议纪要》《中共塔城地区委员会2018年第三十次委员（扩大）会议纪要》《中共塔城地区委员会2018年第三十一次委员（扩大）会议纪要》精神。

9月28日，县委中心组第十次集中学习。会上传达学习《中共中央　国务院关于加强和改进新形势下宗教工作的意见》《自治区党委办公厅　自治区人民政府办公厅印发〈关于加强和改进新形势下伊斯兰教工作的实施意见〉的通知》《自治区党委办公厅　自治区人民政府办公厅转发〈自治区党委自治区、自治区党委统战部、自治区民委（宗教局）关于清真寺和宗教活动管委会管理暂行办法〉的通知》《自治区党委　自治区人民政府关于加强清真寺和宗教活动教育管理服务的意见》《转发〈自治区党委办公厅　自治区人民政府办公厅关于进一步加强新形势下基督教工作的实施意见〉的通知》《自治区实施〈地方党政领导干部安全生产责任制规定〉细则》；传达学习《宗教事务条例》精神；传达学习《陈全国书记在〈国家信访局党组关于新疆创新群众工作方法　下派工作组驻村"访民情惠民生聚民心"调研情况的报告〉批示》《中共塔城地区委员会2018年第三十四次委员（扩大）会议纪要》精神；传达学习《自治区党委办公厅关于哈木拉提·吾甫尔严重违纪违法案及其教训警示的通报》《关于印发〈郭声琨同志在新疆调研座谈会上的讲话〉的通知》精神；传达学习《关于印发李鹏新同志在自治区教育系统党的工作会议上的讲话的通知》精神。

10月22日，县委中心组第十一次集中学习。会上传达学习《习近平总书记在十九届中央政治局第八次集体学习时的讲话》；传达学习《陈全国书记在自治区党委常委会议上关于经济工作的讲话》精神；传达学习《中共中央办公厅印发〈《中共中央关于加强党内法规制度建设的意见》贯彻落实情况的督查报告〉的通知》《中共塔城地区委员会2018年第三十六次委员（扩大）会议纪要》《中共塔城地区委员会2018年第三十七次委员（扩大）会议纪要》精神；传达学习自治区党委政法委副书记、综治办主任、北疆前方指挥部总指挥杨志明《在北疆前方指挥部督导塔城反馈会议上的讲话》精神；传达学习《关于印发赵乐际、杨晓超、王鸿津同志在中央脱贫攻坚专项巡视工作动员部署会上的讲话通知》《陈全国、王荣军同志在中央第六巡视组对新疆维吾尔自治区开展脱贫攻坚专项巡视工作动员大会上的讲话》《在塔城地区迎接中央脱贫攻坚专项巡视工作动员部署会议上的讲话》《中共中央　国务院关于保持土地承包关系稳定并长久不变的意见》精神；传达学习《关于对20个县市区党委（党工委）巡视整改落实工作开展专项督查的情况通报》《关于自治区扶贫办脱贫攻坚调研督导组在裕民县调研督导检查发现问题情况及调查处理建议的通报》《关于六起违反中央八项规定精神典型问题的通报》精神。

11月17日，县委中心组第十二次集中学习。会上传达学习《陈书记在〈中办关于在秦岭北麓西安境内违建别墅问题上严重违纪开展违建别墅专项整治情况的通报〉上的批示》《陈全国书记在自治区招录驻疆部队退役士兵充实南疆乡镇工作初任培训班开班式上的讲话》《陈全国在自治区党委理论学习中心组学习宪法时的主持讲话》《在自治区党委理论中心组学习会暨全区学习贯彻〈中国共产党纪律处分条例〉电视电话会议上的主持讲话》《陈全国、田文同志在全区宣传思想工作会议上的讲话》《自治区党委　自治区人民政府关于全面深化新时代教师队伍建设改革的实施意见》《自治区党委办公厅印发〈关于认真学习宣传贯彻《中国共产党纪律处分条例》的实施意见〉的通知》精神；传达学习《中共塔城地区委员会2018年第三十八次委员（扩大）会议纪要》《中共塔城地区委员会2018年第三十九次委员（扩大）会议纪要》《中共塔城地区委员会2018年第四十次委员（扩大）会议纪要》《中共塔城地区委员会2018年第四十一次委员（扩大）会议纪要》精神。

12月9日，县委中心组第十三次集中学习。会上传达学习《深刻认识美国对华政策新动向扎扎实实做好自己的事情》《陈全国同志在中共新疆维吾尔自治区第九届委员会第六次全体会议上的报告和讲话》精神；传达学习《中共塔城地区委员会2018年第四十二次委员（扩大）会议纪要》《中共塔城地区委员会2018年第四十三次委员（扩大）会议纪要》精神；传达学习《关于霍尔果斯越境事件责任追究情况及其教训警示的通报》《关于地区维护稳定工作领导小组派驻县（市）工作站督导检查情况的通报》《关于塔城市三期失职失责问题责任追究情况及教训警示的通报》精神；传达学习《塔城地区贯彻落实自治区推进群众工作督导高质量发展实施方案》《中共塔城地区委员会2018年第四十四次委员（扩大）会议纪要》精神；传达学习习近平总书记同全国总工会新一届领导班子成员集体谈话时的讲话和同全国妇联新一届领导班子成员集体谈话时的讲话精神；传达学习薛斌书记在地区城市工作会议上的讲话精神；传达学习《杨鑫同志在全区推进群众工作督导高质量发展电视电话会议上的讲话》《印发〈关于严肃整治领导干部利用名贵特产类特殊资源谋取私利问题的工作方案〉的通知》《关于转发自治区纪委〈关于规范领导干部操办婚丧喜庆事宜暂行规定〉的通知》《关于转发自治区纪委〈关于部分形式主义、官僚主义典型案件及其教训警示的通报〉的通知》。

12月27日，县委中心组第十四次集中学习。会上传达学习《习近平总书记在十九届中央政治局第十次集体学习时的讲话》《习近平总书记在参加十二届全国人大五次会议新疆代表团审议时的讲话》《习近平总书记在纪念刘少奇同志诞辰120周年座谈会上的讲话》精神；传达学习《习近平总书记在视察广东时的重要讲话》《习近平总书记在视察上海时的重要讲话》《习近平总书记在第二次中央新疆工作座谈会上发表重要讲话》精神；传达学习《关于认真学习贯彻习近平总书记在庆祝改革开放40周年大会上重要讲话精神的通知》《中共塔城地区委员会2018年第四十五次委员（扩大）会议纪要》《中共塔城地区委员会2018年第四十六次委员（扩大）会议纪要》《中共塔城地区委员会2018年第四十七次委员（扩大）会议纪要》精神；传达学习《中共中央办公厅　国务院办公厅印发〈关于全面深入持久开展民族团结进步创建工作　筑牢中华民族共同体意识的意见〉的通知》《陈全国书记在〈专送陈全国书记参阅件〉上的批示》《地委薛斌书记在地区稳定工作会议上的讲话》精神；传达学习《关于7起扶贫领域形式主义、官僚主义典型案件的通报》《中共塔城地区委员会2018年第四十八次委员（扩大）会议纪要》《中共塔城地区委员会2018年第四十九次委员（扩大）会议纪要》《中共塔城地区委员会2018年第五十次委员（扩大）会议纪要》精神；传达学习自治区、地区纪委监委督导检查县（市）党委主体责任和纪委监委监督责任有关文件精神。

（责任领导：霍峰辉　撰稿：王　佳）

组织工作

【基层党建】 抓实“七个一”工作机制落实，先后6次召开县委常委会、2次党建工作领导小组会专题研究党建工作。发挥“四个办公室”作用，结合“星级化”创建工作，合理统筹人员，督促工作落实。确定软弱涣散基层党组织23个，制定“一村一策”整顿方案。全面净化乡村政治环境，扎实开展“两委”换届“回头看”、整治“村霸”及扫黑除恶专项斗争。实行党建示范点逐级备案管理，确定地县基层党建示范点51个。成立交通局、文广局、民政局3个党委。落实“四个一”工作机制。推行“两栖”党员干部群众“融入工程”，举办实用技能培训126期、培训“两栖”人员3.1万人次，转移就业6040人。认真研究党组织+合作社工作，皇渠新村王家庄组红色股份入股发展壮大村集体经济的模式，典型经验入选中组部《发展壮大村级集体经济》

（案例选）。实施“能人治村”工程，选优配强基层骨干力量，健全落实村干部“定岗、定责、定薪”、绩效考核和村党组织书记“双述双评”制度、村队党组织书记调整逐级审核批准报备制。选派国家公职人员到村担任村党支部书记42名，调整充实村级后备干部队伍动态管理库700余名。抓好升国旗感恩教育，全县每周平均参与升国旗人数达10.78万人次，共组织开展各类宣讲活动3.4万场次，受教育群众141.62万人次。规范党组织主导下的“四项”活动，累计登记备案管理“四项”活动2205个，为群众提供场所、设备等服务1246场次，提供服务4853人次，发放慰问金41.42万元。改进城市党建工作，在14个社区组建社区网格管理中心、社会化服务中心、网格管理员队伍和社区全程代办员队伍，建立“社区—巷道—居民小区”三级网格，将4600余名在职党员干部、357个驻区单位、154家新兴组织纳入网格管理。深化联合党委运行机制。建立新兴组织党（工）委委员党建工作联系点制度，实施“百企联百村”活动。落实村队、社区工作经费和群众工作经费，逐步建立村干部工作报酬与工作实绩相统一的收入分配机制。大力推进“5+2”工程建设，累计投入资金1.04亿元实施村级惠民生项目220个。

【组织工作】 把严发展党员程序，确保党员质量。一是多次召开党建工作领导小组会议专题研究发展党员工作，制定并下发《沙湾县2016—2020发展党员工作规划》《关于做好2018年发展党员工作的通知》，绘制了发展党员战略推进图，坚持一周一调度、一周一通报。同时将发展党员工作纳入巡察、专项检查和群众工作、“访惠聚”驻村工作督导范围，强力推进发展党员工作。二是严格落实自治区发展党员“20·10·3”“10·5·2”“25·15·4”工作机制，探索建立“1+1”启蒙扩源培养工程，完善工青妇组织“推优”制度，及时把各领域、各行业的优秀分子吸纳到入党积极分子队伍中来。2018年，全县共有3738人递交入党申请书，确定入党积极分子2343名，发展对象221名，确保了党员发展后备数量充足。三是结合实际制定《沙湾县“四位一体”培养帮带农牧民入党积极分子制度》，实行乡镇党委、村党支部、村第一书记、“访惠聚”驻村工作队联宣传、联建库、联培养、联审查、联发展“五联”机制，切实加强对入党积极分子全方位培养、引导、考察，端正入党动机。同时加大对入党积极分子和发展对象的培训教育力度，举办入党积极分子培训班15期，共培训2197人；举办发展对象培训班5期，共培训人员1026人。四是严格落实自治区党委组织部“五审查　六比对　三个坚决不发展”要求，进一步细化发展党员流程，建立了《沙湾县发展党员工作责任追究办法（试行）》，逐级明确各级党组织及负责人责任，层层压实责任，保证了党员队伍的纯洁性。截至2018年，已发展党员795名，其中农牧民党员661名。对发展进度缓慢的5个党（工）委书记下发的工作提醒函，对2名违规和造假发展的党支部书记予以免职。

坚持管育并举，抓实党员干部队伍建设。一是将《县以上党和国家机关党员领导干部民主生活若干规定》纳入各党委（党组）中心组学习、县委党校培训的必学内容，2018年，举办科级干部培训班4期，村级干部和后备干部培训班5期。制定出台《基层党委（党组）民主生活会监督检查办法》，建立了组工干部、纪委干部列席指导制度，对组织集中学习、开展谈心谈话、广泛征求意见、深入查摆问题等进行了规范，提升了民主生活会质量。抓实“三会一课”制度落实，制定出台《关于进一步落实“三会一课”制度　严格党内组织生活实施办法》，结合全县党建和组织工作考核、平时督导，对全县基层党组织贯彻党内政治生活准则和党内监督条例及“三会一课”制度情况进行检查，下发整改通知单260份。

二是把建立涉嫌违纪违法党员信息通报机制作为落实从严治党要求、严肃党的纪律、加强党员管理的硬约束，及时召开会议安排部署，研究制定了《沙湾县关于执行党员涉嫌违纪违法信息通报和及时处理工作机制实施办法》和《党员违纪违法信息通报机制流程图》，成立了党员违纪违法信息通报领导小组，并召集公安、纪检、法院、检察院、司法局等执纪执法单位定期召开联席会议，每季度上报党员违纪违法情况，同时以支部为单位，对全县党员受处分情况全面摸排。2018年7月以来，共核查2312人，核查出违纪违法党员112人，核查出未处理并与纪委共同处理11人，终止党代表资格3人，正在终止1名党代表和取消1名政协委员资格。三是积极协调人社局、教育局、公安局、民政局、发改委等单位，加大对流动人才党员和退役军人党员的摸排管理，并分别造册、建立台账，督促其理清组织关系，按时参加组织生活。四是加大处置不合格党员力度。年初以来，督促各党委加强与县纪委的沟通与联系，共对29名党员进行了处理，其中组织处理3人，党纪处分26人。

坚持“三抓三到位”，从严规范党费收缴使用管理工作。一是指导各基层党组织采取自下而上、自上而下、上下结合的办法，对每名党员交纳党费基数进行了核算，确保不重不漏、应交尽交。严格履行收缴党费手续，做到党员交纳党费有登记、签名、党费证登记，党支部收缴党费有报告单、明细表、收据；党委上缴党费有收据、支部明细表及银行进账单，有力地保证了党费收缴的准确性和严肃性。实行党费收缴一通报一公示制度，确保党费收缴工作公开透明。2018年，全县11770名党员月均交纳党费总额10.03万元。二是严格执行专账管理、专人负责、银行代管、定期对账制度，坚持每季度与中行沙湾县支行对账，做到账款相符，确保党费管理规范有序。严格执行党费使用县委组织部部务会集体研究制度，做到专款专用，开支合理、账目齐全。2018年以来，先后划拨党费资金54.43万元，本级划拨配套党费资金37.71万元，累计慰问困难党员、困难群众等各类人员298人次。

抓实基层组织建设，夯实“两学一做”学习教育。一是制定印发了《关于在全体党员中开展“学习党章、尊崇党章”专题活动实施方案》，成立了专题活动领导小组，明确了职责分工，努力实现党章学习全覆盖。截至2018年，全县各级党组织开展党章专题学习2380余场（次），讨论交流880余场（次），开展“学习党章、尊崇党章”专题测试1000余场次。二是开展“党旗映天山”主题党日活动。县委组织部联合“访惠聚”驻村工作领导小组制定印发了《关于开展庆祝建党97周年“党旗映天山”主题党日系列活动的通知》，通过加强关怀激励、重温入党誓词、筑牢红色经典等系列活动，确保学习内容入脑入心。截至2018年，分层分类培训268余场，组织专家辅导20余次，巡回宣讲67场，开展国旗下宣讲1404余场；慰问困难党员、困难群众、“四老”人员、因公殉职党员家属、中华人民共和国成立前老党员201人。三是认真开展换届工作“回头看”。督促各党委对所属支部换届工作进行梳理，对应换届而未换届的及时指导予以换届，对已换届的相关程序进行“回头看”，查漏补缺，2017年以来，到期应换届的447个基层党组织，其中总支部34个，支部413个已全部按照规定进行换届。

【干部监督】 一是加强日常监督。严格落实领导干部约谈、提醒谈话、经济责任审计等制度，提醒谈话8人，批评教育1人，约谈46人，干部离任审计3人。二是强化出国（境）管理。再次开展违规办理和持有因私出国（境）证件专项治理“回头看”工作。研究并制定下发《关于持续深化违规办理和持有因私出国（境）证件专项治理“回头看”工作的通知》。全县各单位已上报

“回头看”材料。三是严格因私出国（境）审批与管理工作。办理因私出境办证审批36人，办理因私出国办证审批1人，办理因私出国（境）审批5人次。四是规范科级干部请销假制度。开展科级干部请销假情况专项督查，截至2018年，共办理892人次干部请销假手续（其中22名科级干部因请病假时间超过44天）。施行各科级领导干部因私请假情况按月反馈，并收集公示结果，将长期请病假人员名单上报至干部室和公务员管理室，执行病事假工资，坚决防止领导干部“吃空饷”问题发生。五是加大信访件的查核力度。采取书面交办、定时督办的方式，受理核实群众来信13件，接待来访群众8人次，其中受理核实对科级干部的举报3件，移交纪委线索3人。

认真开展个人有关事项报告收集工作。组织科级干部召开“领导干部个人有关事项报告表”填报培训会，收集整理645名科级干部的个人有关事项报告。严格审查干部人事档案。全年先后4次对县委组织部保管的干部人事档案进行排查。共核查出47名干部档案中填写有问题情况，均已按要求完成整改。加强选人用人监督。2018年，录入负面台账信息共计454条。严格落实“凡提四必”制度，防止“带病提拔”干部。建立科级干部和考察对象家庭关系和三代以内近姻亲信息库。选拔任用干部征求执纪执法部门意见，通过一体化平台进行查核。坚持组织部长与干部“双向约谈”制度。四是突出抓好干部不担当不作为、深化违规选人用人工作。由县委组织部牵头从组织、纪检、人事系统抽调相关干部组成6个专项检查组，对全县各单位进行专项巡察。2018年已开展两轮巡察，包括6个乡（镇、场）、18个村队，及县直17个单位。第三轮正在巡察中。五是开展科级领导干部及亲属经商办企业情况核查工作。按照《沙湾县开展中巡视组反馈意见整改落实情况自查工作方案》的通知文件要求，对全县645名科级领导干部及亲属经商办企业情况进行核查。建立组织、市场监督管理局等各部门沟通机制，并通过信访举报、电话举报等方式，加大对干部的监督管理。严格执行《领导干部个人有关事项报告事项规定》《领导干部个人有关事项报告核查结果处理办法》，对瞒报、不如实报告领导干部及亲属经商办企业情况，进行严肃追责。通过自查每个领导干部说明和单位核查证明，暂未发现领导干部及亲属违规经商办企业情况。六是建立科级干部实绩档案。进一步完善科级领导干部实绩档案制度，强化科级干部实绩档案的管理和使用，将干部工作实绩与考察考核、管理使用紧密结合起来。汇总科级领导干部2014—2018年“领导干部个人有关事项报告表”、2016—2018年“县委管理干部实绩采集表”，“沙湾县科级干部补充信息统计表”按照“一人一册”形式建立实绩档案，并专人负责收集和保管，作为干部监督、奖惩、评先评优培养教育的依据。七是协助纪委扎实开展党员干部持有因私出国（境）证件核查工作。扎实开展了共产党员、国家公职人员和离退休人员违规出国（境）违规获取国（境）外永久居留资格或长期居留许可专项治理，进行出国（境）办证备案、出国（境）审批备案专项核查。截至10月28日，完成全县76个单位2202名科级干部、党员因私出国（境）办证和出国（境）备案情况核查工作。协助地委组织部统计76名县级领导干部因私出国（境）情况（其中在职39名，退休37名），并按照地委组织部要求收集提供26名持有因私出国（境）证件的县级领导干部相关说明材料，以及协助提供户籍在本县，在县外任职6名县级干部办理因私出国（境）证件备案相关材料。八是完善档案管理工作。全年共转递干部人事档案27本，协助纪委监委调阅立案人员干部人事档案资料59人。整理新调入和考录公务员人事档案98人。

【干部培训工作】 开展习近平新时代中国特色社会主义思想和党的十九大精神学习培训。举办了全县科级干部学习贯彻习近平新时代中国特色社会主义思想和党的十九大精神视频培训班。利用基层党校阵地，举办了乡镇场基层党员干部专题轮训班。县直单位分类举办了政法口、经济口、党群口、大农口、社会综合事务口和卫计系统、教科系统科级以下干部7个夜校培训班。聚焦社会稳定和长治久安总目标，强化专题培训，对科级党政“一把手”、访惠聚工作队员、第一书记和基层干部分类开展专题培训，通过系列培训，统一了思想，凝聚了共识，提高了广大干部的能力素质。全年培训各级各类干部1万余人次，参加上级调训82人。

【信息调研】 把组工信息、组工宣传工作摆在重要位置，列入重要议事日程，与其他工作同安排、同部署。由县委常委、组织部部长分管，分管副部长主抓，科室负责人具体抓，部领导定期检查指导信息工作，研究和解决工作中存在的困难和问题。选派1名干部到自治区党委组织部办公室跟班学习、1名干部到地委组织部信息调研室跟班学习，提升组工信息撰写水平。围绕学习习近平新时代中国特色社会主义思想、党的十九大精神、全国组织工作会议、自治区组织工作会议、激励年轻干部担当作为等中心任务，结合实际，挖掘典型经验，撰写相关信息，为领导决策、推动工作发挥了重要作用。共编发《沙湾组工信息专报》134期，被中组部《组工参阅》采用1条，被《新疆组工信息》采用12条，组工信息成绩位列塔城地区第一名。结合当前组织工作重点、热点和难点，以及沙湾县组织工作特色，在广泛讨论、征求意见的基础上，确定了3个组织工作重点调研课题、1个塔城地区党建研究会重点调研课题、7个自选课题。加强与党内刊物、新闻媒体的沟通与协作，完成《中国组织人事报》《新疆党员之友》等报纸杂志约稿任务，《走出乡村党建新路子》等长篇稿件在《新疆党员之友》刊发。用好“沙湾党建”政务微信公众平台，进行全面改版升级，每周定期发布消息15条。

【“访惠聚”（访民情、惠民生、聚民心）工作】 按照“2017年驻村工作队主体力量的60%连续驻村3年，延续到2019年，其余40%新调整充实人员”的要求，择优选派1128名干部组建217支工作队入驻234个村队（社区）。其中，县派190支989人，科级干部占选派总数的12.13%，中共党员535名，占总数的54.1%。采取岗前、系统、驻点培训、每月“一卷子”测试等方式，加大驻村干部培训力度，继续实施“回炉淬火”培训，将月考评为黄旗的65个工作队的队长和村党支部书记进行培训，促进能力提升。落实驻村干部及家属慰问制度，及时解决驻村干部工作、生活等方面的困难。定期组织驻村干部体检，建立“一人一档”健康档案。减少各类会议以及档案资料，减轻基层负担，提升“访惠聚”驻村工作成效。抽调45名干部充实县“访惠聚”驻村办公室工作力量，确保办公室综合协调、组织指导、督促检查、舆论引导等职能作用有效落实。

开展“民声大走访、隐患大排查、矛盾大化解”活动，对排查出的安全隐患和矛盾纠纷建立台账，做好排查化解。通过五轮入户走访，登记流动人口1.95万人次。常态化抓好帮教帮扶工作，落实包联帮教责任，制定帮教帮扶工作办法，建立释法宣教团（队），分类开展释法宣教，实施“六项工程”。建立“村队自查、派出单位复查、村队（社区）互查、包联乡（镇、场）县级干部随机抽查、县‘访惠聚’驻村办核查”的“五查”工作机制，确保帮教帮扶工作取得实效。聚焦“两项任务”，打牢基层基础。引导成立专业合作社21个，发展庭院经济513个；开展实用技能培训913场次，培训村（居）民4.58万人次；帮助群众就业1479人次。建立群众工作积分制管理机制，充分调动群众参与周一升国旗宣讲、农牧民夜校、文体活动的积极性和主动性。共开展宣教活动9452场次，教育群众104.02万人次；组建“三支队伍”638支，开展文体活动948场次。建立解决困难诉求三级联动制度，收集群众困难诉求3660条，已解决3149条。围绕“五件好事”，凝聚民心民力。建立惠民政策全程代办制度，广泛开展惠民政策宣传，覆盖群众22.1万户次61.07万人次。2018年村级惠民生项目220个，已完工171个项目。为群众办实事好事7149件，投入资金413万元；慰问困难群众1.47万户次，慰问资金321万元；帮助解决就学就医469人次。培养入党积极分子2343人，发展党员863人。

建立督导“日报告、周汇报、月总结、季评估”工作制度，每日将督导情况以书面形式反馈至各乡（镇、场）、包联乡镇县领导以及派出单位，督促形成抓落实合力。建立全县“访惠聚”驻村工作问题整改销号台账，收集整理自治区、地区以及县指导组督导反馈问题11类232条，已整改销号215个。建立信息宣传奖励办法和任务分解方案，2018年以来，共编发要情专报135期，在地级及以上媒体刊发2582篇，在“新疆访惠聚”微信平台刊发34篇，“最后一千米”微信平台刊发43篇，《新疆晨报》刊发166篇。

【荣　誉】 2019年1月22日，沙湾县委组织部被评为中国共产党新闻网2017—2018年度“基层党建宣传示范单位”。

宣传思想工作

【意识形态】 2018年，县委召开5次常委会议研究意识形态工作，并由意识形态工作领导小组办公室牵头组织听取各党委（党组）半年汇报，对意识形态工作领导小组成员及时进行了调整，成立了意识形态领域反分裂斗争领导小组。年初与67个党组织签订责任书，党组织与所属党支部层层签订责任书，签订率达100%，明确任务，责任到人。及时下发《沙湾县意识形态工作责任制考核实施办法》及《沙湾县意识形态工作责任制任务分解方案》，按季度组织意识形态工作领导小组成员单位召开联席会议并撰写了3个季度的意识形态领域分析专题报告。明确党委领导班子履行意识形态工作主体责任，要求党委书记带头抓意识形态工作，党委班子成员把意识形态工作作为民主生活会和述职报告的重要内容，各党委（党组）全年专题研究意识形态工作不少于2次，乡镇场党委每季度上报意识形态领域分析研判专题报告，并纳入绩效考核，充分调动各级党组织切实在政治责任和领导责任上带头，各级党组织班子全体成员切实在站稳政治立场、增强政治定力上带头，把任务真正担起来，把工作真正抓起来，自觉落实意识形态各项工作。实行半年督导通报制度，不定期针对当前重点工作对各乡（镇、场）党委及县直单位进行督查指导，纳入绩效考核，与评先评优挂钩。针对地委办公室、行署办公室《印发〈塔城地区关于对中央巡视组反馈意见意识形态工作专项组整改落实情况进行全面检查督导的实施方案〉的通知》要求，县意识形态工作领导小组办公室连续召开3次专题联席会议，传达文件精神，研究制定整改措施，坚持问题导向，部署工作任务，对中央巡视组意识形态工作反馈的问题进行举一反三，由县委下发了《沙湾县关于对中央巡视组反馈意见意识形态工作专项组整改落实情况进行全面检查督导的实施方案》，抽调20名党员干部成立了专项督导组，分4组对全县各党委（党组）落实意识形态工作责任制、发声亮剑、“两项清理”等意识形态领域各项工作进行督导检查，下发整改问题清单，责令限时整改并上报整改情况。2018年，共对全县各党委（党组）开展督导7次，均下发了督导通报。加强意识形态阵地管理，严格对讲座、论坛、报告会、研讨会等各类学术交流活动和各类出版物、编印的内部资料和文艺作品进行审批报备，健全各新闻媒体的管理制度，对采、编、发流程进行规范；督促乡镇党委强化对村级阵地的管理，加强非政府组织开展的以技术推广、产品推销为名的培训、推介会，进一步加强全县文化活动的规范管理，强化各类文化活动内容的审查，对全县开展的各类文化活动严格执行审批报备制度。2018 年，审批大中型活动 60 余场次；采取专题培训、班会课等形式，不断在师生中深入开展马克思主义“五观”、党史国史和新疆“三史”教育，常态化融入学校教学、引导广大师生爱祖国、感党恩。

【理论学习】 制定下发《2018 年党委（党组）理论学习中心组专题学习重点内容安排》，每季度下发基层党委中心组理论集中学习指导计划，先后印发了《党的十九大精神宣传工作方案》《党的十九大精神宣传报道方案》《关于党委（党组）理论中心组开展党的十九大精神专题学习的通知》《宣传系统学习宣传党的十九大精神方案》《进一步掀起习近平新时代中国特色社会主义思想和党的十九大精神学习热潮的通知》等文件，不断强化对十九大精神学习宣传贯彻的指导安排。认真组织学习《习近平新时代中国特色社会主义思想三十讲》，向各族党员发放《习近平新时代中国特色社会主义思想三十讲》11770 册，《中国共产党章程》8652 册；向各族群众发放《党的十九大报告》单行本 6.26 万册，向各部门、单位发放《党的十九大文件汇编》1810 本、《党的十九大辅导读本》1810 册；向各党委发放中宣部《活页文选》40 期，征订《新时代面对面》562 本。县委理论中心组充分发挥示范引领作用，带动各党委（党组）开展党的十九大精神、全国两会精神专题学习，扎实开展《中华人民共和国宪法》等内容的学习，深入开展“推动维稳工作上水平、上台阶，我该怎么办”等 7 个专题大学习大讨论活动，开展专题报告 5 场、参与人数 2500 人次，辅导讲座 54 场、参与人数 8000 余人，学习培训 14 期，参与人数 1.1 万余人，每人撰写心得体会 7 篇以上，收集理论文章 239 篇，准确领会习近平新时代中国特色社会主义思想和党的十九大精神、全国两会精神，自觉用习近平新时代中国特色社会主义思想武装头脑、指导落实总目标的工作实践。开展专题活动丰富学习形式。一是举办以“新时代　新征程　新作为”为主题的党的十九大精神知识竞赛，全县 27 支代表队、81 名选手参加比赛，知识竞赛进一步创新了党的十九大精神的学习方式，充分展示了党员干部群众学习党的十九大精神的成果。二是层层举办“不忘初心　牢记使命”主题演讲比赛活动，通过演讲比赛进一步深化各族党员干部群众对党的十九大精神的理解和把握，在全县各族党员干部群众中掀起了广泛学习、深入践行党的十九大精神的新高潮。三是组织开展专题学习活动。全县各党委、各单位按行业系统分类，分别在 2 月初至 4 月底利用干部夜校，组织全体干部职工集中学习党的十九大精神，县委在 4 月 21—26 日组织全县所有科级干部举办了为期一周的学习贯彻习近平新时代中国特色社会主义思想和党的十九大精神集中轮训班。一年来，围绕习近平新时代中国特色社会主义思想和党的十九大精神、全国“两会”精神开办 14 个专题、33 期的培训，培训党员领导干部 16700 余人次。四是组织开展理论学习测试活动。围绕理论学习重点内容，各党委（党组）组织党员干部开展理论学习测试 4 次。

【宣传引导】 县域各媒体宣传同频共振。持续强化新闻宣传工作纪律，严格规范宣传报道，在县域各新闻媒体严格规范新闻采编工作流程，始终坚持常态化开展新闻宣传纪律教育，严格落实“三审三校”制度，确保新闻宣传安全。加强地委、县委中心、重点工作宣传工作力度，不断增强宣传工作的针对性和时效性，《沙湾新闻》重点围绕党的十九大、三大攻坚战、学习国家通用语言文字、民族团结一家亲、暖心惠民、教育医疗、“访惠聚”、经济社会发展等内容，开设《国家通用语言小课堂》《党的十九大精神进万家》《牢记嘱托　奋力前行》《我奋斗　我幸福》等专栏，较好地发挥了新闻媒体的重要作用。2018年，共播发《沙湾新闻》299期（含一周要闻），播出稿件1800余条；塔城台上稿586条，被新疆台采用稿件196篇，被中央电视台采用新闻27条（其中6条专题节目）；《塔城日报》发稿400余篇；政府网站发布信息1040余条；沙湾零距离发布信息2170余篇。规范使用标语及挂图深入落实。严格落实中共中央办公厅、自治区党委关于规范使用党和国家领导照片、题词，标语口号、悬挂党的十九大挂图等工作，分别召开乡镇场党委宣传委员专题会议、行业牵头部门及广告制作商会议4次。成立3个专项督导组，对全县各单位办公场所、展览馆、活动室、楼道及户外大屏、宣传橱窗等阵地进行拉网式排查，对发现的不规范问题立行立改，并逐一开展“回头看”工作。制作党和国家领导人与新疆各族群众在一起的镶框照片挂图发放至“四老”人员、村两委班子成员及爱国宗教人士家中，使各族群众更进一步感党恩、听党话、跟党走。截至2018年，共重新规范制作新下发的39条宣传标语1800余条；规范宣传橱窗158块；规范户外宣传牌96块；发放党的十九大精神4幅宣传挂图2280套，均按照要求予以装裱后规范悬挂。发声亮剑工作持续有效。制定并下发了《沙湾县推进发声亮剑活动常态化工作实施方案》和《关于组织撰写各级领导干部发声亮剑署名文章的通知》，于2018年2月召开全县发声亮剑活动推进会，县领导带头发声亮剑。全县各族干部职工每人至少撰写亮剑署名文章2篇，各党委、各部门、各单位按要求踊跃向县委宣传部报送发声亮剑署名文章，在沙湾零距离、沙湾政府网、沙湾电视台分别开设了亮剑专栏。坚持常态化开展国旗下发声亮剑活动，积极引导干部和群众亲自走上宣讲台开展发声亮剑。组织全县各乡（镇、场）、各系统、各部门、各单位分批开展专题发声亮剑活动1200余场次。2018年，全县党员干部发声亮剑署名文章在新疆电视台、《新疆日报》、《塔城日报》、“沙湾零距离”、沙湾政府网刊发550余篇，县领导发声亮剑署名文章在《新疆日报》、《塔城日报》、“塔城零距离”、“沙湾零距离”、沙湾政府网发表47篇。基层大宣讲工作广泛开展。围绕习近平新时代中国特色社会主义思想、党的十九大精神、全国“两会”精神、《中华人民共和国宪法修正案》、民族宗教政策、党的惠民政策、“扫黑除恶”等内容，认真组织开展不同主题的基层大宣讲活动，通过国旗下宣讲、发声亮剑宣讲、进家入户宣讲、微宣讲、巡回宣讲、“宣讲+”等载体和形式，将党的好声音传递到千家万户，引导和激励城乡各族干部群众听党话、感党恩、跟党走，收到显著成效。一是壮大草根宣讲员队伍。针对各基层乡（镇、场）、村队（社区）“润心田”宣讲员队伍以机关干部、村干部、“访惠聚”工作队员为主、工作业务多、难以全身心投入宣讲工作的现状，制定《沙湾县宣讲工作奖励补助办法》，壮大基层宣讲员队伍，广泛挖掘各村队（社区）能说会道、有文艺特长、善于表演的文化能人，吸收到“润心田”宣讲队伍。每个村队（社区）新招募3—5名草根宣讲员，全县共招募697名，进一步完善了沙湾县草根宣讲员库。二是层层举办宣讲培训。上半年以“宣传贯彻党的十九大精神”为主题，组织各党（工）委开办草根宣讲员集中培训20场次，培训宣讲员233人，以村队为单位，开展草根宣讲员分散培训60余场，培训人数近3000人。下半年以提升新招募草根宣讲员的宣讲技巧、宣讲能力和个人素质为目标，采取相关部门联动，共办培训的办法，围绕习近平新时代中国特色社会主义思想、党的十九大精神、党的惠民政策、法律法规、民族团结等方面内容，采取专题授课、实践学习、示范宣讲、座谈交流等形式开展了为期 3 天的集中培训，培训人数 510 人。同时，组织各乡（镇、场）党委开展宣讲员培训 15 场，培训人数 1900 余人。通过培训，拓宽宣讲员的视野，增加宣讲员知识储备量。三是开展巡回宣讲。围绕党的十九大精神、全国两会精神在各乡镇场党委开展巡回宣讲 20 场。组织草根宣讲员赴重点村队，以释法宣讲、党的惠民政策、民族团结等为主要内容开展巡回宣讲 56 场。四是做到宣讲全覆盖。充分发挥特色宣讲队、村干部、驻村工作队员、驻村管寺干部、下沉干部的作用，结合“民族团结一家亲”活动，用群众听得懂的语言，宣讲党的十九大精神、全国两会精神、党的惠民政策等，做到入户宣讲全覆盖，开展各类示范宣讲活动 2000 余场次，教育群众 19 万人次。

【媒体宣传】 紧密结合地委、县委中心工作强化新闻宣传报道策划，制定专题宣传方案，建立重点工作、重点项目联席制度，每季度召开一次联席会议，准确把握宣传重点；进一步完善新闻线索周报送制度及各类考核制度，实行末尾跟班，及时兑现外宣奖励、选评优秀。每周组织召开县域传统媒体和新媒体新闻分析会，建立健全更加规范科学的管理制度，让新闻线索、产品在多渠道、多平台传播，增强报网融合发展，实现从追求数量到数量质量并重，增强外宣成效。多措并举，讲好沙湾故事。坚持每天专人认真研究主流媒体不同时段的宣传重点及各版面的栏目特色亮点，积极搜集采访线索，精准投料。重点工作实施“一对一”专题策划，每天精选优秀新闻稿件及时向各网站投送，形成强大宣传声势。做好外宣资料库的建设和完善，及时根据媒体需要投送，确保素材提供及时、稿件保质保量；抓住区内外媒体到沙湾采访时机，积极推送新闻线索和新闻素材，让各级媒体在沙湾有收获、见成效。不断创新“沙湾零距离”微信平台等新媒体宣传方式，坚持做到月有分析、周有策划、日定选题，在对内传播信息，服务沙湾群众，凝聚人心的同时，也使其成为疆内外媒体自发转载沙湾信息的重要平台。不断加强与国家级主流新闻媒体的联系与交流，借助国家级主流新闻媒体采编力量的高位策划和推动，提升对外宣传水平，先后在端午节、9 月中旬秋收时节、国庆节 5 次成功完成鹿角湾景区、安集海辣椒丰收、乌沙安集海大峡谷的现场直播，其中，安集海辣椒丰收稿件 2 次在《新闻联播》播出，先后在中央电视台不同频道、不同栏目、不同时段滚动播出 20 余次。抓住中国农民丰收节的宣传节点，在中央电视台、自治区两报两台发稿 57 篇，安集海辣椒丰收画面在习近平总书记向亿万农民祝福中国农民丰收节视频中出现。充分把握每一个展示沙湾县形象良机，做好策划和素材收集，围绕“辽塔号”援疆旅游专列进疆、众多影视剧在鹿角湾景区取景摄影、成功举办首届农机博览会等契机，取得民生、旅游等方面的宣传硕果。2018 年，沙湾县在自治区级以上媒体刊发各类稿件 15100 余篇，其中在中央电视台、中央人民广播电台共播发专题、新闻 75 篇，自治区两报两台共刊发稿件 534 篇（条）。在“最后一公里”、“新疆访惠聚”、天山网等微信公众平台刊发图文信息 190 篇（条），中新网等九大网站首页刊发稿件 1513 篇（条）。

【文化建设】 2018 年，沙湾县各项文体工作坚持团结、稳定、鼓劲的方针，全面开展宣传引导的各项工作，实现以文化人，以文育人的目的。扎实开展“扫黄打非”专项工作。按照自治区、地区“扫黄打非”工作总体部署，紧紧围绕总目标，组织开展一系列“扫黄打非”专项行动和文化市场集中治理，制定沙湾县五大专项行动方案，组织行业经营业主和从业人员安全生产及法律法规培训 5 次，选派 4 名执法人员参加疆内外文化执法培训。加大文化市场监管力度，全年组织开展各类集中整治行动15次，检查各类文化和出版物经营单位1030家次，排查整改一般安全隐患293处。处罚违规经营网吧1家，收缴非法挂历13本、非法及盗版出版物220册，下达责令整改通知书27份。对全县15个乡（镇、场）文化站及220个村队社区图书室开展了“三非一品”清理。完成全县党政机关及事业单位软件安装使用情况摸底和统计上报工作。8月16日，成功迎接了国家“扫黄打非”办调研组一行的检查指导，并获得好评，沙湾县第一小学被评为第二批全国“扫黄打非”进基层示范点，第二批全国“扫黄打非”进基层示范标兵。扎实开展审读工作。认真落实自治区、地区审读工作会议精神，及时成立沙湾县审读工作领导小组，由县委协调从全县范围内遴选政治敏锐性强、鉴别力强，政策理论水平高的7名党员干部组成专班，根据审读工作实际情况制定了审读工作程序和各项制度。对全县1980—2017年发行的203期、101380份/册期社科类期刊、内部资料、刊物进行了专项审读。重点对22期《沙湾文学》杂志的哈萨克语版及5本哈萨克语诗集、2本《沙湾文史》、3本社科类资料进行审读，对审读出的疑惑点进行反复调研，并邀请县内专家、退休老干部多次召开专题讨论会进行深入研讨甄别。扎实开展文化体育活动。成功举办沙湾2018年春节联欢晚会、元宵节秧歌社火展演、“围绕总目标放歌新时代”专场音乐会、话剧《兵团记忆》等大型文化活动16场次，开展“夏季百日广场文化活动”“乡村百日文体竞赛活动”392场次，加大对全县20个文化协会及社团的管理和扶持力度，依托各协会社团组建文艺志愿服务员小分队，围绕“文化惠民”“文化暖冬”及党的十九大精神宣传，前往全县15个乡（镇、场）开展文化志愿服务活动37场次，赴喀什地区伽师县开展文化对口帮扶慰问演出6场次，举办冬季长跑、第五届“天博杯”游泳比赛、职工工间操比赛、“鞍沙情”趣味运动会等体育赛事10余场次。配送“东风工程”期刊、图书、音像近10万余册（盒），价值近200万元。投入53.25万元资金，对165个行政村的大喇叭设备和近1.6万户的户户通进行维护和更换，投入276.6万元完成播控中心配套设施建设，申请自治区体育局150万元专项资金，实施金沟河镇、大泉乡、西戈壁镇的体育健身工程，投资240万元完成沙湾县足球场建设，工程已完工并验收合格。

2018年6月26日，辽宁—塔城援疆旅游专列进沙湾欢迎仪式

【精神文明建设】 聚焦、盯牢、落实总目标，加强思想道德建设。层层组织开展“大美新疆·大爱塔城”讲故事比赛、“我为创建文明城市代言”、“道德模范走基层”巡回宣讲、“身边好人”流动展馆等活动430余场次；持续开展“我评议我推荐身边好人”活动，刘芳家庭荣获2018年全国“最美家庭”，沙湾二小学生郑亦宸当选第五届自治区民族团结好少年；与自治区、地区同步举办“文明餐桌　俭以养德”道德实践活动现场推进会；组织开展“文明交通　文明出行”专项治理行动；结合“我们的节日”活动，组织开展“文明旅游”“文明上网”宣传教育；广泛开展“扣好人生第一粒扣子”“开学第一课”“新时代好少年”评选等未成年人思想道德建设主题教育实践活动，努力在全社会形成崇德向善、奋发

向上的良好氛围，为实现总目标提供精神动力和道德支撑；助力民族团结和脱贫攻坚，推进志愿服务活动；紧密结合民族团结和脱贫攻坚工作，大力组织开展“夏送清凉”“冬送温暖”“文明交通”劝导、“我们一起奔小康”等不同主题的志愿服务活动。截至2018年11月，沙湾县学雷锋志愿者协会、“筑爱”志愿者协会及社会各界爱心团体累计帮扶、慰问各族大病患者、孤寡老人、贫困学生、一线干警、环卫工人等3731人次、帮扶困难家庭351户，捐送各类生活物资3.26万余件，价值62万余元，参加活动的志愿者467人次，志愿者累计服务时间达1924小时。为沙湾县乌兰乌苏镇和博尔通古乡两个农村学校争取了两套壹基金多功能体育场和体育器材项目，价值20万元，现已全部安装投入使用。抓好“细胞工程”建设，夯实全国文明城市创建基础。2018年2月，沙湾县成功创建为全国文明城市提名城市，县委、县政府研究制定了《沙湾县2018—2020年全国文明城市创建规划》，县文明办与49个“创建”责任单位签订了《目标任务分解责任书》，以文明交通行动和环境卫生整治为突破口不断夯实创建“细胞”工程，实行文明单位创建活动台账积分管理、“黄牌警告”、约谈等措施，相继举办了文明单位、文明校园创建暨动态管理培训班和乡村学校少年宫建设运行培训会，对自治区和地区文明单位及届满的自治区、地区文明村进行了检查指导，征求文明委相关成员单位“一票否决”的意见，严把文明单位、文明村镇创建“入口关”，努力提高创建质量，促进非评选年文明单位创建工作开展和乡村学校少年宫健康运行。进一步加强乡风文明建设，全县各乡（镇、场）层层举办文明村镇创建暨动态管理培训会15场次，建立、运行村队“一约一团四会”村民自治组织并有效发挥作用，推动新农村精神文明建设深入开展。

（责任领导：廖海龙　撰稿：高文轩）

县委经工办

【日常工作】 做好经济工作领导小组会议会前筹备、资料印发、会议记录、会议纪要撰写及发文等工作。2018年召开常委会、经济工作领导小组及办公室会议研究经济工作议题共90个，办公室印发相关批复31个；印发招商引资工作领导小组会议纪要6期，研究招商引资议题31个。

【油地工作】 开展沙湾县境内油气资源核查统计工作。自2003年起，由江苏油田市政公司、山东胜利油田、中石化西部新区指挥部、新疆油田公司先后在以上4个区块布设各类石油勘探井68口，2018年产油井3口（中石油新疆油田公司产油井3口）。全县原油产量2237.3吨，实现石油税收266万元。

全力支持油田公司在县域内油气资源勘探、开采工作。及时了解企业的困难与需要，对工作中存在的问题，做到早发现，早调处，及时解决。加强与国土、林业、环保、水利、草原等部门的沟通，简化工作程序，避免因各部门沟通协调少，重复工作的问题，提高了办事效率。由油地办牵头做好巡查工作，组织西部管道独山子分公司、油气储运公司、天利高新管道输气厂、管道涉及乡（镇、场）等各涉油管道责任单位，对沙湾县境内油气管道安全生产巡查，及时查找隐患，整改薄弱环节，特别是明确阀门等地面设施的重点守候责任人，责任段，切实做好油区管道巡查工作，将输油气管道巡查情况上报政法委。3月14日，油地办组织各涉油企业召开安全生产工作推进会，全面掌握涉油企业的情况，对今后的安全生产工作提出明确要求。排查管道占压风险和安全距离不足等安全隐患，制定相应措施帮助协调解决。并与涉油企业签订安全生产管理目标责任书。对督查反馈问题及时整改。对3月地区维稳安全工作指导调研第（四）组安全生产反馈的问题高度重视，对督查组发现的隐患和问题按照事不过夜和“六步工作法”的要求立行立改。油地办及时协调沙湾县辖区内涉油企业制定隐患整改和防范措施，实行隐患闭环管理。并完善油地办职责，制定《油地办“党政同责、一岗双责、失职追责”制度》。对6月《地区安全生产常态化督查第二组在沙湾县反馈问题整改方案（第二批）》中存在的问题及时向胜利油田公司和重油公司予以反馈，六勘70752队（征6井）和重油开发公司拐171井存在的问题，均在6月29日前整改完毕。对地区安全生产长效督察组11月在沙湾县督查反馈问题中中石油胜利石油工程有限公司井下作业公司稠油试油工程部试油9队及克拉玛依重油开发公司存在的问题及时反馈，按时完成整改。多次组织油气企业开展安全生产、汛期安全、地质灾害等安全检查。

重点项目推进情况。一是新疆天利高新石化股份有限公司704管线穿越沙湾金沟河河床段管线处理工程。项目于2017年11月8日开工，2018年4月16日竣工验收合格。工程总投资300万元。二是中国石油西部管道独山子输油气分公司乌奎高速公路改扩建工程沙湾县金沟河段独乌成品油线迁改项目。项目投资800万元，开工时间为2018年9月10日，完成新建管道2.25千米，已投入使用。

【全面深化改革工作】 深化农业农村改革。扎实推进产权制度改革，完成105个行政村农村集体产权制度改革试点工作。推进集体资产清产核资工作，完成全县226个行政村农村集体资产清产核资和农村集体经济组织成员身份确认工作。完成218个行政村农村土地确权工作，实际确权集体土地面积10.027万公顷，其中二轮承包土地面积4.738万公顷、其他承包方式面积5.289万公顷，共108714宗地，涉及农户数32878户，并顺利通过自治区农业厅验收。全面落实小麦收储制度改革。成立小麦收储制度改革工作协调小组，多次开展调研和讨论，组织相关人员参加小麦收储制度改革培训，为推进小麦收储制度改革奠定良好基础。

推进财税金融改革。深化财税体制改革，完善政府预算体系。明确一般公共预算、政府性基金预算、国有资本经营预算、社会保险基金预算的收支范围，建立定位清晰、分工明确的政府预算体系，政府的收入和支出全部纳入预算管理。建立将政府性基金预算中应统筹使用的资金列入一般公共预算的机制。加强社会保险基金预算管理，做好基金结余的保值增值，在精算平衡的基础上实现社会保险基金预算的可持续运行。依法决策，不断提高理财水平。完善财政重大事项决策机制，明确财政重大事项界定范围，实行依法决策；继续加大盘活财政存量资金力度，建立结余结转资金定期清理机制，彻底盘活存量资金，加大财政资金统筹使用力度；加强政府性债务管理，对政府性债务实行规模控制，分类纳入预算管理，建立健全“借、管、还”相统一的机制。强化财政资金的全程监管，探索建立以信息化为支撑，绩效评价、资产管理、投资评审、财政监督、政府采购、国库集中支付与预算管理有机结合、彼此制衡的“六位一体”财政运行管理新机制。加强沟通协调，推进PPP项目模式开展。坚持规范操作和从严管理，严禁借PPP模式变相违规举债。完善PPP项目审核机制，建立PPP项财政支出责任台账，全面公开PPP项目信息，加大PPP项目监督检查力度。动态监控全县PPP项目财政支出责任，财政支出责任不得超过当年一般公共预算支出10%红线，财政支出责任达到10%时，一律不得安排新的PPP项目，避免形成地方政府隐性债务。

认真开展行政审批中介服务事项清理、规范工作。切实加强事中事后监管，维护行政审批中介服务等事项设定和取消的严肃性，根据自治区《关于清理规范行政审批中介服务事项、取消中央指定地方实施行政审批中介服务和证明材料的通知》，对自治区公布清理规范的38项行政审批中介服务事项、证明材料，结合沙湾县各部门职能、权限，进行认真的审核、论证，最终决定对涉及县级的行政审批中介服务事项、证明材料取消5项、保留2项。经县人民政府审核、确认后，对外公布执行。

深化“放管服”改革工作。进一步抓好户籍、户政、护照、驾照等服务管理改革措施的落实。继续推进投资项目在线审批工作。简化审批流程，缩短审批时间，全程跟踪解决问题、积极协调推进进程。实施项目联审联批。协助企业办理项目核准（备案）、规划、用地、环评等各项前期手续，对申请上级投资主管部门核准的项目，在完成核准申请报告、取得规划及用地预审意见后第一时间出具上报文件；对于备案项目，线上线下同步审核资料，应用投资项目在线审批监管平台，有效压缩办理时限，即时办理。2018年，受理项目单位在线审批事项12项、企业投资项目备案16项。加大“双随机、一公开”抽查力度，强化事后监管，截至2018年，公示主体信息763条，完成双随机检查企业287户。深化行政审批制度改革，推行网上办理，将个体工商户、农民专业合作社、食品经营许可事项下放至基层监管所，服务对象就近办理许可事项，提高效率。食品流通许可证和餐饮服务许可证“二证合一”为食品经营许可证。落实“多证合一、一照一码”登记制度改革。及时向群众宣传“多证合一、一照一码”登记制度改革政策措施，严格执行行政审批事项目录。截至2018年，换发“多证合一”营业执照2823户，签订承诺书927份。进一步提高注册登记电子化水平。推动网上办事服务大厅应用，网上办事大厅业务办结率达到100%。2018年，网上登记已经覆盖全疆各领域及业务环节和所有的市场主体。根据国家产业结构调整指导目录和自治区法规、沙湾县实际，初步制定《沙湾县企业投资新建项目负责清单（试行）》涉及两大方面51项内容。

深化供给侧结构性改革。按照自治区、地区公共服务价格政策，沙湾县已落实煤炭价格管控政策、工商用电同价、居民用电同网同价并对煤炭企业、电力部门及转供电企业动态化督查。继续深化棉花目标价格改革。对2017年棉花目标价格补贴中出现的问题及时提出解决措施建议，完善目标价格补贴措施。落实质量补贴试点各环节工作，为2018—2019年度棉花目标价格改革政策的落实奠定基础。加强价格事中事后监管。改变监管模式，贯彻落实“放管服”权责清单，对中小学伙食费、幼儿园收费、社会力量培训类收费、物业服务费、停车费、商品房销售价格等经营服务性收费事项实行事中事后备案审核制，转变价格监管方式。

稳步推进国有农牧场改革。沙湾县有国有农牧场4个、涉改牧场3个，分别为博尔通古牧场、牛圈子牧场、曹家坡牧场，主要从事农作物种植及畜牧业养殖。下辖14个村队，总人口9108人，职工人数5965人，农牧场耕地面积3.46万亩、林地9.96万亩、草场194.44万亩。曹家坡牧场、牛圈子牧场探索推进社会职能就近并入附近乡镇进行管理。其中曹家坡牧场并入金沟河镇，牛圈子牧场并入西戈壁镇，博尔通古牧场单独设乡镇。一是成立领导小组，制定改革方案，细化任务分工，明确目标责任。聘请第三方资产评估公司于6月底全面完成3个农牧场国有资产和债权债务清理清算，以3个涉改农牧场为主，人社局配合指导完成了人员身份界定、社保缴费清理清算等基础信息采集。二是国有土地使用权确权登记发证工作。3个涉改国有农牧场三方确认面积183.36万亩，确权登记发证面积306.06万亩，发证58本，确权发证完成率175%。确权登记到位支持经费544万元，完成执行资金430万元。三是及时签署办社会职能移交协议，并完成各职能站所的对口接收及走访调查工作。正在同步推进社区居民委员会组建、人员分流安置、成立社区党支部报批等各项工作。四是为妥善解决国有农牧场职工改革后的社会保险接续问题，进一步保障国有农牧场职工老有所养，研究制定告知书、政策宣传单，向相关单位和部门下发了督办文件，协调动员人社局及3个农牧场对国有农牧场职工养老保险参保缴费政策逐户逐人进行宣传，实现了3个涉改农牧场国有职工和非国有职工养老保险参保率达到100%。

【农业农村】 加强与“两办”的沟通与协作。做好上级领导及兄弟县市到沙湾考察调研前准备工作，撰写《沙湾县关于开展四地五师农业产业融合发展研究课题调研报告》《沙湾县村级财务监管情况专题调研报告》等调研材料，精心选好观摩点，并能充分展示沙湾县工作成绩与经验，使每次调研能圆满完成。认真做好自治区农业科技推广与服务项目申报、验收工作。2018年申报“沙湾县有机林果产品标准化种植示范推广项目”，该项目已实施完，并取得很好成效。认真清理上报2015—2018年农口沉淀资金执行情况及统计汇总。完成农业农村每季度经济运行分析及全年工作总结，按时上报临时性及年度各类材料。

【乡村振兴战略】 紧紧围绕乡村振兴战略“二十字”方针总体要求，认真研读文件，理清思路，统筹协调推进乡村振兴战略工作顺利开展。一是成立了由县委、县政府主要领导为双组长，其他单位为成员的乡村振兴战略领导小组，明确乡村振兴工作的职责分工，形成各成员单位全力配合的机制。二是结合中央、自治区党委1号文件及地区乡村振兴战略实施相关文件精神，制定《沙湾县2018年贯彻落实〈乡村振兴战略规划（2018—2022年）〉重点工作及措施》《沙湾县贯彻落实陈全国书记重要讲话精神全面落实乡村振兴战略实施方案（讨论稿）》，下发《沙湾县2018年度实施乡村振兴战略工作（绩效）考评细则》，明确考核内容和任务分解。为地区提出《塔城地区实施乡村振兴战略工作方案（讨论稿）》《关于对塔城地区乡村振兴战略规划八个工作方案》等的修改意见建议37条，其中《塔城地区实施乡村振兴战略工作方案（讨论稿）》26条，地区乡村振兴战略规划八个工作方案11条。三是强化配合，合力攻坚。根据《塔城地区全面落实“1+3+3+改革开放”重点工作部署实施方案》文件精神，以及地区乡村振兴战略八个实施方案。制定《沙湾县乡村振兴战略实施方案（2018—2022年）（讨论稿）》，指导牵头单位制定《沙湾县平安乡村示范项目实施方案（讨论稿）》《沙湾县乡村振兴新型组织兴村示范项目实施方案（讨论稿）》《沙湾县美丽乡村示范项目实施方案（讨论稿）》《沙湾县乡村振兴产业兴村示范项目实施方案（讨论稿）》《沙湾县乡村振兴生活富裕乡村示范项目实施方案（讨论稿）》《沙湾县乡村振兴民族文化兴村示范项目实施方案（讨论稿）》《沙湾县乡村振兴人才兴村示范项目实施方案（讨论稿）》《沙湾县乡村振兴生态旅游兴村示范项目实施方案（讨论稿）》《沙湾县“五类村庄”推进实施方案（讨论稿）》，上报地区乡村振兴战略典型经验材料、调研报告及阶段性乡村振兴战略工作进展情况。

（责任领导：李　坚　撰稿：赵　艳）

机关党建

【概　况】 中共沙湾县委直属机关工作委员会是县委的派出机构，有编制4个，实有人员6名（书记1名、副书记2名、正科级干部1名、专职副科级委员1名、科员1名）。直接辖管50个单位、部门的党组织，下属党组织有3个党委、12个党总支、83个党支部，1300余名党员（不含访惠聚工作队党组织关系转出的党员）。

【“两学一做”教育】 把“两学”作为中心组和“两会一课”的主要内容，进一步完善中心组学习制度，修订完善年度学习计划，每季度下发学习要点和内容，中心组每月一次、党员干部每周学习一次。实行“三会一课”年报季审制度，开设党课讲堂，领导干部带头给支部党员讲党课。在学转促专项教育活动，各支部每月一专题、一党课、一讨论、一测试，做到分类梳理原文学、教育培训重点学、讨论交流相互学，促进了学习教育常态化。特别是党的十九大后迅速掀起学习宣传贯彻热潮，做到学习5个结合，进一步提高党员干部理论指导工作能力。

【机关党的建设】 贯彻落实全面从严治党“七个一”工作机制，开展党建述职评议考核工作，12个党委（总支）、2个单设支部进行大会述职，现场点评问题44条，并迅速整改。各党委、总支对下属支部层层开展述职评议，晒出成绩、亮出问题。坚持以“五个基本”为主，推进党建规范化建设，促使党支部担负好直接教育党员、管理党员、监督党员的职责。对发展党员、换届选举、组织生活、全国党员信息系统、党组议事决策规划等11项重点工作严肃认真开展自查自纠，进一步规范基层组织和党员管理等组织业务工作。抓好机关党支部班子成员补选工作。对党支部委员由于工作变动或其他原因出现缺额的，督促党支部及时进行补选，保证支部工作正常开展。严格执行机关党组织班子职数及委员候选人条件，严把政治关，先后对11个支部进行补选。坚持政治标准，聚焦维稳、“访惠聚”、民族团结等重点工作发展党员，提高党员发展质量。举办入党积极分子培训班1期、120名，接收预备党员18名。深挖细查党员干部队伍中的“两面人”，开好组织生活会，各支部常态化开展发声亮剑活动40余场次，班子成员撰写发声亮剑文章60余篇，推进党员干部在更广领域、更深层次觉醒。严肃组织生活。实行支部“五+X”计划，在主题党日活动、交纳党费、听取思想汇报、谈心谈话、建言献策等规定动作上突出严字，在自选动作上突出政治教育、突出党性锻炼，让组织生活严肃活泼、丰富多彩。以沙湾党建网为载体，开展微党课、微学习、微榜样等系列活动。六是开展好“党旗映天山”系列活动，各支部学习《习近平新时代中国特色社会主义思想三十讲》，重温入党誓词，与结亲户、村队党员干部一起唱红歌、开展党性党史教育活动，筑牢红色基因。

【夯实基础】 党费收缴和使用管理工作。组织党员及时学习规范党费工作的通知和专项检查清理收缴的党费使用有关问题的通知，对近年来各支部清理收缴的党费认真进行核算。以支部为单位，逐一重新核算每个党员每月交纳的党费，对是否存在少交、漏交、迟交、不交党费的情况开展自查，限期补缴，增强党员的党性意识。从严从实做好发展党员工作。严格执行培养、考察、预审、公示、票决等各项制度，对发展对象逐一进行谈话，征求纪检、公安、民宗、信访、计划生育等部门的意见建议。注重在近三年没有发展过党员的支部、新兴党组织中发展，进一步改善党员队伍结构。认真抓好党组织和党员信息采集工作，先后3次对党组织和党员基本信息采集工作进行安排部署、对组织员进行业务知识培训，重点讲解信息采集的注意事项及印证资料，确保采集的真实性可靠性。开展学习党章、尊崇党章专题活动，教育党员严格遵守党章、贯彻党章、维护党章，开展唱国歌、背誓词活动，用入党誓词唤醒和激发党性观念，永远牢记自己的“入党初心”、牢记自己的“第一身份”，举旗亮剑、表态发言，坚定坚决同“两面人”做斗争。

【党风廉政建设】 一是加强党风廉政教育，组织廉政专题学习，通过“三会一课”、集体讨论、个人自学等形式，原原本本学、联系实际学、结合工作学，学出坚定信念、学出绝对忠诚、学出使命担当。二是学习新修订的《中国共产党纪律处分条例》，由机关工委牵头，在机关单位举办“党纪印我心”知识竞赛，组织参加普法在线无纸化答题活动，营造出遵纪、学纪、守纪、用纪的浓厚氛围。三是以地区、县纪委监委印发的典型案例通报为主，开展警示教育，注重用“身边事”教育“身边人”，教育和引导党员干部提高政治站位和政治觉悟，及时纠治党员干部身上存在的苗头性倾向性问题，抓早抓小，防患于未然，让党员干部、所有行使公权力的公职人员知敬畏、存戒惧、守底线。四是深入开展公务用车、领导住房、办公用房、违规出国境、婚丧嫁娶、重大事项报告等专项治理、自查自纠工作，严格落实八项规定，大力整治“四风”“四气”，把作风建设抓到底。2018 年，查处违纪案件 16 件。

（责任领导：陈东伟　撰稿：胡军梅）

党校教育

【概　况】 沙湾县委党校位于光明路 2 号，占地面积 3.34 公顷，总建筑面积 14248 平方米，其中教学楼 1808 平方米，学员宿舍楼 2200 平方米，学术报告厅 1096 平方米，援疆干部公寓楼 2361 平方米，综合楼 2216 平方米，综合培训楼 4567 平方米。学校可同时容纳 800 人上课、200 人食宿。学校实行党校、行政学校、塔城地委党校沙湾分校、塔城地区广播电视大学沙湾分校、干部培训中心“五块牌子一套工作机构”的工作体制。学校内设机构为：办公室、教务处、教研室、开放教育办（远程教育办）、后勤服务中心。2018 年末，学校在岗教职工 16 人，本科学历 15 人，高级讲师 4 人，讲师 5 人。

【干部培训】 根据县委安排，做好党校主体班次培训工作。2018 年，党校共完成各类培训班次 33 期，培训各族干部群众 5593 人次。包括科级干部学习党的十九大精神培训班、科级党政一把手培训班、“学习贯彻习近平新时代中国特色社会主义思想和党的十九大精神”集中轮训班、基层干部学习贯彻党的十九大精神集中轮训班、发展对象培训班、县直单位入党积极分子培训班、妇女干部培训班、2015—2017 年新招录公务员培训班、塔城地区（沙湾、乌苏）基层党组织建设培训班、异地挂职干部培训班、少数民族村党组织书记学普通话培训班、宗教人士培训班、草根宣讲员培训班等。开展巡回宣讲活动。组织骨干教师深入基层分阶段开展巡回大宣讲，重点围绕党的十九大精神、习近平新时代中国特色社会主义思想、中国共产党的光辉历程、2018 年两会精神、《中华人民共和国宪法》修正案等内容，共宣讲 32 场次，受众人数约 3200 余人次，切实做到各级重要会议精神进乡镇、进机关、进学校、进企业、进军营、进社区。以国家开放大学转型为契机，以新疆电大与奥鹏联合办学为突破口，大力加强学历教育。2018 年电大招收新生 109 人，毕业 65 人。为地委党校协办的对外经济贸易大学招生 40 人。

【教研工作】 与奎屯、乌苏和兵团第七师党校建立“三地四方”教学协作新机制，达成互派教师到主体班次上讲精品课的框架协议。根据地区一张大课表以及沙湾县干部教育培训的具体要求，确定全年的教学专题。扎实开展备课、说课、评课、试讲活动，全年组织教师召开集体备课会 6 次，通过集体备课试讲，教学质量评审小组集体把关，确保了专题课的质量，并选送优秀教师参加塔城地委党校组织的第二届精品课大赛暨首届理论研讨会，学校荣获优秀组织奖，1 名教师的专题课获得了三等奖。组织教师参加各级各类理论研讨会。1 名教师上报的一篇文章参加了塔城地区党校系统理论研讨暨科研工作会议评选，评定为合格等次。3 名教师参与了由新疆警察学院基础教研部教授高雪静牵头的国家社会科学基金一般项目“新疆农村人居环境治理调查研究”子课题的研究和撰写等。全年有 5 篇论文分别发表在各级刊物上。同时保质保量地完成了上级党委和新疆电大安排的教材审读工作。

【师资队伍建设】 从全地区范围内选定 7 人到党校应聘。学校通过试讲、考察，确定了 3 名备选教师人选。在人员少、工作量大的情况下，先后安排教师 21 人次分别参加地委党校、地委宣传部、伊犁州党校、自治区党校、辽宁省委党校举办的各级各类培训，实现了全员培训。

【后勤工作】 先后投资 70 余万元进行基础建设。完善运动场建设，新铺设塑胶篮球场，安装健身器材、球场灯、庭院灯；对后院环境进行整治，林带内修建了人行道、桌凳、文化亭，种植了果树；对综合服务楼安装空调 60 台，基础设施不断完善，办学环境进一步优化。不定期对校园安全隐患进行排查，共开展 8 次安全检查，查出 10 余条安全隐患并已整改，把安全生产隐患消除在萌芽状态。

（责任领导：王银珊　撰稿：张礼谦）

老干部工作、关心下一代工作

【概　况】 2018 年，全县行政事业单位退休干部 3264 人，其中男性 1770 人、女性 1494 人。老干部局负责管理服务的离休干部 25 名，其中，抗日战争时期 1 人（徐光安）、解放战争时期 24 人。行政事业单位离休干部 20 人、企业离休干部 5 人。老干局在职干部职工 16 人、老干活动中心公益岗 6 人。设立老干局办公室、关工委办公室、老干部活动中心、老干部（老年）大学等科室，社区现有老干部活动室 9 个。负责对全县离退休干部进行宏观管理，宣传贯彻党和国家有关老干部工作的方针政策，协调、指导、监督、检查各单位离退休干部的政治、生活待遇的落实。

【老干部思想政治建设】 组织老干部每月 1 次学习中央、自治区、地区和县委重大会议、重要文件和民族团结教育等学习内容，全年共开展 13 场次集中学习，采取召开情况通报会、举办专题辅导班、开展座谈研讨活动等方式，有重点、有目标、有针对性地加强教育引导，做到专题学重点抓、经常学主动抓、反复学深入抓、持续学长期抓，确保广大老干部对这些重要政策理论、重大决策部署、重点任务要求的思想认识到位、深入理解到位、准确把握到位，并积极配合、支持县委工作，充分发挥他们在社会中的正能量作用，为推动县域经济社会发展和长治久安汇智聚力。

老干局组织 18 名退休干部组成“夕阳红”宣讲团，深入学校、社区、村队开展调研宣讲活动，围绕社会稳定和长治久安总目标，开展主题宣讲，通过讲故事、听故事的形式，紧紧围绕以习近平总书记重要讲话精神和自治区稳定工作会议讲话精神做了深入细致的解读，并畅谈自治区党委团结带领全区各族人民坚定贯彻总目标，坚决维护稳定，增进民族团结，着力改善民生，广泛凝聚民心等，让党的声音温暖到每一位群众。老干部活动中心各活动室聘用 14 名老干部为负责人，让老干部自我管理、自我服务，让老干部充分发挥模范带头作用，使老干部能在促进社会和谐、社区建设、帮困扶贫、环境保护等方面有所作为。开展“聚焦　盯牢　落实”总目标大宣讲活动。结合庆祝改革开放 40 周年，重点围绕“增添正能量，共筑中国梦”主题深化拓展正能量活动，结合实际组织开展“我看改革开放新成就”专题调研、工农业生产参观考察、主题征文、主题宣讲、书画摄影展、专场演出、志愿服务等系列主题活动。引导各行各业的离退休干部积极参与到社会稳定和长治久安总目标实践中，为沙湾县中心工作谏言献策，不断积聚和激发正能量。搭建平台，引导老干部发光发热。根据离退休干部个人基本情况、兴趣爱好、工作经历、专业特长和从事志愿活动情况，组织离退休干部参与“不忘初心　牢记使命”主题教育、“民族团结一家亲”活动、“访惠聚”驻村工作、维护稳定、精准脱贫、乡村振兴等各项重点工作。坚持面向基层、面向社会、面向群众，就近发挥作用。由各单位老干部担任居民楼栋长、单元长、业主委员会，为社区居民反映和协调解决有关困难问题；部分老干部发挥所长，担任党建、行风、组织人事、绩效义务监督员，积极开展志愿活动。春节期间，发挥老干部特长，为“访惠聚”工作队所驻村队送春联 110 副、“福”字 80 个。

【政治待遇】 春节前，配合县委和地委老干局慰问副县级老干部、关工委“五老”宣讲团、本单位退休的老干部共计 86 人次。古尔邦节配合县委慰问副县级以上少数民族老干部、关工委“五老”人员，共计 43 人次。为老干部订阅和报销书报费，老干部活动中心阅览室订阅报纸 60 份，共计 2.2 万余元，为离休干部 25 人订阅报销“两刊一报”，为 28 位副县级以上离退休老干部赠阅《塔城日报》，为退休干部 700 人次报销《老年康乐报》等费用共 6 万余元。

【生活待遇】 2018 年，老干部局为 2150 余名退休干部发放慰问品，价值 71 万元；在“十一”国庆节期间，组织 25 名离退休干部进行了健康体检；配合原单位为 2018 年逝世的离休干部朱光钿、沙立江、高风信、鲁行尧、郭志明办好丧葬事宜；申请县财政为 15 名已故离休干部无固定收入生活困难配偶补助取暖费 1000 元；老干局领导班子成员每月两次到县医院探视生病住院的老干部，全年探视 32 人次。

【老干活动中心和老干部（老年）大学“两个阵地”建设】 坚持老干部活动中心天天有活动、月月有比赛、季度有演出，年终有总结。活动中心每季度举办乒乓球、扑克、台球、门球、象棋等 10 个项目比赛，400 余名老干部参加了比赛。聘用 14 名老干部为老干活动中心各活动室负责人，表彰 36 位“五好”老干部和 5 个优秀示范活动室，让老干部自我管理、自我服务，发挥老干部模范带头作用。加强老干部（老年）大学建设，结合老干部、老年朋友爱好、需求，合理配置资源、聘请专业教师队伍，2018 年老干部（老年）大学春秋季班共开设乐理、书法、舞蹈、声乐、电子琴等共 6 个班，招收老干部、老年学员 265 人次，让老干部乐在其中。老干部局组织老干局艺术团、老干部（老年）大学参加沙湾县春晚专场演出等活动 10 余场次。

【自身建设】 抓好作风建设。转变工作作风，老干局干部和职工思想认识明显提高，工作积极性、自觉性和大局意识、团结意识、纪律意识显著增强，局领导班子团结一致，求真务实，廉洁奉公，注重实效，在热情做好为老干部服务的同时努力开展提高老干部工作者业务水平活动。每周五下午，在政治、业务学习期间，做到领导导学，干部职工集中学习或自学，确保业务学习取得实效。努力提升履职能力。不断提升老干部工作队伍的服务意识、宗旨意识和开拓创新意识，提升服务管理水平。干部职工能认真协助做好离休干部“三项机制”“两个待遇”的落实，做好离退休干部信访工作、信息采集、编报、相关业务统计上报及工作汇报工作，使干部职工在执行政策、运用政策和处理具体问题的方面能力得到较大提高。突出抓好党风廉政建设。坚持全面从严治党、依规治党。严格落实“三个亲自”“六步工作法”“六个好习惯”，按照从严治部的安排，不断以严的作风要求、严的作风实践、严的跟踪问效、严的执纪追责，实实在在推动每项工作，落实重点任务，切实改善老干部工作部门风气，树立和维护良好形象。信息宣传工作。2018 年，通过新疆昆仑网、小白杨党建网、沙湾党建网、沙湾县委网和新疆《老年康乐报》《塔城日报》等各类媒体及时宣传老干部工作和“访惠聚”驻村工作，共计投稿 48 件，扩大老干部局工作的影响力。组织离退休老干部开展好民族团结活动，各民族老干部共同参与，深化“民族团结一家亲”活动，老干部局全体干部结合民族团结一家亲活动，与结亲对象开展共建活动10余次，拉近了干群关系。

【已故离休干部】 朱光钿，男，汉族，1920年11月6日生于武汉，1949年9月25日参加工作，1984年7月离休，县住建局离休干部，于2018年1月19日病故。

沙立江·热木托拉，男，乌孜别克族，1929年9月17日出生在新疆喀什，中专学历，1949年9月25日参加工作，1991年7月1日于县人民医院离休，任政协副主席，2018年2月8日病故。

高风信，男，汉族，生于1926年8月，1948年9月参加工作，1984年9月于县民政局离休，2018年2月26日病故。

鲁行尧，男，汉族，1928年3月出生于河南省罗山县，1941年8月参加革命工作，学历中专，1983年8月于县供销社离休，2018年8月10日病故。

郭志明，男，汉族，1933年7月20日生于陕西渭南，1949年5月31日参加工作，1958年3月加入中国共产党，1993年6月1日于县水利局离休，2018年9月14日病故。

【关心下一代工作】 关心下一代工作委员会有主任、顾问、副主任7人，成员单位14个，有关工委“五老”宣讲团1个，“五老”人员18人。关工委下设办公室，和县委老干局合署办公，是参照公务员管理、全额拨款的事业单位，核定编制5人，实有在职干部5人，开展宣讲、调研、帮扶、关爱等活动。

加强学习，围绕总目标履职尽责。年初召开关心下一代工作会议，研究部署工作开展情况，制定沙湾县2018年关心下一代工作要点，下发全县各党（工）委关工委贯彻落实，完善了关工委学习、会议、工作、活动等各项制度，坚持定期向党政领导汇报工作的制度，主动争取领导的关心和支持，为全县关心下一代工作奠定了良好的基础。传达学习上级文件精神，加强与相关部门沟通协作。沙湾县关工委坚持每月召开一次工作例会，学习中央和区地县重要会议精神，召开成员单位会议，听取成员单位对关心下一代工作好的意见建议。

立德树人，加强青少年思想道德建设。学习宣传核心价值观活动。开展“学雷锋活动”。开展庆“六一”系列活动。开展“清明祭英烈”网络活动。在“五四”期间开展纪念建团95周年系列活动。依法治疆，积极参与社会治理。做好青少年法治宣传和预防犯罪工作，充分发挥政法系统作用，派优秀干警担任各学校法制副校长，每月定期开展法制教育。牵头组织县法院与县教科局长期联合开展“青少年模拟法庭”活动，每年开展20余场次，参与活动的学生达万余人次。2018年，申报创建自治区级、国家级“双零”社区3个。发挥社会的作用，14个社区开设了“假日活动站”和“六点半活动站”，组织各辖区未成年人开展“助老扶幼、助困扶弱、保护环境、文明礼仪”宣传活动和其他方面的志愿服务活动，开展了剪纸、书法、摄影、舞蹈、绘画、科技小制作等才艺辅导培训，还经常开展一些有益于孩子们身心健康的“小讲座”“故事会”。联合县公安局开展“送法”进乡村、进校园、进社区系列活动，利用“6·26”禁毒日悬挂青少年禁毒宣传挂图40余套，并且接待咨询人数10500余人，提高了儿童家长和儿童的自护、自救、防灾、避险的意识和能力，也提高了广大青少年识毒、防毒、拒毒的能力。发挥优势，为各族青少年多办实事。关爱困难青少年健康成长。4月2日“自闭症日”，开展“孩子的心　我们的梦　走进春天　健康成长”活动；组织30名困难学生观看《丑小鸭》大型舞台剧。积极申报“神华爱心书屋”项目，为全县6所中小学校捐赠9917本课外辅导书、读物等。向地区团委和地区扶贫办为贫困儿童争取290个爱心书包。为5名贫困大一学生申请2.3万元的项目救助资金。为两所基层学校申请20万元“壹乐园”运动汇项目。

做好民族团结工作。开展“民族团结一家亲”活动，开展“民族团结一家亲”冬季大宣讲活动，开展“民族团结一家亲”结队交友活动，开展“访惠聚”驻村工作走访入户，落实“3+1”“8+4”工作机制，开展疆外书信手拉手活动，共计发出书信5000余封。开展“红领巾双语小课堂”活动，丰富大学生的假期生活，200名小学生和返乡大学生参加。组织开展共青团网上夜校学习活动，覆盖各族青年1500余人次。开展夏、冬令营，加强各族青少年交融、交流、交往。开展“民族团结好伙伴”评选活动，沙湾县推报地区“民族团结好伙伴”16对。

强基固本，加强自身建设。沙湾县关工委在开展爱国主义教育的同时把社会主义和集体主义思想教育贯穿其中。在全县范围内大力开展“优秀共青团员”“十佳少年”“十佳中学生”“校园十星”“雷锋式好少年”“道德小模范”“最美小公民”“诚信师生”等评先树优活动；全县各中小学开展“雏鹰假日环卫小队”“文明小使者”“建设绿色家园、争做文明主人”“伸伸手、弯弯腰、我行动——做一个有道德的人”等实践活动和“四进社区”“志愿服务”等体验活动，沙湾县宣传部、文明办、教育局还联合举办了中小学“庆‘六一’、爱家乡”作文竞赛、书画大赛，还开展了“五心教育”和争做家庭小帮手、同学小伙伴、社会小标兵、环卫小卫士、独立小主人“五小”行动。

（责任领导：汪 洋 撰稿：张 敏、仝玉华）

党史、地方志工作

【党史研究】 完成《中国共产党沙湾县历史大事记（2017）》《中国共产党沙湾县历史大事记（2018）》初稿编辑工作。

【地方志编修】《沙湾县志（1991—2010）》送至自治区地方志编纂委员会进行审核。其间，史志办工作人员对相对薄弱篇章、概述、大事记等进行修改。对沙湾县志进行精细修改，逐字逐句推敲，针对数据、年份、事件进行考证核对，查漏补缺。将未编入漏编的11个保险公司、新农村建设等120个章节进行补充。7月21日，自治区地方志编纂委员给予审核意见。史志办根据自治区审核意见逐编进行修改补充完善。将沙湾大盘鸡单设成编，并重新进行编写。2018年年底，已全面完成《沙湾县志》文字编辑及图片彩页设计工作，送至印刷厂制作样本。后期送往自治区编纂委员会进行二次审定，同时分发到各单位进行校核审定。

《沙湾年鉴》编辑工作。经申请，县委办下发征稿通知，县委史志办结合各单位实际，增加或删减报稿内容，确保纵不缺项，横不断篇。2018年年底，完成稿件征收任务和初步审核工作，进行第二遍稿件修改工作。

按时完成了《塔城年鉴》《伊犁年鉴》《新疆年鉴》的沙湾县供稿工作。

【各类党史书籍发放工作】《沙湾年鉴（2017）》出版发行后，第一时间发放到县委、人大、政府、政协及全县各乡（镇、场）、单位、企业、学校、社区等，2018年已发放《中国共产党沙湾历史大事记（2015）》《中国共产党沙湾历史大事记（2016）》《沙湾年鉴（2017）》《历史足迹》等书籍1000余册。

（责任领导：吴隋良 撰稿：沙亚·巴德什）

统战民宗工作

【概 况】 沙湾县委统战部（民宗委）在职人员16人，其中汉族6人、哈萨克族6人、回族3人、维吾尔族1人。县处级干部1名、正科级干部3名、副科级干部2名、主任科员1名、副主任科员2名、行政编一般干部2人、事业编制干部4

名、工勤人员2名。

【民族团结工作】 全县"民族团结一家亲"结亲干部5087名，结对认亲群众5645户，地区结亲干部704名，共计结亲群众6349户。稳步开展学校"三进两联一交友"活动，3014名教师结对学生3014名，联系家庭3014户。2018年，走访干部48752人，走访见面群众58824户。帮扶解困群众40598户，其中帮助解决就业233人，就医1453件，就学215件，发展生产2216件，其他好事实事15001件，惠及各族群众37044户。捐物28000件，捐款23.7万余元开展各类主题活动4211场，其中联谊活动1983场、座谈会1047场、联欢会1181场，参观学习291次。各类网络媒体报道669条，其中国家级210条、自治区级119条、地区级66条、县级274条，形成了良好宣传导向。评选出拟表彰地区级先进集体3个，先进个人14人；县级先进集体21个，先进个人30人，"三进两联一交友"教师40人。

【驻村管寺工作】 加强宗教系统干部培训，落实保障措施。通过晨会、例会、周视联网会加强统战民宗系统干部的学习培训，累计组织统战民宗干部和驻村管寺干部集中培训4次，力求对党的宗教理论、方针政策、法律法规学深悟透，扭转了宗教系统工作干部不会管、不愿管、不善管的局面。落实驻村管寺干部每月补贴，按标准落实驻村管寺管委会经费，保障驻村管寺工作有序推进。履行驻村管寺工作职责。下发《沙湾县驻村管寺工作规范》等文件，狠抓工作落实，基本形成"三个管好、两个服务、一个网络、六个机制、一个负责"的驻村管寺工作体系，全面推动全县驻村管寺工作规范化、常态化、科学化。健全监督考核机制。研究制定《沙湾县驻村管寺干部工作纪律和绩效管理办法（试行）》，每季度对驻村管寺管委会工作情况进行考核，将考评结果与驻村管寺干部个人绩效相挂钩，做到"人人有任务、人人有责任、人人有压力"，形成上树导向、下明底线、管有制度的管理新格局。

【宗教服务管理工作】 强化对宗教活动场所的规范管理，完善清真寺设施，全面提升宗教场所公共服务。2018年9月，按程序建立清真寺的民主管理组织，为实现清真寺依法管理、自我管理、民主管理奠定基础。强化宗教人士教育管理，加强宗教人士培养培训。2018年，先后选派宗教人士参加中央社会主义学院、自治区伊斯兰教经文学校、地区社会主义学院三级学习培训，县级集中培训宗教人士3次，参训人员做到全覆盖。各乡（镇、场）管委会组织宗教人士学习600余场次，重点学普通话、学法律法规等，宗教人士整体素质有较大提升。依托自治区经文学院及分校，从伊斯兰教教职人员中招录培养一年制中专班3人，从社会面招录培养五年制本科年轻后备人员1名，已按规定安置。招录培养基督教年轻后备人员1名。关心关爱宗教人士。落实宗教人士"四险一保"，为宗教人士购买意外伤害保险，免费为宗教人士进行健康体检，将对宗教人士的关爱措施落到实处。规范宗教活动管理。

【较少数民族发展资金项目】 沙湾县2018年共申报较少数民族发展资金项目3个，资金251万元。安集海镇元兴官村南戈壁组安装巷道亮化工程和修建防渗渠基础设施项目，总投资82.6万元；东湾镇阔克萨孜村修建砂石路和涵管桥基础设施项目，总投资97万元；老沙湾镇胡家海子村道路亮化项目，总投资71.4万元。以上3个项目于2018年9月10日实施完工，2018年10月31日验收合格后，投入使用。

（责任领导：高　磊　撰稿：史振辉）

网络安全和信息化

【机构设置】 2017年2月，设立了中共沙湾县委员会网络安全和信息化工作领导小组办公室，与中共沙湾县委员会网络安全和信息化工作委员会办公室、沙湾县互联网信息办公室，实行“一个机构、三块牌子”，简称“县委网信办”，机构规格相当正科级。内设5个股级科室〔综合科、网络党建科、互联网安全与执法监督管理科、互联网评论（举报）科、互联网舆情分析科〕。

【主要职责】 承担县委网络安全和信息化工作领导小组日常事务工作，贯彻落实中央关于网络安全和信息化工作的方针政策和自治区党委、地委及县委关于网络安全和信息化工作的决策部署。统筹推进沙湾县网信系统党的建设，推动网络社会工作和网络文化、网络文明建设。统筹协调网络安全保障体系建设。

【业务工作】 2018年，切实履行部门职能职责，完善架构建强队伍，深入推进全县网信领域党的建设，发展壮大网络文明监督员队伍，重点加强网络生态治理，属地网络日常监管，大力开展网络安全宣传周、网络中国节等网络文化活动，强化网络安全知识教育，不断提升网民网络安全意识。有效促进了各单位落实网络安全工作责任制的力度，形成了推动网信工作的强大合力。能够在工作中不断吸取教训，总结经验，创新工作方式方法，建立健全网信领域各项工作机制，营造了全县清朗的网络空间环境，为推动沙湾县网信事业取得新进展做出积极贡献。

（责任领导：秦怀华　撰稿：赵　博）

沙湾县人民代表大会

【概　况】沙湾县第十六届人大常委会有组成人员24人，其中主任1人、党组书记1人、副主任3人、委员19人（调离1人、请辞3人）。县人大常委会下设办公室、教科文卫工作委员会、代表人事工作委员会、财经工作委员会、法制工作委员会5个办事机构。

【监督"一府一委两院"工作】坚持把县委工作的重点、县政府工作的难点、群众关心的热点作为监督工作的着力点，创新监督工作机制，综合运用听取汇报、执法检查、视察调研、跟踪监督等多种方式，形成监督合力，推动解决实际问题。全年共召开常委会会议9次，听取和审议"一府两院"专项工作报告12项，开展专题调研和执法检查11项，组织代表视察9次，作出决议决定和审议意见28项。

司法监督。通过督导检查、组织代表观摩庭审等形式，不定期听取法院、检察院、公安局、司法局汇报重大案情和重要工作，对《中华人民共和国反恐怖主义法》及自治区实施办法贯彻实施情况进行执法检查，对涉法涉诉信访案件办理等工作加大督查力度，支持公检法司机关开展严打维稳工作，促进司法机关严格执法、公正司法。

重点工作监督。坚持"1+3+3+改革开放"工作要求，围绕财经工作，听取和审议计划执行、预算执行、决算、审计工作、计划变更等报告，严格预算执行，推进预算公开。围绕经济工作，对农业供给侧结构性改革进行调查研究。围绕环境保护工作，对沙湾县2017年环境状况和环境保护目标完成情况及落实《乡村清洁条例》情况开展监督检查，推动重点工作有效落实并取得实效。

民生工作监督。对沙湾县十六届三次代表大会与会代表提出关于安全生产、惠民工程、教育、文化、广播、电视事业等方面的议案、意见建议的办结情况进行监督跟踪落实。截至2018年，57件建议意见已全部向代表答复。关于农村安全饮水工程建设的议案，项目原计划于2018年内完工，根据自治区防范政府债务风险有关要求，县人民政府不得违规举债，及时叫停农村饮水安全工程PPP项目，2018年工程处于暂停状态，正在等待自治区、地区下一步工作要求。金沟河灌区节水改造工程的议案，该项目初步设计已取得地区发改委批复，2018年正式向自治区相关部门争取项目立项。

【代表履职工作】贯彻落实全国人大《关于完善人大代表联系人民群众制度的实施意见》，深化常委会组成人员联系代表制度，继续坚持邀请代表列席常委会议、参与执法检查和视察调研等活动，旁听法院庭审案件，推荐代表参加重点行业听证会、座谈会和担任行风监督员，拓宽代表知情知政渠道，及时反映广大人民群众的心声和意愿，为县委、县政府科学决策提供了有价值的参考依据。

指导乡镇人大工作。坚持常委会班子成员联系和指导乡镇人大工作、人大主席列席常委会会议制度，指导乡镇人大开好人代会，开展调研、视察和评议等活动，帮助乡镇人大解决工作中遇到的问题和困难，支持乡镇人大依法履职和积极创新，实现县、乡人大工作的联动，形成助推人大工作发展的合力。各乡镇人大围绕维护稳定、现代农业、重点项目、社会事业、小城镇建设等主题开展视察、调研活动，从不同侧面服务推动当地经济社会发展。

做好人事任免工作。坚持党管干部与依法任免干部相结合的原则，加强与县委组织部门的沟通联系，依法任免人大内设机构干部3人，“一府一委两院”干部21人，接受伊犁哈萨克自治州人大代表辞职1人、人大常委会委员辞职2人、县级人大代表辞职7人。继续坚持任前履职承诺、颁发任命书、进行宪法宣誓等制度，进一步强化被任命人员的人民意识、公仆意识和责任意识。根据代表出缺情况，补选县级人大代表10人。组织县人大常委会领导干部、常委会组成人员、县乡人大代表、乡镇人大主席12人，分别赴外地培训学习，进一步提高了工作人员和代表的履职能力和水平。

【自身建设】 加强和完善人大自身建设，坚持把转变作风作为落实总目标的关键举措，抓实做好“学转促”专项活动，坚持和规范“三会一课”，持续开展“5+X”主题党日，少数民族党员干部学普通话等活动，营造党员当先锋的浓厚氛围。组织机关党员干部集中学习、专题研讨、参加培训等方式做到学习人员、学习时间、学习内容、学习效果“四个到位”，有效提升机关党员干部学习教育的自觉性、积极性和实效性，进一步增强“四个意识”、坚定“四个自信”、做到“两个维护”，自觉在政治立场、政治方向、政治原则、政治道路上与习近平同志为核心的党中央保持高度一致。

坚持领导干部带头，坚定坚决与“两面人”做斗争，县人大常委会干部职工开展了民族团结融情活动。认真开展“四风四气”“十改进、十不准”专项整治工作。认真执行《关于新形势下党内政治生活的若干准则》和《党内监督条例》，严守“红线底线”，全面落实从严治党“两个责任”，严格遵守政治纪律和政治规矩，完善了人大党组议事规则，严格规范双重组织生活制度，坚持民主集中制，常委会及机关作风建设不断加强。

（责任领导：刘晶晶　撰稿：陈　曼）

沙湾县人民政府

重要会议

【沙湾县人民政府全体会议】 2018年，沙湾县人民政府召开2次全体会议。

5月11日，沙湾县人民政府召开2018年第一次全体会暨廉政工作会议。

9月21日，沙湾县人民政府召开2018年第二次全体会暨廉政工作会议。

【沙湾县人民政府常务会议】 2018年，沙湾县人民政府召开9次常务会议。

1月20日，县委副书记、县长木合塔尔·卡里木别克召集县委常委、副县长赵震，副县长田新志、孟虹、查东升、张卫武，在科技中心三楼政府党组会议室召开政府2018年第一次常务会议，财政、环保、安监等部门负责人列席相关议题。会议传达学习了地委书记薛斌在地区推进社会稳定和长治久安总目标“四项工作”表彰大会上的讲话以及在地区维稳重点工作推进会暨全国、自治区两会，春节期间安保工作部署会上的讲话。听取了相关部门关于PPP项目进展、中央环保督察信访案件“回头看”、安全生产大检查等工作情况汇报。木合塔尔·卡里木别克就做好当前各项工作提出了具体要求。

2月1日，县委副书记、县长木合塔尔·卡里木别克召集县委常委、常务副县长蒋传军，副县长田新志、孟虹，在科技中心会议室召开政府2018年第二次常务会议，研究中国石油天然气股份有限公司独山子石化公司金沟河引水工程有关事宜。

2月11日，县委副书记、县长木合塔尔·卡里木别克召集县委常委、常务副县长蒋传军，副县长田新志、孟虹、查东升、张卫武，在科技中心三楼政府党组会议室召开政府2018年第三次常务会议，会议研究了沙湾县安全（消防）环保隐患排查整改事宜、地区安全生产大检查再强调、再部署、再要求、再落实工作反馈问题整改事宜、沙湾县存在的环境突出问题整改事宜。沙湾县存在的环境风险隐患整改事宜、沙湾工业园2018年环保工程投资计划、沙湾县农村集体机动地承包管理事宜、实施宝英煤矿西侧生态环境恢复治理事宜、沙湾县农村集体经济组织收支管理事宜。

3月21日，县委副书记、县长木合塔尔·卡里木别克召集县委常委、常务副县长蒋传军，副县长田新志、孟虹、查东升、张卫武，在科技中心会议室召开政府2018年第四次常务会议，对防范重大风险、污染防治攻坚、中央环保督察反馈问题整改、安全生产、春耕备耕工作进行了研究安排。议定自治区卫生县城创建、物业服务费价格调整事宜。

4月19日，县委副书记、县长木合塔尔·卡里木别克召集县委常委、副县长赵震，副县长田新志、孟虹，在科技中心会议室召开政府2018年第五次常务会议，旅游局、教育局、财政局等部门负责人列席相关议题。会议对全县安全生产工作、环保督察反馈问题整改工作进行了安排部署。对自治区旅游协会整体托管鹿角湾景区事宜、开展中国大地艺术公园项2018年期工作、配合地区创建乌沙板块“天山画廊”AAAAA级景区事宜、关于中小学（幼儿园）食堂大宗食材进行定点采购事宜进行了研究。

4月26日，县委副书记、县长木合塔尔·卡里木别克召集县委常委、常务副县长蒋传军，县委常委、副县长赵震，副县长田新志、孟虹、查东升、张卫武，在科技中心会议室召开政府2018年第六次常务会议，环保局、住建局、国土局、规划局等部门负责人列席相关议题。会议传达学习了《关于切实做好当前及“五一”期间安全生产工作的紧急通知》和行署2018年第六次、第七次、第八次专员办公会议精神。听取了环保局关于新疆银鹰工贸公司关于开展生产废水整改达标实验，以及国土资源、住建、规划等部门关于金沟河园区国电投沙湾智慧能源项目进展情况汇报，会议研究了有关事项。

5月11日，县委副书记、县长木合塔尔·卡里木别克召集副县长田新志、孟虹、查东升，在科技中心会议室召开政府2018年第七次常务会议，住建局负责人列席相关议题。会议传达学习了自治区党委九届五次全体会议和行署党组2018年第十次、第十一次，行署2018年第九次、第十次专员办公会议精神。通报了沙湾县三期集资建房有关情况、新疆银鹰工贸公司关于开展生产废水整改达标实验有关情况、金沟河镇宋圣宫村农村公路项目调整情况。会议研究了有关事项。

6月8日，县委副书记、县长木合塔尔·卡里木别克召集县委常委、常务副县长蒋传军，县委常委、副县长赵震，副县长孟虹、查东升、张卫武，在科技中心会议室召开政府2018年第八次常务会议，发改委、商信委、财政局、住建局、规划局、国土资源局、安监局、环保局、园区管委会等部门负责人列席相关议题。会议通报了金沟河生态治理工程安全防护和城东区排污管线修复等工作相关情况。

10月18日，县委副书记、县长木合塔尔·卡里木别克召集县委常委、常务副县长蒋传军，县委常委、副县长范正全，县委常委、副县长赵震，副县长查东升、王立涛，在科技中心会议室召开政府2018年第九次常务会议，规划局、住建局、国土资源局等部门负责人列席相关议题。会议研究了关于调整《沙湾县城市总体规划（2015—2030）》局部地块用地性质事宜。

重要工作

【政务公开】 加强政务公开载体建设，推进“互联网+”等新技术推广应用，依托政府门户网站，推进网上政务公开，内容涵盖法规文件、发展规划、资金管理、预算决算、价格和收费、重大决策、社会服务、公共资源、政策法规、人事管理、行政执法、公共服务及其他需要公开的政务信息。

【信息发布】 在政府网站发布“国务院大督查”“国家政务服务投诉与建议”“群众办事百项堵点疏解行动”小程序二维码等。开设办事服务、政民互动、微博微信等专栏，让公众了解、监督政务公开各项工作情况，对公开内容进行分级分类，方便公众查阅和监督。2018年，在政府网站发布动态信息1400余条、公开政府文件21件、公示公告110余条，按要求转载疆内外信息4500余条，回复办理书记信箱反映问题40余件。

（责任领导：袁金鹏　撰稿：武　晶）

应急管理

【概　况】不断完善工作预案体系。2018年，全县制定总预案1个，各级各类应急预案600余个。组织相关部门及专业技术人员组成应急管理专家组，定期对应急管理工作进行评估，对预案修订提出意见建议，切实做到防患于未然。抓好应急队伍建设，成立各类专、兼职应急分队79支，在220个村、16个社区建立村（居）委会基层应急联络员队伍。加强县级物资储备库储备，建立县级物资储备库1座、应急避难场所7处。结合“防灾减灾日”“安全教育宣传月”“消防月”等活动，利用各种形式和平台加强社会公众应急管理知识普及教育。全年累计发印发各类宣传材料7000余份，展出防灾减灾科普展板50余块。认真开展各级各类应急演练，组织地震综合应急演练1次，现场参演人员800余人。全县各中小学校均组织了1—2次模拟火灾逃生和地震应急疏散演练，各应急救援队伍分别由牵头单位组织开展1次相关应急救援演练，有效提高了应急处置能力。

【消防工作】面对新形势、新使命，消防大队始终以习近平新时代中国特色社会主义思想和重要训词精神为统领，强化履职担当、加快转型升级，凝心聚力抓工作、推改革、带队伍、保平安，实现了队伍改革转隶平稳过渡，各项事业保持了快速发展的良好态势，全体指战员用忠诚和汗水维护了沙湾县的和谐稳定，社会面火灾形势和队伍内部实现“双稳定”，多项工作取得良好的成绩。

按照学懂弄通做实的要求，坚持把学习践行习近平总书记训词精神作为首要政治任务和头等大事来抓，统筹推进理论学习、宣讲阐释、宣传引导、实践转化等工作，把训词要求贯穿于教育管理、铸魂育人全过程，强势推进“牢记总书记训词　建设过硬队伍”专题教育活动，持续掀起学习宣贯训词精神热潮。在支队“不忘初心·再建功勋”文艺会演中沙湾大队电声乐队表演的《追梦赤子心》获得三等奖。按照总队、支队党委统一部署，积极稳妥推进转改、授衔、换装工作，全体指战员脱下“橄榄绿”换上“火焰蓝”崭新亮相，极大振奋队伍士气。

面对改革这场政治大考，大队始终把深植心灵的正面引导和从严从紧的队伍管控贯穿于改革转隶的全过程，认真履行管思想、带队伍、保稳定的重大职责，扎实推进改革教育和集中教育整训活动，主动答疑解惑，深入摸底排查，狠抓教育管理，队伍保持了高度集中统一和安全稳定。大队优秀指战员代表，加入支队组成的改革教育宣讲队，深入基层队伍开展理论宣讲和座谈交流，教育引导指战员排除思想干扰，坚定改革信心。定期开展队伍研判会，全程跟踪问效，为开展好教育整训活动提供了保障。2018年沙湾大队1名消防员荣立三等功，1名指挥员被总队表彰为改革转制教育整训先进个人，5名指战员被地区消防救援支队记“嘉奖”。

在改制转隶期间工作异常繁重的情况下，大队党委强化责任担当，统筹各方力量协同推进消防事业，以拿稳接力棒、跑好接力赛的历史担当抓建设、谋发展，党委核心引领作用得到充分彰显。在队伍转改的关键之年，两位主官政治定力强，始终坚守岗位，克服困难，统筹推进消防工作和队伍建设，使党委班子的创造力、凝聚力和执行力得到了显著提升，并且以自身模范行动感染、带动基层广大指战员积极投身改革实践，干大事、办实事能力显著提高，队员精神面貌焕然一新。

沙湾县委、县政府对消防工作高度重视，出台宣贯落实《消防安全责任制实施办法》配套方案；制定《2018年度消防工作实施方案》；完成全年市政消防设施建设任务；积极推广应用消防安全网格化管理系统；对建筑消防设施“三化”

开展达标验收工作；坚持经常性检查和专项治理行动相结合，扎实开展春夏、大风天火灾防控、城市综合体、电动自行车和电气火灾、高层和工业企业、棉花收储等消防安全综合治理，持续深化博物馆、古文物建筑大检查等专项整治行动，消防安全形势持续向好，年度综合执法录入量位于全地区前列。

大队党委立足“大应急”“全灾种”的深刻转变，主动对标主力军和国家队的职能定位，坚持抓训议训，不断深化拓展日常训练科目，常态化开展比训交流和跨区域实战拉动演练，队伍实战打赢能力不断增强。沙湾大队组织开展中队级地震救援技术技能专项学习，绳结制作和实战应用能力明显提升，真正达到全员“会、懂、用”；承办并圆满完成支队极端恶劣天气下24小时跨区域地震救援拉动演练任务。

电子政务工作

【电子政务平台应用】 2018年，沙湾县电子政务平台是县域内实现县委、县政府部门之间公文交换的主要渠道，接入单位173个。

【政府网站】 2018年，政府网站平稳运行，建立专题专栏5个，11月应政务公开考核细则要求，对部分栏目进行了调整。强化“三审三校”制度，加大县领导对分管领域工作信息网上公开的审批力度。

【政府信息公开】 2018年继续做好《中华人民共和国政府信息公开条例》的实施，根据上级政务公开工作的要求，加大重点领域执行前、执行中、执行后的全程信息公开工作力度。3月发布政府信息公开年度报告。

【电子政务外网维护】 2018年，自治区于11月启动电子政务外网四期网络建设，建成后链路将接至乡镇。沙湾县做好相关配合工作。

（撰稿：王国军）

行政服务中心

【概　况】 沙湾县行政服务中心包括中心管理机构和进驻中心服务大厅的部门窗口。2010年4月29日，政府任命了中心管理机构主任和副主任，负责前期筹建。《关于成立沙湾县行政服务中心的批复》批复沙湾县行政服务中心为正科级，政府直属事业机构，全额预算管理。2018年，中心管理机构实有工作人员12名，包括主任1名，副主任2名，工作人员9名。中心管理机构的职责是“负责对政府各进驻部门和委托事项办理的组织协调、监督管理和指导服务，对进驻窗口工作人员进行管理培训和日常考核”。中心各窗口的职责是按照部门授权，负责对职责范围内审批事项的受理、承办和发证。中心位于沙湾县城世纪大道18号，办公场所包括世纪公寓一层南侧约800平方米，二层约1900平方米，三层约1600平方米，共计4300平方米。其中一、二层为中心服务大厅，共设有前台窗口91个，后台座位114位。三层为部门办公区，共设有18间办公室和3个会议室，为中心管理机构、招商局和整体进驻单位（社会保险局、房产局）领导提供办公用房。

【提高审批效能】 2018年，进驻中心的部门和单位有20家，办理各类行政审批和公共服务事项122项（行政审批类62项、公共服务类60项），窗口工作人员73名，中心各窗口累计接办件12万件（行政审批事项2万件、公事服务事项10万件），按时办结率99.8%以上。

加强业务管理，通过每季度开展红旗窗口、服务之星和民族团结之星的评比，增强窗口工作人员的责任心和荣誉感。加强办事公开。对每项窗口审批业务，明确办理依据、办理条件、申办要求、办理时限、办理结果，做到行政审批事项的事前、事中、事后全方位全过程公开，实现阳光审批，方便群众监督评判。加强窗口绩效管理，每季度将窗口业务办理、工作考核、人员考勤等综合情况及时向主管部门反馈，建立中心与主管部门间的良性互动，解决窗口绩效管理中存在的问题。加强业务督查，中心运用电子监察平台，加强对窗口审批时限、办件录入情况的实时监控，确保窗口事项按时办结。加强窗口业务管理、掌握窗口工作动态，对个别窗口办件不录入的情况及时指出即时纠正。不断完善综合服务功能，围绕窗口行政审批，引进打印、复印、企业注册、产房评估、投资咨询等中介服务机构，努力实现由过去的“进百家门办一件事”向现在的“进一家门办百件事”转变。

【制度建设】 建立健全和完善《行政服务中心运行管理办法》《岗位工作职责》《投诉受理问责办法》等，严格按制度办事，按制度管人。坚持每天上下班“四考勤、四巡视”制度，加大对工作人员日常行为管理。不断完善窗口工作日检查、月通报、季考核、年总评的考核体系，不断强化现场管理，树立窗口良好形象。全面推进“亮牌示范”活动。中心将窗口工作人员姓名、照片、职责、《办事指南》展示在办事窗口，接受广大办事群众的监督，有效地提升了工作人员的自我管理意识。实施首问负责制、一次性告知制、服务承诺制、限时办理制、AB岗工作制等工作制度，确保中心窗口业务的规范化和制度化，提高办事效率。明确窗口服务行为规范、窗口文明服务用语和窗口服务禁语，制定《保障申请人行政服务权力办法（试行）》等制度。通过修改完善并有效实施30余项管理、服务和监督等制度，进一步推动中心工作不断健康发展。实施“六零工作法”，促进中心规范运行。中心通过开展以服务受理“零推脱”、服务方式“零距离”、服务质量“零差错”、服务对象“零投诉”、服务办事“零关系”、服务管理“零利益”的“六零”工作法，增强了中心工作人员的为民服务意识、实现了中心办事效能和群众满意度的大提升。

【监督管理】 转变作风工作力度，采取各种措施以作风的大转变推动效能建设的大提速，以群众服务的大改善促进窗口形象的大提升。加强电子监察力度，中心的监察网络主要分为视频监控和电子监察两部分，中心大楼实现了全方位安防监控和报警装置，实现了对中心78个审批窗口的实时监控，为处理各项突发情况及受理投诉提供第一手视频资料，起到提高窗口工作人员自律意识，提升服务水平的作用。中心还设立了服务评价器、群众投诉意见箱及投诉电话，对窗口的审批行为进行日常监督，建立投诉处理机制，有效促进廉政建设，树立廉洁、公正、高效、规范的政府形象。

【窗口服务】 开展评先树优活动。中心办公室根据窗口单位的业绩、团队建设、服务质量等指标开展“红旗窗口”、“服务标兵”、“民族团结好窗口”、“民族团结之星”、党员集体先锋岗等评比活动，增强了窗口工作人员的责任心和荣誉感。以红、蓝、黄“三色旗”管理制度为抓手，加强窗口工作人员管理监督工作。根据每月窗口人员工作状态、考勤情况进行排名，定等授予“红旗”“蓝旗”“黄旗”，并总结“红旗”窗口单位的优秀做法，点出“黄旗”窗口单位的不足和问题，并以文件形式抄送派出单位，实现中心和派出单位对中心工作人员的互动管理。创新服务模式。积极鼓励窗口开展“延时服务、预约服务、电话咨询服务、上门服务”等个性化服务，更好地为办事群众服务，提高办事效率。如打造“互联网+不动产登记”服务平台。不动产登记窗口，充分利用公安系统的身份识别系统，构建“身份证识别、人脸识别、人证对比”三重识别系统，打造数据共享机制，完善“沙湾县不动产登记中心”微信公众号、外网申报系统，让群众足不出户就能办理登记，做到“让信息多走网络、老百姓少跑马路”。公安户籍、出入境大队实行延时服务、电话预约服务、上门服务等模式极大地提升了政府为民办事的效率，维护了政府为民服务的良好形象；住房公积金管理部提前规划好部门办理限期，合理规避单位与个人办事挤占有限资源的现象。

（责任领导：马　兵　撰稿：刘　娟）

机关事务管理

【概　况】 沙湾县机关事务管理局隶属沙湾县人民政府管理，其前身为接待处。接待处于2007年8月恢复，属县委办公室、县政府办公室管理的正科级全额预算事业单位。2008年10月为政府办公室所属事业单位。2012年10月将名称规范为沙湾县机关事务管理局，属正科级事业单位。2016年2月沙湾县驻乌鲁木齐办事处撤销，将沙湾县驻乌鲁木齐办事处原有人员编制、领导职数并入机关事务管理局。合并后沙湾机关事务管理局共有事业编制10名（管理岗位6名、工勤岗位4名）。其中科级领导职数2名。经费形式为全额预算管理。

【公务接待】 严格贯彻落实中央八项规定、自治区党委十条意见、《沙湾县公务接待管理办法》，坚持“有利管理、勤俭办事”的原则，接待工作原则按照工作餐标准，突显当地特色。实行统一管理，定点接待。加强对接待场所管理，做到接待既热情大方，又严格控制标准。并配合开展以“文明诚信经营、绿色节约消费、不剩饭不剩菜”为主题的文明餐桌行动，营造安全、文明、和谐的餐饮消费环境。2018年，累计接待748批次12595人次，较2017年全年公务接待批次同比增长18.9%。沙湾县党政机关内部食堂共有44家。其中学校为学生食堂，乡（镇、场）为干部职工食堂，12个单位的食堂为方便干部职工值班备勤就餐设立，于2015年以后将办公用房改建成职工小食堂。除各乡（镇、场）学校、医院、公安局外，其他单位内部食堂日支出均在100元以内，机关事务管理局对全县44家的机关食堂情况进行自查和抽查，坚决杜绝违规接待等现象发生。真正做到公务接待服从和服务于全县经济社会发展中心工作。

【公房管理】 严格按照2014年《党政机关办公用房建设标准》要求，对党政机关办公用房科学合理地进行调配，坚持做到逢调必查。2018年，对各乡（镇、场）、各部门（单位）办公用房面积进行实地抽查测量，对于办公用房不合规的当场下达整改通知书，并责令限期整改完毕。按照《关于印发〈经济社会发展专项工作组关于对中央巡视组反馈意见整改落实情况进行全面督导检查的工作方案〉的通知》要求，下发《关于进一步做好沙湾县党政机关事业单位办公用房清理整改工作的通知》，各乡（镇、场）、各部门（单位）自查自测办公用房面积，采取调整、合并等方式，组织完成办公用房的清理整改工作。10月，开展对全县科级以上领导2015年至2018年8月享受政策性住房自查统计工作，下发《关于领导干部住房信息的通知》，要求全县县级、科级干部通过自查上报享受政策性房改住房信息。规范行政事业单位出租办公用房、门面房管理，出台《沙湾县关于加强本级行政事业单位办公用房统一管理的意见》。对办公用房出租、出借进行摸底排查，全县各单位出租、出借房屋共计23间。

【公共机构节能】 成立了沙湾县公共机构节能工作领导小组，具体负责协调、组织推进全县公共机构节能工作。对各单位节能工作的组织领导、宣传教育、日常管理、技术节能和节能成效等五个方面进行年终考核。县委、县政府将公共机构节能工作列入各单位专项考核，考核结果将纳入年度综合考核及领导干部工作业绩目标责任制考核。深入贯彻《公共机构节能条例》，突出抓好日常管理这个关键环节，不断推进节能工作日益走上科学运行轨道。机关事务管理局深入贯彻

《公共机构节能条例》，突出抓好日常管理这个关键环节，不断推进节能工作日益走上科学运行轨道。一是开展节能宣传。以节能宣传周和公交出行宣传周为契机，紧紧围绕“节能降耗、保卫蓝天”宣传主题，大力宣传贯彻绿色发展理念和生态文明。举办节能周现场宣传活动，通过悬挂宣传标语、发放节能宣传手册和节能宣传周画、设立节能知识展板现场咨询服务，以扫二维码形式参与“碳足迹”计算在线体验活动等形式，同时利用宣传栏、网络、电子屏等多种形式进行节能降耗宣传。共悬挂宣传标语 20 幅，发放张贴各类节能宣传画、宣传资料 500 余份，开展节能咨询服务 10 余场，宣传单 120 余份，加强日常宣传，对办公场所节能标识标语张贴更新如垃圾分类等，把节能理念转化为日常生活中的实际行动。二是强化业务培训。组织开展各重点单位参加全国公共机构管理网络培训工作。对全县联络员进行公共机构知识及能耗统计培训，通过培训公共节能统计业务水平不断提高，联络员全面掌握了统计软件应用和统计操作技能。三是做好能耗统计。按照统计制度要求，细致、全面、准确填报能源资源消耗数据，加强对能源资源消费数据情况的分析，掌握用能规律，挖掘节能空间。四是创建示范单位。完善创建管理制度、评价标准，提高创建水平。加强对申报创建单位的督促指导和组织管理，协调解决创建工作中的具体问题，抓好示范推广工作。2018 年，地区机关事务管理局对县人民医院创建自治区级节约型公共机构示范单位进行了初评验收。联合办公楼于 2017 年 12 月被自治区评为节约型公共机构示范单位。2018 年 10 月，又成功申报并创建 2017—2018 年全国节约型公共机构示范单位。

【后勤管理服务】 机关事务管理局作为县委、县政府联合办公大楼后勤管理部门，始终在增强服务意识、提升后勤保障能力上下功夫，创新工作思路，拓展管理模式，确保后勤管理工作上新台阶。一是加强联合办公大楼安全管理。2018 年 8 月，启动对联合办公大楼外挂电梯安装，确保为联合办公大楼内工作人员创造一个安全舒适的办公环境。二是加强设备设施维护，完成联合办公大楼电梯的审验，并对电梯、水电暖进行及时有效的维护、维修、保养，确保各项设施正常运行运转。三是加强环境卫生管理。2018 年以来，加强了大楼内环境卫生维护工作，并对垃圾箱进行分类，环卫质量得到提高。四是制定《联合办公楼值班人员管理制度》《地下停车场管理制度》，对联合办公楼楼层指示牌进行更换。

（责任人：王建国　撰稿：窦天乐）

外事侨务

【概　况】 2018 年，根据《关于沙湾县人民政府办公室所属事业单位机构编制方案的批复》文件要求，沙湾县外事办公室（侨务办公室）（沙湾县侨联）机构规格相当科级，核定事业编制 4 名（管理岗位 4 名），其中领导职数 2 名。沙湾县外事办（侨务办公室）与沙湾县侨联合署办公，实行两块牌子、一套工作机构。

【业务工作】 组织外事侨务全体工作人员认真学习党的十九大精神、习近平新时代中国特色社会主义思想、中央新疆工作座谈会精神，陈全国书记重要讲话精神及地委、县委维稳工作安排部署，认真做好读书笔记，撰写心得体会，切实做到学深学透，准确把握，坚决把思想和行动统一到自治区党委部署、地委要求和县委具体安排上来，扎扎实实落实好维稳工作措施。认真学习外交方针政策和侨务法律法规，紧紧围绕社会稳定和长治久安总目标，服务于国家总体外交，依法保护侨胞、港澳同胞合法权益，服务于聚焦总目标的各项工作能力明显提升。认真学习《党章》《中国共产党纪律处分条例》以及中央八项规定和自治区、地区十项规定和县委相关规定，有效增强外事侨务党员干部讲政治、讲正气、廉洁奉公、严于律己的自觉性，提高廉洁自律和勤政廉政意识。

侨务宣传工作扎实开展。利用广播、电视、报纸等媒体大力宣传《中华人民共和国归侨侨眷权益保护法》，对广大归侨、侨眷进行爱国主义教育、民族团结教育，共同开展侨法普法宣传活动，增强了各族归侨侨眷的爱国意识。

侨情普查工作开展有序。2018年，再次对全县侨情进行普查，并对归侨侨眷的侨情信息、国（境）外亲属基本情况、侨眷、外籍华人基本眷属情况及工作、学习、生产、就业等问题进行普查，翔实掌握全县侨情，实时更新侨情信息资料，不断充实完善侨胞档案，保证侨情资料信息处于最新状态。据统计，全县共有华人华侨952人，其中归侨4人、侨眷749人、外籍华人眷属199人，主要分布在哈萨克斯坦、澳大利亚、俄罗斯、美国、土耳其5个国家，其中哈萨克斯坦人数最多，占92%。已核查归侨侨眷人员86人，实际归侨侨眷拥有证件人员372人。

归侨侨眷爱国意识不断增强。利用宣传日发放宣传单、在政府光明栏宣传《中华人民共和国归侨侨眷权益保护法》和《中华人民共和国归侨侨眷权益保护法实施办法》等侨法知识和侨务政策，增强各族归侨侨眷的爱国意识和聚焦总目标意识。

为侨服务工作不断深化积极。为归侨侨眷做好维权和服务工作，解决归侨侨眷实际困难，协调解决归侨侨眷住房、子女入学等困难。

因公出国（境）管理工作严格规范。进一步完善管理制度和措施，严格把好因公出国（境）审批关，严格执行逐级审核审批制度，防止弄虚作假和违反外事纪律现象发生。截至2018年，单位没有因公出国出境人员。

（责任领导、撰稿：程　军）

信　访

【概　况】 1987年6月，沙湾县设立信访科。1998年3月，机构改革，撤销信访办编制，信访业务归属县委办、政府办。1999年2月，成立信访局，其规格为二级局。2002年，信访局升格为正科局，当时定编8人，2006年将1名行政编调至政府法制办，2009年再次进行编制核定，最后确定编制7人。2011年机构改革，再次把信访局划入县委序列，并于同年8月成立群众工作部，与信访局合署办公，实行“两块牌子、一套人马”。2015年4月，为进一步加大信访工作力量，群众工作部下设成立群众来访接待大厅，调剂2名事业编制。截至2018年底，全单位实有人数8人，其中行政编制5人，行政工勤编制1人，事业编制2人。有局领导3名，工作人员5名，其中汉族6名，少数民族2名。党支部共有党员10名，2017年5月成立信访局党组。

【工作职责】 信访接待及处理；信访案件督查督办；研究、起草有关信访工作的方针、政策和规章制度草案；总结推广各乡镇、各部门信访工作的经验，向县委、县政府提出改进和加强信访工作的意见和建议；向有关部门提出制定有关方针、政策的建议；保证全县信访渠道畅通，维护来访工作秩序，协调督导信访工作的落实；开展信息、工作情况通报、信访统计报表报送及干部培训工作。

【来信来访】 2018年，共受理群众来信来访网上投诉总量95批104人次，与2017年同期相比批次下降55%，人次下降80%，其中个体访33批35人次，与2017年同期相比批次下降82%，人次下降86%。赴自治区上访1批1人次。

【领导接访】 从1月1日开始至5月10日，每天有一名县领导到信访局坐班开展群众来访接待。信访局安排专人配合工作开展，对当日接待情况形成日报告报县委、政法委。结合2018年开展的干部入户住户工作，县领导也带头开展住户走访，实地解决信访问题，帮助困难群体解决生产生活难题。1—10月，共22名县领导参与群众来访接待，共接访112次。

【矛盾纠纷排查化解】 按照重点时间段必排查的原则，全年共开展矛盾纠纷大排查6次。对重点人员进行全面摸底排查，逐一建立台账，落实责任，做到情况清、底数明、责任实。县委书记召开专门会议，要求全县各单位对排查出的信访问题均建立台账，实行销号管理，确保信访问题只减不增。

【信访信息化建设和业务规范化】 全县14个乡镇、28个部门正常应用信访信息系统，加强信访干部业务培训，安排工作人员赴乌苏市开展系统操作专项学习，组织对系统操作不熟练、新调换的信访干事进行有针对性的一对一培训。

（责任领导：夏远冰　撰稿：张荣玲）

中国人民政治协商会议沙湾县委员会

概　况

【政治建设】 把党的领导作为政协工作的根本遵循。认真学习贯彻习近平新时代中国特色社会主义思想和党的十九大精神，牢固树立“四个意识”、坚定“四个自信”、践行“两个维护”，始终对党绝对忠诚，始终在思想上政治上行动上同以习近平同志为核心的党中央保持高度一致，坚定坚决贯彻落实党中央治疆方略特别是社会稳定和长治久安总目标，坚定坚决贯彻落实自治区、地委和县委各项决策部署，始终与县委在思想上同心同德，目标上同心同向，行动上同心同行，工作上同心同力。

深刻领会习近平总书记关于社会主义协商民主的重大战略思想，不断深化对习近平总书记关于加强和改进人民政协工作重要思想的理解和认识，准确把握工作的新部署、新要求，进一步丰富完善了《中共政协沙湾县委员会党组工作规则》《中共沙湾县政协委员会党组议事规则》《沙湾县政协党组中心组学习制度》，加强政协“两支队伍”建设和管理，全面提升履职能力和水平，推动新时代政协工作不断迈上新台阶。

始终坚持把党风廉政建设和反腐败斗争作为全面从严治党的重要内容，坚持把中央八项规定作为铁的纪律，认真学习贯彻《中国共产党纪律处分条例》《中国共产党廉洁自律准则》，认真履行党组主体责任，坚守廉洁自律底线，严格遵守党章党规和党纪国法，严守政治规矩和政治纪律，严肃反分裂斗争纪律，始终做到旗帜鲜明、立场坚定。对照形式主义、官僚主义深入查摆“十改进、十不准”问题50条，已全部整改完成。

县政协引导各界别委员，广泛开展了“走进基层、走进群众，送文化、送关爱、送卫生、送科技、送法律、送教育”的“民族团结一家亲”和民族团结联谊“六送下乡”活动，凝聚起了民族团结和社会稳定的强大正能量。全体干部职工走亲戚10次以上，真心开展交心、交友、关爱、帮扶、宣讲、联谊活动，民族团结的种子不断植入各族群众的心田。

在扎实推进“访惠聚”驻村工作上持续用力。按照“单位做后盾”的要求，协调解决6万余元，购置了驻村所需的生活物品、工作用品、安防器材等，为驻村工作创造了便利的工作条件。协调解决“访惠聚”驻村工作中遇到的困难和问题8个，办实事好事10余件，累计协调解决资金15万元，切实发挥了后盾保障作用，促进了“访惠聚”驻村工作的顺利开展。

【扶贫帮困】 2018年，政协领导干部主动为结亲户捐助1.9万元的扶贫帮困、爱心救助金以及4.5万元的生活补助金，协调清理历年劳务欠款10.53万元。

2018年，为各族群众办实事好事39件，协调解决资金31万元，解决生产生活中的困难和问题59个；为精准扶贫村清理渠道4800米，帮助协调解决生活物资、生活用煤4万余元。按照“单位做后盾”，在“访惠聚”驻村工作上持续用力。主动加强与“访惠聚”所驻村及工作队对接沟通，加强统筹协调，做好后勤保障，为工作队购置了驻村所需的维稳设施、办公用品、生活物品。班子成员先后多次到工作队进行慰问和工作检查指导，实地了解和协调解决“访惠聚”驻村工作中遇到的困难和问题10件，为驻村队办实事好事20余件，累计协调解决资金15万元。

重要工作

【建言献策】 县政协始终聚焦社会稳定和长治久安总目标，坚持履职为民，努力在关注民生、反映民意、争取民心上建言献策。2018年，县政协按照县委的安排，将政协委员按照界别划分为6个界别小组，对“因病致贫　因病返贫问题”、生态文明建设、生态环境保护等开展视察、调研，形成了12篇调研和视察报告，并有2篇在伊犁州政协、4篇在塔城地区政协的大会进行交流发言，为推进沙湾县发展广纳群言、献计出招。

紧紧围绕总目标，紧扣县委中心任务，寓监督于协商之中，发挥社会监督、提案监督、界别监督等作用，扎实推进民主监督与下沉基层服务相结合，更好地推动中央治疆方略和自治区党委、地委、县委各项部署要求落到实处。班子成员坚持利用下沉时机经常深入村队、深入群众，与基层干部和各族群众密切联系，在倾听基层干部和群众呼声、体察群众情绪、把握群众愿望的基础上提出真知灼见。把一些关系群众生产生活和社会上的热点、难点问题转化成提案，及时督促30个问题得以解决。

【提案办理】 紧盯社会稳定和长治久安总目标，不断提高提案工作质量、调动委员参政议政积极性，引导委员在维护社会稳定、加强民族团结、落实“九项惠民”工程、“三大攻坚战”、旅游产业发展等方面积极撰写提案，开展委员撰写提案培训，建立各种激励机制和制度，着力提高委员撰写提案质量，并对提案答复质量、办理期限、办理责任提出具体要求。加大提案协商办理和跟踪督办力度，提高提案办复成效。截至9月底，提案办复率为100%。

【队伍建设】 服务总目标，提升履职能力。一是学习贯彻全国政协理论研讨会精神，认真开展习近平总书记关于加强和改进人民政协工作的重要思想学习研讨活动。不断深化对习近平总书记关于加强和改进人民政协工作重要思想的理解和认识，准确把握政协工作的新部署、新要求，进一步明确政协工作的努力方向和着力重点，推动政协工作不断发展。二是组织政协委员学习《关于加强新时代人民政协党的建设工作的若干意见》《新疆维吾尔自治区去极端化条例》《新疆维吾尔自治区实施〈中华人民共和国反恐怖主义法〉办法》《宗教事务条例》《中国人民政治协商会议章程》等。通过学习，政协委员不断提高政治站位，增强政治自觉，努力把习近平总书记的重要思想转化为推动政协事业发展的实际成效。三是始终以提高履职能力和水平为目标，加强委员队伍建设，夯实政协工作基础，先后组织5次政协常委、委员培训活动，并安排6名政协委员赴辽宁省参加培训学习。

落实总目标，彰显风采。政协委员们在全县各行各业的岗位上发挥着积极的作用，做出了政协委员应有的贡献。在行政事业单位工作的政协委员主动担当驻村开展“访惠聚”工作，实施扶贫项目8个，累计投入资金20余万元；为乡镇办好事实事69件，开展民族团结联谊活动18场次；经济界政协委员唐伟天主动尽责，为老沙湾镇、大泉乡、金沟河镇、博尔通古乡的部分村队修路、修渠、修管道、植树、购买体育器材，为贫困户拉煤、送生活用品，累计投入资金130余万元；政协委员王有根主动为乌兰乌苏镇、东湾镇、三个泉子的部分村队、困难群众捐资、捐物，建房屋、送文艺节目下乡进村，累计投入资金10余万元，为全县精准扶贫工作尽到了企业人的社会责任；政协委员高永健能够经常深入各乡镇田间地头，现场给群众普及推广先进的农业生产管理技术、农作物病虫害综合防治技术等；政协委员张广容2018年分管沙湾一中高考工作，实现了61年来高考新突破，使全县高中教育工作又走在了全地区的前列；工商联界、经济界政协委员麻庆明、汪兵、周彦春、兰生军等也为贫困村、贫困户捐款捐物12万元。这点点滴滴的关爱帮扶行动，密切了干群关系，使县委、县政府与各族群众之间沟通、理解、支持的桥梁更加畅通。还有政协委员冯连才、哈里达·玛纳甫、陈伟、杨建秀、李健等人，他们都在各自的岗位上奋力争先、履职奉献，彰显了新时代政协委员的风采。

（责任领导：顾光一　撰稿：朱婷婷）

纪检监察

【概　况】沙湾县纪委监察局内设13个科室（办公室、组宣部、纪检监察干部监督室、党风政风监督室、信访室、案件审理室、案件监督管理室、第一纪检监察室、第二纪检监察室、第三纪检监察室、第四纪检监察室、第五纪检监察室、第六纪检监察室），派出纪工委6个、县委巡察办。在职干部职工68人，其中少数民族干部9人，女干部30人，离退休干部18人。

【严明政治纪律】把严明党的政治纪律特别是反分裂斗争纪律摆在首位，坚持把落实总目标作为第一位的工作来监督，重点加强对自治区党委维稳组合拳、地委和县委工作要求贯彻落实情况的监督检查，坚决查处总目标意识淡薄、工作措施棚架、作风漂浮、弄虚作假的问题。制定实施《关于进一步深挖细查党员和干部队伍中“两面人”的通知》，组织全体党员干部对照“两面人”表现形式全面开展自查。认真开展违规出国（境）专项清理，根据地区量纪意见对违规人员及时进行相应处理。2018年，全县查处违反政治纪律和政治规矩案件50件，给予党纪政务处分50人，查处违反反分裂斗争纪律案件112件，给予党纪政务处分112人。

【惩治腐败】将2018年作为“执纪审查办案年”，紧紧围绕落实总目标、打好“三大攻坚战”、扶贫领域腐败和作风问题专项治理等重点工作，持续加大执纪审查力度。全县纪检监察组织共受理信访举报64件（次），处置问题线索557件，立案审查454件，同比增长114.15%，结案388件，同比增长143.97%，给予党纪政务处分386人，挽回经济损失207.03万元，处置问题线索、立案总数均达到历年来最高值，在全地区排名靠前。注重发挥查办案件警示教育作用，编印《沙湾县党员干部违纪违法典型警示案例选编》，选取了一批典型案件用身边事教育身边人，取得较好效果，在以案示警的压力传导下，已有2名科级干部主动到纪委交代违纪行为。坚持严管就是厚爱，运用“四种形态”问责处理812人次，其中运用第一种形态370人次，占45.57%；第二种形态278人次，占34.24%；第三种形态154人次，占18.96%；第四种形态10人次，占1.23%。

【作风建设】认真贯彻落实习近平总书记关于纠正“四风”不能止步，作风建设永远在路上的指示精神及自治区党委关于加强作风建设“十改进、十不准”“十要十严禁”的工作要求，制定《沙湾县关于持续强化监督执纪问责坚定不移深入推进作风建设的实施方案》。严格执行规范领导干部操办婚丧喜庆事宜和公务活动禁止饮酒的规定。强化监督检查，坚决查处在落实自治区党委决策部署和地委、县委工作要求中不作为、慢作为、假作为等现象，做到发现一起、查处一起、曝光一起，让“四风”问题无处藏身。2018年，查处违反中央八项规定精神问题21起，给予党纪政务处分16人，组织处理8人；查处形式主义、官僚主义问题207个，给予党纪政务处分101人、组织处理106人；查处损害群众利益案件76起，给予党纪政务处分37人，组织处理39人；查处扶贫领域问题136件，其中给予党纪政务处分45人，组织处理103人次，通报曝光典型问题50起，追缴违纪资金96.42万元，形成了有力震慑。高度重视各级督导组反馈问题，2018年自治区督导反馈问题345条，已全部整改完毕；地区督导反馈问题1211条，已整改完成1207条，正在整改4条；问责党员干部778人，其中给予党纪政务处分164人次、组织处理614人次，对落实总目标工作不力、作风不实的32名干部召回培训。通过狠抓问题整改、严肃追责问责、层层传导压力，有力促进了干部作风持续好转。

【巡察工作】 发挥政治巡察"显微镜"和"探照灯"作用，牢固树立"四个意识"，以巡察监督推动全面从严治党向基层延伸。制定了五年巡察规划和2018年巡察计划，成立了县委巡察办和巡察组，划拨行政编制25个，补充人员17名，制定巡察运行规则、定期研究汇报等20余项制度。完成4轮76个部门（单位）的常规巡察和专项巡察，查找问题1460个，发现问题线索131个。紧盯巡察整改这一关键环节，做好巡察"后半篇文章"，及时向被巡察单位主要负责人和分管领导反馈巡察工作情况。成立专项检查组，对2017年巡察的21个单位整改情况进行了督查，下发整改通知单12份，对落实整改责任不力的12个单位党组织及责任人进行问责。2018年通过巡察移交问题线索55件、专报18期，其中立案审查10件，巡察"利剑"作用进一步彰显。

【监察体制改革】 成立沙湾县深化国家监察体制改革试点工作小组，组建工作专班，制定《沙湾县深化国家监察体制改革试点工作实施方案》，严格按照时间表、路线图推进改革各项工作。2018年1月19日，沙湾县监察委员会正式挂牌成立，全县监察对象由改革前1783人增加至8645人，实现了对所有行使公权力的公职人员监察全覆盖。推动监察工作向基层延伸，在全县12个乡镇派出监察办公室，坚持好中选优配齐配全了乡镇纪委班子，新选配乡镇纪委书记、派出监察办公室主任12名，纪委副书记、派出监察办公室副主任12名，监察员23名，增补调整乡镇纪委委员34名。严格规范使用12项调查措施，精准把握纪与法的界线，在线索处置、立案调查、审理报告等方面做到执纪执法的无缝对接。

【全面从严治党】 县委坚持把党风廉政建设和反腐败工作纳入全县工作大局，搞好顶层设计，抓好统筹谋划，强化具体指导，全力支持纪检监察组织履行好监督责任。制定《中共沙湾县委员会关于落实党风廉政建设党委主体责任和纪委监督责任实施意见》，进一步细化责任内容，明确工作职责。逐级签订党风廉政建设责任书和"一岗双责"责任书，实行党风廉政建设"五项清单"制度，发放党风廉政建设牵头（协办）任务通知书54份，领导班子成员任务告知书21份，编印发放"一岗双责"纪实手册433本。对"两个责任"落实情况开展动态督查及专项检查考核，下发主体责任、监督责任建议书158份，督促整改各类问题802个，对责任落实不力的3个部门（单位）党政主要领导进行了约谈，并对整改情况进行了跟踪落实。

【自身建设】 县纪委监委领导班子率先垂范，以身作则，坚持以上率下，引领纪检监察干部紧跟县委工作部署，聚焦落实总目标，严格按要求做好群众工作督导问题整改、民族团结一家亲和民族团结联谊等工作。严格落实《关于在全地区纪检监察系统开展"四个一"专项活动的通知》，以强素质、提本领为重点，选派36名纪检监察干部外出培训学习，抽调50余人次到自治区纪委、地区纪委交叉督导、以案代训。县委高度重视、

2018年12月21日，沙湾县开展纪检监察系统业务培训班

大力关心纪检监察干部培养使用，提拔交流纪检监察干部35人，激发了干部干事创业积极性。坚持“严管就是厚爱”，敢于“刀刃向内”，对执纪违纪、失职失责的严肃查处，2018年共问责处理纪检干部14人次，其中撤销党内职务2人。

【荣　誉】 2018年10月，燕文德获评中央宣传部“基层理论宣讲先进个人”。

2019年2月，吴建勋获2018年度自治区纪委监委授予“党和人民的忠诚卫士”荣誉称号。

（责任领导：李　芳　撰稿：王丽红）

群众团体

总工会

【概　况】 沙湾县总工会现有工作人员7名。总工会第七届委员会下设常务委员会委员11人，女工委员会委员7人，经费审查委员会委员3人。党政机关、企事业单位100%建立工会组织。全县有基层工会564个，组建率100%。其中国有集体企业工会4家，非公有制企业工会442个，教育工会24家，乡镇工会联合会17家，机关事业单位工会63家，社区工会14家。职工28733人，会员26147人。2018年新建工会22家，新增工会会员680人。全县有各级劳动模范共计94名，其中全国劳模1名，自治区劳模10名，伊犁哈萨克自治州劳模2名，地区级劳模10名，县级劳模71名。

【企业集体合同签订】 2018年，全县156家具备条件的企业实现了已建会企业工资集体协商签订率94%，国有、集体及骨干企业签订工资集体协议达100%，女职工权益保护专项集体合同签订率94%，集体合同签订率94%。

【困难帮扶】 通过多种方式，对困难职工进行捐助，广泛开展“送温暖”慰问活动。全年开展扶贫帮困141人次，发放各类帮扶资金55.66万元，其中，生活救助92人次，发放帮扶资金34.5万元；子女助学25人次，发放帮扶资金9.16万元；大病救助21人次，发放帮扶资金12万元。

【职工维权】 完善劳动关系三方协商机制。围绕安全生产工作，广泛开展“安康杯”竞赛活动，参加安全生产大检查活动4次，订阅安全生产知识竞赛试卷3000余份，大力提高各族职工的安全生产意识。全县集体合同签订率达到100%，续签率达到100%，合同兑现率达到96%。全县职代会建制率达89%，厂务公开率达87%。

2018年9月8日，沙湾县总工会组织开展“工会杯”工间操比赛

（责任领导：马　琴　撰稿：张　欢）

共青团沙湾县委员会

【概　况】 2018年，全县基层团委20个，下设255个机关、学校及村队、企业团组织，30个少先队组织。共青团员4076人，少先队员17508人。

【青少年引领】 加强党的十九大精神宣传。成立由70名团干部、团员青年组成共青团宣讲小分队，深入牧区、田间地头、便民警务站、中小学校、志愿者中开展宣讲40余场次，参与团员青年达3000人。联合宣传部、文明办等部门举办“新时代　新征程　新作为”党的十九大精神知识竞赛一场，27支代表队81名选手参赛。

加强青少年思想政治引领，积极组织动员青年参加社会实践活动。结合清明节，开展“清明祭英烈”网络活动、祭扫、手抄报、主题团（队）会等纪念活动60余场次，覆盖青少年8000余人。结合“六一”儿童节，全县各级少先队组织开展“红色旗帜　代代相传”主题队日活动30余场次，1万余名学生参加。寒、暑假期间组织开展返乡大学生参与开展的“红领巾小课堂”、返乡大学生座谈会、志愿服务活动等50余场，覆盖返乡大学生1000余人，青少年2000余人。做好青少年网络舆论引导工作，签订《网络信息安全承诺书》8000余份，组织动员团员青年争当“新疆好网民”。推动全疆第一个美团外卖团支部成立。开展“感恩伟大祖国、做新时代好青年”发声亮剑签名活动80余场，覆盖各级返乡大学生800余人。

广泛开展各族少年儿童“手拉手、结对子”活动。深入开展“民族团结一家亲”周末营；“你来我家吃馓子，我到你家吃月饼”；“我在城里（农村）有个家”等青少年融情实践活动5次，覆盖各族青少年500余人。深化青少年权益维护和预防犯罪工作。“牵手行动”关爱重点人群的未成年子女，协助党和政府做好群众思想工作。开展“共青团爱心生日会”2场，覆盖少年儿童30余人。开展“为了孩子——关爱贫困及留守儿童爱心书包”发放仪式，共计发放爱心书包260余个，价值7.5万余元。

【从严治团】 2018年，召开共青团沙湾县第十七次代表大会，进一步发挥专、挂、兼职团干部的优势，进一步提升团的各级领导机关执行力和工

2018年9月15日，组织开展沙湾县“各族少年手拉手　红色基因代代传”融情周末营开营仪式

作整体效能。强化团干部教育管理监督，开展沙湾县村（社区）团支部书记培训班1场，170余人参加。抓好团员增量控制与存量管理，完成低龄入团核查797人，完善2016年、2017年存量团员1121人，2018年发展团员211名。严肃团内组织生活，严格落实“三会两制一课”制度和四项基础团务，规范工作机制，严明组织纪律，每月开展主题团日活动，共计开展各类主题团日活动4次。组织开展各类共青团业务知识学习4次，覆盖各级团干部400余人。加强检查和指导，开展业务培训3次，督导检查4轮次，检查支部14个，通报、处理团支部6个、团干部3人次，有效落实“3214”基础团务工作。

【从严治队】 规范队前教育。开展各类队前教育28场次，覆盖青少年1100余人。规范标志标识。组织各级少先队组织认真学习《中国少年先锋队标志礼仪基本规范》文件精神，正确认识规范使用红领巾、队委（队长）标志的重要性，开展主题队（会）200余次。联合有关部门对学校门口商店、文化用品店检查少先队标识1次，检查商铺11家，要求下架不符合规定队徽、红领巾1500余个。落实《综合实践活动》（含少先队活动）教材使用。落实每周1课时，系统化地开展好少先队活动课，增强少先队活动的主体性和吸引力。

（责任领导：哈里达·马纳甫　撰稿：李　静）

妇 联

【“巾帼宣讲”行动】 将学习宣传党的十九大精神和习近平新时代中国特色社会主义思想作为一项重大政治任务，组织全县各级妇联充分运用升国旗活动、农牧民夜校、入户走访、专题宣传、座谈讨论等多种形式广泛开展“十九大精神进万家”活动。全县共开展“百千万巾帼大宣讲”活动6000余场（次），各级妇联主席在国旗下宣讲400余场（次），受教育人员7万余人次。

【发声亮剑】 先后下发《关于做好第一季度发声亮剑工作的通知》《关于推进妇联系统发声亮剑活动常态化工作实施方案》《关于转发〈关于以新疆“四史”为主要内容开展发声亮剑活动的通知〉的通知》等文件对妇联系统发声亮剑工作进行安排，组织开展了沙湾县妇联社会各界妇女发声亮剑大会、沙湾县基层妇女干部发声亮剑大会等活动。全县各族妇女开展发声亮剑1000余人次。

【“美丽庭院”建设】 下发《关于转发〈抓好美丽庭院建设的通知〉的通知》，对“美丽庭院”建设进行安排部署，将“美丽庭院”建设与爱国卫生、卫生县城创建、民族团结、精神文明建设等工作相结合，在不断深化“美丽庭院”建设的同时，大力培育和践行社会主义核心价值观，引导各族群众不断增强“五个认同”，促进民族团结，倡导现代文明生活方式，破除陈规陋习，树立新风正气，把广大农民的生活家庭建设好。

【“关爱志愿”活动】 全县各级妇联组织结合元旦、春节、“三八”、“五一”、“六一”、母亲节、古尔邦节、重阳节等各类节庆节点，开展类慰问活动对辖区的贫困妇女、留守儿童家庭进行慰问，真正把党的关怀和妇联组织的温暖送到妇女群众身边。全县各级妇联组织共慰问贫困妇女、儿童600余人，金额9万余元。其中县妇联在“三八”前期对贫困妇女、基层妇联干部、各界优秀妇女代表共38人，折合慰问金8900元。发挥巾帼志愿者的作用，广泛开展“夏送清凉”、环保清洁、卫生整治、关爱留守儿童、敬老孝老等一系列志愿服务活动，把党和政府的关怀送到基层一线干部职工及留守儿童、孤寡老人等困难群体身边的同时，也展现了沙湾县巾帼志愿者的风采。在全县开展“爱心一元捐”活动、“两癌”等贫困妇女救助等品牌公益项目，不断提高妇女儿童的生活质量和幸福指数。2018年，完成10名“贫困母亲两癌救助”项目审核信息录入工作，全县共筹集“爱心一元捐”捐赠金144661.2元。举办“爱心一元捐”发放仪式，对56名贫困妇女、女童发放爱心一元捐救助金5.5万元，为10名贫困母亲“两癌”妇女发放救助金10万元。

【寻找“最美家庭”】 结合好家风、家教的弘扬和传承，联合有关部门继续开展“最美家庭”评选活动。2018年，根据逐级推荐评选，推荐上报国家级最美家庭一个、自治区级最美家庭3个，国家级和自治区级五好文明家庭各1个。下发《关于深化拓展寻找“最美家庭”活动通知》在全县常态化开展寻找“最美家庭”活动，进一步弘扬中华民族家庭美德、树立良好家风。

【主要业务】 认真落实县妇联各类领导小组成员单位职能，积极开展各类宣传活动。一是先后下发《沙湾县妇联创建自治区慢性非传染性疾病综合防控示范工作实施方案》《关于积极开展“全民健康生活方式日”系列宣传活动的通知》《沙湾县妇联创建自治区计划生育优质服务先进县实施方案》等文件对计划生育、慢性病防治等工作进行安排。联合县疾控中心、妇幼保健院、三道河子卫生院在广场路社区开展了“全民健康生活方式日”社区宣传活动，向辖区各族群众发放慢性病防治倡议书、宣传单（册），进行健康知识培训并开展义诊，推动各族居民养成健康生活习惯，营造鼓励全民健康生活、幸福生活的社会氛围。同时，利用“巾帼沙湾”微信平台对“三减三健”微视频、慢性病防治康健知识进行推送和传播，2018 年共编发慢病防治微信 5 期。二是抓好安全生产工作。一方面是与各乡镇场妇联签订妇联系统安全生产责任书，明确职责任务；另一方面结合升国旗、农牧民夜校，采取发放宣传单、安全生产提示、QQ 及微信宣传等多种形式，向广大妇女群众和儿童开展以用电、防暑、防溺水、防雷电、防洪水、交通安全、食品安全、出行旅游为主安全生产知识宣传普及工作，不断提高广大妇女儿童的安全意识和自防自救能力。三是强化禁毒宣教工作。下发文件对“6・26”国际禁毒日宣传活动进行安排部署，积极参与县政法委、禁毒办等部门联合开展的大型禁毒宣传活动，结合“民族团结一家亲”活动组织县妇联干部及结亲对象 10 余人参观了县公安局的毒品警示教育基地，各乡（镇、场）妇联组织充分依托升国旗、赶集日、农牧民夜校、会议等载体，采取宣读倡议书、制作宣传展板、举行签字活动、观看视频、面对面宣讲等多种形式开展宣传活动。活动期间，全县各级妇联组织共开展各级各类宣传活动 100 余场次，发放宣传单及倡议书 8000 余份，受教育人群 1.5 万人次。落实妇联综治成员单位职责，进一步加强毒品预防宣传工作，提高家庭成员禁毒意识，于 8 月下旬启动沙湾县“不让毒品进我家”禁毒宣传教育活动，举办“不让毒品进我家”禁毒宣传活动启动仪式，在全县范围内持续开展禁毒宣传教育，营造浓厚禁毒氛围。四是抓好网络安全宣传。为进一步引导全县广大少年儿童自觉弘扬践行社会主义核心价值观，提升网络安全意识，在全县范围内开展“网结同心圆・青春志愿行”系列主题活动。在安集海镇开展了“网络安全宣传周”及“推普周”宣传活动，150 余人参加了此次活动，向群众发放了网络安全知识宣传册、网络安全法宣传单及平安家庭创建宣传品、科普宣传手提袋等物品。五是做好环保工作。全面开展妇联系统第 30 个爱国卫生月活动，动员带领全县妇女干部和群众积极投身环境卫生整治，共同营造干净整洁的居住环境。广泛开展“全国节能宣传周”及“全国低碳日”宣传活动，印制了 6000 份环保节能倡议书分发给各乡（镇、场）妇联进行宣传，与 11 家相关部门联合开展了大型宣传活动，制作了展板 1 块，设立了咨询台，活动期间发放宣传倡议书千余份，接受咨询 600 余人次，进一步教育、引导广大家庭、妇女树立绿色发展和生态文明理念。

2018 年 9 月 7 日，沙湾县妇联开展“不让毒品进我家”禁毒宣传活动启动仪式

【技能培训】 一是积极与县人力资源和社会保障局、沙泉职业技能培训学校沟通协调，依托沙泉职业技能培训学校以烹饪、计算机、电商等职业技能培训班为主，先后开设种植、养殖、服装、烹饪等 10 多个专业，共举办培训班 10 期，培训农村劳动力 800 余人次。二是各乡镇联依托“科技之冬”积极开展各类技术培训，把职业技能培训办到了妇女群众的身边，让各族妇女姐妹方便学、愿意学、喜欢学，实现培训教学与妇女群众需求“零距离”，共组织开展各级各类培训 180 余场次，培训人员 9000 余人。三是利用特色产业创造就业岗位。2018 年以来，乌兰乌苏镇农家乐产业为该镇农村富余劳动力提供妇女就业岗位 86 个。

【普法维权】 下发《沙湾县妇联系统 2018 年普法宣传工作实施方案》，对普法宣传工作进行安排。

广泛开展宪法学习宣传活动，各基层妇联组织通过举办学习宪法知识讲座、农牧民夜校深入开展“尊法学法守法用法”法治宣传教育主题实践活动等形式广泛宣传《中华人民共和国宪法》《中华人民共和国婚姻法》《中华人民共和国妇女权益保护法》《中华人民共和国反家庭暴力法》《中华人民共和国劳动法》《中华人民共和国土地承包法》《中华人民共和国继承法》《中华人民共和国母婴保健法》《中华人民共和国未成年人保护法》《中华人民共和国老年人保护法》《中华人民共和国劳动法》《中国妇女发展纲要》《中国儿童发展纲要》等内容，受教育人数1万余人次。

【维护妇女土地权益】 在全县开展农村妇女土地权益工作调研工作。各乡镇场妇联通过召开座谈会、发放调查问卷等形式广泛开展了土地权益调研工作，其间共举办座谈会5场次，发放调查问卷近千份。同时与农村、国土等部对接，了解沙湾县落实相关政策文件情况，并提醒其在推动土地确权、宅基地确权、集体产权改革时注意维护妇女相关权益。

【信访工作】 充分发挥县、乡（镇、场）、村（队）三级妇女组织信访渠道作用，使受害妇女在最短时间内得到帮助，尤其是受到家暴的妇女，在第一时间内得到保护。县、乡两级妇联组织共接待来信、来访案件9件，办结率达100%，做到了件件有着落。

【开展“两纲”监测】 召开妇儿工委成员单位会议，下发监测评估指标体系，安排年度评估工作。督促各成员单位对2017年“两纲”指标进行自查评估，妇儿工委办坚持问题导向，抓住重点难点，形成2017年“两纲”监测评估报告，并向沙湾县人民政府提交“两纲”监测评估报告，对存在问题提出意见建议。

【基层妇联改革】 严格按照上级妇联的安排部署认真做好妇联改革工作，圆满完成“会改联”及乡（镇）区域化改革工作。选举产生乡（镇）妇联主席15名、副主席51名、执委179名（含主席、副主席），村队（社区）妇联主席234名、副主席465名、妇联执委3022名（含主席、副主席）。同时，结合地区妇联改革方案研究起草了《沙湾县妇联改革实施方案》，为做好县级妇联组织改革奠定基础。开展了“回头看”工作，对妇联改革后基层妇联制度健全完善情况、执委发挥作用情况进行自查。

【网上妇联建设】 及时开通“巾帼沙湾”微信公众平台，为沙湾县各族妇女群众与妇联组织之间搭建起交流平台，引领各族妇女群众发扬自尊、自信、自立、自强的精神，践行社会主义核心价值观。同时，积极组织各级妇联组织收看上级妇联组织的网上活动。自5月起共编发、审核微信16期、30余条，组织各族妇女收看网上活动1.5万余人次。

【妇女干部培训】 一是与卫计委联合举办了2018年基层计划生育宣传员、妇代主任培训班，对330余名各镇（场）妇联专干及各村（社区）妇代主任就党的十九大精神、妇联改革、妇联业务、妇女儿童维权等内容进行了培训。二是积极争取外出培训。先后组织40余人参加了由自治区、地区举办的各类妇女培训班。三是对新当选的基层妇联主席、专职副主席加强业务培训，使基层妇女干部理清了工作任务，明确了工作职责，提升了工作能力。

（责任领导：王　结　撰稿：王　森）

科学技术协会

【概　况】 县科协机关机构编制共5人，党员9人，其中离退休3人。2018年5月，召开沙湾县科协第三届委员会第二次全体会议，按照“3+1”要求，补选产生了专兼职科协副主席。直接隶属沙湾县委管理，业务受上级科协指导，县科协发挥智能作用带领全县科技工作者开展各项科普活动。科协是科学技术工作者的群众组织，是中国共产党领导下的人民团体。其主要职责是：开展学术交流、普及科学知识、传播科学思想和方法；推广先进技术，开展青少年科技教育活动；开展学术论证、咨询服务、接受委托承担项目评估、成果鉴定、专业技术职务资格评审；开展继续教育和培训工作。

【普及科学知识】 按照“重点培养、典型带动、示范辐射”的思路，深入社区、村队、学校，组织开展大中型科普活动6次，共有2万人次参与活动。二是深入开展“科技之冬”活动，沙湾县第二十九届、第三十届“科技之冬”活动任务，取得了明显成效，共举办各类实用技术培训班1408期，培训农牧民8.6万余人次，培训“访惠聚”驻村干部、农村、社区基层干部和党员6.8万余人次，村干部培训达到100%；培训少数民族5.7万人次占少数民族劳动力的85%。农业、林业、畜牧、农机、人社、民宗、卫生等有关部门举办县级培训班65期。使广大农民接受培训，真正掌握了1—2门实用技术和脱贫致富技能。三是科普基础设施有新进展，4个村队、社区、学校科普e站已经落地，科普e站作为新型的阅知移动终端设备，可以使科学知识变得触手可及，可以解决居民群众随手学知识的“最后一公里”问题。VR虚拟现实科技项目落地，5月31日北京视博云科技有限责任公司负责人将全国首批虚拟现实科技20个体验项目在沙湾县虚拟现实实验室安装，沙湾县成为全国首批虚拟现实项目落地实施县，VR虚拟现实科技是通过构建三维动态实景，让师生真实的沉浸其中，给人一种身临其境的感觉，以逼真的表现虚拟世界的环境，能最大限度地调动青少年的学习兴趣。开展了参观体验科普大篷车车载互动展品活动，亲身进行VR体验，发放科普挂图、科普杂志、科普图书等宣传资料，开展了贴近居民实际的科技改变生活等方面科技知识宣传。

【青少年科技教育工作】 1月16日，沙湾县畜牧兽医局第二十九届科技之冬技术骨干培训班开班，此次培训为期两天，参加培训的为全县乡镇场畜牧兽医站技术骨干、骨干村级动物防疫员、养殖专业合作社负责人共46人。邀请石河子大学教授、企业技术总监、牧业负责人以及畜牧局领导开展包含党的十九大精神传达学习、实用养殖技术讲座、牧企合作规划、社企联盟座谈会等多项培训。2月，举办2018年“体验科学”——中国流动科技馆巡展沙湾县展览活动。3月31日，县教科局、县科协组织全县各中小学科技辅导员及学生代表参加沙湾一中举办“学两会、促发展、共同迈进新时代”首届校园科技节，丰富的科技节内容让同学们大开眼界，也让科技辅导员们收获颇丰。4月，“中国梦·科普共享”新科童益科普共享图书馆、科普共享中心创建暨科普共享专家进校园公益活动在沙湾县第七小学进行。同期在第七小学开展了以“科技放飞梦想”为主题的风等活动。5—6月，新时代2018年科技周免费开放，协调沙湾县及石河子市科普教育基地面向社会免费开放。7月，沙湾科协与团县委共同举办一期“民族团结一家亲，小手拉大手，科学伴我行”科学夏令营活动。9月，根据自治区和地区科协的工作安排，举办2018年“体验科学”——中国流动科技馆巡展，同期还进行科普专家走进校园、走进群众系列科普活动。10月，在沙湾县举办《科普共享创未来》系列公益活动并对沙湾县第七小学“新科童益·全国中小学科普共享图书馆”进行了揭牌，全国中小学科普共享图书馆沙湾县第三中学创建授牌，组织开展了“科普进校园”活动。11月18日，举办了沙湾县“民族团结一家亲，共同走进新时代”青少年科技创新大赛活动，共有1600多名青少年参加了比赛，此次活动大大增强了广大青少年科技辅导员和全县中小学生的科技创新能力，树立“学科学、爱科学、讲科学、用科学”的良好风尚。

（责任领导：贾志华　撰稿：达吾列提）

工商联

【参政议政】 县工商联积极引导工商联界政协委员加强学习，深刻认识中国特色社会主义的科学内涵，增强对中国特色社会主义的信念、对党和政府的信任、对企业发展的信心和对社会的信誉。同时注重引导工商联界政协委员增强参政议政意识，引导他们了解参政议政的形式和方法，不断提高政治思想素质，提高参政议政能力。在县政协会议上，工商联界政协委员递交提案10余件。

【光彩事业】 非公有制经济人士积极走进街头、社区、敬老院，在3月5日学雷锋日免费为老人、困难群众义务理发、补鞋、修锁、测量血压，开展便民服务。爱心企业为沙湾一中优秀高考学子捐资助学。沙湾县准南机电设备有限公司和沙湾县汇鸿商贸有限公司为沙湾一中2018年高考优秀学子捐资助学7万元。西部银泰、鑫大科技、金泽建材、新坤砖厂4家企业在塔城地区工商联（总商会）组织开展的非公企业走进"访惠聚"——"照亮农家 企乡情"主题活动中捐灯80盏。

【服务企业】 一是完成民营企业高质量调查问卷工作和上规模企业调研，开展非公有制企业发展与就业调研工作。二是向上级推荐信泰纺织、力铭鑫顺等企业为全国就业与社会保障先进民营企业和双爱双评先进企业工会。三是通过摸底调查，掌握塔城地区"十三五"百家企业中沙湾县31家非公有制企业包村定点扶贫工作开展情况，对没有按时录入的企业进行了网上"万企帮万村"平台录入，对已录入的企业进行了核查。四是9月26日，县工商联召开执委会议，会议传达地区工商联常委会议精神，组织非公有制经济人士学习党的十九大精神和党的方针政策。五是组织工商联会员参加伊犁哈萨克自治州工商联、自治区、地区相关培训，组织本会主席、执委考察非公有制企业，学习民营企业经营管理经验，提高会员企业管理水平。六是9月8日，在东湾镇举办"千企帮千村"扶贫活动启动仪式，13家本土企业参加启动仪式。七是10月1日工商联组织300余名非公经济人士开展新兴组织"迎国庆、强党性、做表率"升国旗、发声亮剑、签字与国旗合影活动。

2018年9月8日，沙湾县工商联在东湾镇举办"千企帮千村"消费扶贫活动启动仪式

（责任领导：肖宜霏　撰稿：于金莲）

社会科学界联合会

【概　况】 沙湾县社会科学界联合会（简称社科联）机构设置于2012年10月，是县委、县人民政府领导下的社会科学界学术性群众团体，是全县社科类学会、协会的业务主管部门，为归口县委管理的群众团体，机构规格相当于正科级，核定事业编制2个（管理岗位2个），领导职数1个，经费形式为全额预算管理。2016年12月召开沙湾县社会科学界联合会第一届代表大会暨成立大会，选举产生常务副主席1名。社科联主要职责为：宣传贯彻党的路线、方针、政策，普及社会科学知识，开展社科咨询服务；管理、指导和协调全县社科类学会、协会的工作，推动和组织所属各社科类学会、协会及全县社科工作者围绕县委、县政府的中心工作有计划地开展理论研讨和学术交流，推动全县社会科学各门学科的建设，为县委、县政府提供决策依

据；加强社会科学学术团体之间的联系和协作，组织社科工作者开展县内外社会科学学术交流；受县委、县政府的委托，做好全县社会科学优秀成果（县级奖）的评奖工作，表彰先进学会和优秀学会工作者；完成县委、县政府交办的其他工作任务。

【社科理论活动】 以科普讲座、电视专题、报刊专栏、科普读物等为载体，深入扎实地把社科理论普及到基层。与县文联、作协合作，在《沙湾文学》期刊上刊登社科普及知识6期；利用沙湾零距离微信公众平台推送社科普及知识52期；在沙湾电视台、电台等多种媒体开设电视专题全方位推送社科知识24期；在《塔城日报》开辟专栏宣传普及社科知识138期。5月科普周期间，与县科协通力合作完成科普讲座6期，分别赴沙湾一小、二小等开展了防震减灾知识等科普讲座。通过多种方式的社科普及活动，满足了群众对科学知识的需求。

【社科队伍建设】 2018年，沙湾县社科联有学会、协会、研究会10个，它们团结和联系着全县的1200多名社科工作者。为充分履行业务管理和服务职能，2018年以来，紧紧把握“社科联与学会一盘棋”的工作理念，在抓好自身建设的同时，坚持以人为本，寓管理于服务之中，做到既严格按章管理，又积极热情服务，促进了全县社科类学会的发展，得到了广大社科工作者和有关方面以及社会的充分肯定。一是加强机关自身建设。社科联人员少，但工作联系面广、要求高。为此，我们从提高干部队伍思想素质入手，加强思想教育，努力提高敬业精神；同时，广泛开展读书育人活动，严格落实每周的学习制度，努力提高业务水平。二是加强学会管理。为进一步摸清工作底数，3月底，结合县民政局的年检工作对所属社会团体进行了重新摸底，印发“所属社团基本情况统计表”，对社团的基本情况进行重新统计、登记。为争取各方支持，在日常管理上，加强与县民政部门的联系。为指导、督促所属社会团体加强自身建设，2018年以来，根据年度安排先后到党建研究会、法学会、伊斯兰协会3家学会，就学会的组织建设、学术研讨等内容进行交流。三是全力推动社科人才库建设。2018年3月，开展全县社科队伍人才建库摸底工作，通过上门走访、召开座谈会、问卷调查等形式，对全县从事哲学社会科学的人员进行调研，对各学科各类人才的职业、专业、年龄、职称、研究课题等进行登记，初步掌握了沙湾县社科人才队伍的职业分布、专业结构、年龄结构、职称分布以及研究方向等方面的基本情况。经过初步筛选，对其中146名学有所长、成绩显著的优秀人才建立个人档案，形成优秀社科人才档案库。

（责任领导：仲会奇　撰稿：王佳馨）

文学艺术界联合会

【概　况】 2012年10月，沙湾县成立文学艺术界联合会（简称文联）。2016年2月，升格为正科级单位，由县委宣传部负责管理。2017年3月，召开沙湾县文学艺术界联合会第一届代表大会，选举产生第一届文联主席。2018年，文联编制3个，其中主席1人、工作人员2人。沙湾县文联工作职责：贯彻落实党的文艺工作方针政策、法律法规；对各文艺协会进行组织、联络、指导、协调等。

【送文化进基层】 全县各文艺协会主动参与县文化活动，送文艺活动到村镇、社区56场次，送春联1500副，受到各族群众的一致好评。

【横向交流】 全县各文艺协会根据自己行业特点与周边文艺团体交流，开阔眼界提高水平。如书法、朗诵、摄影、舞蹈、音乐、戏曲等文艺家协会与石河子、乌鲁木齐、奎屯、独山子等文艺团体互动参与对方组织的活动，取得较好成效。

【队伍建设】 在围绕总目标，坚持“二为”方向、“双百”方针的基础上，以各类主题文艺活动扩大影响、吸引会员，壮大各文艺协会队伍。2018年，全县文艺协会有国家级会员5人、自治区级会员38人、地区级会员156人、县级会员957人。

（责任领导、撰稿：刘 艳）

残疾人联合会

【概 况】 沙湾县残疾人联合会成立于1991年7月，1991—1997年隶属于民政局代管，规格为副科级，是社会福利团体和事业管理机构为一体的残疾人事业团体，执行理事会为其常设机构。2018年，执行理事会有理事长1人，理事3人，内设办公室、康复服务指导站、残疾人劳动就业服务所、残疾人辅助器具服务站4个科室。

【残疾人康复】 积极参与医药卫生体制改革，完善康复服务体系，组织开展知识技能培训、娱疗、工疗和心理疏导等康复活动，为残疾人提供就近就便康复服务。推进残疾人康复机构规范化、专业化建设，为实现残疾人“人人享有康复服务”目标打下了坚实基础。残疾人康复关爱工程项目任务顺利完成，筛查白内障患者54人，完成白内障免费复明手术20例；完成精神残疾人免费住院5例；分别向县医院残疾人康复指导中心、乌鲁木齐市温泉康复医院输送12名肢体残疾人、3名脑瘫儿童进行康复训练；为各类残疾人提供康复服务130人次；免费为40名肢体残疾人发放辅助器具；对15个乡（镇、场）30名康复协调员进行康复工作业务培训，提高了康复协调员工作能力和水平。

【残疾人就业培训】 认真贯彻落实《自治区实施残疾人就业保障金征收使用管理办法》《自治区关于开展用人单位按比例安排残疾人就业公示的实施方案》，配合财政、税务等部门做好用人单位安排残疾人就业人数审核认定，完成安置残疾人就业的56家企业保障金系统资料录入更新。建立完善扶持残疾人就业的相关政策措施，做好残疾人职业指导、职业介绍和职业供求信息发布等工作，与人社部门联合举办专场招聘会，10家用人单位提供文员、服务员、销售、保洁等986个就业岗位，设立政策咨询服务台，开展用工单位招用残疾人相关奖励政策和求职残疾人创业、就业相关政策咨询服务，12名残疾人中2名残疾人达成就业意向。开展残疾人实用技能培训需求摸底调查工作，定点选择沙湾县中等职业学校作为培训学校，组织残疾人参加集中培训。

【残疾人扶贫解困】 重点对已脱贫残疾人给予优先、特别扶持，2017年确定的195户209名贫困残疾人已全部脱贫。突出抓好精准扶贫巩固提升工作，残疾人康复项目优先将精准扶贫残疾人纳入扶持范围。全面落实残疾人“两项补贴”，对2684名享受人员进行认真审核、清理，发放资金288万余元。上报审核残疾人“阳光家园”计划项目70人，发放补贴资金16.5万元。

【残疾人信访维权】 坚持以残疾人为本的服务理念，完善残疾人信访机制，认真做好信访接待工作，及时化解矛盾纠纷，处理残疾人来信来访8件，办结率100%。积极与司法部门对接，将县三元律师事务所指定为专门为残疾人免费提供法律援助的服务中心，成立残疾人法律救助工作站，深入开展残疾人法律救助工作。加强残疾人教育工作，为2名残疾学生发放“爱心天使”助学项目资金4300元，申请“爱心天使”项目3人，切实解决有入学能力的残疾儿童入学问题。对上特殊教育学校的残疾学生给予交通补贴，最大限度地满足残疾青少年接受教育的需求。

【残疾人宣传】 县残联会同残工委成员单位、“爱心助残”志愿者服务队成员单位开展形式多样的宣传活动。3月3日，县残联联合县医院五官科专家为成人听障患者开展免费检测听力活动，为32名听障患者免费检测听力。5月20日，联合残工委单位在步行街前门设立宣传咨询服务台，大力宣传残疾人权益保障法律法规，现场解答群众及残疾人咨询提问，发放各类宣传资料400余份（本）。同时开展走访慰问贫困残疾人、适配发放残疾人辅具等活动，在全县范围内营造了助残、惠残的良好氛围。

【残疾人证发放】 严格按照第二代《残疾人评定标准》的要求，严格审核残疾类别等级。2018年累计发放残疾人证298本。

（责任领导：姜爱斌　撰稿：王红霞）

红十字会

【概　况】 沙湾县红十字会于2009年8月升格为正科级，编制3名，设会长1名，专职工作人员1名。2018年，有基层红十字组织1个，团体会员30个，会员人数为6142人，志愿者277人，红十字社区公益服务站14个。

【业务规则】 利用"3·24"世界结核病防治日、"5·8"红十字博爱周、"12·1"世界艾滋病宣传日等重大节日期间在县城区和繁华地段步行街前后开展大型宣传咨询活动，组织红十字会员团体单位、志愿者开展红十字会法律法规和基本知识宣传、义诊活动、防灾减灾知识的宣传及职业病防治、结核病防治、艾滋病预防、造血干细胞捐献等宣传活动。5月6日，县红十字会领导参加沙广行风热线栏目，对红十字基本知识、主要工作任务、工作开展情况、开展的主要救助项目等各方面进行了现场宣传播放活动。博爱周期间，县红十字会围绕活动主题在沙湾电视台进行为期一周的电视底拉字幕宣传活动。在政府机关围墙宣挂长期性标语横幅2条。为纪念"5·8"世界红十字日暨2018年红十字博爱周活动，在沙湾县人民医院大楼前电子显示屏滚动宣传标语7条，为期一周播放。在宣传活动中，向群众发放了红十字运动基本知识、新修订的红十字会法宣传手册，以及应急救护知识、无偿献血、造血干细胞捐献、遗体与人体器官捐献、常见病疾病预防、科普等方面的宣传资料，进一步增进公众对红十字事业的认知。2018年共组织开展组织各类宣传活动4次，发放宣传资料2600余份，免费为群众看病、测血压、义诊150余人次。

【帮扶慰问】 每逢节假日来临之际，县红十字会多次开展走访慰问活动，共计向10户困难群众发放了大米、清油、面粉、羽绒服、弹花被的慰问物资，合计0.8万元。县红十字会和自治区红十字会领导前往安集海镇古道村器官捐献者家属李春红家走访慰问，并向她送上了鲜花、慰问品和慰问金2000元。

【志愿服务】 沙湾县红十字会成立红十字志愿服务队——红十字综合志愿服务队顾海英爱心工作室、安集海镇东收费站"阳光路上红十字志愿者服务队"，共有志愿者100余人，县红十字会引领志愿者服务队积极开展形式多样的志愿服务活动。2018年"5·8"博爱周期间，沙湾县红十字会带领顾海英爱心工作室志愿者和县人民医院志愿者分别在沙湾县光明路社区、塔城路社区、体育场路社区、伊宁路社区和第四中学，进行了5场大型培训宣传活动，给广大居民和1500余名中学生进了初级应急救护培训和有关红十字会相关知识宣传，并发放了1000余份宣传单，取得了良好的社会反映。"12·1"世界防艾日期间，红十字会联系卫计委等20余家成员单位，在县城中心举行了大型宣传活动，成员单位进行经验交流，发放传单4000余份，慰问患者10人，送去慰问品2000余元。2018年，顾海英爱心工作室代表沙湾县共筹款10万余元，争取"壹基金"温暖包360余个，给沙湾县的所有乡镇场的中心校都送去了温暖包，使困难学生过冬有了保障。11月初，红十字会联系卫计委、县医院、计生协会、顾海英爱心工作室等单位举行106个特殊家庭独生子女困难户大型暖心活动联谊会，给困难家庭发放了7000余元的生活用品，带领他们去地震局爱国教育基地参观学习，进行亲子交流，请他们观看一场爱国教育电影，促进“民族团结一家亲”的融情活动。

【救助项目】 沙湾县红十字会及时将上级安排的救助活动广泛宣传，2018年以来，为5名患儿申报“小天使基金”“天使阳光基金”“嫣然基金”等救助项目。

【无偿献血】 沙湾县红十字会积极参与无偿献血的宣传和推广工作，充分利用“5·8”世界红十字日、“6·4”世界献血者日等宣传日积极宣传无偿献血知识。通过宣传，沙湾县义务献血人数逐年增加。2017年10月至2018年10月沙湾县无偿献血约366人次，采集全血量约11.57万毫升左右。

（责任领导、撰稿：杨修彦）

法　治

政法委及综治

【基础建设】2018年，在人员密集场所、重点部位加密补建警务站点。扎实推进小区封闭式建设，科学规划制定各小区规划、预算、封闭方案。县乡各治安检查站、治安卡点常态化落实24小时不间断查控机制，在城区坚持“逢人必查、逢车必检”，同一体化、技网侦等技术侦察部门做好人员核查，协调联动基层维稳力量，实现流动人口、预警车辆、重点群体的“远端筛查、中间核查、后端管控”，切实发挥了“护城河、过滤器”作用。加强对液化气钢瓶、散装汽油、火柴、管制刀具等的产、销、储、运等各个环节监管，认真组织开展刀具打码、链化专项行动。完善以党政机关、重点部位、人员密集场所的“小规模、多频次”不间断巡控模式，通过开展全县“党政军警兵民”各种演练、与周边团场强化兵地联勤联动，形成维稳处突合力。

【流动人口服务管理】2018年，严格落实流动人口“369限时工作法”和“两头抓、双向管”措施，加强对建筑工地、企业、宾馆、旅社、劳务市场、出租房屋、用工大户、偏远散区域每周至少进行一次全面检查，录入系统比对分析。

【矛盾纠纷排查化解】加大矛盾纠纷排查力度，强化源头治理，坚持每天情报信息研判制度，滚动式开展矛盾纠纷排查，做到不漏一个矛盾纠纷、不忽略一个信访问题，坚决做到排查问题全覆盖、情况掌握每日清。2018年，共排查各类矛盾纠纷477件，调处462件。高度关注弱势群体诉求，涉众型经济案件受损人员（善心汇、E租宝、钱宝系、泛亚、健康猫）等群体，摸排稳控涉众型经济案件受损人员共1491人，逐人风险评估，分类建档，严格落实“四联包”工作机制，制定方案、明确任务、严密措施、压实任务，确保重要节日期间进京赴乌非正常访“零控制”。

【群防群治】加大“十户联防、双联户”群防群治应急处突机制，筹集资金对报警设备进行了升级改造，同时强化对报警器使用培训，以“秒”为单位，提高接警派警出警速度和质量，以最快的时间、最充足的力量、最有效的方式第一时间处置第一现场，特别是加大农村应急处突力量建设和培训，提升村队巡逻的密度和频次，有针对性地加强演练培训，提升打击应急突发事件先期处置及自保能力。

（撰稿：赵多智）

公　安

【概　况】沙湾县公安局共472人，正县级1名，副县级1名，正科级10名，副科级44名，科员331名，办事员65名，工人18人，见习2人。沙湾县公安局472人，其中男性373人、女性99

人。民族分类：汉族350人、哈萨克族65人、维吾尔族30人、蒙古族5人、回族15人、达斡尔族1人、东乡族1人、锡伯族2人、土家族3人。年龄分类：50岁以上的19人、50—54岁30人、40—49岁85人、30—39岁169人、30岁以下的169人。政治面貌：中共党员291人、群众121人、共青团员60人。学历分类：本科196人、大专238人、中专及高中以下38人。

【流动人口服务管理】 公安局精心组织、周密部署，扎实推进流动人口服务管理工作，全力提高源头信息采集率、动态信息获取率和违法犯罪信息发现率，积极实现"底数清、情况明、管得住、控得了、服务好"的流动人口服务管理工作目标。

【业务工作】 2018年，公安局接处警29992起，其中有效警情13346起，违法类警情800起，纠纷警情2610起，公民求助1629起，其他8307起。2018年沙湾辖区实际共接处警2921起。等级以上交通事故四项指数与上年同期相比事故起数下降2.4%、死亡人数下降43.75%、受伤人数上升11.11%、经济损失下降62.52%；一般交通事故23起，受伤31人，经济损失9500元；简易程序处理轻微交通事故998起，受伤143人，经济损失78182元；现场协商调解事故2205起。通过"12123"快速处理交通事故1326起。

【荣　誉】 国家级集体荣誉称号：

2018年1月，沙湾县公安局被评为全国基层公安文化建设示范点。

自治区级集体荣誉称号：

2018年1月，沙湾县公安局荣获公安厅"扫黄打非"有功集体称号。

2018年2月，沙湾县公安局世纪大道便民警务站荣获自治区优秀便民警务站称号。

2018年12月，沙湾县公安局荣获全疆优秀公安局荣誉称号。

沙湾县公安局一体化联合作战中心被公安厅评为十九大安保先进集体。

沙湾县公安局交警大队车辆管理所被公安厅评为2018年"一等县级车辆管理所"。

2018年6月，沙湾县公安局被评为全疆公安文化建设先进单位。

国家级个人荣誉称号：

2018年2月、12月，刘皓栋先后荣获公安部基层民警心声提名奖、全国公安机关网安部门互联网监控工作优秀个人称号。

2018年10月，苏刚伟荣获第三届全国公安摄影大赛银奖。

自治区级个人荣誉称号：

2018年1月，高义翔荣获个人二等功。

2018年1月，王轩被公安厅授予"扫黄打非"有功个人称号。

2018年1月，董文军、马常发2人被公安厅授予十九大安保专项工作先进个人称号。

2018年2月，安序参与对全区申报参加等级评定54家保安服务公司现场评审工作，受到公安厅表彰通报。

2018年2月，巴晓磊、柴璐、艾则麦提、孙浩然、闫武、尹江江6人荣获全区便民警务站先进个人称号。

2018年6月，贾玉涛荣获2017年自治区"访惠聚"驻村工作先进工作队队长称号；马鑫荣获2017年自治区"访惠聚"驻村先进工作队员称号。

2018年4月，吾米尔汉·乌斯曼被自治区政府评为在反分裂斗争表现突出个人。

2018年，苏刚伟荣获改革开放40周年新疆公安书画展二等奖和全区政工信息优秀通讯员称号。

检　察

【概　况】 2018年，沙湾县人民检察院有在职编制36个，其中政法专项编制34个、工勤编2个，实有在编在岗人数35人，其中：汉族31人、哈萨克族2人、维吾尔族2人；研究生学历1人、本科学历31人、大专学历3人。经编制部门批准设立的内设机构有侦查监督检察科、公诉科、控告申诉检察科、民事行政检察科、监所检察科、办公室（和法律政策研究室合署办公）、政工科、纪检组、案件管理办公室。

【刑事检察】 2018年，共受理侦查监督、公诉类案件294件583人，依法批准逮捕各类刑事犯罪嫌疑人218人，同比上升32%；提起公诉262人，同比上升40%。办理塔城地区首例监委移送审查起诉案件1件4人。

【控告申诉检察】 规范控告申诉首办责任制、检察长接待日等行之有效的制度机制，受理接待群众信访20件，直接答复10件。办理司法救助案件1件。全力做好自治区党委第五巡视组交办信访案件化解工作。针对办案中发现的治安隐患和管理漏洞提出检察建议12份。承担完成重点群体法制教育和农村释法宣讲等42次。控申部门继续保持了“全国文明接待室”称号。

【诉讼监督】 依法不批准逮捕25人、决定不起诉19人。建议公安机关撤回起诉4件。依法追诉漏犯4人、追加漏罪4起。改变公安机关定性15件。办理立案监督案件1件。结合办案，发《纠正违法通知书》5份。办理各类民事行政监督类案件11件，其中执行监督案件10件、审判人员违法监督案件1件。

【公益诉讼】 认真落实《沙湾县关于支持检察机关依法开展公益诉讼工作的实施意见》，办理公益诉讼案件14件，提出检察建议14件，行政机关回复整改14件，其中拟起诉法院12件，涉案金额6000余万元。开展“舌尖上的安全”专项活动。筛查发现美团网沙湾站22家入网餐饮商户没有在经营活动主页面公示食品经营许可证，侵犯了消费者的知情权，侵害了食品安全。遂向沙湾县市场监督管理局发出《检察建议》。市场监督管理部门对22家入网商户的违法行为进行处罚，同时对美团网站发出《责令整改通知书》，社会公共利益得到了保护。

【司法体制改革】 完成第三批检察官遴选入额工作。建立入额领导干部办案情况检查和通报制度、员额检察官轮案制度，“谁办案谁负责、谁决定谁负责”的新型办案机制有效运行。积极做好监察体制改革中“法纪衔接”“法法衔接”及防逃工作，建立工作衔接机制。办理监委移送审查起诉案件3件8人，为职务犯罪案件司法程序的衔接和适用提供了“实战经验”。

（责任领导：刘平海　撰稿：徐志康）

法 院

【业务工作】 2018年，法院29名员额法官（实际在岗18人，其他员额法官长期驻村或从事其他工作）共审结各类案件5734件（包括执行案件），人均结案318.55件。院领导办理民商事、刑事、执行案件556件，平均办案111.2件，院领导带头办案且办案量达到该院法官平均办案量的34.91%；庭室负责人承办案件3283件，人均办案252.54件；上述指标超过了上级法院要求的院（庭）长比该院、本部门法官平均办案量的10%、70%的上限指标。宽严相济惩治刑事犯罪。坚持“严打”方针不动摇，开展“扫黑除恶”专项行动，充分发挥运用刑罚手段惩治犯罪的职能作用，依法严惩各类刑事犯罪活动。重拳打击群众反映强烈、社会影响较大的诈骗、非法吸收公众存款、危险驾驶等犯罪案件。受理各类刑事案件192件（旧存21件），审结176件，法定审限内结案率97.73%。依法从严从快审结案件，增强社会公众的安全感。2018年，根据县委和工作要求，委派2名少数民族法官到对口援建的阿瓦提法院协助案件审理等工作。

切实解决“执行难”问题。尤其是集中精准攻坚，依法突出执行工作强制性，提高财产处置效率，保持有财产可供执行案件法定期限内实际执结率达到90%。进一步强化执行规范化建设，依法依规执行。要加强对终本案件的规范办理，严格按照终本规定和考核指标体系要求，完成规定工作，年底达到终本案件90%以上符合规范要求，杜绝随意终本的现象。进一步规范失信被执行人名单的纳入操作和屏蔽、撤销工作，避免因操作不规范，对当事人造成严重影响。高度关注人民群众切身感受，进一步加强信访工作长效机制建设，推动信访案件办理规范化，确保执行信访案件办结率达到90%。2018年，县法院旧存执行案件1446件，新收1057件，旧存加新收合计2503件，已结2261件，未结案件242件，结案率为90.33%，执行到位金额19288.7万元，实际执结率75.79%，终本率13.43%，2018年终本合格率98.31%，无执行信访案件，三年执结率95%。执行工作呈现执结率、执行标的到位率、终本合格率逐步增高和未结案件数量逐步降低的“三高一降”工作态势。截至2018年，县法院累计发布失信被执行人信息1507例，2018年处于发布中的失信被执行人668例，限高人员1422人，正处于发布中864人。司法拘留115人次，搜查10起。

（责任领导：陈　杰　撰稿：李　刚）

2018年10月26日，县人民法院党组书记陈良杰、院长陈杰及全院干警与老沙湾村、城郊东村民族团结一家亲共计80余人进行融亲合影

司法行政

【概　况】 司法局为正科级行政单位，属县人民政府组成局，2018年有领导及工作人员14人，均为大专以上文化程度。设局党总支1个，下属党支部3个，党员28人（含离退休）。司法局机关设法制宣传股、公证律师管理股、法律援助工作股（挂沙湾县法律援助中心牌子）、基层股、社区矫正和安置帮教工作管理股、政工办（挂警务督察室牌子）、办公室7个内设机构。下辖12个司法所、2个司法办、13个法律服务所，3个律师事务所、1个公证处、1个司法鉴定工作室。2018年，有司法行政干警35名，法律服务工作者64名，执业律师22名，执业公证员1名，执业司法鉴定人员2名，司法协理员34个编制，实有16名人员。

【人民调解】 学习推广“枫桥经验”，组织专（兼）职人民调解员、律师、公证员和法律服务工作者受理调处案件，在维护基层社会稳定方面做出了积极贡献。健全建优县、乡、村三级调解组织。建立以县行业性、专业性人民调解委员会为重点，专兼职调解员调解组织网络体系，以乡镇人民调解委员会为主导，村（社区）人民调解委员基础，实现县、乡、村人民调解组织全覆盖。全县各乡（镇、场）共有人民调解委员会247个；行业性专业性人民调解委员会5个；专职人民调解员43人；兼职人民调解员1154人。2018年，全县共调解各类矛盾纠纷527件，调解率为100%；调解成功520件，调解成功率为98.6%，其中疑难复杂纠纷26件，涉及金额1437.35万元。成功调解了沙湾县翠山新区涉及35人的农民工劳务、石河子老街“8·11”火灾民事赔偿、哈拉干德重大交通事故等一系列矛盾纠纷。

【社区矫正与安置帮教】 2018年，进一步加强技术投入，实现日常监督现代化投入资金3.2万余元，为全县14个乡（镇、场）司法所（办）配备了面部识别系统及执法记录仪，提升了社区矫正工作规范化、信息化管理水平。2018年，对11人提出不适宜社区矫正意见；对违反社矫规定的服刑人员给予警告处罚10人次，因扫黑除恶收押3人；组织社区矫正人员集中学习485余人次，组织社区服刑人员在管理地进行公益劳动513余人次。利用远程会见这一惠民政策，加大对在监服刑人员及刑满释放人员的日常走访、帮困扶助。2018年，共申请远程会见43人次，成功会见34人次。

【普法依法治理】 紧盯法治宣传教育短板，精准发力，制定下发沙湾县“七五”普法规划等19个普法活动文件，对法治宣传重点内容作出了安排。一是加强国家工作人员学法用法。依托“法宣在线”平台，组织国家工作人员网络学法考法，共有参考单位85个，参考人数1787人，及格人数1669人，及格率为93.4%。二是大力加强基层群众法治教育。依托“访惠聚”驻村工作、“民族团结一家亲”活动、干部下沉、脱贫攻坚等工作，对基层群众进行点对点、一帮一的普法宣传教育。利用每周一升国旗、农牧民夜校、结亲住户、走访入户、法治大讲堂、骨干培训班等时机，不断加强广大基层群众法治教育，共举办“法治大讲堂”专题巡回讲座1场，受教育人数260余人；开展普法骨干培训班1期，受教育人数220余人；开展“法治基层行专题”讲座2场，受教育人数600余人；开展警示教育专场活动1场，受教育人数达1500余人。三是加强宗教人士、信教群众的法治宣传教育。邀请地区宣讲团成员，到各乡（镇、场）开展宣讲活动，受教育人数达600人。与县统战部联合举办“沙湾县统战系统法治宣传教育暨集体发声亮剑活动”，邀请自治区党校教授、律师、民宗委干部等专业人士，分别对《中华人民共和国宪法》《新疆发展史》《宗教事务管理条例》进行授课，宗教人士代表、驻村管寺干部及统战系统干部160余人参加。

【法律援助】 2018年度，沙湾县法律援助中心共受理案件62件，结案13件。其中刑事案件5件，民事案件57件。为把法律援助延伸到社区、到工厂、到镇村，法律援助中心积极开展针对未成年人、残疾人、妇女，以及农民工的特色法律援助，全县共承办未成年援助案件1件；残疾人援助案件4件；妇女援助案件6件；农民工援助案件22件；低保户2件；共计35件，占全年受理案件的56.4%，共发放法律援助补贴1.1万元。

【法律服务】 2018年，积极引导律师、公证员、司法鉴定人开展法治宣传工作，组织律师、公证员积极参与了全县各种法制宣传教育活动。全县3家律师事务所共代理民事（仲裁）案件582件，其中行政案件1件，刑事案件35件，民事案件546件；参与扫黑除恶案件登记17件，审查代理辩护词3份。办理法律援助案件41件，法律咨询代写法律文书840人次。公证处共办理各类公证448件，公证收费33万余元。各法律服务机构参加各类法律宣传咨询活动33场（次）。

【荣　誉】 2018年，沙湾县司法局获评2018年网络安全和信息化工作先进集体。

2018年，沙湾县司法局“公共法律志愿服务”宣讲队获评“地区基层宣讲优秀团队”

（责任领导：白玉红　撰稿：李　菲）

军　事

人民武装

【概　况】 沙湾县人武部于1960年3月由沙湾县兵役局改编为中国人民解放军新疆沙湾县人民武装部，隶属于塔城军分区。1975年6月，成立石河子地区，沙湾县划归石河子地区，人武部也随之划归石河子军分区。1978年10月石河子地区撤销，沙湾县人武部又重新隶属于塔城军分区。1986年7月，全军精减整编，人武部改归地方建制。1994年12月，人武部收归军队建制，隶属塔城军分区，受军分区和沙湾县委、县政府双重领导。2017年编制军事、政治工作、保障3个科，隶属塔城军分区，受塔城军分区和沙湾县委、县政府双重领导。

【思想建设】 坚持铸牢军魂，持续夯实官兵思想基础。着眼强化"四个意识"，践行"三个维护"，始终把学习贯彻习近平新时代中国特色社会主义思想摆高位抓到位。跟进学习习近平总书记最新讲话精神，习近平总书记发表重要讲话，第一时间组织全部人员学习；及时更换学习橱窗和标语，将习近平主席最新讲话精神、重要指示，张贴到醒目位置，让大家在潜移默化中对表看齐。坚持以党章为"镜子"，以党规为"标尺"，找准"站立点"，划好"刻度线"，落实每季一课的"党课教育"。发动个人和组织、党员和群众，深入查找党员队伍存在的问题，把压力传导到每名党员，为学习树好靶子。年初，组织全体干部原原本本地学习习近平总书记关于"军队好干部标准"的重要论述，并围绕"怎样做一名军队好干部""怎样抓好干部思想教育"等内容组织讨论交流，在辨析明理中纠偏正向，统一认识。针对当下适龄青年思想的新变化，协调、组织人员利用学生军训、国防教育等时机，采取网络媒体、散发宣传单、悬挂标语等方法，开展全民国防教育，增强人民群众的国防观念和当兵光荣的爱国情怀。

【战备建设】 狠抓战备执勤训练，打牢基础素质。贯彻习近平总书记"能打仗、打胜仗"的重要指示，严格落实各项战备制度。及时修订完善各种专项预案，严格落实节日战备随机演练制度，多次组织民兵应急分队进行战备拉动，有效提高了应急处突能力。

【制度建设】 坚持依法按章办事，工作指导更加精准高效。开展依法从严治军集训活动，重温军委《依法从严治军的决定》，学习陆军基层建设会议精神，充实了按纲抓建理念，持续开展周末学法活动，大家的法纪意识、法纪观念、法纪思维进一步加强，在推进治军方式实现三个根本性转变上取得了新的成效。利用各种时机，到基层武装部实地检查指导，坚持每月一次部长例会，集中帮带解难，重点就如何提高执勤质量，民兵队伍优化、提高兵役登记率、提高征兵质量等多次进行专题研讨，提高了基层专武干部开展武装工作的能力素质。扶贫工作以巩固成果、防止反弹为主，经常性地走访了解，监督其开展脱贫生产情况；结对认亲以增进感情宣传感染为主，积极主动到民族亲戚家做客，宣讲党的十九大精神和党的形势政策，筑牢其听党话、感党恩、跟党走的意识；学雷锋以尽己所能、聚沙成丘为原则，帮助清理卫生、参加文明劝导，扬文明新风。

【征兵工作】 严密组织征兵工作，努力提高兵员质量。切实掌握适龄青年的人数质量情况，年初征兵办公室下发《关于做好兵役登记工作的通知》，基层武装部对适龄青年的文化程度、年龄、人数、分布现实表现等情况进行了详细调查摸底，多次与县公安部门对接，核对户籍适龄青年人数情况。及时调整征兵工作领导小组，协调相关单位召开县征兵工作会议，总结和分析 2017 年沙湾县征兵工作好的做法和存在的不足，明确 2018 年征兵工作的具体标准和各级的具体职责。

【班子建设】 树立问题检讨观，对上级检查指出的问题，举一反三查问题，脚踏实地抓整改，确保问题归零见底。严格按照《新形势下党内政治生活若干准则》要求，扎实细致落实相关规定，做到制度一项不落、标准一点不降、人员无一特殊，在严肃政治生活中提升党员队伍政治觉悟和政治能力。

【安全生产】 深入学习贯彻上级安全稳定电视电话会议精神，紧紧围绕人、车、枪、弹、库等重点目标和要害部位做工作、抓防范，能够始终保持清醒头脑，紧紧扭住安全稳定工作，严格制度落实、扎实打好基础。坚持每日交班和每周讲评制度，严格请销假制度落实。坚持每日检查、每周安全大检查，逐人员、逐库室进行了清查清理，通过清查进一步规范了装备管理秩序。每周每月按时如实上报公路运输统计数据，落实车辆管理五项制度和驾驶员“十个严禁”要求，严格驾驶员管理，确保了运输投送安全。

【综合保障】 部党委坚持勤俭持家、自力更生的思想，加强经费管理，落实党委当家理财制度，4 月赴奎屯兵站接受军区 2018 年预算审计，落实分区部队采购行业领域清理整治方案，完成了经费资产清理数据上报和不按规定发放人员待遇经费以及私设“小金库”问题清理清查工作。结合分区《采购行业领域整肃治理督导检查方案》《四个重点行业领域自查自纠实施方案》要求，认真自查自纠。严格落实《财务管理规定》，开展厉行节约活动，行政消耗性开支大幅减少。

【荣　誉】 2018 年 12 月，沙湾县人武部政治工作科被塔城军分区表彰为“先进科”。因工作突出，三道河子镇武装部、安集海镇武装部、老沙湾镇武装部、柳毛湾镇武装部被塔城军分区表彰为“基层建设先进单位”。

2018 年 12 月，保障科科长文超柯、军事科参谋秦增宽获沙湾县人武部“嘉奖”。

2018 年 12 月，政治工作科科长郝英振、保障卡助理员申小波被塔城军分区表彰为“优秀机关干部”。

（责任领导：王宏平　撰稿：郝英振）

中国人民解放军某部

【双拥共建】 坚持把军地交往交流作为重要平台紧密搭建。注重发挥红色资源优势，常态组织军营开放日，累计接待 700 余名驻地党委政府干部群众到部队开展“四个一”活动，即“过一次军事日、上一堂国防课、听一场团队史、看一部战争片”。组织“春节期间群众工作十个一”活动，带领官兵走村入户，宣讲创新理论、赠送生活用品、免费体检送药、帮助维修家电，累计出动官兵 150 余人次，赠送药品 1000 余元、生活用品 5000 余元，维修家电 30 余件次，义务理发 100 余人次，营造了军政交往互动、军民共同发展的浓厚氛围。节假日期间，组织官兵走进贫困家庭，宣讲党的民族和群众政策，赠送米面粮油生活品，免费体检送药，帮助维修家电、清理庭院卫生，出动官兵清理6条街道、2个村委会和10余户村民院子的积雪、垃圾，6次义务巡诊，为村民体检、换药，赠送药品价值2000余元。

【扶贫帮困】 年初，部队成立扶贫攻坚领导小组，积极与沙湾县扶贫办对接，准确掌握共建村脱贫阶段计划，多次召开军地扶贫联席会议，征求村委会、沙湾县驻村工作队意见建议，对照自治区建档立卡贫困户数据确立帮扶对象，认真研究细化扶贫工作，制定《精准扶贫工作实施方案》，为帮扶对象建立精准翔实的脱贫档案，投入专项经费22.4万元，精准帮扶20户贫困群众脱贫致富。积极配合实施教育扶贫工程，发动官兵广泛开展“大手牵小手·军心连民心”捐资助学活动，资助学生50余人，捐赠助学金3.2万余元，与28名建档立卡贫困学生建立稳定帮扶关系，按照大学生每人每年1000元、高中生500元的标准，资助他们完成学业。部队党委常委带头，持续开展“民族团结一家亲”活动，坚持每两个月与结对家庭见面交流一次，协助解决其子女上学、看病就医、培训就业等实际困难。

【军民共建】 部队组织“奋进新时代”新春军民晚会，官兵以学习宣传贯彻党的十九大精神为主题，自编自导自演强军题材节目，并邀请附近村民共同参与节目表演，参加晚会村民近百人，气氛热烈，进一步增进军民思想交融和情感共鸣。针对防汛抗洪形势异常严峻的实际，部队始终保持高度警惕，做好充分准备，健全完善军民联防联动机制，与沙湾县防汛部门建立沟通联络，确保一声令下、迅即出动，圆满完成抢险救灾任务。

【国防教育】 部队利用建军节、国防教育日等时机，采取开办国防形势讲座、组织国防政策宣讲等手段，推动国防教育进学校课堂、进村镇社区、进企事业单位，积极开展群众进军营、地方党政领导过军事日等活动，充分利用手机网络、广播电视、微信公众号等媒体平台，不断扩大国防教育的渗透力和覆盖面。2018年4月，部队以主题教育开展为契机，充分发挥军队历史传统厚重、红色资源丰富的优势，制作20块红色基因展板设置在其文化活动中心，邀请驻地及沙湾县驻村干部参观，反响较好。积极向地方党政机关、学校、企事业单位开放主席故事园和连队荣誉室，展示部队辉煌历史和光荣传统，增强群众爱党爱国爱军的意识和观念。同时成立理论宣讲小组，坚持爱国主义、创新理论、形势政策、法律法规、国防知识“五项教育进村庄”，有效增强了驻地群众的国防观念和拥军情怀。部队始终把青少年学生作为国防教育的基础，注重发挥部队的政治优势和军事优势，选派思想好、素质强、作风硬的官兵骨干，为驻地学校开展军训活动，注重把训思想、训作风、训精神贯穿全程，安排基层理论骨干，围绕党史、军史和部队优良传统在军训期间开设国防课程，着力打牢青少年学生履行国防义务、献身国防事业的思想基础。

新疆军区农业新技术试验培训基地

【农业新技术】 基地坚持“绿色有机，生态循环”作为指导，大力发展循环农业、节水农业。把种、养、训有机结合起来，打造猪（鸡）—沼—肥—菜绿色生产链。

蔬菜种植。基地拥有日光节能温室大棚16栋、智能温室1栋。发展现代蔬菜种植，引进基质栽培技术，采购设备自主生产基质，减少开支，解决因长期种植蔬菜而导致的土传病害和土地板结等问题，购买中耕机、小型旋耕机，解决以往长期人工翻地、除草难题，提高了生产效率，降低劳动强度，受到培训学员一致好评。

养殖。基地拥有规模化猪场10栋、鸡场3栋，建有饲料加工间，玉米烘干设备，可以自主加工饲料，严禁添加激素等有害物质，确保基地产出猪、鸡、蛋绿色安全，产品受到消费者好评；基地建有沼气站、颗粒肥厂、液体肥厂，利用猪场、鸡场产生的粪便，生产沼气，有机肥、液体肥，解决基地生活燃气供应，实现养殖废物零排放。

【培训工作】 在理论教学方面，从自治区烹饪协会和石河子大学聘请烹饪大师、农牧业专家教授，讲解理论，传授技能。在实践操作方面，基地骨干带头示范，手把手教学，并利用考试对一些重、难点强化记忆，收到良好效果，培训合格率均在90%以上，较好地解决军区部队军需专业人才流动快、保留难、供需矛盾突出等问题，受到部队官兵的一致好评。

武警沙湾中队

【党支部建设】 中队党支部自组建以来，始终坚持稳中求进的工作思路，紧盯任务目标实际，抓好支部自身建设。围绕改革强军总思路，始终以习近平总书记重要讲话精神为引领，充实建强支部班子和党员队伍，注重在实际工作中提升各支委建言献策能力，通过学习上级指示精神，开展学习教育活动，召开对照检查民主生活会，严格落实党支部组织生活七项制度，加强对所属党员的发展教育和管理监督，积极发挥党员干部先锋模范作用，推动单位建设全面发展进步。在部队上级党委的正确领导下，在中队党支部的科学带领下，中队连续4年被评为基层建设先进单位。

【政治工作】 中队始终坚持抓牢官兵思想，始终以习近平主席重要讲话精神建队育人，在开展官兵教育活动中，注重理论结合实践，结合官兵日常思想变化，针对性开展心理疏导，思想引导、随机开导，较好地完成了所属人员的思想教育工作，确保了官兵思想稳定，不因个人困难弱化报国之志，不因任务艰巨弱化必胜信念。建队以来，先后有多名官兵融入地方经济社会各项建设工作中，继续为驻地挥洒着自己的热血青春。

【拥政爱民】 中队官兵始终把驻地当故乡，视人民群众为父母，积极投身拥政爱民号召，在维护沙湾县社会稳定任务的同时，积极开展爱民助民活动，义务为驻地社区打扫卫生12余次，看望慰问驻地生活困难群众6人，向驻地学校开放军事日3次，并进行国防知识科普宣讲等活动4次，有力地促进了驻地群众国防观念和军民团结意识的提升。

农　业

农业农村工作

【概　况】农业局是沙湾县人民政府直属的正科级工作部门。农业局（挂农业产业化发展局、农产品加工局牌子）核定行政编制10名，工勤编1人，现有工作人员9人。农业局下设7个事业单位，共核定事业编制65名，现共有工作人员60人。其中：农业技术推广中心为正科级事业单位，核定事业编制26名，现有工作人员26人。新疆农业广播电视学校沙湾县分校为正科级事业单位，核定事业编制8名，现有工作人员7人。农村合作经济经营管理局为参照公务员管理副科级事业单位，核定事业编制9名，现有工作人员8人（含2018年新招录1人）。种子管理站为参照公务员管理副科级事业单位，核定事业编制9名，2018年有工作人员8人（含2018年新招录3人）。人工影响天气办公室为参照公务员管理股级事业单位，核定事业编制6名，现有工作人员6人（含2018年新招录2人）。农产品质量安全检验检测中心为股级事业单位，核定事业编制5名，现有工作人员3人。农村沼气管理技术服务中心为股级事业单位，核定事业编制2名，现有工作人员2人。

【农业产业结构】按照“稳粮、压棉、扩蔬、兴畜”的总要求，以市场为导向，抓好粮食生产，科学统筹粮经饲种植结构。2018年，全县农作物总播15.45万公顷，粮食面积稳定在2.56万公顷（小麦0.7万公顷、玉米1.86万公顷）；棉花12.03万公顷；蔬菜0.28万公顷（辣椒0.22万公顷、加工番茄0.06万公顷）；甜菜0.06万公顷，花生0.01万公顷，瓜果0.01万公顷，打瓜0.12万公顷，饲草料0.2万公顷，其他作物0.07万公顷。

【农业供给侧结构性改革】依托沙湾棉业、新疆天鹰鑫绿有限责任公司深入开展棉花供给侧结构性改革试点工作，试点面积0.33万公顷。天鹰公司结合实际研究出机采棉免烘干加工综合技术规范，在棉花生产降成本提质增效方面取得新成效。依托天宝公司、瑞佳农民农业专业合作社开展0.01万公顷富硒小麦供给侧结构性改革试点工作，初步形成了新疆富硒小麦标准化种植和加工规程。

【优势特色产业】实施优势特色农业提质增效行动，依托自治区辣椒产业园项目，建立辣椒原料、辣椒产品初加工、精深加工与原椒等生产、包装基地，改扩建加工生产车间、库房等。积极推进设施农业和蔬菜产业，重点发展城郊型设施蔬菜，2018年，全县蔬菜种植面积达到0.23万公顷。设施大棚827座，正在使用494座，其中番茄辣椒育苗大棚100座、反季节蔬菜大棚369座、种植羊肚菌大棚25座。

【职业农民培训】结合政策扶持和项目带动，加大对农村实用人才、新型职业农民等农业经营主体带头人的培训工作。全年累计培训包括新疆14个地州市的大学生村干部和农村致富带头人515人；举办南疆四地州村级后备干部示范培训班2期，培训村级后备干部258人；与畜牧兽医站联合开办新型职业农民专业服务型（畜牧养殖）培训班1期，培训村级防疫员和养殖合作社骨干51名；选派10名农民合作社骨干参加为期10天的自治区现代青年农场主专题培训班；选派3名合作社和企业负责人参加农业农村部在尉犁县达西村培训基地举办的创业富民专题培训班。

【壮大新型经营主体】 大力培育、促进农民土地股份合作社建设，实现农村富余劳动力转移，增加农民收入。截至2018年底，全县成立土地股份合作社112家，入股合作社经营土地面积2.13万公顷，新增2家自治区农民合作社示范社。通过农民股份合作运营，合作社每亩土地的年分红达到900元以上，村集体经营土地收入也大幅增长，由2017年的3575.78万元增加到7426.81万元。

【农业产业化经营】 扶持壮大农业产业化龙头企业。全县自治区龙头企业13家，2018年新增加1家，地区级龙头企业9家。围绕优势农产品资源，培育壮大瑞隆油脂、广海记农业等绿色农产品加工龙头企业。选派3名企业负责人参加自治区级农业产业化重点龙头企业管理人员培训班。新疆瑞隆农业发展有限责任公司和沙湾县天宝绿色食品有限公司入选国家重点支持粮油产业化龙头企业，可获得国家有关政策支持。2018年瑞隆公司获得全国食用油（棉籽油、葵花油）加工十强企业称号。

【农业科技创新发展工程】 积极拓展“互联网+现代农业”智慧农业引领工程，在安集海投资300余万元建设自治区加工辣椒现代农业产业园项目，打造千亩智慧农业示范区；实施优质棉智能水肥一体化灌溉示范项目，全县推广慧尔智能施肥罐550个，施肥面积达3.67万公顷。建设沙湾县智慧农业物联网示范点，实施土地墒情监测、智能自动化水肥滴灌、重大病虫害监测远程控制等内容。组织聚力合作社牵头成立沙湾县无人机协会，讨论制定全县无人机作业的标准价格，全县用无人机喷洒落叶剂3.33万公顷，打开智能无人机作业新局面。支持新疆普瑞森农业科技公司建设测土配方实验室，完成12万公顷的测土配方施肥，同时承担全县耕地质量提升、农业污染源普查、残膜回收土壤监测点3个项目，完成363个土壤样品采集任务。2018年全局还承担2018年全球环境基金中国硫丹淘汰替代项目，开展大田“双减”试验示范，实施面积68.4公顷，项目建设取得明显成效。

【农业生态建设】 积极开展化肥、农药零增长活动，推广使用生物农药、高效低毒低残留农药，推进专业化统防统治，强化病虫监测预警，鼓励生物有机肥加工企业以畜禽粪便和秸秆为原料，生产有机肥，提高畜禽粪便和秸秆的综合利用率。

实施农田地膜回收行动，全面宣传《新疆维吾尔自治区农田地膜管理条例》，推广0.01毫米厚地膜的使用。利用建设废旧地膜回收利用示范县的契机，实施残膜回收工作。按照农业局作业面积分配方案，确定4个作业区域，完成全县12万亩残膜回收工作。2018年，残膜回收加工厂建设前期工作正在进行。上报政府印发《关于进一步加强残膜回收工作通知》，正在组织编制《2018—2020年沙湾县残膜回收工作规划》。

认真开展退地减水工作。2018年，地区下达退地任务0.44万公顷，全县完成退地面积0.49万公顷。其中清退村集体发包国有土地0.09万公顷、国有农用地0.4万公顷。关停机电井50眼。

【农业农村改革】 扎实推进产权制度改革，完成105个行政村农村集体产权制度改革试点工作。严格落实自治区清产核资工作要求，开展集体资产清产核资工作，加强工作力量，聘请第三方（会计师事务所），协助村组开展清产核资工作。通过账目审查、实物清点、实地测量等方式，摸清全县农村集体“三资”底数，明确了债权债务，经过核实，全县资产总额为77682万元，其中：非经营性资产74843.4万元、经营性资产2832.7万元；固定资产62380万元，债权8214.87万元，债务12089.62万元；资源性资产（土地、林地、草地）27.7万公顷。区分了资源性资产、经营性资产和非经营性资产，细化了农村集体“三资”台账，在此基础上，建立起集电子查询、动态监审、预警提示“三位一体”的农村集体“三资”信息化监管平台，实现了远程监控和网上查询，也为实施股权量化提供依据。全县完成218个行政村农村土地确权工作，实际确权集体土地面积10.03万公顷，其中二轮承包土地面积4.74万公顷，其他承包方式面积5.29万公顷，共108714宗地，涉及农户数32878户，并顺利通过自治区农业厅验收。规范农村集体土地发包工作，全县共规范发包集体土地3.81万公顷，规范后每亩承包均价193元，较规范前每亩增加80元，规范后预计收取承包费7251万元（实际收取5103万元），较规范前多收3664万元。

【农产品质量安全监管】 2018年4月，沙湾县农产品质量安全检验检测实验室通过农业厅考核，取得“双认证”证书。全年完成自治区例行监测3次，专项监督抽检1次，共抽检蔬菜样品79批次、畜禽产品78批次、水产品6批次，瓜果产品4批次，蔬菜、畜禽产品、水产品、瓜果产品监测合格率均为100%。

【农业综合执法能力建设】 依法对全县农资经营、使用进行严格监督管理，执法大队对全县现有从事农药、化肥、种子批发、零售的经营户进行全面清理，组织辖区内经营户进行集中培训。全年累计专项治理整顿农资市场20余次，检查农资经营店200余家，培训400人次。针对检查中存在的销售过期农药、销售台账登记不规范等隐患，下发整改通知书，过期农药下架，督促完善进销售台账，加强店内消防安全，有效地净化了农资市场，保护了农民利益，保障了全县农业生产安全。

【农业项目建设】 2018年，实施项目共计三大类10项，总投资3186万元。项目开工率100%，完成率99%，完成自筹投资2000余万元。重点实施残膜回收项目、棉花绿色高产高效创建、自治区辣椒产业园建设等项目。落实和推进上级部门2018年下半年下达的项目任务包括村级惠民生项目7项、行业部门专项6项、中央惠农补贴1项，总投资2981.88万元。积极申报2018年沙湾县农村一、二、三产业融合发展先导区创建、2018年沙湾县耕地质量提升（化肥减量增效）项目和沙湾县数字农业建设试点项目。积极实施两区划定，结合沙湾县实际，细化制定具体实施办法，切实将任务细化分解落实到乡（镇）、村（组），确保粮食生产保护区划定任务层层压实，并适时开展宣传发动，组织技术队伍，开展技术培训等工作。

【荣　誉】 2018年3月，沙湾县农广校讲师陆秀红，农技推广中心高级农艺师玛依拉·哈山英被地委评为塔城地区“访惠聚”驻村工作先进工作者。

2018年6月，农技推广中心农艺师、驻四道河子镇下八户村工作队副队长王亮被自治区党委评为自治区“访惠聚”驻村工作先进工作者。

2018年10月，沙湾县荣获“全国农业创新创业典型示范县”荣誉称号。

2018年10月，沙湾县荣获“全国农村一、二、三产业融合发展先导区”荣誉称号。

2018年10月，沙湾县乌兰乌苏镇入选“中国美丽休闲乡村”。

2018年10月，沙湾县农业技术推广中心高永健参与的“棉铃虫灾害监测预警系统服务与防治技术推广”项目被中国技术市场协会评为第九届中国技术市场金桥奖。

（责任领导：唐新涛　撰稿：白爱玲）

农牧机械

【概　况】 沙湾县农牧机械局下设县农机化技术学校（副科级单位）、县农机推广站（副科级单位）、县农机监理站（副科级单位）、县农机市场监督管理所（股级单位）和11个乡镇农机技术推广站，同时，各乡镇农机技术推广站加挂农机安全监理分站牌子，县农机化技术学校和县农机推广站是“两块牌子、一套人马”。2018年末，农机系统在职干部129人，其中专业技术人员51人（正高级职称1人、副高级职称3人、中级职称26人、初级及以下职称21人），工人12人；管理人员66人。研究生1人，本科文化程度40人，大专文化程度66人。

【农牧机械化发展】 全县农机固定资产总值达到16.30亿元，农机总动力69.09万千瓦，拖拉机保有量19487台，同比增长2.51%、0.37%和1.23%，农具保有量达到64258台/架，卫星导航无人驾驶系统143套，收获机械362台，其中采棉机193台。大宗农作物耕种收综合机械化水平稳定在97.7%以上，县域农机装备水平、作业水平、科技水平和服务水平稳步提升，为乡村振兴战略提供强有力的机械化支撑。

【农机购置补贴及深松整地】 严格执行自主购机、定额补贴、先购后补、县级结算、直补到卡（户）要求，结合沙湾现代农业发展需求，制定补贴实施方案，按照自治区农机购置补贴操作程序要求，在4个乡镇试点补贴录入权限下放，加快了补贴实施进度，方便农牧民补贴办理。申报补贴机具832台，受益农户670户，拟兑付补贴资金1300万元，深松作业项目重点针对国有耕地，对参与作业的26套机组监测系统整体进行更新升级，完成0.57万公顷，预计完成1.63万公顷。

【农机化项目】 做好自治区残膜回收利用项目实施，多次与农业局、农机合作社会商项目实施，由农科金岳联合社承担，引进34台残膜回收机并全部安装作业质量远程监测，以政府购买服务方式春秋两季免费回收2次，由项目补助50元/亩，在示范区设置5个废旧地膜残留长期定位监测点，形成地膜污染防治长效机制，促进废旧地膜回收和再生利用，累计完成回收面积2.72万公顷，项目区0.13万公顷实现回收全覆盖。2018年，实施农机安全监理能力和基层农机化培训能力建设2个财政扶持农机化发展项目，资金10万元，此项目正在实施。

【农机合作社】 农机合作社作为乡村振兴战略实施的主要支撑，按照“清理退出一批、规范改造一批、扶持壮大一批”的原则，争取资金和项目扶持，2018年争取的100万元自治区残膜回收项目由农科金岳合作社联合社承担，深松作业继续由各农机合作社承担，鼓励社社联合、企社联合和银社合作，进一步培育发展以农机合作社联合社、社企联盟为主体的新型农业经营和农机服务主体。截至2018年末，全县农机合作社达到53家，联合社1家，农机作业服务公司1个，其中已命名的国家级示范社3家、自治区级5家，农机合作社固定资产3.5亿元，服务面积8.67余万公顷，各类农机具2000多台，入社成员860人。

【农机科技培训】 重点围绕新型职业农民培育，实施农机化教育培训大行动，加快构建新型职业农民队伍，先后举办农机管理、技术和驾驶操作人员培训班46场次，培训农机驾驶操作人员1.8万人次，其中农机管理人员120人次、技术人员1600人次，打造一支懂农业、爱农村、爱农民的农机人才队伍；完成无证机手（含增驾）培训648人。

【农机化供给侧结构性改革】 与农机、农业合作社协作在大泉乡建立333.33公顷棉花全程机械化综合技术示范区，重点推广秸秆综合利用、残膜回收、精准作业、节水滴灌、高效植保（化控）、精准施肥以及高能低耗环保农机装备示范，在示范区全面推广卫星导航播种和残膜回收作业质量监测；加速“互联网＋农机”发展步伐，农科金岳联合社引进的烽火台大数据平台，实现农机田间作业质量、作业面积、地理位置、驾驶操作人员适时监控，足不出户实现全程操控；继续实施农机作业招投标工作。净增各类拖拉机273台，残膜回收机52台，精量播种机236台，卫星导航系统96套，作业质量监测系统39套，召开现场会3次，无人机作业面积1.33万公顷，农机作业招投标面积2万公顷。

【农机安全生产】 狠抓农机安全监管，保障农机安全生产。定期召开安全生产形势分析研判会，完善农机安全责任体系建设，县、乡、村三级联动，层层签订责任书分解重点任务；利用升国旗、农牧民夜校、村队大喇叭等方式，以农机安全生产大宣讲和“七进”宣传教育为抓手，扎实开展安全生产月和咨询日活动，举办农机事故演练；9个农机安全生产长效检查组紧盯节假日、重大政治活动和敏感节点农机安全监管，打破常规作息时间，坚持“零容忍”，落实“四个一律”，建立健全农机、公安交警联合执法和信息互通长效机制，重点围绕打非治违、违法载人、改装拼装、隐患排查等专项整治活动，进一步扩大检测设备使用范围，严把农业机械年度检验关。全年共排查并整改一般安全隐患30起，检查各类农业机械12323台，查处违法违规行为280起，共召开农机、公安联席会议4次，联合执法检查32次，开展农机安全宣讲50场/次，安全知识进校园6场次，发放农机安全宣传单20820份，乡村大喇叭累计播放农机安全知识31小时，在15个乡（镇、场）和168个村举办大宣讲，受教育人数达1.8万人/次，拖拉机年检率75.4%（其中检测设备检验量23.86%）。

切实加强大型工程机械设备和车辆监管。举办操作人员培训班，强化主体责任落实，与各乡（镇、场）、成员单位和驾驶操作人员分别签订责任书，安排专人负责信息采集，坚决做到见人见机，先后投资20万元完成140平方米监控中心办公室和机房改造，办公设备等硬件设施配备到位，注册登记大型工程机械646台，核发操作证230人。

加强农机市场监管。认真开展农机产品质量调查，对农机产品适用性、安全性、可靠性和售后服务情况进行监督，把好农机质量监督关，全面推进农机维修、作业市场监管标准化、规范化、常态化，依法严厉打击农机购置补贴违法行为，维护农机流通市场秩序；加强农机质量、作业、事故纠纷投诉工作，做好投诉纠纷案件调查、调解及处理，及时化解矛盾，防止群体投诉案件发生，维护社会稳定，累计检查农机加油站、农机专业合作社、农机营销（维修）网点57家次、作业质量面积55万亩，切实维护农民合法权益。

【首届农机博览会】 成功举办首届农机博览会，通过博览会“政府搭台、企业唱戏”，以节造势、以节兴农，弘扬优秀农耕文化，推介沙湾优势项目，加快现代农业发展步伐，推动乡村振兴战略落地见效。博览会累计观展群众达到5万人次，特别是各企业让利促销活动，让农牧民得到了实惠，累计成交额达到2.1亿元，受到新疆人民广播电台、天山网、新华社新疆分社等主流媒体关注，真正起到了宣传农机、推介农机效应。

【农机信息宣传】 全员参与，以中国农机网、《中国农机化导报》、新疆农机网为重点，向新疆亚欧网、亚心网等重点网站、政务微信平台和报刊纸媒等全方位进军，进一步扩大社会影响，争取社会各界对农机化工作的支持。截至2018年，累计在新疆农机网发表外宣稿件136条，其中被中国农机网采用71条，《中国农机化导报》4条，新浪、凤凰资讯、新疆亚欧网、亚心网等主流网站采用66条，为争取支持、扩大影响发挥了积极作用。

（责任领导：宋才吉　撰稿：冶晓燕）

畜牧兽医

【概　况】 2018年，全县牲畜出栏46.65万头（只），肉、毛、蛋、奶产量分别为20635吨、496吨、2196吨、26013吨。各项畜牧业生产总体保持良好发展势头。

【重大动物疫病防控】 2018年，全县共组织发放各类口蹄疫疫苗共计72.05万毫升（牛羊口蹄疫苗48.57万毫升、猪口蹄疫苗23.48万毫升），禽流感疫苗120.35万毫升，小反刍疫苗19.68万头份；牛布病疫苗2.35万毫升，羊布病疫苗3.67万毫升；羊包虫疫苗5.58万毫升。常规预防用生物制品，羊三联四防苗70万头份，鸡新城疫20万毫升，炭疽8万毫升，气肿疽10万毫升，羊痘35万头份。全年全县累计完成重大动物疫病防疫牛口蹄疫10.31万头，羊口蹄疫56.2万只，猪口蹄疫11.14万头，骆驼0.12万峰；羊小反刍兽疫10.62万只；鸡禽流感131.8万羽；牛布病1.2万头，羊布病4.3万只。

全年完成病原学监测任务共计772份，完成血清学监测任务共计9057份，完成县级抗体监测禽流感1240份，口蹄疫2880份，猪瘟170份，新城疫100份，牛结核1375份，布病3292份；完成自治区秋季重大动物疫病免疫效果和非洲猪瘟监测飞行检查任务共计140份，其中牛35份、羊35份、猪40份、禽30份；完成地区抗体监测任务共计600份；完成布病检测牛1652份，羊1640份；结核检测1375份。

【"非洲猪瘟"防控】 启动"非洲猪瘟"防控工作日报告制度。全县共排查生猪养殖场（户）2417家，排查生猪75563万头，未发现异常情况。完成地区"非洲猪瘟"采样监测任务共计180份。其中屠宰场血清25份，抗凝血25份；规模场3个，血清75份，抗凝血25份；散养户6户，采集血清30份。积极开展"非洲猪瘟"防控科普知识宣传工作，强化正面宣传报道。做好应急保障工作，及时完善应急预案，强化应急预备队准备和应急物资储备，保证人员、物资落实到位，确保一旦发生异常情况及时做出应急响应。

【现代畜牧业发展】 利用科技之冬、技术讲座、现场会等形式，加大对农牧民养殖专业户进行新技术的推广与宣传，共组织技术讲座、养殖知识培训10次，接受培训专业户500余人次，培训农牧民1000余人次。2018年1月16日举办了新型职业农民培育畜牧养殖专业培训班，累计培训时间为15天，学员人数40余人次。利用多种方式，向各族群众广泛宣传《中华人民共和国动物防疫法》《动物检疫管理办法》《中华人民共和国草原法》《农业部草原征占用审核审批管理办法》等草原法律法规及草原生态保护补助奖励机制等政策，推广肉羊适度规模化舍饲高效养殖综合配套技术、牧区肉羊经济杂交增肉增收技术、肉羊肉牛生产标准体系建设与推广、畜禽健康养殖、品种改良技术、推广苜蓿栽培管理综合配套技术等一系列法律法规、畜牧业相关政策及畜牧生产实用技术，进一步加深了农牧民对政策的理解，增强他们学习法律的意识和科学养殖的观念，取得了良好的效果，受教育群众达15000人次。

【牲畜品种改良】 2018年，根据地区《塔城地区牲畜品种改良工作方案》的文件精神，结合沙湾县畜牧业发展实际出台了《沙湾县牲畜品种改良工作实施方案》。全年共推广使用优质荷斯坦奶牛冻精4200枚，褐牛冻精1400枚，西门塔尔牛冻精1750枚。牛冻精冷配完成4050头，引进种公猪30头、褐牛种公牛62头、种公羊42只、种公马5匹。

【草原保护与建设】 2018年，扎实推进草原法律法规宣传和指导，紧密结合法治宣传日，组织监理所、草原站工作人员发放《中华人民共和国草原法》《自治区草原管理条例》，重点开展了草原普法宣传月活动；扎实开展草原虫害治理工作。密切监控灾情，抓好鼠虫害防治按照“预防为主，综合防治”的指导方针，认真总结往年的监测经验，进一步完善监测措施和手段，强化技术储备，牢牢掌握防蝗灭蝗工作主动权。2018年沙湾县南部草原有很小范围内鼠害，发生草原虫害4.67万公顷，其中严重危害面积2.8万公顷。2018年共防治草原虫害2.67万公顷，其中飞机防治2.67万公顷。

多次召集全县各乡（镇、场）分管领导及畜牧干事召开推进会，并进行专项业务培训，与各乡（镇、场）签订责任书，明确任务。坚持具体问题具体分析原则，全力推进新一轮草原奖补工作，建立健全“产权归属清晰、经营主体到位、责任划分明确、利益保障严格、监管服务有效”的新型草原管理体制，实现“草有其主、主有其权、权有其责、责有其利”的目标。新一轮草原生态保护补助奖励政策沙湾县需落实草畜平衡面积41万公顷，一般性禁牧面积12.93万公顷，水源涵养区面积0.33万公顷，自治区每年下达资金总额为2951.5万元。按照新一轮草原生态保护补助奖励政策标准，2018年全县草原补奖共发放资金91.5634万元。

【畜产品质量安全监管】 2018年，全县完成产地检疫家畜2.3万多头（只），家禽29.76万羽；通过合理设立产地检疫报检点，方便了经营者提前报检，“谁开证、谁负责”基本做到了有报必检。

落实屠宰检疫的各项规章制度，全县4个动物定点屠宰场所，艾力牛羊屠宰场因环保部门验收审核时污水处理检测不合格已关闭；纪元生猪屠宰场因未落实维稳安保工作已关闭；2018年10月，蓝天白云家禽屠宰场和蓝天白云牛羊屠宰场因更换污水处理设备关闭。国庆节期间，公安局、市场监督管理局、畜牧兽医局、环保局、卫生监督所等单位联合开展联合执法中发现了一个非法经营的家禽屠宰场所，现已关闭。截至2018年，共屠宰检疫羊40.8吨、牛397.4吨、鸡581吨、猪41.3吨。

加大兽药、饲料及饲料添加剂经营监管。严格落实处方药和非处方药管理，对兽药、饲料及饲料添加剂经营户进行督查，对于县城每家兽药经营店自2018年9月1日起已开始使用兽药电子追溯系统，实施二维码标注，严格实施日常监管，进一步规范兽药、饲料经营市场。

全县现有生鲜乳收购站6个，生鲜乳运输车辆12辆，所有销售牛奶均为集中机械化挤奶。2018年对全县奶站、生鲜乳运输车辆进行了4次全面检查并积极配合了农业部、自治区奶办、自治区药检所开展的2018年生鲜乳抽检工作。确保全年不出现重大生鲜乳质量安全事故，巩固了奶业整顿和振兴成果、进一步强化了生鲜乳质量安全监管。

（责任领导：严　磊　撰稿：哈那提·胡斯木汗）

林　业

【概　况】 沙湾县林业局成立于1983年，主要承担全县林业规划编制，年度林业工作计划制定、林业技术指导、工程造林建设、林业项目开发和森林资源及野生动植物保护利用等职能。现有职工56人，林业局机关下属5个机构：绿化委办公室、护林防火办公室、森林公安派出所、森林病虫害防治检疫局、国营苗圃；5个事业单位：林业技术推广站、城镇生态林管护站、林木种苗管理站、野生动植物保护办、千泉湖国家湿地公园管理中心；与乡镇双重管理11个乡镇林业站。内设事业单位：林政资源管理股、造林股、项目办公室和公益林管护总站。

【林业项目执行情况】 2018年，下达造林任务600公顷，其中农防林586公顷、经济林14公顷。通过组织验收，实际完成造林面积876公顷亩，其中防护林面积809.27公顷，经济林面积66.73公顷。

2017年度天山北坡森林植被保护与恢复项目。2018年度实施，造林总面积385.33公顷。建设地点主要分布在沙湾县翠山、博尔通古乡、西戈壁镇、东湾镇等。2018年已完成造林93.27公顷，剩余部分2019年春季完成。

2017年度中央财政造林补贴项目200公顷，2018年8月，通过自治区林业厅验收。

2017年度中央财政森林抚育项目，森林抚育面积333.33公顷，2018年8月完成，通过林业厅检查验收。

顺利通过林业厅对2016年中央财政造林补贴试点项目、2017年第二批森林抚育项目检查验收。

完成2015年度、2016年度新一轮退耕还林自查，并协助财务室发放补助资金。

【森林资源保护与发展管理情况】 林木采伐更新与管理情况。根据自治区林业厅下达的沙湾县“十三五”期间森林采伐14122立方的年限额建议指标，编制年采伐计划12709.8立方米。2018年，已办理采伐证196份总计7370立方米。

国家级公益林管护。沙湾县区划国家级公益林6.34万公顷，占公益林面积63.3%。涉及8个乡（镇、场），具体区划为39个林班、1383个小班。已建成4个中心所、5个管护分站。截至2018年，聘用管护人员74人，其中5名站长、3名副站长。已完成两次管护人培训，使管护人员的业务技能得到了显著提高。秋季完成了各管护站的电采暖安装，使人员过冬得到了有效保障。2018年国家级重点公益林未发生在林区采挖沙石、盗伐乱伐林木、征占用林地、随意开垦林地、乱捕滥猎野生动植物的现象。

【林业有害生物防治】 林业有害生物监测情况。全年人工林有害生物应施调查监测面积为42.05万亩次（其中杨毒蛾应施监测面积为10.74万亩次、春尺蠖监测面积为7.67万亩次、杨蓝叶甲监测面积为5.51万亩次、鼠害监测面积为9.93万亩次、梨小食心虫监测面积为0.98万亩次、枸杞瘿螨应施监测面积0.53万亩次、白星花金龟1.32万亩次、杨树烂皮病监测面积为5.37万亩次），实际监测面积为42.04万亩次，监测覆盖率为100%；荒漠林鼠害寄主树种面积为106.23万亩，应施监测面积为106.23万亩次，监测面积为106.23万亩次，监测覆盖率为100%。对主测对象鼠害、杨毒蛾、杨蓝叶甲、梨小食心虫样地定期监测。

产地检疫情况。调查林业有害生物期间，对全县育苗户、育苗单位进行摸底、调查、登记，应施种苗产地检疫面积为48.33公顷，其中常规造林树种面积为43.9公顷，其他及风景树面积为4.47公顷，产地检疫苗木数量为69.78万株。并对已发放植物检疫登记的生产经营者45户进行年检。

苗木复检情况。2018年，复检苗木共有230.1万株，其中沙枣苗木42.1万株、胡杨苗木17万株、梭梭苗木50万株、柽柳苗木30万株、枸杞苗木48万株、云杉苗木15万株、其他树种28万株。

2018年3月20日，自治区林业厅来沙湾县督导2018年林果病虫疫情防控工作时，在新疆佳林木业有限公司发现自治区补充检疫对象“光肩星天牛”，发现疫情后，林业局立即组织专人展开调查，聘请石河子专家同林检局及园林处成员共计8人，分两个调查小组以新疆佳林木业有限公司为中心向四周辐射5千米范围展开调查，合计453.13公顷进行调查，确定发生面积为153.2公顷。对新疆佳林木业有限公司发生疫情的5600吨原材料（原木）已全部削片处理完成。每天早晚对削片处理完成的材料及原木进行喷药处理，药剂为绿色威雷300倍液。对有疫情的危害性树木，积极办理采伐手续，将带有疫情树木全部伐除，疫情全部得以控制，未发生转移。

（责任领导：席　和　撰稿：张　伟）

新疆维吾尔自治区天山东部国有林管理局沙湾分局

【概　况】 新疆维吾尔自治区天山东部国有林管理局沙湾分局内设办公室（党委办公室）、资源和林政管理科、计划资金管理科、组织劳动人事科、天保及公益林管理（产业）科、森林保护科、纪检监察室（工会）7个科室。由汉族、哈萨克族、维吾尔族、蒙古族、回族5个民族组成，在册职工50人、离退休人员110人。

【地理位置】 沙湾分局林区位于天山北麓中段，地处北纬43°40′—43°59′，东经85°07′—85°55′，东西长70千米，南北宽52千米，是沙湾、玛纳斯两县和石河子市的重要水源涵养林区。

【森林资源】 沙湾分局经营区总面积411965.22公顷，林地面积66766.68公顷，活立木总蓄积5115491立方米，森林覆盖率11.05%。林区设有5个森林管护所、11个森林管护站、5个木材检查站和8个森林防火站。

【森林资源管护】 沙湾分局按照工作责任，开展对森林资源管护情况进行综合检查考核。召开森林资源管理专题会议，研究分析存在森林资源管理中存在的问题，并及时整改，分局成立半专业化扑火队伍，有效组织防火演练活动。旅游旺季、森林防火期在林区周边开展保护天然林的宣传活动，与在林区经营的11个单位签订了《沙湾分局森林资源管理、护林防火联防责任书》，发放各类森林防火宣传单、林业法律法规宣传单共35000余份，有力保护了国家森林资源的安全。2018年，处理林政案件33起。

【经济建设】 编制完成了2018年度天保工程、国家公益林、天山北坡谷地植被保护与恢复、飞播造林、森林抚育和人工林抚育间伐等项目工程实施方案。完成2万亩森林抚育和中幼龄、森林抚育工作任务。完成新建1个管护所和防火三期营房工程项目建设。完成新疆煤田灭火工程局280亩地的植被恢复造林工作，对分局环境进行了美化。

【所站建设】 科学合理完成对管护所站进行规划整合工作。由原来的6个所24个站经过整合规划为现在的5个所11个管护站。2018年，分局继续开展为林区管护所站拉运煤炭的工作，共拉运煤炭141.25吨，解决了所站职工取暖问题。对6个管护所站进行了维修改造、通水通电，16个管护所站配备办公桌椅和生活设施，改善了一线职工工作生活条件。

【荣　誉】 集体奖：

沙湾分局被自治区天东林管理局授予“先进单位”称号。

沙湾分局组织劳动人事科、大南沟河森林管护所、牛圈子管护所被自治区天东林管局授予“先进集体”称号。

个人奖：

李名军被自治区林业和草原局授予“民族团结一家亲”和民族团结联谊活动“先进个人”称号。

刘新华、李名军、赵四新、达成霖、斯然·阿吾巴克5人被天东林管局授予“先进个人”称号。

李香玲被自治区天东林管理局授予“民族团结一家亲”和民族团结联谊活动“先进个人”称号。

（责任领导：阿布力克木·阿瓦孜
撰稿：乌拉丽）

三道河子林场

【概　况】 沙湾县三道河子林场地处天山北麓，古尔班通古特沙漠南缘，位于县城西郊，乌鲁木齐西路，紧靠312国道和乌奎高速公路。始建于1958年，是一个典型平原人工造林的林场，主要从事以生态林、防护林为主、经济林与森林旅游并举，种苗繁育与其他农作物种植共同发展的国有生态林场。是集经济林果、旅游、育苗、养殖、商贸、土地开发为一体的多功能国有生态林场。全场林业面积463.31公顷，其中经济林128.71公顷，生态林56.89公顷（包括森林公园53.33公顷），苗圃基地119.71公顷，哈拉干德森林植被恢复项目区158公顷。已确权发证面积为463.31公顷。全场林业人口859人，219户，由汉族、哈萨克族、回族、维吾尔族4个民族组成。

【四大产业发展】 林场主要采取以林为主，旅游为辅，多种经营，共同发展的方式。现主要以经济林基地、苗圃基地、森林公园及森林植被恢复项目区四大产业为主。

经济林建设。林场于1987年开始发展葡萄、桃子、李子、苹果、香梨、红枣等8个种类的特色林果基地126.67公顷，主要采取立体栽植模式，充分利用林中空间，树上结果，树下草莓。实行统一管理、统一技术要求、统一施肥、统一配水、统一病虫害防治、分户经营的“五统一”分管理模式。蟠桃、葡萄已成为林场的主导产业和知名品牌，蟠桃曾荣获“中国昆明99世界园艺博览会”组委会室内水果组铜奖。林场生产的葡萄、亲密晚桃、骏枣、梨枣、苹果在第二届新疆特色林果产品博览会上被评为“优秀产品”。

苗圃基地建设。现已建成种苗基地113.33公顷，育有杨树、榆树、大（小）叶白蜡、水曲柳、红叶海棠等30多个品种，年产种苗120万株。2013年已被纳入自治区保障性苗圃建设规划之中，为全疆各地提供优质造林绿化苗木和经济林果苗木。

森林公园建设。占地面积53.33公顷，是自治区级森林公园，国家AAA级旅游景区，全国农业旅游示范点和自治区四星级农家乐，自治区生态文明教育基地。主要旅游项目有生态采摘园、生态文化植物园、生态农业示范园、水上娱乐园（游泳池、划船、垂钓）、儿童游乐园、野生动物园、“神农氏”文化园、园中苑度假村八大功能十余处景点供游客观光游览。计划利用2—3年的时间，将沙湾森林公园打造成国家AAAA级旅游景区和国家级生态文明教育基地。

森林植被恢复项目区建设。该项目2011年立项，2012年春实施。项目规划区总面积158公顷，2018年，完成植树造林158公顷，其中农防林83.33公顷，经济林74.67公顷。架设高低压线路5千米，打深水机井4眼及井房配套设施，修筑砂石路20千米、围栏6千米、防渗渠道5.6千米、防洪堤坝3.5千米、10万立方米蓄水池3座，架设流量320立方米河水泵4台、水塔1座、400立方米低温穗条库1座，安装节水滴灌工程176.67公顷，修建职工宿舍1300平方米26套，并配套食堂、生产用房等，办公区绿化、硬化工程400平方米，水、电、路、井、渠及生产用房等基础设施配套完善，实现了林业一体网格化建设。计划将哈拉干德造林项目区建设成树上结果、树下草莓，同时发展林下养殖、池中养鱼的生态立体发展新格局，为人们生态休闲、旅游观光提供更多更好的林下绿色、有机产品。

（责任领导：薛　方　撰稿：王凤环）

水　利

【概　况】 2018年，水利局下属单位有沙湾县水利管理站、沙湾县水政监察大队、防汛抗旱指挥部办公室、沙湾县农村饮水安全工程管理站、沙湾河管理站、金沟河水管站、柳树沟水库管理站、千泉湖水库管理站、移民管理中心9个副科级事业单位；河道管理站、水土保持站、宁家河水管站、东湾节水试验站、头浮渠管理站、窝巴特水管所、水产渔政管理站、水利工程质量监督站、水利水电勘察设计所、宁家河水库管理站、小分地水库管理站、青年水库管理站12个股级全额事业单位；另有四道河子水管所、老沙湾水管所、柳毛湾水管所、商户地水管所、乌兰乌苏水管所、安集海水管所、金沟河水管所、大泉水管所、东湾水管所、西戈壁水管所、博尔通古水管所、八家户水管所、元兴宫水管所13个乡镇水管所（股级差额事业单位）。下辖大禹水利水电工程公司、钻井队、物资库房、新技术节水有限公司4家企业。水利系统编制数388人，在编职工人数353人，其中党政人员34人、管理人员19人、专业技术人员101人、工勤人员199人。学历结构为：本科学历81人、大专学历154人、中专学历45人、高中以下73人。专业技术结构为：高级技术专业职称11人、中级技术专业职称46人、初级技术专业职称44人。有高级技师9人、技师41人、高级工108人、中级工16人、初级工25人。另有技工班及企业人员57人。

【职　能】 沙湾县水利局是全县水行政主管部门。主要负责组织制定和实施全县的水利发展规划和年度计划以及河流和流域综合治理和开发利用规划；组织编制、审查水利基建项目和水库除险加固、灌区续建配套与节水改造等工程项目建议书和可行性研究报告及初步设计；组织管理水利建设项目的招投标和工程建设工作；组织监督实施水利行业技术质量标准和水利工程规程、规范；组织重要水利技术推广工作；组织指导水利设施、水域及其岸线的管理和保护工作，组织指导水库大坝、渠首等水工程的安全监管；组织指导灌溉管理工作；拟定节约用水政策，编制节约用水规划，监督实施有关行业技术标准和政策措施；组织指导全县节约用水工作；组织协调监督指导全县的防汛抗旱工作，结合重点河流和水利工程实施防汛抗旱调度；组织指导牧区水利工作；组织协调农田水利基本建设、农村水电电气化建设工作；承担全县农村饮水安全工程建设的日常业务工作，组织指导农村饮水安全工程项2018年期工作和工程建设管理工作；管理和监督水利部门国有资产的保值增值，对水利专项资金的拨付使用情况进行监督检查；负责水利方面的科技教育工作，指导全县水利队伍建设。

【水利建设】 2018年，全县共完成水利工程建设总投资9560.58万元，其中国家及自治区补助资金7863.15万元、县级投入400万元、群众投资92.81万元、水费投入187.11万元、民营投资1000万元、其他投资17.51万元。新建更新高效节水面积1.66万亩，维修加固堤防4.099千米，更新改造防渗渠道51千米，完成2016年小型农田水利重点县、大泉乡烧坊庄子村高效节水改造等8个项目竣工验收工作。全县已建成干、支、斗、农四级防渗渠道2608.97千米，引水渠首7座，堤防98.238千米，配套水工建筑物6473座，机电井保有量为3450眼，铺设安全饮水管道1360千米，高效节水覆盖率达85%以上，建成中型水库2座、小型水库5座，总库容达4776万立方米。

【水利项目】 宁家河水库上下游区域水土保持综合治理工程。该项目概算投资500万元，修建节制分水闸1座，290米引水渠道，沉淀池1座，输水管道3371米及配套管线建筑物，土地平整42公顷，种植水保林41.1公顷、经济林0.9公顷，补播草场211.33公顷，封育草场1000公顷（含林草措施面积），新建围栏13.53千米、宣传碑1座及宣传牌11个，工程已完工。玛纳斯河防洪治理工程沙湾县段。2018年计划完成投资2000万元，新建护岸工程长3.11千米，防洪坝0.43千米。主体工程已完工，完成投资1650万元。2018年37项村级惠民生项目共投资1850万元，工程已完工。沙湾县2018年度农业水价综合改革项目。概算总投资为2283.63万元。主要建设任务是对沙湾县老沙湾灌区和宁家河灌区控制灌溉面积5.8万公顷的干、支、斗渠进行闸门升级改造，完成相应计量、控制设施的安装，更换或利用原有的闸板，改建或新建的水尺、渠道断面、闸墩、工作桥等设施，同时建设沙湾县信息化软件系统平台，完善沙湾县水利信息化业务应用系统。2018年底已完成2个闸点的安装，其他闸点“一闸点一设计”方案及设计选型已完成，完成了设备订购，计划2019年3月开工。农田水利基础设施建设情况。一是投资135.90万元，维修防渗渠道59.8千米；二是投资25.62万元，清淤防渗渠道64.9千米；三是投资30.86万元，维修堤防4.099千米；四是投资9.09万元，维修闸门13座。沙湾县金沟河引水枢纽除险加固工程（金管局负责实施），2018年计划完成投资1125万元，完成闸后挡水墙及闸室混凝土浇筑，2018年已完成投资900万元，累计完成投资1600万元。

【水资源综合管理】 2018年，以“三条红线”“井电双控”为抓手，深入开展退地减水工作，制定《沙湾县农村土地清理水利工作实施方案》，建立责任追究体系、长效机制和奖惩办法，实行最严格的水资源管理制度，全面落实水价综合改革，着力提升水资源利用效率。2018年，全县关停机电井50眼，落实减水任务5178万立方米，超额完成减水任务。沙湾县水行政执法中心自成立以来，在县委、县政府及上级主管部门的正确领导下，紧密结合农业农村工作，进一步加大工作力度，对非法凿井等水事违法行为实行“零容忍”，稳步配合推进全县退地减水、井电双控、水价改革等工作。2018年，全县共查处水事违法案件7起，罚款11.3万元，征收水资源费10957万元，资源水价10165万元。严格执行水土保持方案审批制度，开展开发建设项目水保方案实施监督70余人次，征收水保设施补偿费24万元。生产各类水产品2550吨，完成产值约3500万元。

【河长制工作】 沙湾县境内有13条河流，根据人事变动，对沙湾县各河流河长进行了3次调整，建立了区、地、县、乡（镇、场）、村五级河长体系，制定并印发了沙湾县巡河制度等七项制度，制定并印发县级河流“一河一策”，配合完善了2条自治区级河流“一河一策”的修订工作，设置了各水库库长。全年自治区、地区级河流河长共开展巡河10次，县级河长巡河32次，共查处5起河道内倾倒垃圾事件，4起非法采砂行为，2起水污染案件，6起河道堆放砂石弃料影响河道行洪安全事件，下发整改通知书7起，编制了“一河一策”方案（初稿），建立了“一河一档”，竖立公示牌65个，河长制信息填报100%完成。对河道内采砂企业，责令停止营业，对其开采的砂石料坑进行回填处理，达到回填标准的，填写申请报告，经验收合格后方可营业，通过河长制工作的开展有效改善了沙湾县境内河流的生态环境。

【灌溉用水管理和农村饮水安全】 与各流域管理机构和相关单位沟通联系，做好农业灌溉引配水准备工作，投资187万元对全县水利设施进行了春修、岁修等工作，灌溉期安排专人定期对所有的渠道进行检查，对破损渠段进行维修，最大限度减少跑冒滴漏现象的发生，减少水资源浪费，确保工程发挥应有的效益，积极扭转水管工作滞后，重建轻管的现象。同时在确保安全度汛的前提下，充分发挥水库调节蓄水作用，为全县农业正常灌溉筑牢了基础。2018年，各乡镇农业灌溉累计引提水量4.44亿立方米，累灌59.07万公顷（次）。全年投入资金40余万元对农村饮水安全工程进行维修养护，定期进行农村饮水水质安全检测，全年向农村安全供水200余万立方米。

【防汛抗旱】 及时调整沙湾县防汛抗洪指挥部成员，由县委书记担任防汛抗洪总指挥，印发《沙湾县2018年春、夏季度汛预案》《关于做好沙湾县2018年夏季防洪度汛及地质灾害防范应对措施的通知》，完善各水库制度和“三个方案”，调整“三级责任人”。全县各防洪相关单位、各乡（镇、场）均按照《沙湾县2018年夏季防洪预案》要求，足额储备防汛物资、抢险机械、组建防汛抢险队伍。按照水库应急演练要求，由沙湾县防汛抗洪指挥部牵头，对全县7座水库开展抗洪抢险应急演练。进入汛期，各水库及险工险段“三级责任人”及时上岗到位，认真履职，尤其是哈密市伊州区洪水灾害发生后，沙湾县立即成立3个防洪度汛安全检查组，重点对各险工险段、水库、渠首安全运行开展了10余次督查检查，下发整改通知单7份。全年投入320余万元，调用36辆大型机械，对金沟河仓房沟段、南五宫村段、沙河子村段、大泉乡二道河子村段防洪堤、沙柳公路柳树沟水库引洪渠桥涵等险工险段进行了加固处理，对海子湾水库、柳树沟水库防洪隐患进行了整改，补充了物资储备，全县累计清淤河（渠）道48余千米。自筹120万元，对全县7个水库视频监控系统进行升级，并全部接入公安网，对水库运行情况进行实时监控，为确保2018年安全度汛奠定了基础。

【安全生产】 严格落实“党政同责、一岗双责、齐抓共管、失职追责”工作要求，按照“管行业必须管安全、管业务必须管安全、管生产经营必须管安全”和“谁主管谁负责”的原则，结合水利行业实际，成立联合检查组，分别由水利局领导任组长，股室负责人和技术人员为成员，对各水库、站所、企业、在建工程落实安全生产及防震减灾、消防安全等进行全覆盖检查，特别是在汛期，对各水库及险工险段进行多次专项检查，对发现的问题均第一时间整改完毕。针对防震减灾工作，制定了《沙湾县水利系统防震减灾应急预案》，全系统均开展了防震演练，增强全县水利系统干部职工防震减灾意识，提高了应急、自救、互救能力。全年顺利通过地区安全生产检查2次、县安全生产检查3次。2018年底，水利局开展了安全生产检查“回头看”工作，对水利安全生产工作进行再排查、再梳理，确保做到“三不出”。

【荣　誉】 沙湾县荣获“2018年度自治区农田水利基本建设‘天山杯’竞赛先进县（市）”荣誉称号。

（责任领导：黄　丽　撰稿：王　健）

金沟河流域管理局

【概　况】 新疆金沟河流域管理局是自治区水利厅派出的流域管理机构，是以水资源管理、水利工程管理、引水灌溉等为主的事业单位。主要负责在本流域内宣传水法规，行使水行政执法权；负责本流域水资源开发、利用、管理和保护；负责本流域的水量分配和农业用水的管理；负责组织河道防汛抗洪、清障工作和水土保持工作；拟定流域规划和水资源保护专业规划；负责水费、水资源费、河道采砂管理费等费用的征收及管理，代收水土保持设施补偿费和水土流失防治费；协调用水单位水事纠纷等。金沟河流域骨干工程始建于1959年，经过续建、改建，至今已形成一定的规模，管理着54千米引水干渠、一座费尔干式引水渠首和14个分水闸口及渠系建筑物。金沟河多年平均径流量3.49亿立方米，受益单位主要有沙湾县7个乡（镇、场）及新疆生产建设兵团第八师3个团场。

【水政工作】 加强宣传教育，严格执行水政执法职能，稳步推进河长制工作。开展水行政执法工作，加大水法宣传力度，进社区、进村队、进学校分发宣传图册上千余份。营造依法管水、守法用水，合法建设的水事氛围。通过严执法，重审批，切实维护流域机构的职权，有效遏制管理范围内的违法案件，增强流域依法办事的意识，更好地推进水行政执法和管理工作。对河长公示牌全线进行实地查看、验收。“一河一策”方案修订完成并上报审定。推进三条红线任务分解以及生态基流下泄等工作的开展。

【工程建设与运行管理】 加大骨干水利工程维修养护工作力度，总计投入近80万元完成渠首闸前导流堤维修、总干沉砂池和输砂道清淤及维修、涡管修补、干渠0#—水库段的维修、沙湾县城镇段防洪堤缺口修复及河道内挡水坝修筑等工作，确保全年水利工程运行安全可靠。编制《金沟河引水枢纽2018年度汛预案》。召开流域春季和夏季防洪抗旱会商会。开展专项巡查，确保防洪物资储备充足，设备及时更新和人员随时待命，实现全年安全度汛。

【水管业务工作】 供水管理协调工作稳步推进，依据年初指定的引水目标任务，做好水情分析预测，科学合理的调配水量，确保及时春引。通过全局干部职工的不懈努力，同灌区需水情况的有效沟通，大河累计来水量2.33亿立方米，干渠引进1.36亿立方米，总配出1.23亿立方米，比2018年同期多配出0.3亿立方米，全线配出率94.8%，比2017年同期高出1个百分点。

【安全生产和综合治理】 落实安全生产领导责任制。及时调整局安全生产领导小组，签订目标管理责任书，修订安全生产责任书、考核细则，完善监督管理及考核测评体系。以水利工程安全为重点，累计安全检查15次，有效排除各类安全隐患，实现全年工程安全运行。扎实开展安全生产教育月活动，全员参加全国水利安全生产知识网络竞赛答题活动，持续开展电气火灾综合治理工作，累计开展各类演练和安全法律知识培训7次，150人次参与。

工　业

工业园区

【概　况】 沙湾工业园区始建于2005年，2012年7月被批准为自治区级工业园区。全称“塔城地区沙湾工业园区管理委员会”，属全额事业单位，岗位均为事业单位管理岗，园区现为副县级单位，属塔城地区派出机构。园区管委会下设办公室、规划建设局、招商发展局、企业服务局4个科级局，2018年有工作人员26人，其中副县级2人，正科级5人，副科级4人，党员19名。总体规划面积65平方千米，批准面积10平方千米，包括金沟河纺织区和哈拉干德区。其中金沟河区位于沙湾县城东南侧，规划面积18平方千米，批准面积4.27平方千米；哈拉干德区位于县城西35千米处，规划面积47平方千米，批准面积5.73平方千米。2018年，园区企业实现工业增加值4.5亿元，总产值39.2亿元，固定资产投资4.1亿元，其中园区基础设施建设1.2亿元，企业固定资产投资2.9亿元，入驻企业67家，规上28家，从业人员7700余人。

【园区产业发展及布局】 沙湾工业园区已形成“绿色食品加工、轻工纺织、精细化工、新型建材及装备制造、新型能源”五大支柱产业。

金沟河区重点发展棉纺和轻工产业。其中，沙湾纺织服装企业完成工业增加值2.5亿元，产值22.7亿元，企业固定资产投资2.6亿元；总就业人数5800余人。已形成年产15万吨棉浆粕、15万吨粘胶短纤维、43万锭纺纱、500万平方米白坯布、200万平方米化纤地毯、2500万双棉袜、900万双丝袜、7000吨包覆纱、1000吨水刺无纺布纺织规模。

哈拉干德区重点发展精细化工、新型能源、建材、装备制造及仓储物流产业。现有企业13家，规模以上企业6家，总就业人数1900余人。龙头企业有新疆帅科、天舜沥青、合兴化工、新疆鸿发等。年工业总产值16.5亿元。

【园区基础设施建设】 哈拉干德区6.12万吨工业固废填埋场建设项目现已完成投资350万元。2.5万吨/日污水处理厂项目办公楼、宿舍等附属设备主体完成，设备安装工程完成85%。国电投公司2×25兆瓦背压机组供热电力站项目一期总投资7亿元，2018年完成投资1.75亿元，2018年循环流化床锅炉及背压式热电联产机组厂房完成，办公与宿舍楼完工，一期1号锅炉可投入使用。哈拉干德污水提升泵站建设项目地勘、可研和设计方案已完成，正在办理前期手续，近期开工建设。银鹰工贸、天泰纤维投资2.5亿元对企业原库区整改和中水管网、废水循环利用等系统进行整改及技改，完成绿化造林4500亩。

【重点项目推进】 1. 信泰纺织60万锭环锭纺项目，总投资15.68亿元，2018年完成产值6.48亿元，投资13180万元，2018年一期20万锭、二期 15 万锭环锭纺和 2.5 万锭 5 条气流纺生产线已投产。

2. 天目湖高档地毯、BCF、毛纺织生产项目，总投资 7.9 亿元，2018 年完成产值 2.6 亿元，投资 486 万元。一期 1 号、2 号共计 4 万平方米厂房已建成，办公建筑投入使用，7 条生产线已生产，二期 3 号厂房主体完工，消防水池已完工。

3. 新疆樱姿美针织有限公司成立于 2016 年 11 月，由浙江棋梦针织有限公司投资建设，销售网络遍及欧洲等国家和国内城市。2018 年实现产值 4326 万元，生产棉袜 1978 万双，就业 300 人。

4. 新疆天泰纤维有限公司扩建年产 10 万吨粘胶短纤维项目，2018 年完成产值 7.12 亿元，实现就业 1300 余人。酸站车间、原液车间、纺练车间等 10 栋厂房及办公楼已建设完成，原库区整改及中水综合利用环保投资完成 1 亿元，中水库区防渗膜已铺设，绿化造林已完成 4500 亩。

【安全生产】 园区实行安全生产党政同责、一岗双责、实则追责制度，成立园区安全生产委员会领导小组，组织协调安全生产相关工作。一是开展园区企业安全生产标准化三级达标验收工作。要求园区 28 家规上企业完成安全生产标准化达标验收工作。二是联合 4 家县相关部门及自治区安科院专家对企业安全生产开展 7 次全覆盖隐患排查，共查处隐患 900 余条，已全部整改完毕。三是成立安全生产及环境保护监督管理领导小组，将园区 28 家规上企业分配给所有干部职工，2018 年园区 12 家危化企业 7 家办理完结安全生产手续，28 家规上企业已有 24 家办理完结环保手续、10 家办理完毕消防手续。

【环境保护】 一是全面拆除燃煤小锅炉。已拆除锅炉 14 台，尚未拆除锅炉 2 台，均属于生产用燃煤蒸汽锅炉。二是重点整治“小散乱污”企业。已责令 3 家“小散乱污”企业停产。三是开展稳定达标排放整治工作。2018 年，13 家企业已制定完成。3 家企业暂未完成。四是认真做好中央环保督察信访案件的协调化解。园区采取专题研究、专题专办的方式，对受理的中央环保督察组 6 件信访案件采取相应措施进行化解，并已整理相关资料报县中央环保督察组信访问题整改办公室进行审核销号。

（责任领导：赵永强　撰稿：高　杰）

供电公司

【概　况】 国网沙湾县供电公司隶属国网奎屯供电公司管辖的县供电企业。沙湾主电网东接玛纳斯天山电力、石河子天富电网，西联奎屯、独山子电网，北通下野地八师垦区、克拉玛依电网，处于北疆 750 千伏凤凰—乌苏—伊犁疆电外送大通道枢纽位置。供电辖区有 35 千伏及以上变电站 39 座，主变 67 台，配电变压器变 8336 台。35 千伏及以上线路 71 条，10 千伏线路 172 条。

沙湾县供电公司负责运行维护 6—10 千伏供电线路 2461.44 千米、0.4 千伏线路 2238 千米，城市营业网点 1 个，农村营业网点 12 个，服务客户 11.52 万户，供电营业区面积 1.31 万平方千米，担负着城区、19 个乡（镇、场）及周边农八师部分连队的供电任务。

【生产经营】 2018 年完成售电量 13.86 亿千瓦时，同比增加 3.35 亿千瓦时，增幅 31.87%。城网供电可靠率 99.8%，农网供电可靠率 99.6%。综合电压合格率 99.8%。10 千伏配网发生八级设备事件下降 69.7%。截至 12 月 31 日，年度安全运行 365 天，跨年度长周期安全生产 4218 天。

【电网建设】 主动对接政府协调电网建设前期工作，国防公路线路迁改工程顺利完成。完成 2018 年电网建设投资 1.05 亿元，其中新建 35 千伏红柳坡、沙门子输变电工程建成投运；35 千伏曹家坡变、乌兰乌苏变、丰园变增容项目竣工投运。新建 10 千伏线路 54.07 千米、0.4 千伏线路 13.6

千米。配网建设4个项目被新疆电力有限公司评为配电网优质示范工程。

【经营管理】 持续优化营商环境，大力推进市场开拓，提升业扩项目办电效率，力争电力能源早供早售。实施业扩简化手续、缩短业扩报装接电周期，全年新装、增容高压用户206户，新增低压用户5161户，电采暖报装1351户。完成16个居民小区配电资产移交。及时落实惠民电价政策。全面完成沙湾县1.8万户一般工商业用户、非居民用户电价调整，电价政策落实工作受到沙湾县发改委通报表彰。主动宣传并实现掌上电力、电e宝、支付宝、微信等新型多向渠道缴费方式，实现客户足不出户缴费。

【荣　誉】 1.公司获得自治区级“守合同重信用企业”。

2.公司获新疆电力有限公司、奎屯供电公司“先进集体”。

3.公司获新疆电力有限公司营销工作先进集体。

4.公司党支部获得奎屯供电公司“电网先锋党支部”和“三星级党支部”，党支部标准化建设通过新疆公司验收。

5.两个供电所获新疆电力有限公司四星级供电所。

6.职工热夏提家庭获国家电网公司热心公益家庭“和美家庭”；职工叶尔太获电力行业“雷锋式先进个人”。

（责任领导：杨万军　撰稿：汪谦明）

煤炭工业

【概　况】 沙湾县煤炭工业管理局2006年4月成立，是参照公务员管理的事业单位，核定编制8人。2018年在岗5人，中共党员5人。局内设办公室和煤管科，下属股级二级单位沙湾县联合救援救护中队，核定编制15人。

【煤矿发展建设】 沙湾县矿区内有煤矿企业6家，从业人员800余人，截至2018年底，合计生产能力达到192万吨/年。为全面提升全县煤炭工业整体发展水平，扩大矿井规模，提高煤矿安全管理能力，实现煤炭产量稳定增长。煤炭工业管理局大力推进煤矿机械化改造，通过鼓励煤矿企业采用综采、综掘等机械化设备，淘汰落后的炮采工艺，提升矿井规模。宝英煤矿原为9万吨/年生产矿井，2014年完成小煤矿机械化改造并通过自治区60万吨/年生产能力核定；宏业煤矿原为9万吨/年生产矿井，2017年完成小煤矿机械化改造并通过自治区90万吨/年生产能力核定；恒源煤矿原为9万吨/年生产矿井，2017年完成机械化改造建设；恒力煤矿原为15万吨/年生产矿井，2017年完成机械化改造建设；东升煤矿原为9万吨/年生产矿井，2017年完成煤矿机械化改造斜井、综合楼等设施建设，2018年5月7日发生一起冒顶造成1人死亡的生产安全事故，被责令停产整改；鑫泉煤矿90万吨/年机械化改造项目，待沙湾县矿区总规批复后，开展改扩建工作。

【安全管理】 认真贯彻落实自治区煤炭工业及煤矿安全监管监察电视电话会议精神，结合县域煤矿企业实际，进一步明确煤矿安全生产工作重点及防范措施，督促煤矿企业认真落实安全生产主体责任，不断加大机械化改造，强化风险管控和隐患排查治理力度，努力夯实安全生产基础，保障全县用煤需求，推动全县煤炭产业安全健康发展。

完善煤矿安全生产监管体系。制定《安全生产“党政同责、一岗双责、失职追责”工作制度》《沙湾县煤炭工业管理局2018年煤矿安全生产监管工作计划》等煤矿安全生产管理制度，形成了党政同责、一岗双责、齐抓共管的煤矿安全生产工作格局。通过层层签订《安全生产目标管理责任书》，将安全生产责任落实到每一个部门、企业、班组和从业人员，形成“横向到边、纵向到底”的安全生产责任体系。认真落实煤矿安全生产例会制度，每月召开煤矿安全生产工作例会，研究分析当前及今后一个时期的煤矿安全生产形势，积极协调解决存在的问题和困难，保障煤矿安全监管工作有序开展。

严格落实煤矿安全生产监督执法工作。认真分析研究各煤矿安全生产现状，掌握存在的薄弱环节和主要隐患，采用突击检查、重点检查、专项检查和驻矿检查等形式，重点对煤矿隐患排查整改情况、灾害预防和治理情况、是否存在违反法律法规及各项规章制度等情况进行全面检查，对存在违法违规行为和拒不整改或整改不彻底的煤矿，依法予以严肃处理。2018年，共排查各类安全隐患654条，落实整改650条，下达执法文书48余份，收缴罚金13.5万元。

安全生产标准化全面达标。制订年度煤矿安全生产标准化达标工作计划，在日常检查和专项检查中严格按照煤矿安全生产标准化标准开展检查，组织专家库成员开展预验，帮助煤矿查找不足，细化措施，理清工作思路，提升标准化工作水平，使煤矿始终处于安全生产的良好状态。2018年沙湾县正常生产的4家煤矿中宏业达到二级标准，其余3家达到三级标准，达标率100%，也是沙湾县煤矿企业首次达到标准化二级。

【应急救援】 沙湾县联合救援救护中队执行日常军事化管理，严格战备值班、业务训练、装备管理、预防检查等工作，2018年与新疆煤矿安全监察局应急指挥中心、北疆监察分局共同对各煤矿企业应急救援预案进行评审，保证煤矿应急预案的科学性、可行性，提高煤矿企业应对突发事故的响应和处置能力；2018年通过自治区救护中心开展的矿山救护队质量标准化建设考核验收，并严格按照《煤矿安全规程》和《救护规程》要求，严抓预防性安全检查工作，2018年开展预防性安全检查35队次，启封密闭3起，排放瓦斯3起，每10天一次对煤矿企业多种气体探头进行标校，确保了预检实效。

【环境保护】 严格遵守国家有关环境保护的相关法律、法规、方针、政策及规章制度；启动矿区地面环境治理工程，按照政府要求，各煤矿企业对矿区内地质环境进行治理，将矿区内塌陷坑进行填埋，恢复地面植被，治理工程已通过验收；实行文明生产，对污染环境的废气、废水、废料、噪声、地表塌陷等污染加强治理。对工业广场、生活区等区域构筑排水沟、地坪等设施，在矿工业广场及道路周围种植树木花草，不断改善矿区生态环境；逐步淘汰燃煤锅炉，宝英煤矿新建电采暖锅炉已经投入运行。

（责任领导：温　刚　撰稿：徐云忠）

塔城地区烟草公司（专卖局）

【企业经营】 深入推进市场化取向改革工作要求，组织开展品牌营销策划方案评选及“烟草+”特色终端创建活动，全年全地区共开展主题营销活动22场次，打造“烟草+”特色终端43户。立足当前工作重点难点，围绕烟草+特色终端建设、自律互助小组建设及零售客户库存优化等展开实践研究，于11月召开全地区营销网建现场会，分享建设“星级小组”创建工作成果。2018年，塔城地区烟草公司坚持“稳中求进”工作总基调，着力实施“强基础，抓规范，调状态”重要举措，销售卷烟49714.22箱，同比下降0.59%；卷烟单箱销售收入25957.8元，同比增长4.04%；实现税利21213.51万元，同比下降0.87%。

【专卖管理】 开展公安、海关、邮政等行政执法部门联合执法80余次，查获案件25起，涉案案值112.42万元。建立一线稽查队伍主抓市场监管、地区稽查支队主抓大案侦破的工作机制，开展“春雷Ⅳ”“打击走私烟草专卖品违法犯罪活动”“打击加热不燃烧新型烟草制品”等专项行动。全年共查处符合区局标准网络案件两起。深入推进“放管服”改革，对现有行政审批事项办理时效、办理通道、负面清单的建立等内容进行了自查，全面缩减10项行政许可事项审批办结时限。2018年，共查处各类违法涉烟案件605起，同比上升22.72%，查获各类违法卷烟7661.7条，涉案金额212.32万元，其中，查获假烟、走私烟案件307起，同比上升82.74%，查处莫合烟924.58千克，同比上升77.97%。

【公益活动】 塔城地区烟草公司扶贫帮困，向社区贫困结对户捐赠6.12万元，资助驻村工作队阵地建设0.65万元。承担社会公共活动，春季义务购苗植树0.74万元。

（于　娜）

商　贸

商务和经济信息化

【概　况】 商务和经济信息化委员会是沙湾县人民政府工作部门，是政府管理国民经济和协调经济运行的综合部门，履行贯彻执行国家、自治区有关经济和信息化工作的方针、政策和法律、法规，提出沙湾县经济和信息化、新型工业化发展战略及建议并组织实施和监督检查；协调解决工业化和信息化进程中的重大问题，研究和指导沙湾县商贸流通企业，培育、发展和完善市场体系，落实规范流通秩序和市场规划的政策措施；监测分析市场运行和重要商品的供求状况，并组织调控；组织协调和落实内外贸政策的职能。内设办公室、经济运行股、技术改造股、信息产业股、商贸电力股、电商办6个科室。年末在职在编干部人数20人，工勤1人，实有工作人员21名。

【工业经济完成情况】 工业生产保持稳步增长。规模以上工业总产值637932万元，同比下降14.9%，完成工业增加值139405万元，同比下降14.9%。工业销售产值658827万元，同比下降5.9%。规模以上工业产品销售率103.2%，比上年增长了10.2个百分点。

【国内贸易和对外经济】 全年社会消费品零售总额21.28亿元，同比增长8.7%。按经营地划分，城镇零售额为16.32亿元，增长8.4%，占整个市场的比重为77%；乡村零售额为4.96亿元，增长11.9%。按行业划分，批发和零售业零售额为17.77亿元，增长9.5%；住宿和餐饮业零售额为3.51亿元，增长9.3%。完成进出口贸易总额为2179万美元。

【电子商务】 认真贯彻落实地委、县委扩大会议精神，进一步优化电子商务发展环境，推进电子商务在农村发展及应用，促进传统产业转型升级，加快电子商务进农村综合示范县建设步伐，全县电子商务交易额达8980万元，其中上行1620万元，下行7360万元。

【物流体系建设】 加强寄递物流行业管理工作，支持邮政、快递企业、第三方物流服务商牵头整合县域内物流资源，大力推广网销“一县一品”活动和农产品上行工作。农产品上行交易额达4000余万元，寄件量6万余件。全县物流寄递行业共完成货物收件187万件，发送51万件，有力地促进了经济发展，方便群众生活。

【企业减负】 严格执行《中共中央、国务院关于治理向企业乱收费、乱罚款乱摊派等问题的决定》，认真贯彻落实减轻企业负担“九个严禁”的规定。通过制定联系企业制度，利用到企业调研、企业之家网络平台等各种途径，有针对性地为企业提供咨询、辅导，切实解决好长期困扰中小微企业的融资难、办事难问题。截至2018年，已落实纺织服装企业补贴资金1581.61万元，其中：贷款贴息701万元，出疆运费补贴747.37万元，电费补贴133.24万元。

【污染防治攻坚】 认真履责，以高度的政治责任感，落实好污染防治攻坚战的总体要求和具体任务。强化措施强力推进中央环境保护督察反馈问题整改任务的完成。重点抓好14个加油站双层罐改造工作，全县30个加油站全部完成双层罐改造和油气回收。

【安全生产】 督促企业建立健全安全生产责任体系和运行机制，推动企业安全生产主体责任的落实、安全生产管理机构的设置以及专兼职安全生产人员的配备。全年共召开商信委系统安全生产专题会议11次，学习上级相关文件和会议安排部署，下发文件33个，制定各项实施方案17项，对各阶段安全生产重点工作进行全面安排部署；和各工业企业、商贸、物流寄递、加油站等企业签订安全生产责任书100余份。组成常态检查组1个，出动车辆91台次，检查企业236家次，发现各类安全问题隐患507处，下达整改通知212份。对企业安全生产负责人和安全员340人开展安全生产培训。在“安全生产月‘应急演练周’”期间，组织10家规上企业组织应急演练10场次，参加职工474人。

（责任领导：马军平　撰稿：张汝争）

招商引资

【概　况】 招商局是县委、县政府授权主管全县招商引资项目的考察论证、组织洽谈、协调跟踪服务，拟定招商引资优惠政策并组织实施，招商引资活动策划、组织、承办等工作的直属参公管理的事业单位，内设行政办、项目办、会展及企业投资服务办、招商信息办4个科室。核定参公编制8名、工勤编制1名，领导职数3名，年末在职在编干部人数8人。紧缺人才2名，紧缺人才不占编制但工资参照事业单位行政管理岗执行。实有工作人员10名。

【经济建设】 1—11月，招商引资落实到位资金项目共计47项，到位资金393306万元；同比下降38.8%。其中新建项目15项，到位资金152476万元，续建项目32项，到位资金240830万元。区外项目29项，到位资金256876万元，其中新建项目9项，到位资金84576万元，续建项目20项，到位资金172300万元；区内项目18项，到位资金136430万元；新建项目10项，到位资金67900万元；续建项目8项，到位资金68530万元。

招商小组先后10次外出赴江苏、上海、浙江、北京、广东、辽宁、四川、天津等地开展冬季招商活动、春季招商活动、西洽会招商、夏洽会招商、西博会招商，聚焦优质项目带动作用，突出产业链发展为重点，触及高层次多领域的项目群，进行了座谈交流、项目推介。全年共对接洽谈项目70个，有意向到沙湾县实地考察对接洽谈项目35个。全年接待120批次75家企业。

（责任领导：马军平　撰稿：魏景春）

供　销

【概　况】 沙湾县供销社成立于1954年，2018年供销社系统共有供销（集团）参股企业4个：包括棉业公司、农资公司、盖瑞乳业公司、天宝公司。乡镇基层社12个，领办专业合作社22个（主要以棉花、农资为主）；全县共有棉花加工企业37家，其中供销社系统8家棉花加工企业收购棉花10万吨；家家乐农资连锁网络基本形成了覆盖全县的农资配送流通网络，棉花收购、农资销售发挥了主渠道作用。全系统在职职工300余人，离退休人员130余人。

根据自治区人民政府《关于印发新疆维吾尔自治区供销合作社联合社职能配置、内设机构和人员编制方案的通知》文件精神，2018年供销社为事业单位。供销社紧紧围绕县委服务“三农”工作大局，按照“改造自我、服务农民”总要求，积极拓展经营服务领域，不断加强基层组织建设，推进经营、组织和服务创新，在联合发展中锐意进取，在服务“三农”中健康发展，为促进农业发展、农民增收、农村繁荣做出积极贡献。

【经济指标】 2018 年 1—10 月，系统内企业完成销售收入 7.68 亿元；销售皮棉 5.8 万吨；截至 10 月底收购籽棉 11.2 万吨，收购资金支出 6.14 亿元，已加工皮棉 1.1 万吨；盖瑞销售奶制品 1.7 万吨；化肥销售 6 万吨。培训职工 200 人。棉业公司不断拉长产业链、创新经营方式。按照联合经营模式对下属棉花企业全部实行对外的联合经营。为保证新年度棉花收购工作的顺利完成，棉业公司早筹划、早实施，已向银行信贷资金 8.3 亿元，保证收购资金的充足供应。盖瑞公司管理体系不断完善。盖瑞公司紧紧围绕公司总体发展思路，主动应对外部环境变化的需求，以降本、提质、增效为出发点，细化生产经营创新管理，以“8S”管理为抓手，常态化管理为目标，保持并推进“8S”活动推行效果，不断开发新的产品，满足消费者的多层次需求。社会效益、经济效益逐年提升。

【棉花收购】 供销社积极配合发改、财政等部门做好棉花目标价格改革试点工作的宣传解释工作。2018 年，面对棉花市场低迷，棉花价格波动大，棉业公司积极克服各种困难，努力服务改革发展大局，切实承担社会责任，积极发挥棉花收购、加工主渠道作用，不断加大与内地大的纺织企业、棉花经销商的联合与合作力度，不断充实企业资金实力，提升企业抗风险能力，确保企业平稳发展。其中棉业公司收购棉花 11.2 万吨。

【农资供应】 农资公司积极参与现代服务业和农业产业化经营，巩固提升棉花、农资等传统业务。一是结合市场情况，对各基层社进行有效改革，充分利用闲置资产，吸引能人等经营方式，提升各基层社的服务能力。二是在化肥、农药、种子采购上严把质量关口，化肥采购均为大企业、大集团生产的国家免检产品；农药采购严格按照《农药管理条例》的规定，并与自治区农资、兵团农资公司联合严把进货关；公司经营的棉种，必须从疆内知名种子企业采购；地膜、滴灌带由公司产业链下的龙盛祥塑业有限公司严格按照国家标准进行生产，2018 年生产的“西域白浪”牌农用地膜、滴灌带，已被新疆名牌战略管理委员会列为新疆名牌产品。三是提供优质服务，发挥供销系统各农资配送中心、村级综合服务站、连锁店服务功能，有效提高农资经营服务能力，发挥农资供应主渠道作用。四是按照棉花供给侧结构性改革要求，改进棉花品种结构，为秋季更好实施单品单榨单储创造了条件。

【安全生产】 一是加强组织领导，落实安全生产责任制。根据人员变动情况，对安全生产领导小组进行调整，落实明确安全生产责任制。与各公司签订《安全生产责任书》。二是完善管理制度，夯实基础工作。结合实际，完善有关安全生产管理制度，各公司进一步完善安全操作规程，从制度上堵塞漏洞，并确保制度和规程落实到位。三是加强安全培训，提高安全意识。采取以会代培的形式开展安全日常教育。四是强化安全检查，消除事故隐患。配合发改委等部门开展棉花收购企业的安全检查验收工作。对检查出来的问题建立档案，监督整改，跟踪落实，确保检查到位，整改到位。五是提高对突发事故的应急处置能力。重点抓好消防、地震急救援预案的制定和完善，并组织开展应急救援演练，提高应急响应和处置能力。

（责任领导：李　健　撰稿：王　培）

经济管理与监督

经济管理

【概　况】 沙湾县发展和改革委员会下设办公室、国民经济综合股、全社会节能减排办公室、收费管理股、财务审计股、粮食管理股、煤炭管理股7个内设机构，下属7个事业单位（重点建设项目办、价格认证中心、成本监审中心、粮食监察大队、信息中心、援疆办、军粮供应站）及1个国有企业（沙湾县粮油购销有限责任公司）。发改委党总支隶属中共沙湾县直属机关工委，下设4个党支部，分别是机关党支部、老干党支部、军粮供应站党支部以及粮油购销公司党支部，共有党员90人，在职党员46人，已退休党员44人。

【安全生产工作】 严格落实信访工作责任制，积极做好信访矛盾化解工作，重点关注粮食收购、物业、天然气、供热收费等重点、热点问题，细化服务管理措施，认真听取民声，积极做好各类问题的调查协调解决。持续抓好安全生产工作。层层签订责任书，定岗、定责、定人，各负其责。在棉花收购前、收购中，成立专项督查组持续开展安全生产隐患大排查工作，制定标准、明确责任、加强演练，推进常态化督导检查、指导监督整改落实。收购前联合各相关部门对棉花加工企业进行安全生产检查，及时消除风险隐患，坚持不懈查薄弱、找短板、防风险、堵漏洞，严督实导、配合整改落实，切实提高了企业安全生产意识，增强了安全生产能力，确保平稳生产。

【项目管理】 全面落实自治区防范地方政府债务风险要求，完善投资项目计划，对具备开工建设条件的农牧产业开发、能源、信息、房地产、制造业等项目进行多次对接梳理，形成109个项目、年度投资30亿元的项目建设及投资计划。按照确保政府零举债的原则，严格把关中央预算内投资项目的申报，上报2019年较少民族、供水供热、棚户区改造配套基础设施、县医院传染病医院、特色林果标准化示范基地、鸿旭浩瑞煤焦油深加工技改搬迁等项目可行性研究报告和资金申请报告，为2019年项目建设打下坚实基础。积极争取上级项目及资金，争取到玛纳斯河防洪治理工程沙湾段、翠山新区集中供热及配套管网扩容改造、支持较少民族发展等中央预算内投资项目20项，中央预算内投资6365.7万元。争取到鹿角湾景区旅游基础设施建设自治区预算内投资项目1项，下达自治区预算内投资400万元。积极协调推进项目建设，积极推行项目联审联批、集中开工、“旬调度、月通报”、投资调度分析会、常态化督查等有效工作机制，及时了解项目建设进展、存在的问题，及时向县委、县政府提出阶段性工作建议，形成重点项目推进情况专报28期，发出重点项目推进工作提醒函26份、督办函6份，对进展缓慢的重点项目，特别是推进缓慢的中央预算内投资项目进行提醒、督办，确保重点项目有序推进，全年完成固定资产投资30.2亿元。强化协调服务，推进牵头重点项目，进一步明确责任、细化措施，主动介入项目建设各个环节，加强服务协调。牵头协调推进的综合智慧能源项目一期工程、棉花加工企业技改等项目建设，完成投资2.66亿元；同时积极协调做好2017年村级惠民生3个项目工程收尾工作。

【规划引领】 加快推进沙湾矿区东区规划环评审批，实行单位主要领导专人跟办，积极向地区、自治区，以及生态环境部、发改委、能源局多次汇报，协调促成召开矿区环评专题评审对接会、开展实地调查论证，促使矿区规划及环评工作快速推进。重点推进列入自治区“十三五”规划建设的6个煤矿前期工作，加强协调服务，争取煤矿改扩建项目及早取得核准批复，推进煤炭企业正常生产。积极配合地区推进重点开发开放试验区申报工作，积极配合编制自治区铁路规划，完成地区“十三五”规划纲要、自治区商贸物流中心、物流业发展等规划的中期评估工作，结合沙湾县发展实际，提出加快发展纺织服装、绿色农产品加工、旅游服务等产业，以及高铁站、园区铁路专用线等一批重点项目建设的建议，争取纳入相关规划。抓好污染防治源头管控，积极贯彻落实中央环保督察整改方案，细化工作措施，加强与环保部门的对接，严禁“三高”项目、涉重金属产业项目落地。互通备案项目信息，协同开展“小散乱污”企业治理，协调加快推进智慧能源背压式热电机组项目，促进大气、水、土壤防治取得实效。深入分析2017年经济运行情况，充分开展调研论证分析，提出2018年经济社会发展思路建议，完成2017年计划执行情况及2018年计划草案报告，经人代会审议批准，编制完成《沙湾县2018年国民经济和社会发展计划》印发实施。

【价费监管】 加强监管检查，保持市场商品价格总体稳定，按照自治区政策规定，自治区一般工商业及其他类用电（含同价后的非居民照明用电）销售电价和对应的输配电价，在现行一般工商业电价的基础上每千瓦时降低0.0336元（含税），市场商品价格保持稳定，居民生活必需品价格稳中有降。积极推进重点领域价格改革。继续深化棉花目标价格改革。对2017年棉花目标价格补贴中出现的问题及时提出解决措施建议，完善目标价格补贴措施。指导企业做好棉花采收期间的安全生产工作，督促企业按时完成收购款兑付和收购信息采集录入工作，督查企业提高加工质量，落实质量补贴试点等各环节工作，为2018—2019年度棉花目标价格改革政策的落实奠定基础。按照成本监审程序，依法完善了沙湾县物业服务费价格政策。按照上级部门的要求，协助地区发改委开展天然气价格成本测算工作。做好收费管理及价格监测工作。审验行政事业性收费单位163个，审结率达100%；涉及行政事业性收费40167.05万元，较2016年度增加57.6%，占当年地方财政预算金额的40.9%。严格审核、及时报送国家、自治区、地区各类粮食、棉花、主要商品、服务价格、农业生产资料价格、副食品价格、建材价格、棉花目标价格等各类价格监测报表及节假日市场价格动态。同时深入开展调查研究，进一步加强对重要商品市场价格的分析，做好信息发布及预测预警工作，不断深化和细化价格监测工作，使价格监测工作更加符合县域经济社会发展的需要。进一步优化发展环境。畅通“12358”价格投诉举报平台，及时解答群众咨询。审验行政事业性收费单位162个，审结率达100%，审验收费收入25811.11万元，开展国土、住建、殡葬等涉及民生的收费检查，及时报送粮食、棉花、主要商品、副食品等监测报表及节假日市场价格动态报表264份。受理各类价格认定案件133件，标的总金额2372.4万元。配合商信、市场监督等部门做好煤炭价格干预及销售市场监管工作。推进价格诚信体系建设，打造最优发展环境。

【脱贫攻坚】 产业带动就业，引进4家企业，其中北京东方园林股份有限公司新疆千泉湖国家湿地生态建设工程项目建成后即可拉动就业700—1000人。投入援疆资金135万元，对贫困人口提供医疗保险“兜底”补助和大病医疗救助资金，为全县脱贫和新识别贫困户购买商业保险等；投入援疆资金110万元，继续对脱贫户就学子女实行教育补贴政策；坚持精准扶贫，资助患有先天性耳聋的哈萨克女孩美娜·合孜尔术后学习费用两万元，捐助患有先天性“双侧股骨头向外上移位”至今不能行走的3岁女童，阿亚库孜.木拉力两万元，为博尔通古乡受灾的克孜勒阿根村捐助1万元，帮助博尔通古乡齐勒窝则克村重病老人筹集房屋建设款4万元，通过沙湾县各部门、同事为各族贫困人员捐款捐物，核算资金20余万元。主动对接，落实区内协作扶贫工作。投入区内协作扶贫资金100万元；捐助资金20万元用于资助贫困生50人，20万元在伽师县开创特色门店；投入20万元在沙湾县开创特色门店，在特色门店销售两地特色产品；在伽师县三乡建设1万亩的示范基地；开展两地医疗技术人才协作交流；投入24万元，对伽师县贫困村新型经营主体带头人和种植、养殖大户进行帮扶培训，开展特色餐饮能手培训和电商培训，提升贫困户自我发展能力。积极开展医疗技术双向交流，组织文化艺术交流团25人赴伽师县开展为期10天的文化艺术交流，吸纳喀什、和田地区城乡富余劳动力541名，转移伽师县就业人员142人实现劳务创收407万元，做好管理服务工作；开展赴伽师县文化艺术交流活动。不断推进以“实现就业、优势产业互补、民族团结”为核心的区内协作工作深入开展。

【粮油储备】 切实增强粮食安全责任意识，全面落实各项任务，对发现的问题，及时落实整改措施，积极探索落实粮食安全长效机制，提高粮食保障水平。加强管理和服务，组织开展收购政策公示及执行、安全生产、仓储规范化管理等日常化监督检查，不断创新提升收购服务，全县共收购小麦26385.7吨，其中粮油购销公司收购18117.7吨，天宝绿色食品有限公司收购8268吨。修改完善《沙湾县粮食应急预案》，制定《沙湾县不完善粒超标小麦收购应急预案》，组织收购小麦25052吨。

【援疆项目】 抓好援疆项目的实施与管理，2018年实施援疆项目10个，其中当年安排基建项目6个、软项目4个，总投资18177万元，其中援疆资金5761万元，项目开工率100%，投资完成率80%。根据《鞍山对口支援沙湾建设项目管理办法》和《鞍山对口支援沙湾专项资金管理办法》，进一步加强援疆项目管理和服务。积极做好援疆“十三五”规划中期调整工作，修改项目库16次、调整文本12次。完成项目储备23个，新增项目4个，新增援疆资金1160万元。

【节能减排】 全面推进能源消耗总量和强度“双控”工作，起草拟定《2018年沙湾县节能和强度“双控”目标工作要点》《2018年沙湾县节能减排工作要点》《关于调整沙湾县应对气候变化及节能减排领导小组成员的通知》，制订“十三五”企业碳排放核查申报计划，确定企业合理可行的碳排放配额目标，确定重点企业碳排放核查清单，有效控制二氧化碳、甲烷等温室气体排放，配合自治区第三方机构完成11家碳排放企业的核查工作。实施小锅炉关停和环保提标改造，结合“电化新疆”工作，推进燃煤小锅炉分期淘汰。深入开展万家企业节能低碳行动，扎实推进自治区确定的3万家企业2018年度节能目标责任评价考核、能源管理体系建设、能源利用状况报告及能耗在线监测平台建设等工作，对未完成目标的万家企业强制开展能源审计。力争完成地区下达的单位生产总值能耗下降目标。

（责任领导：李　坚　撰稿：尹　鸣）

统 计

【概 况】 2018年，沙湾县统计局在职职工15名，其中党员11名，女职工6名，少数民族职工3名。全局业务人员主要承担核算、农业、工业、投资、建筑、房地产、交通、贸易、能源等16个专业的月报、季报、半年报、年报定期报表任务。

【统计业务】 2018年，发布《沙湾县国民经济和社会发展统计公报》1期，印发《沙湾县经济要情参考》11期，编撰《沙湾县领导干部手册》等资料。

【城乡驻户一体化调查】 加大对记账户的培训力度，经常走访和指导工作，使城乡驻户一体化调查工作取得明显成效，抽选的50户样本的记账工作进展顺利，农村居民纯收入和城镇居民可支配收入两项指标的数据质量得到保障。

【全国第四次经济普查】 成立沙湾县2018年全国第四次经济普查工作领导小组，组建机构、抽调人员、落实经费。全县15个乡（镇、场）划分了264普查区和342个普查小区，全县清查单位（含兵团）6282家、个体户14088户。正式登记单位2864家、个体户3755户。

【人口变动抽样调查】 成立沙湾县2018年全国人口变动抽样调查工作领导小组，组建机构、抽调人员、落实经费。10月底完成抽样调查清查摸底工作，11月1日正式开展入户调查登记工作，年底完成调查资料的录入，并通过上级业务部门的质量检查和验收。

【统计法制建设】 加大对统计法律法规的宣传，领导干部统计法制意识不断增强，执法人员业务素质不断提升。统计执法检查进一步加大。按照《中华人民共和国统计法》的规定严厉打击迟报、拒报、瞒报、虚报等统计违法行为，加强统计巡查，规范企业统计基础工作，每月都对“三上”企业上报的数据进行核查，确保统计数据真实准确。

（责任领导：陈 敏 撰稿：许泽成）

审 计

【概 况】 2018年，沙湾县审计局人员编制18人（其中事业编8人），实有18人。设有局办公室、财政金融股、政策法规股；下设经济责任审计办公室和固定资产投资审计所（事业单位）。

【审计成果】 年初围绕“三大攻坚战”及三项重点工作，制定靶向明确的18个审计项目，其中围绕三大攻坚战安排审计项目7项、涉农资金惠民项目审计8项、援疆项目审计2项、经责审计1项。从第二季度开始，每季度围绕一项攻坚战开展一次重大政策措施落实情况跟踪审计，同时在专项审计项目中都紧紧围绕三大攻坚战和三项重点工作内容制定审计方案，发挥经济监督作用。在涉农资金及惠民项目方面，围绕乡村振兴战略，安排了2017年保障性安居工程跟踪审计、2015—2017年度新型农村合作医疗保险基金审计、南部山区5个中心幼儿园建设项目审计、2016年中央小型农田水利工程维修养护项目审计及柳毛湾镇柳毛湾村、大泉乡大泉村和烧坊庄子村高效节水改造等项目的审计工作，为丝绸之路经济带核心区建设、乡村振兴战略和旅游大发展提供审计监督，起到保驾护航的作用。

（责任领导：朱成龙 撰稿：郑清红）

市场监督管理

【概 况】 2018年，沙湾县市场监督管理局有行政编制85名，机关事业工勤编制2名，事业编制29名。实有行政编制人员80人，机关工勤2人，其中男性44人、女性38人。由汉族、维吾尔族、哈萨克族、锡伯族、回族、俄罗斯族、蒙古族7个民族组成。实有事业编制人员24人，其中男性14人、女性10人。内设12个股级科室，即办公室、计划财务科、政策法规科、行政审批科（挂企业注册科牌子）、企业个体私营经济监督管理科、消费者权益保护科（挂举报申诉中心牌子）、网络监督管理科、商标广告合同监督管理科、食品安全监督管理科、药械化妆品监督管理科（挂不良反应监测中心牌子）、质量计量标准化监督管理科、特种设备安全监督管理科。设置6个市场监督管理所，即三道河子市场监督管理所、四道河子市场监督管理所、柳毛湾市场监督管理所、乌兰乌苏市场监督管理所、安集海市场监督管理所、西戈壁市场监督管理所。事业机构3个：沙湾县质量与计量检测所、沙湾县纤维检验站、沙湾县市场监督管理综合执法大队。

【安全生产】 开展对农贸综合市场、宝源市场、和谐市场、北坡国际商贸城以及人员密集的超市、商场等18处重点要素的安全生产、社会面防控等工作进行检查。全年共出动执法车辆200余车次，出动执法人员1800余人次，共检查各类企业、商户5400余户次。开展“校园周边食品检查”“电线电缆专项检查”“打击传销专项检查”“手机经销商专项检查”“散装白酒监督检查”“五种设备专项整治”“安全生产大检查”等专项整治，针对重点商品、重点领域集中开展专项执法检查，有力地保障了人民群众生命安全健康。专项检查。掌握了县城5种设备实际经营单位的数据资料，要求经营户必须详细登记进销货情况，全部实现实名购销登记。加强对全县取得液化石油气钢瓶充装资质企业事中事后监管，对液化石油气钢瓶经营、充装、报废等情况进行严格监管，加强对钢瓶的回收、充装、销售监管，监督落实销售环节实名登记制度，坚决禁止废旧、未打码钢瓶充装使用。优化部署，研究制定好扫黑除恶工作阶段性的“施工图”，确保每个阶段都有主攻方向、重点任务。深化打击，不间断地持续发力，对辖区商贸集市、批发市场等场所欺行霸市和市场治安“乱点”“乱象”线索开展集中、滚动排查，固化机制，梳理提炼专项斗争中探索的好经验、好做法，转化为制度、规范，形成长效机制。截至2018年，共出动执法人员346人次，检查摸排集贸市场10个，检查经营户465余户次。切实加强对非法集资风险高发行业的登记管理，针对开设投资理财、财务咨询等风险高发重点领域，严把注册登记准入关；加强广告资讯管理，强化媒体自律责任，封堵清理涉嫌非法集资资讯信息。经排查，全县共有投资理财企业11家，涉嫌非法集资已进入司法程序的有4家，被公安局处理1家，提交注销资料等待注销2家，剩余4家均处于歇业停业状态，通过排查未发现非法集资线索，对这些单位进行了单独登记，进行重点监控。联合金融办年内依法取缔2家准备在沙湾县设点从事贷款投资网点，及时化解风险。通过检查发现涉嫌一起非法吸收存款的案件第一时间上报金融办，并召开联席会议进行研究。

【优化营商环境】 落实“多证合一、一照一码”登记制度改革。把实施登记制度改革作为当前工商履职的首要任务，为市场主体准入提供便利化服务。自2016年10月1日起，企业注册登记窗口向申请设立、变更、换照的企业核发“五证合一、一照一码”营业执照。自2017年9月起，颁发“十二证合一”营业执照。自2018年7月起，正式启动“二十六证合一”改革，企业备案事项进一步简化，大幅压缩企业办事时间和经济成本。严格落实行政审批责任制和限时办结制，优化工作流程，缩短审批时限，确保登记办照工作有条不紊、快捷高效。截至2018年，已换发“多证合一”营业执照2823户。深化落实“先照后证”改革，严格执行行政审批事项目录。严格落实总局工商登记前置审批事项目录，严禁擅自增减前置条件。严格落实注册登记32项，变更、注销登记31项前置审批事项。下发《关于“先照后证”改革后加强事中事后监管、做好“双告知”工作的通知》，按照自治区工商局工作要求，按照后置许可目录，在先行办理营业执照的基础上，认真履行“双告知”职责，即：告知申请人需要申请审批的经营项目和相应的审批部门，并由申请人签订《承诺书》书面承诺在取得审批前不得擅自从事相关经营活动；在办理注册登记后，通过信息化手段将市场主体登记注册信息推送至新疆企业信用信息公示系统，各相关审批部门或行业管理部门及时查询认领涉及本部门审批事项或属于本部门主管职责的企业注册信息，促进宽进与严管的有效衔接。现已签订《承诺书》927 份。深入推进“多证合一”改革，推进企业名称登记管理改革，推行企业登记全程电子化和电子营业执照，实现工商注册便利化。2018 年 1 月 1 日至今，共完成完成窗口登记、网上登记和全程电子化登记 5695 户。做好个体工商户“两证整合”工作。深入学习“两证整合”相关文件、“两证整合”工作流程及操作规范，认真执行技术标准与操作流程的改变，组织做好“两证整合”业务软件测试工作。现已换发“两证合一”的个体工商户营业执照 6441 户。做好企业简易注销工作。建立更为高效便捷的企业退出机制。对未开业企业、无债权债务企业全面实行简易注销登记制度，凡符合条件的企业均可申请办理简易注销，为企业退出提供高效、便捷的办理通道。认真贯彻落实“四办法、一条例、一规定”，采取多项措施开展市场主体年报工作。截至 11 月 1 日，企业应报 1734 户，已年报 1556 户，年报率 89.73%；个体工商户应报 8678 户，已年报 6402 户，年报率 73.77%；农民专业合作社应报 1259 户，已年报 971 户，年报率 77.12%。55 户企业被列入严重违法名录。营造守约践诺的信用环境，以诚信建设制度化为统领，加快推进政务诚信建设、商务诚信建设、社会诚信建设，将守信联合激励和失信联合惩戒机制落到实处。营造公平竞争的市场环境，加强事中事后监管，抓好“双随机、一公开”抽查，推动政府部门涉企信息统一归集和公示。全年共完成总局、区局 12 项双随机检查任务，检查企业 287 户。

【质量品牌优化升级】 扎实开展质量强县各项工作。依据塔城地区开展质量提升行动的实施意见、具体打分细则及县委、县政府开展质量提升行动的实施意见开展质量强县各种具体工作。2018 年已完成市场监管局本局年度质量分析报告，全县质量分析报告和质量强县工作自评报告正在准备中。做好质量提升工作。组织全县 13 家地膜生产企业召开质量提升推进会，组织学习宣贯地膜标准、质量管理先进企业进行经验分享，并根据企业规模、近几年监督抽查合格率情况，将沙湾县地膜企业分为 A、B、C 类，对 C 类企业通过增加日常巡查频次等方式加强日常监管，督促企业落实质量安全主体责任，确保沙湾县地膜企业产品合格率得到提升。年内共收到 1 家不合格地膜转办案件，沙湾县商户地乡万东地膜厂生产的地膜在自治区监督抽查中被判定为不合格产品，此案已办结。抓好滴灌带生产企业监管。全县范围内滴灌带生产企业已达百家，多数为家庭规模的作坊企业，且近两年周边县市部分滴灌带厂搬迁至沙湾县境内，严重影响了沙湾县滴灌带产品的合格率。年初制定沙湾县滴灌带产品“双随机”检查方案，并对 62 家企业的产品进行监督抽查，合格率仅为 32%，9 月 11 日召集连续三年不合格滴灌带生产企业负责人召开后续监管推进会，组织学习宣贯滴灌带最新国家标准，现场签订质量安全承诺书，对整改情况进行现场核查，并根据整改情况将 22 家连续三年不合格滴灌带生产企业进行分类，对拒不整改或整改不合格企业计划逐级上报，待批准后予以停业或取缔。年内共收到 2 起滴灌带不合格转办案件，沙湾县四道河子镇英贵滴灌带厂和金沟河镇永润滴灌带厂生产的滴灌带被自治区监督抽查判定为不合格产品，两案均已办结。加强工业产品生产许可证证后监管。对全县 6 家工业产品生产许可证取证企业进行日常巡查，确保企业严格按照取证内容组织开展生产，对企业年审材料进行审查，对水泥、复混肥企业的环保要求进行督促。年内共收到1家取证企业不合格转办案件，新疆帅科煤化有限公司生产的煤焦油产品在自治区监督抽查中被判定为不合格产品，此案已办结，企业已对生产过程中的有关工艺进行整改，并将后续产品进行送检，已检验合格。开展品牌创建工作。年内根据自治区名推委新疆名牌产品推荐目录，对沙湾县天时利地膜、龙盛祥滴灌带、瑞隆食用植物油进行推荐，最终确定上报瑞隆油脂公司天宝牌食用植物油申报2018年新疆名牌产品。

【优化企业可持续发展环境】 充分发挥股权出质、动产抵押等职能优势。不断为企业扩大融资渠道，力破企业融资难的瓶颈。2018年，共办理动产抵押合同登记61个，为企业解决融资达28.02亿元，注销解除抵押登记合同33份，为经济发展、企业盘活资金和扩大企业融资渠道做出了积极努力。注重培育引导服务，推动“守重”活动开展。通过积极收集企业信用信息、摸清辖区企业信用状况，筛选出一批符合“守重”认定条件的后备企业，纳入培育名单，并按照“储备一批、培育一批、认定一批”的思路，建立梯次培育档案，有重点地进行引导和培育。2018年沙湾县共复审自治区级“守重”企业13家。

【食品安全】 完善保障体系。将食品药品安全纳入县政府年度综合目标责任考核体系，县政府与各乡镇和县食安委成员单位签订《食品药品工作目标责任书》，按照“四有两责”要求，将任务层层分解，责任层层落实。制定实施《沙湾县食品生产经营企业风险分级监管工作指导方案》《沙湾县药品“净网2018”专项行动实施方案》，明确风险分级实施范围和内容，扎实开展食品药品企业风险分级评定工作。截至2018年，对32家企业进行风险分级评定，其中A级企业5家、B级企业16家、C级企业11家。“明厨亮灶”创建有力推进。全县共有62家学校食堂、2家养老机构食堂，均已完成了“明厨亮灶”工程建设，完成率100%。继续量化分级评定。对持证的1349家餐饮服务单位进行了2018年度量化分级管理动态等级评定，其中“优秀”125家、“良好”822家、“一般”402家。重点整治。加强重点环节、重点领域、重点时段、重点产品的整治，打压违法行为的生存空间。截至2018年，出动执法人员1334人次，全县共检查食品经营单位6126户次，查扣或销毁过期食品、“三无”食品等不合格食品发现处理过期食品约135千克。强化食品消费环节监管。出动执法人员524人次，执法车辆202台次，检查餐饮企业1825家次，下达责令整改通知书81份。完成食品生产、流通、餐饮、食用农产品等27个食品大类共242批次的国抽任务和125批次委托检验任务，其中国抽合格率100%、自抽合格率90.6%。

【药品安全】 集中整治药品流通领域违法违规行为。开展节前药械安全检查、净化药品市场秩序专项整治，确保节日期间群众用药用械安全。对药品经营企业购进药械渠道、处方药销售是否凭处方、销售麻黄碱类复方制剂等进行安全检查；对中药饮片养护情况进行重点检查；进一步规范沙湾县药械市场经营行为。2018年，共完成国评抽样药品8个品种，基本药物抽验2个品种，监督抽验12个品种，化妆品抽验2个品种，医疗器械抽验1个品种，对经检验不合格的5批次中药饮片涉药单位进行了处罚。全年立案10起，其中药品案件4起，结案4起，同时根据食品药品安全行政执法和刑事司法衔接工作有关规定，将一起销售假药案件移送公安机关处理。医疗器械案件4起，结案4起，化妆品案件2起，结案2起，罚没款7.17万元。开展“智慧食药”监管信息平台建设。为强化对药械安全监管力度，实现“向科技要监管力”的总体要求，立足沙湾县实际，通过企业运作，开展药械安全监管信息化平台建设，有效节约行政监督成本，科学保障人民群众饮食用药安全。2018年，81家药品企业、10家诊所、45家大中型餐饮企业已安装电子监管系统，信息化平台建设正在逐步推进。

【特种设备安全】 积极普法，强化培训，提高责任意识。加强法制宣传。通过开展“3·15”“安全月”等普法宣传活动，对《特种设备安全法》等法律法规进行宣传，营造人人重视安全工作的氛围，实现共同防范的目的。2018年以来，共印发各种宣传材料1000余份，现场解答群众咨询120余次。开展教育培训。主动邀请自治区、地区特检中心专家针对《特种设备使用管理规则》，对特种设备监管人员进行了业务知识培训。强化电梯安全监管。及时协调、解决电梯安全监督管理工作中的重大问题，已申请建议县政府建立沙湾县电梯安全工作联席会议制度，有效完善“政府领导、行业主管、部门联动、社会参与”的工作机制，成立专业维保。严格执法，排除隐患，落实企业安全主体责任。针对两节、两会、“五一”、“十一”等特殊时段，重点对危化企业、商场、宾馆、浴池等人口密集场所，特别是景区内的客运索道、游乐场进行了安全监察。共检查了锅炉、电梯、起重机械、气瓶充装、游乐设施、客运索道等特种设备使用单位185家，出动检查人员600余人次，检查特种设备1000余台（件），发现安全隐患44处，下达《特种设备安全监察指令书》44份，要求立即采取整改措施，并通过台账形式明确跟踪整改，进行跟踪处理。2018年，已整改44家，全部整改完毕。

【农资市场专项整治】 以质量监督抽查为抓手，全面开展利剑行动和红盾护农行动，严厉打击生产销售伪劣产品违法行为。以“护农保春耕”行动、“护农保夏播”行动、“护农保秋种”行动，集中对种子、肥料、农药、棉花市场进行专项整治，对农资经营户和集贸市场内农资经营点进行全面检查，清查农资经营主体资格，取缔无照经营。在开展行动中，积极与农业、物价等部门协调配合，开展了农资打假联合执法检查，充分发挥了部门合力和综合执法的整体优势。在2018年的农资整治行动中，以化肥、种子、农药三大农资商品为重点，积极落实各项措施，充实执法力量，严厉打击制售假冒伪劣农资商品、无证照经营等违法行为。截至2018年，共出动执法人员85人次，共查处农资案件35件，案值82.59万元，罚没款40万元，为农民挽回经济损失82.7万元。

【保护商标专用权工作】 开展打击侵犯知识产权和制售假冒伪劣商品“双打”专项行动，坚持突出重点，统筹兼顾，打击与规范并重，执法与服务并举。先后开展了打击侵犯知识产权和制售假冒伪劣商品“春节”专项行动、“净化”“溯源”商标专项行动、影响社会道德风尚商标清理专项行动、“疆粮”商标标识专项行动、侵犯“鸡密8号”商标专项行动等，会同公安局、商信委、民宗委和城建监察等相关部门，集中力量对“重点商标、重点商品、重点区域、重点环节”开展商标保护工作。规范本地生产企业商标使用32个，拆除侵权商标牌匾14处，无效商标3个。已处理商标侵权投诉13起，办理双打案件32起，罚没款33.36万元。

【“民生计量”执法工作】 开展全县集贸市场、农资店、加油站、医院、棉加厂等场所计量器具专项整治检查，检查计量计具150余台件，对逾期未检定的台秤开通绿色通道免费检定，对加油站、加气站使用的计量器具逾期检定立案查处，罚款0.4万元。全年共检定、校准计量器具3294台件（其中加油机206枪、加气机76枪、电子汽车衡108台、水分测定仪22台、谷物容重器29台、天平96台、小衡器356台、温控设备28台、燃气表2000块、出租车计价器373台）。

【重点领域执法工作】 加大节日期间打假力度。在元旦、春节、中秋节、国庆节等重大节日期间开展大检查、大走访、大摸排行动，检查商户2350余户，查扣不合格商品150余件，货值15

万元。继续保持高压态势，严厉打击传销及变相传销行为，采取露头就打，将传销行为消灭在萌芽状态。加大舆论宣传攻势，利用广播、电视、报纸等传播媒介，宣传《直销管理条例》和《禁止传销条例》，宣讲传销及变相传销对社会的危害后果，增强了群众的自我防范意识。采取进学校、进车站、进企业、进厂矿、进社区、进军营等活动，印发宣传材料800余份。整顿文化市场。加大扫黄打非工作力度，配合有关部门开展打击非法出版、网络淫秽色情信息传播等违法行为专项整治，并在配合县里的文明创建工作中抓好扫黄打非检查工作。把与居民日常生活和农业生产紧密相关的农资、家用电器、成品油等商品作为重点监管商品，相继开展节日市场专项打假行动，农村食品安全“双打”、“质监利剑”、反不正当竞争、“打传规直”等专项行动，集中时间、集中力量针对特定领域开展了60余次专项检查，严厉惩处制假售劣、虚假宣传、限制竞争、商标侵权、“傍名牌”等违法行为。

【消费维权】 强化“12315”“12331”“12365”申诉举报中心受理、转办、分流、反馈和消费引导功能，加大消费维权调解力度，认真对待群众来电、来访。共受理投诉240件，已办复236件，办结率98.33%，为消费者挽回经济损失82.7万元。其中启动诉转案立案2件，结案2件。成功调解4起农户除草剂集体投诉案件、2起汽车质量投诉案件，做到及时方便快捷，有效及时化解纠纷和矛盾，避免不稳定情形发生，第一时间有效化解社会矛盾。

（责任领导：聂卫国　撰稿：彭汉惠）

安全生产监督管理

【概　况】 沙湾县安全生产监督管理局是2005年4月成立的正科级行政执法单位，下设行政办公室、执法监察大队、业务办公室、职业安全健康监督管理中心、安全生产应急救援中心。共有编制17人，其中行政编制7名、事业编制10名。2018年在编人数13人。

【安全生产事故】 2018年，沙湾县认真贯彻落实党的十九大精神和习近平总书记、李克强总理对安全生产工作的重要指示批示精神，坚持以落实社会稳定和长治久安的总目标为统领，围绕全国、自治区、地区有关安全生产的安排部署，以努力减少一般事故、遏制较大事故、杜绝重大事故为中心工作目标，按照维稳不出事、安全生产不添乱要求，强化红线意识，认真履行安全生产监督管理职责，为推动全县社会稳定和经济发展创造良好的安全环境。1—12月，全县发生各类安全生产事故4起，同比下降55.56%；死亡4人，同比下降50%；受伤0人，同比下降100%；造成经济损失10.1万元，同比下降66.67%。实现事故起数、死亡人数、受伤人数、经济损失四下降，安全生产形势呈现好转。

【安全生产责任制】 认真落实中办、国办印发的《地方党政领导干部安全生产责任制规定》和自治区党委办公厅、政府办公厅下发的《地方党政领导干部安全生产责任制规定细则》加快推进安全生产责任体系和工作机制建设，全面落实“党政同责、一岗双责、齐抓共管、失职追责”责任体系，督促各部门、单位落实“管行业必须管安全、管业务必须管安全、管生产经营必须管安全”和属地管理职责及安全生产有关要求，督促各级领导强化红线意识和底线思维，健全落实各级党政领导专题研究、督导检查、履职报告、问责追责等制度，全面提升沙湾县安全生产领导能力，助力经济持续发展。先后召开全县安全生产工作会议、监管行业专题工作会议。与各乡（镇、场）、县直责任单位及重点企业签订安全生产目标管理责任书，通过层层落实，形成了“横向到边、纵向到底”的安全生产目标管理体系。

【安全生产监管】 为有效杜绝重特大事故，遏制较大事故，减少一般事故发生，2018年以来，开展主管行业安全生产专项整治活动，对非煤矿山、危险化学品、烟花爆竹和职业健康方面存在的突出问题和薄弱环节，开展了安全生产专项整治，促进全县安全生产形势稳定。

非煤矿山。2018年全县非煤矿山企业28家，其中石灰岩1家，砖瓦黏土矿10家，建筑用砂12家。在巩固非煤矿山安全生产专项整治成果的基础上，为进一步做好2018年非煤矿山安全生产专项整治工作，扩大非煤矿山安全生产专项整治成果。一是复产验收工作，制定验收工作方案及工作领导小组，明确工作任务和目标。督促企业开展隐患排查整改，组织专家复查，安监局验收，对全县非煤矿山企业复产验收工作。二是加强日常监督检查工作，全年进行3次非煤矿山企业专项检查，发现安全隐患272多处，发出整改通知书28份，责令存在安全隐患的非煤矿山企业限期整改；对存在重大安全隐患的企业依法下发停产通知书4份。

危险化学品。为进一步加强危化品企业监管工作，采取组织专家查隐患，日常检查，督促企业整改，有效遏制事故发生。一是组织安科院专家开展了2次危险化学品生产经营企业和工贸企业安全检查。行动期间共出动执法人员15人次，检查生产经营单位40多家，查出了一批生产经营单位的违法行为，消除了一批安全隐患，提高工业园区的安全系数。二是对全县13家危险化学品生产经营企业开展"攻坚克难"专项检查，查出隐患142项，已完成整改136项，2018年还有6项正在整改中，整改率达96%。三是督促完成7个加油站的双层罐改造验收工作。四是组织园区内危险化学品生产经营企业开展大型"生产安全事故应急预案"活动。五是对本县29个加油站，13家危险化学品生产经营单位及工贸行业进行了日常安全检查，下达执法文书126份；下发整改通知书113份，排查出安全隐患1334条，已完成整改1256条，整改率94%。

烟花爆竹。全县共有烟花爆竹批发单位1家，长期销售单位3家，2018年春节期间设立烟花爆竹临时零售8家（县城3家、乡镇5家）。一是开展培训工作，年初按照地区统一安排组织培训烟花爆竹销售人员24人，通过培训提升烟花爆竹行业从业人员的安全管理水平实现源头治理，确保沙湾县烟花爆竹行业平稳有序。二是烟花爆竹专项整治工作，精心安排力量开展专项检查，2018年以来，共检查烟花爆竹企业12余次，检查发现安全隐患15条，下达执法文书6份。

职业安全健康。积极贯彻执行《中华人民共和国安全生产法》《中华人民共和国职业病防治法》等法律法规，按照总体安排部署，采取有力措施，深入开展安全生产大检查、安全生产专项整治、水泥制造和石材加工企业职业病危害专项治理、工作场所职业卫生监督执法等活动，确保了职业卫生工作健康有序开展。一是加大对职业中毒、疑似职业病及时进行了排查和控制，督促存在重点危害因素的有关行业、企业和单位，建立和完善职业卫生等各项管理制度，切实加强监督和管理。二是狠抓作业现场职业病危害告知，督促企业规范设置工作场所职业危害公告栏、告知牌、警示标识。督促企业设置职业危害公告栏52个，设置职业病危害告知牌1600个，设置警示标识2100个。三是狠抓企业职业健康监护，督促企业做好员工岗前、岗中、离岗前的职业健康体检，并建立健康监护档案。四是认真开展执法检查工作。制定了《2018年职业健康执法检查工作方案》，确定了执法依据、检查范围、时间安排、排查内容、检查方式及有关要求，组成检查组突出对非煤矿山、危化企业进行了执法检查，对7家企业进行网上作业场所职业病危害申报，对企业55家企业职业健康工作进行检查，查出隐患162条。

应急管理工作。一是开展宣传教育工作，利用电视广播等渠道，对相关应急管理知识进行宣传，提高群众安全意识和应急能力。二是加强企业负责人、安全员培训工作，提升从业人员的安全意识。由地区安监局组织在沙湾举办培训班 3 期，危险化品企业负责人、安全员培训 1 期，参加培训人员 300 余人；非煤矿山企业负责人、安全员培训 1 期，参加培训人员 60 余人；工贸行业企业负责人、安全员培训 1 期，参加培训人员 240 余人。通过培训教育使企业负责人、安全员进一步提高安全意识。三是开展应急预案备案工作，对全县 82 家生产经营企业的应急预案进行了备案。四是组织开展综合应急演练周活动，6 月 17 日上午在哈拉干德工业园区组织开展安全生产事故综合应急演练。并邀请县相关部门单位和企业参加演练活动。演练参演总人数达 100 人。同时各乡（镇、场）、各部门单位以属地和监管行业领域为单元组织开展了应急演练。通过此次演练，有效检验应急救援领导机构的指挥和协调能力，提升沙湾县相关单位应急联动水平，为今后高效、有序开展安全生产应急救援工作奠定了坚实的基础。五是企业应急演练，按照应急演练周的安排部署，有关生产经营单位统筹安排演练活动，特别是重点企业组织开展综合或专项实战化应急演练，并针对危险性较大的重点岗位，加强现场处置方案演练，切实提升带班领导、班组长等管理人员的应急响应和指挥能力，提高现场作业人员的应急避险逃生和自救互救技能。

【安全生产事故查处】 按照“四不放过”和“依法依规、实事求是、注重实效”原则，查处生产安全事故调查处理。对事故原因进行认真调查，对事故责任进行认定，对相关责任进行处罚，落实防范措施。组织相关部门开展本行业、本系统的安全生产自查工作，查找、整改存在的安全隐患，采取有力措施，坚决杜绝类似事故再次发生。

（责任领导：程子虎　撰稿：王　磊）

财政　税务

财　政

【概　况】2018年，沙湾县财政局深入学习贯彻落实党的十九大，党的十九届二中、三中全会精神以及习近平总书记重要讲话精神和县委十二届三次全委（扩大）会议精神，严格落实中央、自治区、地区、县委重大决策部署，坚持新发展理念，坚持以供给侧结构性改革为主线，坚决打赢防范化解重大风险、精准脱贫、污染防治三大攻坚战，统筹推进稳增长、促改革、调结构、惠民生、防风险各项工作，坚定不移全面从严治党，奋力开创和谐稳定生态宜居旅游休闲之都建设新局面。扎实推进各项重点工作有序开展，促进财政业务工作和干部队伍建设取得长足进步。

【财政收入】2018年，全县完成全口径财政收入132630万元，同比上年144871万元减收12241万元，下降8.4%。

2018年，全县上划收入完成51189万元，同比上年46918万元增收4271万元，增长9.1%，其中：上划中央“四税”40253万元（上划国内增值税17807万元、消费税11301万元、企业所得税6391万元、个人所得税4754万元），同比减收1372万元，下降3.3%；上划中央车辆购置税3263万元，同比增收223万元，增长7.3%；上划自治区资源税956万元，同比增收517万元，增长118%；上划其他收入6500万元；上划地区环境保护税180万元；专项收入37万元，同比增收8万元，增长27.6%。

地方财政收入完成96903万元，完成年度预算115749万元的83.7%，较上年105052元减收8149万元，下降7.8%。其中：公共财政预算收入完成81441万元，完成预算99949万元的81.5%，较上年97953万元减收16512万元，下降16.9%；基金预算收入完成15462万元，完成预算15800万元的97.9%，较上年7099万元增收8363万元，增长117.8%。

一般公共财政预算收入分部门完成情况。国税部门完成全口径收入59458万元，同比减收3064万元，下降4.9%，其中完成县级各项收入20678万元；地税部门完成全口径收入32328万元，同比减收5720万元，下降15.0%，其中完成县级各项收入23037万元；其他部门完成全口径收入40844万元，同比减收3457万元，下降7.8%，其中完成县级各项收入37726万元。

一般公共财政预算收入分税种完成情况。全县一般公共财政预算收入完成81441万元，占地方财政收入的84%，其中税收收入完成41086万元，占一般公共财政预算收入的50.4%；非税收入完成40355万元，占一般公共财政预算收入的49.6%。

基金预算收入分项目完成情况。基金预算收

入完成15462万元，占地方财政收入的16.0%，其中：国有土地使用权出让金收入完成14177万元，同比增收7649万元，增长117%。

2018年预算外收入532万元，比上年677万元减收145万元，下降21.4%。

【财政支出】 地方财政支出完成267169万元，完成预算198989万元的134.3%，较上年269296万元减少2125万元，下降0.8%，其中：一般公共财政预算支出完成227984万元，完成预算186237万元的133.4%，较上年256544万元下降11.2%，减少28622万元，基金支出完成39186万元，完成预算12752万元的307.3%，较上年8678万元增加30495万元，上升351.5%。

专项上解支出2869万元，地方政府一般债券还本支出40024万元，专项债券还本支出8500万元。

2018年预算外资金支出399万元，同比上年746万元减支347万元，下降46.6%。

【财源建设】 落实纺织电费、贷款贴息、运费、岗前培训、项目建设补贴等优惠政策，推进纺织园区建设，支持裕鑫源纺织、天泰纤维、信泰纺织、天目湖地毯等企业发展。支持招商引资和中小微企业发展，深化放管服改革，认真落实国务院部署的减税降费政策，继续清理规范涉企收费，营造良好营商环境。完善对金融机构考评机制，坚持谁对县域经济社会发展贡献大就优先扶持谁的原则，调动金融机构更好地支持县域经济发展。细化收入目标，落实执收责任，层层传导压力，积极协税护税。强化税收征管，开展纳税评估，规范代征业务，抓好零散税收。抓好“营改增”后增值税征收、耕地占用税清收和资源税征管，确保足额入库。规范行政事业单位国有资产出租、出借和处置行为，重点抓好资源水价、水资源费、城建规费、国土基金及规费、天然气差价等非税收入征管，抓大不放小，确保应收尽收。

【财政保障】 全力保障维稳等重点支出。围绕社会稳定和长治久安的总目标，保障公检法司等部门日常运转、办案业务及装备购置经费，确保正常运转，拨付资金积极推进维稳各项措施建设，及时拨付“访惠聚”、第一书记、驻村管寺、民族团结等相关经费，确保全县群众工作、社会面管控等工作的有力开展。支持基层组织建设，支持村干部报酬、“四老”人员、大学生村干部、乡镇干部基层及绩效补贴的顺利发放。

继续保障民生支出。预计全年民生支出高达17亿元，占一般公共预算支出的74.6%。一是支持教育优先发展，继续支持薄弱学校改造、双语幼儿园、高中城建设，落实教育经费保障机制，支持职业教育和干部培训。二是加大社会保障力度，保障城乡居民养老、医疗保险和城乡低保等支出，拨付全民人身意外伤害保险，兑现困难残疾人生活补贴和重度残疾人护理补贴。三是支持医疗卫生服务体系建设，落实基本公共卫生和公立医院药品零差率补助，支持全民健康体检，支持中医院、妇幼保健院和乡镇卫生院、村卫生室标准化建设。四是落实强农惠农政策，支持新农村建设和“三农”工作。

【财政管理】 打好防范化解重大风险攻坚战。一是严格实行政府债务限额管理，将政府债务纳入预算管理，主动公开预算信息，接受人大和社会监督。二是严控债务增量，明确新增债务只能采取发行地方政府债券方式，严格执行“四个一律”，相关部门严把项目审批关，规范PPP项目，严禁违规举债和担保。三是坚持“谁举借、谁偿还”原则，有序化解存量债务，规范债券资金使用。四是摸清底数，全面排查隐性债务。五是积极筹措资金，努力优化支出结构，积极稳妥化解政府债务，有效降低财政风险。

加强防范非法集资工作。一是加大宣传力度，有效提高群众甄别和防范非法集资的意识。二是牵头各成员单位常态化开展督查，对小贷公司定期进行合规性核查。

积极支持扶贫攻坚。规范扶贫项目资金使用，加快资金支付进度。2018年以前扶贫资金支付率100%；2018年支付率96.5%；结余资金用于其他扶贫项目或补充预算稳定调节基金。

深化财政改革，完善政府预算体系，细化预算编制，强化存量资金清理整合，加大预算统筹力度，突出支出预算刚性，推进预算绩效评价，全面公开预决算信息。

（责任领导：陈俊涛　撰稿：毕旭东）

税　务

【概　况】 国家税务总局沙湾县税务局于2018年7月20日挂牌成立，在职干部职工156名，退休干部93人，由汉族、维吾尔族、哈萨克族、俄罗斯族、藏族等9个民族组成，其中在职党员干部人数72人，占全局在职人数的46%；少数民族干部职工34人，占全局在职人数的22%。内设机构11个：办公室、法制股、税政股、社会保险费和非税收入股、纳税服务股、征收管理股、收入核算股、税源管理一股、税源管理二股、风险管理股、人事教育股；派出机构4个：第一税务分局（办税服务厅）、下野地税务分局、城区税务所、花园税务所；事业单位1个：信息中心。

2018年7月20日，沙湾县税务局成立挂牌仪式，升国旗奏唱国歌

【税收收入】 2018年，国家税务总局沙湾县税务局面对经济下行压力加大、政策性减收规模扩大等多重考验，始终坚持稳中求进工作总基调，认真落实“四个坚决”要求，税费并重、同征同管，从税收政策效应、经济运行情况等方面加强分析研判，密切关注收入运行态势，坚持以税收风险管理为导向，有针对性地采取征管措施，强化分税种管理，规范行业税收管理，努力做到应收尽收。2018年全口径完成税收收入91606万元，同比减收8345万元，减幅8.3%；完成地方公共财政预算收入45717万元，同比减收8891万元，减幅16.3%；完成非税收入3365万元，同比减收54万元，减幅1.6%。

【税收征管】 始终坚持管理服务“双轮驱动”，主动还权还责于纳税人。全面落实国务院六项减税政策，开展减税政策宣传和纳税辅导“大走访”活动，举办小微企业减免税培训4期，落实小型微利企业优惠政策174户，政策受惠面达100%。突出抓好“两个所得税”管理，积极取得县委政府的支持，组织企业法人和财务人员开展培训，全年汇算清缴272户，汇缴企业所得税5898.87万元。完成年所得12万元以上个人所得税自行纳税申报工作，共受理自行纳税申报404人。

【纳税服务】 深入推进“放管服”改革，大力开展“问需、问计”纳税人走访调查活动，升级办税事项“最多跑一次”清单，简化涉税资料119项。积极推行电子档案和网上办税，实行7类27种表证单书免填单14571户次。认真梳理5类117项“最多跑一次”服务清单内容和新疆电子税务局27类253项业务办理功能。推出集涉税查询、办理、简易处理等51项“双网全程办·一次不用跑”升级套餐服务，实体办税厅窗口人均月均业务量降低至104笔、网上办税业务量占比提升至89.51%、涉税咨询服务电话办理月均笔数提升率为78.65%，纳税人获得感显著增强，在全疆纳税人满意度调查中名列前茅。

【机构改革】 准确把握改革的指导思想和目标原

则，压实改革责任、落细改革举措，制定改革“作战图”，细分改革任务，国税地税征管体制改革取得阶段性成效。7月20日，沙湾县税务局实现挂牌履职，10月底，“三定”暂行规定落地落实。全面启动社保费和非税收入征管职责划转工作。稳步有序推进个人所得税改革。金税三期系统并库工作加紧推进，全局上下展现“事合、人合、心合、力合”的新气象。

【荣　誉】2018年，沙湾县税务局被塔城地委、行署评为“民族团结一家亲”和民族团结联谊活动先进集体。

包生萍、赵方、窦广振、朱凯元被塔城地委、行署评为自治区“访惠聚”驻村工作2017年度先进工作者。

文斌、哈依沙尔·玛纳斯被自治区委、人民政府评为自治区“访惠聚”驻村工作2017年度先进工作者；驻沙湾县乌兰乌苏镇西树窝子村、南渠村工作队被评为自治区“访民情惠民生聚民心”驻村工作2017年度先进工作队。

（责任领导：叶江帆　撰稿：赵玉琴）

金 融

银 行

人民银行沙湾县支行

【沙湾县辖经济金融发展态势】 2018年以来，沙湾县金融稳健运行，截至12月末，县辖金融机构各项存款余额1096578万元，较年初增加96231万元，增幅9.62%；其中居民储蓄存款余额805062万元，较年初增加100052万元，增幅14.19%。县辖金融机构各项贷款余额为794218万元，较年初增加74913万元，增幅10.41%。

【货币政策执行情况】 2018年以来，支行认真履行基层中央银行职能，始终将货币信贷工作重点放在支持地方经济发展上，通过认真学习年初中心支行工作会议精神，深入开展调查研究，组织金融机构负责人联席会议，及时、准确地传导货币政策意图。同时，积极发挥人民银行组织、协调等职能作用，适时向地方党政领导汇报、请示金融工作，取得了地方党政领导的高度重视和大力支持，进一步增进了与政府、银行、企业之间的联系与沟通，找准金融支持地方经济发展的切入点，始终围绕支持“三农”经济发展这个重心，推动县域经济持续快速健康发展。

沙湾县作为“两权”抵押贷款县级试点县，支行积极宣传推进。并对沙湾县“两权”抵押开展的总体情况、确权颁证登记、农村产权流转交易平台建设及运行等有关情况开展调研，并提出相关建议措施，为“两权”抵押贷款在沙湾县的大力推动奠定有力基础，2018年以来，沙湾农商行累计发放承包土地的经营权抵押的贷款共记5笔，金额1460万元。截至2018年底，县辖发放支农再贷款余额2亿元，在一定程度上解决了农户贷款难的问题。投放农户贷款余额101892万元，比年初增长5.71%，有效支持了县域经济的发展，促进了产业结构的调整和优化。

积极加强征信管理工作，开展征信宣传工作。2018年，为有效推进社会信用体系建设工作，支行充分利用“3·15”消费者权益日，由县上组织，统一宣传。“6·14”信用记录关爱日，进学校（沙湾四中），开展征信、网络安全等知识宣传，进一步提高了广大师生的信用、网络金融意识。9月20日，以“金融知识下乡”为宣传主题，利用“访惠聚”驻村工作点，借助农牧民夜校，在包家庄村开展相关金融知识的宣传。同时，利用金融机构的电子屏、柜台、网点分散宣传相结合的形式多样方式开展征信知识宣传工作，扩大征信知识的覆盖面，进一步提高了广大群众的金融意识。支行积极指导“三信”工作的创建工作，截至12月末，全县已建立信用档案25330人，已评信用户23597人，信用村171个，信用乡镇6个，查询个人信用报告12852笔，查询企业信用报告118笔，促进县辖大众信用意识的提高。

切实加强应收账款融资平台建设工作。为推

动中征应收账款融资服务平台运用工作，拓宽中小微企业的融资渠道，积极做好应收账款融资平台登记系统的宣传、咨询及推广工作，为应收账款融资服务平台的积极推广应用奠定了有效基础。县辖金融机构办理应收账款融资服务平台登记业务46000万元。

做好存款保险各项制度落实工作，确保存保差别费率顺利落实。按照总行及乌鲁木齐中心支行的统一安排和部署，根据《存款保险风险评级管理办法》和《存款保险风险评级指标体系》确定的评级原则、要求和流程，对投保机构的风险状况做出科学、合理的评价，稳步推进投保机构风险评级，依法有序实施风险警示工作，督促投保机构进一步提高风险管理水平，促进投保机构稳健经营和健康发展。同时，按照《存款保险费率管理和保费核定办法》，认真做好核算保费缴纳基数、核定适用费率、及时足额缴纳保费、与保费基数及费率计算相关的信息资料报送、现场核查工作，确保保费缴纳基数及费率计算的正确性。2018年5月，沙湾农商银行在人民银行的指导下走进安集海镇农庄村，开展“存款保险进乡村”普及金融知识宣传活动，从而进一步加强农村群众对存款保险的认知程度，提升社会公众金融安全防范意识。

【金融服务工作】 支行以整章建制为抓手，认真贯彻落实创新金融服务工作的有关要求，进一步夯实会计、发行、国库等各项基础性工作，补充完善各类业务职责和操作规程，进一步规范各业务岗位的工作流程。

为推进县域经济快速发展，杜绝各类资金风险，充分发挥金融机构监督机制作用，年内支行组织县辖金融机构行长召开了5次支付结算联席会议，进一步加强金融机构之间的联系与沟通，全面推进支付系统和各项金融业务的畅通，确保沙湾县银行业各类资金安全运行。同时，支行积极组织县辖银行业金融机构开展反洗钱、支付结算和打击假币及非法集资等金融知识宣传工作。并充分联系支行“访惠聚”驻村工作队，2次进农村开展以“增强法制观念远离洗钱犯罪”和打击非法集资等金融知识宣传活动，使反假币、反洗钱、非法集资等知识深入农牧民群众中去。

按照《开展2018年新疆移动支付便民示范工程申报工作的通知》及《新疆辖区移动支付便民示范工程实施方案》的要求，人行沙湾县支行结合辖区实际情况，确定工行沙湾县支行与建行沙湾县支行作为本项工作的示范银行。年内，沙湾辖区共4家银行业金融机构开展了条码支付业务，分别是：工行沙湾县支行、农行沙湾县支行、中行沙湾县支行、建行沙湾县支行，且开展条码支付业务的金融机构均已实现支付宝和微信支付受理功能。对于风险等级较高的商户采取强化交易监测、延迟付款等风险管理措施，切实防范交易风险。

积极推动助农取款工作。扩大对农户提供方便、快捷的金融服务，使农村支付环境建设稳健发展，截至12月末，沙湾现有助农取款点85个，覆盖率可达37.61%，沙湾县辖区共有116台ATM自助终端，POS机具、ATM自助终端实现跨行支付，实现率为100%。沙湾县辖现有乡镇机构网点37个，跨行支付清算系统已全部接入，接入率100%。行政村226个（小村并大村后），支付服务空白村54个，占比23.89%。沙湾县辖银行个人结算账户累计40.4万户（Ⅰ类账户39.54万户、Ⅱ类账户0.73万户、Ⅲ类账户0.13万户），同比增长24.07%。银行卡受理终端机具实现双语操作，银行机构乡镇网点跨行支付清算系统接入率实现100%。沙湾县辖区各银行机构全部接入人民银行大、小额支付系统，接入率为100%。

严格发行基金管理，认真落实查库制度，确保账帐、账款、账实三相符。截至12月末，沙湾县累计投放发行基金8.27亿元，回笼发行基金6.02

亿元，实现货币净投放 2.25 亿元，共调入发行基金 7 次；调出损伤券 1 次，全年共收缴假币 35705 元。开立基本、专用、临时存款账户 908 户，办理基本、专用、临时存款账户销户业务 552 户。

沙湾支库共组织办理各类预算收入 204396 笔，累计金额 359151.24 万元（包括调拨收入 207181.60 万元），办理更正调库业务 232 笔，累计金额 7643.29 万元，税收收入比上年减少 2930.53 万元，降低 2.9%。沙湾支库累计完成预算支出 11298 笔，累计金额 335226.56 万元，沙湾支库在受理各项支出业务中严格审核，账务处理分类规范进行，全年无差错、无事故责任。

按照退库及免抵调库的要求，审核办理各种预算收入退库业务 311 笔，全年累计办理退库及免抵调库业务合计 3913.23 万元，2018 年退库业务中，先征后退 129.08 万元，技术性差错退库 346.85 万元，出口产品退库 2528.20 万元，汇算清缴退库 865.33 万元，减免退库 6.74 万元，其他退库 37.03 万元，各类退库手续审核严格、规范，退库相关资料完整准确。

【内部管理工作】 做好各类系统安全保障工作。充实完善各类应急预案和社会安全维稳措施，适时开展办公自动化、安全保卫、政务值班、突发事件、消防、电力的应急演练工作，确保支行在各类紧急状态下能够及时应对和排除风险。在“两会”、重大节日期间，均能准确无误地按时上报网络信息安全、政务信息安全，确保支行各项工作安全平稳运行。

认真组织各类政策法规和业务知识的学习，完善各项内控制度。应对人民银行职能转变，认真落实中心支行工作部署，全面加强对全行干部职工提升岗位素质的培训力度，严格实行行员考核运行机制，提高干部职工的工作积极性和创造性。加强内部管理，切实落实工作目标责任制。签订《年度工作目标责任书》《党风廉政建设目标责任书》《党建工作目标责任书》《社会管理综合治理目标责任》等，促使各项目标责任落到实处。务实工作作风，继续加大对劳动纪律、行风行纪的管理工作，努力提高办文办会、办公办事效率和水平，加强督查督办工作力度，促进各项工作有条不紊顺利开展。

坚持支行内部管理，注重在制度的执行力上下功夫。调整充实各类工作领导小组，进一步补充修订了内控制度、办法，加大各类办文办会、政务公开、行务公开、应急管理、法律事务等督查督办的力度，确保各项工作有条不紊、保质保量按时完成。先后组织开展 7 次安全生产自查工作，同时对保密工作开展了自查工作，无违规、违纪及失泄密现象。对固定资产、低值易耗品、办公用品进行了盘点清查工作，确保支行资产与账务相符，做到摸清家底，有的放矢。积极倡导节能减排和增收节支工作。进一步加强财务收支管理，坚持勤俭办行，在不违反财经纪律和廉政规范的前提下，努力为支行干部职工办实事、做好事，各项费用开支均控制在核定的指标范围之内。

支行始终将综合治理暨安全保卫工作摆在重要位置，层层签订落实《综合治理暨安全保卫工作目标责任书》；定期组织开展安全生产风险隐患的排查工作，杜绝了各类安全隐患的发生。认真落实行领导带班、保卫干部值班、业务干部政务值班制度。

根据《新疆人民银行人民币发行库守卫工作业务操作规程》要求，支行严格按照发行库守卫工作业务操作规程，认真组织做好发行库守卫安全管理工作，提高发行库区封闭式安全管理，完善库区封闭式管理系统。3 月末，发行基金调入支行发行库，按照制度要求，实现对库区门禁系统和出入库区人员的科学化管理，认真落实和细化各项登记和审批手续，加大对发行库区“四证”的审批、制作、发放、登记管理工作力度，做到物理防范、技术防范、通信设施、应急处置等方面符合要求，切实提高了发行库守卫管理水平。根据技防改造五年规划，支行发行库安全技术防范系统的数字化改造项目建设完成。严格按照“四项标准”对改造和建设的技防项目进行设计、审批、建设、验收。结合本单位实际，切实加大技防改造力度，确保安全防卫费的专款专用，突出使用绩效。保卫股担当支行综合治理工作、消防安全管理工作、扫黑除恶工作等。股室负责人每周不间断的调阅录像资料，随时进行现场查岗或电话查岗次数达 102 次，发现问题利用每周会及时处理。11 月上旬，支行保卫股接受了乌中支保卫处安全保卫工作的年终考核，取得了 99.5 分的好成绩。支行安全技术防范系统也基本符合总行规定的“四项标准”要求，工程验收合格。

【荣　誉】 荣获 2017 年沙湾县社会管理综合治理暨平安建设工作考核优秀单位。

人行沙湾县支行张晓颖荣获 2017 年度地区级“访惠聚”先进工作者荣誉。

人行沙湾县支行肖新耀荣获 2017 年度塔城地区中心支行优秀党务工作者荣誉称号。

人行沙湾县支行赵其英、姚建明荣获 2017 年度塔城地区中心支行优秀共产党员荣誉称号。

（责任领导：马小琴　撰稿：张继红）

中国农业发展银行沙湾县支行

【概　况】 中国农业发展银行是直属国务院领导的唯一一家农业政策性银行。沙湾县支行于 1997 年 4 月 1 日挂牌成立。主要职责是按照国家政策，承担农业政策性金融业务，代理财政性支农资金拨付，为扶持乡村振兴提供金融服务。2018 年沙湾县支行机构设二部一室，即信贷业务部、会计结算部、办公室；有正式职工 17 人（其中男性 7 人、女性 10 人），由汉族、哈萨克族、俄罗斯族、满族等民族组成，其中党员 11 人。

【贷款业务】 中国农业发展银行沙湾县支行支持县域经济发展的中长期贷款项目主要为：牧民定居、城镇道路建设、棚户区改造、农村土地整治、城市文体中心建设、改善人居环境建设、污水处理、生活垃圾处理、老年活动中心及康复中心、城镇供水供热基础设施建设、农产品冷链物流配送扩建、绿色优质小麦产业链融合产业化项目等。中长期项目贷款的优点是用款周期长，额度大，能够缓解政府财政资金不足与县域发展资金不足的情况。

沙湾县支行现有信贷客户 11 户，其中粮油贷款客户 3 户，挂账类贷款客户 1 户，棉花贷款客户 4 家，中长期贷款客户 3 家。2018 年支农信贷资金累计投放 157991 万元。2018 年末，贷款余额为 152125 万元，其中按贷款类型划分：粮油贷款 5013 万元，棉花收购贷款 96143 万元，中长期贷款 49447 万元，产业化龙头企业粮油贷款 1100 万元，粮油挂账类贷款 422 万元。

【基金项目】 沙湾县支行办理的中国农发重点建设基金，用于支持国家确定的“看得准、有回报、不新增过剩产能、不形成重复建设、不产生挤出效应”的重点领域项目建设的投资主体。专项基金投资到具体建设项目，符合市场化原则且具备公益性，有利于调结构、补短板、惠民生。2018 年累计审批基金项目 6 个，累计投放基金 37300 万元。

（责任领导：王云升　撰稿：张　璐）

中国工商银行股份有限公司沙湾支行

【概　况】 中国工商银行股份有限公司沙湾支行位于沙湾县三道河子镇世纪大道 10 号，设有行长办、市场营销部、综合管理部、营业部、大十字支行。现有在职职工 45 人，其中汉族职工 38 人；男职工 24 人，女职工 21 人；本科学历 32 人，大专学历 10 人，高中 3 人；党员 13 名，营业网点面向社会服务窗口人员 28 人。

【主要工作】 2018 年，沙湾县支行认真贯彻落实上级行党委工作会议精神和沙湾县委、县政府的决策部署，确定了支行2018年度总体发展思路：以提升核心竞争力，扩大负债规模，调整信贷结构为主线，不断增强风险防范能力，促进全行各项业务均衡发展。

截至2018年12月31日，支行各项存款余额10.84亿元。其中：储蓄存款余额6.99亿元，公司存款余额0.45亿元，机构存款余额3.4亿元；各项贷款余额2.47亿元。其中：公司贷款余额0.15亿元，个人贷款余额2.32亿元；实现中间业务收入732.8万元；实现净利润1486万元。

【主要业务】 吸收公众存款，办理贷款、国内结算；代理发行、兑付、承销政府债券、代理收付款项，代理保险业务及银监局批转的其他业务，办理开放式基金的认购、申购、赎回和注册登记的代理业务。

【企业文化】 2018年，工行沙湾支行继续落实“以客户为中心”的经营理念，重视和积极开展政风行风评议工作。员工的服务意识和营销意识不断提高，客户满意率在99%以上，当年未发生有效投诉，客户服务质量和能力得到明显提升。支行积极参与到扶贫帮困活动中，累计为弱势群体捐款1万元；全年慰问部队2次，慰问物品7000元；完成植树造林任务920米，金额3万元。

【荣　誉】 2018年，支行被评为区分行级安全管理星级支行。

（责任领导：王　刚　撰稿：杨云桦）

中国农业银行股份有限公司沙湾县支行

【概　况】 沙湾支行机关内设两个部室，城区设有4个营业网点，撤并教育路分理处设为自助网点，在职人员82人。支行机关内设两个部室为三农业务部、风险管理部；4个营业网点为支行营业部、健康路二级支行、沙城南路分理处、交通东路分理处；4个自助网点为教育路、火车站、景泰华庭自助点、县医院为大堂式自助点。

【业务竞赛活动】 开展“春天行动”“激情仲夏”“万马奔腾”竞赛活动。荣获塔城分行“金钥匙春天行动”综合营销示范支行、“金钥匙春天行动”个人存款突出贡献奖、“金钥匙春天行动”网络金融卓越贡献奖、“金钥匙春天行动”金融突出贡献奖。

【存款工作】 年末各项存款余额168989万元，比年初增加21323万元，其中：储蓄存款103986万元，比年初增加14675万元；对公存款65003万元，比年初增加6648万元。

【服务“三农”工作】 加大信贷支持县域经济发展力度，实现了信贷有效投放新突破。年末人民币贷款余额100527万元，比年初上升10514万元，全年累计投放各类贷款74668万元，累计收回64154万元。开办了“新棉通”业务，投放棉花收购贷款1.3亿元。

【经营效益】 全行实现中间业务收入1324万元；实现营业收入7068万元；实现拨备后利润3810万元，实现净利润3307万元。

【合规文化建设】 2018年，内控评价一类行。构建“四支利箭、一个办法”五位一体的案防工作机制。“三线一网格”管理模式实现了员工全覆盖，深入开展“双基管理深化年”“强监管严问责年”活动，深化整治市场乱象；开展“查教结合”警示教育活动，营造了全员防案件、控风险的良好氛围。

【荣　誉】 发挥农行网络金融服务优势，积极组织开展金融扶贫工作。沙湾支行在全国农行系统普惠金融县支行排名中名列126名，在新疆农行县支行排名第一，被农总行列为普惠金融小微企业示范行之一，荣获总行2017—2018年度“服务‘三农’”先进集体、新疆分行“五一劳动奖状”，被塔城地委、行署命名为“民族团结一家亲”和民族团结联谊活动先进集体。

（责任领导：许智成　撰稿：田文山）

中国银行股份有限公司沙湾县支行

【概　况】中国银行股份有限公司沙湾县支行（以下简称中行沙湾县支行）成立于1994年，中行沙湾县支行位于沙湾县世纪大道39号。内设营业部、城东新区支行、综合管理部。全行职工37人，大专以上学历占职工总人数的97.3%。支行有男职工17人、女职工20人，全行由汉族、维吾尔族、回族、土家族4个民族组成。

【业务发展】2018年12月末，中行沙湾县支行各项人民币存款时点余额75346万元，较上年末增长8245万元，四大行市场份额增加0.98%，位列第二。其中：人民币企业存款余额22619万元，较上年末增长4679万元，市场份额提升4.97%，四大行位列第二；储蓄存款余额52727万元，较上年末增长3566万元；贷款余额64701万元，较上年末增长13428万元，四大行新增量位列第一，其中公司贷款余额7160万元，零售贷款余额36131万元，较上年增长1110万元，贴现余额21410万元，较上年增长18823万元。中间业务收入140万元，实现税后利润1291.4万元。

【企业文化建设】中行沙湾县支行持续落实建设"新时代全球一流银行"发展理念，时刻牢记以客户为中心，客户服务质量和业务能力明显提升。在工作之余，中行沙湾县支行党总支部于2018年6月初组织开展以红色教育为主题的活动，全行员工前往农八师军垦第一连观看了红色教育基地，并举行"向违规宣战、向合规致敬"的宣誓仪式。支行访惠聚驻村工作队员爱心捐款救助患病村民3652元，为困难村民捐赠了一辆价值2480元的比德文电动车。支行党总支部和驻村工作队及村"两委"累计举办4次"民族团结一家亲"活动。

【内控案防】中行沙湾县支行继续深入贯彻落实合规经营，切实加强内控管理，2018年4月，中行沙湾县支行围绕"向违规宣战、向合规致敬"主题活动，开展座谈、讨论、发声亮剑活动。参加讨论员工，立足本职岗位，深刻剖析了工作中存在问题，重点围绕各自岗位的风险点、2018年存在的风险隐患、常见的违规现象、违规造成的伤害、如何确保合规操作、如何有效规避风险开展讨论。同时，中行沙湾县支行高度重视安保案防工作，全行员工牢固树立大局意识，责任意识，深入细致的工作，妥善化解各种矛盾，把问题解决在萌芽状态，在重大节假日加强安全教育、安全监察和安全值班问题，确保各项业务安全发展。

（责任领导：甘旭东　撰稿：仲卫敏）

中国建设银行股份有限公司沙湾县支行

【概　况】中国建设银行股份有限公司沙湾县支行位于沙湾县三道河子镇世纪大道南路68号，设有客户部、营业部二部室。有在职职工20人，其中汉族17人、回族2人、维吾尔族1人；男职工9人、女职工11人；本科学历11人，大专学历8人，高中1人；党员6名；营业网点面向社会服务窗口人员11人。

【主要业务】居民储蓄业务、居民小额贷款业务、住房贷款、农户贷款、住房公积金贷款、个人汇款业务、网上银行、电话银行、手机银行、短信金融、信用卡业务、POS机、聚合支付扫码、自动存取款机业务；企业、行政、事业单位存、贷款和结算业务、代发工资业务；代理基金业务、外汇业务、个人实物黄金买卖业务；经银保监会批准的其他金融业务，委托代理业务，代收代付业务等其他中间业务。

【主要工作】截至2018年末，中国建设银行股份有限公司沙湾县支行各项存款余额余额为48913.29万元，较年初负增长11761.33万元，其中公司存款11022.12万元，较年初负增长17883.63万元；个人存款37891.18万元，较年初增长6122.3万元。资产业务结构进一步优化，全行资产总量96184.01万元，较年初负增长11626.13万元；其中公司类信贷资产总额55178.4万元，较年初负增长6394.34万元；个人类信贷资产总额41005.61万元，较年初负增长5231.79万元；全行逾期及非应计贷款583.1万元，较年初新增101.15万元，全部为个人类新增101.15万元，逾期及非应计率0.61%。2018年实现中间业务净收入2201.18万元，全年实现净利润4368.34万元。

【企业文化】 2018年，建行沙湾县支行持续落实“以客户为中心”的经营理念，客户满意率达到99%以上，当年未发生有效投诉，客户服务质量和能力得到明显提升。先后为沙湾县天山水泥有限公司、沙湾县人民医院两家单位上线党群综合服务平台；为沙湾县人民医院上线智慧医疗平台；为沙湾银创建设项目管理有限公司等4家单位上线对公撮合平台并发布需求；在中小微企业推广应用ERP平台，签约19户；2018年11月与沙湾县汇金燃气达成合作意向，有望于2019年实现燃气线上缴费业务。

截至12月末，建行沙湾县支行中小微企业贷款余额7393.7万元，有力支持了小微企业发展。通过塔城分行积极与自治区农业融资担保公司对接，当年投放个人支农贷款275户，金额11760万元。结合总分行、银监局普惠金融村村通推进要求，当年新增裕农通服务点4个，金融服务不断延伸。

【荣 誉】 2018年，建行沙湾县支行驻村工作队被评为2017年度“访民情惠民生聚民心”驻村工作先进工作队。

2018年4月荣获中国建设银行总行信用卡中心消费促进百家网点。

2018年5月荣获建行塔城分行网络金融优胜二等奖。

2018年5月荣获塔城分行信用卡分期业务二等优胜奖。

（责任领导：王国玺　撰稿：刘印芝）

沙湾农商银行

【主要经营指标】 截至2018年12月末，沙湾农商银行资产总额63.19亿元，较年初增长10.05亿元，增幅18.91%。负债总额57.76亿元，较年初增长9.48亿元，增幅19.63%；各项存款余额53.16亿元，较年初增长8.91亿元，增幅20.14%。存贷款市场份额分别为48.86%、40.07%，居县域金融机构首位。日均存款余额49.56亿元，较年初增加7.91亿元，增幅为18.99%。

【服务“三农”】 沙湾农商银行全面认真贯彻落实沙湾县十二届三次全委（扩大）会议、自治区联社及银监部门年初工作会议精神，认真践行普惠金融理念，深入落实供给侧结构性改革要求，根据农村客户实际需求，在做好农户春耕生产贷款投放工作基础上，大力支持农业合作社发展，并通过扎实推广“农贷通”，有效提升服务“三农”效率和水平。全年共投放农业生产贷款35.34亿元，惠及全县15个乡（镇、场）、240个村队、19184户农户，覆盖全县100%村队。

【服务城市客户群】 扩大房地产按揭贷款。全年共发放按揭贷款404笔，金额10808.7万元。其中商铺按揭90笔，金额2882.9万元；个人住房按揭314笔，金额7925.8万元。推出二手房按揭信贷产品。城区支行全年共发放二手房按揭贷款171笔，金额2967.6万元。开展城市业务，满足城乡居民个人消费信贷需求。至12月末，沙湾农商银行城市个贷业务2984笔，余额8.34亿元，较年初增加1.46亿元，增幅21.29%，城市个贷占各项贷款的26.19%。其中公职人员贷款882笔，余额0.88亿元。城市业务的发展，有效满足县域各层面群众的生产、生活需求。

【服务小微】 2018年，沙湾农商银行全年累计投放小微企业贷款660户，累计投放贷款金额31.68亿元，较上年增加22.23亿元，增速70.18%。小微企业贷款余额16.28亿元，较年初增加8.29亿元，增速103.73%，高于各项贷款增速86.33个百分点；小微企业贷款户数1056户，较上年同期增加42户；小微企业申贷获得率为100%。一是为15家企业办理了贷款展期，展期金额1.64亿元；为10家企业办理了借新还旧贷款，金额1.21亿元，避免其出现流动性困难甚至停业。二是主动降低贷款利率，为企业减负。2018年8月，调整企业贷款利率，降幅10%—20%。三是支持涉农企业发展，向全县29家棉花收购企业、4家农副产品深加工企业共计投放贷款12.7亿元，增强了县域农产品市场竞争力。四是支持传统制造业提升。为5家纺织企业发放贷款3.69亿元，不仅解决了企业流动资金短缺问题，也带动了县域更多劳动力就业。五是支持第三产业做大做优。为3家供热供气公司和天赐圣泉、港能发电共计投放贷款1.65亿元，积极支持本地民生业、旅游业和绿色环保能源企业的发展。

【创新惠民产品】 信贷方面：结合客户、市场实际需求，针对柳毛湾镇农机户，推出农机具按揭贷款，支持农机户生产经营，贷款利率较融资公司低20%，很好地解决了农机经营户融资成本高、储备生产资料和经营等资金短缺问题。全年累计发放农机具按揭贷款75笔0.67亿元；此外，针对普通种植户，及时推出最高联保额循环贷款产品，由经营支行一次签订3年或4年的最高额联保合同，帮助农户节省了办贷等待时间的同时，也极大地提高了联保贷款办理效率。电子金融方面：为满足商超、餐饮、旅游景点等行业个性化需求，上线“微收银——收银插件”业务产品，通过嵌入商户收银系统，运用图像识别、窗口识别技术捕捉收银系统应收金额，大大提高了商户收银效率。至年末，已为沙湾县F2时尚购物中心、沙湾县爱购超市、石河子百花村购物中心等84户商超办理收银插件业务，有效帮助商户解决了收银效率低、对账不方便的问题；并与沙湾县公交车公司、供排水公司、公安局、社保局等多种居民生活缴费行业达成战略合作协议，提升居民缴费便利性。

【安全生产】 对辖内20个网点进行硬隔离封闭设施改造，投资450余万元改造营业网点、周边监控设备和各支行防盗门、卷帘门、防尾随门、现金区窗户、大厅窗户的改造，加装自助银行防护舱，购买各类安保及消防器材。

保　险

沙湾人寿保险公司

【概　况】 中国人寿保险股份有限公司沙湾县支公司隶属于中国人寿保险股份有限公司塔城分公司，设立经理室、综合部、客户服务部、个险销售部、团险销售部、银保销售部、教育培训部6个部门；公司现有签订劳动合同员工19人，劳务派遣合同员工7人，保险代理合同个险营销员408人，团险营销员11人、银保客户经理保险规划师6人，员工总计425人；党员8人，平均年龄45岁。

中国人寿保险沙湾县支公司2018年末总保费收入突破1.3635亿元，保险业务辐射全县16个乡（镇、场）及石河子5个团场，为全县各族人民承担着上千亿元的保险责任。截至2018年年底，完成营业收入1.32亿元，全年累计赔付支出达3297.38万元，公司长期客户达到58648人，短险累计客户155954人，长短险合计客户数达214602人。

沙湾县寿险市场上共有8家寿险公司，分别是中国人寿、太平洋人寿、新华人寿、平安人寿、泰康人寿、太平人寿、合众人寿、人保寿险保险公司，中国人寿的市场份额为45%，是沙湾寿险市场的行业龙头。

【主要工作】 沙湾县支公司近三年累计为客户保单贷款21646笔，保单贷款总额为2.7279亿元，生存金领取11569笔，金额5657万元，红利领取4429笔，金额4816.8万元；理赔赔款为40823笔，金额3352.81万元。沙湾县支公司为提升客户服务满意度，简化理赔流程，响应“放管服”政策号召，与沙湾县人民医院开展“一站式”理赔服务，推出国寿E宝手机APP智能报案服务，不让客户来回跑办手续，让客户足不出户就可以办理理赔手续，2018年度公司年均理赔时效为1.86天，近3年20万元以上大额赔案赔付了6笔，单笔赔款最高达152万元。为将自治区社保惠民政策有效落实到位，2017年、2018年中国人寿作为自治区全民意外险首席承保、理赔服务商，沙湾县支公司全民意外险2017年理赔1492件赔付992.98万元；2018年理赔119笔赔付189.5万元，两年共计理赔1611件赔付1182.48万元，在脱贫攻坚战中，2018年累计为全县百姓理赔大病医疗保险金及基本医疗保险金372.5万元，有效缓解了客户因病致贫、因病返贫的经济风险，有效地发挥了保险行业“经济助推器”和“社会稳定器”的作用，为沙湾县社会稳定和长治久安总目标的实现做出了应有的贡献。

中国人寿沙湾县支公司为积极响应自治区“访惠聚”工作，自2014年起连续5年在人力紧张的情况下派出独立的“访惠聚”工作队，累计投入资金40余万元。

中国人寿沙湾县支公司近年来面向社会招募大批“40”“50”人员、企业下岗职工，解决了500余人的就业问题，有效改善了他们家庭的收入状况，在公司得到成长和进步，实现了个人的人生价值，为社会和谐贡献一分力量，为沙湾县就业率提升做出了应有的贡献。

【经营状况】 业务指标达成情况：截至2018年12月19日，沙湾县支公司共实现标准保费882.61万元；首年期交保费2165.48万元；十年期保障型保费547.86万元；短险保费599.27万元；互动业务完成任务计划的236.68万元，完成全年任务的97%。

队伍指标达成情况：2018年年初架构人力427人，截至12月19日架构人力375人，人力负增长12%，其中城区全年人力负增长68人，两乡人力负增长4人；2018年初主管人力61人，截至12月19日全年主管负增长27.9%，主管占营销总架构人力的11.7%。

【荣 誉】 2018年，中国人寿保险沙湾县支公司党支部荣获塔城分公司“话高质量发展”微课堂大赛组织奖。

中国人民财产保险股份有限公司沙湾支公司

【经营情况】 2018年，公司保费收入1.46亿元，同比增幅660万元，增速4.71%。从各险种来看：农险保费收入10138万元，车险保费收入3392万元，非车非农险费收入1105万元。

【企业管理】 严格执行各项政策、法规。明确违规责任追究制度，坚决做到违规的业务不办、违规的事情不做，抓好业务、合规、审计“三道防线”，筑牢依法合规底线，助推公司持续健康稳步发展。

落实渠道战略，推进业务发展。按照自治区三个百分之五十和SR比值总体要求，深刻认识和理解实施渠道战略转型的重要意义，把思想和行动统一到渠道战略转型上来，做好人员和业务的衔接工作，紧抓工作落地，确保改革促进业务发展，业务发展体现改革成效。

（撰稿：王 荣）

中华联合财险沙湾分公司

【概 况】 公司在分公司党委、总经理室的正确领导下，在分公司各部门的大力支持下，坚持科学的发展观，加大改革创新，加强基础管理，优化资源配置，带领分管部门（车商部、银邮部、综合部）认真贯彻执行会议精神，加快险种结构调整，发扬敢闯敢拼的精神，群策群力，团结一心，开拓进取，克服各种困难和问题，把分公司下达的各项任务落到实处，抢抓机遇和发展，全面推进各项工作稳步发展。

【主要经营指标】 2018年，保费收入完成2174.24万元，其中：机动车险保费收入1674.37万元，非车财险保费收入101.34万元。意外险和短期健康险保费收入388.1万元，农险实现保费收入20.96万元。1—12月支付各项赔款合计1042.42万元，综合简单赔付率为58.49%。

（责任领导、撰稿：张立忠）

交通运输　通信

交通运输

【概　况】 沙湾县交通运输局是县人民政府交通运输行政主管部门，承担着全县农村公路建设、管理、养护及城市客运管理等工作职能。现有职工 10 人，其中：科级领导干部 3 人，科级非领导干部 1 人，科员 1 人，事业编制 5 人，工勤编制 1 人，下设股级事业法人沙湾县农村公路路政中队（非独立核算全额事业法人）。

全县农村公路总长约 2500 千米，其中县乡公路 201.346 千米、乡村公路 630.061 千米、村道 1657.643 千米、专用公路 10.95 千米。县乡公路 10 条，全长 201.346 千米，分别为：X812 线（S115 线至乌兰乌苏镇），全长 3.429 千米；X813 线（S115 线至额榆公路），全长 47.701 千米；X814 线（S115 线至温泉旅游区），全长 53.284 千米；X815 线（S312 线至蒋家庄），全长 10.499 千米；X816 线（老沙湾镇至四道河子镇），全长 4.744 千米；X817 线（S312 线至额榆公路），全长 9.538 千米；X818 线（沙湾县至大泉乡），全长 4.231 千米；X819 线（安下公路接头至 S101 线），全长 44.497 千米；X820 线（S115 线至安集海镇），全长 3.04 千米；X821 线（S219 线至额榆公路），全长 20.383 千米；县乡公路主要以沙温公路、沙博公路、沙柳公路 3 条干线为主。

全县有各类营运车辆 3091 辆。其中：货车 2400 辆、客运班车 250 辆、出租车 380 辆、公交车 30 辆、线路小轿车 31 辆。有货运公司 7 家，出租车公司 4 家，集货运、客运、出租和驾驶员培训、机动车维修为一体的综合性运输公司 2 家，县级客运站 1 个，乡级客运站 15 个，招呼站 26 个，二级维护汽修厂 10 家。全县共计开通长途客运班线 9 条、乡村班线 21 条、城市公交线路 5 条、城郊线路 11 条。

【农村公路建设】 全年完成各类公路建设项目 76.064 千米，完成投资 4185 万元，其中：完成宋圣宫道路 2.97 千米道路摊铺工程；启动省道 S101 改扩建项目；投资 1490 万元完成 31 个行政村全长约 40 千米农村公路建设项目；完成 G30 乌奎高速公路“四改八”公路建设项目征地拆迁协调工作；完成沙柳公路两座中桥建设工程，完成投资 249 万元；完成杨家庄道路工程，总长 8.249 千米，完成投资 509 万元；完成西戈壁镇区道路 20 千米，完成投资 930 万元。完成沙温公路镇区道路建设 1.6 千米，完成投资 300 万元；按照县政府安排，邀请第三方试验检测单位、设计、监理、住建、财政、审计等部门完成 2017 年融资贷款 4 条市政道路工程量核实工作。配合地区交通运输局完成 2017 年第三批及 2018 年第一批车购税农村公路补助项目 3 个，总投资 2135.12 万元。

【农村公路管理养护】 加强农村公路日常管理养护。对沙博公路、四道河子公路、沙温公路、二道湾治安检查点进行坑槽修补，投入资金28万元，修补坑槽面积3500平方米，建立完善小修养护工作档案，加强农村公路养护管理宣传。冬季，对沙温公路（X814线）、沙博公路（X819线）等重要农村公路上的积雪及时清除，保证公路畅通。积极有效开展夏季防洪工作，调集挖掘机、人工配合清除公路桥涵堵塞，修复山洪冲毁路基800米，回填土方1000余立方米。加强超限治理工作。采取查处、劝返、联合执法等方式，实施削煤头、盖篷布、治污染等措施，对车货总重超过20吨的超限运输车辆进行治理，防止出现压垮桥涵等重大安全事故发生。依法查处路政案件，维护路产路权。坚持每月不少于两次安全隐患排查，对损坏公路案件做到发现一起，查处一起。全年累计出动巡查车190台次，上路巡查人员达420人次，巡查里程18000千米，发现安全隐患问题28个，排除隐患28个。

【运输市场管理】 紧紧围绕行业主管部门监管责任和落实企业主体责任两个重点，强化安全意识、制度建设，完善安全责任体系，依法依规在全县交通运输行业持续开展维稳、安全生产督查检查、打非治违等活动，紧紧抓住交通运输安全生产方面存在的薄弱环节和突出问题，有针对性地督办整改，有力促进了全县交通运输安全生产形势持续稳定发展。围绕维稳安全生产狠抓行业管理。建立健全安全生产责任体系，先后与运管局、客运站及四家出租汽车公司层层签订安全生产目标管理责任书，建立健全安全生产责任体系。组织全行业认真学习贯彻习近平总书记、陈全国书记关于安全生产的批示、指示精神以及安全生产领域改革发展的意见，落实党政领导干部安全生产责任制规定和自治区安全生产十项规定，制定"党政同责、一岗双责"方案，全面夯实安全生产工作基础。加强执法监督。先后向运管局下发《督办通知》10份，督促运管部门对金驼公司、驼铃公司和东凯公司维稳、安全生产方面存在的问题进行整治，联合运管局、交警大队开展常态化维稳、安全生产检查，督促企业落实主体责任。全年累计开展安全生产检查16次，下发整改通知书52份，累计发现隐患及问题148个，完成整改146个，整改率98.6%。成立扫黑除恶领导小组，制定扫黑除恶工作方案，联合运管、交警部门开展打击非法营运和治理出租车不打表收费、超范围经营专项行动，组织开展"扫黑除恶"专项斗争宣传活动。加强城市客运管理，提升运输服务和保障水平。对客运站落实社会面防控、群众工作、"三不进站、六不出站"规定，人证合一和实名购票制度情况进行不定期督查检查。联合运管局、交警部门对班线车站外揽客问题进行长期整治，实施三道河子镇客运站建设项目，联合运管、交警部门开展"打非治违"活动，重点打击出租汽车超范围经营、非法营运"黑车"以及"站外揽客"等违法行为。加强公交管理，提升服务水平和服务质量，合理调整公交线路，安装公交智能调度和语音报站系统，提升公交服务能力。全年办理公交IC卡9810张，其中敬老卡4672张、普通卡2558张、学生卡2580张。组织高考期间爱心送考活动，公交车、出租车共免费接送考生2000余人次。依法对公交车、出租车运营行为进行监督检查，对乘客投诉从快从重处理，通过学习教育、行政处罚等手段，提高从业人员综合素质和服务水平。

（责任领导：王　云　撰稿：韩　峰）

公共交通

【概　况】 沙湾县公共交通有限责任公司成立于2017年，位于沙湾县迎宾路7-5号。公司现租用沙湾县汽车客运站二楼部分办公场所，共有职工61人，营运车辆30台，营运线路4条。2018年，公司坚持"发展公交、服务大众"的运营宗旨，以服务城市发展建设为己任，努力做到公交车优秀，为市民出行提供绿色、便捷、舒适、经济的乘车环境。全年完成全年客运量500万人次，其中平均日运营里程7.5万千米，日运送乘客1.3万人次，全年客票累计收入501.7万元、全年财政拨付766.3万元，并承担满65岁以上的老人免费乘车义务。

【安全生产】 严抓安全培训管理。公司严格按照年初安全生产教育培训计划，每月召开一次车队管理和安全生产工作例会，通报情况，查摆问题、分析研判、制定措施、责任到人，狠抓问题整改落实。坚持每月集中组织驾驶员开展最少2次安全生产培训，并邀请交通运输局、交警大队、消防中队等单位业务人员，对突出典型事故案例、相关法律法规和安全生产制度学习，切实提高从业人员安全生产意识。结合实际，研究制定《沙湾县公共交通有限责任公司驾驶员管理办法》《沙湾县公共交通有限责任公司车辆管理制度》等6项规章制度，与每名驾驶员签订安全生产责任书，明确其权利和义务，压实安全生产责任。为提高工作人员的消防安全意识及消防实战应急能力，公司与伊犁政安消防合作，全年组织消防安全讲座2次。并通过消防演练提高了从业人员的火灾防范意识，普及公交车辆火灾防范常识，掌握公交车辆发生火灾险情事故后，第一时间组织乘客逃生及自救知识，正确使用灭火器、安全锤等设施，能沉着冷静地应对各类火灾事故，使驾驶员心中树立安全第一的意识。

狠抓队伍建设，提高整体素质能力。一是加强从业人员心理健康教育，利用安全生产工作例会和安全生产培训会，不定期对从业人员，特别是驾驶员开展心理辅导，疏导情绪、缓解压力，不断增强其心理承受能力，严格排查驾驶员队伍中六类人员，严防“赌气车”“路怒症”等情况引发安全生产事故，同时对现有从业人员队伍中有易怒、脾气大等倾向的人员进行单独谈话、劝导，如不改正，公司对其解除劳动合同。二是加强应急处突演练，普及应急防范知识，提高从业人员防范意识和能力。三是提高车队管理水平，现已安装30套车载监控设施，实现了全覆盖。并接入公安监控平台，实行警企联动。制定极端恶劣天气安全驾驶应急预案，以科学的管理手段保证驾驶员规范操作，安全驾驶。同时，调度员合理调度车辆，及时掌握客流量变化，对正在营运中的车辆适时采取区间、绕行等措施，保障市民的正常出行。

加大资金投入，完善各项安全设备设施。一是在公交车驾驶区域设立隔离设施，使其既能保障驾驶员在作业过程中不受侵扰，又能保障驾驶员在遇突发状况时，能够求助及自救。公司现运营车辆均为扬州亚星牌气电混动型新能源客车，已于汽车生产厂家沟通，定制车辆原装全包围型隔离舱。二是车队落实每天车辆例检例查，填写例检记录存档备案，坚持行车前、行驶中、收车后的三检制度的落实。维修班组按照行驶里程定期保养调校，车辆故障及时排除，禁止带病车上路行驶，保证车辆正常营运。三是按行业工作规范要求，车队积极开展隐患排查工作，每月进行4次排查，节假日专项排查，通过排查及时纠正存在安全隐患，保障车辆正常运行。

【办理便民公交IC卡】 公司引进新疆浩博现代电子科技发展有限责任公司的IC卡车载机设备。截至2019年1月，公司共办理公交IC卡6677张，普通卡3537张、学生卡3140张。全年累计刷普通卡、学生卡61.3万人次。

【爱心送考、关爱老人】 公司作为沙湾县唯一一家公益性客运企业，2018年组织高考期间对学生的爱心送考活动，免费接送敬老院孤寡老人进行全民体检及为65岁以上老人办理免费乘车IC卡，全年累计办理老年卡5062张，累计刷卡42.1万次。

【拥军爱军】 公司为全面落实双拥政策法规，军地合力，军民同心，进一步营造“热爱军人、优待军人、尊崇军人”的良好社会环境，公司每个周末派出两辆公交车，上午11时和下午2时，免费接送部队官兵，全年累计接送1.5万人次为部队官兵出行提供交通便利。

【严抓车辆卫生】 2018年为突出公交出行环境，转变公交形象，提升市民乘车舒适度，为乘客打造干净卫生的乘车环境，制定年度卫生奖励。公司由车队人员负责，坚持每天对车辆卫生进行检查，卫生考核要求发车前，清洁车厢内地板、座椅、扶手等设施设备上的积尘；途中做好车内卫生的清理；收车后对车厢内外、轮胎、轮毂等部位进行全面清洁，确保车辆环境卫生无死角。

公路管理养护

【概　况】 沙湾分局共有在职职工86人，退休职工138人，由汉族、维吾尔族、哈萨克族、回族、东乡族5个民族组成。2018年沙湾分局共管养里程为218.572千米，其中包括：S115线75千米、S219线32.232千米、S224线39.074千米、S312线69.546千米、Z889线2.72千米。下设夹河子养护站、沙湾养护站、东野镇养护站、机驾班四个日常养护班组。

【组织人事管理】 根据自治区文件核定的科级干部职数，结合岗位设置首聘情况，86名职工完成岗位设置工作，更换新的办公室业务人员，抽调出3人，新入职5人，1名职工退休。

【养护管理工作】 沙湾分局对管辖的216千米路段进行了区段划分，其中好路精养路段32千米、重点养护路段149千米、维持养护路段35千米。沙湾分局做好日常养护作业，提高公路通行保障能力。一是春融时节，按照养护作业区的要求设置安全施工标志牌，组织人员和机械清除路肩积雪，清理桥梁涵洞内冰雪，预防和控制春季路面病害发生。二是开展路容路貌整修。实施以S115线K154—K209段为重点的“畅、安、舒、美”为主题的路域环境整治工作，确保路基完整，无病害，路肩表面平整，满足日常养护规范要求。路面病害如期修补，重视路面保洁工作。确保路面完好畅通。2018年：整修路肩921000平方米，整修边坡601600平方米，路面保洁59616平方米，垫水毁冲沟225立方米。分局完成粉刷桥栏杆315平方米，疏通桥梁泄水孔178个，涵洞清淤514.4立方米。粉刷里程碑199根，粉刷示警桩、界碑1416个，粉刷百米圈1764个，更换标志牌4个，处治沥青路面纵横缝24800米，预制安装示警桩6根，预制安装里程碑9块。去冬今春，依据全局除雪经验交流会的经验，分局积极组织人员、机械清除积冰积雪，共清除积雪4次，除雪总量72.4508万立方米，投入机械57台班，人工113工日，更换刀片6副，撒布融雪剂371.65吨。与上年相比节约融雪剂近400吨。储备防汛物资情况为：铅丝笼200套，编织袋3000条，细铁丝15千克，12号铅丝350千克。并落实《交通运输部办公厅关于加强公路地质灾害隐患排查治理工作的通知》的隐患排查工作。重视敏感时期安全稳定工作，加大重点要害部位的防控力度，认真落实领导24小时带班制。参与沙湾县防洪办水毁物资储备及防洪预防工作。

【安全生产、机械设备管理】 严格落实自治区党委、人民政府、交通运输厅、自治区公路管路局、石河子公路管理局安全生产工作系列要求，以遏制各类事故发生为主线，以落实年度管理、推进风险管控、隐患排查治理、实现安全生产健康发展为重点，认真开展安全生产工作。

完善安全生产目标责任体系。认真学习领会自治区交通运输厅、公路管理局安全生产、维护稳定工作会议精神，组织学习安全生产文件贯彻落实“党政同责、一岗双责、齐抓共管、失职追责”责任体系，细化分解安全生产工作任务，层层签订安全生产目标管理责任书和安全生产承诺书，覆盖率100%，强化安全生产主体责任和监管责任。扎实开展安全教育培训工作。制订2018

年年度安全维稳教育培训工作计划。组织安全培训13次，全体职工参加培训，培训率达100%。强化应急演练，提升处置能力。分局结合工作实际，适时修订和完善了各项突发事件应急预案，并按照要求新制定了《石河子公路管理局沙湾分局应急处突预案》和《石河子公路管理局沙湾分局消防应急预案》。分局现有一支救援队伍，共28人，应急救援保通机械车辆23台（辆），应急物资27种，包括编织袋、铅丝笼、铁丝、应急服、安全服等。加强安全隐患排查治理，做好“平安公路”创建推进工作。一是根据石河子公路管理局的要求制定《安全生产检查方案》和《沙湾分局公路安全隐患排查整治专项行动工作方案》，认真排查整治公路安全隐患，做到标本兼治、综合治理，实现了安全闭环管理与隐患“动态清零”。二是按照“一岗双责”工作要求，强化安全管理，严格检查落实公路养护作业区安全标志摆放工作，更换养护标志牌14块，配备喇叭2个，爆闪灯4个，报警器2个。三是及时对机械、车辆、设备安全性能的检测，确保其性能完好。四是强化机驾人员的安全教育和管理。2018年，分局机驾人员无违规、违章操作。

安全综治办公室实行不定期对道路、桥梁、分局院内和道班以及重点要害部位巡查，开展安全大检查56次，共检查发现安全隐患45处，隐患整改率达100%，确保2018年未发生任何安全生产事故，实现零事故与零伤亡安全生产目标。2018年分局召开安全生产暨维护稳定工作例会5次，累计召开安全维稳会议45次。全体机关干部、养护作业队职工参加了会议，会上，干部职工学习了石河子公路管理局和沙湾县下发的文件精神，进一步加强责任落实和监督。分局组织消防知识专题讲座1次，参加人数40余人，应急演练3次，参加演练人员累计79人次。安全维稳工作是一项长期的工作。继续严抓、狠抓安全生产综合治理工作，夯实安全维稳基础，提高广大职工的警惕意识，使安全维稳各项工作和要求得到有效落实，增强安全责任意识。

分局机械设备共计62台，其中养护设备19台（辆）、运营设备8台（辆）、运输设备18台（辆）、装卸起重设备7台、小型养护机具10台。以年审工作为契机，对机械驾驶人员进行教育培训，内容有安全法规条例、安全操作规程、规章制度、驾驶技能等方面。并对分局机驾人员进行考试测评，通过率达到100%。分局全年未发生安全事故。

【工会、退休职工管理】 在2018年的职工（会员）大会共征集提案6条，经党组会议整理、审核，根据分局实际情况，对职工提案进行了认真的分析研究，大会解答提案4条。通过这种形式，切实做到把思想素质好、业务能力强、有参政议政能力的“明白人”选进工会委员会。“三八”节期间，结合单位实际开展妇女维权月活动，通过LED宣传和组织女职工集中学习的方式宣传男女平等基本国策、宣传社会主义核心价值观、宣传《中华人民共和国反家庭暴力法》等群众性法治宣传教育，提高女职工依法维权的意识和能力。3月7日上午，沙湾分局与驻苏家庄访惠聚工作队组织村民开展“巾帼心向党，建功新时代”共庆“三八”妇女节活动。组织女职工参加局工会举办的“女性健康”讲座活动。为进一步弘扬扶贫济困、乐善好施的传统美德，沙湾分局组织了“奉献爱心　播撒希望”为墨玉县喀尔赛镇布拉克村捐赠旧衣物活动，以帮助贫困地区的群众。活动中，分局干部职工积极踊跃捐赠，30名干部职工共捐衣物125件、玩具2个、鞋子3双，沙湾分局干部职工将自己的一份爱心献予需要帮助的人。

【文书档案管理工作】 分局利用机关政治学习日和冬季职工集中学习的方式组织干部职工进行学习《中华人民共和国档案法》等法律法规知识学习并进行集中考试。开展《档案法》颁布31周年纪念日活动，组织分局机关档案领导小组成员、专兼职档案员、业务员共14人参加档案法规知识在线考试活动。自9月4日起为期一周深入开展宣传活动，掀起学习、宣传、落实《档案法》的热潮。按要求完成了档案的立卷归档工作。年初及时收集各部门应归档的文件材料。文书档案按照《新疆维吾尔自治区〈归档文件整理规则〉实施细则》DA/T 22-2015，按照《沙湾分局机关文件材料归档范围和文书档案保管期限规定》进行整理。按年度以“件”为单位，按小流水号编号。对无价值的文件材料134份，经鉴定、批准，造册销毁。会计档案采用年代结合，会计核算材料种类分为凭证、账簿、报表、其他四大类。按混年编大流水号排列。

（责任领导：李春杰　撰稿：雷　雪）

路政管理

【概　况】 2011年3月8日，沙湾路政管理局成立，在编路政员14人，由汉族、回族、维吾尔族、哈萨克族4个民族组成，其中本科学历11人，大专学历3人，党员8人。沙湾路政管理局肩负着沙湾县境内省道公路215.438千米的路政管理。其中S115线K154—K229，S219线K0—K32+118，S224线K0—K39+074，S312线K0—K69+546。

【路域管理】 沙湾路政管理局针对公路两侧建筑管理工作涉及面广、难度大的实际情况，把争取政府支持、相关单位配合作为路域管理顽症有效的突破口，得到县政府大力支持，集中开展路域环境整治。2018年，查处路政案件104起（路政赔偿案件35起、处罚案件51起、许可案件18起），同比下降8.1%；破案104起，破案率100%，结案104起，结案率100%。共收回公路赔（补）偿费938773.18元，罚没收入27000元，合计965773.18元，同比下降6.6%。累计投入巡查人员1283人次，498车次，巡查里程累计91211千米。

认真实施路域环境治理，集中开展路域环境整治。向公路养护部门送达《公路、公路附属设施修复及隐患排查告知单》10份，其中告知公路养护部门修复4项，安全隐患2处，公路养护部门已修复12项，处置安全隐患3处，执法人员自行修复设施、处置安全隐患18处，配合公路养护、交警部门疏导交通82次，配合公路养护部门抗灾、清雪保畅4次，收费站执勤600余次。对沿线团场、单位道口进行全面统计并上报地州局进行签订协议；对沿线电力跨线相关单位开展催办许可工作。

10月20日起，经沙湾县政府牵头，沙湾路政管理局联合金沟河镇政府、公安局交警大队、住建局、工商局、国土资源局等单位，对S115线K165—K170路段路域环境开展为期一周整治。对公路建筑控制区内乱堆乱放，设立非公路标志牌、非法构筑物等情况进行集中清理。通过整治，优化了公路环境，提高了公路通行能力和安全保障能力。

【联勤联动】 履行公路管理职责，继续深化与公路养护部门、交警的联动联勤工作机制，强化合作，每月定期召开“联勤、联动会议”，及时沟通公路路面情况，消除管辖路段的事故多发区域潜在的危险因素，保障公路的安全、畅通。定期召开“联勤、联动会议”，及时沟通公路路面情况，消除管辖路段的事故多发区域潜在的危险因素，保障公路的安全、畅通。共签订护路协议9份，聘请义务护路员5人。派驻路政人员500余次，查处闯卡、逃缴公路车辆通行费等扰乱收费秩序的违法行为51起，罚款27000元。多年逃费现象得到有效遏制，收费额度大幅度增长。与当地公路局联合治理抛洒污染公路路面案件35起，同比增长100%；收缴赔偿费11527元，同比增长100%；收缴罚款6600元，同比增长100%。

【车辆管理】 围绕车辆运行、成本管理及安全行驶，严格落实车辆管理制度，每月对公务执勤车辆行车里程、百千米油耗、维修以及保洁等情况进行检查统计，使驾驶人员养成良好的行车习惯，树立执法人员良好形象。2018年沙湾路政管理局未发生安全事故。

【“三基三化”建设】 作为交通运输部行政执法基层站所“三基三化”建设试点单位，沙湾路政管理局2018年基本实现基层执法站所标准化。执法人员职业化方面，还需大力开展各类路政业务、法律培训，提高执法人员行政执法能力。按照地州局领导要求，已组织人员系统整理出一套“三基三化”建设的规范资料，初步实现制度规范化。

【安全生产、综合治理】 加强组织领导，认真落实“一岗双责”，强化安全工作管理和监督；贯彻落实自治区维稳组合拳，认真落实各项举措。签订安全生产责任书，细化安全生产责任分工；定期对局重点部位、重点场所、巡查车辆、重要设备进行自检自查，消除安全隐患。以安全生产月、安全维稳隐患排查等活动为契机，开展安全专项检查16次，查处隐患4处，已经全部整改完毕。严格落实车辆管理制度，确保行车安全。

【荣　誉】 2018年，沙湾路政管理局被评为石河子路政海事局安全生产先进单位。

2018年，周少雄被评为石河子路政海事局安全生产先进个人。

2018年，蒲艳被评为石河子路政海事局优秀共产党员。

2018年，毛兰江·玉山江被评为石河子路政海事局“五好家庭”。

（责任领导：陈　韦　撰稿：蒲　艳）

道路运输管理

【概　况】 沙湾县运管站成立于1989年，2011年10月14日正式挂牌成立沙湾县道路运输管理局、沙湾县道路运输管理局党组、沙湾县道路运输管理局运政执法大队。2018年有在编职工7人，聘用人员2人（女职工4人），其中党员6名，由汉族、维吾尔族、回族、哈萨克族4个少数民族组成，为沙湾县辖区内道路运输经营者提供道路运输管理服务。

【服务范围】 根据国务院颁发的《中华人民共和国道路运输条例》（国务院第406号令）的规定，道路运输管理部门的服务范围：

一、申请从事道路旅客运输经营的经营者；

二、申请从事道路货物运输经营的经营者；

三、申请从事道路运输站（场）经营的经营者；

四、申请从事机动车维修经营的经营者；

五、申请从事机动车驾驶员培训业务的经营者。

沙湾县运管局管理范围包括全县道路旅客运输经营、道路货物运输经营、机动车维修经营、机动车驾驶员培训、站场经营等。主要工作任务是维护全县道路运输市场秩序，保障道路运输安全，保护道路运输有关当事人的合法权益，促进全县道路运输业的健康发展。

【道路运输市场概况】 沙湾县辖区内共有县级客运站1个，乡镇级客运站11个，乡村招呼站5个。有长途线路7条，乡镇班线23条，乡镇通班车率为100%，行政村通班车率为98.9%。辖区内有客货运输企业11家，机动车维修业户181户，机动车驾驶员培训机构9所。

【安全生产监管】 认真落实“三关一监督”工作职责，重点抓企业的安全生产，强化安全规章制度的建立和落实，经常性开展客运从业人员的安全教育，严格按照道路运输行业“六个必查”工作要求落实安全生产监管责任，引导和督促运输企业及客货运站场完善安全生产责任体系，明确安全生产责任主体，为全县道路运输市场安全、平稳、有序发展打下基础。查处涉安全生产类案件10起，处罚金额10.3万元。冬季运输开始前对全县营运客车冬季技术整备工作情况进行了全面细致的检查。冬季安全例检应检查265辆，实际检查208辆，参检率78.49%。

【规范道路运输市场秩序】 综合运用法律、经济及行政手段引导和规范运输市场，突出监管重点，着力打击非法经营以及宰客、甩客行为。市场秩序明显好转。查处各类违章案件数量和办案质量有所提高。并且利用新闻媒体加强宣传力度，全年共派出稽查员436人次，派出稽查车辆155辆次进行稽查工作。全年共检查车辆232台（次），查处各类案件12件，罚款16.3万元。利用各种宣传活动契机，共散发宣传单2500余份，市场秩序明显好转。

汽车客运

【概　况】 沙湾县汽车客运站位于沙湾县迎宾路7–5号，2018年，共有职工96人，其中在职职工50人（包括内退转岗），退休职工46人。新站规划占地面积26895.59平方米，建筑面积11392.27平方米。客运大楼共6层（地上5层、地下1层），建筑面积9596.32平方米，维修车间大小8间共1795.95平方米。2018年使用的有：客运大楼一层、二层和维修车间5间。全年完成客运量50.7万人次，完成周转量2533万人千米，其中长途班线12.7万人次、石河子班线36.8万人次、乡镇场班线1.2万人次，与2017年同比下降46.8%。全年计划完成售票总额1777万元，实际完成1013.2万元，完成全年计划57.1%，与2017年同比下降45%。

【安全生产】 及时传达学习县交通运输局各项会议、文件精神，认真落实各项工作安排。严格执行客运站“三不进站，六不出站”规定，认真做好出站车辆核对人数、信息登记和系好安全带提示工作，杜绝无关车辆和人员进站、超员和带病车辆出站等现象。严格按照车辆安全例检九项要求，做好车辆安检工作，全年共检查车辆26003辆次，其中查出安全状况不符合应班要求的车辆129辆次，对不合格车辆给予停班整改，做到了100%合格出站。加强旅客进站安全检查，严格落实实名制售检票制度，加强旅客进站验票验证工作，认真核对客票信息和旅客身份证，杜绝无关人员进入发车区，杜绝“三品”进站上车。全年共收缴查堵各类危险品5806个，其中刀具33个，打火机5773个，全部销毁处理，保证了旅客乘车出行安全。严格落实寄递物品检封制度，按照“收寄验视、实名验视、过机安检”三个100%制度。对寄存托运行包进行严格检查。认真核对货物信息和收发货人信息，仔细做好收发货登记工作，并做好音像出版物品登记。做好班线小轿车安全例检及发班工作，抓好车辆考勤工作，确保班线小轿车安全发班。认真做好隐患排查治理工作，定期开展日巡查，月检查及重点敏感时期大检查活动，及时排查消除各类安全隐患，进一步落实安全生产各项制度，保证人力、物力、财力的有效投入和落实。完善各类应急预案，并通过专家评审，做好各类突发事件的应急准备工作。做好消防安全工作，定期开展消防知识培训和消防演练活动，提高了职工灭火自救能力，开展各种形式的消防安全宣传，增强了职工的消防安全意识。2018年按照消防部门检查要求，投入资金0.85万元，将行包托运部彩钢房不合格苯板全部更换为防火石棉板。加强安全岗位人员培训，2018年5月，安排8名安全管理人员及安检员参加地区交通运输局组织培训。认真开展安全事故警示教育，通过电子大屏和集中学习深刻吸取事故教训，强化安全责任意识。做好安全档案工作，查漏补缺，完善安全生产达标档案。

【客运服务和管理】 加强车辆现场调度管理，合理调配班次，确保旅客及时出行。窗口服务工作始终做到着装统一，挂牌上岗，微笑服务，态度热情，耐心解答，使广大旅客感到温暖、愉快、称心、满意。做好站内站外环境绿化与保洁工作，及时清扫责任区的积雪，组织职工对后院林带进行绿化，使站场环境干净整洁，环境优美。为明确站运双方责任，不断完善进站协议，及时解决客车发班中出现的矛盾和问题，确保正常发车秩序。

站领导班子根据年初制定的全年完成经济指标，进行按月分解，并实行工资与效益相挂钩。坚持每月召开安全生产大会，对当月生产任务、安全、服务、考勤等情况进行通报。新的领导班子根据交通运输局要求，结合企业效益情况，对职工工资进行了调整，提高了一线职工工资10%。进一步提高职工的积极性和主动性。加强路检稽查，狠抓“跑、冒、滴、漏”现象。进一步做好职工业务培训和安全教育，按计划、有针对性地组织开展了岗前培训、转岗培训等活动。不断提升全体职工的业务水平，牢固树立了安全服务意识。

【站点建设及运营】 新客运站置换资产划分，按照交通运输局的要求，与瑞达鸿润房地产开发公司进行了三轮谈判，双方就各自的意见进行磋商。2018年，全县乡级客运站有13个，分别为：安集海、柳毛湾、西戈壁、老沙湾、四道河子、博尔通古、东湾、乌兰乌苏、哈拉干德、商户地、元兴宫、鹿角湾、温泉（2015年置换移址重新建设），均实行承包经营。三道河子镇客运站项目已开工建设，现已完成地基基础工程。温泉客运站置换尚未开工。

铁 路

【概 况】 沙湾县火车站中心里程位于第二座亚欧大陆桥的兰新铁路2120千米633米处、沙湾县城南部，站区主要由车务、工务、电务、供电、公安等部门组成。沙湾县火车站隶属于中国铁路乌鲁木齐局集团有限公司奎屯车务段管辖，于1987年8月26日正式开站办理列车到发业务，是三等客、货运站。沙湾县火车站现有员工42名，其中管理人员为正、副站长各1名，运转人员8名，客运人员17名，安检人员15名。

沙湾县站距离奎屯市59.3千米，距离石河子市37.4千米。沙湾县火车站作为沿线经济据点沙湾县的铁路客运站，交通条件相对较好，承担了沙湾县周边的铁路客运业务，对完善区域路网结构，促进经济持续快速发展具有十分重要的意义。2018年沙湾县站全年客运发送33.3万人次，到达旅客24.3万人次。日接发旅客列车68列，本站办理客运业务列车38列，日接发货物列车80列，现已成为沙湾县经济建设的主要交通窗口，成为人员流动，物资进出的主要通道。

沙湾县站售票及自动售取票服务。沙湾县站售票大厅设在车站站房的东侧，内设一个售票窗口，专门为旅客提供身份信息确认及售取车票服务，售票窗口发售28天（含当日）内全国各次旅客列车联网车票服务，同时窗口还办理改签、退票、挂失补、身份信息核验等服务，同时还能使用银行借记卡及部分银行信用卡购票，售票厅内还设有2台自动取票机，专门为网络购票旅客办理网购车票取票业务，凭借二代居民身份证取网购异地票无手续费。为了方便广大旅客购票，沙湾县开设客票代售点2个，分别是沙湾县世纪大道218–33号智联通讯直营店代售点、沙湾县塔城东路瑞佳公寓底商11号金鹿旅行社代售点。

沙湾县站全体职工全力打造服务至上品牌，真诚耐心细致服务旅客，严抓服务质量，增强工作人员业务水平，在平时服务旅客中全面为旅客解答问事。沙湾县火车站的全体员工本着“人民铁路为人民”的宗旨，“平安出行、有序出行、温馨出行”的工作目标，“以服务为宗旨，待旅客如亲人”的工作理念，努力打造出旅客出行安全、舒适、快捷的服务模式，让旅客体验出行更美好，成为旅客出行的首选。

（责任领导：袁 亮 撰稿：王 瑾）

邮　政

【概　况】2018年，沙湾邮政分公司作为驻县企业，主要为全县各族人民群众提供邮政普遍服务、金融服务、快递服务等。并承担着全县各乡（镇、场）、建制村、驻县部队的邮件、机要投递工作。设有一部一室，即市场部、办公室，下辖储蓄网点10个、邮务类网点1个、邮政代办所9个，覆盖到农牧区、部队、矿区等。现有农村邮路3条、北部乡镇1条、山区乡镇1条等。党支部有在职党员14人，退休党员14人，党员总人数28人。

【业务工作】金融业务：代理储蓄业务、汇兑业务、保险业务、理财、基金、中邮证券、国债产品销售、开通电子银行等。布置ATM自动取款机7台，CRS存取款一体机9台，正常运行银行自助设备共计16台。速递业务：特快专递、包裹快递、法院文书及身份证快证投递。邮务业务：信函、集邮、报刊、增值（代开发票、代征车购税、代办电信业务）、分销业务等。

（责任领导：孙兆勇　撰稿：马新萍）

电　信

【经营业务及成果】截至12月底，业务收入累计完成6528万元，完成全年预算的101.77%；移动用户累计达到75890户；宽带累计达到49520户；ITV累计达到48130户；流量收入完成3860万元；户均流量1270M。

【经营管理】2018年，沙湾电信夯实管理基础，实施精确化管理，做好网络技术转型工作，全面落实各项网络运行维护工作，确保网络安全畅通。进一步理顺与市场的关系，聚焦行业客户信息化建设，以“全面深化改革”和“互联网化转型”两轮驱动，以光宽、4G为引领，精耕细作市场，坚定走可持续发展之路。

【经营服务】完善等级营业厅的服务能力提升，加强对等级营业厅的考核、跟踪；细分服务层次，对品牌客户实施差异化服务，为品牌客户提供高质量的服务、建立客户积分回报制等；落实首问负责制工作，建立健全用户投诉的受理、查证、处理、回复、回访等处理流程，同时对维护人员进行优化调整，制定双点服务规范及制度流程，提升客户服务感知。

【安全生产管理】始终坚持“安全第一、预防为主”的方针，切实做好安全生产工作，从根本上杜绝安全事故的发生。制定完善安全生产责任制，并对相关人员进行培训，使每位通信保障人员熟练掌握通信应急流程。

【企业文化建设】把企业文化建设纳入体系建设，结合实际开展“六好支局”创建活动，围绕中心任务深入推进，开展争创工程，党组织更加团结、更加富有战斗力，广大党员把发展作为第一要务，立足本职工作，兢兢业业，创造一流业绩。广大员工的精神风貌、工作作风都有了进一步转变，各项工作取得了新成效。

（责任领导：刘　鑫　撰稿：王学斌）

移动通信

【概　况】中国移动通信集团新疆有限公司沙湾县分公司（以下简称沙湾县分公司）成立于2005年1月，隶属于中国移动通信集团新疆有限公司石河子市分公司。作为驻县企业，沙湾县分公司自成立以来，一直致力于为广大沙湾移动用户提供专业优质的通信和网络服务。2018年，沙湾县分公司主要围绕打造精品网络、提供一流服务、塑造优质品牌开展“领先、领行、领益”三大攻坚活动。

【业务发展】2018年，沙湾县城和乡镇镇区已100%覆盖4G网络；全县FTTH投资建设覆盖率已达到90%，有效地提高了用户的上网质量；

为了推进沙湾县公安系统“智慧平安”项目和各村队视频监控项目的发展，公司加大县乡各杆路的管道线路投资力度，为沙湾县稳定发展保驾护航。

（责任领导：杨江鹏　撰稿：王　艳）

联合网络通信

【概　况】 沙湾县分公司实行网格化运营机制，规范营销渠道建设和管理，大力发展乡村代办点，消除业务服务盲点，优化资源配置，实施精细化管理，不断提升市场运营水平和内部管理能力，在激烈的市场竞争中，企业发展迈上了新台阶，全年客户同比增长2.91%。沙湾县分公司现有员工14人，其中少数民族员工2人，党员3人，专科以上学历12人，是一支专业化的队伍。

【通信建设】 2018年，县分公司加快4G网络建设，完成4G站点建设194个，覆盖沙湾县城、各乡镇、道路及旅游景区，其中村庄覆盖率达88%，为全县人民提供高速、快捷的数据服务业务。网络上传速率38Mbps，峰值50Mbps。下载速率50Mbps，峰值95Mbps。

【服务工作】 县分公司在实体渠道安装使用沃受理平台，在发现问题，解决问题的过程中，完善的平台建设在服务工作起到了先锋引领作用。紧跟联通集团以“互联网+”的思维提出“线下线上营收资金管理一体化”的思路，为自有厅提供MISPOS收单、扫码支付和现金营收款统一线上归集，提升用户缴费体验，缩短集团和省分公司资金回笼周期、降低业务及财务风险，同时为数据分析打下坚实基础。持续加强续推进公司实名制工作，实现业务办理系统与公安系统联网，严格按照《新疆通信管理局关于进一步加强电话用户实名制人证核验工作的通知》要求，保证人证核验100%实名且有档可查的原则。

（责任领导：冯福明　撰稿：胥清花）

城乡建设

住房与城乡建设

【重点工程建设】 安居富民工程：2018年已完成910户建设任务，已开工910户，开工率100%，电子录入910户，录入率100%；建档910户，建档率100%，竣工910户，竣工率100%。对全县安居富民工程开工情况全面督查4次，重点督查18次，下发工程质量及安全生产整改通知书8份，下发安居富民工程通报4期，全县统一观摩学习2次，乡镇之间互相观摩学习6次。2018年，共计到位安居富民工程资金2666.2万元（中央补助资金319.2万元、自治区补助资金1463万元、援疆资金884万元）。截至2018年，已拨付539户的补助资金共计1683.45万元。保障性住房方面：2018年棚户区改造任务557户，采用货币化安置。项目占地面积23.12万平方米，征收房屋总建筑面积10.40万平方米，总投资4亿元。改造向农发行申请贷款（贷款资金3.2亿元、资本金0.8亿元），2018年各项资料已提交，自治区农发行已初评完成，正在进行贷款审批。已完成资本金筹集1067万元，正在办理672万元资金本支付程序。截至2018年，已完成签约557户，100%完成任务。

【建筑市场管理】 2018年在沙湾县注册的企业共有29家，其中施工企业13家、监理企业2家、商混站5家、水利水电企业2家、电力企业2家、设计单位1家、劳务企业2家、工程质量检测企业2家。配合地区交易中心完成全县15个项目的招标前期资料预审及招标公告初审工作。办理非国有发包18项，发包金额共计4.4亿元。为进一步规范建筑市场秩序，建设项目在招投标后，为避免转包或违法分包现象的发生，根据地区要求，对招标和发包项目均采用施工现场管理人员押证制，确保人证相符，持证上岗。2018年与质监站联合开展执法大检查3次，与人社局劳动监察大队共同组成检查组检查1次。协调处理农民工各类讨薪的来访4件，在接访过程中积极协调相关建设单位、施工企业与农民工之间的纠纷，督促企业尽快发放工资，让农民工能及时返乡。对于协调困难的项目，与人社局劳动监察大队配合解决，对于恶意拖欠农民工工资的项目移交司法部门进行解决。

【建筑工程安全方面】 建立健全并严格执行质量安全生产规章制度，召开4次沙湾县建设领域工程质量安全生产工作会议。2018年，共开展专项和执法大检查5次，下发建设工程质量安全执法检查整改通知书127份，现场抽查通知书59份，其中停工整改14份，对违规单位和个人进行约谈8起，进行经济处罚约44.77余万元。对20名项目经理不良行为记分，对26人次项目总监不良行为记分。安全生产总体受控，稳中有升。截至2018年10月，共监督建筑工程55项188个单位工程，面积99.59万平方米，其中新开工37项135个单位工程，面积53.84万平方米；跨年度18项53个单位工程，面积45.75万平方米。有1项工程申报“地区级文明工地”，有1项工程申报“自治区级文明工地”。登记流动人员32个工地3942人。共开展建筑工地安全达标106次，其中12个工地经复验合格。组织开展全县建筑工程质量安全大检查5次，共下发建设工程质量安全执法检查整改通知书127份，现场抽查通知书59份，其中停工整改14份。

【城市精细化管理】 流动摊贩及店外经营治理方面。清理店外经营行为共计15000余起，占道流动摊贩39000余人次，规范流动摊点群5处。广告牌匾统一精细化管理方面。对全县户外广告牌实行精细化、规范化管理。截至2018年，共计清理横幅1000余个、广告牌匾800余个、小广告2000余处。城市亮化工程方面。全年共更换路灯节能灯泡586只、灯罩265个、钠灯245套（含整流器、触发器），规范改造路灯控制箱26台，更换交流接触器48个，更换63安分路开关95个，更换32安和10安分路开关126个、时控器76个，对耘田路广场照明新加装电源控制箱1台。高杆灯更换灯盘146个，路灯隐患排查96处，夜间亮灯率达98%，实现全城夜间路灯安全用电。1—11月共处理交通信号灯临时性故障48次，更换数字倒计时盘9个，规范改造电源箱25处。更换交通信号灯控制线缆560米，协助交警部门对遮挡监控器的树障进行清理。物业小区管理方面。县城区共有小区189个，已备案的物业公司共19家。其中成片小区116个（有物业公司及单位管理的小区80个，单位自行管理小区7个，物业已撤出管理8个，业主自管2个，无物业公司管理、暂由三道河子镇社区监管的小区19个）。零星楼栋独立成院小区90个。为全面提升物业管理服务水平，改善人民群众居住环境，沙湾县按照“分等定价、质价相符、优质优价”的原则对住宅小区进行等级评定，按照评定的结果对全县对物业费进行合理调整。调整后，多层住宅及不带电梯的7层住宅物业服务基准价格为：一级服务0.4元/平方米/月，二级服务0.5元/平方米/月，三级服务0.6元/平方米/月，四级服务0.7元/平方米/月；高层住宅物业服务基准价格为：一级服务1元/平方米/月、二级服务1.2元/平方米/月，三级服务1.5元/平方米/月，四级服务1.8元/平方米/月。

【抓好城市美容】 城市净化工程方面。道路清扫保洁总面积155万平方米，其中机械化清扫面积116万平方米，机械化清扫率达到75%以上。城区内共摆放垃圾箱380个，果皮箱110个，垃圾桶67个，建有免费公厕30座。投资3131.1万元建成生活垃圾填埋场1座，占地面积1071亩，填埋区12万平方米，设计库容79.6万立方米，处理能力150吨/日。2018年，共填埋生活垃圾4.2322万立方米，污水粪便3500多吨，清理居民区散装垃圾1万余吨，收集餐厨垃圾1000余吨。每日出动压缩车7辆、微型收集车2辆、摆臂车1辆、洗扫车8辆，对县城道路进行清扫并清运垃圾，日清运垃圾130多吨。城市绿化方面。全年修剪草坪8次，修剪灌木8次，花带除草松土10次，对发现病虫害的路段及时喷药防治6次，培育各类草花花苗共计35万余株。开展绿化宣传活动2次，发放绿化法规宣传单4000多份，组织执法人员参加业务培训1次，查处损坏绿化设施案件12起，挽回直接经济损失0.2万余元，巩固沙湾县城市绿化建设成果。

（责任领导：母祥明　撰稿：宁欣娴）

供排水

【安全供水工作】 2018年，对老水厂的加压设备和机井进行保养维修，并开启使用机井抽水59万立方米补充县城供水，调节哈拉干德工业园区供水量，缓解枯水期供水紧张的矛盾。水厂实行领导带班，加强各值班点的值班制度，渠首、元兴宫管理站、水厂的值班人员对暗渠进行交叉巡逻，做好引水暗渠巡查工作，各值班点每半小时互相通报情况，及时掌握38千米暗渠运行情况。化验人员每日进行水质基本分析检验，在水质不稳定期，水厂开启加氯设备，确保水质达标。公司在汛期，加大对38千米暗渠的巡查，及时修复被洪水拉空的防洪堤。有效地保障了县城各族群众的正常用水工作。切实做好供排水管网维修、维护工作，每日对城市供排水管网、水厂等重点供水部位进行巡查和维护，为预防突发事件，公司始终做到在人员、机械、车辆、管材、配件等方面的落实，遇到险情、事故可以做到及时有效的处理，保障安全供水。为保障上下水管网安全运行，对老水厂DN1000阀门进行更换，工业园路口DN800的水泥管抢修2次，景泰华庭DN200供水管爆裂抢修、老水厂后门DN200铸铁管抢修3次。景观河玉带桥DN400PE管抢修2次、工业园DN600水泥管维修、农村供水DN600阀门上盲板停止供水等，广场东路金沟河路交会处DN400的供水管网破裂抢修2次，林场DN63供水主管线爆裂抢修1次，智慧大道林清苑前更换DN300的阀门1次，五校门口更换DN300的阀门1次，智慧大道烟草专卖局附近更换DN200的阀门1次，全年大型抢修18次，小型抢修151次，为用户上门服务1680多次，开关水服务300多次，修理和更换井盖86次，疏通下水90余次。并对冬季抢修场地及时进行了恢复，确保县城供水、排水正常。全年完成供水量2194.27万立方米，其中县城生产、生活用水475万立方米；全县绿化用水980.3万立方米；水利局农村供水总站698.6万立方米；元兴宫用水40.37万立方米；完成营业收入1007万元，其中自来水收入824万元、污水处理收入183万元，与上年同期相比增长了3.8%。上缴税金43.2万元。

【安全生产】 公司党支部及时传达中央、自治区、地区、县委关于安全生产工作的重要指示精神，强调了安全生产的重要性，进一步增强安全生产责任意识，不折不扣地把中央和自治区党委的要求落实到位，坚决守住安全生产“红线”和“底线”，确保公司安全生产形势稳定。公司领导在元旦、春节、中秋、国庆节等重点节点前，都要对水厂、38千米暗渠、渠首水源地、应急水源地、污水厂、市政管网、办公楼、出租房屋等重点领域，排查安全隐患和安全生产情况，发现问题，及时整改，做到将隐患消灭在萌芽状态，确保安全生产不出事。各科室严肃查处违章作业、违章指挥、违反劳动纪律的“三违”行为，切实做到安全生产设施到位、安全防护用品到位、安全逃生通道到位，保证作业现场按章操作、规范管理、安全有序，始终紧绷安全生产这根弦，持续开展安全生产隐患检查，全面持续动态消除各类安全隐患，切实筑牢安全生产防线。

【水源地环保整改】 公司通过开展巴音沟河集中式饮用水水源地环境保护专项行动，巩固和提升饮用水源区生态环境，使巴音沟河饮用水源地水质达到Ⅱ类水（GB383-2002）标准。根据自治区地区环保部门提出的整改通知，公司制作巴音沟河饮用水水源地保护区边界信息矢量图，并在具体拐点坐标建设保护区防攀爬围栏；加强日常巡查维护；在一级、二级保护区界线设置饮用水水源保护区12个界标和1个宣传牌、3个汉哈双语警示牌。拆除巴音沟河水源地管护站内的旱厕，建设环保型厕所；并做好环保型厕所地基防渗工作；防护站内生活污水及垃圾统一收集外运处理。积极开展水源地、水厂内部管理自查，编制水源地突发环境应急预案，并储备必要的应急物资。针对水源地存在的安全隐患，进一步修改完善水源地管理制度，并将水源地管理制度进行了张贴，值班人员加大对水源地的巡逻频次。公司投资50余万元，按照上级要求已对巴音沟河水源地于7月11日整改完毕。公司与有资质的检测服务有限公司签订合同，委托其检测水源地39项检测指标，经检测显示抽检水样，水质符合GB/T14848-2017《地下水质量标准》要求。公司从5月1日开始每季度开展一次饮用水水质常规指标检测，水质报告单已在沙湾政府网上对外公开。

【新建和改建供排水管道工程】 完成沙湾县城排水管道改造工程DN400毫米排水管安装675米，完成投资60万元。完成华录广场智慧大厦室外供水管道安装工程DN300毫米安装30米。城西加油站私人用户室外供水管道安装工程DN25毫米安装70米，投资额4.1万元。供销社家属区24户居民、烟草公司家属区供水管网改造，投资额8.7万元。完成三道河子镇4个社区、金沟河路与智慧大道交会处供水管道并网的室外供排水管道线路规划、设计、预算并上报住建局；第四幼儿园、丰和苑供水管道设计、预算；巴音沟河水源地防洪、维修及水源地保护区的工程量统计及预算；翠山新区供排水管道与县城管道并网的设计、预算。全年共完成给排水管道安装1175米，其中完成供水管道DN25—DN300安装500米、排水管道DN400安装675米。完成投资72.8万元。

（撰稿：何玉龙）

环保　气象　地震

环境保护

【概　况】沙湾县环境保护局成立于1998年3月，下属副科级财政全额拨款事业单位1个：沙湾县环境监察大队；下属股级财政全额拨款事业单位3个：沙湾县环境监测站、沙湾县环境宣传保护教育办公室、沙湾县机动车排污监管中心。2018年，有干部职工25人，其中党员20人，少数民族干部6人。

【环境质量】2018年，沙湾县空气质量Ⅰ、Ⅱ级天数274天，占比为78.7%。1—12月空气质量达标比例（AQI）79%，同比变化1.6%。环境空气综合质量指数为4.43，在乌—昌—石区域5市3县中，排名第一。辖区内地表水质达到国家Ⅱ类及以上水质标准，城镇饮用水源水质和城市饮用水源地水质、水厂出水水质和用户水质均符合国家标准；主要河流总体水质状况为优，一、二、三类优良水质断面有2个，占100%。县城交通噪声监测达到城市区域环境噪声标准，城市主要交通干线噪声均值小于68 dB（A），城市生产生活环境得到进一步改善。

【污染防治工作】按照自治区、地区关于打好"三大攻坚战"的部署要求，强力推进大气、水、土壤污染防治攻坚战工作。督促县城3家热力公司完成除尘设施改造，拆除10吨以下燃煤锅炉86台；完成中粮天海（沙湾）工业公司、新疆瑞隆油脂公司20蒸吨燃煤锅炉脱硫脱硝工程建设并投入使用；督促盖瑞公司完成燃煤锅炉煤改气清洁化改造工作；完成9500辆车辆尾气环保检测，其中合格车辆8977辆，不合格车辆523辆，检测柴油车2288辆、汽油车7212辆。组织开展集中饮用水水源地专项整治工作，完成沙湾县巴音沟河水源地一级保护区规范化整治工作；督促新疆银鹰工贸有限公司完成厂区污水处理设施稳定达标排放改造与沙漠污水库区综合整治任务；完成哈拉干德工业污水处理厂工程建设并配套安装污水在线检测设施；按照塔城地区环保局统一安排部署，开展沙湾县重点行业、工业企业土壤污染普查前期调查工作，按期完成自治区对该项工作要求任务进度和时间进度，由政府与全县11家重点企业签订《土壤污染防治责任书》，开展土壤污染风险排查工作和土壤自行检测工作；投资900余万元，完成新建哈拉干德固废处置中心（一般工业固体废物填埋场）工程建设。

【环境监察】加大环境执法力度。2018年共出动执法人员900余人次，对100余家企、事业单位进行300余次现场监察。严防企业偷排漏排，采取定期、不定期和夜间巡查等方式对排污企业进行监督，通过现场检查，发现问题及时整改，共下发责令整改通知51份。加强对砖瓦行业企业的监管力度，监督新兰建材等9家砖瓦企业完善除尘、脱硫、污染源在线监测、无组织排放粉尘处理等污染防治设施。加强环境应急管理，开展重点排污企业环境安全隐患排查，认真落实安全生产责任制，督促53家企事业单位完成环境应急预案的编制备案工作，开展突发环境事件应急演练，强化企业的环保意识和安全防范意识。认真开展环境执法大练兵，大练兵活动期间，共办理行政案卷35件，其中行政处罚34件，查封、扣押1件。

【环境监测】 完成全年环境空气质量24小时自动连续监测、完成沙湾县金沟河2个断面、巴音沟河1个断面、集中式饮用水源地、地下水1个断面的全年水质采样工作，完成沙湾县20个道路交通噪声监测任务，按时完成大气降尘2个点位（原环保局、敬老院）的监测任务。2月顺利通过新疆维吾尔自治区质量技术监督审核评价中心专家组一行3人组织的计量认证复查换证+地址变更的现场评审，获得五大类86项检测能力，与地区环境监测站联合完成5个全国土壤普查点位的详查工作。

【环保督察】 根据地委下发《塔城地区贯彻落实中央第八环境保护督察反馈意见整改方案》，涉及沙湾县中央环保督察反馈意见11项，其中有3项为同一任务，实际反馈问题9项，2018年已完成整改6项，正在整改3项。中央环保督察交办信访案件25件，移交石河子2件，剩余23件已全部完成整改。环保部西北督察局反馈问题13项，已整改完成12项，正在整改1项（与中央环保督察反馈问题园区哈拉干德污水出厂、固废处置中心〈填埋场〉问题一致）。

【污染源普查】 2018年5月，沙湾县开展第二次全国污染源查工作，办公室设在环保局。监测站干部及企业环保专干共6人组成二污普普查办技术组，已经完成全部385家工业源、26家34台生活源锅炉、29家加油站、17个集中式污染治理设施入户调查以及全县233个行政村信息填报工作，入户调查率达到100%。

【荣 誉】 5月，在全国环境执法大练兵中沙湾县环保局环境监察大队被评为自治区“先进集体”。环境监察大队副队长杨茜被评为自治区级“先进个人”。

（责任领导：姚韩斌 撰稿：赵艳芝）

气 象

【概 况】 沙湾县气象局始建于1958年，前身名称为沙湾县气象站，1993年变更为现名，属于国家一般气候站。现址位于沙湾县三道河子镇乌鲁木齐东路33号，地处北纬44° 20′，东经85° 37′，海拔高度522.2米，占地面积40亩。沙湾县气象局是公益性事业单位，2018年有4个股室，共有干部职工7人，退休干部13人，由汉族、哈萨克族、维吾尔族3个民族组成，其中男职工5人、女职工2人；中级职称6人、初级职称1人；党员4人，大专以上文化7人。

【气候概况】 2018年气候特点为：光照条件比较丰富，全年太阳实照时数为2708.1小时，占可照时数的61%。年平均气温为7.9℃，比历年同期平均值偏低0.2℃，与上年同期平均偏低1.2℃。降水量偏少，年降水量为235毫米，比历年平均值偏多26.8毫米，比上年偏少100.2毫米。开春期出现在4月5日，终霜期出现在4月13日，初霜期出现在9月26日，入冬期出现在10月8日。

【气象业务】 2018年国家级新型自动气象站系统稳定运行，1—11月观测业务综合指数99.94%；区域站综合指数98.55%；土壤湿度自动监测站业务可用性为98.89%；常规资料上传及时准确，新型自动气象站系统、计算机通信网络系统等运行良好，无大设备损毁事件发生，无观测业务事故，全面完成了上级业务部门下达的业务指标；完成了2018年棉花生育期观测任务，2018年农气报表无错，因报表质量高受到新疆气象局通报表扬；做好了国家级新型自动气象站、17个区域自动气象站、3个农田小气候站、2个作物地段土壤水分自动监测站的维护保障工作；顺利完成了6个区域自动气象站升级改造、2个区域站称重雨量仪器设备安装，完成了国家站新型自动气象站系统升级改造，在地区局业务科、地区局信息网络与装备保障中心的指导下完成了雪深、日照、备份站称重降水设备的安装调试，完成北斗应急通信系统的安装。气象服务工作是气象部门的立业之本，2018年在新疆农业气象台、地区气象局的指导下，完成了安集海辣椒气候品质认证，经过专家评审2018年安集海辣椒被授予农产品气候品质认证“特优”证书，协助申报企业办理完毕特色农产品二维码，在提升了本地特色农产品知名度的同时也提升了特色农产品经济附加值。精心组织开展2018年自治区财政“三农”气象服务专项实施。2018年，共发布年景分析1期、月预报11期、旬预报33期、春夏季气候趋势预测1期、春耕春播气象服务专报7期、农用天气预17期、各类灾害性预警66期、重要天气情报63期、节日专项预报26期、实时气象服务报告35期、春运专项预报36期、中高考预报6期、决策气象服务材料4期、五日滚动预报192期、灾害性天气预报效益评估3期、灾害性天气联合调查报告2期。每日通过县广播、电视、政府网站发布24小时天气预报，同时通过微信、QQ群、手机短信、电子政务等多种传播手段将气象预报预警信息广而告之，努力提高气象预报预警信息覆盖面；发布7期汛期专题预报；加强极端天气气候事件对沙湾县棉花、辣椒等大宗农业生产的影响，努力提高全县防御气象灾害的能力。6—9月，按照自治区党委要求，密切配合县水利局、防洪办共同开展暴雨洪涝监测预警工作，每天与县水利局、防洪办开展两次会商，及时将0度层高度、3000米高度温度、未来天气预报预警等监测数据向水利、防洪部门通报，为政府决策提供依据。发布景区天气预报，助力“天山画廊”AAAAA级景区创建。

（责任领导：井立军　撰稿：哈依夏）

沙湾县地震工作

【业务工作】 2018年7月6日，沙湾县发生3.2级地震1次，未造成影响。

【防震减灾宣传】 5月12日是中国第十个“防震减灾日”，塔城地区地震局、沙湾县住建局、民政局、科协共同在步行街开展《中华人民共和国防震减灾法》宣传。共摆放展板20块，挂置条幅1条，发放宣传单、画册1000余份，发放防震减灾宣传手提袋150个，向广大市民介绍了防震减灾科普知识和应急避险相关常识及如何开展自救互救等知识。

科普宣传。按照“主动、稳妥、科学、有效”的宣传工作原则，通过以“政府主导、部门协调、社会参与”原则为导向，组织三道河子镇辖区各单位干部利用每周二、周四分批次到塔城地区地震局防震减灾科普教育基地进行参观，以现场教学、模拟情景及观看科普教育片相结合的方式，学习防震减灾基础知识、自救互救知识，提高干部防震减灾意识。

开展防震减灾综合应急演练。组织协调防震减灾各成员单位于4月27日在沙湾五小开展了地震应急综合演练。

（责任领导：母祥明　撰稿：宁欣娴）

文化旅游　自然资源　档案

文化体育广播传媒

【概　况】 沙湾县文化体育广播影视局前身为沙湾县广播电视局和沙湾县文化体育局，广播电视局是在广播站的基础上于1984年成立，成立之初就是局台合一部门；文化体育局于2002年文化局与体委合并成立，2011年10月，按照事业单位改革意见，合并成立沙湾县文化体育广播影视局，简称文广局，属于政府职能部门，承担全县的宣传舆论的引导、文体活动的开展、文化市场监管、文化惠民的落实及县域三馆一站的管理工作。

文广局下辖10个事业机构及3个企业。事业机构为广播电视台、电影管理服务站（农牧区电影放映队）、文化馆（非物质文化遗产保护办公室）、图书馆、文工团、体育管理活动中心（业余体校）、文物管理所、文化市场综合执法大队、无线数字电视维护中心、广播电视台哈萨克语广播电视节目译制部。企业为飞天广告公司、沙湾县广播电视网络中心及新世纪传媒文化有限责任公司。系统核定编制119个（其中行政编制10个、参照公务员编制7个、全额事业编制82个、差额事业编制20个），2018年实有在职人员93人，行政编制实有在编在岗9人。其中享受正科级待遇3人（正科级实职2人），享受副科级待遇2人（副科实职干部1人），科员4人。事业编制实有在编在岗人员87人，其中专业技术岗位人员53人（副高及以上职称5人、中级职称30人、初级职称18人），参公岗位人员4人（享受副科级待遇2人、科员2人）；管理岗位人员3人；工勤岗位16人；财聘人员27名，自聘人员29人。

沙湾县文化体育广播影视局及下属单位文化市场稽查大队和文物管理所均在县文化馆办公，办公面积200平方米，县图书馆有办公场所1500平方米（国家标准服务人口达到20万人以上4500—7500平方米），县文化馆有办公场所新划拨社保局楼1104平方米和老文化馆392平方米，共计1496平方米（国家验收标准是4000平方米），县体育馆有活动场所3020平方米。

【广播电视】 沙湾县广播电视台隶核定事业编制40个，在编人员39人，2018年副高以上职称5人，中级职称14个人，初级职称8人，无职称7人，管理岗位2人，高级工1人，技师2人，其中大专以上学历31人。内设有广播电台、新闻专题部、技术播出部、哈编部、广告节目部、《沙湾新视点》栏目组、《美得很》栏目组8个部门。自办电视频道3套，其中汉语频道2套：沙湾一套（综合频道无线）、沙湾三套（公共信息服务频道）；沙湾二套为哈萨克语频道。汉语自办栏目3个:《沙湾新闻》《沙湾新视点》《美得很》；哈萨克语自办节目2个:《阿拉甫》《家住沙湾》，为确保意识形态领域绝对安全，经申请，于11

月停办该节目。每天同步翻译播出《沙湾新闻》。拥有广播频率三套：FM98.2（沙湾人民广播电台新闻综合频率）、FM94.3（沙湾人民广播电台交通音乐频率）、FM104.6（沙湾人民广播电台哈萨克语综合频率），FM94.3频率与传媒有限责任公司合作，采用制播分离全频代理制模式，频率开播来已经被县域群众熟知和喜爱。

2018年，沙湾县广播电视台《沙湾新闻》节目以党的十九大、民族团结一家亲、全民健康体检、暖心惠民、教育医疗、“访惠聚”、经济社会发展等内容，新开设《党的十九大精神进万家》《关注全国两会》《牢记嘱托 奋力前行》《新时代 新气象 新作为》《深入学习贯彻习近平总书记两会期间重要讲话精神》《在习近平新时代中国特色社会主义思想指引下——新时代 新作为 新篇章》《我奋斗 我幸福》等专栏，深入传达学习各级重要会议精神，充分展示全县经济建设和社会事业取得的成就，充分展示全县各族干部群众投身县域建设和发展的精神风貌。沙湾县广播电视台积极邀请央视对沙湾县鹿角湾景区、安集海辣椒丰收、乌沙安集海大峡谷进行直播采访，分别在中央电视台多个频道播出，树立了良好的对外形象。全年共制作播出《沙湾新闻》340期，播发各类稿件2100余条，全年在塔城地区电视台上稿720篇，在新疆电台、电视台上稿212篇，在中央电视台上稿51篇。

【基础设施建设】 2018年，申请自治区体育局150万元专项资金，实施金沟河镇、大泉乡、西戈壁镇各50万元的体育健身工程。金沟河镇农民体育健身工程已完工，大泉乡、西戈壁镇体育健身工程项目完成前期手续办理；投资236万元完成沙湾县足球场建设；投资516万元完成沙湾县广电播控中心消防设施建设。

【农村公益电影】 2018年，沙湾县农村公益电影放映实现数字化，按照“政府购买和群众受惠”的原则，制定科学的放映工作流程，全年放映农村公益性电影2800场次，超额完成88场，观众达5万人次，完成速度全区第一名。

【文化工作】 文化惠民活动异彩纷呈。以送戏下乡为重点，扎实推进文化惠民，组建沙湾县文工团、文化馆文艺演出小分队，指导各乡镇组建文艺演出小分队，结合民族团结、党的十九大精神宣传等重点工作，新创编舞蹈、杂话、小品等文化艺术作品165个，全年开展文艺小分队惠民演出246场次，覆盖了全县每个村队，极大地丰富了各族群众的精神文化生活；以“百日广场文化竞赛活动”和“乡村百日文体活动竞赛”为主线，深入挖掘品牌文化活动。全年开展“夏季百日广场文化活动”和“乡村百日文体竞赛活动”共392场次，上演各类文艺节目2100多个，参演人员累计4.3万余人次，观众累计达49万余人次。大型节庆活动和各类展演精彩纷呈。成功举办了沙湾2018年春节联欢晚会、元宵节秧歌社火展演、“围绕总目标 放歌新时代”专场音乐会、塔城地区民族团结一家亲巡回摄影展等大型文化活动16场次。11月11日在体育馆举办了沙湾县首届“华录广场杯”鞍沙情趣味运动会，进一步增强援疆干部和受援单位之间的深厚情谊，丰富援疆干部和受援单位干部精神文化生活，凝聚起了鞍山、沙湾携手共建美丽沙湾的强大力量。

文化交流日益深入。在强化自身管理的同时，积极鼓励文艺骨干走出去，全年选派专业技术人员赴疆内外等地学习19人次。赴石河子市、喀什地区伽师县、塔城市等地开展文化艺术交流演出4场次，2月11日受邀承办141团2018年春节联欢晚会，7月邀请石河子市艺术剧院大型话剧《兵团记忆》在沙湾县影剧院连续演出3天，受到沙湾各族观众一致好评；8月组建文化艺术交流团赴喀什地区伽师县开展为期一周的区内协作文化对口帮扶，开展慰问演出6场次，赠送书法美术作品12幅，和伽师县文化系统干部及文艺爱好者开展文化艺术交流讲座，促进两地文化艺术人才共同提高的同时，更加拓展了区内协作文化内涵。

“两馆一站”免费开放稳步推进。一年来，免费开放图书馆、文化馆、村级文化站等20多个活动场所，每天开放8小时以上，累计接待群众达10万人次。开展二胡、小品、朗读、舞蹈等培训班（活动）10期。

文化社团百花齐放。加大对全县20个文化协会及社团的管理和扶持力度，提高社团参与群众文化积极性和作用发挥。2018年7月，沙湾县爱乐合唱团80余人前往革命圣地井冈山参加庆祝中国共产党成立97周年大型音乐会表演，8月沙湾县葫芦丝巴乌学会会长刘凤琴成功在延安市举办个人专场葫芦丝音乐会，国家葫芦丝巴乌学会会长何维钦教授和国内近10个省市界内专家亲临现场，活动取得圆满成功。依托各协会社团组建文艺志愿服务员小分队，围绕“文化惠民”“文化暖冬”及党的十九大精神宣传，前往全县15个乡镇场开展文化志愿服务活动37场次，切实把党的十九大精神和党的各项惠民政策送到各族群众的家门口。

【文物保护】 充分发挥文物保护员的作用，加强对重点文物的常态化管理。年初完成了56个文物保护员的业务安全培训工作，积极配合县公安局开展疑似盗窃文物的鉴定工作。全年累计行程近600千米，巡查5次，确保了无文物被盗案件和安全事故的发生。开展“5·18”国际博物馆日、文化遗产日、全国旅游日等文物保护宣传活动，完成灵泉寺维修验收工作。

【非物质文化遗产】 开展“新疆杂话”“民间剪纸”等濒危项目的抢救性保护工作，完成“新疆杂话”的收集整理和10项“非遗”项目的调查、收集、建档工作，建立“新疆杂话”“民间剪纸”等项目的艺人档案。积极申报国家级“非遗”项目“哈萨克族达斯坦”专项资金，完成“新疆杂话”“民间刻画”自治区级名录的申报，评选和认定沙湾县第一批县级代表性传承人。6月，利用“非遗”活动日，开展“非遗”文化进校园进乡村演出4场次，开展“非遗”展览2期。

【体育工作】 围绕重大节假日，成功举办冬季长跑、沙湾县2018年全民健身暨慢病综合示范区创建大型宣传活动启动仪式、第五届“天博杯”游泳比赛、“工会杯”职工工间操比赛，2018中国体育彩票全国象棋业余棋王赛新疆赛区沙湾预选赛竞赛，广场舞比赛，三对三篮球赛等赛事10场次。鼓励鑫海顺达贸易有限公司在翠山投资500万余元建设攀岩、拓展场地，填补了户外拓展训练空白。着力提高体育彩票销售额，截至2018年，共销售体育彩票701万元。竞技体育水平不断提高。一年来，积极组织和鼓励运动员参加各级各类体育比赛，参加了2018年新疆维吾尔自治区青少年拳击比赛，获得男子56公斤级第三名、41公斤级第三名的成绩。组队参加2018年新疆大中学生田径运动会，3人分别荣获田径组第四名、跳远组第四名和400米赛第五名的成绩，并荣获团体总分第六名。组队参加新疆第十五届中学生校园篮球赛荣获女子组第三名的成绩。业余体校借力发力。充分利用各学校场地、人员、器材为业余训练提供强有力的保证，抓好阳光体育特色训练、跆拳道、健美操、象棋、武术等业余训练，2018年沙湾县参加各项体育项目训练的运动员共400余名，向北京体育大学、北京师范大学、武汉体院等高等院校输送体育人才16名。

【新闻出版】 发行农家书屋免费赠阅图书20349册，音像1841册，农家书屋共计384482元。发行期刊2994册，共计238030元。

【文化市场】 全年共组织文化市场从业人员专项培训活动5次，先后出动执法人员3160人次，组织开展专项执法和集中整治行动15次，检查各类文化和出版物经营单位1030家次，排查整改一般安全隐患293处。处罚违规经营网吧1家，收缴非法挂历13本，非法及侵权盗版出版物724册，危险低俗搞笑玩具、少儿版人民币等60余件，收缴非法卫星电视地面接收设施35件（套），下达责令整改通知书27份，有效规范了沙湾县文化市场经营秩序，净化了社会文化环境。

（责任领导：杨志兵　撰稿：陈　杰）

旅　游

【概　况】 沙湾县旅游局为政府组成机构，属公务员管理单位，核定编制5名，2018年有干部职工18人，有办公室7间。下属旅游景区管理所（差额事业单位）、旅游执法大队（全额事业单位）。2018年，接待游客165.84万人次，同比增长33.85%，实现旅游综合收入15.36亿元，同比增长31.26%。2018年，全县共有国家AAA级景区9家、三星级饭店1家、S级滑雪场2家，旅行社8家，可满足不同层次游客的消费需求。有全国农业旅游示范点、自治区四星级农家乐示范点1家（森林公园），三星级农家7家，二星级农家乐8家，SS级滑雪场1家（大自然滑雪场），三星级宾馆1家（德荣酒店），国内旅行社2家，旅行社门市部4家。旅游业作为调结构、促就业、惠民生的支柱产业及第三产业龙头的作用得到凸显。

【旅游项目】 2018年，全县旅游景区规划和旅游项目建设稳步推进。按照自治区、地区旅游发展大会要求，积极对接北大博雅方略旅游景观规划设计院，进一步修订完善《沙湾县全域旅游发展规划》，突出沙湾全域旅游在塔城地区的地位和特点，突破旅游供给侧改革的瓶颈。编制修订《沙湾县全域旅游推进工作实施方案暨全域旅游示范区创建方案》及《沙湾县全域旅游三年行动计划》。为切实做好“天山画廊”国家AAAAA级旅游景区创建工作，启动《鹿角湾景区创建国家AAAA级旅游景区提升规划》文本、宣传片编制、制作工作。针对旅游重点项目进行责任分解，细化到人，确保项目工作扎实有序推进。温泉旅游度假区开发项目完成投资11920万元，一期综合洗浴中心已投入运营；二期精品酒店土建工程A座已完成土建二层浇筑，B座主体完成，C座进入装修阶段。新疆绢道映画影视有限公司完成了《九州缥缈录》《包青天》《绝代双骄》等电视剧的拍摄，填补沙湾县影视艺术的空白，为全县影视旅游打下根基。加强与浙江日发集团合作，在鹿角湾景区成功完成西亚航空直升机试飞，为低空观光飞行奠定基础。组织实施“访惠聚”自治区旅发委项目——东湾镇家什窑村牧家乐。积极配合S101省道（沙湾境内）升级改造工程，2018年已全线通车，形成衔接有效、集散顺畅的“天山画廊景观带”旅游交通体系。

【宣传促销及招商】 2018年，旅游宣传促销及招商成果工作成效显著。一是为广泛宣传沙湾旅游资源，参加由地区旅游局组织的赴辽推介会，以及在乌鲁木齐举行的“2018年新疆冬季旅游博览会”，强力推介，呈现沙湾旅游特色。二是组织乌鲁木齐、昌吉、石河子、奎屯、乌苏、独山子等地旅行社到沙湾县温泉、鹿角湾景区进行踩线，针对全县冬季旅游资源较为丰富的特点，制定了精品一日游和二日游线路，并与温泉天赐圣泉公司签订行业协议。三是推动“全域旅游”招商，参加“厦洽会”“西博会”，在新能源轨道交通、文旅融合发展、景区创A等方面收到有益的借鉴。特别是2018年6月18日端午节，鹿角湾景区因成功禁牧而改善生态环境，推动旅游业发展、带动牧民增收，旅游局联合县广播电视台，两次成功登上中央电视台新闻频道，之后中央电视台社会与法频道又陆续播出，鹿角湾景区由此高调进入全国观众视野，提高了沙湾美誉度，鹿角湾景区游客剧增。其间“辽塔号”旅游专列抵达沙湾县，运输游客7000余名，开启了“辽塔号”旅游专列新经济，为沙湾县旅游带来了旺盛的客源，也带来强大的旅游消费，拉动乡村旅游和特色旅游纪念品、手工艺品的生产，增进了辽宁塔城人民的感情，让辽宁游客切身感受援疆的成果。2018年“亚欧博览会”期间，沙湾县各大媒体报道20余次，其中被新疆电视台头条报道，与6家企业招商对接，其中“一个人的村庄”文化旅游项目被列入亚欧博览会签约项目。

【行业管理】 旅游行业管理工作不断加强。申请建立沙湾县旅游景区管理委员会，为更好地推进旅游行业管理奠定基础。按照县安委会一系列安全生产工作文件要求，多次召开安全生产工作会议，对当前旅游行业存在的安全生产问题进行研究部署，与星级酒店、A级景区、星级农家乐、旅行社层层签订责任书，制定沙湾县旅游行业安全生产大检查方案，定期不定期对各企业安全生产工作开展情况进行检查，确保不出安全生产事故。2018年共开展旅游市场秩序、环境保护、安全生产检查28次，出动检查人员60人次，下发整改通知书30余份。截至2018年，全县旅游行业未发生一起安全生产事故。按照中央环保督察组要求，为保护景区生态环境，温泉景区康养区由新疆鹿堂泉旅游文化有限责任公司负责建设日处理污水500立方米的污水处理及垃圾收集设施。2018年，污水处理管道已建设完成。

【荣　誉】 2月15日，旅游局荣获“沙湾县2017年度经济发展工作突出贡献单位”称号。

8月25日，自治区旅游发展大会召开，沙湾县荣获“自治区全域旅游示范区创建单位”称号。

11月1日，经地区旅游景区评定委员会评定，批准沙湾县安集海大峡谷、千泉湖景区、绢道影视城、华录文化广场获得国家AAA级旅游景区等级称号。

（责任领导：丁志毅　撰稿：陈　杰）

国土资源

【概　况】 2018年，沙湾县国土资源局内设科室：行政办公室、地政管理科、矿政管理科、综合科、纪检监察法规科、土地草场纠纷管理办公室、土地整理储备交易中心。下属城区国土资源所。

【地政管理】 打击违法用地。一是做好2018年遥感监测图斑的整改。对国土资源部下发沙湾县的遥感监测图斑共409个，经详细实地核实，违法用地共涉及43图斑30个，面积69.38公顷，占用耕地34.44公顷，其中涉及自治区重点项目、民生项目非立案处理21宗，违法立案查处并结案9宗。矿产疑似违法图斑12个，其中伪变化图斑5个、违法非立案查处图斑7个。2018年，违法用地中申报自治区国土资源厅待批18宗，地区行署审批3宗，报地区审批10宗（已批3宗、待批7宗），移交法院1宗，依法拆除1宗。二是做好2018年度督查预警疑似违法用地图斑核查。对下发沙湾县2018年度督查预警疑似违法图斑588个，提前核实，对涉及的违法用地按属地管理原则，向各乡（镇、场）下发整改督办函，正在立案调查和补办用地手续。同时，全力配合西安督察局对沙湾县土地利用管理工作的例行督察，对指出的问题及时进行了整改。

建设项目用地预审制度。进一步完善建设项目用地报批程序，严格落实建设项目用地预审审查制度。完成组卷上报自治区11个批次37个项目；单独选址项目12个，保证了各类用地的土地供应。办理各类建设用地11宗，供地总面积34.1631公顷，土地总收益2722.8552万元。其中挂牌出让5宗，供地面积16.0794公顷，成交价款2496.5702万元；协议出让1宗，供地面积0.2027公顷，成交价款68.2万元；租赁4宗，租赁面积17.7498公顷，租赁金156.117万元。

基本农田划定。按照永久基本农田划定工作要求，完成永久基本农田划定数据库整理、基本农田保护图件编制、数据统计汇总等成果，通过自治区验收。为避免沙湾县重点建设项目占用基本农田，重点针对玛河沿线、省道115，大泉乡、金沟河镇区域的项目，及时与交通局、水利局、发改委部门沟通，及时调整规划方案，把项目拟使用区的基本农田调出，保障重点项目顺利实施。

完善耕地保护共同责任制。耕地保护始终作为沙湾县国土资源管理的重要工作来抓，为保护好沙湾县的耕地资源，按照耕地保护目标责任书的内容层层落实保护责任。2018年落实耕地保护面积（签订责任书）为100340.16公顷，其中基本农田面积为72813.27公顷。将面积72813.27公顷基本农田保护责任全面落实到乡（镇）、村（队）、户，层层明确了保护责任人、保护范围、保护措施和保护责任，县、乡、村三级层层签订责任书。截至2018年，已新设立基本农田保护县级保护标志牌1块、乡级保护标志牌15块、村级保护标志牌100块、地块标志牌100块，全部内容进行了翻新，确保了保护目标明确、责任到人，通过抓落实，保证了沙湾县域内的耕地保有量和基本农田保护面积不减少。

土地整理。对2016年完工的3个项目做好验收；对2017年实施的沙湾县老沙湾镇南梁村和海子湾村基本农田整理项目、东湾镇南湾村等村基本农田整理项目、沙湾县柳毛湾镇皇渠村和窦家庄村基本农田整理项目，建设总规模1898.26公顷，总投资5016.65万元，做好续建，2018年正在进行地埋管安装，11月20日完工；对2018年申报实施的沙湾县商户地乡蘑菇湖村南片区和北片区基本农田整理项目（建设规模932.91公顷，总投资2417.87万元）做好前期监管工作。

基础测绘服务。发挥基础测绘服务作用，提升基础测绘保障能力。一是加强对测绘行业及测绘成果使用单位的检查，对两家测绘公司测绘成果，水利、畜牧等4个单位涉密计算机和移动存储设备保存的涉密测绘成果、涉密测绘成果图件保管使用情况进行了监督检查。二是加大地图市场的监督检查。在全县范围内集中开展地图市场检查，未发现“三无地图”及其制品、失泄密隐患的地图。三是发挥测绘服务作用，为农用地清理奠定基础。

国有农用地清理。制定完成2018年《沙湾县国有农用地清理工作实施方案》工作，充分利用广播电视全方位、多角度地宣传农村土地清理政策和意义。建立沙湾县农用地数据库，为沙湾县农用地清理打下坚实基础，沙湾县实际完成退地面积0.49万公顷，完成地区下达任务的112%。其中，清退村集体发包国有土地786.67公顷、国有农用地4140公顷。完成2018年农作物信息采集面积180498公顷，申报登记棉花种植面积17295.2公顷。

【地矿管理】 矿政管理。按照相关要求，按时完成11个非矿山采矿许可证的延续、变更审批和8个煤矿矿区范围划定、采矿许可证延续、变更的审核上报工作；完成沙湾县辖区内2个探矿权延续、变更的审核上报工作。配合地政科完成全县6个煤矿的用地预审配合工作，按时完成辖区内所有用地项目压覆矿产查询和地质灾害危险性评估工作。结合沙湾县实际，按时完成《沙湾县矿产资源“十三五”矿业权设置方案（总体规划）》的调整和修编，并通过自治区国土资源厅的审批。

地质环境保护和地质灾害管理。成立沙湾县地质灾害防治工作领导小组，初步建立了县、乡（镇、牧场）、村三级地质灾害群测群防网络体系，结合沙湾县地质灾害详查工作，编制完成了沙湾县南部山区片自然灾害防治网格化管理方案，为全县地质灾害防治实现三级县、乡、村随时联动奠定基础。将辖区内60处灾害隐患点标注在一张图上，对每个隐患点编制防灾预案，并将每一个隐患点分解到乡（镇、场），初步构建了县人民政府（国土资源局）、乡（镇）人民政府、村（队）“两委”和村民“四位一体”地质灾害防治体系，在塔城地区率先完成县辖区地质灾害防治网格化管理的防治管理体系。

开展矿业秩序治理整顿。为严厉打击无证开采矿产资源违法行为，编制了《沙湾县严厉打击和取缔非法开采矿产资源违法行为常态化工作实施方案》《制止打击煤炭资源领域乱采乱挖治理措施》《制止打击砂石料资源领域乱采乱挖治理措施》，同时配合国土资源执法监察大队进一步加大巡查检查力度，对无证开采违法行为始终保持高压态势。完成2起违法开采矿产资源案件的查处工作，3起违法开采矿产资源案件正在办理，有效促进全县矿业秩序持续好转。

安全生产管理。为认真做好国土资源行业安全生产管理工作，成立了国土资源局安全生产领导小组和安全生产长效检查和“三项整治”领导小组，与辖区内的所有矿山企业签订《安全生产责任书》，开展安全生产检查5次，累计下发安全生产整改通知书82份，通过不间断地检查督导，矿山企业安全生产条件明显改善和提高，历史遗留的安全隐患基本得到消除，进一步提高安全生产主体意识，确保全县安全生产工作顺利开展。

河长制管理。成立河长制管理领导小组，编制《沙湾县砂石料厂落实河长制管理、环境保护、安全生产、矿产开发整改落实方案》，同时要求各砂石料厂结合实际，编制本矿山企业的整改落实方案，提高砂石料厂主体责任意识。对辖区内现有的16家砂石料厂进行多次集中清理检查，共下发固体废料拉运回填、采坑边坡角削坡筑坡降低坡角等隐患整改通知书34份，责令矿山企业集中机械、车辆和人力进行整改。责令矿山企业在6月黄金生产季节连续停产60天。通过强有力的整改，各砂石料厂历史遗留的固体废料基本拉运回填完毕，历史遗留的高陡边坡角基本消除，台阶式开采基本形成，消除了砂石料厂的安全隐患，保障了河道行洪通道的畅通，恢复了土地功能，有效促进环境保护。

环境保护。为认真做好矿山企业环境保护和大气污染攻坚战的各项工作，对于正常生产的32家矿山企业在日常巡查检查时，要求6家煤矿企业在生产经营过程中，产生的废水经过净化处理用来洒水降尘和绿化灌溉等循环利用，对产生的固体废料集中堆放破碎后进行回填掩埋覆土并种树种草进行复垦，10个砖瓦企业产生的废料集中回填到采坑中植树种草，16个砂石料企业产生的废料，由矿山企业自行回填到采坑内，消除安全和环保隐患，达到开采区的地形地貌与周边协调。做好三大攻坚战，按照地区要求，已基本完成5个砂石料开采区恢复治理销号档案的整理和关闭煤矿的恢复治理工作，并通过中央环保督察反馈意见沙湾县整改办的初步验收，为2020年底以前全面完成整改任务奠定坚实基础。

【不动产统一登记】 完成了不动产信息化平台建设，与房管、民政、地税等部门建立了共享系统，满足各部门机构对不动产登记信息的需求，强化信息平台建设，在全疆开通首个不动产登记门户网站，实现网上申报，审批。共办理不动产证书7800本，不动产抵押证明6545份。不动产登记窗口先后被评为沙湾县“青年先锋岗”，入围“全国百佳窗口”评选活动。在行风评议中群众满意率在98%以上。此项工作也得到了上级机关和区内同行的首肯，2018年7月，在全区作了题为《“12951”模式开创不动产登记新局面》的专题发言，得到了业内同行的一致赞誉。2018年10月23—25日，自治区不动产登记业务巡回送学培训第六期（塔城地区）在不动产登记中心举行。已完成3个国有农牧场确权登记工作。第一个在全疆颁发首个国有牧场土地使用权不动产权证书。已完成3个国有农牧场确权登记333.55万亩。

【化解矛盾纠纷】 聚焦社会稳定和长治久安总目

标，进一步健全完善信访工作制度，加大信访查办反馈力度；严格按照“属地管理，分级负责”“谁主管，谁负责”的原则，层层落实信访工作责任制，密切关注信访动态，及时掌握信访信息。对转办的信访件，坚持由分管领导带队，组织人员逐件到实地调查、调解，并及时将查处情况向上级反馈。2018 年，受理群众来信来访 20 起 39 人次，2018 年已化解 10 起。网上信访答复 12 起，其中自治区国土资源厅纪检部门 1 起，其余 11 起为自治区和地区网上信访答复。优化信访信息系统，规范信访网上处理，以信息化促规范化，通过信访业务处理流程在信息系统中固化，按照法定程序办信接访规范信访事项办理程序和文书格式，接到网上信访事件必须在 7 个工作日内予以接收办理，对重复上访的信访事件，根据信访内容的变化与否决定是否受理，使信访事项办理效率大大提高。

【机关法治教育】 一是扎实推进普法教育。编制年度法治宣传教育计划，明确国土资源法治宣传教育重点内容，深入推进“法律六进”，推动法律进意识、进观念，转化为自觉守法、依法办事行为。二是加强国土资源法治文化建设。充分利用广播、电视、报刊、网络、电子显示屏和移动通信等载体，开展国土资源法治宣传教育，努力营造全县国土资源法治文化氛围。利用“4・22”世界地球日、“6・25”全国土地日、“8・29”测绘法宣传日等主题日，广泛深入地宣传国土资源法律法规。充分利用“访惠聚”驻村工作队及农牧民夜校等阵地，扩大法治宣传教育的覆盖面。

【档案管理】 完成 2017 年度各类档案的目录数据库录入工作，完成 2017 年度各类永久性档案的卷内文件扫描工作，其中业务档案 522 卷、农用地 43 卷。查阅档案 244 人次，调卷 724 卷，财务、审计部门查阅 300 份，为土地纠纷调处、不动产登记发证提供准确依据。

（责任领导：文茂军　撰稿：文光辉）

档　案

【概　况】 沙湾县档案局前身为 1981 年 8 月成立的沙湾县档案科（馆），实行档案科、档案馆合署办公。1987 年 7 月改为沙湾县档案局（馆），仍实行档案局与档案馆“局馆合一”，一个机构、两块牌子。2006—2018 年，沙湾县档案局为参照公务员管理的事业单位，档案局与档案馆实行“局馆合一”，“一个机构、两块牌子”既是县委的机构，又是政府的机构。根据精简效能的原则，未设内设机构，全额预算管理，核定事业编制 7 名，其中科级领导职数 2 名、一般工作人员 5 名。

【档案业务工作】 沙湾县是自治区确定为土地确权登记颁证试点县，与农业部门积极配合，对土地确权登记颁证中的档案整理进行业务指导，多次与农业部门深入乡镇、村队，对土地确权登记颁证档案整理中出现的问题及时纠正，确保自治区在沙湾县举办的农村清产核资、土地确权登记颁证工作现场会顺利召开。

【机构改革涉改单位的档案整理指导工作】 为做好机构改革工作中档案的收集、整理、归档工作顺利进行和进馆工作，先后举办了 2 次档案业务培训班并派出业务人员深入涉改单位现场指导档案归档工作，使各涉改单位的档案按规范化标准整理归档，为进馆奠定了扎实的基础。

【档案等级评定与复验工作】 先后 3 次派出业务人员到届满复验单位县公安局档案室进行了业务指导，并接待公安局各所队室档案员到档案馆进行参观学习。

【档案的提供利用】 沙湾县档案局接待档案利用者 11 人次，提供档案查阅服务 299 余卷次，免费复印提供证明 24 页。为办理退休、抚恤金、房屋过户、办理房产、补办结婚证等方面提供了第一手印证资料，为查档者解决了实际困难，充分发挥了档案资源的价值，体现了档案利用的社会效益和经济效益。

（责任领导：冯　锐　撰稿：古丽努尔）

新华书店

【概　况】 沙湾县新华书店成立于1957年7月，位于沙湾县世纪大道212号，隶属于塔城地区新华书店，总占地面积2294.93平方米。一般图书、教材营业面积1300平方米。门市营业面积1500平方米，共陈列维吾尔语、汉语、哈萨克语三种文字图书28000余种。承担着全县23万人口，汉语、哈萨克语、维吾尔语三种文字，16个乡镇场、226个行政村、18个社区、26所中小学的一般图书和中小学教材发放任务。承担着“东风工程”与“农家书屋”的配属与发放工作。2018年有在职职工13人，离退休职工10人。

【图书发行】 2018年，新华书店完成一般图书销售7153113.39元（其中图书招标2020162.2元、民文图书销售432843.45元），海尔电器销售8521238.9元，文化用品销售116494.8元。教科书销售11860295.18元（其中免费教科书4219536.11元），完成全年任务的100.6%。完成国家惠民政策东风工程图书及音像制品发行，共计金额2013328.16元，发行东风工程期刊34952册，码洋228918.8元。发行红书包48个。

【发行服务工作】 新华书店全体员工始终坚持图书发行为人民服务，为社会主义服务的发行方针，始终坚持送书到校，保证“课前到书，人手一册”的服务宗旨，坚持开展“图书七进”活动，上门征订，图书进军营、进乡村的流动便民利民活动，尽一切力量满足广大读者对精神食粮的需求，积极开展形式多样的优惠服务活动。2018年4月23日，喜迎第22个“世界读书日”，新华书店开展“倡导全民阅读　营造书香天山”，携手沙湾县第一小学、沙湾县图书馆、丑小鸭艺术学校一起举办了“阅读、新时代、新征程”读书节系列活动。2018年，开展图书优惠促销活动共6次，全店党员干部职工轮流外出参加流动售书活动，图书进“乡镇集市”、进“军营和野外的部队驻训处”、进“学校”，全年共流动23次，销售图书1012册，码洋26466元，参加81人次。文化用品销售码洋8702元。

【重点图书销售】《梁家河》65册，码洋2340元；《习近平扶贫论述摘编》200册，码洋5400元；《习近平谈治国理政》一、二卷1253册，码洋100240元；《中国共产党纪律处分条例》1214册，码洋7284元；《中国共产党纪律处分条例释义》553册，码洋15484元；《中国共产党纪律处分条例问答》366册，码洋12810元；《习近平新时代中国特色社会主义思想三十讲》10615册，码洋307835元；《理论热点面对面》99册，码洋2079元；《教你学汉语》2733册，码洋95655元；《心胜》48套，码洋5548元。政治类学习读物共发行码洋557015元。

（责任领导：刘向红　撰稿：董翠玲）

社会生活

机构编制

【概　况】中共沙湾县委机构编制委员会办公室是属于县委管理的正科级行政单位，下辖事业单位登记管理局（副科级）和县委编办电子政务中心（股级）。2018年有工作人员9人，其中党员7名。

【机构编制管理】严格执行机构编制上报审批、备案、撤一建一等机构编制管理制度，无超限额设置工作部门或不按规定权限设置机构等违反机构编制纪律的现象。严格执行《沙湾县机构编制委员会议事规则》《沙湾县事业编制内部挖潜和创新管理实施方案》《沙湾县编委会（人事调配领导小组）议事制度及办公室工作制度》《沙湾县人事调配工作程序》《沙湾县县级财政供养人员管理办法》等一系列工作制度，在机构设置、编制调整、人员调动等实际工作中严格按照规定程序和要求规范执行。积极协调组织、人社、财政、监察等成员单位，召开沙湾县编委会（人事调配领导小组）会议3次，及时研究机构成立、编制调配、招录招聘计划、人员调动、辞职、退休等事宜，并及时拟定下发会议纪要，办理相关手续。

认真贯彻落实自治区精简和收回编制、约束增编、激励控编的办法，在严格落实《沙湾县控编减编举措和工作方案》的同时，根据中央、自治区编委关于事业编制挖潜和创新管理的意见，结合沙湾县实际，制定了《沙湾县事业编制内部挖潜和创新管理实施方案》，并根据各单位职能变化和空编情况，收回事业单位空编60名，重点用于社区、巡察等机构。

根据自治区、地区公务员、事业单位招录招聘通知要求，结合全县行政机关、事业单位空编、人员需求情况和公务员招录、事业单位招聘政策，配合组织、人社部门认真审核上报2018年公务员招录和事业单位招聘编制使用计划，分别审核上报公务员招录计划129名、事业单位招聘计划173名。同时，及时办理了新录用公务员127名、事业单位招聘人员141名、特岗教师77名、免费师范生和免费医学生68名、天池计划38名人员的入编手续。

为切实加强机关事业单位人员管理，进一步严肃干部人事工作纪律，联合组织部、人社局，制定下发了《关于科级干部职务调整、干部职工调动后及时转移工资关系有关问题的通知》，对全县近年来科级干部职务调整、干部职工调动后因种种原因未办理工资、编制转移手续的人员进行了全面的清理，对清理出的11名人员，全部督促其办理了工资、编制转移手续。

按照“围绕中心、服务大局”的要求，积极发挥机构编制部门职能作用，围绕“1+3+3+改革开放”重点任务，先后成立了县翠山（金沟河）

生态工程建设管理中心、县河（湖）长制办公室等工作机构，并为相关单位调整增加20名事业编制，为社区调整增加10名事业编制，不断加强基层工作力量。

按照《事业单位登记管理暂行条例》和《事业单位登记管理条例实施细则》要求，认真总结以往事业单位年度报告工作好的经验和做法，结合实际情况，不断完善、不断提高，为方便各事业单位办理年审、变更等业务，建立事业单位年审QQ群，随时随地开展咨询、指导工作。2018年，沙湾县登记事业单位总数为311个，其中新设立登记单位5个、年度报告单位306个，办理变更单位58个。年度报告率100%，年度报告合格率100%。

按照中央编办《关于开展机关、编办直接管理机构编制的群众团体统一社会信用代码赋码工作的通知》和《关于印发自治区法人和其他组织统一社会信用代码制度建设实施方案的通知》文件精神，县委编办高度重视，积极推进机关、群团统一社会信用代码赋码工作，指定专人负责社会信用代码赋码工作。全年办理“统一社会信用代码证书”共计68个单位，其中行政机关57个、垂管单位3个、群团组织8个。办理变更单位10个。

【党政机构改革】 自全国“两会”召开后，编办立即组织人员对《深化党和国家机关机构改革方案》进行认真的学习，按照自治区、地区的部署，报请县委批准成立了由县委书记任组长的党政机构改革领导小组，并从组织、纪检、人社、审计、档案、机关事务管理等相关单位抽调7名业务骨干，全程参与党政机构改革工作；为确保改革任务顺利完成，多次组织工作人员对中央、自治区、地区关于党政机构改革的决定、方案、领导讲话等进行学习培训，确保正确理解把握政策；组织人员对涉及改革部门的编制、人员、职责等进行认真的梳理汇总，建立机构编制、人员、职能台账；组织财政局、机关事务管理局、档案局等部门，分别牵头对涉及改革部门的资产、债权债务、办公用房、公务用车、档案资料进行摸底调查，建立台账。认真学习研究上级改革政策，加强与上级及周边县市的对接，结合沙湾县实际，研究制定《沙湾县深化党政机构改革方案》，并按时上报地区，为顺利推进改革工作奠定了基础。

【“放管服”改革】 牵头起草《沙湾县进一步推进“放管服”改革工作的实施意见》下发全县执行，并多次牵头组织政府各部门，研究解决“放管服”改革推进中的具体问题。根据《转发〈自治区人民政府督查室关于开展“放管服”改革政策措施落实情况自查工作的通知〉的通知》以及国务院大督查关于“放管服”改革工作要求，由县委编办（审改办）牵头，组织行政审批改革组、投资审批改革组、职业资格改革组、收费清理改革组、商事制度改革组、教科文卫体改革组6个专题组，对“放管服”改革工作开展情况进行了全面自查，并形成了专题报告，由政府分管领导审阅同意后上报地区。

为做好自治区清理规范行政审批中介服务事项和取消中央指定地方实施行政审批中介服务等事项的落实和衔接工作，切实加强事中事后监管，维护行政审批中介服务等事项设定和取消的严肃性，根据自治区审改办等11个部门《关于清理规范行政审批中介服务事项、取消中央指定地方实施行政审批中介服务和证明材料的通知》文件精神，通过“以会代训”的形式，组织发改委、卫计委、国土资源局、住建局、交通局、文广局、安监局、市场监督管理局、保密局等涉及部门，对自治区审改办等11个部门公布清理规范的38项行政审批中介服务事项、证明材料，结合沙湾县各部门职能、权限，进行了认真的审核、论证，最终决定对涉及县级的行政审批中介服务事项、证明材料取消5项、保留2项。经县人民政府审核、确认后，下发文件对外公布执行。

（责任领导：蒋爱杰　撰稿：潘慧慧）

人力资源和社会保障

【概　况】 2011年10月，按照上级机构改革的统一部署，组建沙湾县人力资源和社会保障局（简称人社局），由原沙湾县人事局和劳动和社会保障局合并而成，内设办公室、工资福利股、行政事业单位管理股、专业技术人员管理股、就业服务中心、职业技能鉴定所、社会保险管理股、人力资源服务中心、仲裁办、财务室、档案管理股11个股室及县劳动保障监察大队、创业服务中心、合管中心（机构改革，并入人社局）3个副科级单位，下属二级局县社会保险管理局，由汉族、哈萨克族、回族等7个民族构成。2018年，局机关在职干部58名，退休干部30人，大专以上（含大专）学历68名。主要负责就业创业、社会保障、人事人才、劳动用工维权等方面工作。

【就业创业】 以“春风行动”“精准扶贫”等主题，开展“就业扶贫”“就业惠民”系列服务活动促就业，共组织专场、综合招聘会场10次，26家企业提供用工岗位4320个，1623人次参加招聘会，促使262人次实现就业，其中贫困劳动力5人次；零散求职登记605人次，推荐就业岗位262人次，职业介绍成功330人次。不断加大转移就业工作力度，城镇新增就业6150人，其中困难就业人员159人，完成地区任务的107.8%；共转移农村富余劳动力14650人次。全县领取失业金280人，失业率控制在2%以内。积极落实各项就业优惠政策促就业，开发公益性岗位282个，审核发放282名公益性岗位补贴及社保补贴805.7万元；审核纺织服装企业共12家培训补贴542人131.2万元。认真落实高校毕业生促进就业各项政策，开通创业绿色通道、落实“三支一扶”补助政策，引导毕业生积极返乡就业、创业等，促进高校毕业生多渠道就业，实现高校毕业生就业457人。2018年共实名制登记高校毕业生322人，已就业312人，应届毕业生就业率97%。创业带动就业，以“创响新时代　共圆中国梦”为主题，组织参赛队参加第三届“中国创翼”创业创新大赛活动，沙湾县推荐的安集海“辣椒深加工”项目获得自治区级创业组一等奖。2018年，全县新增创业公司102家，个体963户，带动就业3102人；积极落实创业引导性资金政策补贴，为入住沙湾县汽贸园创业孵化基地的79家商户，审核水电费、房租等需要减免的费用达150余万元；举办11期创业培训班，累计培训305人，创业成功68人；举办9期“创业+电商”培训班，累计培训302人。大力开展职业技能培训，2018年开展各类培训班218期，共培训17598人。切实做好南疆四地州深度贫困地区富余劳动力有组织转移就业工作，沙湾县共接收喀什、和田地区城乡富余劳动力有组织转移就业9批次441人，分别安置到信泰纺织、环卫处等单位就业。

【社会保险】 2018年，沙湾县社保扩面征缴及社保业务工作进展有序，实现各项参保人数共计299931人。各项社会保险共征收社会保险费35489万元，及时审核支付各项社会保险待遇52294万元，确保各族群众养老、医疗、失业等各项待遇按时足额发放，各项社会保险业务正常办理。基本养老保险实际缴费8万人，其中：职工1.9万人、城乡居民6.1万人，实际参保率75.37%；基本医疗保险实际缴费16.66万人，其中职工2.61万人、城乡居民14.05万人，实际参保率81.43%。对企业、职工所涉及的工伤认定方面的政策予以指导，全年共受理工伤认定申请123起、工伤认定97起。按政策严格把握退休条件，办理退休手续275人，其中企业职工及灵活就业人员正常退休268人；特殊工种提前退休7人。按照文件规定，审核办理补缴社保364人；审核医疗保险视同缴费认定675人，审核批复慢性病1798人。

【劳动保障】 加大对在建建设项目日常巡视检查力度。2018年，全县在建工程项目28个，共检查用人单位148户，检查在建项目28个，涉及农民工5500余人；书面审查用人单位58家，劳动用工备案5330人，劳动合同签订率达96.2%；通过专项检查，责令支付农民工工资800万元，涉及农民工300余人。查处涉嫌犯罪移送公安案件7件，需申请法院强制执行案件1件，并向地区上报失信企业黑名单1户。加大矛盾纠纷排查调处力度，每月开展一次劳资矛盾排查化解梳理，通过抓早、抓小、抓苗头，努力在源头上减少不和谐因素，将矛盾化解在基层、调处在萌芽状态，杜绝了重大群体性事件的发生。接待来访、投诉及信访转办案件319件，办结率100%。加强政府投资工程项目保障农民工工资支付监督情况，审核支付的政府投资类项目农民工工资超过2000万元。认真做好建设领域存储农民工工资保证金工作，督促建设施工项目按规定参加工伤保险，全面推行建筑工地在醒目位置设立“农民工权益保障公示牌”制度，促进建筑施工单位合法用工，农民工依法维权。2018年，催缴建设项目农民工工资保证金813.69万元，农民工工资保证金累存1972.39万元，涉及建设项目172个。

【技能鉴定】 组织开展5个工种共计15名考评员的换证工作和业务培训工作。组织上报14名机关事业单位技术工人参加相应技术工种的中、高、技师、高级技师晋级培训考核。对3名符合条件的机关事业单位技术工人进行了聘任。

【档案管理】 管理在职档案2897本，退休人员档案1939本。收集整理各单位文件材料3560份，整理各类档案1980卷；完成新增工资表2800余份、考核表3100份入档工作。完成2897本档案电子档案编码及电子目录建立工作。办理企业人员退休证85本，行政事业人员办理退休证42本。转组织部档案35本，企业退休提档82本。

【工资福利】 完成全县事业单位2018年绩效工资总量核定工作，督促全县各事业单位完善绩效工资分配方案。完成全县执行公务员工资制度政法专项编制人民警察加班补贴和值勤岗位津贴共计383人的总量测算工作和实际发放审批工作；完成政法系统53名政法人员政法机关工作津贴的审批；完成全县机关事业单位7931名工作人员和26名离休人员的艰苦边远地区调标工作。下文批准到龄退休41人；完成51名机关事业单位职工死亡后抚恤金、丧葬费、遗属生活困难补助的审批。完成2017年度新录用公务员、2014年特岗教师、农牧区高中起点专科层次医学教育专业毕业生、农牧区订单定向免费医学专业生、事业单位招聘，定向培养免费师范生、天池计划招聘、优秀村（社区）干部招聘事业编等合计182名新增人员入编手续、待遇核算并落实到位；2018年度新招录（聘）各类322名新增人员。

【专技人员管理】 开展少数民族科技骨干特殊培养选拔推荐工作，县一中1名哈萨克族教师于9月到北京师范大学参加为期一年的中期培训。积极做好各类资格证书的办理工作，共办理评审取得资格证书646本，其中高级216本、中级274本、初级156本；上报办理等各类执业资格证书102本。开展2017年初级职称材料的审核工作，根据初级职称评审情况，批准89人取得相应专业初级专业技术职务任职资格；共转发自治区各高评委评审通过高级专业技术任职资格136人，转发地区评审通过取得中级任职资格173人。开展塔城地区绿色通道引进硕士研究生以上学历的高层次人才试用期合同签订工作，共签订博士试用期聘用合同1人，硕士试用期聘用合同8人。

【公务员管理】 认真做好公务员、事业单位工作人员招录（聘）、管理工作。完成2018年124名公务员招录工作，其中县直行政机关61名，乡镇人民政府63名。2018年，新招录124名公务员均赴和田地区皮山县进行学前双语教育支教工作。完成对全县2015—2017年新招录公务员初任培训。

【军转工作】 认真做好自主择业军转干部和企

业退休军转干部的管理服务工作，在端午节、“八一”、中秋节、国庆节等重大节日前夕，投入111940元慰问企业退休军转干部。新接收自主择业军转干部12名，全部报到并办理落户、组织关系接收等手续。全县155名自主择业军转干部基本信息和生物信息采集全部完成。2018年11月，已将该项工作整体移交给退役军人事务管理局。

（责任领导：张新忠　撰稿：张　敏）

社会保险管理

【概　况】 沙湾县社会保险管理局成立于2005年2月，承担着全县各行政、机关事业、企业单位的养老、失业、工伤、生育、医疗五大保险及城镇居民医疗保险的参保登记、缴费、征收、待遇支付等职责。沙湾县社会保险管理局是人力资源和社会保障局所属二级局，是参照公务员管理的、独立核算的事业单位，核定编制36个。2018年，全局共有在职职工30人，参加“访惠聚”驻村工作6人，抽调“访惠聚”办公室2人。局内设办公室、征缴科、待遇一科、待遇二科、财务科、农保中心、稽核科7个科室。

【五项保险参保人数】 各项保险参保人数分别为：企业职工养老保险参保14044人，机关事业养老保险参保8073人，失业保险参保15606人，工伤保险参保职工18123人，生育保险参保职工17561人，基本医疗保险参保职工24153人。城乡居民养老保险登记参保共计81556人（其中城镇户口3619人），城乡居民医疗保险参保140500人。统计数据截至10月末（下同）。

【社保基金收入】 各项社保基金收入38295万元。其中：企业职工养老保险基金收入10173万元；机关事业单位养老保险基金收入9679万元；失业保险基金收入483万元；城镇职工医疗保险基金收入11028万元；工伤保险基金收入576万元；生育保险基金收入332万元；城乡居民养老保险基金收入2371万元；城乡居民医疗保险基金收入3653万元。

【社保待遇支付】 各项社保待遇支付55861.92万元。其中企业职工养老保险基金支出18217.24万元，享受待遇76600人次；机关事业单位养老金支出19280.3万元，享受待遇40687人次；失业保险支出250.44万元，累计发放失业金3637人次；工伤保险基金支出583.68万元，享受待遇897人；生育保险基金支出239.05万元，享受待遇446人次；城镇职工医疗保险基金支出9216.47万元，享受待遇358822人次；城乡居民医疗保险基金支出4128.74万元，享受待遇409211人次；城乡居民养老保险基金支出3946万元，享受待遇24.5万人次。

【退休人员基本养老金调增补发】 根据《关于自治区2018年调整退休人员基本养老金的通知》文件精神，完成7637名企业退休人员和4062名机关退休人员的调资任务，企业退休人员共补发金额696.6万元，机关退休人员共补发金额515.2万元。根据地区人社局文件精神，对9名离休干部、中华人民共和国成立前参加革命工作的老工作人员进行增资，共补发金额1.96万元。

【慢性病和养老认证】 2018年4月，设立一站式服务专区，集中支付上年度年慢性病患者门诊费用，共计支付5821人次，支付金额800.34万元。2018年慢性病实现即时结算，截至10月底，完成慢性病费用支付20390人次，支付金额225.41万元。为了确保养老保险基金的合理安全运行，防止冒领、多领养老金现象的发生，沙湾县社会保险管理局于4月1日起对全县退休人员领取养老金资格进行了认证年审。

【异地就医即时结算】 2018年1—10月，共办理登记职工异地安置人员577人次，取消异地安置人员30人次，办理居民异地安置人员286人次。

【“两定”管理】 与县内96家正常营业的“两定”机构签订了《“两定”机构协议》；与19家住院

定点医疗机构签订了《总额控费协议》；与10家定点医疗机构签订了《门诊刷卡协议》；与67家定点零售药店签订了《刷卡协议》。县内定点医药机构每月定期清算工作正常开展。

【查询、制卡、发卡】 向广大参保群众提供缴费查询和业务咨询7万多人次。提交制卡、补卡1.5万余张，发放成品卡4批共8万余张。

【社保关系转移接续】 办理企业养老关系转入232人，转入基金462万元；办理企业养老关系转出188人，转入基金381万元。办理职工医疗保险转入126人，转入基金10万元；办理职工医疗保险转出166人，转出基金22万元。

（责任领导：党　忠　撰稿：叶　文）

民　政

【概　况】 民政局机关下属7个科室：办公室、救助办、双拥优抚安置办、老龄办、区划地名办、财务室、基层政权办；4个所属事业单位：沙湾县社会福利院、儿童福利院、沙湾县婚姻登记处、沙湾县殡葬管理所。2018年有干部职工39人，由汉族、哈萨克族、回族、维吾尔族4个民族组成，其中少数民族10人，大专及以上学历35人。有4个党支部，在职党员20人，其中女党员10人，少数民族党员2人。

【社会救助】 城乡低保。2018年全县累计保障城市低保对象7495户12274人次542.47万元；农村低保对象13963户次21973人次累计发放资金786.29万元。医疗救助4913人次452.66万元（大病救助503人次，门诊救助52人次，城乡居民医保4358人次），其中，城乡居民医保83.94万元，“一站式”救助提前支付100万元；援疆资金50.78万元；大病医疗救助216.7万元；门诊救助1.24万元。

“五保”供养。2018年底“五保户”377人，其中集中供养73人，集中供养标准为6240元/年/人；分散供养304人，分散供养标准为4116元/年/人。全年发放“五保”供养金238.92元。2018年底城市“三无”人员28人，其中集中供养4人，集中供养标准为660元/月/人；分散供养24人，分散供养标准为470元/月/人。全年发放供养金22.64元。

救灾救济。在县城各广场设立了7处自然灾害应急避难场所，广场正门处挂牌“自然灾害应急避难场”和配套广场应急平面图。组织28个成员单位按职责开展防灾减灾集中宣传活动。展列宣传版面20余块，发放防灾减灾书籍15种860本、宣传手册6000余册、宣传单4000余份等。年初发放救灾资金200万元。

【双拥优抚安置】 全县共接收2017年度退役士兵68人。全县共有各类优抚对象493人，2018年共发放优抚金402.71万元，其中60周岁以上农村籍退役士兵305人，发放生活补助金187.32万元；其他优抚对象188人，发放优待抚恤金215.38万元。依据《沙湾县优抚对象医疗保障实施细则》，共办理优抚对象医疗救助32人1.13万元。为优抚对象解决2017年度城乡居民基本保险补助337人5.81万元，为优抚对象代缴医疗补充保险和意外伤害保险费8.24万元。

【社会事务管理】 殡葬事业。沙湾县殡仪馆接待办理丧事382场次，土葬遗体149具，火化遗体37具，完成经营收入81万余元，安全生产无事故。

社团组织。现有社会组织66家，2018年办理年检手续33家，变更社会组织4家，注销社会组织10家，撤销社会组织3家，99%的社会组织完成换发新证，50%的社会组织完成年检工作。

撤县建市。完成博尔通古牧场撤场建镇的申报工作，材料已上报至地区。继续进行撤县建市相关工作。

婚姻登记。全年办理结婚1730件，补办结婚证927件，离婚426件。

孤儿工作。全年孤儿及特殊儿童共147人，其中集中供养56人（孤儿33人、特殊儿童23人），供养标准为900元/月/人；全年发放供养金5.84万元。分散供养91人（孤儿24人、特殊儿童67人），供养标准为600元/月/人，全年发放供养金83.53万元。

【老龄事业】 按照自治区《关于80周岁以上老年人基本生活津贴制度》，2018年共审核发放80周岁以上老年人基本生活津贴10877人次，发放资金183.56万元。办理老年优待证3830个。

【项目建设】 民政局承接2017年惠民生项目共计10项，已全部完工。2018年新建儿童福利院已开工，养护楼即将完工，救灾物资储备库主体已完工，2018年惠民生项目20项，已完工17项。

（责任领导：高西京　撰稿：甄建芳）

教育和科学技术

教育工作

【概　况】 2018年，全县各级各类学校32所（教学点2个），其中小学18所、初级中学2所、完全中学2所、九年一贯制学校8所、高级中学1所、中等职业技术学校1所；全县幼儿园55所，其中公办42所、民办10所、部队3所。在校（园）学生33159人，其中幼儿园6624人、小学13378人、初中6709人、高中5073人、职业技术学校1375人。全县教职工3464人，专任教师2836人。

【义务教育】 严格规范中小学校的办学行为，认真落实自治区办学行为规定，加强对课程计划、作息时间、课堂教学、学业测试、学科竞赛、招生、办班补课、作业布置与批改、教材教辅征订和使用等方面的管理，切实减轻学生过重的课业负担。制定《沙湾县贯彻教育部〈义务教育学校管理标准〉实施方案》《沙湾县关于进一步加强乡（镇、场）公办中心幼儿园管理工作方案》，进一步规范学校、幼儿园管理。完成2018年初中学业水平综合素质评定及审核工作。对全县1932名初三毕业生的艺术考试、综合素质评定和均衡生进行审核，将体考成绩、艺考成绩、综合素质评定等级分、八年级地理生物成绩进行录入整理。完成2018年中考及高中招生录取、县城小学六年级和双语班存量六年级升初一均衡分配工作。

【高中教育】 加强高中教学研究，分批选派部门负责人赴江西参加金太阳教育集团举办的新课程改革研讨会、培训会。选派九大学科的教研组组长参加自治区举办的2018年新课标培训会，积极参加新丝路六校联盟举办的高考研讨会、不同学科的同课异构讲课交流、班主任经验交流分享会。着力提高学生综合素质，规范学校社团建设，注重培养学生的动手能力、创新能力，沙湾一中先后成立了“机器人工作室”“创客室”“3D打印室”。依托科技社团建设，将文化教育与科技创新教育相融合。组织学生多次参加青少年科技创新大赛、中小学电脑制作活动、中国青少年机器人竞赛等一系列比赛，并且屡获佳绩。成功举办首届科技节，以“低碳、环保、探索、创新”为主题，组织开展了体验、展示和竞赛三大类及18个子项目的科技活动。第十八届自治区青少年机器人竞赛中收获2个一等奖、1个二等奖、1个三等奖的好成绩，其中综合技能获得自治区冠军。

【职业教育】 鞍沙职教城的建设一期续建项目培训中心、两栋实训车间基本完工；2018年一期新建两栋建筑已经封顶，主体工程基本完工；二期项目中央财政支持的两栋建筑前期工作及地基建设全面完成。申报自治区职业教育项目，《2018年第一批和第三批现代职业教育质量提升计划补助资金项目建设任务书》已通过教育厅审核，并进行了项目答辩，累计争取到项目资金400万元用于职教城设备充实及数字校园建设。统筹协调好“未升学初高中毕业生”招生、就业指导、跟踪服务、政策保障等工作。学习借鉴区内外尤其是鞍山先进的职业教育经验，结合实际形成具有沙湾特色的教学模式，其中借鉴鞍山经验的“7S”一体化教学模式在理工专业继续推广实施。全面推行专业教师下企业、幼儿园实践工作，全年实现专业教师跟班实习见习下企业、幼儿园实践1—2周。积极组织开展各级各类技能大赛，中职校内学前教育、理工类技能大赛已经分别成功举办12届和9届，2018年参加自治区技能大赛，学前教育专业参赛项目实现了“一等奖”零的突破，共收获自治区技能大赛一等奖2个、二等奖3个、三等奖6个，成绩稳步提升。

【学前教育】 组织部分教育督学、幼儿园园长、保教主任及骨干教师，对山区片幼儿园普通话教学及教学常规进行听课调研，采用听评课、教学常规检查、实地查看、座谈会等形式，查找幼儿园教学常规管理及普通话教学存在的问题，并实地进行指导。为了提高山区片园及新建园的保教质量，对新建续建幼儿园及乡（镇）、村保教主任（骨干），进行为期一周的集中培训和跟班学习。各联盟幼儿园通过教育资源共享互补、教育教学联动互助、师资配置交流互通等形式，实现共赢，全面推动沙湾学前教育均衡优质发展。

【双语教育】 学习落实《塔城地区推进双语教育三年行动计划（2018—2020年）》《塔城地委教育工委贯彻落实〈关于加强和改进双语教育工作的意见〉实施细则》，制定《2018年春季县城民汉合校2—5年级双语班学生分流方案》，坚持混合编班、混合住宿。做好自治区2018年新疆双语教育质量监测沙湾县被抽测2所学校安集海镇中心校、博牧场寄宿制学校六年级双语班质量监测工作。做好全县参加地区双语成果展演二中、四小、实验幼儿园3所学校节目审核及指导。做好“讯飞杯”2018自治区“小手拉大手”青少年双语大赛，并组织选手参加地区比赛。认真组织参加塔城地区双语教育工作推进观摩会。

【师资队伍建设】 共招聘中小学特岗教师44人。签约2018届教育部直属师范大学免费师范毕业生7人。迎来鞍山市23名优秀教师到沙湾县支教。提拔任命幼儿园园长2人，教务主任等职务18人。从县一小、二小分流8名教师到县城其他小学工作。组织6名校长、书记、副校长参加岗位提高培训。选派10名中小学骨干书记（校长）参加地区中小学骨干书记（校长）示范培训班。选派11名校长、园长前往阿克苏地区开展双向挂职。选派教师参加国培、区培、辽培、网络研修培训等各类培训共计342人。组织176名中小学和幼儿园教师参加寒、暑假举办的继续教育培训。暑期对双语学校书记、校长、园长进行了双语答辩考核，组织了对全县762名双语教师普通话水平质量检测。安排275名新疆教育学院、甘肃河西学院学生到沙湾县各学校及幼儿园进行实习支教。通过网上申报审验、现场资料及教育能力测试，有97人合格，取得教师资格。2018年4月，中小学、幼儿园41名教师通过计算机考核。组织3082名教师参加教师职业水平测试。按照地区要求为1593名教师更换教师资格证。

【教育教学】 组织教育联盟送教下乡活动，对全县13个乡（镇、场）中心校进行全覆盖送教下乡,26位名师进行专题讲座30余场，送课224节。辽宁省教育专家组团式“送教进疆”，9名鞍山名师10月5—10日到沙湾送教，送教观摩课16节，开展讲座18场，组织参与教研活动8场，相关学科共参与教师960人。自治区塔城地区乌苏市第四小学名校长工作室交流会暨沙湾县“诵读国学经典、积淀文化底蕴、营造书香校园”经典诵读推进会在沙湾县第一、二、三小学召开，340多人参加了交流活动。代表地区参加自治区初高中语文教师现场说题大赛及优质课评比，获中学教师课堂教学现场课大赛一等奖；高中教师获中学语文核心素养大赛一等奖；高中教师获课堂教学现场课大赛二等奖；3名教师获第三届自治区中小学教师能手；自治区派胡娟霞老师代表新疆参加第七届全国初中语文教师教学基本功展评暨教学观摩研讨会，获全国二等奖。

【体艺卫工作】 一中、二小、四小、七小、三中、四中、五中、安集海等12所学校成功申报为教育部校园篮球特色学校，二小、三小、四小成功申报自治区艺术教育示范校，一中成功申报自治区国防教育示范校。举行沙湾县第八届千名师生同台“三笔字”大赛，937名师生参赛。举办2018年中小学生田径运动会。县一中在“2018年自治区大学生、中学生健美操、啦啦操、健康街舞比赛”中，获得高中组有氧舞蹈自选动作一等奖、高中组有氧舞蹈规定动作二等奖以及高中组花球舞蹈啦啦操规定动作二等奖。

2018年5月11日，沙湾县教科系统开展千名师生“三笔字”大赛

【教育督导】 开展校园安全专项督导，联合公安局、市场监督管理局、文广局等部门先后2次开展了全县中小学校园安全专项督查、校园维护稳定常态化专项督查。做好全县中小学校春季、秋季开学工作的综合督导，紧盯“全面改薄”工作任务，确保各校达到“20条底线要求”。组织各兼职督学对山区片幼儿园普通话教育提升进行了专项督导。与教科局、文广局、公安局联合对全县校外培训机构进行了清查。第一批14所取得资质并依法依规的校外培训机构已在沙湾教育E媒体公示。坚持每月1次到校随访督导，对学校管理、教育教学中存在的普遍性问题进行经常性督导，做到发现问题及时纠正。沙湾县获第二批全国中小学校责任督学挂牌督导创新县（市、区）。

科技工作

【科技培训】 2018年，共举办实用技术培训2408期，培训人数10.3万人；其中培训地县乡村级干部1.5万人次，县乡企业管理人员及职工0.68万人次，农业、林业、畜牧、农机、人社局、民宗委、卫生等有关部门举办科技人员继续教育培训68期0.72万人次；培养农牧民技术人员骨干1300余人；培训农牧民6.82万人次，培育科技、科普基地48个；培训城镇待业人员4500余人次；举办科普讲座68次，发放图书资料17万余份。认真组织开展辽宁省科技厅“双创送训进疆”培训工作，培训各单位、合作社、规模以上企业70多人，进一步增强科技创新能力。

【知识产权】 2018年，沙湾县申请专利69件，其中发明专利2件，实用新型专利52件，外观专利15件。

【科技项目情况】 沙湾县有地区、自治区立项项目6项，累计拨付项目资金60万元。3项自治区专利实施项目、4项自治区技术创新基金项目和1项自治区科技特派员创业链项目顺利通过验收。

【创新驱动发展】 全面落实自治区“天山众创行动”，以科技型企业、农民专业合作社等为载体，申报沙湾县四道河子镇聚力机采棉专业合作社“聚农E宝”星创天地为自治区星创天地，拨付补助经费10万元。新疆天舜众鑫沥青有限责任公司被科技部火炬中心认定科技型中小企业，享受税收优惠政策3年。

【科技人才队伍建设】 2018年，沙湾县完成培养新型工业化人才3名、农牧业现代化人才51名、农村实用技术人才40名、党政科技管理人才5名、基层青年人才3名、企业管理人才和技术创新人才20名。强化“三区”人才选派，组织沙湾县7名科技人员对和丰县、裕民县、托里县开展技术服务，下达专项经费134505元。

【科技合作与交流】 组织4家涉农企事业单位参加第五届新疆创新创业大赛（塔城分赛区），获一等奖1项、三等奖3项。组织18家企业参加自治区科技厅在乌苏举办的2018年新疆高新技术企业发展促进培训班。组织4人参加2018年自治区科技特派员创业能力提升培训班。

【国家农业科技园区建设】 通过“企业＋基地”“企业＋基地＋合作社”“企业＋基地＋农业合作社＋农民”及农业经纪人等模式，围绕一核四区功能布局和五大产业发展，打造立足沙湾、辐射北疆的高新农业产业聚集地，农业科技服务体系建设高地和现代农业发展模式的样板区，组织各相关单位，认真按照《园区规划》《园区实施方案》建设要求，明确责任分工，完成2018年建设任务。

（责任领导：赵春林　供稿：莫海霞）

中　学

沙湾第一中学

【概　况】 沙湾县第一中学始建于1957年，现已整体搬迁至高中城新校区。新校区坐落在县城东新区，智慧大道以北，天津路东西两侧。2018年有教学班85个，在校生4300余人，住校生2226余人，教职工487人，其中专任教师437人，是全疆高中办学规模最大的学校。学校先后荣获全国精神文明建设工作先进单位、全国教育系统先进集体、国家级体育传统项目学校、自治区级示范性高中、自治区级德育示范学校、自治区高中新课程改革样本学校、自治区未成年人思想道德建设工作先进单位、国家级国防教育示范学校等荣誉称号。

【德育工作】 学校工作坚持以德育为首，注重德育紧密结合师生实际，使德育管理更加精细化，开展了形式多样、内涵丰富的德育教育活动，增强自治区级德育示范校的内涵。关注德育细节，提高德育工作的实效性。2月27—28日，沙湾一中连续两天组织开展地震应急疏散演练活动。3月5日，举行了“让雷锋精神永放光芒”学雷锋主题升旗仪式活动。4月12日，德育处组织各年级学生开展爱国卫生月系列活动之“爱我学校，护我家园”刷树活动，为学校和社区营造舒适优美的环境做出了贡献。5月7日，组织全体学生开展了以“师生健康、中国健康”为主题的“三减三健”主题教育活动。5月24日晚，组织各班开展了以“崇尚英雄，精忠报国”为主题的班会活动。8月28日上午，德育处组织高一、高二全体师生在校园内开展了地震安全应急疏散演练活动，有效提高了师生应急疏散避险能力。10月17日重阳节，校团委组织开展了“走进敬老院，关爱老人”的志愿活动。

【教师队伍】 加强教师队伍培训，提高业务理论水平。多次邀请教育专家到校讲座交流，指导教学，分批次选派教师赴疆内外学校进行交流考察，派出人数达百余人次，从管理层面上提高对新课程改革的认识和了解。2018年5—6月分两批派语文、英语、数学、物理等九大学科的教研组组长参加自治区举办的2018年新课标培训会，为新课改的到来铺垫基石。2018年6月，选派5人参加新疆师范大学组织的“在职英语教师培训”“中青年骨干教师培训”“微课程开发式培训”；暑假期间，组织全体高三毕业班教师93人赴西南大学进行“国学培训”。

【教学教研】 学校以深化课堂教学改革为重点，开展每周一次的集体备课，继续推进月考制，有效利用大数据分析；深入开展学科月建设，促进教师成长；并通过组织以老带新和蓝青工程、推门听课和教研活动，落实上课、备课、作业、辅导等最为基础的教学常规检查，开展高级教师示范课、青年教师“同课异构”讲课大赛、“新思路六校联盟”教学交流等活动，提高了课堂教学实效。6月4日，沙湾一中高一、高二语文组全体成员聚集在第二阶梯教室，在外出学习的黄芳老师讲解下，对《2018年普通高中语文课程标准》进行了全面而深刻的解读。

【安全生产】 学校全面落实自治区、地区、沙湾县维护稳定工作精神，以铁的纪律和良好的作风保障社会稳定和长治久安总目标落地生根，严格落实工作常态化要求，确保学校大事不出，中事不出，小事也不出。学校专门制定了《沙湾一中校园安全稳定责任分解实施办法》，成立了校园安全责任领导小组，由校领导牵头，各处室负责人为责任人，对学校消防、各教学楼、餐厅、师生公寓、图文信息、体育艺术、实验、医务室等安全工作进行了详尽的责任分解，分工明确，责任到人，并长期坚持，形成长效机制。

【2018年高考】 通过全体师生的共同努力，2018年的高考，学校高考成绩再创辉煌；600分以上学生25人，3名学生被清华大学、北京大学录取，1名学生被香港中文大学录取。全校1579人参加高考，本科上线率为73.72%（不含艺体生），专科上线率为97.53%；2018届宏志班50人参加高考，全班平均总分591.66分，高出理科一本线124.66分，重本上线率100%；体育艺术类考生共计54人，本科上线人数50人，考入北京体育大学、中国美术学院、首都体育学院等重点院校人数突破新高。

【科技创新】 2018年，沙湾一中科技创新社团在第32届自治区青少年科技创新大赛中取得佳绩，1支队伍在中国青少年机器人大赛中荣获二等奖，3支队伍荣获自治区奖项，沙湾一中党柯老师荣获国家级机器人竞赛优秀教练员奖，沙湾一中被评为“自治区青少年机器人竞赛优秀学校”称号。3月31日，成功举办沙湾一中首届科技节，以“低碳、环保、探索、创新”为主题，组织全县中小学生开展了体验、展示和竞赛三大类及18个子项目的科技活动，对培养学生“爱科学、学科学、用科学”的志向、启迪科学心智、激发创新思维、探索科技奥秘、放飞科技梦想起到较大的推动作用。4月27日，在第十八届自治区青少年机器人竞赛中获得2个一等奖、1个二等奖、1个三等奖的成绩。5月7日，在2018年新疆中小学电脑制作评选活动中获得1个二等奖、1个三等奖的成绩。8月18—20日，沙湾一中的靖舒茗、杨正浩、郑喻心组成创客团队代表新疆参加在北京举行的中国儿童青少年第27届计算机表演赛，荣获三等奖。

【素质教育】 艺术、体育特长教育是学校实施素质教育过程中促进学生全面发展的法宝，也是办学的一大品牌。2018年1月3日下午，沙湾一中学生徐旎“不忘初心、筑梦祖国”钢琴独奏音乐会在学校礼堂顺利举行。6月21日，为期三天的“2018年自治区大学生、中学生健美操、啦啦操、健康街舞比赛”在乌鲁木齐八一中学落下帷幕，学校啦啦操代表队参加了比赛，通过指导老师马晓燕和梅换换的精心指导和全体队员的辛勤付出，最终荣获高中组有氧舞蹈自选动作一等奖、高中组有氧舞蹈规定动作二等奖，以及高中组花球舞蹈啦啦操规定动作二等奖。10月20日，2018年沙湾县“震宇杯”中小学校园篮球联赛在沙湾一中体育馆举办。塔城地区教育局、县教育和科学技术局、县文化体育广播影视局相关领导出席开幕式并讲话。

【发放国家助学金】 9月19日下午，沙湾一中2018年春季国家助学金发放仪式在第一阶梯教室举行，沙湾一中向全校符合国家规定的15名来自高一、高二、高三年级学生发放了助学金。助学金发放作学校按照公开、公平、公正、透明原则要求，严格程序及标准，从严审核，确保应助尽助。

【送教进疆】 2018 年 9 月 25 日，沙湾县第一中学选派 6 名教师在沙湾县教科局教研室主任徐长栋和教研员白银霞的带领下，到喀什地区伽师县开展送教助学工作。11 月 7—9 日，鞍山一中语文老师郭红、鞍山三中的数学老师李伟、鞍山八中化学老师徐晓玲赴沙湾一中，给全体师生开展"送教进疆"的相关教学、教研活动。

【召开成人宣誓仪式】 10 月 20 日下午，沙湾一中在田径场举行了主题为"十八而志、梦想起航"的 2019 届高三年级十八岁成人宣誓仪式，吹响了百日冲刺战的号角。

【组织承办讲课大赛】 12 月 4 日起，由沙湾县教科局主办、沙湾一中承办的"2018 年度沙湾县青年教师讲课大赛"在沙湾一中隆重举行。此次比赛赛程约为两周，共计 12 个学科，37 名青年教师参加了此次大赛。此次讲课大赛在沙湾一中扬帆楼录播室和启程楼录播室分别展开，充分展示沙湾县中学教师的不凡风采。

【荣　誉】 2018 年 4 月 28 日，共青团中央下发《关于表彰 2017 年度"全国优秀共青团员""全国优秀共青团干部""全国五四红旗团委（团支部）"的决定》，沙湾一中团委被授予 2017 年度"全国五四红旗团委"荣誉称号。

2018 年沙湾一中科技创新社团在第 32 届自治区青少年科技创新大赛中取得佳绩，1 支队伍在中国青少年机器人大赛中荣获二等奖，3 支队伍荣获自治区奖项，沙湾一中党柯老师荣获国家级机器人竞赛优秀教练员奖，沙湾一中被评为"自治区青少年机器人竞赛优秀学校"称号。

12 月 5 日上午，中国医科大学医院与沙湾一中签订《中国医科大学优质生源基地合作协议书》，并授予沙湾一中"优质生源基地"称号。

12 月 10 日，教育部公布 2018 年中小学国防教育示范学校，塔城地区沙湾县第一中学成功获批，成为塔城地区唯一获批的全国中小学国防教育示范学校。

（责任领导：马宝山　撰稿：张　磊）

第二中学

【概　况】 沙湾县第二中学于 1961 年始建于博尔通古乡，1990 年迁至县城，2001 年实行集中办学，开展"双语"教学工作，是沙湾县唯一一所哈语言完全中学。学校总占地面积 5065 平方米，2018 年有学生 1455 人，设 31 个教学班（初中 19 个班、高中 12 个班）。2018 年在职教职工 179 人，专任教师 146 人，其中汉族 10 人、回族 2 人、东乡族 1 人、哈萨克族 166 人。有高级教师 21 人、一级教师 65 人、二级教师 33 人、三级教师 1 人、未聘教师 21 人。有技师 1 人、中级工 2 人、医师 2 人、中级会计 2 人、科级 2 人。有县级骨干教师 1 人、学科带头人 1 人、教学能手 2 人、十佳班主任 1 人。有地区级学科带头人 1 人、名师 1 人、骨干教师 2 人、自治区级教学能手 1 人。现有教学楼 2 栋、学生宿舍楼 3 栋、学生餐厅 2 个、综合楼 1 个、多媒体阶梯教室 1 个、多功能室 14 个、师生大舞台 3 个、塑胶田径场 1 个、健身房 1 个。坚持"质量兴校、特色强校"的办学思路，全面实施素质教育，凸显"双语教学"和"科技创新"两大办学特色、先后荣获自治区"绿色学校""高中课程改革样本学校""青少年科技活动特色学校"，地区"德育学校""四好学校""中小学新课程校本培训先进集体"等荣誉称号。

【安全生产】 学校紧紧围绕社会稳定和长治久安工作总目标，校委会召开专题会议，制定维稳方案和预案并严格执行；校园内部划分责任区，由教研组负责日常的安全检查、隐患排查工作，并将责任落实到个人，责任明确，发现隐患，立即整改。学校每周三进行防火逃生演练和防震及地震逃生演练，使学生掌握防火、防震逃生技能，全年开展 16 次应急疏散演练，参观县消防大队 1

次，提高学生的消防意识。加强食品安全方面的检查，防止垃圾食品进入校园，开学第一课邀请疾控中心工作人员向全校师生做食品和卫生方面的报告，落实班级日常卫生的清扫和消毒。学校每月进行1次全校性的安全隐患大排查，重点排查学校水电暖，对全校暖气片凸出物、尖锐物进行包扎，对楼道内的配电箱进行上锁，更换老化存在隐患的电线。2018年，排查出存在较大安全隐患2处，上级检查时发现问题总共6项，全部整改完毕。

【教育教学】 按照沙湾县教科局下发的《关于做好2018年秋季县城中学招生工作的通知》的要求，9月初一招生234人、高一招生190人。每月对教师进行量化考核，年底汇总打分，每年教师节学校召开表彰大会，对优秀教师进行全校表彰，本年度共表彰老师40余名，其中加米汗、古丽娜孜、江恩丽3名教师获得县级教学能手，吐力吾获得县级十佳班主任称号。9月，将普通话学习列入常规，每周三进行普通话学习。利用寒暑假又自行组织学习，加强普通话教学。

2018年，共有236名考生参加高考。文理科合计一本上线人数为42人，上线率为17.8%。二本上线人数62人，上线率26.3%。整个本科上线人数为104人，上线率44.1%。其余132人均达专科分数线，专科上线率55.9%。双语理科的考生孜叶尔叶·吾尔阿孜别克获得了497的高分。在2018年的中考中，共有318人报名，其中有234名考生报考普高，有157名达到学校录取分数线（在塔城地区哈语言学生前十名内，学校占5名）。

【特色亮点工作】 沙湾二中是自治区级科技特色学校，领导班子高度重视学校特色文化教育，在科技创新、体育教学、民族文化发展等方面大力培养学生的综合素质，达到寓教于乐，快乐学习效果。2018年，学校发展校园足球、篮球、拳击。4月，举行“不忘初心、牢记使命”第十五届田径运动会，给教职工设置专项田径运动比赛项目，教师参与率达50%以上，体会了运动带来的快乐。7月1日，开展庆祝建党97周年暨民族团结系列活动之“七一”三进两联一交友融情活动。8月1日，前往驻训地看望共建部队官兵。12月，组织教师、学生参加沙湾县“全民健身你我同行”系列活动之“卓越杯”冬季长跑比赛获得第二名。

（责任领导：夏提合·朱马汉　撰稿：许　玮）

第三中学

【概　况】 2018年，沙湾县第三中学有24个教学班，在校学生1065人，其中住校生389人；全校共有在职教职工105人，其中专任教师75人（硕士学历教师2人、本科学历教师68人、专科学历教师8人；正高级职称1人、中高职称27人、中一职称56人、中二职称16人），学校共有自治区级教师2名，地区级名师2名，骨干教师4名，学科带头人4名，教学能手1名；有县级学科带头人3名，骨干教师5名，教学能手10名，十佳班主任2名，2个地区级名师工作室。

【改善办学条件】 2018年，沙湾县第三中学申请项目资金360万元在建400米标准化塑胶操场的基础工程，花费20余万元创设革命传统红色教育基地和雷锋展厅，加大校园文化建设，进一步绿化校园，创造温馨宜人的育人环境。

【队伍建设】 以“三会一课”和“5+X”活动为载体，以“和谐团队谱新篇、双培双带育英才”的党建品牌创建为抓手，扎实开展“我为党旗添光彩”“党旗映天山”“唱红歌，颂党恩”“我是党员我承诺，四讲四有争先锋”等活动，推动教育教学持续发展。让党旗在学校教育教学中高高飘扬。全面落实“双培”工程（把骨干教师培养成共产党员，把共产党员培养成骨干教师），通过党员教师的示范课活动和“青蓝工程”帮扶活动，进而促进青年教师迅速成长。同时依托党员教学能手工作室培养年轻教师，通过开展教职工赛课、读书交流活动、集体过生日、“家文化”团训等丰富多彩的活动，进一步加强教师的凝聚力和向心力。通过校内技能大赛、校本培训等平台、评选先进、举办“道德讲堂”等活动加强了学校师德师风建设。杨建梅初中语文教学能手培养工作室被评为地区第一届优秀工作室，其中张娟老师被评为优秀成员；马淑琴教学能手培养工作室被评为地区第一届优秀工作室。

【德育育人】 2018年，学校加大校园文化建设，丰富楼道国学文化，打造雷锋文化，让雷锋的互助、钉子精神在三中校园发扬光大。在知行楼三楼开设爱国主义教育阵地，特设“党的光辉历程”“厉害了，我的国”“祖国永远在我心中”宣传专栏，设置了以“延安精神、井冈山精神、长征精神、西柏坡精神”的红色教育长廊；开展“崇尚英雄　精忠报国”“红旗飘飘　引我成长”“大美新疆　大爱沙湾”“马克思主义五观”等主题教育，让爱国主义教育在学生心中牢牢扎根。学校始终贯彻“人人都是德育工作者”的德育理念，通过班主任经验交流会、主题班队会、德育示范课发挥班主任德育骨干作用。结合“三进两联一交友”活动，通过“一帮一”“一帮多”“手拉手”等形式，与学生结对交朋友，并积极进宿舍、进班级、进食堂开展教育引导和帮扶工作，做到互相学习、共同成长、共同进步。以“做有责任的中国人”为育人目标，学校先后开展了“清明节——中华经典文化诵读”、“学雷锋事迹，扬雷锋精神”、“我们的节日·端午节”、青年马克思主义讲堂、“我为‘七一’献份礼”、“扣好人生第一粒扣子”、以感恩为主题的毕业典礼、九年级毕业宣讲、新生军训、庆祝新中国成立69周年系列活动、“11·9”消防演练、“12·9”新团员入团宣誓等活动，使中华传统文化内涵得到更好的传承，使社会主义核心价值观入脑入心。

【教学教研】 2018年，学校积极创设机会，选派青年教师到北京、陕西、云南、山东、辽宁等内地先后3批次74人次进行了学习交流（国培学习）活动，回来后通过“传学述训”示范课活动，实现了资源共享，促进了学校教师队伍的整体提高。提高集体备课的质量和效率，学校制定和完善了《“351”集体备课管理细则》等制度，使集体备课做到了“三定”“四有”“五个一”。举行青年教师达标课、骨干教师观摩课大赛、校级交流活动、县校两级的技能比赛课，学校老师积极参加并多次获奖。扎实开展“青蓝工程”帮扶活动，以听课、评课、说课的方式促进了青年教师迅速成长。其中2018年鞍山支教的6名专家教师与学校相应学科青年教师结为师徒，他们常常开展同课异构活动，有效促进全校教师共同进步，成为学校“青蓝工程”亮丽的风景。同时通过“一师一优课，一课一名师”的全国网上赛课活动，共赛课167节；先后举办两届“品读书香”的读书交流和两届“351”智慧课堂调讲赛活动，提高教师的业务素质和驾驭课堂教学能力。和谐互助“师友”结是学校“351”智慧课堂教学模式的亮点。学校让民汉学生结对同桌，共结535对“师友”。全校各族“师友”结对学生相互帮助，互助互赢，共同进步、共同提高，教务处进行一月一表彰，全年学校共8次表彰384位最佳“师友”，受表彰的同学在大声说出自己的获奖感言后学习信心倍增，有力地激发全体同学积极进取。在沙湾县举办的2018年初中语文教师核心素养比赛暨课堂教学大赛中，学校青年教师李霞、牛晓峰分别获得课堂教学现场课比赛一等奖、语文核心素养大赛二等奖的成绩。2017年、2018年学校中考连续两年喜获全地区综合排名第一的成绩。

【安全保障】 学校领导班子牢固树立“稳定压倒一切”的思想，扎实做好学校维稳安全工作。加大安全教育主题宣讲，提高师生安全意识。充分运用广播、录像、板报、展板、知识竞赛、图片等形式，结合中小学安全教育日、防震减灾日、

“6·26”国际禁毒日、安全生产月、“11·9”消防日、“12·4”法制宣传日以及节假日、每周国旗下讲话和放学前安全教育等活动，切实进行“综治”“禁毒”“消防”“法制”“交通”等不同的主题进行宣传。建立健全各类应急预案，做到演练常态化。学校健全和完善了29项各类应急预案，学校每月举行两次以上各类（防震、消防、逃生）应急疏散演练活动，进一步增强全体师生对各种自然灾害及突发事件的防范能力。先后举办5次交通安全讲座及5次安全主题班会，举办“远离毒品 珍爱生命”禁毒演讲比赛、防震减灾知识竞赛，提升学生自觉遵守交通法规的意识和自我安全防护意识。学校获得全疆防震减灾知识比赛第三名的成绩。构建并加强校园“五防合一”安全防范体系，安装各类安防设施，配齐安全装备器械，张贴各类安全标语，切实保障了广大师生的人身安全。定期开展校园安全隐患排查化解工作，校安全员做到日检查、校领导周检查、重点节庆点联动检查，真正做到“早发现、早研判、早排除”。加强食堂管理，保证师生饮食安全。健全完善10项食堂管理制度，建立食品监督台，成立膳食委员会，实行食品卫生安全责任制和责任追究制，接受社会各界监督。2018年学校被评为自治区级平安校园。

【学校特色】 2018年，学校在原有的阳光体育大课间基础上新增加了哈萨克舞蹈“黑走马”和“足球操”，充分展示了三中学生朝气蓬勃、奋发向上的精神风貌。成立了塔联式校园足球队、篮球队、乒乓球队、舞蹈队等12个师生文体队伍，全体队员扎实训练。校田径队连续三年在全县中小学田径运动会中取得佳绩。学生乒乓球队成绩稳步提高。教职工乒乓球队连续三年荣获全县冠军。2018年10月，学校男女篮球队再次取得全县两个亚军的成绩。

教育教学质量稳步提升，2018年中考升学率以10%递增，5人考取了沙湾一中宏志班；学校先后被评为自治区级“民族团结一家亲”先进集体、自治区“平安校园”；在第二届青少年科技创新大赛中有50名同学获奖；学校被授予全国中小学科普实验学校和全国中小学科普共享图书馆；被评为全国青少年校园篮球特色学校。

（责任领导：陈　丽　撰稿：马　力）

第四中学

【概　况】 沙湾四中始建于1987年，前身为沙湾县职业中学，1995年转为初级中学。原沙湾三中于1983年（从沙湾一中分出）成立，1990年迁址与四中毗邻而居。2004年8月，沙湾四中与原三中合并，现沙湾新四中是一所以汉、维民族为主体的全日制完全中学。学校现有教学班38个，其中初中教学班35个、高中教学班3个，在校学生1893人（其中初中学生1804人、高中学生89人），全校住校生180人。学校教职工214人，其中高中教职工10人、初中教职工204人，全校教师中高级教师71人、中级职称121人，专业教师大专以上学历达到100%。校园占地面积60989平方米，校舍建筑面积26446平方米，固定资产3692.6余万元。

【重点工作】 教职工“三进两联一交友”全员参与，学校在岗的196名教职工，共结对学生198对，通过开展各项活动，使“三进两联一交友”活动取得实效。学校严格执行月月有主题，周周有活动的要求，开展60多场联谊活动，形式多样，不断丰富着师生们的课余生活。演讲比赛、经典诵读、观看爱国主义教育片、篮球赛、文艺会演等活动的开展，促进了师生间、生生间、学校与家长间更好的交往与交流。积极稳妥推进民汉学生在学习上混合编班、住宿混合同舍、吃饭混合同桌、活动混合编队，按照“小手拉大手”思路，组织各族家长之间联系和交往，让各族青少年从小玩在一起、学在一起、生活在一起、成长在一起，在幼小的心灵播撒民族团结的种子。

【师资队伍建设】 一是累计投入资金215570.5元，选派教职工外出培训46人次。二是开展维汉教师之间，高低职教师之间，老年青年教师之间，骨干非骨干教师之间结对子帮扶活动。三是以课题研究和网络教研为载体，扩大教师学习视野，提高教师科研能力。四是组织教师参加各类活动，提升专业能力。一年来，组织开展了课堂教学达标课竞赛、校际交流、送教下乡和教师教学成果评优等活动。认真落实教师每学期每人听课20节以上、校领导30节以上、中层领导40节以上、教研组组长25节以上的规定。大多数教师超额完成听课任务。为联盟学校大泉中心校、金沟河中心校、乌兰乌苏中心校、安集海中心校共送教14节。五是少数民族教师普通话学习教育成效明显，少数民族教师平时交流、写教案、上课、制订工作计划，写总结、论文、教学案例、心得都能使用国家通用语言文字。

【特色教育】 学校重视特色特长教育，成立学校各种体育艺术兴趣小组，科技兴趣小组，让学生能学有所长，多方面培养学生的能力，开发学生智力和技能。2017年学生在各级各类体育、艺术竞赛中取得了89人次的奖励，有13人次获得自治区级车辆模型、模拟飞行教育科技竞赛奖，有6人次获得国家级科技航模竞赛奖项。

【荣　誉】 2018年沙湾四中被评为全民健康生活方式行动健康示范学校，先后获得沙湾县中小学生田径运动会初中组团体总分第一名；沙湾县第八届千师生同台“三笔字”书法大赛优秀组织奖；第十九届“我爱祖国海疆”自治区青少年航海模型教育竞赛活动优秀组织单位；2018年自治区青少年模拟遥控飞行教育竞赛活动优秀组织单位荣誉称号；第二十三届“驾驭未来”全国青少年车辆模型教育竞赛活动（新疆赛区）优秀组织单位；2018年“共筑家园”全国青少年建筑模型教育竞赛优秀组织单位；2018年沙湾县第二届青少年科技创新大赛最佳水火箭表演奖；2018年沙湾县第二届科技创新大赛二等奖，2018年沙湾县庆祝改革开放40周年全民健身系列活动之“工会杯”职工工间操比赛第一名，胡娟霞、邓素平、李红等12位老师分别在各级各类比赛中获得国家级、自治区级、县级奖项；徐宜俊、巴合波力等89名学生参加区地县各类竞赛，取得好成绩，并刷新纪录。

（责任领导：李玉江　撰稿：马　敏）

第五中学

【概　况】 沙湾县第五中学是2000年7月由沙湾县人民政府批准成立的一所全日制完全中学，创建初期属民办公助性质。2004年9月，变更为公办学校。2009年9月，在深化教育体制改革中分离了高中部，成为初级中学。2011年12月，在县委、县政府、县教育局等多方努力下，顺利将校产收回。2017年8月，搬迁于沙湾县世纪大道南路54号。校园占地面积52446.6平方米，校舍建筑面积33127.4平方米，其中运动场面积15478平方米，教室120间，实验室3250平方米。2018年全校共有34个教学班，学生1460人，在编在岗教职工177人。学校已先后被中国青少年心灵成长十百千万工程组委会确定为“心灵成长示范校园”。被新疆维吾尔自治区教育工委、教育厅评为自治区中小学心理健康教育工作“先进学校”。获得自治区“文明单位”“绿色学校”“示范家长学校（家庭教育指导中心）”，自治区德育示范校及依法治校示范校，地区级“四好”学校、“花园式”学校、德育达标学校等荣誉称号。多次被沙湾县教育局评为基础教育课程改革实验工作“先进学校”、“综合考评”先进集体及“教学质量”先进单位等。

【办学思路】 以素质教育为主题，改革创新为动力，科学管理为支撑，队伍建设为关键，提高质量为核心，以平安校园、健康校园、绿色校园、人文校园、数字校园、学习校园“六个校园”建设为载体，“一本两站”推进为重点，创特色学校、建和谐校园。

【“三精”管理模式】 学校认真实施精心的态度，精细的过程，追求精致的目标的“三精”管理模式。依法治校，科学管理。学校法制副校长每年进行2次法制讲座。全体教职工每周开展一次“纪法知识微考堂”。举办青少年模拟法庭。全员参与“法宣在线”学习考试。在法治宣传月，以手抄报、主题班会为载体深入推进普法教育。狠抓教学常规，规范办学行为。严格落实《自治区中小学规范办学行为规定》《教育部义务教育学校管理标准》《自治区义务教育学校办学基本标准》。严格规定校领导、管理层听课节数。校领导定期调阅教师业务档案、导学案、学生作业。进一步强化年级组管理。校领导每人一个年级、每天对课堂教学情况进行巡察并及时总结反馈。进一步优化评价方式。重成绩更重过程。抓好教师队伍建设。通过每月一次的班主任工作例会和每学期一次的班主任工作经验交流会，提高班主任队伍整体素质；在升职晋级、评优评先等方面向班主任倾斜。全年拿出6万余元外派20名教师到北京等地参加各级各类培训。各学科名师、教学能手、学科带头人、骨干教师通过集体备课、结对磨课、推门听课、交流研讨的形式开展“青蓝工程”。邀请辽宁鞍山援疆专家团4名专家，与学校6名年轻教师结为师徒进行指导帮扶，长期参与学校教研。“校园文化”挖内涵。用有限的经费优先保障教育教学硬件设施的维护和更新。共花费10余万元完成了田径场塑胶跑道、看台、远航楼雨棚维修。花费7万元对学校自来水、暖气、学生浴室、食堂电力线路、公厕进行改造。用1.5万元优化校园绿化树种，换栽风景果树77棵。花费12万元完成了对学术报告厅LED大屏、舞台、灯光的升级改造。

【教育教学质量】“集体备课”重实效。本年度，依据《沙湾五中集体备课制度》，分管领导深入一线，参与、指导各学科开展教研活动，有效促进了集体备课的实效性。“生本课堂”显成效。“推门听课”成常态。校领导通过随时推门听课，及时评课等形式有效促进生本课堂321自主学习模式的常态化覆盖。以及时发送听课图片、汇报听课内容的形式通报听课情况。各教研组推门听课已成常态化。成功举办沙湾五中第九、第十届生本课堂教学综合技能大赛，使青年教师得到锻炼，迅速成长。初一年级六人小组围桌而坐，建立合作学习小组，实践“321”自主学习模式。“教师晒课”齐动员。学校鼓励各学科教师参与晒课活动。11月，学校于海霞老师荣获2018年度“一师一优课、一课一名师”活动部级“优课”。“教育联盟”促发展。5名骨干教师前往四道河子等联盟成员学校送课，促进了城乡均衡发展。选送张卫红、俞天秀、杨秀花3名骨干教师前往伽师二中送教。承办沙湾县辽宁教育专家组团式“送教进疆”活动，辽宁的3名专家和学校5名教师为全县教师呈现了8节示范课，全县218名教师参与听课活动。“生本教育”结硕果。2018年中考沙湾县前49名学生中本校占18名，全县中考第一、第二名均出自本校；冯鲜、柳东、何伟玲、蔺瑞芳、郑雅琴等23名老师分别在沙湾县、地区、自治区录像课、大赛课、优质课、核心素养、综合素养等比赛中荣获一、二、三等奖；学校承办的2018年沙湾县中小学田径运动会，荣获团体总分第二名；在沙湾县第二届“青少年科技创新大赛”中，荣获团体三等奖，学生获奖人数为62人次，优秀指导教师7人；在沙湾县中小学生校园篮球联赛中，荣获初中女子组第一名。

【立德树人】 政教处以“爱国教育”铸国魂，“感恩教育”贯始终，“社会实践”增活力，“心理健康”润心灵，“家庭教育”为先锋，“一本两站”为特色，持续巩固德育成果，时刻准备迎接自治区德育示范校和依法治校示范校的验收。学校8名心理咨询师，成立“心灵使者社团”，各班评选出班级“心灵使者”60人；心理健康辅导室2018年对20名“问题学生”进行了跟踪咨询和谈话疏导。开展心理健康教育讲座全年累计6次；加强对“特殊生”心理问题分析与对策研究，做好学生的日常心理疏导工作。以年级为单位成立并定期召开家长委员会。本学年各班都召开4次以上家校联系会，加强学校与家长的沟通、交流、合作，增强了育人合力。相继评选出第十七、十八届“德育之星”和第一届“诚信好少年”79名。

【校园安全】 健全校园安全机构、完善制度，设施到位，优化应急预案。联合公安、消防部门全年组织学生各类应急疏散演练41次。做好禁毒工作。建立宣教阵地，全年开展禁毒宣教3次，4600人次参加；组织95名师生前往基地接受禁毒警示教育，聘请县禁毒大队警官到校进行“禁毒”讲座；开展“珍爱生命　远离毒品”主题班会和心理健康辅导，全员参与禁毒知识竞赛。规范学生食堂监管，确保学生饮食安全。参与沙湾县创建自治区慢性病防控示范县，顺利通过健康学校和健康食堂验收。加快学校7栋建筑的消防设施改造，通过消防验收。管好网络，确保信息安全。全年组织教职工参加网络培训2次124人；2人次前往塔城地区参加专业培训；成立60人的网军队伍，全年传播正信正念正能量信息15000余条，检举揭发不良信息120余条；强化学校保密工作。

（责任领导：江北超　撰稿：沈艳萍）

中等职业技术学校

【概　况】 沙湾县中等职业技术学校作为沙湾县唯一一所公立中等职业技术学校，始建于1974年，原名沙湾师范，位于沙湾县智慧大道西路12号。2008年8月12日，自治区教育厅正式批准为中等职业技术学校。2013年，被自治区人社厅批准为沙湾县技工学校。近年来，借助国家和自治区大力发展职业教育的东风，学校逐步发展成一所集中职教育、技工教育、教师进修、职业培训、网络函授、成人教育为一体的综合性教育培训学习中心。学校校园占地面积34亩（不含在建鞍沙职教城新校区143亩），总建筑面积20300平方米，固定资产总额2940万元。2018年学校有教职工72人，其中高级职称12人、中级职称18人。全日制在校生总数1404人，在校班级32个。学校每年承担农村富余劳动力转移培训、在职员工技能提升培训、企业招工上岗培训等各类培训，每年都在1000人次左右。

2018年，学校建有教学楼、综合楼、实训楼、宿舍楼、食堂、实训车间各1幢，建有电子电工实训室、机电技术应用实训室、化工检验实训室、液压检测及PLC操作实训室、汽修车间、汽修实训室、电焊操作间、塑钢窗加工车间、烹调实训室、琴房、多功能大厅、计算机实训室等实训场地，作为各专业学生的实习场地。各专业实训场地配备有满足实习实训条件的专业设施设备。2016年起，沙湾县委、县政府借助鞍山援沙政策机遇，在城东新区规划建设鞍沙职教城，占地面积约9.53公顷，建筑面积34000平方米，一期项目主体工程基本完工，二期建设稳步推进，预计2020年全面建成使用。

【机构设置】 作为全县唯一一所全日制中职学校，学校实行党支部领导下的校长负责制，机构下设有校工会、党政办、教务处、德育处、总务处、招生就业办、培训部等，开展包括中等职业教育、技工教育、网络函授学历教育、职业技能培训、社会化成人培训等业务，努力为沙湾县域社会经济发展服务。

【开设专业】 学校始终本着“为经济建设服务，为学生就业服务”的办学理念，结合县域实际，坚持“对准市场设专业，对准岗位设课程，对准实践抓教学，对准需求育人才”的教学原则，开设有：（1）中职专业：开设有机电技术应用、汽车应用与维修、农机使用维修、学前教育、化工工艺、计算机应用、中餐烹饪、旅游服务与管理、棉花检验加工及服装纺织类等全日制中专11个专业和相关技能工种。在校中职学生享受国家资助政策，免收学费，并有20%在校生享受每人每年2000元的国家助学金，塔城地区应届初中毕业生还享受“两后生”三免一补政策。（2）联合办学：中职学前教育专业与霍城县、新源县、巩留县、伽师县等职业高中联合办学，联合培养当地学前教育师资人才；大专与新疆应用技术学院等高职院校建立“3+2”或“直升专”推荐升学渠道，帮助学生深造、成才。（3）奥鹏远程教育学习中心：与东北大学、东北师范大学、东北财经大学、四川农业大学等重点名校联系，开设专业遍及师范类、管理类、技能类等文理科100多个专科、本科专业。（4）各类短期培训：工种包括计算机操作、电工、电焊工、装修工、刺绣、中式面点、烹调等25个专业技能工种。

【鞍沙职教城规划建设】 借助鞍山援沙的力量，县委政府确定在城东新区建设沙湾县就业培训孵化基地（鞍沙职教城），被列为沙湾县“十三五”重点工程。建设项目计划建设用地143亩，一期建筑面积约33000平方米，总计资金投入1.5亿元。重点建设开放性公共实训基地、公共教育教学区、综合办公及会议培训场所、休闲生活服务区、文体艺术场馆等。自鞍沙职教城项目立项以来，2016年10月一期三栋主建筑已经开工建设；2017年，建设完成2016年一期工程的续建和援疆其余两栋建筑1万平方米的动工新建任务。2017年申请到中央预算内资金2000万元用于鞍沙职教城园区建设，并完成项目的设计、招投标等前期工作；2018年，受到政府地方财政配套资金的政策影响，学校积极推进各项在建工程建设，4月18日一期续建工程全面复工建设，一期援疆新建两栋建筑建设项目于6月1日开工，二期中央财政支持项目两栋建筑建设于7月28日开工建设。截至年底，一期续建工程基本建设完成达到预验收标准，力争于2019年9月正式运营；一期新建项目完成主体工程建设，二期中央财政项目完成地基建设达到正负零标准。

【校企合作】 学校继续巩固与优质企业的联系和合作，深化教师下企业、学生见习、顶岗实习及毕业生就业等领域的合作交流；积极拓展大中型专业对口企业的扩充和联系，建立更加科学的校外实训基地体系，为学生更好地实践、更好地就业创设资源，搭建平台；强化与县域产业发展相结合的合作领域，与进驻县内服装纺织企业合作开展委托培训和招工培训等业务；借助沙湾县职教中心建设远景，引进更多的优秀大中型企业，作为产学研的公共基地，为社会、行业、企业做出职业教育应有的贡献。学生实习情况。学校每年的上半年4月、5月和下半年的11月、12月，是学生顶岗实习就业推介的时间点。2018年，学校为方便实习管理和教师资格证集中考取和培训，将学前教育第六学期顶岗实习调整到第五学期，初步效果良好。春秋两届顶岗实习学生顺利通过毕业就业推介会顺利找到顶岗实习岗位，学校为全部顶岗实习学生统一投保实习责任险，在学生家长知情的前提下，由学校、学生和用人单位三方签订顶岗实习协议书，共同确保毕业生包括人身安全在内的各项权益利益。部分由升学意愿的学生将在学校继续学习生活半个学期，参加学校组建的备战中职高考的中职宏志班，为更好的未来继续努力。此外，在校生根据年级不同分期分批进行为期一周至一个月不等的见习活动，回来之后召开见习交流会，共同交流心得，不断进步提高。

【教学改革】 学校始终把提高教学质量作为学校工作的主线，教务处机构人员配齐配强，通过实践形成了一系列完善的管理制度和业务规范，坚持不懈地抓实教学改革和教学管理。狠抓教学常规工作，完善常规教学管理制度，重点抓教师的课堂教学和管理工作，向课堂教学要质量。学校各专业各学科的学期课程计划、专业人才培养方案、专业建设实施方案、课程标准、教学进度计划、教学任务书、教材及课程表、教案、教学日志、教学资源库建设等工作完备。用“走出去”与“请进来”相结合的办法，学习借鉴区内外尤其是鞍山先进的职业教育经验，结合学校实际形成具有沙湾特色的教学模式，其中“7S”一体化教学模式在各专业推广实施。全面推行专业教师下企业、幼儿园实践工作，制定相关制度保障此项工作落实到位，全年实现全部专业教师下企业、幼儿园实践1—2周。与企业、幼儿园无缝对接，强化内涵建设，推动学校快速发展。稳妥推进以市场需求为办学方向的课程改革。对理工专业的部分课程进行取舍和调整，增加实训课时，确保理工专业毕业生在电焊、钳工、汽车美容、营销等市场紧缺工种方面有较强的竞争力。打造名师工程，促进教师专业成长。发挥好学科带头人、骨干教师作用。学校对名师进行重点支持，充分发挥他们在教育教学研究与改革中的示范带头作用。

在技能指针的引领下，以赛促练，不断提升实践教学质量。学校通过“教学诊断与改进”等主题建设活动的开展，“前校后厂、校企合一”的产教结合办学模式初步形成，职业教育实践性教学质量显著提高。在技能指针的引领下，学校积极组织开展各级各类技能大赛，校内学前教育、理工类技能大赛分别开展到第十二届和第九届。2018年5—6月，校内成功举办第十二届学前教育专业职业技能大赛，并结合“三进两联一交友”内容开展了丰富多彩的家长开放日主体活动，实现了学前教育专业学生百分之百参与，岗位技能百分之百衔接，教育教学质量百分之百呈现的目标要求。2018年3月，组队参加自治区技能大赛，学前教育专业赛项实现“一等奖”零的突破，共收获自治区技能大赛一等奖2个、二等奖3个、三等奖6个，成绩稳步提升。11—12月，第九届“闪亮青春，博学多能”理工类职业技能大赛全面开展，包括车工、电焊工、电工、汽修工等技能工种实践技能校内大检阅全面开展，并为2019年自治区技能大赛选拔校内优秀选手，组建自治区技能大赛参赛队，通过集中技能锤炼，争取有更好的竞赛成绩。

【“双师型”队伍建设】 加强教师职业理想和职业道德教育，增强广大教师教书育人的责任感和使命感，从思想政治教育、师德师风建设、教师日常考核等多个方面开展师德建设和考评活动，将师德表现作为教师考核、聘任和评价的首要内容。加大“双师型”教师培养力度。加强骨干教师外出培训，加大外派学习力度，提高外派学习质量。共外派16余人次参加各级各类提升培训。此外在学生见习中，专业教师全程跟班等举措，不断提升教师专业技术能力。有效引进专业技术人才，2018年以来共聘请8名紧缺专业教师。在校内引导教职工正确认识职业教育发展形势，实现个人学习意愿与学校专业需求相统一。激励年轻教师获取紧缺专业相关的第二学历，促进“双师型”教师队伍的快速形成，调整改善现有人员结构，增强“双师型”教师数量和整体素质。

【招生就业升学】 结合学校工作实际，经校委会研究决定2018年春季不招生，学校集中精力在春季开展职业教育政策宣传，中职宏志班辅导中职毕业生考大学和准毕业生顶岗实习等几项工作。2018年秋季招生季，按照高中阶段教育6∶4的相关会议和文件精神，学校和教科局一道利用中考前的时间对全县县城和乡镇的所有初中进行职业教育宣讲，向初三毕业学生宣传职业教育的国家优惠政策。8月开学以来，2018年秋季招生注册共计549人。其中，学校本部非联合办学计划招生360人，实际完成326人，其中学前教育184人，教室、住宿尚可接纳20人；机电技术应用专业76人，教室已满员；汽车运用与维修专业66

人，教室已满员。接收南疆四地州学生：18幼师5班（喀什）50人，和田21人，阿克苏15人，克州1人。2018级棉检班37人，实际到校87人。联合办学情况：霍城学前教育招生106人，巩留学前教育招生30人。联合办学共计136人。其中20人升入高职院校。学校继续开办2018年宏志班，帮助全班40余名中职应届毕业生，通过高考高区理想中的大学，实现人生理想。5月起，按照自治区顶岗实习相关工作要求，在全体较适合顶岗实习学生群体中安装顶岗实习管理软件“蘑菇丁”，2016级各专业8个班级近200名顶岗实习学生安置工作紧锣密鼓开展，组织有序，下半年陆续奔赴工作岗位，开展具体岗位的锻炼和提升。2018年毕业生共计208人，其中：学前教育133人，机电专业29人，汽修46人，分别在沙湾县及周边大中型企业和各类幼儿园就业。截至2018年，累计考取公办幼儿教师的应历届毕业生突破200人大关。

2018年联系合作企业、幼儿园40余家，先后完成3个专业6个班级140余名同学顶岗实习的就业推荐工作，就业立足为本县企业服务，学生就业首先立足本县经济，57名理工班学生分别在中远科技、和兴化工，天山水泥、佳林木业、克拉玛依致信公司、昌吉特变电、中通客车、新疆众和等企业顶岗实习，毕业生初次就业率100%。部分有就业愿望的学生还将继续在学校中职18宏志班中继续学习深造，备战中职高考，考取心仪的高职院校。2018年，共计28名中职毕业生考取疆内高职院校，累计150余名应历届毕业生成功考取公立幼儿园教师，毕业生在乌市、石河子、克拉玛依等地幼儿园实习工作。对学校在校生的就业前景产生了极大的鼓舞。

【校园文化建设】 学校构建“一德四能”技能型人才培养格局，校园文化脉络日益清晰明确。学校根据职业教育和技能培训特点，引入企业文化，结合职业院校系列特色活动，丰富校园文化内涵。在实训车间制作操作规程、标语、提示牌，将企业文化引进实训课堂；在校园布置展板，将传统文化寓于环境建设之中；在休闲场地设立小型提示牌，将名人与学校涌现出来的技术明星作为榜样；在班级文化布置中，引入弟子规，结合专业特色，让墙面成为德育教育的背景；对学生进行崇尚技能的教育，在学生中倡导尊重师长、爱班爱校的思想品德，在教师中倡导尊重学生、爱校爱生的执教理念，有针对性地密切职业学校的师生关系，营造良好的教学氛围和人际关系，积极参与全县和教育系统举办的各类文化和德育实践活动。

【短期技能培训】 学校积极拓展成人教育的业务范围，奥鹏中心专本科教育稳中有升，网络学习中心平稳运行，得到更多社会人士的熟知和认可。同时，学校还积极拓宽专业和办学渠道，成人教育中心的知名度和对社会的服务能力显著提升。围绕新型工业化发展对人力资源的需要，积极申办中、高级等级工种的培训资质，强化培训质量，树立沙湾中职培训品牌。深入农村开展各类实用型技能培训，提高农民创业和就业能力，促进农民增加收入。加大在职人员培训、服务力度，扩大学校在技能教育、培训领域的影响，发挥好学校职业技能培训中心的作用。

【办学特色】 围绕“一德四能”，突出职业教育育人特色。学校积极构建“一德四能”技能型人才培养格局。在教育教学中构建培养学生“一德四能”的育人格局，凸显学校德育、实践双特色。坚持德育教育贯穿教育教学始终，培养学生自主学习、职业技能、团结协作、适应社会的能力，学校规范化水平显著提高。2015年率先在全地区职业学校中成功创建为“自治区德育示范校”。

校企合作，工学结合。学校通过扎实有序地开展校企联系、见习实习、社会实践、工学结合等工作。有计划、有针对性地组织学生到屯河水泥、秦岭纺织、康师傅食品等企业实习、实践；到沙湾各大宾馆进行酒店服务与管理；投身沙湾县农业秋收实践等多种实践活动，组织专业教师跟班实习见习，深入企业用人一线调研、学习、挂职。

订单培养，以技能大赛、毕业推介会等形式提升学生技能。学校通过“实践教学强化年”，“学风建设年”等主题建设活动的开展，“前校后厂、校企合一”的产教结合办学模式初步形成，职业教育实践性教学质量显著提高。在技能指针的引领下，学校积极组织开展各级各类技能大赛，每年6月和12月，校级理工类技能大赛和学前教育类技能大赛如期举行。继2014年实现了学校自治区技能大赛奖项零的突破，2018年自治区技能大赛实现了“一等奖”零的突破，共收获自治区技能大赛一等奖2个、二等奖3个、三等奖6个，竞赛成绩逐年稳步提升。

一年一重点，深化内涵建设。自2012年起，中等职业技术学校确定了“一年一重点，一年一主题”的建设思路。2012年是“学校管理规范提高年”，教学、管理、考核等规范提高；2013年是“实践教学强化年”，实践教学改革初见成效；2014年是“学风建设年”，班风学风校风显著改善；2015年提出了“课程建设年”，成功创建自治区精品课程；2016年是“业务提升年”，提升教职工的业务水平级；2017年是“教学诊断年”。通过逐年的攻坚克难，衔接好校内学训和校外实训实践联系，促进教育教学质量显著提升，提升毕业生适应工作岗位、适应企业氛围的能力。近年来，毕业生初次就业率保持在99%以上，学前教育专业80%以上的学生在乌鲁木齐、昌吉、石河子、克拉玛依和本地城市实现高质量就业，其中82名学生考取了各地的公办幼儿教师和特岗教师。理工专业毕业生也在北疆各地大中型企业实现高质量就业。

（责任领导：杨铭华　撰稿：屈　鑫）

小　学

第一小学

【概　况】 沙湾县第一小学，始建于1943年，位于三道河子镇广场西路80号，占地面积21207平方米。2018年有教职工153人，在校生1482人，教学班37个。学校有一支爱岗敬业、积极奉献、素质精良、争创一流的教师队伍，有地区级名师7人，有县级以上名师、学科带头人、十佳班主任37人。

【教育目标】 以习近平新时代中国特色社会主义思想为指导，全面贯彻党的教育方针，坚持育人为本，德育为先，落实立德树人根本任务，深入贯彻落实全国教育大会精神，紧紧围绕新疆社会稳定和长治久安总目标，以深化“和美”学校工作为目标，以教育信息化为载体，以创建“学习型学校”为导向，大力推进乐美课堂，打造雅美之师，争做善美学生，营造尚美校园，全面提高办学质量，推进教育现代化，为实现沙湾县教育强县做贡献。

【教师队伍建设】 完善学校“润美”管理，提高学校办学水平。完善《学校管理制度汇编》《沙湾县第一小学“十三五”学校发展规划》等，为学校的可持续发展奠定了基础。加强班子建设，在工作中有意识地培养他们的三大能力——增强争先意识，提升学习力；增强服务意识，提升凝聚力；增强实干意识，提升执行力。亲情管理，拉近距离，本学年开展了系列“情感暖心”工程。如利用节假日对贫困、患病、部分优秀教职工代表进行慰问，对退休教师进行分批次慰问，本学年慰问次数达到47人次。教师节邀请32名在家退休教职工到学校开展融情联谊活动，给退休教师汇报学校近年来的发展情况，让他们感受到集体的温暖，在学校管理、品牌建设、教育教学等方面听取了他们合理化的意见和建议。元旦佳节，组织师生开展融情联谊活动，各班通过写春联、剪福字、贴窗花、送祝福等营造了浓浓的传统节日气氛。组织全体教职工观看爱国影片，开展晨跑、体育赛事等活动，不断增强教师的团队精神。

建设“雅美”教师形象，培养优秀群体。抓师德建设，提高教师思想道德素质。学校举办以“培育好家风、传承好家训”为主题的教师道德讲堂，讲述身边教师的精彩故事；通过学习先进，树立典型，激励广大教师忠诚党的教育事业，以生为本，严谨笃学，无私奉献。为教师搭建展示交流的平台。为加快青年教师成长，提升专业素养，提高课堂教学质量，同时也高质量地完成“一师一优课”录制，如期举行春季“达标”课课堂教学大赛、秋季“春蚕杯”课堂教学技能大赛、民族团结主题班队会大赛课、优秀班主任经验介绍、塔城地区乌苏市第四小学名校长工作室校际交流会暨沙湾县经典诵读推进会。各项活动扎实有效的开展为老师搭建交流成长的平台。教育联盟帮带成效显著。为加强教师队伍建设，充分发挥学科骨干教师的带头作用，提升教师专业素养，促进教育联盟校间均衡发展，5 月，副校长李瑛一行 8 人奔赴哈拉干德希望小学，开展扎实有效的教育联盟送教下乡活动。9 月，学校王迎节和洪志芳两名老师在教科局的带领下，和沙湾县 32 名骨干教师一起去伽什县送教，此次送教活动，以课堂改革为支点，以课堂有效为指向，给两县教育教学提供了互相学习，取长补短，共同提高的平台。小课题的研究，促进教师科研能力水平的快速发展。学校地区级以校为本小课题“图配文在小学英语中高段课堂教学中的作用之探究”“解决小学数学分数应用题的策略研究”已上交研究成果等待结题。以上科研课题有效指导了学校的教育教学工作，促进了教师科研能力水平的快速发展。另外，国家“十三五”科研课题的子课题“中华优秀传统文化与小学语文课堂教学实践的研究”“小学语文中段课堂教学中学生写字兴趣的探究”已进入深入研究阶段，本学期申报的“小学语文低年级多种写话方法的探究”已交教科局审批。

【德育教育】 打造德育教育特色，培养“善美”学生。做实德育专题活动。一是开展爱国主义教育活动。如以道德讲堂、“十一”红歌会、班队会、“我与国旗合影”等丰富多彩的校内外活动践行着社会主义核心价值观、“五观”、“五个认同”教育。坚持周一室外固定的升旗仪式，从唱红歌、围绕时代主题、结合重大节日，安排各班学生周周有主题，以演讲、快板、诗朗诵等不同形式轮流进行国旗下致辞，培养爱国主义情操。二是加强实践育人活动。通过进社区当志愿者、打扫街道卫生及敬老爱老重阳节为孤寡老人送去问候、清明祭扫、环保时装秀比赛、世界读书日比赛活动、民族团结班队会大赛、禁毒教育等各项活动的开展扎实做好对学生的思想教育。三是提高法治教育意识。如请公安派出所、消防大队、铁路派出所、疾控中心等部门定期以校园广播、大讲堂、实地演练操作等形式认真开展好安全、卫生普及教育工作。每天的“1530”校园安全知识广播等活动和每周的班级 QQ 安全提示，不断加强学生的法治意识和安全意识。四是丰富各种纪念日活动。中秋节传统节日融情实践活动让学生懂得了中华大家庭、班级小家庭处处都有温情的存在；建队日各年级活动的开展让学校少先队员们努力成长为担当民族复兴大任的时代新人，少代会的召开教育引导少年、儿童时刻准备着为建设中国特色社会主义贡献力量。

开展德育特色活动。以培养新时代合格好少年为目的，开展少先队队前集中教育，实现一年级新生全童入队；让毕业多一点仪式感，6 月开展毕业班“告别母校，感恩师长”的大型毕业季活动。7 月迎接全国“扫黄打非”现场会的观摩，上级对学校育人环境给予高度评价，并荣获全国“扫黄打非”示范点称号。9 月，以多种形式上好“开学第一课”，如队列队形训练、安全教育、红歌教唱、规范眼保健操的学习，使学生在新学期以多层次、多角度加强学生行为习惯养成教育；在国庆节前夕开展“我爱你中国　迎国庆红歌会”系列活动；“春种秋实”秋收品尝会暨“三进两联一交友”融情活动体验劳动，使学生在收获新知识，感受丰收——挖红薯实践劳动的快乐中培养了学生积极参与实践劳动，从而教育了学生从小要懂得珍惜粮食，珍惜别人的劳动成果。

2018 年 6 月 28 日，沙湾县第一小学 2018 届“花开此时　载梦启航”小学毕业典礼

积极开展“三进两联一交友”活动。126 名教师与 131 名学生结对子，为结对学生解决最实际的困难。据统计，“三进两联一交友”被帮扶帮教学生总数 131 人；帮扶帮教资金 3650 元；帮扶帮教物品 168 件。家校沟通信息化和再增新渠道。家长学校工作力度加大，各年级家长督学按时到学校参加教学管理、听课、评课及检查作业等各类教学活动，学校聘请国家二级心理咨询师、家庭教育导师崔伟华分别向一年级、六年级学生及家长做了“因爱相遇　相伴成长”家校联系会，做到家校携手，促进孩子健康、快乐成长。

【教育教学】 开展第九届“相约海读　传承经典”主题教育实践系列活动。本届诵读活动以“相约海读　传承经典”为主题，一至五年级以《笠翁对韵》《三字经》《千字文》等中华经典为主要内容，开展为期两天的诵读经典活动。既丰富了语文学科的教学、拓展语文学科学习的渠道又引领孩子走进经典诗文，增长了知识，开启了智慧，也规范了学生的品行。

成功举办第四届数学文化艺术节。成功举办沙湾县第一小学第四届数学文化艺术节。本次活动以“走进数学改变世界”为主题，致力于让学生在动手、动口、动脑中充分体验数学的魅力，享受数学学习的乐趣。为期半个月的活动中，孩子们取得了优异的成绩，培养了学生认识数学的应用价值和文化内涵，进一步激起爱数学、学数学、用数学的热情，营造数字校园文化氛围。

成功举办第三届校园科技艺术节。为培养学生健康的审美情趣和追求真理的科学精神，激发学生对科技的兴趣和爱好，展示学生的文化风采和精神风貌，提高办学品位，2018 年 9 月 26—30 日，举办主题为“科学启迪智慧，科技创造未来”校园科技艺术节活动。活动内容丰富多彩，有一年级树叶黏画展，二年级纸火箭展，四年级超轻黏土展，六年级建高塔、科技作品展、科幻画展示等，本次活动不仅丰富了学生的校园文化生活，还激发学生热爱科学、热爱艺术、热爱生活的情感。

“春蚕杯”课堂教学大赛活动巩固乐美课堂教学模式。10 月 18—19 日，举办本年度“春蚕杯”课堂教学大赛活动，邀请辽宁赴沙湾县支教的专家型教师戴玉宽、张春时、刘磊参与活动并作为评委为本次大赛评课。此次活动分语文、数学、英语、音体美、科学（综实）等学科，老师们充分运用学校“361 乐美课堂”教学模式，交流新的教学理念、方法。本次活动利用“青蓝工程一带一”促进中青年教师整合资源，取长补短，经验和信息化强力融合，增强高效课堂教学能力，发挥名师的示范引领作用，培养后续骨干人才，促进青年教师快速成长，为今后的高效课堂教学的构建奠定了良好的基础。

“和美”教研室，促进协调创新发展。近年来，沙湾一小在“和美”教研室的引领下，吸纳了近30位各学科名优骨干教师，他们在各学科领域教学活动中，将他们的教学感悟和经验进行了多种形式的传播和分享，发挥出他们在各自领域内教研引领的模范作用。继续采取“走出去、请进来”等多种方式，让教师能听到学术水平较高的辅导报告和看到优质课例；让教和研有机结合，让名优特骨干教师充分发挥学科引领示范作用，以此缩短教师间的教学效率差，实现均衡发展，课堂高效，教学质量扎实提升。

创造性地开展英语特色工作。为继续纵深打造英语特色建设，由学校“和美”教研室中的3名英语教研员进行专业引领，开展每周三英语大教研活动日活动，带动所有英语老师进行丰富多彩的教研活动、主题实践课探究、教法研讨、联盟学校校际交流、英语教师演讲比赛等。另外还利用周三英语日、周五英语社团活动，让学生感受语言魅力，体验学习英语的快乐。10月底，成功举办了第九届“和美杯”英语文化艺术节，本届艺术节做到了全员参与，一至六年级共22个单项比赛，产生了英语书法小明星、文化小使者、阅读之星、写作之星、朗读之星等荣誉称号。

趣味社团开辟学习新天地。学校通过新星少儿乐美社团活动为学生的全面发展拓宽渠道。根据学生需求，开展了武术、足球、乒乓球、舞蹈、合唱、书法、儿画、手工、剪纸、国学等42个社团拓展课程，定时、定点、定内容，给学生搭建了一个充分展示自我的和美舞台，以此提高学生的交往能力和合作意识。本学年还利用校外师资力量开设“我型我秀”美发、“围棋”“国学”“演讲与主持”等有特色的社团，促进每一位学生富有个性的发展。在5月全疆名校长工作室活动中社团汇报异彩纷呈，得到了广泛赞誉与丰硕成果。

体艺卫工作。按照课程标准开足开齐课程，严格按照学校常规进行教育教学工作，备课上课，达标课、“春蚕杯”大讲赛中体音美教师们教育教学水平都有了长足的进步。继续坚持每天一小时的阳光体育锻炼，常态化抓好学生眼保健操工作。美术老师做好各级各类的画展，音乐老师组织学生参加庆祝第三十四个教师节晚会节目演出，体育老师完成了2018年的各项学生体质健康测试工作。同时开展以年级为单位的广播体操、大小跳绳、拔河等每月小型体育竞赛。第三十七届庆“六一”少儿田径运动会，全校近1500名学生参加开幕式，使本届运动会比赛成绩较往年有了大幅度提升。同时，在2018年5月举行的2018年沙湾县中小学生田径运动会上，学校16名参赛运动员获得了14个个人奖、2个团体奖，并打破全县小学组男子实心球和女子200米纪录，最终以总分102分的成绩取得小学组团体总分第二名。

【后勤保障】 强化安全教育，打造“尚美”校园。认真贯彻上级文件精神，学习各级各类法律法规，严格按照值班维稳制度，学校认真落实“三防”建设，扎实做好24小时值班带班工作，联合警务站作好每天的护学工作；将学生的安全教育作为学校安全工作的重点，同时严格规范师生的应急演练，提高应急处突能力；做好校园内外安全隐患日查、周查、月查，并及时做好隐患整改，为学校教育教学提供有力保障。加强网络安全教育，确保网络空间风清正气。做好学生上下学问题车辆排查，及时与家长沟通，确保学生上下学安全。学校在品牌办学的基础上，积累了一定的经验，以“和美”为主线，重新对学校的校园文化进行了规划和布局，积极打造红色长廊、智慧党建室和“党建+”为特色的楼道文化，将学校管理、师德师风、教育教研、队伍建设等工作与红色基因文化相融合，营造让每一面墙壁都会说话的新型校园文化阵地，充分体现为党育人，为国育才的教育目的。

【荣　誉】1月，荣获塔城地区“民族团结一家亲”和民族团结联谊活动先进集体的称号。

1月，荣获全国小学生数学学习能力测评优秀组织奖。

6月，学校太阳花中队荣获全国少工委“动感中队”荣誉称号。

12月，荣获全国“扫黄打非”进基层示范点和全国“扫黄打非”进基层示范标兵称号。

（责任领导：李　霞　撰稿：李坤燕）

第二小学

【概　况】沙湾县第二小学是一所维、汉合校的完全小学。学校校舍建筑面积11077平方米。2018年有43个教学班，在校学生1391人，教职工132人（高级教师23人、一级教师67人），由汉族、维吾尔族、哈萨克族等6个民族组成。学校教职工本科以上学历56人，大专以上学历130人。学历合格率为100%。

【德育管理】德育处将丰富多彩的教育活动作为学校德育工作的重要载体，为了培养健康幸福的人，学校积极研发了“幸福人生第一次”“社会实践我能行”等德育课程。第一次入学仪式、第一次佩戴红领巾、第一次参加“六一”儿童节、第一次毕业典礼等，旨在培养孩子们热爱学校，努力学习的思想感情。利用课余时间，带领学生积极参加社会实践活动，如走出校园参观面粉厂、科技馆等，在实践中拓展学生的视野，领略家乡与众不同的现代特色工业，积极接受热爱家乡的教育，同时培养学生团结协作、坚忍不拔、互帮互助的精神品质。为夯实意识形态领域主阵地主战场的作用，使学生从小接受红色革命教育，树立正确的人生观、价值观，学校开展了丰富多彩的红色主题教育活动，讲英雄故事、树身边榜样、唱红歌、颂红诗、看红色电影、表演红色课本剧、听红色故事讲座，让学生从小植根于红色基因，熏染于红色文化，传承红色英雄精神，牢固树立社会主义核心价值观，为培养中国特色社会主义德智体美全面发展的建设者和接班人打下坚实的基础。

学校始终关注学生兴趣，尊重教育规律和学生个性的发展，为此，在努力打造幸福课堂的同时，积极开发幸福校本课程、部级课程。如悄悄读、情景剧、播音主持等课程的学习，让学生读起来、写起来、儒雅起来；国画、陶艺、合唱，让学生画起来、唱起来、快乐起来；独轮车、足球、跳绳，让学生跑起来、跳起来、健康起来；部级课程七巧板、速叠杯、魔方、算盘、华容道，让学生玩起来、动起来、智慧起来。在幸福课堂的实施过程中，学校积极倡导让学生在课堂上积极主动地参与学习，与同伴在合作互动中提升自己，在展示点评中达到生动，努力营造令师生感动的课堂氛围。

【教育教学】教学常规管理精细化、精致化，坚持实行“三个一”工程：即一月一检查、一总结、一反馈。达到以检查促规范、以规范促质量的目的。本学年两项新的教学常规被落实，一是各年级每天进行晨读，由班主任全面负责进行落实，教务处进行检查落实情况，并做到一周一评，给做得好的班级颁发流动红旗。学生积累了大量国学经典知识；二是每天下午放学前进行30—40分钟的悄悄读，由班主任带领学生读书，一学期每一个学生至少读完6本书，校园内形成了浓厚的读书氛围。学校实施研训一体化战略，即教研即培训、培训即教研的一体化发展策略，在“关注每个孩子的进步和关注每个教师的成长”的理念指引下，紧紧围绕以“打造幸福教师和培养幸福学生”为出发点。开展教科研工作。学校以各学科达标课为抓手，安排骨干教师示范课、青年教师成长汇报课、毕业年级复习研究课、集体备课展示课、送教下乡课等共100多节。一分耕耘、一分收获。县教科局组织的师生同台千人“三笔字大赛”中，教师获奖共计15人。其中曹雪莲老师荣获教师全能奖；在大美沙湾“庆‘六一’”儿童书画手工大赛中，曹冬梅等4位老师分别荣优秀指导奖。

【特色教育】 学校继续拓展校本课程和社团的研发力度。校级课程，社团和部级社团的种类更丰富、参与面更广泛，如校级课程有足球课、篮球课、跳绳、轮滑、独轮车、陶泥制作、经典诵读课程，校级社团有艺术、解说、手工、科技制作等。阳光体育活动成绩显著，学校跳绳队在全国跳绳联赛重庆石柱站，获得全国团体冠军。在30秒双摇项目中，胡蝶荣获女子组金牌，张洪臣荣获男子组银牌，刘梦晴荣获女子组银牌，刘佳俊荣获男子组银牌。在30秒间隔交叉单摇跳项目中，李馨怡荣获女子组金牌，李文强荣获男子组铜牌，学校被评为道德风尚奖，田径队荣获全县八连冠。5月进行的自治区名校长工作室展示中，获得与会领导的高度评价。9月教师广播操比赛获得优秀组织奖。

【荣　誉】 获得2017年度自治区“访民情惠民生聚民心”驻村工作先进工作队。

获得2017年度自治区“访民情惠民生聚民心”驻村工作优秀组织单位。

沙湾县网络安全和信息化工作综合考核先进集体。

沙湾县“民族团结一家亲”和民族团结联谊活动先进集体。

（责任领导：杨建秀　撰稿：李永刚）

第三小学

【概　况】 沙湾县第三小学始建于1996年，学校位于沙湾县奎屯路8号，是新疆塔城地区第一所集走读、住宿为一体的汉语言普通完小。学校占地面积17065平方米，2018年有教学班24个，学生991人，教职工109人。学校设施先进、设备一流，校园内基本实现了信息化管理。近年来，学校坚持把“依法治校、以德立校、质量强校、科研兴校、特色强校”作为治校方针，确立“润育潜质、立一等品格”的办学理念，倡导“动真情、传真知、做真师”的教风，和“习字明理、励志修身”的学风。努力实现以“弘扬传统文化，营造书香校园，彰显民族魅力”的学校特色目标。

【德育教育】 学校遵循“一切为了学生、为了学生的一切”的人本教育理念，学校制订了符合实际和具有时代性、发展性的学校五年发展规划和德育工作五年规划，坚持以德育为首，健全德育工作机构，做到一天一检查、一周一公布、一月一评比，实行“德育示范班”评比活动，最终使“他律”变为“自律”，培养学生的良好行为习惯和优良的思想品德。学校认真开展每天升降国旗活动。学校积极利用黑板报、手抄报、小广播、晨会等进行大力宣传，并积极开展“民族团结结亲周”、“三进两联一交友”工作、演讲比赛、主题班会课等活动，学校定期组织开展主题为“牢记使命，抵御渗透，净化校园环境，千名师生发声亮剑活动”。既锻炼了学生的动手操作能力，又培养了学生实践能力和创新精神。学校还形式多样地开展廉洁教育、扫黑除恶教育、反邪教警示教育、国防教育、禁毒教育、铁路护路等主题教育活动。

【教育教学】 正确把握新课改前行方向，以对目标的落实为主线，贯穿于教师的课堂教学各个环节，活化教学方法，让教师和课堂富有内涵。为做好常规管理工作打下坚实基础。学校以生本理念为先导，以派出观摩、名师引领、骨干率先、同行互助的形式，扎实开展井然有序的课堂教学达标、“百花奖”教师综合素养大赛、“青蓝工程”师徒同课异构以及写字教学比赛等活动，以此来提高教师的综合素质和课堂实效。开展“朝夕读经典，静心写撇捺”的诵读经典与书法的“兰亭·阳光”书艺工程。学校联盟工作做到井然有序。每学期定期召开学校工作管理交流会。在学校管理、队伍建设、教育科研、学生活动、学校文化等方面互动交流，实现资源共享、优势互补、互惠共赢。2018 年 4 月，学校派出 5 名骨干教师对联盟校全体教师进行有效课堂小组建设、展示、交流、评价培训，和联盟校共同研讨高效课堂建设，实现优势互补和深度融合。

【特色教育】 学校将书法教育工作放在学校工作的重要地位，加大师生分层培训工程。采取结对帮扶共同进步的方法来提高教师的书写水平和写字教学水平，成立“帮扶结对社团”“书法新秀培养”等帮扶工程。针对新上岗教师成立“青蓝工程”结对子点对点、一对一的帮扶指导。教研组上交的毛笔字、钢笔字、粉笔字作业，有专人负责收发及批阅，每周一例会公布作业及书写情况，鼓励有书法潜质的教师举办个人书法展和形式多样的活动，有力地促进教师练字的积极性，达到了全员参与共同提高的目的。全面提高学生训练方法的“转换”。组织课题组按月考核握笔姿势、基本笔画、独体字的书写，一步一个台阶，同时各班给每位学生建立书法成长记录册，高年级每生一本《我的写字集锦》，每学期展评，继续开展“朝夕读经典，静心写撇捺”的“阳光 · 书艺”系列活动，全面提升学生的书写水平。坚持开展“兰亭杯”书法周活动，激发练字兴趣。开展“兰亭杯”书法周活动，使书法周活动常态化，通过书法知识竞赛、写字教学课堂研讨课的展示活动、百本优秀练字作业评比、英文书写竞赛，课题组协教务处检查学生的各科作业，并及时反馈与整改等活动的开展，激发学生的练字兴趣，让学生体会到书法的博大精深。坚持开设书法社团，培育书法特长生。建立“到班级中选拔书法苗子——在特长班培养书法尖子”的跟踪机制。分别成立低、中、高 3 个阶段的软硬笔书法班、国画班等，在每周二、三由专职书法教师开展。

【荣　誉】 5 月，荣获沙湾县教育系统第八届千名师生同台“三笔字”大赛团体奖。

10 月，荣获沙湾县 2018 年“震宇杯”中小学生校园篮球联赛道德风尚奖。

11 月，在沙湾县第二届青少年科技创新大赛中荣获团体三等奖。荣获 2018 年度网络安全和信息化工作综合考核先进集体。

（责任领导：李翠玲　撰稿：骆冰茹）

第四小学

【概　况】 沙湾县第四小学是一所全日制完全小学，位于沙湾县金沟河南路 29 号，交通便利，地理位置优越。始建于 1999 年，2017 年应县委部署整体搬迁至现址，校园面积 32612 平方米，建筑面积 15655 平方米。2018 年有在校学生 1256 人，29 个教学班，教职工 107 人，党员 31 人。学校以“办人民满意的教育”为目标，以“一切为了学生健康和谐的发展”为办学宗旨，以“依法治校，以德立校、科研兴校、特色活校、质量强校”为办学思路。坚持科学的教育发展观，坚持以人为本，以课堂教学为中心，教学水平不断提高。

【办学目标】 积极创建特色学校，培养特色教师，培育特色学生。坚持“德育为先，育人为本”的德育理念。校园环境实现“四化”建设，平安校园、绿色校园、和谐校园。充分体现实用和育人功能，为学生健康快乐地成长创造了良好的环境，是教书育人的理想学校。

【德育工作】 一直以来，学校在学生中进行社会主义核心价值观宣传教育，一月一个德育主题，结合县文明办组织的“道德讲堂进校园”“宪法日宣誓”“我们的节日”等活动，通过听、说、读、写、唱等形式，引导教育学生要读好书、长好心、办好事、做好人，形成了“师生互动，家校联动”的校园文明建设工作机制，取得了以新风正教风、以教风正校风、以校风正家风的显著成效。学校开展了以礼仪教育、安全教育、感恩教育、法治教育、责任心教育、好习惯的养成教育为月教育主题，落实主题班会、开展演讲比赛。2018年22名学生被评为地区级“优秀少先队员”；学校少先队被评为国家级“全国动感中队”。

【教师队伍建设】 四小师生秉承“夯实基础，强化德育，精细管理，提升品位”的办学理念，把努力打造精巧、雅致的校园环境，倾心培育品德高尚、行为优美的学生情操作为全体教师的工作目标。围绕“端庄的仪表形象，完美的人格修养，高雅的生活情趣，丰厚的专业素养”这一教师培养目标，组织全体教师继续开展四个一的活动，即：“一手漂亮的粉笔字、一口流利的普通话、一堂展现风采的优质课、一本启人心智的读物”。全体教师工作热情高，能把工作当事业来对待。2018年先后有17名教师获得县级奖项；20名教师获得自治区级、国家级奖项。

【教学教研】 学校秉承“五育并重、全面发展”的办学思想，着眼于为学生的全面发展、终身发展奠基，致力让每一个孩子得到发展，让每一位教师施展才华，让每一名家长收获希望。从教育环境、教学策略、教学评价、兴趣培养等方面进行探索，学校逐步形成了“上善若水，师者若水”的教师文化和“走进校园我们快乐学习，走向社会我们充满自信”的学生文化。遵循爱和责任的校训，形成团结文明、探索创新的校风；求实、求精、求活、求新的教风；乐学、善思、勤练、进取的学风。学校一贯关注学生身心健康发展；主抓教学夯实学生知识储备，学校始终把提高教师教学素养作为一项重要工作来抓。学校先后被评为自治区级“写字教育实验学校”，国家写字实验学校，地区级“科技特色学校”等荣誉称号。

【体育艺术教育】 学校牢固树立“以艺术强素质，让学生有特长”的教育意识，积极探索“以美辅德、以美益智、以美健体、以美促劳”的育人模式，如今学校艺术教学设施日臻完善，学校内设合唱室、舞蹈室、音乐教室、国画室、手工制作室、书法室、微机室、机器人拼装室、跆拳道室等功能室20余间，形成了校园融环保、阅读、体育、艺术为一体的文化氛围。2018年参加第八届千名师生书法大赛，10名学生分别获得钢笔字、毛笔字一、二、三等奖；参加沙湾县举办的大美沙湾—城东区“六一”儿童节书画手工大赛，分别荣获毛笔字、绘画、折纸、彩泥、拼装一、二、三等奖。在沙湾县第二届青少年科技创新的赛活动中，分别荣获科幻绘画一、二、三等奖，尹国丽被评为优秀教练员。10月，学校代表沙湾县参加地区双语成果展演，取得优异成绩。12月，学校成功申报全国第六节艺术展演剪纸艺术工坊。学校先后被评为“全国基础教育百佳特色名校”“中国百佳艺教名校”；全国艺术教育培训基地；全国青少年艺术人才培训基地；“我爱祖国”全国青少年才艺电视展演指定合作单位；自治区级“我爱祖国”新疆优秀艺术人才培养先进单位；地区“少儿艺术学校”。

2018年5月30日，沙湾四小第十届庆“六一”运动会暨艺术节活动

【荣　誉】 1月，沙湾县四小教师马月荣获2017年度沙湾县“民族团结一家亲”和民族团结联谊活动先进个人。

3月，沙湾县四小教师张亚楠论文《关于中学语文阅读教学的若干思考》获全国教育科研优秀论文国家级一等奖。

同月，沙湾县四小教师张亚楠论文《中学语文教师课堂语言运用水平对策分析》获全国教育科研优秀论文国家级一等奖。

同月，沙湾县四小教师刘莉丽论文《小学生解决问题能力的培养》获全国教育科研优秀论文国家级一等奖。

同月，沙湾县四小教师刘莉丽论文《浅谈如何提高小学生的计算能力》荣获教育科研优秀论文国家级一等奖。

同月，沙湾县四小教师张海燕论文《浅谈学生数学四位能力的培养》获全国教育科研优秀论文国家级一等奖。

同月，沙湾县四小教师张海燕论文《实施生活数学教育，培养自主创新能力》荣获全国教育科研优秀论文国家级一等奖。

同月，沙湾县四小教师张海燕录像课《百分数的认识》在2018年度全国优质课录像课评选中荣获一等奖。

同月，沙湾县四小教师王益荣录像课《圆的认识》在2018年度全国优质课录像课评选中荣获一等奖。

同月，沙湾县四小教师王益荣录像课《插入艺术字》在2018年度全国优质课录像课评选中荣获一等奖。

（责任领导：胡志萍　撰稿：张智明）

第五小学

【概　况】 沙湾县第五小学是一所集走读、住宿为一体的完全小学，占地面积113亩，于2011年11月16日正式开班。2018年有教学班23个，学生864人（汉族519人、少数民族345人），住校生53人；教职工82人，专任教师63人，其中少数民族教职工18名、工勤人员2名。2012年10月被自治区命名为“冰上运动示范学校”；2014年5月被命名为自治区“书画艺术实验学校”；2017年被命名为自治区文明单位。2018年，沙湾县第五小学站在新的发展起点，重新审视解读，确立了以“书画艺术”为特色，以“海棠文化”“慧怡教育”为品牌的新样态学校，挖掘海棠文化内涵，提炼学生发展核心素养，提升“慧画童年，怡写人生”的办学理念；确定了五小“三风一训”——以“智慧快乐、和谐向上”为校风，以“立德树人，善导慧育”“尚美求真，乐学慧用”为教风学风，以“做最好的自己”为校训，将海棠文化定位为外显的抓手，将“慧怡教育”定位为内在的品质追求。追求每一个学生的成长和进步，让每一个学生都能像海棠花一样，在文明校园中展现自己独特的光彩。学校从安全、党建、教学、德育、师德等各方面开展活动，严格规范办学行为，确保学校教育教学和谐稳定规范化、持续化、常态化。

【办学特色】 全力展开校园文化建设，结合学校实际和专家引领，创建“海棠·慧怡”文化品牌。以提升师生核心素养为目标，深挖其内涵，确立学校“海棠·慧怡”课程体系，以传承国学经典，举办各学科“海棠杯”活动为特色推动学校内涵发展。开展海量诵读国学经典诗文，假期诵读内容比赛、通过班级初赛、年级复赛、全校决赛等比赛形式开展了“学用弟子规，弘扬真善美”国学经典诵读班级接龙赛活动。举办“海棠花开，书香自来，相约海读，守护经典”的特色晨读展

2018年10月12日，沙湾五小2018年新队员入队暨“海棠杯”运动会开幕

示活动，每周一开设国学经典诵读课程，让每一位师生在国学经典中提高品性和修养。同时开设朗诵社团、三球社团、“海棠杯”读书节、数学节、科技节、冰雪节、体育节、研学旅行等活动，为学生轻松、愉快、丰富、生动活泼地学习成长提供平台，满足学生学习、生活和个性发展的多样化需求，最终指向学生核心素养的发展。

【教学工作】 学校加强依法治校、依法执教管理，规范教师行为，与每位教师签订《规范教师行为》《教师十不准》等责任书，使制度得到了层层贯彻落实，同时加强了督查、考核，完善督查机制，考核结果与绩效挂钩，实行一票否决制。成立“名师工作室”“青蓝工程”等体系，全面开展各学科竞赛、汇报课、名优教师上示范观摩课、中青年教师上汇报研讨课，师徒结对展风采等课堂活动，构建学校骨干教师培养机制。组织开展丰富的活动为国学经典诵读助力，在孔子诞辰日，组织各班开展孔子诞辰诵读、传承国学经典实践活动，用经典浸润孩子的心灵，用经典点亮孩子的人生。开展丰富多彩的学科分项竞赛活动。各学科开展“字典小达人”“积累大王”“我是小小神算手”“多题型计算”“英语书写比赛”“英语歌谣”“跳小绳、跳大绳比赛”等学科分项竞赛活动，激发学生学习热情。学校以课题研究为抓手，强化教师的科研意识，开展了中国教育学会“十三五”课题的子课题《语文教学中弘扬中华传统文化的途径及策略》课题研究工作。围绕教育质量提升这一核心，开展互研互学教学活动，学校7次为联盟学校送课交流、取长补短，“同议同磨一节课，同上一堂课”展现共同成长，共话课堂的教学智慧。学校按照上级统一要求，实行民汉混合编班统一教学，与民汉学生培养方案并轨，老师们利用20分钟微型写字课、国学经典素读课程等进行一对一专项辅导。通过家长座谈、班级QQ群、微信群以及家访等多种形式和家长一起交流教育教学问题，帮助孩子进步，形成良好的家校合力教育，促使少数民族学生都能更好掌握国家通用语言。

【德育工作】 学校德育工作以活动为载体，培养乐观向上、博爱厚道的新时代好少年。坚持抓好学生的常规教育和良好行为习惯的养成教育，认真落实“立德树人”这一教育的根本任务，开展丰富多彩的每月主题教育活动。办好家长学校，联合五小警务站、共同教育学生对安全知识的了解、安全重要性的认识，开展“争做文明路队小天使”活动，组织学生办安全教育手抄报和黑板报，加强学生的安全防范意识。扎实开展“三进两联一交友”，通过“六点半课堂”等爱国主义教育，“我和我的祖国”主题活动，共庆端午节、中秋节等传统节日实践，拔河、放风筝比赛等融情对话等对学生进行思想宣传、心理疏导，教育学生感恩党、感恩社会。

【荣　誉】 沙湾五小在沙湾县2018年“第八届千名师生同台‘三笔字’大赛”中，荣获“优秀组织奖”。

沙湾五小3名教师被评为塔城地区“民族团结一家亲”和民族团结联谊活动先进个人；1名教师被评为沙湾县“民族团结一家亲”和民族团结联谊活动先进个人。

沙湾五小教师刘爱国被评委县级“学科带头人”，刘玲被评委县级“教学能手”，黄雪梅被评委县级“教学骨干”，蔡金芳被评为县级“教学能手”。

沙湾五小荣获全县工间操比赛团体第三名。

沙湾五小被命名为自治区青少年法制教育示范基地。

（责任领导：高　蕾　撰稿：高　燕）

第七小学

【概　况】 新疆塔城地区沙湾县第七小学，位于城东新区智慧大道东路北侧，始建于2015年4月，2017年8月正式投入使用开班上课。学校占地面积66亩，绿化率31%，主体建筑由教学楼（润学楼）和综合楼（七彩楼）构成。学校2018年拥有教职工59人，教学班23个，学生共计1093人。学校秉承“书香润学、七彩育人”的办学理念，提出了“让每个孩子的童年绽放七彩光芒”的育人目标和“温国学，知科普”的特色目标。通过构建以七彩课程、七彩活动、七彩少年评价体系为核心的七色彩虹校园文化体系，形成了阳光而富有诗意的校园文化。全体教职工凝心聚力、与时俱进，孩子们在阳光七小、七彩七小沐浴书香，幸福成长。

【学校特色】 温国学，知科普。

【干部队伍建设】 全面贯彻教育方针、教育规划纲要和教育文件精神，配备结构合理、团结向上、综合素质和专业能力强的领导班子。班子成员思想端正、作风正派、责任感事业心强，具有很强的开拓精神，富有凝聚力和战斗力。学校形成了团结、拼搏、求实、创新的工作作风。

【教师队伍建设】 重视教师素质提升工程，制定实施教师素质提升方案、教师读书方案和教师培训计划并贯彻实施。建立青年教师、骨干教师、新教师成长档案，以老带新，结对互助。学校组织开展“名师引领微型写字课示范活动”，使写字教学走上一个新的起点。开展名师经验交流教研活动，提升了教师理论水平、专业素质和道德水平。

【学校管理】 学校管理制度化、民主化、科学化。贯彻落实《中国教育与改革发展纲要》《中华人民共和国义务教育法》《中华人民共和国教师法》《中华人民共和国未成年人保护法》等有关教育法律、法规。严格执行课程标准，开展丰富多彩的课内外活动；严格执行作息时间，严肃工作纪律，规范教师行为，重视师德师风建设。坚持“德育为先，各育并举”，开展内容丰富的德育教育活动，重视未成年人思想道德建设。

【德育工作】 继续坚持“以学生为本，全员育人”的教育思想，多方位整合德育资源，构建德育体系，着力于提高德育工作成效，丰富德育活动形式，重视培养学生的文明礼仪、习惯养成教育，为学生全面发展和终身发展奠定坚实基础。丰富多彩的实践活动。利用重要节点结合学校“三进两联一交友”活动，组织学生开展社会调查、参观访问、公益劳动、体育科技、文化艺术等实践活动。抓好主题班队会，全面铺开“班级道德讲堂”和“班级美德善行榜”工作，营造“讲道德、做好人、树新风”的浓厚氛围。通过做一番反省、唱一首歌曲、看一个短片、读一段经典、讲一个故事、做一番点评、送一份吉祥活动的开展，普及“自强、厚德、崇俭、诚信、明礼、报国、尽孝”等道德规范。加强校园文化建设，优化育人环境。加强对楼道墙面等文化阵地的内涵布置，发挥学校文化育人的宣传教育功能。推行班班有特色的文化，营造健康文明、催人奋进的良好育人氛围。推进“书香校园”进程，以优美的环境氛围，高雅的校园文化，给人以奋进向上的力量，学校发挥环境育人的作用，创设一个“时时受教育，处处受感染”的德育环境。

【教学工作】 学校教师在本校录播教室录制优质课并分段陆续在网上完成了“一师一优课，一课一名师”晒课工作。开展语数英名师示范课、教师达标课活动，骨干教师起到引领作用，青年教师得到锻炼、提升。开展“高效预习轻松学”“小学低年级数学教学如何有效运用学具培养学生思维能力的策略研究”“思维导图在小学英语写作中的应用”等自治区级小课题研究申报工作。组织丰富多彩的诵读、书画展示活动，形成浓郁的文化氛围。通过过级、比赛等措施促进国学、诗文背诵。以社团活动为平台，重点打造一批立意新、品位高、策划精且具有影响力的社团近30个，学生全员参与自主选择，极大地调动了学生的兴趣，增长了才干。

【安全工作】 学校始终把安全工作放在重中之重

的位置，坚持“安全第一，预防为主”的原则，切实加强安全防范工作。利用板报、手抄报、安全宣传展板、校园小广播、晨会、班会等宣传安全知识，做到“安全天天讲，安全时时记”。将生命教育有机地渗透在各门学科、各种形式的专题教育和课外活动之中，安全疏散演练常态化。积极创建“平安校园”，为师生营造安全、和谐校园氛围。

【特色品牌建设】 学校立足实际，坚持弘扬传统文化走科技兴校之路，提出“温国学，知科普”的特色发展目标，全面推进创新教育。4月29日，开展“新科童益”科普共享图书馆、科普共享中心创建暨科普共享专家进校园系列公益活动授牌仪式；10月21日，中国关心下一代工作委员会教育中心黄埔主任，与全国各地科学家一行40余人再次走进沙湾七小，对学校“科普共享图书馆”进行揭牌，2018年已有2652册科技图书上架，正式开放使用，深受同学们的喜爱。学校成功举办以“科技伴我成长”为主题的系列科技活动，科技小制作“科普征文”，“科技创新”手抄报等，激发学生爱科学、学科学、用科学的热情和兴趣。

【荣　誉】 县七小荣获“沙湾县第二届科技创新大赛”团体第一名，129名同学分获一、二、三等奖，王博、宋文强等9名老师荣获优秀教练员。

县七小荣获沙湾县“震宇杯”中小学生校园篮球联赛小学男子组第四名。

2018新时代“科技放飞梦想”风筝节风筝比赛中，学校荣获优秀组织奖，有7名学生分获一、二、三等奖。

沙湾县第八届千名师生同台“三笔字”大赛中，有11名老师分获三笔字的一、二、三等奖。7名学生分获三笔字的二、三等奖。

郑雪英被评为中国国学教育魅力校长，第十八届经典海读种子教师成长营优秀组长。黄亮等5名老师被评为第十八届经典海读种子教师成长营优秀学员。

骆新菊老师被评为自治区级“教学能手”；李丽芸老师、张海英老师被评为沙湾县“骨干教师”；周娟等3位老师被评为沙湾县“教学能手”；黄亮老师评为沙湾县“教研标兵”。

王维强被评为自治区级优秀裁判员。

（责任领导：郑雪英　撰稿：李丽芸）

各乡镇学校

安集海镇中心学校

【概　况】 安集海镇中心校位于沙湾县安集海镇，始建于1929年，下设夹河子分校和元兴宫教学点，属于九年一贯制完全义务教育学校。学校占地面积51119平方米，学校教学区、生活区总建筑面积为10999平方米。有教学楼3栋，总面积6007平方米，平房实验室540平方米，学生公寓楼2805平方米。教师周转房2栋，总面积2196平方米，学生餐厅645平方米。有微机室2个、物理化学生物实验室各1个、科学实验室1个、美术教室1个、音乐教室1个、多媒体教室45个、多功能会议室1个、图书阅览室1个。2018年在岗教师115人；在校生1190人，其中小学805人、中学385人。回族435人、汉族405人、哈萨克族253人、维吾尔族75人、东乡族13人、其他9人。小学22个班，初中9个班；住校生364人。在馆图书共计36776本。

【教育教学】 学校坚持“以人为本，教学相长”的教育理念，本着“把求知的钥匙交给孩子，把良好的习惯送给孩子”的目标，努力提高教育教学质量，全面实施素质教育，努力创建书香校园。重视教师素质提升工程，围绕培养青年教师组织了理论知识培训、“蓝青”工程、上岗课、过关课，并及时召集听课小组成员进行评课，为青年教师的发展搭建了平台，以老带新，结对互助；认真组织校本培训和校本教研，组织全体教师大练基本功，提升教师理论水平、专业素质和道德水平。以“做一个有道德的人”主题实践活动为主线，以学生行为规范养成教育为主要内容，以学校少先队活动、团队活动为载体，以重大节日、纪念日为契机，开展生动活泼的德育教育活动，加强对学生进行爱国主义、集体主义、社会主义思想教育和道德规范主题教育。结合民族团结月组织读书活动、开展争创“绿色学校”，争当“环保小卫士”活动，我们的节日——中秋节、我和国旗合个影、重阳节——我为家人做件事等活动。加强过程管理、细化环节管理，狠抓教学常规的落实；立足课堂教学，加强教育教学科研，强化质量意识，确立“质量立校”“质量是生命线”的教学观；坚持基本功训练，坚持“走出去，请进来”，吸取有益的、适合校情的思想、理念、经验，不断推进学校的教学改革；开展书香校园、书香教师、书香学生活动；要大力倡导老师、学生们做一个书香教师、书香学生，多读书。

（撰稿：朱　迪）

安集海镇中心学校夹河子分校

【概　况】 夹河子分校位于安集海镇夹河子村，距安集海镇9千米左右，始建于1990年。学校占地面积17371平方米，其中校舍建筑面积3551.4平方米，校园绿化面积6150平方米。2018年施教区包括周边两个大村夹河子村和古树村。2018年学校有6个教学班，在校学生74人。在岗教职工16人，其中中共党员4人；本科学历11人、大专学历2人、中师学历3人；汉族12人、回族2人、哈萨克族2人。学校教学楼建于2002年，有教室38间，面积2434平方米。学生宿舍建于2008年，宿舍20间，128个床位，占地面积610平方米。教师公共租赁房带食堂建于2010年，占地面积约350平方米。2009年新建警卫室两间，面积48平方米。篮球场建于2007年，面积600平方米。学校的硬件设施基本可以满足学校的正常教学。

【教育教学】 学校坚持“以人为本，依德治校，依法治校，从严治教”的办学理念；“科研兴校，质量强校，特色名校”的办学宗旨，形成了“爱生、严谨、求实、进取”的校风，“爱岗、敬业、博学、乐教”的教风，“乐学、善思、合作、探究”的学风。同时学校拥有一支学习型、科研型、创新型、奉献型的高素质教师队伍。学校围绕“创建平安、文明、和谐校园”，促进学生、老师、学校可持续发展这一总体目标，坚持走科研兴校之路，全面推进素质教育。加强校园文化建设，让每一件物品、每一个教室都成为学生作品、思想表达的窗口。

（撰稿：马海涛）

大泉乡中心学校

【概　况】 大泉乡中心校地处沙湾县城以北4.5千米，位于大泉乡大泉村以西，是一所九年一贯制学校。学校占地面积31524平方米，建筑面积7194平方米，绿化面积4250平方米，运动场面积11513平方米。现有教学班9个，其中小学6个班、初中3个班；在校生267名，其中汉族学生33人、回族学生124人、哈萨克族学生91人、维吾尔族学生19人。拥有标准化实验室4间，图书室1间，音乐室、美术室、体育室、劳技室、卫生室、语音室各1间，实现了校园网络化和教学班班通。2018年学校有在岗教职工47人，其中汉族37人、哈萨克族9人、回族1人；专任教师41人、营养老师3人、宿管2人、工勤人员1人，教职工学历合格率达到100%。

【教育教学】 学校以“以育人为根本，以创新为灵魂”为办学理念，以“学校管理高层次、师资队伍高水平、育人环境高品位、课堂教学高效率、全面育人高质量”为整体发展目标。通过创新教学理念，改进教学方法，开展丰富多彩的第二课堂活动，形成浓厚的校园文化氛围，培养学生的自主意识和创新能力。加强队伍建设，积极探索新形势下课改工作的新思路，以提高教学质量，推动学校持续发展。

（撰稿：董　艳）

大泉乡中心学校东泉分校

【概　况】 大泉乡中心校东泉分校是一所六年制义务教育民汉合校，始建于1958年，学校占地面积22620平方米，建筑用地2326平方米，体育运动场用地面积4050平方米，绿化用地1070平方米。学校教学、教辅用房、办公用房齐全，学校配有八大功能室，设置达到标准。现有标准教室14间，实验室、音乐室、美术室、图书室、接收室、微机室、体育器材室各1间，多功能教室1个，教师办公室4个，会议室、广播室、工会室各1间，食堂1栋，厕所1栋，锅炉房1间，能够保证教育教学正常的需要。校园布局合理，校内环境优美，校园规划都是按照教学、体育运动、生活等不同功能区进行分区，学校周边环境无安全隐患，无网吧、无游戏厅等场所，校园环境实现了“绿化、硬化、美化、净化”要求。学校现有教学班6个，在校学生151人，由汉族、哈萨克族、回族、维吾尔族、东乡族、彝族5个民族组成。教职工25人，专职保安3人。

【教育教学】 学校积极践行“以德立校、以法治校、以研兴校、特色强校”的路线，按照“德育先行、教学中心、特色兴校”这个工作思路，狠抓常规管理和队伍建设，全面推进素质教育和教育创新，教育教学质量和办学效益稳步提高。

大泉乡中心学校西泉分校

【概　况】 大泉中心校西泉分校始建于三区革命后期，于1974年从三道沟村迁至西泉村。学校辖区内有4个行政村。2018年，学校占地面积60163平方米，全校共有教学班6个，在校学生117人，其中汉族20人、回族25人、东乡族2人、哈萨克族70人。学校现有教师27人，其中汉族13人、哈萨克族12人、维吾尔族2人；高级职称教师6人、中级职称14人、初级职称7人；大专以上学历教师26人。校舍总面积2274平方米，生均13.8平方米，校园硬化面积7132.85平方米，绿化面积4665.8平方米；图书室藏书4560册，生均36册。计算机58台，音、体、美、图书室、劳技室、实验室、微机室七大功能室配备齐全，全部达到国家规定的标准。

【教育教学】 学校坚持把思想政治教育和养成教育作为一条红线贯穿于学校的各项工作之中，坚持做到教书与育人并举。坚持“面向全体，促进学生全面和谐发展的办学理念”，学校形成“文明勤奋、和谐向上”的校风；“教业严谨、育人爱生”的教风；“立志好学、健身进取”的学风。实行教学工作月查制度，每月定时检查教师的教案、作业批改等教学工作具体情况，教导处做好检查评价记录并及时反馈。开展教师达标课展示，课堂中更多地关注教学方法多样而灵活所产生的学习效果。学校民主管理科学规范，教学质量稳步上升，想第一、干第一已成为学校奋勇前进的动力。校园文明和谐、教师爱岗敬业、学生刻苦勤学已蔚然成风。

（撰稿：梁河俊）

乌兰乌苏镇中心学校

【概　况】 乌兰乌苏镇中心学校于2002年3月由镇中学和镇中心小学合并成立，是一座九年一贯制学校。下辖三宫店分校、乌兰乌苏分校。中心学校占地面积26097平方米（绿化面积5630平方米），建筑面积8122平方米。有12个教学班，其中初中班6个、小学班6个，在校学生400人。2018年有住校生96人，教职工87人，专任教师78人，专任教师学历合格率达100%。2018年，学校的办学条件不断改善，师资队伍不断优化，办学效益和教育教学质量不断提高。现校内有学生机房2间、远教室1间、语音室1间、多功能厅1间，并建立了校园网，有标准化的物理、化学、生物实验室，有图书室1间，藏书近1.6万册，学校硬实力不断增强。

【教育教学】 学校的办学宗旨是：坚持社会主义办学方向，坚持教育为经济建设服务的指导思想，树立育人为本的教育观，人才多样化的人才观，德、智、体全面发展的质量观。全面贯彻教育方针，全面提高教育质量，为学生的全面发展奠定良好的基础。几年来学校坚持“面向全体，打好基础，因材施教，发展特长”的办学思想，树立“文明、团结、求实、进取”的校风，在各方面均取得了良好的成绩。始终做到管理育人、教学育人、环境育人、服务育人，形成“团结、勤奋、求实、创新”的校风。

（撰稿：江婷婷）

乌兰乌苏镇中心学校乌兰乌苏分校

【概　况】 乌兰乌苏镇中心学校乌兰乌苏分校位于乌兰乌苏镇水磨沟村，学校始建于20世纪60年代，至今已有50多年的历史。学校总占地面积23889平方米，其中校舍占地面积3365平方米，其中教职工周转房1栋，多功能大厅1栋，办公室1栋，教室3栋。2018年有教职工32名，教学班6个，在校学生215人。

【教育教学】 始终坚持把学校建设成人文浓郁的学园、活动健体的乐园、自然和谐的花园、亲切温馨的家园，让每位教师成功，让每位学生成才的办学目标。始终坚持把培养高尚的师德修养、广博的文化知识、现代的教育理念、精湛的业务能力作为教师发展目标。始终坚持让学生学会做人，打下服务的基础；学会求知，打下终生学习的基础；学会生活，打下勤劳朴实的基础；学会健体，打下身心健康的基础。始终坚持把学校办成温馨的家园、快乐的学园、成长的乐园。全面推进教育改革，全面提升素质教育，不断提高教育教学质量，优化教学环境，积极开展有益于师生健康成长的各项活动，为师生搭建舞台，促进学生的全面发展，逐步形成“团结、合作、求实、创新”的校风和“勤奋、合作、乐学、善思”的学风。“爱生、育人、严谨、业精”的教风。先后被评为沙湾县“安全文明单位”、“五好”学校党支部、现代教育远程试点单位、地区“精神文明单位”、“民族团结进步模范单位”、“绿色学校”。截至2018年底，乌兰乌苏分校先后有101人升入新疆内初班，县域内抽考成绩均在全县前列，教育教学深受群众好评。

（撰稿：肖会生）

乌兰乌苏镇中心学校三宫店分校

【概　况】 乌兰乌苏镇中心学校三宫店分校位于乌兰乌苏镇小庙村。建于1958年，是一所双语合校。2018年有教学班6个。在校生113名，其中汉族37人、少数民族76人。在职教职工37人，其中专任教师31人。学校的校园占地面积为27766平方米，校舍总建筑面积2610平方米，体育用地5652平方米，绿化用地11360平方米，图书3440册。

【教育教学】 2018年，在上级党委和政府的领导下，经过师生共同努力，学校的办学条件不断改善，师资队伍不断优化，办学效益和教育教学质量不断提高，在各方面工作均取得良好的成绩。

（撰稿：景登明）

老沙湾镇中心学校

【概　况】 老沙湾镇中心学校是一所九年一贯制学校，2018年有教学班12个，在校学生224人。教职工60人，专任教师53人（含轮岗交流教师7人），特岗教师5人，专职教辅人员1人，教师学历合格率为100%，本科学历25人，大专及以下学历24人，学历合格率为100%。学校占地面积

69939平方米，生均277.6平方米，建筑面积8508平方米，生均33.8平方米；拥有教学楼1栋、宿舍楼1栋、职工周转宿舍1栋，学生餐厅2栋，物理实验室、化学实验室、生物实验室、科学实验室各1间，体育器材室、音乐室、美术器材室、计算机室、多媒体数字教学14套（班班通），校园网设备1套，已实现校园网络覆盖。各功能室均配备了专、兼职管理员，按照要求向学生开放。

【教育教学】 学校办学条件日趋完善，校园环境静谧，文化氛围浓厚。学校本着以学生为本，着力打造“书香校园”，努力营造良好的育人环境。学校的楼廊文化主题突出，特色鲜明，一廊一品，使人抬头低头皆在文化之间。学校先后获得地区级德育达标校、绿色学校、文明单位、民族团结先进单位等荣誉称号。

四道河子镇中心学校

【概　况】 四道河子镇中心学校是一所九年一贯制农村寄宿制学校，该校小学部，始建于1951年，初中部始建于1965年。2009年6月，原四道河子镇中学（初中）和原四道河子镇中心校（小学）合并为四道河子镇中心学校。现有在校生567人，其中少数民族学生384人，小学部学生404人，12个班级；初中部学生163人，6个班级；教学班18个。2018年学校有教职工78人。学校占地面积64413平方米，校舍建筑数面积16638平方米，包括教学楼、实验楼、学生公寓、学生食堂、艺体楼、教师周转房、警卫室、教工之家各1栋，运动场面积19678平方米。学校现有多媒体教室23间，均配备了班班通。学校生物、物理、化学、科学4门学科均有实验室、准备室和仪器室各1间。

【教育教学】 学校开设篮球、田径、书法、科技等兴趣小组，学生根据自己的兴趣和爱好，自主地选择活动，培养了爱好和特长。被评为“全国青少年校园篮球特色学校”。在沙湾县2018年“振宇杯”中小学生校园篮球联赛中，荣获初中男子组一等奖。在沙湾县第二届青少年科技大赛中，获团体一等奖。彭红喜老师获得县“十佳班主任”称号，坎玉萍老师被评为县级“教学能手”，李文老师被评为“教研标兵”。在全县初中语文教师素养大赛中，史媛老师荣获二等奖，温霞老师获得三等奖。在2018年中考，全县乡镇场学校排名第三。

（撰稿：常春梅）

柳毛湾镇中心学校

【概　况】 柳毛湾镇中心学校地处新疆沙湾县北部、古尔班通古特沙漠南缘，距县城56千米处，位于柳毛湾镇教育路，是一所汉语言授课的九年一贯制学校。始建2000年。2018年有9个教学班，在校学生240人，小学部6个班，在校生173名，初中部3个班，在校生67人。在岗教职工38人。学校占地面积33018.67平方米，建筑面积6064平方米，有教学楼1栋，总面积3050平方米、学生公寓楼1栋，总面积1329平方米，学生餐厅458.9平方米。有微机室1个、物理化学实验室各1个、生物实验室1个、美术教室、音乐教室各1个、多媒体教室1个、多功能会议室1个；一台一体印刷机、复印机、电脑设备，保证了教学资料的打印，各处室现代化办公设备配备齐全。学校校园网实现光纤接入，信息化教学条件优越。

商户地乡中心学校

【概　况】 商户地中心学校创办于1969年，与商户地乡政府相邻，下辖两所幼儿园。占地面积40716平方米，生均占地面积350平方米，建筑面积5328平方米，操场面积6400平方米。生均建筑面积37平方米。硬化面积7664平方米。在校生数109人，教学班6个，现有教师22人，其中少数民族教师9名。校园占地面积40716平方米，硬化面积7664平方米，绿化面积8941平方米。

【教育教学】学校从“幸福地做教师、做幸福的教师”出发，为教师工作创建温馨舒适的环境，激励教师树立“以苦为乐、敬业爱生”思想，实现教师的“乐教”，从“一切为了学生，为了学生一切，为了一切学生”出发，为学生健康成长提供广阔的平台，实现学生的“乐学”。不断加强内部管理，积极推进新课程改革，全体教职员工以崭新的面貌，真抓实干，积极投身课程改革，全面推进素质教育，不断提升教育质量，推进义务教育均衡发展。商户地中心学校是塔城地区文明单位，塔城地区绿色学校、塔城地区花园式学校、沙湾县科技特色学校。近两年来，先后荣获教科局“安全工作先进单位”“教育教学先进单位”“纠风、信访先进单位”“信息技术应用先进单位”及商户地乡“综合治理先进单位”“先进基层党组织”等十多项荣誉称号。

（撰稿：张建利）

西戈壁镇中心学校

【概　况】西戈壁镇中心学校是一所汉族、哈萨克族、回族、东乡族等多种民族的完全民汉小学。西戈壁镇中心学校始建于1965年。1995年西戈壁乡和八家户乡合并，成立西戈壁镇。2009年，西戈壁镇中心校和西戈壁镇寄宿制学校合并，改名为西戈壁镇中心学校。学校校园占地面积35785平方米，其中绿化面积6300平方米，建筑面积8417平方米。校园布局合理，绿化环境优美。有教学区、电教区、教师办公区、实验区、学生宿舍、学生食堂共9幢。2016年新建3000平方米的教学楼和风雨操场已完工；有250米炉渣跑道运动场，还有语音室、劳技室、图书室、阅览室、仪器室、实验室、微机室等九大功能室应有尽有，并广泛运用于教育教学之中。西戈壁镇中心学校下设教学点1个。现有教学班28个，在校学生832人，其中住校学生225人，教职工人数78人。

【教育教学】学校从课堂入手，坚持“先学后教，以学定教、教学合一”的现代教学理念，改革教学模式，提高教学质量。被评为“全国青少年校园篮球特色学校”。在沙湾县2018年“振宇杯”中小学生校园篮球联赛中，荣获初中男子组三等奖。

（撰稿：王志浩）

牛圈子牧场寄宿制学校

【概　况】牛圈子学校建立于1956年9月，当时学校成立为西戈壁中心校分校，1982年9月经塔城地区行署及教育部门的批准，学校改制为牛圈子牧场寄宿制学校，下设保留6个教学点，学生数897名，总面积为4万平方米，校舍面积为3984平方米，学生数688名。于2004年8月根据牧民定居政策，已搬迁至三个泉子牧民定居点。学校占地面积30705平方米，生均207平方米，校舍面积为2116平方米，生均校舍面积为14.3平方米。2018年学校有教职工41人，专任教师38人，学历合格率100%，其中本科学历10人、专科毕业25人、中专学历3人。小学高级教师有17名，小学一级教师有21名，小学二级教师有3名。在校学生有206名，其中住校生有40名，占总在校生人数的34%，开办6个教学班。2018年，获得全县中小学生足球比赛中获得第二名的成绩。

东湾镇中心学校

【概　况】东湾镇中心校始建于1964年，是一所九年一贯制民汉合校。现有教职工72人（哈语言教师27人），其中专任教师66人，工勤人员6名；高级职称15人，中级职称21人；在校学生692人，住校生360人，教学班21个，其中小学班15个，中学班6个。学校占地面积41963平方米。教学楼1栋5174平方米，实验楼1栋843平方米，宿舍楼1栋2803平方米，餐厅606平方米，可供500名学生同时用餐；有300米环形跑道运动场，可供学校举办大型运动会，功能室齐全。

【教育教学】 学校坚持“依法治校、制度建校、以德管校”的理念，提倡“落实、高效、创新”工作机制；正在朝着办“人民满意的学校”、办“农村一流的学校”的方向发展。

（撰稿：杨金英）

博尔通古乡中心学校

【概　况】 博尔通古乡中心学校位于沙湾县以南50千米，坐落于天山北麓的金沟河与大南沟交汇处北岸。2009年实施集中办学，学校占地面积57357平方米，校舍建筑面积为8708平方米，有4栋教室，每栋教室面积391.6平方米，知行楼（二层）面积为1224平方米，学生食堂558平方米，学生宿舍2栋，每栋面积为796.6平方米，已投入使用的教师周转房一期面积为600.5平方米（18间）、二期1630平方米（48间）。2018年学校共有教职员102人，专任教师57人，高级教师17人，中级教师32人，教辅人员33名，工勤人员7人、管理人员2人。学校有21个教学班，在校生797人，其中汉族4人、回族27人、东乡族3人、哈萨克族763人。住校生311人。

【教育教学】 大力开展阳光体育活动，全面提升学生素质。学校2018年成功举办了第七届校运会，坚持“两操”，并且开展田径、乒乓球、足球、篮球、排球等多项体育兴趣活动小组。利用“三八”妇女节、“六一”儿童节、教师节和古尔邦节等传统节日举办大型文体庆祝活动，活动的开展丰富了师生校园文化生活，促进民族团结。重新粉刷学校室内外墙壁，使学校的面貌焕然一新，为师生创造良好的学习生活条件。

（撰稿：张　健）

博尔通古牧场寄宿制学校

【概　况】 博尔通古牧场寄宿制学校坐落在沙湾县城西50千米与奎屯接壤处，校园面积19500平方米，总建筑面积2218平方米，绿化面积4600平方米，占校园面积23.6%。学校于2003年8月20日正式投入使用。由汉族、哈萨克族、回族、东乡哈萨克族等多个民族组成，用汉、哈两种语言授课，是一所汉、哈合一的完全小学，现有6个教学班，学生159人。现有在职教师25人，工人1名，保安人员4人。专任教师学历合格率达100%。教师队伍趋于年轻化、知识化，综合素质高，充满朝气和活力，保证学校教育教学工作的顺利实施。

（撰稿：木　妮）

哈拉干德希望小学

【概　况】 哈拉干德希望小学坐落在沙湾县城西40千米与奎屯接壤处。校园占地面积13340平方米，总建筑面积1065平方米，绿化面积2000平方米。学校是由黄宪懿、甄娉玲夫妇赞助而成的希望小学，于2011年9月正式投入使用，由汉族、哈萨克族、回族等多个民族组成，用汉语、哈萨克语授课，是一所汉、哈合一的完全小学，现有7个教学班，学生263人。2018年有专任教师13人，工人1名，专职保安人员4人。专任教师学历合格率达100%。

【教育教学】 学校科学预设每个环节，用心操作每个细节，让双语教学、快乐教学、智慧和关爱充满校园的每个角落，以营造优美的环境来陶冶师生，以亲和的情感交融师生，以优良的校风影响师生，以高雅的品质感染师生。校园中充盈着“互相关爱，互相支持，彼此喝彩，共同进步”绿色和谐的人际关系。首次举办主题为“书香家庭·亲子共读”的普通话朗诵比赛，26个家庭的代表参加了活动。随着师生共同体和家校共建工作的不断深入，家长、学生、教师心相通，情相亲，志相同，力相合，学校将会越来越让家长、学生、教师感到满意和自豪。

（撰稿：木　妮）

幼儿园

实验幼儿园

【概 况】 沙湾县实验幼儿园始建于1957年，占地面积0.51公顷，建筑面积0.33公顷，幼儿活动场地0.37公顷，教学楼2栋。幼儿园现有教学班14个，其中大班4个、中班5个、小班5个，全园幼儿数520名（其中少数民族幼儿113人）。2018年有教职工65人（其中公益岗16人），由汉族、维吾尔族、哈萨克族、回族、俄罗斯族5个民族组成，少数民族教职工21人。编制人员50人，其中专任教师29人，高级教师7人，一级教师28人。幼儿园共有地区级学科带头人2人，骨干教师1人；有县级学科带头人1人，骨干教师4人，教学能手8人。

【办园宗旨】 沙湾县实验幼儿园以“为了孩子，为了一切孩子，为了孩子的一切”为办园宗旨，依据积极探索、依法治园、以德立园、科研兴园、特色活园、服务一流、品质强园的办园思路，在不断的实践中与时俱进，构建了自己独特的教学模式。

【特色教育】 实验幼儿园课程设置以《幼儿园教育指导纲要》及《3—6岁儿童学习与发展指南》中划分的五领域目标为依据，根据农村双语幼儿园课程在三个年龄段、四大主题教育活动的支撑下，开展五大领域的教学活动，形成以五大领域为支柱的主题教育课程，制订切实可行的教育教研工作计划，坚持游戏为幼儿的主要活动，注重幼儿生活、学习、游戏等活动交互进行。教师们通过集体教学、分组活动、个别指导等方式用心组织好每一次活动，组织幼儿循序渐进的学习，关注幼儿表现，促进幼儿发展，提升活动质量。保教处每天负责督查班级一日活动开展情况并纳入量化考核，促进幼儿的全面发展。注重教师素质的提升。安排本园有特长的老师对全园教师进行基本功培训，有专门的基本功考核，涉及简笔画、折纸、两字、弹唱、律动创编、讲故事，经过培训和练习，教师的基本功水平都有了较大程度的提高。通过扎实开展园本教研活动、园本培训活动，有的放矢地提高教师基本素质及业务水平。在常规工作的基础上，还加强了警卫、食堂、后勤人员的培训和考核，逐步打造出一支业务素质队伍。每年开展师徒结对子活动，安排经验丰富的老教师带年轻的教师和非专业的老师，师傅和徒弟可以自由结合，互结对子的教师从教学活动、自主游戏活动、晨间体育锻炼活动、家长工作、班级常规管理等方面对新教师进行帮扶，在平时的教学实践中自主开展研讨、观摩等活动，提高教师的业务水平和教育教学活动的效果。开展青年教师素养课、达标课、骨干教师引领课、一课三研、国际交流等教学活动，活动时邀请联盟园的老师一起参与研讨活动。通过开展这样一系列的研讨活动，提高教师授课水平和驾驭课堂的能力，在活动中让教师的专业素质也得到提升。

2018年5月29日，实沙湾县实验幼儿园开展庆“六一”文艺会演

【教育联盟】 2018年度以实验幼儿园为龙头的11所幼儿园的教育大联盟活动顺利开展。开学初召开了专题会议，总结了2017年联盟教育活动开展的情况以及取得的成绩，制定了新学期的方案，签订了协议书。每月保证有2次的联盟活动，1次有主题的教学研讨，1次教师培训或活动观摩。开学初到现在共开展了4次专题培训、2次

国培送教培训、1次辽宁专家送教活动、6次教学研讨、2次送教交流、1次送教。通过活动，给每一位教师提供了互相学习、交流、研讨的机会和平台，让不同层次的老师相互学习，取长补短，共同提高。从而实现了幼儿园以及教育联盟园的教师共同进步、共同成长的目的。

（撰稿：潘　琪）

城东双语幼儿园

【概　况】 沙湾县城东双语幼儿园始建于2011年，属于自治区学前“双语”建设项目园，于2012年3月1日开园，隶属于教科局管理，全额拨款事业单位。有办公室、幼儿食堂、保健室、档案室、警卫室、图书室、会议室、活动室、多功能活动大厅等，各项设施均按标准化幼儿园要求配置。2018年有在园幼儿173人，其中少数民族幼儿25人。2018年分别开设大、中、小班6个班，幼儿园占地面积2666平方米，生均15.1平方米，建筑面积1915平方米，生均10.1平方米，活动场地1227平方米，生均6.9平方米，绿化面积1014平方米，生均5.7平方米。2018年有教职工25人，由维吾尔族、哈萨克族、回族、汉族4个民族组成，其中少数民族教职工9人，在职党员3人，教职工工资、福利待遇均按国家政策足额足项发放落实，教职工合法权益得到保障。

【改善办园条件】 2018年，对幼儿园内部软装饰进行更新。制作了新的展板、横幅、标语、节约水电提示语，各班也创设了爱国主义教育墙。为了丰富户外活动，发起了“家园凝心，聚力总动员”户外器械亲子大赛活动，在老师和家长的合力下，最后成形各类攀爬、拼搭等大型场地器械16件，各类钻跨、平衡等小型可移动器械19种，极大丰富了孩子们的户外活动内容，使幼儿园的整体面貌有了较大改变。

【校园安全】 幼儿园领导班子把安全工作列入重要议事日程，成立城东双语幼儿园幼儿安全教育工作领导小组，使安全工作的各项计划措施真正落到实处。不断完善幼儿园安全保卫工作规章制度和防护设备。建立幼儿园安全保卫工作的各项规章制度，值班室配备对讲机、固定电话等防护器材。不定期检查和日常防范相结合的安全管理制度。严禁组织幼儿从事危险性工作，各班老师认真做好幼儿“晨检、午检”等工作，做到有章可循、违章必究、不留盲点、不出漏洞。全面细致地开展校园重点部位的安全工作。幼儿园重点部位，如厨房、教室、寝室等配有相应的灭火器。每天值班教师、警卫在幼儿园门口接送幼儿入园离园，确保每位幼儿的安全。现有专职保安3人。幼儿在园期间，外来人员禁止进入校园。建立了幼儿园安全意外事故处置应急预案30个。每周三开展消防、地震演练，提高有效应对火灾、地震等突发事件的发生，增强全园师生的意识。开展安全教育活动，增强幼儿防范意识。开学第一课，将组织各班开展爱国和安全主题教育活动，如遵守交通规则，给小朋友们介绍交通规则，认识交通标志，懂得红灯停、绿灯行的常识。并学习正确拨打特殊电话号码：110、119、120等，使幼儿的爱国和安全意识得到提高，心理素质、应变能力进一步加强。卫生、消毒工作实行每日检查制，立即整改制，每周通报制，月月考核制。定期给幼儿测量身高、体重，测视力，检查龋齿，建立幼儿体检档案、特异体质幼儿档案，随时发现问题随时解决。科学合理制定幼儿食谱，加强食品加工的过程管理，严把食品进货关、质量关，定期征求伙委会意见，根据季节及时调整食谱，增添更为丰富的食材，不断提高膳食品质。大力宣传国家宗教政策及相关法律法规宣传力度，加强教职工教育管理工作。强化家长监护职责。城东双语幼儿园将在开学第一周召开家长会，开展培训活动，着重强调入园以后的安全问题。强调幼儿的安全工作和家长要配合的事项，对家长预防学生溺水进行了安全教育提醒。

【学前教育】 严格按照自治区规定使用教材，并对教材经过六级审核后再进入课堂，认真落实《3—6岁儿童学习与发展指南》精神，加强对保教工作的组织领导，制订教学工作计划，加强师资队伍的建设。坚持保育和教育相结合的原则，创设与幼儿的教育和发展相适应的和谐环境，以游戏为基本活动形式，寓教育于生活及各项活动之中，杜绝幼儿园“小学化”现象，禁止任何形式的考试，做好幼小衔接工作。严格执行保教管理制度，注重行为习惯的养成，加强教学常规管理。对教师的备课、教育活动，室内外游戏活动等加强管理，根据幼儿的年龄，依据《纲要》中各领域的教学目标，扎实落实保教常规，并在此基础上积极丰实保教内涵。要求教师在学期初结合实际，制订切实可行的教学计划，并做到认真的查阅，转班随机听课，检查一日生活常规管理工作，发现问题及时给予指导，及时处理。学期末，要求教师上交教育各类总结，做到有检查，有记录，把平时的工作纳入学年考核，使各项工作走向制度化、规范化，教师都已形成了自觉上交各类材料和按计划完成各项活动的良好习惯。继续推进突显办园特色。幼儿园一直开展武术、轮滑和绘本阅读特色课程，几年来初见成效，也得到了社会和家长们的认可。在已有的基础上不断反思、总结经验，继续扎实开展，重点提升教师特色课程的基本功和组织教学能力。同时在社会实践和区域活动这两块继续有指导、有目的、有方向、有针对性地深入开展。园绘本馆2018年投放绘本1200余册，每个班都设有阅读区。全园每学期都要举办绘本故事比赛，使孩子们的语言表达能力、表现能力、想象力、胆量等各方面都得到了一定的发展，也使孩子们收获了自信。丰富多彩的社会实践活动，拓宽了知识学习渠道，让幼儿更好地融入社会教育中。

【教师队伍建设】 组织教师深入学习党的十九大及习近平总书记相关重要讲话精神，学习全国教育大会精神，深入学习《3—6岁儿童学习发展指南》《中小学教师职业道德规范》《中小学教师违反职业道德行为处理办法》等政策法规文件；学习师德楷模先进事迹，并组织开展典型案例警示教育、道德讲堂。不断提高学习实效，让教师从思想上牢筑师德建设防线，保证间周一次的学习时间，引导教师树立正确的价值观，大力倡导爱岗敬业，乐于奉献精神，做一名思想过硬、政治觉悟高、在大是大非面前旗帜鲜明、立场坚定的好教师。注重教师专业发展，提高老师专业知识水平和业务水平。制定教师专业发展规划，强化师资培训，使教师成长有规划，有目标，继续提升教师专业素养。结合《幼儿园教师专业标准》的要求，加强全园教师的教育教学基本功的培训练兵，鼓励教师自学自练，并定期开展教学基本功评比。尽可能地提供机会让教师多外出培训、观摩、听课、听讲座等，更新理念，丰富经验，不断提教师教育教学的专业能力。重常规教学管理，依托各教研组，开展教学研讨，组织教师研究教材，科学合理制订各项教学活动计划，注重教材的分析把握，教学活动的前期准备。增强教研活动的实效性，认真钻研教材，探索好的教学方法和教学经验，开展公开教学看、听、议、评活动，优秀教学活动评选等，通过活动的开展，优化教学活动组织，扎实开展好教育教学。2016—2018年教师培训达25次，总计300余人次。合计投入资金2.9万余元。精彩纷呈的工会活动与特色练兵相结合，提升教职工幸福感，消除工作倦怠压力。结合办园特色定期开展丰富的工会活动，开展“爱心接力　我们在行动”爱心捐助活动、“跑向春天　跑出健康”慢跑活动、“跳出健康　快乐生活”跳绳比赛、“民族团结大家颂、歌声嘹亮展风采”歌咏比赛、“民族团结手拉手、健康徒步话友谊”户外徒步活动、“我爱教师”欢庆教师节趣味活动等，参与的教职工个个情绪高涨，积极投入有趣的比赛中，不仅增强了各民族教职工之间的凝聚力和向心力，还展现了全园团结向上、奋勇拼搏的精神面貌。加强了教师专业练兵的同时，又充分调动了教职工的工作积极性，以饱满的精神投入每天工作中。

【荣　誉】 2018年第五届“虎鱼宝贝”少儿艺术节暨“六一”文艺晚会选拔新疆总决赛中喜获最佳表演奖。

全体幼儿参加“全国百万白城儿童齐练中华武术操”网络视频大赛武术操的录制。

9月，教师王艳春荣获县级教学能手称号。

（撰稿：于文文）

城西双语幼儿园

【概　况】 沙湾县城西双语幼儿园，位于沙湾县伊宁西路锦绣沙湾桃园二期，幼儿园建于2011年，属于自治区学前双语幼儿园项目建设园，隶属沙湾县教育局，于2012年9月正式开园，园内设有党支部、园委会、工会、教研组、后勤组等机构，2018年有教职工29人，开设班级6个，在园幼儿279人。其中在编教职工10人、党员5人。城西双语幼儿园以培育快乐心理，塑造快乐品质，为幼儿一生的快乐奠基为办园宗旨；以倾心于孩子的今天、着眼于孩子的未来为办园理念；以艺术引领，健康快乐，和谐发展为办园特色；以爱心、育人、和谐、创新的园风和潜心做教育、团结求发展的园训。

【幼儿园文化】 硬件环境：城西双语幼儿园占地面积4600平方米，建筑面积2056平方米，绿化面积2594平方米。幼儿园户外环境、楼道环境、班级墙面环境，规划和布局合理，营造出一个温馨舒适，整洁灵动的育人环境。人文环境：为了“让党的旗帜在教育阵地高高飘扬”，幼儿园结合实际，将党建文化和中华传统文化相融合，党建标语和油纸伞、手工斗笠、剪纸等传统文化元素结合，用潜移默化的方式，传承和发扬着中华传统文化，激发师幼、家长热爱祖国、热爱共产党的情感。阳光体育活动：幼儿园成立了塔联式小钟琴演奏队、塔联式花式篮球队。将花式篮球技法与球操巧妙融合。根据幼儿年龄的差异，开展篮球、板凳操、队列队形等生动有趣的、形式多样的体育游戏及户外活动，保证每天幼儿户外运动时间不少于1.5小时，让幼儿走向操场、走进大自然、走到阳光下，积极参加体育锻炼，培养幼儿对体育活动的兴趣，让孩子们拥有一个健康快乐的身体。

【教育教学】 幼儿园以指南、纲要为指导加强园本教研力度。坚持每周四进行常规性教研活动，推进双语教育发展，建立有利于幼儿发展的教学模式；为加强教师的业务培训、提高教师的专业技能，幼儿园开展了各项精彩纷呈的岗位练兵活动以促进教师的专业成长，如主题墙创设考核、户外游戏及常规观摩等。

【特色教育】 为创建特色文化，体现个体化教育，幼儿园开展优质的特色活动，园本特色开设有小钟琴、篮球、国学表演等；班本特色活动有美术、篮球操、啦啦操、红歌表演等，通过加强园本教研活动，强化办园特色，提升办园质量。

【学前教育发展联盟】 联盟内幼儿园共计11所。为了加强联盟间的互动、交流，开展了内容丰富、形式多样的联盟活动，例如户外游戏观摩活动、区角游戏观摩与研讨活动等活动，真正实现了互相促进、互相研讨、共同进步的目的。

【安全保障】 幼儿园为确保各项工作安全正常的运作，把安全卫生工作作为头等大事来抓，成立了安全领导小组，层层签订安全责任书，加强后勤人员的培训，规范操作流程。食堂人员安全不松懈，严把食品入口关；保教人员时刻关注幼儿，消除安全事故隐患。平时加强对教职工、幼儿处置突发事故的应急能力。每学期组织开展各项应急演练，增强和提高了广大教职工幼儿应急处突能力。

（责任领导：郭晓帆　撰稿：崔　荣）

第一双语幼儿园

【概　况】 沙湾第一双语幼儿园建于2017年4月，位于上海路西侧、南京路南侧，2017年9月竣工，同年9月1日投入使用。幼儿园占地面积为9103平方米，建筑面积为2430平方米，操场面积3265.4平方米，绿化面积3379.7平方米。框架结构，设计层数为地上二层，总投资约600余万元。计划设置9个教学班，可容纳学前适龄儿童270人。可满足城东新区周边10余个小区适龄儿童就近入园。招收3—6岁适龄幼儿入园，按照要求设置小班、中班、大班，无混龄班。共有6个班级，共176名幼儿。每个班都严格按照要求配齐“两教一保”。

【教育教学】 严格执行《幼儿园教育指导纲要》精神，以《3—6岁儿童学习与发展指南》为指导，建立健全一系列围绕提高教育教学质量的规章制度，全面提高教师的业务能力和整体素质，每学期组织1次观摩示范课、1次达标课、1次期末汇报活动、2次家长开放日、2次亲子社会实践活动、2次家长培训活动。关注幼儿的活动过程。要求教师根据不同年龄段幼儿接受的能力，调动幼儿学习的主动性，注重幼儿的参与性，在课堂上充分调动孩子的积极性，并能关注到每一位幼儿，注重他们的个体差异，让孩子们在玩中学、学中玩，在游戏中锻炼他们的动手能力、合作技巧，创新能力，注重他们的兴趣培养，个性张扬。开展丰富多彩的活动。为促进幼儿的全面发展，开展参观新华书店、消防大队等社会实践活动。这些活动极大地丰富了孩子们的生活，体验社会实践活动的快乐，陶冶道德情操。利用主题活动课、游戏等形式启发和培养幼儿的环保意识，提倡“节约一滴水、一张纸、一粒米、一度电”使幼儿从小养成良好的环保行为。

【幼儿德育教育】 加强师德建设，提高德育工作水平。师德是教师之魂，根据青年教师多、思维活、观念新的特点，注重对青年教师进行社会主义荣辱观、敬业、爱业、乐业的思想熏陶，组织全体教师参加政治学习，帮助教师更新观念，提高全体教职工的政策水平和思想觉悟。并定期撰写学习心得、研讨专题与讲座相交替，通过学习讨论，对应该树立什么样的职业道德、树立什么样的价值观、教师观，建立什么样新型的师幼关系，都有了新的认识与提高。创设环境、提供舞台，提高师德建设整体水平。注重为教师们创设正气、平等、宽松的心理环境。园领导以身垂范，起到了很好的模范榜样作用，园领导班子注重从自我做起，讲政治、讲学习、讲正气，弘扬正气，自觉抵制不良思想，并注重对教师进行前途理想、集体主义、社会主义的思想熏陶，引导教师树立远大理想和正确的世界观、人生观、价值观。以主题活动为载体，丰富了幼儿德育活动的内涵。开展各类主题、节庆活动。幼儿园的德育工作不是单独的说教，它是渗透在幼儿一日生活的各个环节之中的，它每时每刻都影响着孩子们的成长。幼儿品德的形成是一个循序渐进，日积月累的过程，一日生活为幼儿行为的反复练习与实践提供机会，对不同年龄阶段的幼儿提出了不同的德育要求，教师注意为幼儿创造一切条件，让幼儿在日常生活中更多地与同伴及成人自由地接触和交往，在来园、游戏、盥洗、进餐、午睡、活动等各个环节贯穿德育内容，抓住有利的教育时机，有的放矢地进行教育。根据周边资源开展了让幼儿走出课堂参加各种丰富多彩的社会实践，开展参观消防大队、新华书店、消防演练、地震演练等各种活动，让孩子们在活动中走进自然、走入社会，拥抱大自然，认识社会，开拓了幼儿的视野，让幼儿通过社会实践活动感受生活，热爱生活。

【教师队伍建设】 建设一支高素质的管理、师资队伍是实施素质教育的重要保证，也是提高“双语”特色办园的有力支柱。2018年，开展了青年教师公开课比赛，通过各种活动使园领导管理能力，教师的业务技能、保教水平得到了提高。

【后勤工作】 加强保育员的培训，规范操作流程。全体的后勤人员都能在各自的岗位上完成工作任务。熟悉每日工作操作程序，能在规定的时间段完成相应的工作，把整个活动室搞得有条有理。摆放整齐，不存在卫生死角。定期组织保育员学习业务知识、理论知识，现场操作活动并讨论学习。

【校园安全】 落实各项安全制度，确保幼儿园安全工作正常运作。把安全卫生工作作为头等大事来抓，成立了安全领导小组，与各班班主任签订安全责任状；食堂人员安全不松懈，严把食品入口关；保教人员时刻关注孩子，消除班级事故隐患。本学期，引进了智慧树安全感应卡设备系统，推行了智能 IC“接送卡”制度，要求家长刷卡接送孩子，实行一个孩子由一个家长（成年）护送的“一对一”管理模式，有效解决了幼儿接送的安全问题。加强对教职工、幼儿处置突发事故的应急能力。2018 年组织开展“地震疏散演练”“防火逃生演练”20 余场，增强和提高了广大教职工幼儿应急处突能力。截至 2018 年，未发生一例安全事故。

（责任领导：朱家瑶　撰稿：陈　芮）

第二双语幼儿园

【概　况】 沙湾第二幼儿园于 2017 年 9 月 6 日开园，由原沙湾第四小学改建而成，属于新改建园，位于沙湾县金沟河南路 25 号，占地面积 7492 平方米，建筑面积 4666 平方米，全园开设 9 个教学班级，小、中大班各 3 个，389 名幼儿，教职工 36 人，专任教师 8 人，地区级名师骨干教师 1 人，县级学科带头人、教学能手 3 人。

【“四维一体化”管理】 幼儿园实行规范管理，实施以“四维一体化”模式，即园长—中层领导—教研组长—班主任。分工明确、责任到人，细化落实管理制度，层层签订责任书，在园长负责制的园委会成员中各负其责，各管旗下，明确工作目标开展各项工作，达到相互融合，分工不分家，共同推进工作为目的，实行中层以上领导包联班级，监管班级工作开展，指导教学，联系家长。

【安全保障】 按照上级要求做到校园安保无缝隙、无死角、无盲区，人员管理明确分工、责任到人。安全防护措施及设备严格按照要求配齐配全。早晚接入园高峰期期间，确保孩子家长接入园安全。教学楼安全按照楼栋、楼层、班级进行网格化管理，按照楼层分布以及班级位置做到层层有人管，班班有人看，分别有园长任网格长、园委会成员任网格组长、班主任任网格小组长，其余教师为网格员，责任划分到所有人员。每周由安全负责人不定时对教学楼内外进行安全隐患排查，每天由各网格成员排查安全隐患。幼儿饮食健康安全，由后勤负责人每月严格按照要求每天定时定量新进食材，保证幼儿食品安全，按时进行营养计算，每周制定适合幼儿年龄的带量食谱，科学调配营养膳食，做到幼儿食品细小化、烹饪制作营养化、饭菜品种多样化。做好从食材进入加工过程再到班级无二次污染为安全点。每顿饭菜做好留样记录、消毒记录，为孩子的健康保驾护航。

【保教质量】 为加强教师教育教学水平，促进教师专业成长，严格落实幼儿园课堂教学管理，由园长负责，保教负责人主抓，全园各班管理由园委会成员分班包教，每日进班查看常规、卫生、教学，每月底形成测查小组对各班级当月教学进度效果进行全方位测查。教师教材以及幼儿活动内容按照上级教材要求制订教师教研计划、教学计划、幼儿活动计划，计划内容严格按照逐级审核、签字、批阅。

【幼儿园特色】 根据幼儿园办园特色，园内外从环境育人跨度到内涵发展，一楼小班把养成教育以图画、故事形式贯穿其中。二楼中班以中国传统文化为主，突出脸谱、剪纸、青花瓷等文化氛围，培养幼儿审美鉴赏能力，锻炼幼儿动手能力。三楼大班以国学经典，古诗成语、三字经形式将中国传统文化逐步渗透班级环境及幼儿一日活动中。

（撰稿：赵　莉）

第三双语幼儿园

【概　况】 沙湾第三双语幼儿园建于2017年4月，位于友好路西侧，智慧大道北侧，2017年9月竣工，同年9月1日投入使用。幼儿园占地面积7207平方米，建筑面积2430平方米，框架结构，设计层数为地上二层，总投资600余万元，设置9个教学班，可容纳270人。可满足周边幼儿就近入园。按照要求开设小班、中班、大班，共有4个班级，幼儿128名；教职工15人，其中专任教师7人、保育员4人、炊事员2人、保安1人、园长1人。严格按照要求配齐“两教一保”，是一所公立性幼儿园，园内环境优雅，设施设备齐全，安全监控覆盖全园，隶属于沙湾县教科局管理，是一所全额拨款事业单位。

【办园理念】 用心做幼教，牵手共成长。

【办园目标】 科学管理，规范服务；孩子快乐，家长放心。

【办园宗旨】 让每个孩子享受快乐的教育，感受成长的幸福。

【办园特色】 个性化发展，生活化教育，和谐中成长。

【教师队伍建设】 根据县教科局的总体工作目标要求，以《幼儿园工作规程》《幼儿园管理条例》《幼儿园教育指导纲要》《3—6周岁儿童学习发展指南》为指导，教学之本是教师，努力提高本园教师的教育教学能力，特别是青年教师和新教师的培养力度。加强教师政治业务学习；强抓教师专业技能的提高。通过听课、评课、观摩研讨等活动促进教师相互交流、学习、共同提高。

【教育教学】 组织家长开放日6次，社会实践活动6次，达标课2次，保育员律动考核1次。在制定周、月活动时合理安排各方面的教育内容，根据孩子的年龄特点把领域活动与主题活动有机结合，相互渗透，有效地防止在教学工作的主观性和随意性。加强幼儿对大自然的热爱参加社会实践活动，组织幼儿参观公安局、地震局、寻找秋天、参观小学、慰问敬老院、环卫工人送温暖等活动，让幼儿亲临其中，感受乐趣。班级特色展风采，小班手指操、中班唐诗诵读、大班绘本故事，各班根据计划按要求完成内容。定期检查教师备课、教养笔记等。落实一日教学常规，加大对一日生活各个环节的监督和调控。以抽查听课为载体，在听完每节课后与教师及时交流，并进行点评指导。创设了有利于引发幼儿互动的环境。在走廊、楼梯、班级主题墙、家长园地等环境的创设，做到美观新颖，突出主题。根据孩子年龄特点，力求做到生活化、情趣化、艺术化和儿童化，让孩子主动参与到环境中来，从中感受教育。充分发挥幼儿园的区域优势，挖掘自然教育资源，把本土资源的内容渗透到幼儿的一日生活之中，贯穿于游戏、教育活动之中，并以多种形式进行整合，结合本园、本班幼儿的实际情况，灵活开展。在组织好幼儿一日活动、上好主题教学活动的同时，结合各种传统节日、环保创意开展系列活动，增强了幼儿动手、动脑、参与活动的主动意识。

【卫生保健】 为了加强教师的安全意识，树立安全第一观念，成立了安全工作领导小组，形成园长主抓，并有计划、有总结、有检查、有考核、并与年终考核挂钩。每周召开会议，让大家明确到安全工作是人命关天的大事，使教师在思想上对安全工作高度重视。通过晨检，教师认真做到“一问二看三摸四查”，防止幼儿将危险物品和传染病带到幼儿园。晨检中对发现问题的幼儿及时与家长联系，对服药的幼儿问清缘由，并进行了登记，杜绝服错药物。把好晨检关，进班前洗手，并做到有病及时发现，及时治疗。各班配有消毒柜，坚持幼儿餐具每餐消毒。对各班卫生消毒等安全工作也不定期地进行检查，如杯子、毛巾、物品等橱柜，桌面物品摆放是否整齐，甚至地面是否潮湿等。

【安全保障】 定期对幼儿园设施进行检查，查找园内安全隐患，包括显在的、隐蔽的，如开关、电器、食品卫生、消防栓、灭火器、户外大型运动器械等，发现问题及时采取措施加以消除，确保了幼儿的安全。并建立安全检查档案，及时总结和改进安全工作。让幼儿掌握简单的自救技能，告诉幼儿，让幼儿认识地震、火灾、踩踏等事故发生时的自救方法等。并学习正确拨打特殊电话号码110、119、120等。在活动过程中经常提示幼儿注意安全。如小心触电，当心危险；不推挤，以免碰撞。教育幼儿不玩火、不动插头开关等。还积极开展幼儿疏散演练，提高幼儿自救的能力。以游戏的方式带领孩子们模拟过马路等危险场所的安全知识教育。

【家长工作】 每学期开始，老师们制订家长工作计划，有目的有计划地开展各项家长活动。

【后勤工作】 后勤支持是做好幼儿园各项工作的重要保障，在后勤工作方面，切实做好幼儿、财务、教育教学资料和用品的管理，确保幼儿园一年中各项工作正常运转。一是认真做好幼儿饮食工作，实际制定好幼儿每周合理营养食谱，后勤人员根据食谱的安排和烹调的有关程序认真加工，烹调幼儿的餐点，保证幼儿每天的饮食适量、卫生、营养、可口。二是财务能认真按照有关的财务制度做好经费的管理等财务工作，有效地确保了幼儿园资金的正常使用和幼儿园的正常运转。

（撰稿：潘　婷）

第四双语幼儿园

【概　况】 沙湾县第四双语幼儿园占地面积5300多平方米，主体面积3217平方米，总投资1400余万元，是一所自治区学前“双语”建设项目新建园，隶属于县教科局管理。沙湾第四双语幼儿园秉承“以礼立德，以德启智，以智导行”的办园理念、“发展幼儿，服务家长，成就教师”的办园宗旨，为每一位家长和幼儿服务。本学年共有幼儿157名，小、中、大6个班级，教职工16人，全部持证上岗。深入贯彻教科局2018年工作要点，教职工团结敬业，各部门有条不紊地协调运作，加强校园文化建设，追求内涵发展，提升办园质量。

【教育教学】 开展丰富多彩的主题活动。为促进幼儿的全面发展，利用许多传统常规性的活动，如“新生我不哭”为主题的开学典礼，“祖国多美丽”为主题的庆祝国庆节文艺活动，防火、防地震演练，“庆元旦”文艺活动，“三八”妇女节的爱妈妈教育，幼小衔接活动，“六一”儿童节等活动。这些活动极大地丰富了孩子们的生活，体验节日的快乐，陶冶道德情操。利用主题活动课、游戏等形式启发和培养幼儿的环保意识，提倡“节约一滴水、一张纸、一粒米、一度电”使幼儿从小养成良好的环保行为。2018年，组织幼儿“慰问敬老院”“美丽中国，我是行动者”等活动，发展了幼儿各方面的能力，体验了成功的快乐，展现了幼儿园良好的精神风采。加强国家通用语言文字教育教学。教师为幼儿树立榜样，活动中，坚持每一环节都使用国家通用语言文字，教师间交流也不例外。在教育教学过程中，教师和幼儿之间用国家通用语言文字交流。在日常生活中，鼓励幼儿多说国家通用语言文字，引导幼儿多说国家通用语言文字，引导幼儿大胆说、慢慢说、说清楚。开展国学经典教育，培养他们宏阔的视野、博大的情怀，独立坚毅的人格精神，在具体实施的时候注重国学的浸润、融合和积累。国学经典教育走进幼儿园，与晨间音乐早操活动、环境创设、领域教学等各个方面相互渗透和整合，走进孩子们日常生活和学习的各个角落。

【德育工作】 加强师德建设，提高德育工作水平。师德是教师之魂，根据幼儿园青年教师多、思维活、观念新的特点，注重对青年教师进行社会主义荣辱观、敬业、爱业、乐业的思想熏陶，组织全体教师参加政治学习帮助教师更新观念，提高全体教职工的政策水平和思想觉悟。并定期撰写学习心得、研讨专题与讲座相交替，通过学习讨论，对应该树立什么样的职业道德、树立什么样的价值观、教师观，建立什么样新型的师幼关系都有了新的认识与提高。以主题活动为载体，丰富了幼儿德育活动的内涵，如“三八”节以班级为单位开展了“感恩妈妈”庆祝活动；植树节带领幼儿进行护绿小卫士行动，教育他们要爱护绿化；“五一”节通过开展清洁家园主题教育活动，激发幼儿爱劳动的情感；“六一”儿童节邀请了全体大班家长参加大班幼儿毕业典礼，每个大班的孩子留下了一份深刻的回忆。对不同年龄阶段的幼儿提出了不同的德育要求，教师注意为幼儿创造一切条件，让幼儿在日常生活中更多地与同伴及成人自由地接触和交往在来园、游戏、盥洗、进餐、午睡、活动等各个环节贯穿德育内容，抓住有利的教育时机，有的放失地进行教育。

【教师队伍建设】 制定了严格的管理制度，形成健全的管理网络机制，做到分工明确，责任到人。同时，根据实际制定教职工岗位职责、月考核细则及学期考核等各项规章制度，并注重平时的贯彻与落实，在实际工作中严格照章办事。通过健全制度，明确职责，提高了教职工的工作责任感，促进了各项工作有序地开展。加强学习，提高素质为了加强师德、师风建设，提高教师的思想素质，坚持每周不少于2小时的学习制度，组织教师认真学习政治和教育理论，学习法律法规，学习行为规范，学习全国各地优秀教师的先进事迹。要求每位教师用正确的教育思想武装自己，用严明的纪律约束自己，自觉树立教书育人的教师形象。为提高教师的业务能力，通过教研组定期开展教学评优、观摩、研讨等活动，加强教学研究，提高实践能力。积极贯彻落实党风廉政建设责任书，加强廉政自我教育和自我建设。认真学习，深入开展学实活动，牢固树立马克思主义的世界观、人生观、价值观和正确的权力观、地位观、利益观以及社会主义荣辱观，提高党性修养和从政道德修养。

【校园文化建设】 人文环境。在人文环境方面教学楼走廊内均设立了幼儿美术作品和手工制作的展示台，孩子们互相欣赏、互相学习。楼道里，班级家园共育都设计了不同的知识，活动室有适合儿童不同爱好的区域角，如娃娃家、图书角、种植区、益智区等，融入知识性、趣味性，幼儿既动手又动脑，深受孩子们的喜爱。幼儿园的教育教学将红色精神贯穿始终，为孩子们播撒爱国种子，帮助其成长成才。通过开展“我唱红歌感党恩”主题活动，让孩子们在爱国文化的熏陶中受到“德礼养正”健康理念的教育将爱国主义的种子种进他们的心田，开出绚烂夺目的花朵。

【后勤工作】 加强保育员的培训规范操作流程。全体的后勤人员都能在各自的岗位上完成工作任务。熟悉每日工作操作程序能在规定的时间段完成相应的工作。定期组织保育员学习业务知识、理论知识，现场操作活动并讨论学习。落实各项安全制度，确保幼儿园工作安全正常的运作。把安全卫生工作作为头等大事来抓，成立了安全领导小组，与各班主任签订安全责任书，增强责任感，食堂人员安全不松懈，严把食品入口关；保教人员时刻关注孩子们消除班级事故隐患。截至2018年，未发生一例安全事故。加强对教职工、幼儿外置突发事故的应急能力。2018年组织开展

“防震疏散演练”“防火逃生演练”“防踩踏疏散演练”，每月各开展一次，增强和提高了广大教职工及幼儿的应急处突能力。精心组织、严格要求。

（撰稿：寇慧琪）

天山路双语幼儿园

【概　况】 沙湾县天山路双语幼儿园位于沙湾县天山路世纪大道右侧，成立于2011年，是一所自治区双语项目公办园。2018年园内开设大、中、小3个教学班，幼儿93名；教职工18人，其中管理人员1人、专任教师6人、一级教师1人、二级教师2人、沙湾县骨干教师1人。

天山路双语幼儿园认真贯彻《幼儿园教育指导纲要》和《3—6岁儿童学习与发展指南》的精神，以进一步推进课程改革、优化幼儿园课程为抓手，以“发展孩子、服务家长，成就教师”为办园理念，围绕安全工作一条主线，聚焦幼儿全面发展，致力追求内涵发展。以“规范管理，突出特色，促进均衡、力求创新”为中心工作，以保教结合为原则，以师资队伍建设与内涵建设为重点，以促进幼儿发展为目的，以教研为核心，科研课题为载体，立足本园特点。实行科学管理与人性化管理相结合的模式，逐步过渡到规范化、精细化，强化两支队伍建设，促进教师工作热情，教学质量稳步提高。

【教育教学】 面向全体幼儿，热爱幼儿，坚持积极鼓励、启发诱导的正面教育。合理地综合组织各方面的教育内容，并渗透于幼儿一日生活的各项活动中，充分发挥各种教育手段的交互作用。创设与教育相适应的良好环境，为幼儿提供活动和表现能力的机会与条件。以游戏为基本活动，寓教育于各项活动之中。体、智、德、美、劳诸方面的教育互相渗透，有机结合。遵循幼儿身心发展的规律，符合幼儿的年龄特点，注重个体差异，因人施教，引导幼儿个性化的发展。

【家园共育】 主动与幼儿家庭配合，帮助家长建设良好的家庭教育环境，向家长宣传科学保育、教育幼儿的知识，共同担负教育幼儿的任务。

【教师成长】 为教师搭建一个展现自我、互相交流、互相学习、取长补短，共同成长的教研平台，为教师的可持续发展奠定根基。

【联系社区】 密切同社区联系与合作、宣传幼儿教育的知识，支持社区开展有益的文化教育活动，争取社区支持和参与幼儿园建设。

【安全工作】 为确保幼儿园安全工作取得实效，完善各项安全保卫制度、措施，研究日常状态和紧急状态防范等措施，建立健全安全保卫和组织机构，园长牵头，各教师协调参与，各班具体抓落实的安全教育体系。从而形成“上下齐动员，一心促安全”的良好局面，确保全园各项工作的正常开展。

【教育联盟活动】 为进一步整合城乡优质教育资源，提升办园水平，推进全县学前教育均衡发展，在沙湾县教科局的组织安排下，由沙湾县天山路双语幼儿园牵头，与乌兰乌苏镇双语幼儿园、乌兰乌苏镇万家槽子幼儿园、乌兰乌苏镇三宫店幼儿园、东湾镇双语幼儿园、东湾镇夹山孜幼儿园、东湾镇潘家庄幼儿园、沙湾县第二幼儿园、部队幼儿园结为教育联盟。为使天山路双语幼儿园教育发展联盟工作有序开展，联盟园得到切实可行的发展，制定联盟发展规划。从幼儿园

2018年，沙湾县天山路双语幼儿园开展第七届全国全民健身操舞大赛新疆分站赛暨第十四届自治区幼儿基本体操体育才艺表演大赛

管理、安全、保教、后勤、园舍建设等方面给予指导和帮助，从而使各园有方向的发展，并跟踪、了解各园目标实现情况。

【荣　誉】 2018年5月，在2018年第七届全国全民健身操大赛新疆赛区“三健科技幼儿杯”幼儿基本体操表演大会新疆赛区获得篮球组金奖。

2018年12月陈菲在“幼儿园教师国家级培训计划（2018）——新疆乡村幼儿园园长培训项目培训”中表现突出，被评为优秀学员。

（撰稿：陈　菲）

老沙湾路双语幼儿园

【概　况】 沙湾县老沙湾路双语幼儿园始建于2011年，属于自治区学前“双语”建设项目园，于2012年3月1日开园，隶属于教科局管理，全额拨款事业单位。幼儿园占地面积3363平方米，建筑面积1939平方米，结构布局有幼儿教室、办公室、食堂、保健室、档案室、警卫室、图书室、多功能活动大厅等，各项设施均按标准化幼儿园要求配置。2018年分别开设大、中、小6个班，在园幼儿196人，现有教职工27人。幼儿园课程设置严格按照《幼儿园教育指导纲要》和《3—6岁儿童发展指南》要求，以课题研究为依托，分别开设并整合“健康、语言、社会、科学、艺术”五大领域教育教学内容，为周边众多家庭解除后顾之忧，为孩子们提供接受早期保育和教育的机会。

【加强队伍建设】 一是开展专业教师与非专业教师师徒结对子活动。二是通过送教下乡、基本功大赛、观摩课公开、参加国培及各级各类学习培训，全面提升教职工素养。

【教育教学】 提升教育教学质量，为幼儿成长打好基础。幼儿园课程计划符合要求，涵盖健康、语言、社会、科学和艺术五大领域，各领域之间相互渗透和整合。室内设有不少于5个以上的区角，活动区材料能够满足幼儿自选游戏需求。坚持每天开展2小时的户外活动，有生均3件以上的体育器材供幼儿选择。幼儿园选用2018年1月和9月自治区农村双语幼儿园出版教材。国家通用语言是师幼之间的日常教学用语。家长工作是幼儿园重要的合作伙伴，是幼儿园一项重要工作。成立家委会，每学期召开2次家委会、2次家长开放日、2次家长培训班、1次亲子活动，为了改善幼儿园的周边环境，家委会组织家长志愿者捐款，建家长等候区100平方米。开拓幼儿园种植园500多平方米，为幼儿园环境做出了积极贡献。

【幼儿饮食】 建立健全幼儿食堂及卫生保健制度，严格执行《幼儿园卫生保健管理办法》《中华人民共和国食品卫生法》，具体做法是：一是原料采购有专人负责，进货由教科局招标批准的单位配送，建立索证索票制度，安全预案制度健全。二是幼儿食堂预防措施到位，红、白、生、熟案分开，冷藏、冷冻、消毒、留样等器具齐全。三是工作人员定期检查身体，做到无证不上岗。四是幼儿食谱力求多样化，注重米面、粗细、干湿、甜咸、荤素搭配，蔬菜颜色搭配，保证每天膳食中有15种以上的食材搭配，达到营养专家建议的杂、齐、适量的摄入食物要求。五是建立健全幼儿食堂制度。确保幼儿健康成长。连续三年幼儿食堂被地区食品药品监督管理局实地检查，并获得A级笑脸的荣誉。

【荣　誉】 2018年第七届全国全民健身操大赛新疆赛区“三健科技幼儿杯”荣获幼儿武术金奖、幼儿体操金奖。王梦洁、李雪获得指导教师金奖。

2018年，党咏梅教师被评为地区级“民族团结一家亲”先进个人。

（撰稿：李建花）

乡镇公办幼儿园

大泉乡双语幼儿园

大泉乡双语幼儿园地处沙湾县城北4千米，

位于大泉乡杨家庄以西，幼儿园占地面积2820.9平方米（4.23亩），总建筑面积约1000平方米，校舍使用面积865.25平方米，值班室45.4平方米，厕所30平方米，生均校舍面积12.2平方米，现有教学班4个，其中大班1个、中班2个、小班1个，共有在园生108名。拥有教室4间，舞蹈室、锅炉房各1间，实现了幼儿园网络化和教学班班通。幼儿园现有教职工18人，其中汉族4人、哈萨克族13人、维吾尔族1人。围绕“让每个孩子享受快乐的教育，感受成长的幸福”的办园宗旨，“乐学、乐闻、乐问”引导幼儿，“聪慧、表现、显才艺”培养幼儿，“健康、快乐、有个性”伴随幼儿，“文明、合作、会交往”展现幼儿的办园目标，落实着“勤、严、细、实、准”的工作作风，实践着“幼儿、教师、幼儿园共同发展”的核心价值。团结并依靠全体教职工，着力加强幼儿园文化建设，全力打造诚信幼儿园活动，增强保教工作的针对性和实效性；加强队伍建设，积极探索新形势下学前教育工作的新思路，以提高教学质量，推动着幼儿园持续发展。

（撰稿：刘婷婷）

大泉乡东泉村双语幼儿园

大泉乡东泉村双语幼儿园，坐落在大泉乡中心校东泉分校院内，于2017年8月建成。幼儿园占地面积3200平方米，硬化面积1100平方米，建筑面积550平方米，绿化面积400平方米，投资金额160万元。现有教职工13人。幼儿园环境优雅，设施设备齐全，园内设有标准化教学班、活动室、卧室、卫生间，室内配有全新的一体机、数码电视、电钢琴、消毒柜，厨房配各种不锈钢餐具。园内有大型玩具和由塑胶地垫铺成的露天宽敞的活动场地，安全监控摄像头覆盖全园，给孩子们一个安全、温馨、舒适的成长乐园。2017年9月顺利开园，开设大、中、小3个班级，在园幼儿60名。幼儿园满足了大泉乡烧坊庄村、河西村、东泉村、二道河子村4个村适龄儿童的就近入园。

大泉乡西泉村双语幼儿园

大泉乡西泉村双语幼儿园，位于沙湾县大泉乡西泉分校内（大泉乡西泉村），与2017年8月建成，2017年9月开园，幼儿园占地面积549.95平方米，建筑面积为550平方米，框架结构，设计层数为地上一层。设有班级2个，在园幼儿52人，大班17人，中小混龄班35人，教职工8名，其中教师4名、保育员3名、厨师1名。幼儿园可满足大泉乡西泉村周边4个村队的适龄儿童就近入学，园内有标准化教学班、活动室等，室内配有全新的数码电视、多媒体教学电视、电子琴、消毒柜、各种不锈钢餐具，室外有大型玩具滑梯。以“启蒙健康人生，为孩子的终身发展打好基础”为宗旨给孩子一个安全、温馨、舒适的成长乐园。

安集海镇双语幼儿园

安集海镇双语幼儿园位于安集海镇南环路，2016年4月20日正式开园。幼儿园占地面积4100平方米，有教学楼1栋建筑面积1220平方米，有活动室4间、寝室2间、食堂2间、多功能活动室1间、办公室2间、值班室1间。有教职工13人，其中教师4人、保育员3人、厨师2人、专职保安4人。共有幼儿127人。

安集海镇夹河子双语幼儿园

安集海镇夹河子双语幼儿园位于安集海镇夹河子分校院内，2017年9月6日正式开园。幼儿园占地面积5400平方米，有教学楼1栋，建筑面积550平方米，有活动室2间、寝室1间、食堂1间、多功能活动室1间、办公室1间。教职工10人，其中副园长1人、保教主任1人、厨师2

人、门卫2人。有教学班3个，在园幼儿53人。

安集海镇元兴宫幼儿园

安集海镇元兴宫幼儿园于2015年7月动工，2016年11月竣工。建立了840平方米的幼儿园和教学点一体的新教室，可容纳3个幼儿班（大、中、小）和一、二年级两个班学生。2017年9月6日正式开园。元兴宫双语幼儿园服务于元兴宫村及曹家坡村的3—6岁的适龄幼儿。元兴宫幼儿园及教学点现配备14名教职工，其中保安2名、食堂厨师1名、保育员3名、幼儿园教职工5名、教学点教职工3名。2018年在幼儿园及教学点已有学生46名，其中幼儿园有28名幼儿，大班9人，中班11人，小班8人；教学点（一、二年级）有21名学生，其中一年级10人、二年级11人。

安集海镇农庄幼儿园

安集海镇农庄幼儿园位于安集海镇双旗村四旗小组，于2017年4月1日开工建设，2017年9月投入使用，建筑面积550平方米。教职工14人，其中园长1名，专任教师3名，保育员3名，厨师3名，保安4名。大中小班64名幼儿。

金沟河镇双语幼儿园

金沟河镇双语幼儿园位于金沟河镇金光路东侧，始建于2011年，2012年3月1日开园，是一所全日制公办幼儿园。属于自治区学前“双语”建设项目园，占地面积7100平方米，园舍建筑面积1152平方米，绿化面积3596平方米，室外活动场地2352平方米。全园教职工26人，其中教师13名，开设教学班4个，在园幼儿121人，有幼儿食堂、幼儿休息室、多媒体室等，幼儿园规范办园、规范管理，按国家标准建园，以幼儿发展为本，以终身发展为理念，遵循身体成长的规律，探索幼儿不同年龄的特点，进行保育保教相结合的模式。

乌兰乌苏镇双语幼儿园

乌兰乌苏镇双语幼儿园是一所全日制公办幼儿园。始建于2010年秋，于2011年10月竣工使用，占地面积约7100平方米，建筑面积1200平方米，硬化面积3200平方米，绿化面积2140平方米。共投资288万元。设有大、中、小教学班5个（大班1个、中班2个、小班2个），在园幼儿102人。共有教职工26人，其中汉族14人、维吾尔族6人、哈萨克族2人、回族1人、彝族2人、土家族1人；其中园长1人、会计1人、专任教师12人；本科学历6人、大专学历5人、中专学历2人；财聘人员13人。

幼儿园坚持以“让每一位孩子拥有最佳的人生开端”为目标，构建优美、和谐的育人环境。幼儿园内场地独立完整，布局科学合理，注重“内涵性”环境建设和改造。建有音体美活动室、教室、寝室，能够充分激发每个孩子的艺术天赋和发展潜能，促使孩子智商和情商的全面发展；设置种植区、养殖区，可以让孩子们尽情地拥抱自然，充分感受自然界的丰富多彩和无限魅力；还有大型户外玩具，能够让孩子们充分享受户外活动的乐趣，练就强健的体格。多功能的立体教育环境，处处皆景致、景景皆教育，是一个融美化、绿化、儿童化、教育化于一体的孩子成长乐园。开园五年来，乌兰乌苏镇双语幼儿园培养了一批又一批健康、活泼、勇敢、技艺精湛的小将。乌兰乌苏镇双语幼儿园正以“一切为了孩子，为了孩子的一切”的办园宗旨，以积极开放的心态、激昂饱满的热情，努力把幼儿园建设成为孩子喜欢、家长满意、领导放心和社会信赖的幼儿园。为幼教事业的蓬勃发展做出贡献。

（撰稿：葛　玲）

乌兰乌苏镇三宫店双语幼儿园

乌兰乌苏镇三宫店双语幼儿园建成于2016年

4月，位于乌兰乌苏镇小庙村（三宫店小学院内），占地面积2421平方米，建筑面积590平方米。开设大、中、小3个班，其中大班40人、中班42人、小班21人，共有103名幼儿；园内环境安全，整洁干净，有1800多平方米的幼儿户外活动场所及绿化区，配有孩子们喜欢、实用、适合幼儿身心发展的户外玩具；班级中设施齐全，有电脑、电视、电子琴、打印机、多媒体数控一体机等教学设备、丰富的桌面玩具、幼儿图书等；为每位幼儿配有床、被褥、杯子、毛巾、碗、勺等；膳食营养合理。共有教职工16人，其中专任教师6人（均为大专以上学历）、保育员3人、保安4人、厨师3人，为三宫店片区周边家长和幼儿提供了方便。

乌兰乌苏镇万家槽子双语幼儿园

乌兰乌苏镇万家槽子双语幼儿园，位于乌兰乌苏镇万家槽子村（大队分校对面），2017年8月正式开园，占地面积2223平方米，其中建筑面积590平方米。共设3个教学班，大、中、小各1个。在园幼儿83人，其中大班45人、中班23人、小班15人。教职工17人，其中副园长1人、专任教师7人、保育员3人、厨师2人、保安4人。

万家槽子村双语幼儿园环境优雅，活动空间布局合理，活动室、寝室、盥洗室等配套设施齐全。教室内配备数字化高端安全监控设施，拥有电视机、多媒体触控一体机、电脑、打印机等各种现代化教学设备，室外配备深受儿童喜爱的大中小型玩具、戏水池、玩沙池、涂鸦墙、种植墙，还有形式活泼、颇具教育意义的宣传壁画，极大地满足儿童的求知和娱乐的愿望。园区将成为安全、卫生、舒适，集绿化、美化、童趣化、益智化于一体的儿童乐园。

（撰稿：李　萍）

商户地乡双语幼儿园

商户地乡双语幼儿园建于2014年11月，于2016年4月开园招生。位于沙湾县商户地沙柳东路。幼儿园占地面积1102.13平方米，建筑面积2541平方米。开设小班、中班、大班，共68名幼儿；园内环境安全，整洁干净，有1000多平方米的幼儿户外活动场所及绿化区，配有适合幼儿的户外玩具；班级中设施齐全，有电脑、电视、电子琴、打印机，丰富的桌面玩具、幼儿图书等；为每位幼儿配有床、被褥、杯子、毛巾、碗、勺等，膳食营养合理。共有教职工13人，每班达到“两教一保”，专任教师5名，均为大专以上学历，为商户地乡周边家长和幼儿提供了方便。

（撰稿：孙艳梅）

商户地乡蘑菇湖双语幼儿园

商户地乡蘑菇湖双语幼儿园位于商户地乡千泉湖路口处向东150米，于2017年8月正式开园。占地面积7660.2平方米，建筑面积1100平方米。绿化面积1000平方米、绿树成荫为孩子户外活动提供凉快舒适的户外环境。幼儿园开设2个班级，共招生26名幼儿，有教职员工11人。根据幼儿情况制定合理的营养食谱，让孩子们吃得健康，让家长放心。在教学过程中，组织新教师参加岗前培训和幼儿园环境创设，让老师们感觉幼儿环境的重要性。教师互相听课、外出学习提高自身能力。

良种场双语幼儿园

良种场双语幼儿园位于沙湾县良种场，成立于2016年8月，占地面积6324平方米，现有幼儿17人。拥有教职工2名，其中副园长1名，专任教师1名。为使所有孩子在不同层次上得到发展，幼儿园要求教师根据不同年龄段幼儿接受的能力，调动幼儿学习的主动性，注重幼儿的参与性，在课堂上充分调动孩子们的积极性，并能关注到每一位幼儿，注重他们的个体差异，让孩子们在玩中学、学中玩，在游戏中锻炼动手能力、合作技巧、创新能力，注重他们的兴趣培养。

柳毛湾镇双语幼儿园

柳毛湾镇双语幼儿位于沙湾县柳毛湾镇创业路派出所左侧，建成于2011年11月，于2012年3月开园招生。幼儿园占地面积3600平方米，建筑面积1152平方米，砖混结构教学楼一栋。现有班级3个（小班1个、中班2个、大班1个），学生115名，教职工12人，其中在编在岗专任教师11人。

幼儿园有室外活动场地占地面积160平方米的塑胶草坪，有供幼儿户外娱乐的大型玩具滑滑梯。幼儿园有幼儿益智类画报书刊200多册，教师办公室安装了电脑、打印机等。每间教室内都安装了电视机、DVD、电子琴、玩具架等教学生活设备。多媒体教室配备了多媒体教学设施和镜子、拉杆等用于舞蹈训练的设施。2016年修建旱厕1座、库房3间。

（撰稿：魏红英）

四道河子镇双语幼儿园

四道河子镇双语幼儿园位于四道河子镇区，于2013年7月开始对原四道河子镇中学教学楼改造，2014年9月建成四道河子镇双语幼儿园，共投资95.5万元。现有5个教学班，其中2个大班、1个中班、2个小班，在园总人数为149人。教职工14人，其中专任教师5人、财聘保育员5人、厨师3人、保安1人。坚持保教并重，运用现代化教育思想指导全园工作。以《幼儿园管理条例》《幼儿园工作规程》《幼儿教育指导纲要》为依据，对幼儿进行体、智、德、美诸多方面的教育，使幼儿综合素质得到全面提高和健康发展。配备有双语教科图书、挂画、教玩具、幼儿床铺被褥等，孩子的每餐精炒细作，营养搭配均匀，确保幼儿营养需要。让幼儿在玩中学，学中玩，到了本园，让孩子有种回到家的感觉。

（撰稿：葛　雪）

老沙湾镇双语幼儿园

老沙湾镇双语幼儿园于2013年7月年由中心校原宿舍楼维修改造建园，2014年底完工，2015年3月正式开园招生。建筑面积1470多平方米，绿化面积524平方米，运动场面积682平方米。幼儿园有3个教学班，大、中、小各1个班，小班25人、中班24人、大班29人，共78名幼儿。教职工共21人，其中教师12名、保育员4人、厨师2人、警卫3人。配备了大型室外玩具、液晶电视、DVD、电子琴、电脑等设备，室内的桌、凳、床、被褥、幼儿保健室等辅助设施齐全，规范办园。

幼儿园以创新求发展，以《3—6岁儿童学习发展指南》为指导，以幼儿身心发展为标准，培养幼儿德、智、体、美全面发展作为办园宗旨，开设有“健康、社会、语言、科学、艺术”五大领域教学内容，开展一系列的“爱国主义”“民族团结”活动，每个班级都有区角的创设，让每一名幼儿快乐健康地成长。

（撰稿：张　晨）

西戈壁镇双语幼儿园

西戈壁镇双语幼儿园是一所全日制的公办双语（汉、哈）幼儿园，始建于2010年9月，于2011年11月交付使用，属于自治区双语幼儿园建设工程项目。园舍总占地面积7500平方米，其中建筑面积达1152平方米。总投资167.89万元，其中建筑工程投资131.63万元，设施设备投资36.26万元。西戈壁镇双语幼儿园于2012年3月开园，现有6个班，其中小班1个、中班3个、大班2个。共有幼儿196人，其中少数民族幼儿181人。幼儿园共有24名教职工，其中园长1人、专任幼儿教师10人（自治区统一招考）、保育员5人、炊事员4人、保安4人。

积极改善办园条件，积极营造与教育相适应的环境，室内突出“红色文化”“中华传统文化”“普通话教育”的环境风格，室外、走廊体现了“中华传统文化”“文明礼仪教育”“普通话教育”的特色。真正实现“让墙壁说话，让幼儿进园受感染，抬头受教育，低头受启发”的要求，引领幼儿健康成长。同时，树立“一切为了孩子”的教育思想，坚持全面提高保教质量，少数民族幼儿占全园总人数的81%，普通话教育初现成效，幼儿园少数民族幼儿占全园总人数的92%，普通话教育初现成效。2018年11月，开展“手拉手肩并肩，我们一起学普通话”幼儿讲故事大赛，多名哈萨克族幼儿在大赛中取得优异的成绩。为促进幼儿身心和谐发展，幼儿园根据不同阶段幼儿年龄发展特点，开展丰富多彩的户外活动，让幼儿在游戏活动中感受童年的快乐。

（撰稿：薛　丽）

西戈壁镇二层台子双语幼儿园

西戈壁镇二层台子双语幼儿园始建于2017年4月，坐落于西戈壁镇二层台子村，占地面积7630.4平方米，建筑面积613.78平方米，开设2个教学班，中、大班各1个，中班31人、大班36人，共有幼儿67人，其中少数民族幼儿56人。共有教职工13人，其中园长1人、专任教师4人、保育员3人、厨师2人、保安3人。幼儿园环境优雅，设施设备齐全，园内有标准化教学班、活动室、寝室、卫生间，室内配有全新的数码电视机、电子琴、手风琴等。户外有绿地塑胶地，配备室外大型组合玩具1件，自制玩教具9件，建有开心沙地、种植园等，孩子们在这里开展丰富多彩的活动，进行充满智慧的游戏。

幼儿园秉承“尊重孩子、服务家长、成就教师”的办园宗旨，“培养天真活泼的快乐儿童、成就勤业敬业的幸福教师、创建团结进取的和谐集体”的办园理念，成为深受孩子们喜爱、家长信赖的儿童摇篮。在人文环境方面，教师们能够根据主题教育活动来构思、设计，教学楼走廊内均设立幼儿美术作品和手工制作的展示台，孩子们互相欣赏、互相学习。根据班级的不同特点，老师绘制不同的游戏格式，拓展孩子们的游戏空间，开发幼儿的智力。班级上都设计不同的知识：交通标志、音符、数字、安全标志。孩子们眼所看到的、手脚接触到的均是自然，均是知识。设置主题活动，各班有适合儿童不同爱好的区域角，如娃娃家、小商店、小医院、小邮局等，融知识性、趣味性于一体，幼儿既动手又动脑，深受孩子们的喜爱。

（撰稿：李彦玲）

西戈壁镇庙台子村幼儿园

西戈壁镇庙台子村幼儿园始建于2016年，坐落于西戈壁镇庙台子村，于2016年10月正式开园，园舍总占地面积1458平方米，其中建筑面积340平方米，2018年有教学班3个，其中小班1个、中班1个、大班1个，共有幼儿61名。共有13名教职工，其中副园长1名、专任教师3名、保育员3名、食堂厨师2名、保安4名。

幼儿园与周围5个村相邻，环境优美，空气清新，户外活动场地宽敞，配有大型玩具和橡胶地垫，环境布置精彩，富有特色，充分体现环境教育的教育性和儿童化特点，也从多方面满足了幼儿发展的需要。幼儿园以培养德、智、体、美全面发展、健康成长的新一代幼儿为己任，以质量求生存，以管理促发展，解放思想，转变观念，与时俱进，开拓创新，幼儿园办园方向正确，办园条件逐步改善，卫生安全管理力度加大，教师队伍建设加强，各项工作迈上了一个新的台阶。

西戈壁镇金河畔双语幼儿园

西戈壁镇金河畔双语幼儿园始建于2016年8月，坐落于西戈壁镇金河畔村，占地面积4411平方米，建筑面积560平方米，有3个教学班，小、中、大班各1个，共有幼儿45人。该园共有教职工11人，其中副园长1人、专任教师2人、保育员3人、厨师1人、保安4人。园内环境净化、美化、儿童化浑然一体，全园配套设施齐全，有符合幼儿健康发展要求的活动室、午睡室，有功能多样的大型玩具，环保、卫生的厨房设施设备、丰富适宜的活动空间、平等关爱的人文气氛，处处体现以幼儿发展为本的教育理念。

（撰稿：李　华）

东湾镇双语幼儿园

东湾镇双语幼儿园始建于2010年10月，2011年8月竣工，2012年3月投入使用。位于东湾镇政府东侧500米处，占地面积约1902平方米，绿化面积108平方米，运动场地650平方米，建筑面积1152平方米。现有3个教学班，全园教职工19人，在园幼儿68人。园内各种设施齐备，功能完备，环境舒适，配备幼儿食堂、大型活动室以及大、中、小型玩具等。以六大领域相结合，对幼儿在认知、情感、思维、个性等方面进行综合能力培养。因地制宜地从“教育性、艺术性、娱乐性”出发，对园所环境进行“绿化、美化、净化”。幼儿园布局合理，从“教育性、艺术性、娱乐性”出发，对环境进行“绿化、美化、净化”，营造了一个优雅、舒适的育人环境。

东湾镇潘家庄双语幼儿园

东湾镇潘家庄双语幼儿园位于东湾镇潘家庄村1—14号，于2017年8月开园招生；占地面积1040平方米，园舍面积540平方米。幼儿园共有教职工14名，其中园长1名、教师5名、保育老师3名、厨师1名、安保人员4名；共有幼儿45名，其中小中混合班28名、大班17名。为促进孩子们全面发展，培养孩子们的特长，在五大领域教学的基础上，遵循幼儿身心发展特点和教育规律，围绕促进幼儿全面发展的目标，不断探索、创新，在开展特色教学活动方面做出了许多有益的探索。

东湾镇夹山孜双语幼儿园

东湾镇夹山孜双语幼儿园位于东湾镇阔克萨孜村，于2017年9月正式开园。园舍占地面积1964平方米，建筑面积550平方米，绿化面积300余平方米，室外活动场地690余平方米。现有大、中、小各1个班，共有幼儿45人。有副园长1人、教职工12人、保安4人、厨师1人。幼儿园服务覆盖阔克萨孜村、夹山孜村2个村庄。幼儿园始终以“着眼农村实际，为幼儿未来发展奠基”为办园宗旨，以“让教育像呼吸一样自由，给孩子最适宜的教育”为办园理念，以“创办农村一流幼儿园”为办园目标，全面贯彻落实《幼儿园教育指导纲要》和《幼儿园工作规程》，端正办园思想，规范办园行为，遵循幼教规律，加强园风建设，立足农村实际，开发幼儿智力，提高保教质量，使幼儿园成为“员工贴心、家长放心、幼儿开心”的儿童乐园。

牛圈子牧场双语幼儿园

牛圈子牧场双语幼儿园位于沙湾县三个泉子牧民定居点，始建于2010年9月，于2011年11月竣工，2012年3月开园。占地面积约3700平方米，建筑面积约900平方米，内设有活动室、寝室、保健室、多功能厅、厨房、办公室等。院落以草地绿化为主、硬化为辅。配备了室内外玩教具、教学设施等。幼儿园现有教职工17人，其中专任教师7名、保安4名、保育员3名、厨师2名、园长1名。开设小班、中班、大班各1个班，共有101名幼儿。解决牛圈子牧场学龄前儿童入园难的问题，使农牧民的孩子接受优质的学前教育。

（撰稿：赵　丹）

牛圈子牧场交勒萨依双语幼儿园

牛圈子牧场交勒萨依双语幼儿园成立于2017年9月，位于牛圈子牧场交勒萨依村，是牛圈子双语幼儿园的分园，统一归牛圈子牧场寄宿制学校管理，占地面积3320平方米，建筑面积666平方米，现拥有教职工13名，其中专任教师5名、保安4名、保育员2名、厨师1名、园长1名。开设2个班，中班和大班各1个，中班28人、大班18人。幼儿园用普通话授课，教职工用普通话交流，进行普通话演讲比赛，让幼儿能听懂普通话，会说普通话，倡导增强校园全面推行普通话教学的氛围。

牛圈子乔汗双语幼儿园

牛圈子乔汗幼儿园成立于2017年8月，是牛圈子牧场寄宿制学校的分校，占地面积700平方米，2018年拥有教职工9名，其中园长1名、专任教师2名、保育员2名、保安3名、炊事员1名。开设2个班级，15名学生。幼儿园根据不同年龄段幼儿接受的能力，调动幼儿学习的主动性，注重幼儿的参与性，在课堂上充分调动孩子的积极性，关注每一位幼儿，注重他们的个体差异，让孩子们在玩中学、学中玩，在游戏中锻炼动手能力、合作技巧、创新能力。

博尔通古乡双语幼儿园

博尔通古乡双语幼儿园位于沙湾县以南50千米，坐落于天山北麓的金沟河与大南沟交会处北岸。占地3468平方米，建筑面积906平方米。始建于2009年，投资100万元，2010年开始招生，现有教职工24名，其中专任教师9名、保育员7名、保安4名、厨师4名。双语教学班6个，全园幼儿199名，占地面积3468平方米，建筑面积906平方米，教室寝室为一体，室内的桌、凳、床、被等辅助设施齐全。幼儿食堂用具达到半机械化。园内有各类大、中、小型活动器械。幼儿园开展了一系列活动，“新生我不哭”为主题的开学典礼，“祖国多美丽”为主题的庆祝国庆节文艺活动，防火、地震演练，“庆元旦”文艺活动，“三八”妇女节的爱妈妈教育、幼小衔接活动，“六一”儿童节的好儿童教育等活动。幼儿园本着“一切为了孩子，为了孩子一切，为了一切孩子”的办园宗旨，以游戏活动为载体，让孩子们在“玩中学、学中做、做中发展”，教师们在游戏上下功夫，将幼儿园打造成“玩美教育”的乐园。

博尔通古乡阿热勒托别双语幼儿园

博尔通古乡阿热勒托别双语幼儿园始建于2017年8月，位于原阿热勒托别中心校舍内，占地面积809.34平方米。全园有15名教职工，其中专任教师5名（汉族教师1名、哈萨克族教师4名）、保育员3名、保安4名、厨师3名。教学班3个班，其中小班1个（20名）、中班1个（28名）、大班1个（40名），全园幼儿88名，每个班都是教室、寝室一体，室内的桌、凳、床、被褥等辅助设施齐全。园内有各类大、中、小型活动器。幼儿园合理安排和精心组织幼儿一日活动，促进幼儿全面发展，一是以主题活动的形式开展教育教学活动。二是发动、引导家长走进课程，老师、幼儿、家长共同探究与主题相关的知识、经验、信息正逐步得到关注与参与。三是注重主题教育环境的创设，每一个主题都有教师与幼儿共同布置的主题墙、活动展板、信息资料、材料展示等，这种共享扩大教师、幼儿、家长的信息量、知识面。四是重视给幼儿提供丰富的资料、材料，使幼儿在实践操作中获得知识、经验。

博尔通古乡下西湾双语幼儿园

博乡下西湾双语幼儿园位于沙湾县以南50千米，坐落于天山北麓的金沟河与大南沟交汇处北岸。占地面积3500平方米，建筑面积595平方米，是一所位于天山脚下的农村双语幼儿园。始建于2017年，2017年8月开始招生，现有教职工14名，其中专任教师6名、保育员2名、保安4名、厨师2名。双语教学班3个，全园幼儿72人，其中小班20人、中班20人、大班32人。

教室寝室为一体，室内的桌、凳、床、被褥等辅助设施齐全。幼儿园本着"让每一位幼儿健康、快乐地成长"的办园理念，以游戏活动为载体，让孩子在"玩中学、学中做、做中发展"，激发孩子的生命活力，真实细致地给孩子们创造健康幸福的童年环境。

博尔通古乡玛依托别幼儿园

博尔通古乡玛依托别幼儿园2017年开始招生，现有教职工7名，其中专任教师2名、保安4名、厨师1名，全园1个混合教学班，幼儿16名，教室寝室为一体，室内的桌、凳、床、被褥等辅助设施齐全。幼儿食堂用具达到半机械化。园内有各类大、中、小型活动器械。多年来，幼儿园致力于全面提高教育教学质量，赢得良好的社会声誉。博尔通古乡玛依托别幼儿园本着"一切为了孩子，为了孩子一切，为了一切孩子"的办园宗旨，以游戏活动为载体，让孩子在"玩中学、学中做、做中发展"，激发孩子的生命活力，真正还给孩子健康幸福的童年。

（撰稿：丁岩红）

博尔通古牧场双语幼儿园

博尔通古牧场双语幼儿园建于2010年9月，位于沙湾县城西40千米与奎屯接壤处，占地面积13340平方米，建筑面积1108.83平方米。开设小班、中班、大班4个，共有幼儿125名；园内环境安全，整洁干净，配有孩子们喜欢、实用、适合幼儿身心发展的户外玩具；班级中设施齐全，有电视、电子琴，活动室有多媒体数控一体机等教学设备和丰富的桌面玩具、幼儿图书等；为每位幼儿配有床、被褥、杯子、毛巾、碗、勺等；共有教职工17人，每班达到"两教一保"，其中专任教师8名，保育员5名，保安4名。

幼儿园以"给幼儿幸福的童年，让人生最坚持的起步"为办园理念，深化教育改革，全面覆盖双语教育教学，树立以幼儿发展为本的教育理念，注重保教结合的原则，建成教育思想先进，管理科学规范，师资结构合理，幼儿全面发展，教育具有个性的幼儿园。以遵循教育规律，崇尚快乐，注重养成教育，追求全面发展的办园理念。

（撰稿人：木　妮）

博尔通古牧场开干齐双语幼儿园

博尔通古牧场开干齐双语幼儿园于2017年9月开园招生，位于博尔通古牧场开干齐村，幼儿园占地面积2516平方米，绿化用地面积165平方米，建筑面积549平方米。可满足开干齐村、喀拉阔勒村、阔克加依达克村适龄儿童就近入园。招收3—6岁适龄幼儿入园，按照要求设置小班、中班、大班3个班，共90名幼儿。每个班都严格按照要求配齐"两教一保"。共有教职工16人，其中教师6人、保育员3人、厨师2人、保安人员4人。教师全部为中专以上学历，具备教师资格证，普通话证及MHK三级甲等以上标准。每班配备了数量足够、适合幼儿身高的桌椅、床等设备。每班有5个区域活动柜、1个书架。全园有电视3台、电脑5台，电子琴和手风琴各1个，每班配有消毒设备。采光、照明、隔音、通风、取暖等设施设备符合要求，教学设备齐全。

以"给幼儿幸福的童年，让人生最坚持的起步"为办园理念，深化教育改革，全面覆盖双语教育教学，树立以幼儿发展为本的教育理念，注重保教结合的原则，把幼儿园建成教育思想先进、管理科学规范、师资结构合理、幼儿全面发展、社会声誉良好的学园、家园、乐园、花园。

民办及部队幼儿园

萌生幼儿园

沙湾县萌生幼儿园（原沙湾县三道河子镇幼儿园）始建于1986年，2001年3月改为私立幼儿园。现有在园幼儿649人，教学班14个，教职工65人，其中专业教师28人。占地面积6700平方米，绿化面积1200平方米，活动场地2000平方米。1998年建两层综合楼1幢，2001年修建一幢2800平方米的保教综合室，可容纳16个教学班级，2015年新建一栋5600平方米的教学综合楼。教室、寝室、办公室、卫生间、盥洗室为一体，室内的桌、凳、床、被褥、幼儿保健室等辅助设施齐全。幼儿食堂用具达到了半机械化和电气化；有满足幼儿玩耍的大型玩具，2015年新配两辆专用校车。

2010年秋季幼儿园引进了“蒙台梭利”这一新型的教育理念，让孩子在宽松、愉快、美丽的环境中成长，并通过亲身体验、动手操作来获取知识。幼儿园选择了年轻、优秀的教师在中国新疆蒙台梭利协会培训基地进行了培训，并按蒙氏教育要求对该班蒙教设施进行配备。同时对蒙班的教育环境进行优化，除正常的教学设施外，还配有防暑设备和电脑，总计投资35万余元。对2岁以上的孩子，进行日常生活、感官、数学、历史、文化、地质诸多方面的培养，使孩子终身受益。

（撰稿：张慧娟）

七彩乐迪双语幼儿园

七彩乐迪双语幼儿园成立于2016年，总投资1300余万元，占地面积4000平方米，建筑面积2448平方米，绿化面积245平方米，可容纳400名幼儿入园。幼儿园内开设大班、中班、小班共10个教学班，在园人数287人。2018年9月以来与金沟河镇北头道河子村天使幼儿园合为一体，天使幼儿园大中班幼儿人数128人，两园教职工共计30人，其中专任教师12人、保育员7人、保安4人、厨师3人、校车司机1人、后勤人员2人、园长1人。每个班级均配备电视机、CD机、亿童学习包、亿童学习区角等教育教学设备，并以“一教一卫一寝”标准配设。园内环境净化、美化、儿童化，浑然一体，全园配套齐全，具备符合幼儿健康发展需求的活动室、午睡室、漱洗室；有培养幼儿兴趣的舞蹈室、有功能多样的大型玩具、充满冒险的攀爬墙、缤纷多彩的彩虹跑道等，另有幼儿绘画室、舞蹈室、阳光科技房、室内运动场等活动区域。该园现是塔城地区唯一一所亿童教育示范园，县中等职业技术学校实训基地。

（撰稿：马俊艳）

天博幼儿园

天博幼儿园于2014年6月开始建园招生。幼儿园地处沙湾县大泉乡。占地面积3000平方米，生均活动面积15平方米，有砖混结构综合楼一栋，独立的园舍，园内设计新颖美观，布局合理。开设班级有大班、中班和小班。可容纳幼儿300人，2018年开设5个班，其中大班1个，小班、中班各2个。教师9名，幼儿103名，该园为幼儿提供轻松健康的环境，让幼儿在玩中学、学中玩。室外活动场地，安装了组合滑梯、旋转火轮、儿童摇篮等大型活动娱乐设施，购置跷跷板、木马等各类儿童玩具，有幼儿益智类画报书刊1000多册。办公室安装了电脑、打印机、图书柜等。教室内安装空调、电视机、DVD、电子琴、玩具架等教学生活设备。

多年来，该园在各级领导的亲切关怀和指导下，以“一切为了孩子，为了孩子的一切”为服务宗旨；以《幼儿园工作规程》《幼儿园教育指导纲要》为指针，全体教职工团结协作，认真贯彻《幼儿园教育指导纲要》的精神；积极开展教科研活动，深化教育教学改革，得到家长的一致好评。

幼儿园注重教师队伍建设，重视提高教师的综合素质。科学的教育理念及方法，结合蒙氏教育开发幼儿潜能，培养幼儿的综合素质。开设课程：分级阅读、社会、科学、健康、舞蹈、美术等。

（撰稿：张　宁）

小博士幼儿园

小博士幼儿园于2003年建园，2003年8月投入使用。位于县城与大泉乡城郊东村的城乡接合部金马小区北侧，历年来总投资300余万元，占地面积1800平方米，建筑面积674平方米，绿化面积150平方米。现开设大班、中班、小班共计6个教学班，在园幼儿289人。教职工共计17人，其中园长1人、专职教师7人、保育员3人、保安4人、厨师2人。该园自2003年开园以来，信誉高、口碑好，场地规范，绿树掩映，花香袭人，环境幽静。有广播室、视频播放等设施设备和大中小型玩具，配有厨房、午休室、卫生间、媒体室，有LED彩电、影碟机、电扇、冰箱、广播、摄像机、照相机、电脑、打印机等设施设备，设施设备配套齐全。坚持“学中玩、玩中学”，按现代化手段管理，开展内容丰富、健康生动、形式多样的活动，培养幼儿良好习惯、塑造幼儿健全人格，将幼儿园建设为孩子们健康成长的乐园。

（供稿：丁正杰）

安集海镇星星幼儿园

安集海镇星星幼儿园位于安集海镇北街北面，始建于2000年，2002年扩建。占地面积1800平方米，教室400平方米，办公室40平方米，食堂20平方米，活动室70平方米，卫生间40平方米，寝室80平方米。全园有5个教学班，共有幼儿142人。有教职工12人，其中教师5人、保育老师3人、厨师1人、专职保安3人。幼儿园内有转椅、大型滑梯、攀登架等各类玩具。电子琴、VCD、电视机、录音机等教学设施已满足教学活动的要求。幼儿园大门林带、围墙水房、厨房等配套设施齐全，园内布局合理，景点独特，有花、草、树，绿化面积约占幼儿园的15%。安集海镇星星幼儿园实行中心校领导下的园长负责制，设园务主任1人、安全负责2人、园长1人，设教研组1个，起教学骨干带头人的作用；幼儿园机构健全，运行正常，安全教学秩序稳定，以“目标管理、定项负责，奖惩挂钩”的管理方式逐步向规范化迈进。

（撰稿：汪艳花）

金沟河镇南头道河子幼儿园

沙湾县金沟河镇南头道河子幼儿园，始建于2008年，占地面积1300平方米，房屋建筑面积423平方米，绿化面积300平方米，运动场地面积360平方米。开设大、中、小3个班，在园幼儿106人。幼儿教师8名，保育员1名，厨师1人，保安1人。幼儿园根据幼儿的不同年龄，开设大、中、小3个教学班，园内建筑结构合理，布置安全，集环境净化、美化、儿童化于一体，有符合幼儿健康发展要求的活动室、午睡室、漱洗室；有功能多样的大型玩具，先进、环保、卫生的设施设备，丰富适宜的活动空间，平等关爱的人文气氛，处处体现着以幼儿发展为本的教育理念。以“一切为了孩子，为了孩子的一切”为宗旨，遵循“热爱幼儿，面向全体，保教并重，健康成长”的原则，不断努力，办成让幼儿快乐，让家长放心，让社会认可的规范型幼儿园。

（撰稿：胡雪梅）

四道河子镇学海幼儿园

四道河子镇学海幼儿园始建于2000年3月，全园占地面积5000平方米，建筑面积近1200平方米，户外购置了大型玩具。各班都配有电视机、VCD、电子琴、双面磁性黑板等先进的教学设备。幼儿园现开设小、中、大班5个教学班，招收3—6岁的幼儿入园，每个班都配备了电视机、电子琴、图书架等教学设备，购置多功能大型玩具，教职工有9人，其中教师5人、后勤人员4人。该园开展创编新律动广播操比赛活动、“爱爸爸爱妈妈”感恩教育活动、社会领域一课三研活动和艺术领域同课异构、“六一”亲子运动会等活动，同时各班开展户外亲子活动等。该园以幼儿的需要为出发点，对幼儿突出进行国家通用语言教育的同时，实施德、智、体、美等方面的教育，促进幼儿身心和谐发展，为培养幼儿健全的人格及身心健康倾注了爱心，为下一阶段的学习和生活奠定良好的基础。

（撰稿：张学海）

柳毛湾镇小太阳幼儿园

柳毛湾镇小太阳幼儿园建于1998年3月，8月投入使用，位于柳毛湾镇市场路9号，占地面积1692平方米，建筑面积550平方米。5个班，在校人数108人，女生58人，少数民族30人，教职工人数10人，女性教师8人，少数民族教师数6人。每个班都配备了电视机、电子琴、图书架等教学设备。

部队幼儿园

部队幼儿园位于沙湾县三道河子镇天山路61号。占地面积633平方米，建筑面积240平方米，大、中、小各1个班，全园共50人，女生25人。教职工7人，全是女性，少数民族1人。

部队春蕾幼儿园

部队春蕾幼儿园位于沙湾县东湾镇卡子湾村，占地面积1850平方米，建筑面积250平方米，开设2个班级，在园幼儿15人，其中女生8人、男生7人。教职工2人，专任教师2人，女性教师2人，均为汉族。

沙湾县青少年活动中心

沙湾县青少年活动中心始建于2004年7月，位于少年路，毗邻文化广场，建筑面积2100平方米，是集科技、艺术、体育、外语等教育培训、群众文化和娱乐活动为一体的青少年校外教育活动场所。本着“贴近与服务全县中小学生和未成年人”的宗旨，青少年活动中心常年开展校外教育活动（各类兴趣班教学），为了给孩子们搭建展示与体验的平台，中心还策划举办各项有益于青少年的各类大、中、小型比赛及展示活动。为了给孩子们提供成长平台，中心推出了钢琴、电子琴、乒乓球、美术、舞蹈、古筝、二胡、扬琴、葫芦丝、英语、主持与表演、武术跆拳道等培训科目，内容涵盖艺术、体育、科技、社会实践等方面。

2018年，沙湾县青少年活动中心举办大型活动有全县中小学生田径运动会、全县少儿才艺大赛、全县中小学生大型书法大赛、全县中小学生美术作品征集、全县中小学生科技活动、全县中小学生乒乓球大赛、全县中小学生足球比赛、主题夏令营等。

（撰稿：朱　灯）

卫　生

卫生和计划生育

【概　况】 卫计委核定行政编制9名，机关后勤服务编制2名；2018年有干部职工12名，其中领导4名。拥有各级各类医疗卫生机构共270个，其中县直医疗卫生机构4个（县人民医院、中医医院、妇幼保健计划生育服务中心、疾病预防控制中心），民营医院3个，乡镇卫生院12个，农牧场卫生院2个，社区卫生服务站9个，村卫生室201个，医务室7个，个体诊所27个。全县核定公立医疗卫生机构人员总编制882人，现有在职在编775人、空编107个（县直38个、乡镇卫生院69）。核定总床位数859张，其中县人民医院编制床位400张、各乡镇卫生院编制床位129张。全县卫生技术人员1358人，其中医生697人、护士472人。卫计党工委所属1个党总支、13个党支部，265名党员，在职党员153人，退休党员94人，少数民族党员34人，妇女党员155人，35岁以下党员37人。

【主要工作】 推进医疗服务体系建设，落实分级诊疗制度。一是推进县域内医共体建设，构建县级医疗机构与5个乡镇卫生院的一对一帮扶长效机制，促进医疗卫生资源下沉；建立远程医疗平台，县人民医院投资80万元为东湾镇卫生院建设远程医疗系统，开展远程心电21例、远程影像4例、远程超声7例、远程会诊4例，极大提升乡镇卫生院整体的诊疗水平，全年共接诊患者9000余人次，收住院患者162人次，上转病人54人，下转病人41人。二是完善医疗联合体建设工作，深化医联体合作，充分发挥医联体专家优势，县人民医院专科与疆内外7家医院专科签订专科医联体协议；创建县人民医院胸痛中心和卒中两大中心建设，开展县人民医院儿科、消化、内分泌3个专科与自治区人民医院专科联盟合作，与疆内外6家三甲医院建立远程会诊协作，共开展远程会诊260例，通过远程会诊使疑难、危重症患者得到妥善的诊治，县级医院医疗技术水平及疾病诊治能力得到进一步提升。

医疗惠民取得新进展。一是自5月开展全民健康体检工作以来，在全县设立22个体检点，共体检162501人，完成率为102.46%；电子档案119635人，建档率约为73.58%。顺利完成年度全民免费健康体检任务，将党和政府的温暖传递给每一名基层群众。二是严格落实“先诊疗后付费”制度，对贫困人口开辟就医绿色通道，进行“一站式”结算服务。从2018年8月1日起，对全县农村户籍患者落实“先诊疗后付费”工作制度，在县域内公立医疗机构开设贫困人口“扶贫门诊”，并对贫困人口入院减免挂号费、诊查费、血尿便常规、心电图费用，每人次免除216元。同时开通“一站式”结算窗口，对符合条件的农村贫困住院患者一律开辟绿色通道。三是为

1517人建立扶贫健康档案，专档专册管理，开展慢性病随访、家庭医生签约活动，贫困人口已签约1517人，签约率达100%；慢病签约167人，签约率达100%。

公共卫生服务能力得到新提升。一是加强结核病防治工作，严格按照“三位一体”的结核病防治工作要求，对15岁以上城乡居民进行胸部X线检查，共筛查人员74966人，对发现结核病患者201人进行集中收治，开展“营养早餐+集中服药”的工作模式，共设立发放点109个。二是推进妇幼重大公共卫生项目，加大宣传力度，补助农村孕产妇305人，补助金额15.2万元，不断加快妇幼保健工作建设，新生儿系统管理率90.1%，孕早检查率92.6%，儿童入托体检率100%。继续推进“两癌”筛查，完成“两癌”筛查4000余人。三是全面推行卫生计生监督执法“双随机一公开”监管工作，建立健全综合监管制度，开展日常监督300余户，下达监督意见书200余份，查处违法违规案件3起，结案3起，累计处罚金额1万元。

计划生育工作得到新提升。一是强化落实计划生育目标管理责任制，全面完成地区下达的目标管理责任指标，争创自治区计划生育优质服务先进县，2018年各项工作已准备完成，接受验收；举办“倡导婚育新风，学习计生法规”知识竞赛，加强宣传引导，营造浓厚的人口文化氛围，投入6万元打造香榭丽小区、人口文化一条街，开展“婚育新风进万家”活动，评选示范户15户、最美计生人15人。二是提升计划生育优质服务水平，共办理计划生育服务证1639个，全面落实各项奖励优惠政策，审核上报各项奖励人员1624人。三是开展违法生育专项治理清理清查工作，共清理出违法生育496例，已立案495例，立案率为99.8%，结案率为36.9%，征收162.9万元社会抚养费全额上缴财政非税账户。

妇幼保健计划生育服务工作

【概　况】 沙湾县妇幼保健站成立于1997年5月，2005年1月升格为正科级单位，更名为沙湾县妇幼保健院。现有编制56人，2018年有人员58人，卫生技术人员50人，卫生技术人员占全院职工的86%，其中主任医师1人、副主任医师12人、主治医师8人、副主任护师4人、主任宣教技师1人、主管宣教师3人、副主任检验师1人、主管检验师1人、检验师3人、主管护师6人、护师2人、医师3人、医士2人、药剂士2人、技师1人。本科及以上学历25人，其中大专学历22人、中专学历3人。

【业务情况】 2018年，全县活产数1700人，产妇数1684人，建卡率100%，产检率99.1%；孕产妇早孕建卡率95.2%；产后访视1585人，产后访视率93%，孕产妇系管率91.2%，孕产妇死亡率1%，孕产妇死亡率58.8/10万，住院分娩率100%，剖宫产率50.4%；高危孕产妇管理率100%，高危孕产妇住院分娩率100%。新生儿产后访视率94.4%，3岁以下儿童系管率91.7%，7岁以下儿童保健覆盖率93.3%，母乳喂养率95.3%，新生儿死亡率2.4‰，婴儿死亡率5.3‰，5岁以下儿童死亡率7.1‰，幼教体检率100%。

【业务管理工作】 2018年，沙湾县妇幼保健院对全县15个乡镇场及县城各社区妇幼保健工作和“两纲”领域中妇女保健及儿童保健工作进行督导检查，深入乡镇、村队、社区现场督导走访286天，院领导带队开展集中督导检查2次，组织召开妇幼专干例会12次，培训乡镇妇幼专干12次，外派职工参加卫生厅及上级医院各类培训班64人次。

【项目建设】 “母亲健康快车”项目。按照要求健康运转，为社区和各乡镇广泛开展妇幼保健知识宣传咨询活动，为危重孕产妇的转诊提供便利。

社区卫生服务项目。建立社区居民健康档案：截至2018年9月28日，建立社区居民健康档案，家庭建档数1941，成员建档数4956，并全部完成电子档案的录入。2018年完成的全民健康体检数：5935人。一般人群APP签约4207人，贫困人员建档管理18人。管理高血压病人618人，管理糖尿病人251人。

预防艾滋病、梅毒、乙肝母婴传播项目。2018年，继续实施好沙湾县预防艾滋病、梅毒、乙肝母婴传播项目，进一步健全完善快速检测和咨询室，落实“逢孕必检”措施。2018年1月至10月免费咨询1181人，免费检测1181人，发现艾滋病阳性孕产妇1人；发现梅毒阳性孕产妇11人，由专人管理治疗，管理率100%。

新生儿疾病筛查项目。2018年收集、递送新筛血片1442份，筛查率100%，可疑阳性召回4人，无确诊病例。建立健全新生儿疾病筛查档案资料，规范管理流程，使单位新筛管理逐步规范化。

增补小剂量叶酸预防神经管缺陷项目。积极与相关部门对接，利用广播稿、培训讲座、宣传光碟及画报等多种有效形式，加大项目宣传培训力度，同时借助免费婚检的有利时机，实施“关口前移”，对领证人群进行提前宣教及免费发放。2018年1—12月新增服用人数1597人，服用率90.58%；新增应服用人数1703人，依从1594人，依从率99.8%，有效预防出生缺陷的发生，提高出生人口素质。

两癌筛查项目。积极协调县妇联，加大与全县各驻村工作队的对接联系，组织适龄人群开展免费筛查工作，完成宫颈癌筛查3000人次，完成乳腺癌筛查1000人次，HPV病毒筛查1000人，无医源性感染和医疗事故发生。2018年，深入社区和企事业单位及农牧场开展女工保健知识讲座18次，听课人数820人。通过此项工作的开展，从一定程度上增强广大农牧区妇女自我保健意识，提高农牧区妇女整体健康水平。

免费婚检项目。自2017年10月1日至2018年9月27日，共有1173对领取结婚证，其中接受了免费婚检1045对，婚检率为89.09%。其中，农村婚检822对，婚检率70.08%；城镇婚检223对，婚检率为19.01%。早孕62人，乙肝表面抗原阳性61人，阴道炎57人，肝功异常54人，其中女性15人、男性13人，智力异常2人（建议上级鉴定），对查出的异常情况均给以积极治疗或定期复查、随访。

【健康教育及妇幼保健知识宣传】 在县广播电台开办《妇幼之窗》专家广播讲座，包括婚前保健知识讲座、孕产期保健知识讲座、儿童保健知识讲座、女职工保健知识讲座等，全年12讲、48期，辐射广大农牧区。开展“科技三下乡”健康宣讲，工作中积极开展健康知识“进乡镇、进村队、进机关、进企业、进社区”活动，从而大力普及健康知识，提升群众自我保健意识。

（撰稿：尹万兵）

中医医院

【概　况】 沙湾县中医医院，原沙湾县温泉医院，2013年10月更名为沙湾县中医医院，1971年正式成立，2018年有在编人员45人，其中医疗专业技术人员36人（高级职称4人、中级职称1人、初级职称31人），后勤及管理人员9人。

【业务情况】 认真贯彻落实县委、县政府关于进一步深化绩效考核管理工作，积极完成各项工作任务。加强医院管理，完善管理制度，提高制度执行力，细化责任人及完成时限，确保2018年度工作有序完成。结合“学习党的十九大精神”“集中形式主义、官僚主义专项整治活动”不断提升医疗服务质量，加强医疗、护理、质量管理，确保医疗安全。同时开展绩效考核，紧抓医疗风险教育，切实落实患者知情和风险告知制度，每天由科主任及护士长开晨会并安排相关工作，对门诊输液患者严密观察，做好安检工作。加强一次性医疗用品的使用管理，按要求消毒、毁形、焚烧处理，把院内感染风险控制在最低限度。加大力度利用医疗资源提升医疗技术水平。通过援疆引才计划引进中医专家2名，选派1名医务人员前往自治区中医院进行为期6个月的骨干医师培训，1名医务人员前往自治区第一附属医院进行为期一年的精神病转岗培训，5名医护人员参加学历再教育，2名人员赴塔城参加学习培训。利用冬闲，安排在职专业技术人员分三批到县人民医院轮训学习。扎实做好社区居民基本公共卫生工作，积极开展便民服务、主动服务和上门服务，为居民提供多种形式的健康教育知识讲座，增强居民的自我防病意识，加强与社区居委会的联系，充分利用居委会的力量扩大宣传面。做好政府民心工程全民免费健康体检活动，完成体检人数1978人。长期精神病管理18人，其中三级以上人员1人，肺结核5人，按要求建立日见面、日评估台账，并为每人每天免费提供牛奶1袋、鸡蛋1个。做好辖区内计划免疫、儿童查验，妇幼建档基本完成，家庭医生签约人数完成2412人。做好幼儿园、学校秋季入学的儿童预防接种证查验工作，完成疫苗的补种工作。进一步完善健康档案，重点抓好居民健康档案的建立质量，杜绝“死档案”。做好本社区在外务工、在外就读等返城人员全民免费体检工作，完成DNA信息采集2010人。

【项目建设】 加快项目建设，夯实医院基础设施。综合楼业务用房建设项目已完成主体建设，完成合同85%的工程量。室内地砖、墙面砖及楼梯间地砖已完成总装修的97%。2016年招标采购三项设备，电梯、中心供氧、防辐射采购价总计178万元，已申请国债资金支付124.6万元（70%），该三项设备于合同签订日起已完成工程总量的90%。医疗康复中心业务用房，该项目属援疆“交钥匙”工程，总建筑面积7206.11平方米，总投资3000万元（含主体工程、医疗设备购置及前期费用）。截至2018年，项目主体及室内装修工程基本完工。室外配套附属工程地下综合管网、消防水池、连廊、警卫室及院落硬化、绿化工程，规划设计及施工、监理招标均已完成。

（撰稿：刘程程）

人民医院

【概　况】 沙湾县人民医院创建于1950年，是一所集医疗、急救、康复、预防和保健于一体的县级综合性二级甲等医院，承担着沙湾县城、乡和驻地兵团40余万人民群众的医疗服务任务。该院占地面积3.68万平方米，建筑面积53181平方米，定编床位400张，下设26个临床医技科室、13个职能部门、1个消毒供应室、1个体检科、1个预防保健科和1个护理外勤组。

沙湾县人民医院蝉联8次自治区文明单位，先后荣获自治区“模范职工之家”、自治区“巾帼文明岗”、地区民族团结进步模范单位、自治区民族团结一家亲先进集体、自治区级节约型公共机构示范单位等称号。医院是自治区全科医生转岗培训基地，还承担新疆医科大学、石河子大学医学院、甘肃平凉医专、塔城卫校、伊犁卫校的实习教学任务，承担沙湾县乡镇卫生院医务人员的进修、培训工作。

【业务工作】 一是不断改进医疗管理模式，加强医疗质量管理与控制。健全完善院、科两级管理，严格落实患者“十大安全”目标，认真落实医疗质量安全18项核心制度，将关键医疗安全指标纳入绩效质控中。强化动态考核和环节质控，坚持每晚进行医疗安全巡查，每天对急危重症患者、重点科室及场所进行医疗安全巡查，发现问题及时反馈。每季度对全院各科室的医疗质量及安全进行全面考核分析，建立医疗风险防范机制，及时预防或纠正质量问题，持续改进医疗质量，确保医疗安全。推进临床路径管理，规范医疗服务行为。制定《沙湾县人民医院临床路径质控方案》，2018年临床路径专业数18个，病种67个，路径病例数3610例，全面覆盖各临床科室。二是不断延伸护理服务内涵，推进优质护理。实行分层管理，认真落实责任制整体护理模式，不断完善护理质量体系，实行护理部、护士长二级管理机制，全面落实“无缝隙、全程化”责任制整体护理，持续改进护理质量，提高工作效率；通过开展各类岗前、在岗培训讲座，不断提升护理人员专业素质；加强专科护理人才培养，提升护理技能水平。选派20余名护士长及护理业务骨干参加区内外各类专业培训和学术会议，紧跟护理专业发展前沿，成立了PICC、伤口造口专科门诊和静脉治疗小组；充分运用信息化管理系统，提升精细化护理管理水平；全面上线移动护理系统，加速推动护理排班、物资、护理人力资源的规范化管理。三是不断加强药事管理，规范合理用药。严格药品采购流程，落实自治区新一轮公立医院药品集中招标采购工作要求，执行网上采购程序，与药品配送企业签订药品集中采购合同及廉洁购销协议，保证药品质量和供应；对全院各科室抗菌药物临床应用情况进行动态监控，全院抗菌药物使用强度为38.2DOD，住院患者抗菌药物使用率42.6%，门诊4%，临床用药日趋合理。四是深入落实改善医疗服务行动计划。自2018年8月实施“先诊疗后付费”措施以来，为更多的病人开辟“绿色通道”，实现“一站式”结算服务，减少患者排队缴费、医保报销次数，确保病人在第一时间内得到安全有效的治疗，尽最大努力减轻病人的经济负担，切实解决农村住院患者及贫困人员“看病难、看病贵”的问题。

【学科建设】 一是借助医疗联合体专家团队、技术力量、管理经验等优势资源，推进医院规范化建设和学科建设。2018年，全面启动五大中心的建设（胸痛中心、卒中中心、创伤中心、危重症孕产妇救治中心、危重新生儿救治中心），积极打造多学科联合救治模式，为患者提供安全、快速、高质量救治服务。借助医联体协作平台，加强对外学术交流，承办2018年全疆“临床超声医学质量控制培训班”和全疆“新形势下医院运营管理暨医疗服务”品质提升研讨会。2018年，医院被中欧医管中心评为全疆唯一的县级培训基地。二是派出30余名中层干部及骨干，分两批到北京301医院和中国医科大学进修学习，拓宽医院管理层管理思路，提升临床诊疗服务水平，为医院学科建设提供强大的人才支撑。三是打造专科特色。普外胸外科积极创建癌痛规范化治疗示范病房，将其纳入医院医疗质量管理体系，制定完善癌痛评估流程、癌痛护理流程、疑难病人会诊等制度和流程，为全县癌痛患者提供更加规范、更加专业、更加系统的诊疗服务，有效改善了肿瘤患者的生存质量。2018年11月21日在全疆县级医院率先通过自治区县级医院癌痛规范化示范病房初评，2018年已收治肿瘤患者400余人次。提升医院微创治疗水平，在2018年引进德国leas激光仪1台，打破微创手术的瓶颈。普外泌尿科开展复杂性肾结石微创手术数例，率先在地区开展单纯性肾囊肿、肝囊肿的微创穿刺硬化治疗以及聚桂醇注射液在下肢静脉曲张治疗中的应用等6项新技术，效果显著，受到患者的赞誉。2018年，科室荣获省部级科技进步奖三等奖和新疆抗癌协会首届西北五省手术视频表演赛优秀奖。为推动建立多学科联合的卒中诊疗管理模式，提高卒中诊疗规范化水平，神经医学科积极投入卒中中心建设，以使卒中患者能及时救治、及时康复。2018年已成功开展溶栓50例。神经医学科开展的“三叉神经痛微血管减压术”填补了沙湾县此项医疗技术空白。心内科积极投入胸痛中心建设，提升心血管病的救治能力及效率，提高胸痛、卒中患者救治成功率，2018年胸痛中心已开展17例。中医科不断延伸服务领域，运用中草药辨证治疗，在类风湿、失眠抑郁和心脑血管疾病治疗方面发挥优势，开展火针、蜡疗、塌渍、督灸等中医诊疗项目，受到患者的青睐。骨科为不断满足患者需求，调整收入结构，开展中药封包、熏洗治疗、电脑中频治疗等中医特色护理服务，患者满意度不断提高。妇产科在开展盆底康复项目的基础上，推出孕产妇五色管理法，开设专业围产门诊，加强沙湾县域孕产妇的管理，确保高危孕产妇能得到及时救治。眼耳鼻喉科加入霍洛基金会和中华健康快车基金会，在全县建立农村综合眼保健网络，免费筛查老年患者5500人、学生5000人，减免费用9061元。2018年，荣获霍洛基金会全国最佳项目一等奖。儿科在成立NICU后，不断提升重症新生儿救治能力，建立多学科联合诊疗体系，确保全面、强大的会诊保障队伍，最大限度地保障新生儿的医疗安全。提升医技科室规范化建设能力，检验科已完成15189实验室能力认证的前期准备工作。功能检查科开展了胎儿唐氏筛查的灯检查，配合普外胸外肿瘤科，在塔城地区率先开展PICC置管以及肝脓肿的超声引导下置管引流术。病理科开展罗氏全自动免疫组化检测，对肝槽的疑难鉴别诊断和肿瘤的靶向治疗提供有力保障，达到三甲医院先进水平。开展远程数字病理会诊，提升病理疑难的诊断权威性，方便患者。

【分级诊疗和医疗共同体建设】 推进分级诊疗和医疗共同体建设，不断满足人民群众健康需求。一是与上级医院建立医疗集团联合体，加入专科联盟。在与新疆医科大学一附院心脏中心、耳鼻喉科，石河子大学医学院第一附属医院肾病科、解放军474医院眼科、乌鲁木齐口腔医院、中日友好医院、山东耳鼻喉医院建立专科医联体的基础上，不断拓宽协作领域。2018年，医院先后加入新疆传染病专科、自治区人民医院皮肤性病专科、自治区人民医院消化专业专科、自治区人民医院内分泌专科、自治区人民医院儿科专业专科、石河子大学医学院第一附属医院肾病科专科联盟。与石河子大学医学院第一附属医院胸痛中心、高级卒中中心建立协作关系。自2018年以来，医联体专家在医院开展教学讲座、教学查房，接诊患者800余人次，开展义诊活动12次，为1250人提供义诊咨询服务。同时，借助与解放军474医院眼科建立专科医联体和霍洛基金综合眼保健项目的契机，让全县白内障患者重见光明；引进中华健康快车基金会为全县糖尿病患者开展糖尿病视网膜病筛查，让各族百姓在家门口就能享受到疆内外专家的优质医疗服务资源。二是推进县域医共体建设，提升分级诊疗服务能力。探索建立县域医共体帮扶新模式，采取紧密型和松散型工作模式，率先与东湾镇卫生院启动紧密型医共体建设模式，通过拓展帮扶领域，选派临床骨干开展坐诊、常规手术、业务培训和教学查房，规范护理操作流程、病房管理、病历书写，定期进行病历质控，提升乡镇卫生院医疗服务能力。同时，结合东湾镇高血压及糖尿病发病率高的特点，采取系统管理方法，切实做到体现规范检查、规范治疗、规范用药，全面提升了乡镇卫生院慢性病管理的能力，为患者提供了就近就医和慢性病及时随访的便捷诊疗服务。加快医共体信息化体系建设，依托县域远程会诊平台，将卫生院的心电图、B超、放射、检验、病历系统、质控管理系统等与县医院相对应的科室系统实时连接，实现全方位医疗资源的共享。提升卫生院整体诊疗水平，使病人的就诊时间和费用明显减少，使卫生院的整体诊疗水平有了质的飞跃。发挥中医传统治疗优势，在东湾镇卫生院成立中医门诊，设置理疗床位，开展多项中医特色治疗项目，治疗病人758人次，受到东湾镇各族群众的认可。在2018年首届中国医师节期间，深入东湾镇开展大型义诊活动。通过全方位对东湾镇卫生院进行精准指导帮扶，使卫生院规范管理、人才培养、技术水平有了显著提高。

【急救体系建设】 以急危重症为重点，加强急救体系建设，提高医疗急救能力。借助五大中心建设，建立危急重症救治绿色通道，不断完善转诊、会诊和救治网络，实现从院前急救到院内多学科协作无缝对接，确保联合诊治流程的畅通运行，为患者的疾病预防、诊治和康复提供一体化的综合服务，全面提升了医疗急救服务质量与服务水平，提升了患者就医获得感。

【“互联网+”建设智慧医院】 运用“互联网+”建设智慧医院。将信息化建设作为深化医改、提升医院精细化管理水平的有力推手，拓展信息化服务覆盖领域，促进医疗服务工作高效运行，改善人民群众就医获得感。推出自助服务与微信相结合的服务模式，提升服务效率，缩短患者就诊时间。全面上线护理管理信息系统，对全院护理人力资源、考核、培训、满意度、工作量统计、危重病人访视、护士长排班提供信息数据支撑。助力医共体建设。为东湾镇卫生院上线HIS系统，并实施了EMR（电子病历）、PACS（mini）、LIS系统的上线应用，成功上线了与东湾镇卫生院的远程会诊平台，实现远程影像、远程心电、远程B超、远程视频会诊，提高乡镇卫生院的医疗服务能力。

【全民健康体检】 推进全民健康体检，提升公共卫生服务能力，高质量完成第二轮全民健康体检工作。5月22日全面启动第二轮全民健康体检工作，完成体检人数11586人次。加强慢性病管理。积极创建慢性非传染性疾病综合防控示范区和健康医院，制定慢性病危险因素预防与干预策略，实施健康促进和综合防控。同时，借助“医联体”优质资源，将创建慢性病非传染性疾病综合防控示范区与全民健康管理工作相融合，运用高端远程会诊、住院绿色通道服务、健康家庭服务等方式，延伸创建工作内涵，建立防治结合、分工协作、优势互补的慢性病综合防治体系，为全县各族群众提供优质、舒适、高效、便捷、连续的慢性病防控、管理和诊疗服务。

【人才队伍】 2018年有职工665人，少数民族114人，占全院职工的17%。其中在编人员407人、聘用人员258人、空编36人。专业技术人员583人，卫生专业技术人员345人，其中副高以上职称112人（正高37人、副高75人），中级职称67人，另有返聘专家15人。引进本科学历专业技术人员9名、硕士研究生1名。2018年鞍山市共派出9名援疆专家到医院开展医疗帮扶工作，包括7名长期接服专家（其中3名是2017年3月至2018年5月派出的）和2名柔性引才专家在医院开展帮扶工作，涉及神经内科专业、消化内分泌专业、肾病科专业、心理咨询专业、心内专业、中医专业、康复专业等。派出63名专业人员外出进修学习，提高专业技术人员的诊疗服务水平。

【医院完成指标情况】 门（急）诊305183人次，出院13251人次，病床使用率73.69%，出院者平均住院日7.58天，手术4492人次，平均病床周转28.93次。

【项目工程情况】 在各部门的配合下完成新生儿科项目工程的全面验收工作；配合各部门对消防验收提出的问题进行了彻底整改；完成了妇产科、儿科公共区域亮化改造工作；4月完成了各病区、办公区的防滑设施、保暖设施拆除、保管工作；完成了住院部窗帘、隔帘的拆除、洗涤、安装工作；按照“厕所革命”的要求，对各病区公厕进行逐步升级改造；完善公厕硬件设施的安装工作；为公共卫生间安装了洗手液架子、卷筒纸盒、干手机等硬件设施；完成液氧站防冲撞护栏的安装工作；院内及家属区电动车充电桩电源的安装工作；按照自治区节约型公共机构示范单位创建评分细则的要求，完成了供暖系统、冷却塔、公共浴室、厨房、各独栋建筑等部位加装计量水表工作；电梯、交换机房、照明、中央空调等部位计量电表的安装工作。

（撰稿：李婷婷）

疾病预防控制中心

【传染病防控】 通过传染病网络直报信息系统，每日进行疫情浏览、审核、订正、查卡。对沙湾县内所有的病例精选疫情分析、疫情分析评估，按要求上报各类月报表、汇总表。及时发现并处置麻疹、手足口病等重点传染病疫情，使疫情得到及时控制。通过传染病网络报告系统共审核传染病报告卡1356张，调查处理传染病预警信息135起。进一步完善了突发公共卫生事件应急处置工作预案、技术方案及消毒、流调、演练等方案。每周进行传染病防控工作督导检查，举办传染病的防控知识讲座。做好其他传染病防控：加强手足口病、布病、水痘、腮腺炎、结核、艾滋等重点传染病培训及控制工作。

【地方病监测工作】 碘缺乏病监测工作。全县共采集300份居民食用盐样；孕妇尿样及盐样100份，学生尿样及盐样200份；完成了200名学生甲状腺B超检测工作。布病监测工作。通过中国疾病预防控制系统监测沙湾县新发布病病例177例，与2017年同期相比下降了17.9%，发病率有较为明显的下降。对新发病人进行个案调查，每逢“5”“0”对管理的布病病例患者进行电话督导。重点人群行为干预：在山区片、牧区村队开展布病高危人群健康教育培训，共培训413人。发放布病高危人群干预防护装备包200余份（内含宣传册、帽子、口罩、手套），知晓率达到81.55%。农村安全饮水监测。为掌握全县农村集中式供水水质卫生现状，采集监测枯水期和丰水期农村饮用水工程水样各40份及城市饮用水样各6份，共计92份水样进行检测。枯水期和丰水期各有2份水样不合格，水样合格率为95.6%。包虫病防治监测工作。完成B超普查人群9052人，发现病人9例，建病案纳入管理病人9例，手术治疗病人数5例，术后药物治疗病人4例。传染源犬的控制及监测情况。登记家犬总数共14469只，纳入管理14458只，犬驱虫累计126953犬次，犬粪采样1400份，检测1400份，阳性1份。饮水型地方性氟中毒监测工作：共检测学生314名，氟斑牙患检出率为16.2%，氟斑牙指数为0.39。鼠疫监测。在4—10月严密监测山区动物间鼠疫疫情，开展“三不、三报”鼠防知识宣传教育。在沙湾县后山，血清学监测采用间接血凝试验法检测旱獭和长尾黄鼠血清102份，博尔霍拉鼠疫原地检出阳性血清2份，阳性检出率1.96%。

【结核病防治工作】 2018年登记结核病患者310例，通过对15岁以上人群开展全民健康体检结核病筛查，胸部X线检查113089人，发现15例活动性肺结核患者，均为痰涂片阴性，均已在县医院结核病门诊接受免费治疗。2018年8月1日至年底，传染性肺结核患者累计集中收治18人。通过建立村级“集中服药＋营养早餐”点，督促患者集中服药并提供免费营养早餐的结核病诊疗服务模式，2018年全县营养早餐集中发放点数127个，发放营养早餐人数288人。

【免疫规划工作】 中心规范预防接种门诊建设；严格预防接种人员准入；加强疫苗冷链管理，对各乡镇卫生院的冷链温湿度管理系统进行实时监测，确保疫苗质量。2018年3月、4月分别在全县范围内开展了两轮脊髓灰质炎疫苗补充免疫工作，共服苗15618剂次，顺利通过了地区及自治区的验收。3月对全县46所幼儿园、25所小学的新生进行了预防接种证查验补种工作，共补种幼儿园4596人、学校2080人，查验率达到100%，补种率达到98.84%；共接收免疫规划疫苗16210支，下发疫苗24272支，确保全县免疫规划工作的顺利实施。完成出生医院新生儿接种信息审核1195条，儿童预防接种信息系统数据重卡合并870条；联系上级疾控部门将沙湾县信息化端口停用及合并23个，剩余135个，完成全县1—10月的信息化运转情况分析；共举办培训班6期，培训乡村两级业务人员302人次。

自7月以来，召开防疫专干例会2次；全县适龄儿童免疫规划疫苗接种率均达到95%以上，建立了牢固的免疫屏障。

【基本公共卫生服务】 社区儿童预防接种工作完成建卡36人，一类苗接种976余人次，门诊二类疫苗接种16053人次；完成光明路严重精神障碍患者摸底，辖区精神障碍患者16人，严重精神障碍患者13人，录入系统管理13人；全民健康体检工作：应体检1787人，实际体检1818人。

【慢病综合防治】 启动县域内全死因监测工作，累计审核死亡卡645人。完成全民健康生活方式行动2017—2025年方案、"三减三健"专项行动实施方案、健康支持性环境指导方案和创建慢性病综合防控示范区专家技术指导组方案的制定工作。全县严重精神障碍患者609人，三级以上系统录入46人。

【健康教育及学生体检工作】 开展从业人员的健康体检，2569人进行了免费体检，体检健康的及时办理健康证。招工体检780人，司机体检8人，及时反馈结果。完成新生体检5400人和入校体检17908人。完成农村环境卫生土壤检测的采样、录入工作。完成食物中毒应急工作及食源性疾病监测、审核、上报以及食品宣传周筹备工作。始终坚持"预防为主"的工作方针，加大对传染病、慢性病的宣传力度，扩大宣传的广度和深度，组织健康教育进村队11期、健康教育进学校20期、健康教育进单位2期、健康教育进企业5期。发放宣传资料3000余份、宣传袋100余个。开展"3·24"结防日等主题日宣传活动10次，发放宣传袋1000余个、宣传资料4000余份。在"4·24"预防接种宣传日通过多种方式进行了广泛宣传，共发放宣传材料3900份，电子屏宣传18处，悬挂横幅147条，报刊广电宣传18次。深入学校、幼儿园开展常见传染病的宣讲，共计宣讲1230人。折页宣传发放至各乡（镇、场）卫生院及社区近1万份。5月15日"第二十五个防治碘缺乏病宣传日"，发放碘缺乏病防治知识手册1000余份、宣传手提袋200余个。在布病防治培训及宣传工作中共发放宣传手册2600本、双语宣传画60张，发放宣传光碟50余张。累计发放鼠防知识宣传画76张、宣传单（册）5400份，张贴鼠防宣传标语110处，发放宣传袋等宣传品200份。"5·31"无烟日发放宣传册500本、宣传袋200个，设展板15块；"10·8"高血压日，发放宣传袋100个、宣传册600余份；"12·1"世界艾滋病日宣传活动，发放宣传册12000份、宣传画600张。为沙湾县电视台提供人口与健康节目内容10期（包括汉语、哈萨克语、维吾尔语）。在疾控中心一楼大厅安装电视1台，下载宣传片20余个，每天常态化播放疾病预防控制方面的宣传片。组织开展全民营养周宣传活动，开展健康讲座进学校3期、健康讲座进社区1期、宣传咨询活动1期。

【工作亮点】 加强卫生应急能力。建立健全沙湾县突发应急指挥综合网络系统，加强疾病控制队伍和应急救治队伍建设，全面提升突发公共卫生事件综合应对能力，完善《沙湾县疾控中心突发公共卫生事件应急预案》，落实24小时疫情值班，做好物资储备。中心抽调十余名专业人员对鼠疫疫情的发现与报告、应急响应与处置、患者的隔离救治、实验室检测及疫区处理等鼠疫防控各个环节进行了现场模拟演练2次。

宣传全民健康生活方式，打造健康之路。完成全民健康生活方式行动2017—2025年方案、"三减三健"专项行动实施方案、健康支持性环境指导方案和创建慢性病综合防控示范区专家技术指导组方案的制定工作，打造健康一条街1个、健康主题公园1个、健康步道3条，健康单位、健康学校、健康食堂、健康餐厅（酒店）各5个。

争取资金建设PR实验室、鼠防检测点。标准化实验室建设及污水处理设备购置情况：中心投资280万元建设的标准化实验室，2018年12月已完成建设并经验收合格可以投入使用，正在进行搬迁工作。实验室污水处理设备的购置在积极与财政局申请资金的同时，进行污水处理设备安装的设计等前期准备工作。鼠防检测点搬迁及PR实验室建设情况：鼠防检测点的建设已于2018年11月完成并经相关部门验收合格，正在准备搬迁工作，鼠防检测点的PR强毒实验室建设已于2018年11月完成招标采购，计划于2019年3月底开工建设，2019年5月初完成建设投入使用。X光机（DR）安装情况：X光机（DR）已于2018年完成招标采购，正在进行装机前的放射防护设计工作。

卫生计生综合监督执法局

【概　况】 2005年1月30日成立沙湾县卫生局卫生监督所。2017年9月11日机构改革，更名为沙湾县卫生计生综合监督执法局（依照公务员制度管理）。地处沙湾县世纪大道北路28号（疾控中心综合楼二楼），业务用房面积为330平方米。现有编制12人，实际在编人数12人（其中1人南疆支教），汉族10人、少数民族2人，其中男性8人、女性4人。学历：本科4人、大专6人、中专2人。年龄：29岁以下3人、30—39岁2人、40—49岁7人。

【业务工作开展情况】 深入学习贯彻落实党的十九大精神，抓党建强思想。全局干部职工不忘初心、牢记使命，学习贯彻党的十九大精神，贯彻落实习近平总书记的治疆方略，每月制订一次学习计划，撰写5篇学习笔记、2篇心得体会，每周一个主题，采取自学和集中学习的方式，坚持开展专题讨论、学习测试等，切实把干部职工思想统一到党的十九大精神，聚焦到社会稳定和长治久安的总目标上来。

加大宣传和培训力度。强化法律责任，营造良好执法氛围。利用“3·15”国际消费者权益日、“5·31”世界无烟日等大力开展打击非法行医、非法医疗美容、公共场所卫生、生活饮用水安全等法律法规知识宣传活动。发放宣传资料900余份，制作宣传展板3块。充分利用卫生监督信息培训平台和工作例会，加强法律法规学习，监督员在线学习学时都在40学分以上。

严把卫生许可关。根据《公共场所条例》《公共场所管理条例实施细则》等相关规定和单位职责要求，采用现场量化评分的方法，严把卫生许可关，从严执行许可证的发放程序和许可标准。全年共现场验收、办理发放公共卫生许可证98家。

公共场所卫生监督。继续推进住宿业、洗浴业和美容美发业的量化分级管理工作。全年开展日常监督检查300户次，下达监督意见书200余份。

医疗卫生、传染病卫生监督。一是根据《自治区中医医疗机构传染病防治和感染防控监督执法专项检查方案的通知》要求，开展了沙湾县中医医疗机构传染病防治和感染防控监督执法专项检查。二是加强医疗机构依法执业专项检查力度。对全县乡（镇、场）卫生院、村卫生室、个体医疗机构的人员资质、医疗废物处置、医院污水处置、消毒隔离以及处方的书写等进行了专项培训和监督检查，累计培训2场次，培训40余人，监督检查64户次，全年查处违法违规案件3起（一般程序2起、地区督办1起），结案3起，累计罚款金额10000元。三是加大疫苗的检查力度。通过现场查看、查阅资料的方式对县疾控中心和部分医疗接种单位进行监督检查，针对接种单位索证不全、温控记录登记不全、分发使用登记录不全等检查中发现的问题下达监督意见书6份。四是按照卫计委相关要求，通过现场查看场所、人员资质、相关制度等方面对35家医疗机构进行年度校验现场验收，出具审验报告35份，上报卫计委医政科。

餐（饮）具集中消毒单位监督。为加强餐具

饮具集中消毒服务单位的监管，规范餐（饮）具集中消毒服务单位的生产经营活动，全局组织监督员在“五一”“十一”前对全县餐饮具消毒服务单位（永洁消毒配送中心）采取现场量化评分的方式进行了监督检查。针对发现的问题，监督员当场下达监督意见书，进行了跟踪整改落实。并委托疾控中心对永洁消毒配送中心餐饮具进行抽检（每次20份），经检测全部符合相关标准。

生活饮用水监督。按照《生活饮用水集中供水单位卫生规范》的要求，对供排水公司第一水厂和农村饮用水工程管理站进行监督检查，对发现的问题下达监督意见书2份。要求建立健全各项供水管理制度，定期做好水质检测，供排水公司第一水厂检测项目不少于39项，并将水质检测结果每月上报。

学校卫生监督。针对春季传染病高发的情况，组织监督员对辖区10所中小学及幼儿园从学校教学环境、传染病防控、生活饮用水方面开展卫生监督检查，针对部分学校因病缺课追踪登记落实不到位、传染病防控知识宣传力度不够、消毒记录登记不全等问题下达监督意见书5份，要求各学校依照《中华人民共和国传染病防治法》《学校卫生管理条例》等法律法规切实做好学校传染病防控工作，做好学生因病缺课追踪记录、消毒工作记录，加大传染病防控知识的宣传，完善传染病防控措施，责任到人，切实做到早发现、早控制、早报告。

国家“双随机”卫生监督。为切实做到严格规范文明执法，注重公开、公平、公正，提高工作效率，根据国家卫生监督部门依托卫生计生监督信息平台对公共场所、医疗卫生、传染病防治、生活饮用水、学校卫生等下达的“双随机”监督任务，克服困难，将日常监督、专项监督与“双随机”任务相结合，全年72家国家“双随机”任务全部完成。

（撰稿：李　芳）

计划生育协会

【概　况】 沙湾县计生协会严格按照地区文件精神，将计划生育协会退出事业单位序列，列入群众团体序列，核定全额预算事业编制3名，实有2人，基本可满足县级协会工作的开展需要。将计生协会经费纳入财政预算，年内预算0.8万元。全县县、乡、村三级协会组织网络健全，全县共有各级计生协会287个，其中县级协会1个、乡级协会16个、村级协会255个、企业协会8个、流动人口协会7个。会员2.32万人，占全县总人口的10.8%。

【宣传教育】 充分利用“科技之冬”普及人口理论、法律法规、生殖保健等知识，紧紧围绕计划生育工作的中心，突出重点，注重实效，全面落实计划生育政策法规、主办技术服务活动，全县计划生育“科技之冬”活动顺利开展，深受广大育龄群众的欢迎。其间，全县共开展“科技之冬”重点班、普通班262场（次），受教育人数达6万人。同时，开展“科技之冬”活动培训，培训乡村协会理事2624人、乡村协会秘书长270人，加强了乡村计生队伍能力建设。通过各种培训，使人口计生系统干部队伍素质和服务本领得到了明显提高。同时制定下发《沙湾县婚育新风进万家活动实施方案》，利用电视台沙湾新视点《面对面》栏目面向全县群众开展政策宣传解读，特别是加大中央《决定》和新修改的《新疆维吾尔自治区人口与计划生育条例》的宣传力度。结合科技“三下乡”、元旦、春节、“三八”节、“5·29”等宣传节庆活动，县、乡、村三级联动持续广泛地开展人口计生政策法规的宣传、咨询、服务。特别是自新《条例》颁布以来，通过组织卫计委机关干部、卫生计生系统领导、计划生育系统干部、县直兼职成员单位、乡村两级计生干部培训，通过全方位的培训讲解，切实提高全县系统干部计划生育执法水平。通过各类宣传教育活动，提高群众生殖保健的意识，提高计生知识的知晓率，推动沙湾县计划生育工作的开展。认真开展“生育五关怀”活动。制定下发了《沙湾县“生育关怀”实施方案》，认真开展“生育五关怀”活动，在元旦、春节、母亲节走访慰问计生家庭贫困户、计划生育系统老干部、基层计划生育工作者200户，为他们送去9.59万元慰问品和慰问金。加大流动人口协会建设，协会的整体素质和服务能力明显提高。沙湾县在流动人口聚集的地方，建立健全计划生育协会，6月15日在流动人口聚集地宝味源市场开展多种形式的宣传服务活动，切实增强协会的吸引力、感召力、亲和力，将活动融入群众的生产、生活、生育之中，调动群众自觉遵守计划生育政策的积极性。积极开展基层群众自治示范创建活动。2018年经乡级计划生育协会评估验收，全县255个村开展了群众自治示范评估，评估认定面达到100%；其中246个村达到合格村标准，合格村比例达96.5%；先进村达到172个，先进村比例达67.5%；112个村达到模范村标准，模范村比例达到44%。发挥《人生》杂志的宣传带动辐射作用，积极征订《人生》杂志。沙湾县计生协十分重视《人生》杂志的征订工作，把《人生》杂志作为基层协会必备的业务学习材料，要求以村为单位订阅《人生》杂志，并将征订《人生》杂志列入协会工作考核内容当中。2018年全县向国家级报纸、杂志社投稿9篇。

【开展诚信计生工作】 2018年全县各村级协会与已婚育龄群众签订《基层群众自治协议书》，引导群众严格遵守计划生育法律法规，正确行使权利，依法履行公民实行计划生育的义务。鼓励村民依法依规实行计划生育，有效遏制政策外生育行为发生势头。开展诚信计生活动。

【计划生育保险工作】 计划生育协会继续与寿险公司的合作，2018年共投保16户，保额为1600元。

（撰稿：白淑慧）

乡（镇、场）

安集海镇

【概　况】2018年，辖11村。年末总人口18375人（少数民族6007人），其中农业人口17544人、非农业人口831人；耕地面积9533公顷，粮食播种面积337公顷，经济作物播种面积9196公顷。著名地方产品有辣椒。

农林牧渔业总产值5554.38万元。年末牲畜存栏2.59万头（只）。全年肉类总产1706吨，羊毛35吨，牛奶500吨，禽蛋65吨。年内完成造林面积6公顷。

全年建筑业完成总产值440.7万元，建筑企业施工房屋建筑面积6950平方米，竣工面积6950平方米。

全社会固定资产投资总额400万元。

拥有各类专业技术人员26人，其中中级职称以上5人。年末广播覆盖率100%。

有卫生院1个、个体诊所13个，拥有专业卫生技术人员26人（少数民族14人），病床40张。

农牧民人均纯收入21543元，较上年增加600元。

截至2018年底，已有13357名农牧民参加城乡居民与合作医疗。

【经济建设】种植业。一是调整优化农业产业结构。2018年，全镇播种面积共计0.95万公顷，其中：小麦124公顷，饲料玉米2000公顷，鲜食玉米212.67公顷，辣椒2066.7公顷（其中育苗移栽280公顷），豆角26.67公顷，豌豆6.67公顷，花生56.67公顷，棉花4933.3公顷，甜菜100公顷，西甜瓜6.67公顷。二是以共赢制合作社为主的农业新型经营主体不断扩大，累计成立土地股份合作社11家，入股面积1373.33公顷，入股群众323户，其中3户年分红750元以上。三是加快提升农业机械化作业水平。全镇拖拉机保有量2630台，联合收获机56台；各类农机具5523架，驾驶员2240人。落实好农机补贴政策，2018年全镇农机补贴91万元，农机固定资产原值1.3851亿元，全镇机械化水平达96%。四是提升农业科技支撑能力，将全球定位系统、遥感、地理信息系统、人工智能等高新技术用于对主要农作物的精确管理，建设智慧农业示范点1个。五是扎实开展农村集体产权制度改革工作，核实资产总额8391.64万元，负债总额972.69万元，所有者权益总额7398.70万元；扎实推进农村土地承包经营权确权登记颁证，基本完成全镇9个行政村3430户3300余份农村土地（耕地）承包合同核实工作，为后期颁发土地经营权证书打好了工作基础。

畜牧业。草原生态奖补机制工作有序开展。已完成草原面积（GPRS）测量定位，绘制草场图，完成农户基本信息采集和录入，草场承包合同书的填写、扫描、上传等工作；完成安集海镇与博尔通古牧场草原界线确定工作；全镇草场面积5435公顷，其中享受草原生态奖补政策的草场面积为5235公顷，涉及183户，发放资金19.6万元。

林果业。认真开展春季造林工作，逐村大力宣传落实，完成造林面积6.06公顷。4月中旬督促全镇开展树木刷白工作，于5月初完成全镇各个主干道、巷道和大部分防护林的刷白工作。坚持每月一次逐村对林木灌水情况进行督促，要求各村利用周一升国旗和农牧民学校开展宣传提醒，保证新老林带不发生旱水的现象。2018年新栽植的林带成活率和保存率都在90%以上。大力开展病虫害防治，将全镇山楂和红叶海棠进行了摸排，并将山楂全部砍伐，砍伐后将枝条和树干进行了焚烧掩埋。对红叶海棠进行了大面积打药作业，打药面积80余亩，有效地防止了病害的蔓延和扩散。其他的有害生物主要是杨毒蛾、梨小食心虫等，在防治过程中大力推广生物药剂防治方法，喷洒的药物有毒死蜱、氯氰菊酯低毒生态型农药。

工业。积极探索“合作社+企业”发展模式，鼓励扶持辣椒精深加工企业发展，积极为合作社与企业搭建合作平台，强化合作社与市场的衔接，促进合作社与辣椒企业的订单合作，减少市场风险，形成集产、加、运、销于一体的整链连接，降低生产经营成本，扩大企业盈利空间，实现了共赢发展。

其他。加大机电井管理力度，确保地下水禁采区机电井实行关、停、封整改到位、见到实效。全镇机电井204眼（二轮土地103眼、生活用井23眼、国有土地78眼）。截至2018年，已关停机井17眼；收缴水资源费634万元，资源水价187万元，合计821万元。

【党建工作】 党委中心组学习。按照沙湾县2018年基层党委中心组理论集中学习指导计划，制订安集海镇党委中心组学习计划，每月召开党委理论中心组学习会议。镇科级领导干部及站所党支部、村队党支部采取研读原文、展开相关讨论等多种学习方式，以理论指导带动解决实际工作中存在的困难和问题，共开展中心组学习12次。

党组织基本情况。1个村级党委，9个总支，32个基层党支部，617名党员（汉族497名、少数民族120名，2018年发展党员44名）。

党员队伍建设情况。一是推进基层书记述职评议。深化“星级化创建、清单化管理、等级化评定”工作机制，完善动态考核机制，制定《支部书记抓基层党建问责办法》，扎实开展村队站所党支部书记述职评议工作，党委书记亲自点评，提出问题，限期整改，以最严的措施推动基层党建工作落实。二是抓好村级制度建设，落实“三会一课”“5+X”主题党日，做公开承诺、民主决策、集体议事、“四议两公开”、“两会两票”等制度。将“星级化”创建中的晋升星级和破解村队难题作为第一书记的硬性考核任务。三是加大后备干部培养。按照1∶3比例要求储备后备干部46人，其中正职后备11人、副职后备35人。继续开展“后备干部、入党积极分子担任网格长、联户长B岗”工作，培养处理村级事务能力。四是开展“两面人”甄别清理工作。开展同干部队伍中的“两面人”做斗争专项考核工作，对全镇党员和干部直系亲属进行审查。经过对党员干部深挖细查，截至2018年，全镇4名党员干部被定性为“两面人”，已开除党籍2名，其余2人镇纪委正在处理。开展党组织关系清理工作，1名党员被党内除名。

村级阵地“5+2”建设情况。推进村级阵地“5+2”工程，对阵地外墙进行颜色统一装饰。用好工作经费和服务群众专项经费，结合主题党日开展“阵地是我家”美化工程，保证村村阵地窗明几净、树绿花红、整洁美观。打造3个党建示范点，制定示范点方案，严格按照步骤打造示范点，全面发挥典型引导作用。

“四老”人员情况。全镇共有“四老”人员29人，2018年新增3人，去世3人。

壮大村集体经济情况。为壮大村集体经济，加快土地清理工作，全镇11个村均进行了土地清理，2018年完成了3个村（组）的土地整合，共清理土地2150亩。

“访惠聚”驻村工作。强化“访惠聚”规范化管理，围绕三项重点八项任务，召开实地交流观摩工作推进会2次，落实惠民生项目11个（2018年完工7个），基层组织战斗力、群众满意度不断提升。

远程教育情况。远程教育站点教育资源丰富，是党员干部群众进行政治理论学习、业务知识培训的新型教育平台。通过每月不少于240分钟的学习，切实提高了全镇广大党员干部群众的思想素质、业务技能和工作能力，坚定了广大党员干部和群众参与全镇建设、促进和谐发展的信念。

【党风廉政建设】 案件查处情况。一是开展扶贫领域和作风问题专项摸排活动。自2018年2月以来，由镇各分管领导负责，镇纪委积极配合指导，开展专项摸排活动。自2017年以来，集中对全镇235户、313人低保户开展低保核查清理整顿工作，停发低保69户105人。对全镇2011—2017年建成的750套安居富民房进行“回头看”，查出重复享受3套，追缴补助资金37500元；2017年群众工作督导组发现1起，退还安居富民补贴款2.45亿元。涉及安居富民、低保等7个线索正由镇纪委核实处理。二是从2018年4月开始，组织各村开展征集群众困难诉求及意见建议工作，共收集整理困难诉求236件。镇纪委主动督促村队做好问题化解和整改工作。截至2018年，已解决141件，95件正在解决过程中。三是落实案件查办相关要求，认真细致地开展案件查办工作。自2018年以来，全镇已立案5件，结案4件，1件正在移送审理，给予2名党员开除党籍处分、2名党员党内警告处分。

强化纪律监督工作。一是严明党的政治纪律和政治规矩。组织全镇党员干部系统地学习中央、自治区党委、地委重大会议和讲话精神，切实把思想和行动统一到总目标上来，统一到自治区党委、地委关于维稳工作的一系列决策部署上来，主动加强对党员干部落实维稳措施棚架、违反反分裂斗争纪律等问题的监督。二是严格落实党政正职“四不直接管”、末位表态等制度，严格执行领导干部个人重大事项报告制度，设置群众意见箱，畅通群众反映问题渠道，广泛接受社会监督。三是做好监督村级“三重一大”事项审批工作。村队通过周一升国旗、召开村民大会等形式，研究和通报村队“三重一大”事项实施情况，公开党务、村务、财务情况；由镇纪委牵头，不定期对各村“三务”公开情况进行抽查，特别对村队“三重一大”事项实施“两会两票”情况即时公开，主动接受群众监督。自2018年以来，监督实施“三重一大”事项36项。四是加强对“三务”公开工作的监督检查。做好党务、政务、事务、财务公开工作，重点公开惠农政策、各类专项资金、财务收支、宅基地审批、机动地发包等农民群众关注的热点内容，定期督促镇组织办、政府办、财政所落实好安集海镇党务、政务、财务公开工作；由镇农经站负责，督促村队每月上报财务公开资料。五是防止选人用人不正之风，审查村级发展对象政审26人次，村干部5人。六是党委书记带头落实中央八项规定、自治区十条规定、地委七条意见，严格落实公务用车、办公用房、公务接待等各项规定，管好亲属和身边的人，带动党政班子成员做廉洁从政的表率。

开展反腐倡廉宣传教育。一是镇党委始终把反腐倡廉教育纳入党委中心组学习重要内容，利用会议、观看电教片、专题讲座等形式，开展党风廉政宣传教育活动。二是利用各村“5+X”主题党日、农牧民夜校等契机，采取原文学习、观看警示教育片、分组专题讨论等形式，对党员干部开展廉洁教育。三是坚持开展“纪律（法）知识微考堂”答题活动，做到机关、站所、村队全覆盖。2018年，共开展答题活动11次。四是组织班子成员家属开展廉政承诺活动。五是逢年过节开展廉政宣传教育，组织开展写廉政春联、发廉洁微信短信、党员干部廉洁过年承诺等活动，时刻提醒党员干部，增强廉洁自律意识。

【宣传思想】 对内对外宣传工作。紧紧围绕《沙湾县2018年对外宣传要点》，结合安集海镇实际做好对外宣传工作，加大本镇特色辣椒农业、民族团结、特色旅游风光安集海大峡谷的宣传力度。有效整合资源，结合首个“中国农民丰收节”，让火红的安集海辣椒连续登上中央电视台节目17次，大力提升了推介宣传的工作水平。截至2018年，安集海镇外宣分别登录中央电视台、新疆新闻、天山网、亚心网及《新疆日报》等各种媒体，统计数据达487条。

开展大宣讲活动。按照《沙湾县喜迎十九大基层宣讲工作实施方案》，研究制定了党政主要领导和分管领导、宣传委员2018年度基层宣讲计划。党政领导班子成员、草根宣讲员每周走村入户宣讲《党的十九大精神宣讲二十讲》、《习近平新时代中国特色社会主义思想三十讲》、习近平总书记重要讲话、《自治区惠民生明白册》、民族团结典型等学习内容，切实让宣讲工作“打通”最后一千米。2018年，全镇共有多民族核心草根宣讲员15名，与宣讲小分队累计开展党的十九大宣讲、微宣讲百余场次。

【精神文明建设】 安集海镇将镇中心校、卫生院、王家渠村、交通新村、和平新村纳入文明单位（村队）创建范畴重点打造。积极营造文明氛围，让人人以讲文明为荣、环境因文明而美丽，一条条倡导文明的标语展现在各村队的文化墙上，党的十九大精神的各种横幅、展板、滚动式电子屏标语不断进入各族群众的日常生活。各文明单位、文明村队分别结合实际制作了道德模范及宣传标语展板，在主要巷道营造出浓厚的文明氛围。

【民族团结工作】 镇政府共有107名干部，结亲132户，全年平均走访6次。每月坚持开展“民族团结一家亲”融情活动。

2018年安集海镇各村基本情况表

表1

序号	村（队）名称	党支部书记姓名	村委会主任姓名	人口数（人）	总户数（户）	党员人数（人）	年末耕地面积（公顷）	年末牧畜存栏（头/只）	集体收入（万元）	人均纯收入（元）
1	安集海村	黄　勇		1319	442	49	455	300	33	16000
2	古道村	豆保庄	窦保廷	1415	452	37	730	1040	66	18600
3	和平新村	车成果（回族）	刘宝成	1511	470	49	413	700	23	19723
4	和谐新村	李　强	王宗明	1404	464	50	700	480	40	18700
5	农庄村	陈少华（回族）		2341	691	50	14633	6800	56	18470
6	王家渠	黄继俊	王延有	1142	338	30	413	570	7.4	17800
7	古树村	单玉双（回族）	胡宽亮	1558	472	41	1400	13000	64	18840
8	夹河子村	赵友翠（女）		1941	611	56	900	1432	120	18600
9	交通新村	叶　亭		1272	372	44	393	1200	42	18000
10	双旗村	刘　玲（女）		1343	427	42	452	4010	55	19100
11	元兴宫村	刘建强	段风军	2298	734	67	1866	3300	33	18600

大泉乡

【概　况】 2018年，辖13村（队）。年末总人口1.3936万人（少数民族人口5577人），其中农业人口1.3万人、非农业人口0.0936万人；耕地面积9600公顷，粮食播种面积486公顷，经济作物播种面积9114公顷。

农林牧渔业总产值69800万元，比上年增长4%。其中，农业产值3.7亿元、林业产值142万元、牧业产值1.6亿元。主要农产品产量：粮食6500吨，棉花49400吨，蔬菜1200吨，水果200吨。年末牲畜存栏25万头（只）。全年肉类总产2570吨，羊毛894吨，禽蛋10.8吨。年内完成造林面积18.6公顷。年末拥有农牧业机械总动力59896.5万千瓦。

全年建筑业完成总产值1600万元，建筑企业施工房屋建筑面积9200平方米，竣工面积9200平方米。

全社会固定资产投资总额1.6亿元，其中城镇建设投资800万元、农村非农户投资300万元。年末固定电话用户2300户，计算机互联网用户2600户。年末居民人均储蓄存款余额1.8万元。

拥有各类专业技术人员24人，其中中级职称以上15人。年末广播覆盖率100%，有线电视用户4860户，覆盖率98%。有卫生院1个，拥有专业卫生技术人员15人（少数民族8人），病床11张。

农牧民人均纯收入16960元，较上年增加866元。

【经济建设】 种植业。试点突破、以点带面，加快推进现代农业新型经营主体建设。积极扶持农民土地专业合作社发展，强化土地流转制度建设，把土地由农户分散种植逐步向合作社规模化种植集中，推动农村土地有序流转。积极引导组织农民成立专业合作社，加快现代农业新型经营主体建设。2018年全乡在烧坊庄子村鑫双泉农民专业合作社联合社的基础上，组建规范隆泉、松泉、农胜、二道泉等28家共赢制土地合作社，入股农户达2600户，入股面积0.42万公顷，让农民从规模化经营中增加收入。使更多的农村劳动力从土地中解放出来，投入发展二、三产业，实现多种发展模式，促进农民增收。

畜牧业。一是2018年牲畜品种改良工作按照县委要求，引进种公猪25头、种公羊7只、黄牛冷配410头。为了提高农牧民对品种改良的认识，通过举办技术培训班和现场观摩的形式，大力宣传品种改良带来的经济效益，让老百姓真正获得了品种改良带来的实惠。同时对技术人员加强培训，使其提高对农牧民的服务能力。为保障畜禽品种改良工作，严格按照《种畜禽管理条例》以及《自治区种畜禽管理办法》管理，杜绝市场上不良种源进入，保障品种改良工作有序进行。进行禽流感防疫工作，共计防疫鸡219500羽。全乡共统计牛存栏4211头，各类疫苗防疫头数达11244头；羊存栏15121只，各类疫苗防疫头数达42129只；猪存栏25000头，各类疫苗防疫头数73300头，牛羊猪常见病防治621例。二是加强产地检疫工作，在做好防疫工作的同时，不断地完善规范产地检疫，严格执行检疫报检制度，实行片区责任制，谁的片区谁负责。严格执行产地检疫工作，确保产品安全，让广大农牧民吃上放心肉，杜绝传染病的发生。保障人民身体健康，高度重视疫情检测，加强产地、屠宰、运输等环节的检疫，从源头上防控疫病传播。共检疫羊4812只、牛1786头、猪8356头、鸡28.6万羽。三是草畜平衡奖励资金发放的情况。根据草原生态保护奖励机制有关文件要求，全乡享受草原奖补的户数为179户，草原奖补面积7193.2公顷，奖补金额为269744.9元。2018年的草原奖补资金正在申报中。

林果业。大泉乡现有耕地面积0.84万公顷，现有林地面积786.7公顷，按10%配套农田防护林需配套840公顷，实有面积是613.3公顷，缺口226.7公顷。根据《沙湾县规范农村集体机动地承包工作的指导意见》和土地整合相关政策，利用3年的时间完成补缺口任务。主要措施：一是完善农田防护林体系，发挥生态、社会和经济效益。将农田防护林体系建设与美丽乡村建设、乡村休闲旅游建设协调发展的格局相结合，合理利用水、土等自然资源，建成点、线、面相结合，网、片、带相协调的高标准防护林体系。绿色通道工程建设要与道路建设和渠道整治统筹规划、同步实施。二是加强管护，巩固成果。明确管护责任，建立管护责任制度，充分发挥农田防护林的生态、社会、经济效益。三是加快更新改造步伐，提高农田防护林建设水平。力争用3年时间，完成以渠道、道路和机耕道为主的农田防护林建设。四是积极争取政策支持，调动农牧民积极性，促进农田防护林建设健康、持续发展。

其他。一是严格按照县委、县政府关于农村土地清理及水价改革工作的相关要求，集中力量清理清查，对口粮地种植、机动地发包等情况进行核实登记，采取有力措施强力推进。自2018年以来，大泉乡完成农村土地清理360.32公顷，关停机电井2眼，减水5.25万立方米，收取水资源费423.44万元，清退农用地360公顷。二是农业保险情况。利用多种形式，统筹各种力量，进一步加大“三农”保险政策宣传力度，做到“三农”保险家喻户晓、人人皆知，不断增强自觉参保意识。共完成7438.92公顷，其中棉花7200公顷、玉米157.33公顷、番茄53.33公顷、小麦28.25公顷，总保费8492104.43元，农户自缴1698420.89元，完成农作物保险任务的106%，做到了应保尽保。

【党建工作】 一是大力学习宣传贯彻党的十九大精神。通过党委中心组学习、组织各支部进行十九大学习、干部夜校学习等集中学习、党员干部自学的方式，重点对党的十九大精神进行了反复学习。研究制定了《大泉乡开展党的十九大精神宣讲活动的实施方案》，扎实组织开展“党的十九大精神进万家”及“七进”活动。利用入户走访、农牧民夜校、周一升国旗宣讲、悬挂横幅、制作展板等多种形式加大宣传力度，营造浓厚的学习氛围。发动多方力量，面对面将党的十九大相关精神传达到所有群众，把思想和行动统一到自治区党委的安排部署、地委和县委的工作要求上来。已开展中心组学习16次，领导干部讲党课14次。二是常态化开办农牧民学校。乡党委利用乡、村两级视联网系统，统一开展农牧民夜校学习，同时与县委组织的农牧民夜校、村级自行组织的农牧民夜校穿插，同步有序开展，各村的农牧民夜校课程设置、教学计划均提前向乡组织办报备审核，审核通过后方可正常开展农牧民夜校活动；利用走访入户等多种形式对村民进行宣讲，使得本村的农牧民夜校达到全覆盖；培训课程安排结合实际，学习内容涉及实用技术等多方面，培训实用效果明显。截至2018年，全乡13个村队共计组织村队学习320次，参学群众达14972人次。党组织基本情况：21个基层党支部，585名党员（汉族439名、少数民族146名，2018年发展党员60名）。

加强基层党员干部队伍建设。一是抓好壮大党员队伍、加强党员管理工作。严格落实“20·10·3”工作机制，全乡2018年已储备入党申请人249名、入党积极分子126人，计划发展农牧民党员47名、机关党员10名。现已发展党员55人，其中农牧民党员49人、机关党员6人。2018年5月，举办大泉乡上半年入党积极分子培训，共组织90人参加为期3天的培训及测试，均已顺利结业；加强外出务工经商人员管理，大泉乡共有外出务工经商人员106人，每月更新联系方式、家庭住址、思想状态，进行联系了解其动态；大泉乡结合入户走访工作对两栖农民人员情况进行了全面摸底排查，研究确定“两栖”管理的农牧民名单共计286名，已将234名“两栖”农牧民录入基层政权系统；按照村级组织1∶3比例储备村级后备干部，建立村级后备干部队伍相关资料，经过村级后备干部选拔、培养、管理、使用，现有后备干部50人。二是加强“两后生”和天池计划培养。严格按照组织要求，建立乡、村两级培养平台，按照特长、学历，分别在乡、村两级跟班学习，熟悉农村工作事务管理，积累工作经验。三是抓好挂职干部培养。制定了《关于第二十批异地挂职干部包村任职的通知》和《关于确定第二十批异地挂职干部“二帮一”帮带培养对象的通知》，落实挂实职要求，1名挂职干部进入党委班子，5人担任相关站所副职。坚持把思想教育与解决实际问题结合起来，发挥党校教师和分管领导作用，总结和发挥往届挂职干部双语宣讲工作队的成功经验，为全乡草根宣讲团带来新的工作思路和理念。按照“专业相近、职务对应”的要求，挂职干部主动作为、积极工作，经常性下村走访群众达236人次，参与“三非”物品清理、环境卫生整治等多项重点工作，全面掌握和了解全乡农业生产和相关业务知识，为乡党委多次提出好的意见建议，切实做到了学有所思、学有所获。四是加大人才队伍建设力度。进一步落实培养措施，针对各类人才开展知识技能培训，制定培养规划，大力培养高层次拔尖人才，进一步落实资金投入。改善人才管理工作环境，提高人才工作效率，为人才工作的有效开展奠定基础，共培养各类人才56人。

抓好党员干部政治审查专项整治。通过支部自查、党委核查、同部分群众谈话、设置意见征求箱和举报电话，征求公安、纪检、统战等相关部门意见，进行“村两委”班子成员本人及近亲属政审工作，共计13个村队，核查“村两委”成员92人，三代近亲属人员共866人；为纯洁全乡党员和干部队伍，深入开展政治审查“回头看”工作，组织全乡党员干部职工共计440人填写“党员、干部职工个人有关事项报告表”“家庭成员和社会关系信息采集表”“其他需要报告的事项”，并相互比对分析有关情况，甄别比对党员干部和亲属参与非法宗教极端活动和本人违纪违法情况；开展村“两委”换届“回头看”工作，召开专题会议，对村“两委”班子运行情况及村“两委”班子成员逐一进行分析研判，对于党组织配备人员不齐、力量薄弱的河西村选派公职人员担任村队党组织书记，西泉村重新考察选任村党组织书记。

开展村级组织“星级化”创建情况。2018年，乡党委紧紧围绕社会稳定和长治久安这个着眼点和着力点，以建设服务群众、维护稳定、反对分裂的坚强战斗堡垒为目标，以突出重点、统筹兼顾，分类指导、务求实效，综合评定、动态管理，激励引导、拖动工作为原则，严格落实年初村队自评、乡镇验收评星制度，制定争星实施方案、“一星一策”，以四大办公室统领星级化创建工作，以十星级创建要求作为村队开展工作的整体目标，既做到分工明确、责任到人，又做到统筹全局、全面促进村干部履职尽责，夯实党在农村的执政基础，为基层稳定和谐提供保障。2018年全乡13个村年底考核星级评定，八星级3个村：烧坊庄子村、杨家庄村、三道沟村；七星级4个村：大泉村、五道河子村、城郊西村、二道河子村；六星级5个村：河西村、中泉村、叶家湖村、城郊东村、东泉村；五星级1个村：西泉村。软弱涣散村2个村：河西村、叶家湖村。

远程教育工作。按照《沙湾县2018年远程教育工作安排》，细化分解工作任务。对卫星接收设施进行维护，确保全乡所有站点均可正常运行。指导督促各村健全远程教育站点管理员职责、教学管理制度、设备操作规范、学员考勤、安全管理制度。结合“农牧民学校”、全面落实“每周一小时”学习要求，组织党员干部群众开展“农村科技实用技术”、“基层干部维稳能力专题”系列、“精准扶贫”等各类视频讲座，受教育群众达 9806 人次，保质保量地完成了远程教学任务。

加大“5+2”阵地建设情况。2018 年，二道河子村新建高标准的村民服务中心，投资 180 万元，村民自筹 30 万元，上级资金扶持 150 万元。截至 2018 年 12 月，工程主体已完工。二道河子村由辽宁援疆投资 300 万元修建 650 平方米的活动中心主体框架已完工。大泉乡通过村级自筹资金与上级资金扶持，各村的基层阵地均已维修，焕然一新。

“四老”人员情况。2018 年新增“三老”人员 2 名，共 57 名“三老”人员，去世 2 人。

“访惠聚”驻村工作。抓民生，推进群众工作全覆盖。一是各“访惠聚”驻村工作队真心访民情、真干惠民生、真情聚民心，结合派出单位优势尽自己最大的能力努力为群众排忧解难，办好实事，地区农业局驻大泉乡城郊西村工作队帮助村队清运垃圾 500 余吨，辖区新增设垃圾桶 70 个，开展卫生整治活动 25 余次，通过打扫公共区域卫生、树木涂白等方式带动和影响村民养成讲卫生的良好习惯，2018 年村辖区卫生得到全面改善；农民上楼工程的 75 亩地已完成规划，等待下一步实施；县住建局驻中泉村工作队积极协调派出单位给本村安装路灯 85 盏、继续配合村委会争取休闲广场项目、改水项目、道路工程进行续建；地区工商局驻杨家庄村工作队组织群众为出车祸的村民捐款 2 万余元，为辍学的孩子联系重返校园。截至 2018 年，全乡 13 个工作队为村民办理好事实事 150 余件。二是扎实做好农牧民夜校工作，乡党委利用乡、村两级视联网系统，统一开展农牧民夜校学习，同时与县委组织的农牧民夜校、村级自行组织的农牧民夜校穿插，同步有序开展，培训学习内容涉及实用技术等多方面，培训实用效果明显。截至 2018 年，全乡 13 个村队共计组织村队学习 210 次，涉及群众达 14872 人次。三是引导基层党组织做好四项活动的管理与服务，因村制宜规范管理四项活动，建立村队红白理事会工作台账。累计开展四项活动 55 次，发放四项活动慰问资金 1.29 万元。

【党风廉政建设】 一是严明纪律，逐步优化经济社会发展软环境。严肃工作纪律，定期或不定期采取多种形式进行检查，严格落实工作制度，年初以来，全乡受理信访举报及上级交办案件 11 件，初步核实 6 件，立案调查 8 件，结案 5 件，其中涉及落实维稳措施不力案件 2 件、涉及损害群众利益问题案件 2 件，党纪处分 4 人，追缴违纪违规资金 7.4 万元。党委班子带头改进作风，认真贯彻执行中央八项规定、自治区“十项规定”和地区“七条意见”，严格文风、会风管理，加强对“三公”经费监督管理，公务接待坚持先审批、后接待，严格控制压缩公务接待费用。纠风工作开展情况：坚持完善机制抓好常态。围绕总目标、聚焦总目标、盯紧总目标中存在的作风问题，在全乡设立意见箱、公众微信号留言平台，通过上级点、互相提、群众找等方式，党政领导班子成员查找“四风四气”问题 22 条，班子成员查找问题 56 条，各支部查找问题 144 条。通过召集党员大会、村民大会以及入户走访、设置村民意见箱等方式，查找存在的问题 637 条，完成整改问题 859 条。按照责任书责任，对落实三会一课、传达会议精神不到位等相关人员，追查到包片领导、网格长、联户长，下发追责通报。

其他重大事项。一是加强领导，全面落实党风廉政建设责任制。按照集体领导与个人分工负责相结合原则，成立了以党委书记为组长的党风廉政建设领导小组，研究制定《大泉乡领导班子成员党风廉政建设责任分工》，明确领导班子成员职责和任务分工，建立领导干部工作联系点机制，形成了“党委统一领导，党政齐抓共管，纪委组织协调，部门各负其责，依靠群众参与”的良好工作机制。二是强化教育，筑牢拒腐防变的思想道德防线。坚持以廉政夜校为阵地，依托党委中心组学习、廉政党课教育，积极组织党员干部学习《党内监督条例》《关于新形势下党内政治生活的若干准则》，通过集中轮训、远程教育、驻村干部夜校，在广大党员干部和驻村工作队中深入开展“不忘初心、牢记使命”主题教育。组织机关干部开展学习《廉政准则》《纪律处分条例》知识竞赛1次，撰写调研论文7篇，编辑外宣信息20条。利用农村党员远程教育、集中学习等方式，集中观看廉政教育片4次，签订家庭助廉承诺书19份。三是强化公开，促进权力在阳光下运行。积极推进权力公开透明运行，加强对重点领域和关键环节的监督，制定完善并公开单位职权目录、权力运行流程图及风险防范制度，强化对权力运行的制约和监督。建立健全村级党务、政务、事务、财务公开各项制度，统一规范了党务、政务、财务、事务公开的内容、时间、程序。扎实利用阳光农廉网深化公开工作，全面上传惠农、涉农政策和财务收支数据等公开信息270余条，使基层党风廉政建设走进“阳光地带”。四是严明纪律，逐步优化经济社会发展软环境。

【宣传思想】 全年组织36次全体机关干部集体学习，参加各类理论考试30余次，机关干部每人撰写心得体会15篇。举办全乡各类宣讲活动49场（次），全乡签订《网络信息安全责任书》48份、《网络信息安全承诺书》4000余份。加强宣传教育，宣传教育群众6800余人次。制定完善各单位自律公约、村规民约和“崇德向善、遵纪守法”个人行为承诺，覆盖面达100%。

【精神文明建设】 加强意识形态工作组织领导。成立了以乡党委书记为组长的意识形态工作领导小组，制定《大泉乡意识形态工作责任制实施方案》，明确责任、细化分工，把意识形态工作同经济工作同安排同部署。全面落实意识形态工作责任制，把意识形态工作纳入领导班子民主生活会和述职报告的重要内容，全力打好意识形态工作主动仗。狠抓理论武装学习。进一步规范和完善各项学习制度，精心制定并下发中心组理论学习通知卡、指导卡20多期，坚持干部夜校学习。把学习党的十九大精神作为首要的政治任务，制定方案、专题部署，先后通过党委会、中心组会议、党员干部大会等进行20余次反复学习。分三期对村干部、“访惠聚”工作队和机关干部进行了十九大精神集中培训，组织2次理论测试。统筹各支力量入户宣讲，实现十九大学习全覆盖。切实抓好网络安全。与全乡13个村、站所签订了网络安全责任书，签订网络安全承诺书2000余份，加强全乡干部群众和流动人口的网络安全教育。抓好舆论宣传引导。严格遵守新闻宣传纪律，确保意识形态领域绝对安全。对一些苗头性问题努力做到早预见、早发现，果断处理，注意掌握网络舆情，牢牢掌握新闻报道主动权。切实加强对外宣传，先后在中央、自治区、地区各级各类媒体发稿80篇。持续推进“升国旗宣讲”和发声亮剑活动。采取快板、阿肯弹唱等群众喜闻乐见的形式，宣传党的十九大和区、地、县委的重要会议精神，做到家喻户晓。带头撰写发声亮剑署名文章，被自治区、地区各级各类媒体采用，并动员全乡各族干部群众敢于主动发声亮剑，撰写发声亮剑署名文章880篇，其中被上级采用15篇（条）。城乡文明共建，结合“访民情惠民生聚民心”活动，驻村工作队为共建村从物质、资金、人力、技术等方面给予大力支持和帮助。自“访民情惠民生聚民心”活动开展以来，各驻村工作队为共建村捐赠体育器材、讲解农业技术知识、协调贷款资金，切实解决了农民生产生活中的困难。开展道德讲堂活动。建立了20个“道德讲堂”，各“讲堂”每两个月开展一次活动。按照规定环节，认真举办道德讲堂，定期开展道德讲堂观摩学习会，提升道德讲堂效果。

【民族团结工作】 共有地、县、乡三级461名干部与全乡461户不同民族的村民结对子。2018年，共解决看病难、就业难、生活难家庭61户，提供就业信息100余条，实现就业5人，为各族群众办实事80件次。

2018年大泉乡各村基本情况表

表2

序号	村队名称	村党支部书记	村主任	人口数（人）	总户数（户）	党员人数（人）	年末耕地面积（公顷）	年末牲畜存栏数（头/只）	村集体收入（万元）	人均纯收入（元）
1	河西村	吴晓辉	马国强	1272	443	38	610	3130	10	15100
2	烧房庄村	谢　文	再努拉·科奎（哈萨克族）	916	357	35	417.5	2000	30	16675
3	东泉村	卢金海	常爱军	892	321	28	873	1400	32	16320
4	杨家庄村	范金保	张从谊	1139	405	37	1000	700	32	17000
5	大泉村	杨　智	衡　军	563	201	25	694	672	53.17	16500
6	三道沟村	马玉甫	阿达力	923	334	33	564	2800	35.3	15769
7	中泉村	谭国华		1090	373	28	820	2300	26	15000
8	西泉村	李东川	郭可建	996	323	31	664.1	600	9.74	15800
9	五道河子村	李大成		826	337	33	458.7	2000	21	17000
10	叶家湖村	王江涛		1197	393	24	820	3000	25	11000
11	城郊东村	杨政军		1212	412	22	44	3000	1.5	12860
12	城郊西村	丁元龙		715	252	46	109	100	18	18315
13	二道河子村	陈思文		1362	402	28	846	2790	30	16800

金沟河镇

【概　况】 金沟河镇下辖15个村，年末总人口1.54万人，由汉族、哈萨克族、维吾尔族、回族等10个民族组成，少数民族8038人，其中农业人口1.49万人、非农业人口602人；耕地面积8767.6公顷，粮食播种面积1117.2公顷，经济作物播种面积7523.6公顷。

主要农产品产量：粮食16259吨，棉花7953吨，油料893吨。年内完成造林面积19.8公顷。

全社会固定资产投资总额7566万元。

有卫生院1个、村卫生室15个，拥有专业卫生技术人员33人（少数民族6人），病床7张。

农牧民人均纯收入17222元，较上年增加740元。

2018年，有13654名农牧民参加新型农村医疗合作保险。转移农村劳动力4500人次。

【经济建设】 种植业。加强种植业结构调整、大力发展订单农业。按照“稳定面积、依靠科技、提高品质、增加效益”的思路和“安全、绿色、富硒、有机”的原则，立足金沟河镇区位、水土、光热、富硒条件，不断提高种植业发展水平。全镇总播种面积达到6689.27公顷，其中棉花52.23公顷、玉米651.76公顷、辣椒116.51公顷、小麦92.27公顷、番茄18.49公顷、葫芦45.57公顷。继续推广强化机采棉品种选育种植管理，以提升机采棉的品质为核心竞争力，建立“节本、提质、增效”的棉花发展模式。

畜牧业。把促进现代畜牧业发展作为优化农业产业结构的重中之重。加强畜禽良种繁育、饲草料保障、动物疫病防控、畜牧业产业化经营、畜牧业科技支撑、畜牧业行政执法六大体系建设，促进传统畜牧业向现代畜牧业转型。结合金沟河实际，重点依托宏正牧业、鑫顺牧业、双赢养殖专业合作社做好肉牛肉羊和大盘鸡的养殖基地，提升农区畜牧业规模化养殖水平，鼓励发展生态养殖，努力培育发展特色畜产品品牌。进一步探索畜牧养殖业的深加工，完善屠宰、分割、包装、冷藏和现代化冷链物流体系，进一步延长产业链，增加养殖户收入。全力以赴，抓好动物免疫和疫病防控工作，认真组织实施春季的重大动物疫病防控工作，全年共检疫牛 1543 头、羊 4427 只、猪 2032 头、鸡 153832 羽。保障畜牧业的健康发展，全年没有发生重大疫情。在抓好疫病防治工作的同时，积极协调配合落实畜牧业规模化养殖场建设。

林果业。完成植树造林面积 19.8 公顷，参加植树人数 3500 人次。根据调查结果，全镇病虫害发生面积 43.6 公顷，病虫害发生率达 2.75%，其中轻度发生面积 39 公顷、中度发生面积 3.9 公顷，有效防治面积 42.8 公顷，防治率达 96%。防治资金 3 万元，成灾率 2.41%，投入人工 32 人次。

工业。金沟河镇围绕 S115 省道马路经济建设和企业用工需求，注重发展运输、工程建设、餐饮、劳务输出等行业，第三产业稳步增长。2018 年底，全镇各类服务网点达 532 户，从业人员达到 2964 人。

其他。全面推进土地清理和水权水价综合改革。完成农村土地清理 121.53 公顷，关停机电井 3 眼，减水 148.19 万立方米。收取水利三项规费 553.5 万元。全力做好“三农保险”参保工作。广泛开展“三农保险”宣传工作，组织全镇各村狠抓落实，引导广大农户积极参与。2018 年参保面积 6913.3 公顷，收取保费 135.85 万元，赔付金额 530 余万元。

【党建工作】 党组织基本情况。有 1 个党总支、24 个基层党支部，511 名党员（其中汉族 272 名、少数民族 239 名，2018 年发展党员 57 名）。

党员干部培训情况。扎实开展党员干部集中轮训。以习近平新时代中国特色社会主义思想、党的十九大精神和新修订的党章、宪法为重点，制订中心组学习计划，采取逢会必学、远程教育、个人自学等多种方式，确保学习培训人员、时间、内容、效果“四落实”。制定《金沟河镇贯彻习近平新时代中国特色社会思想和党的十九大轮训工作方案》，完成 200 余名在家党员和村干部 3 天集中培训任务。严格落实“四个一”以考促学工作机制，精心组织微考堂、一卷子测试，进一步强化学习效果、提升业务水平。深入推进“两学一做”教育常态化、制度化，把三十讲内容作为农村党员思想政治建设和群众思想政治教育的重要内容。坚持和规范三会一课，持续开展“5+X”主题党日、“学习党章、尊崇党章”、“中国公民学唱国歌”、“共产党员背诵誓词”活动。隆重开展庆祝建党 90 周年活动，制定下发了《金沟河镇纪念党旗映天山主题党日活动的通知》，组织 625 名党员和入党积极分子参观周总理纪念碑等红色教育基地，开展“我为‘七一’献份礼志愿服务活动”助力美丽乡村建设，以及看红色电影等多项纪念活动，推动了广大党员补钙壮骨、固根守魂，营造了党员当先锋的浓厚氛围。

软弱涣散基层党组织整顿工作。依托县、镇、工作队三级力量，聚焦村“两委”班子配备不全、党员模范作用发挥不力、支部核心领导能力不强等问题，包片领导下沉，工作队、第一书记采取传帮带的方式，规范支部政治生活、党员管理、人员配备分工、化解疑难问题等，支部班子的战斗堡垒作用得到有效加强。

村级阵地“5+2”建设情况。依托“四大办公室”进一步增强服务群众能力。争取项目资金，曹家坡村、泉水沟村、北头道河子村阵地“5+2”项目复工建设。二道湾村级阵地自筹资金新建 3000 平方米村级服务中心工程主体完工。严格按照村级阵地达到室内设施“十有”、活动开展“十有”、档案资料“十有”、管理使用“四净五常”的标准，所有阵地基本实现村级阵地功能“十有”、室外配套“十有”和附属设施“六通四化”的建设目标。

“四老”人员情况。金沟河镇严格按照管理办法和标准对“四老”人员进行管理，按照“四老”人员基本条件、政治条件和申报审批程序严把审核关，并对“四老”人员义务和权利完善明确，定期审核人员变动情况，完善“四老”人员档案。通过努力规范“四老”人员管理，让其在基层组织生活中发挥作用，提供平台让其发挥余热。定期对“四老”人员变动情况进行审核，按时发放补贴，解决好“四老”人员的政治生活待遇，促其发挥余热。

壮大村集体经济情况。镇党委、政府高度重视，把发展村级集体经济作为硬任务，纳入整个经济发展规划，常抓不懈，一抓到底。建立了村级集体经济发展责任制，层层签订了责任书，明确责任和奖惩措施。2018 年全镇村队集体经营收入达到 607 万元。认真推进集体土地清理，村集体增收 116 万元，经济薄弱村实现了有钱办事。

“访民情、惠民生、聚民心”活动。围绕“访惠聚”“1+2+5”工作任务，化解矛盾纠纷 41 件，培训农牧民 4123 人次，帮助群众就业 80 人次，开展宣教活动 1050 场（次），教育群众 10200 人次，广泛开展惠民政策宣传，覆盖群众 4.12 万人次。“访惠聚”为民办实事工作经费 90 万元，为群众办实事好事 102 件，慰问困难群众 650 户，发放慰问金 6.4 万元，帮助就学 10 人、帮助就医 19 人。

远程教育情况。按照《沙湾县 2018 年远程教育工作安排》，细化分解工作任务。依托“访惠聚”工作员兼职远程操作员、村远程操作员、镇远程专干作用，指导督促各村严格落实远程教育站点管理员职责、教学管理制度、设备操作规范、学员考勤、安全管理制度。结合升国旗、“农牧民夜校”、全面落实“每周一小时”学习要求，组织党员干部群众开展“农村科技实用技术”“基层干部维稳能力专题”等各类视频讲座，受教育群众达 3 万人次，保质保量地完成了远程教学任务。高度重视智慧党建平台录入系统工作，坚持每天通报工作进度，并反馈注意事项和录入错误。对进度较慢的村队，分管领导采取电话通知、当面告知等方式，确保完成工作任务。

民生建设。实施全民健康体检工程，全镇共体检 12001 人，完成率 93.06%。多渠道促进就业，完成各类培训 1050 人次，完成劳动力转移 4000 余人次。统筹推进各类教育协调发展，深入实施国家通用语言文字教育教学，投入 120 万元，新建红星小学教室 2 个。全面落实城乡低保、医疗救助、临时救助制度，累计发放各类补贴、救助金 365.5 万元，惠及 614 人，城乡困难群众基本生活得到保障。基础设施建设完善，新建安居富民房 65 户；投入 25 万元，对镇区供热站设备进行改造；投入 50 万元，完善农民健身广场设施；投入 40 万元，新建 15 个村级检查站；投入 120 万元，新建二道湾村民俗文化基础设施；投入 750 万元，用于 15 个村惠民生项目建设。

【党风廉政建设】 强抓责任分解，压紧压实党风廉政建设责任制，力求“倒逼效应”。签订党风廉政建设责任书 20 份，发放党风廉政建设牵头（配合）任务通知书 20 份，党政领导班子成员任务告知书 9 份。先后专题听取纪委工作汇报 19 次，研究案件议题 20 次，下村督导 30 次，对班子成员及站所、村队基层党组织负责人履行主体责任情况进行全程记录和监督，对 6 名基层站所和村队负责人进行了约谈，形成了有力的责任倒逼效应。强抓作风建设，建立反腐倡廉长效机制，做到“制度管人、整改到位”。严格贯彻落实中央八项规定及实施细则，严格执行廉政准则，因“四风”问题共查处 73 名党员干部。党政领导班子对照形式主义、官僚主义 10 种表现形式，通过广泛征求意见和自查，共查找“十改进、十不准”问题70条，全部整改完成。针对各级督导问题加大整改及监督执纪力度，给予诫勉谈话处理22人，全镇通报批评62人。

【宣传思想】 把学习宣传贯彻党的十九大、全国两会、宪法及习近平总书记重要讲话、《中央新疆工作协调小组关于新疆若干历史问题研究座谈纪要》等内容作为重中之重，采取村民集中学、农牧民学校学、面对面宣讲学、上门送学等方式，引导各族群众感党恩、听党话、跟党走。扎实做好审读、标语清理及图书登记工作。全年审批文化活动60余场，开展专题发声亮剑3场，在“沙湾零距离”发表署名发声亮剑文章7篇，开展各类示范宣讲50余场，教育群众4万人次，举办各类大型文化活动3场。认真做好对内及对外宣传工作，全年对外宣传工作共完成213.7分，其中《新疆日报》1版头条、专版1条、其他版面消息10条；《新疆经济报》其他版面消息5条；新疆电视台新闻联播消息5条；新疆人民广播电台消息3条；天山网微信平台、“最后一公里”、新疆“访惠聚”综合消息10条；人民网、新华网、中国新闻网、新浪网、搜狐网、网易网、天山网、新疆亚欧网、亚心网不在首页的新闻和其他网站336条。

2018年11月14日举办金沟河镇草根宣讲员培训班

【精神文明建设】 金沟河镇作为地区文明乡镇，认真抓好文明创建“细胞工程”。2018年，金沟河镇中心校、金沟河镇双语幼儿园零基启动地区文明单位，南头道河子村、南干渠村届满复验的地区文明村，兴奋村届满复验重新创建的自治区文明村。截至2018年，全镇有自治区文明村4个（沙河子村、北头道河子村、宋圣宫、三道湾村），地区文明村3个（南头道河子村、二道湾、东戈壁村），文明单位2个（中心校、双语幼儿园），县文明村3个（泉水沟村、柳树沟村、曹家坡），文明单位1个（卫生院）。

【民族团结工作】 全镇结亲干部663人，结亲户709户。地区级单位3个，结亲干部76人，结亲户87户；县级单位17个，结亲干部480人，结亲户561户；镇机关站所结亲干部107人，结亲户133户。

（撰稿：张淑红）

2018年金沟河镇各村基本情况表

表3

序号	村名	党支部书记	村委会主任	人口数（人）	总户数（户）	党员数（人）	年末耕地面积（公顷）	年末牲畜存栏（头/只）	集体收入（万元）	人均纯收入（元）
1	南五宫村	马贵成（回族）（7月离任） 穆亮（12月任职）	王爱霞（女，回族，代理）	1248	428	21	813.3	7954	38.0	17461
2	二道湾村	杨振虎（回族）	殷建荣	1565	563	28	410.54	938	103.8	15913
3	兴奋村	刘志明	畅金林	1218	411	39	882.4	5482	10.9	16104
4	宋圣宫村	穆建辉		1078	417	38	885.2	1092	121.4	17421
5	南头道河子	李桂芝（女）	马福贵（回族）	1629	588	30	598.9	3654	27.6	15025
6	东戈壁村	冯万新		302	109	16	199	530	18.7	18850
7	曹家坡村	梁宏涛	练新德	870	324	24	492.5	702	79.7	17589
8	泉水沟村	马林奇（回族）	任明先	869	343	21	450.3	2677	51.4	15910

续表 3

序号	村名	党支部书记	村委会主任	人口数（人）	总户数（户）	党员数（人）	年末耕地面积（公顷）	年末牲畜存栏（头/只）	集体收入（万元）	人均纯收入（元）
9	金沟河村	外力汉	丁文举（回族）	885	293	27	647.9	2053	19.7	19204
10	沙河子	孟里中	马立雄（回族）	927	317	22	844.6	11165	8.8	19807
11	北头道河子	王汉福（回族）	苏有明（回族）	1415	498	21	574.5	48142	57.0	16661
12	三道湾村	孙玉梅（女，9月离任）、阿达力汗·阿毕（哈萨克族，9月任职党支部副书记主持工作）	赵喜全	646	236	29	422.5	1965	38.5	20273
13	南干渠村	杜新成	马正仓（回族）	666	210	18	377.7	38794	10.0	18452
14	洪沟村	赛力克（哈萨克族）	张小民（回族）	596	221	15	462.6	749	15.0	16600
15	柳树沟村	马文兵（回族）	马海龙（回族）	968	337	20	143	1932	6.4	18470

四道河子镇

【概　况】 2018 年辖 37 村（队）。年末总人口 17117 万人，共有汉族、回族、哈萨克族、维吾尔族等 16 个民族，其中汉族 13285 人，占全镇总人数的 77.61%；回族 1807 人，占比 10.56%；哈萨克族 1223 人，占比 7.14%；维吾尔族 643 人，占比 3.76%；满族 65 人，占比 0.38%；蒙古族 34 人，占比 0.2%；锡伯族 11 人，占全镇总人数的 0.1%；其他 49 人，占比 0.29%。

耕地面积 1519.3 公顷，粮食播种面积 22.7 公顷，经济作物播种面积 1511.2 公顷。

农林牧渔业总产值 562997441 元，比上年增长 3.6%。其中农业产值 498502312 元，林业产值 88 万元，牧业产值 63615.129 万元。主要农产品产量：粮食 3134.5 吨，棉花 10924 吨，油料 67 吨。年末牲畜存栏 14.983 万头牛，1462 只羊。全年肉类总产 35.6 顿，羊毛 24.3 吨，牛奶 1152 吨，禽蛋 310 吨，2018 年内完成造林面积 43 公顷。年末拥有农牧业机械总动力 9.4 万千瓦。

全社会固定资产投资总额 1.1 亿元，其中城镇建设投资 5 万元、农村非农户投资 340 万元，年末固定电话用户 1634 户，计算机互联网用户 10542 户。

拥有各类专业技术人员 15 人，其中中级以上 7 人。年末广播覆盖率 100%，有线电视用户 1025 户，覆盖率 100%。

有卫生院 1 所，拥有专业卫生技术人员 21 人（少数民族 6 人），病床 15 张。

农牧民人均纯收入 19413 元，较上年增加 1062 元。截至 2018 年底，已有 14016 名农牧民参加城乡居民合作医疗。转移农村劳动力 1354 人次。

【经济建设】 农业农村工作。完成 32 个村农村集体产权制度改革工作，37 个自然村农村集体资产清查核资已经完成。完成 35 个村的土地确权合同打印和农户签字确认，并且把有问题的合同拿到上级部门逐一审核进行修改。完成全镇 2018 年农作物采集工作，种植面积 15195.4 公顷，其中：棉花种植面积 15115.3 公顷，小麦种植面积 42.39 公顷，玉米种植面积 0.27 公顷，其他农作物种植面积 37.43 公顷。完成棉花种植信息上传工作。春季完成种植业（棉花）农业保险 1.41 万公顷，小麦保险 50 公顷，地力保护补贴面积 42 公顷。

畜牧兽医工作。牲畜品种改良工作是畜牧业快速发展的基础，继续实行冷配优惠政策，冷配费用自理、收入全部归个人，促进冷配技术推广，全镇冷配荷斯坦牛 150 头。扎实做好动物疫病防治工作，羊口蹄疫防疫数 12839 只，牛口蹄疫防疫数 994 头，羊布病防数 10800 只，包虫病防数 7630 只，禽流感实防数 24651 羽，有效地保障了全镇畜牧业的健康发展。及时做好草原奖补资金发放工作，对四道河子镇龙口村禁牧草场进行摸底调查和面积测量，禁牧草场补助户数63户，禁牧草场补助面积为106123亩，禁牧草场补助金额636738元。加大奶牛保险的宣传力度，完成700头奶牛保险，在很大程度上减少了养殖户的损失。严格规范动物、动物产品检疫工作，加大对调入动物、动物产品的报检、监督检查工作力度，2018年全镇产地检疫48头牛和987只羊、鸡13800羽、猪7头，有效地控制了动物疫病的发生。

水利方面。在引水前对所有水利工程进行全面检查，排除工程隐患，完成所辖渠道的维修、清淤，严格落实自治区水资源费征收标准，让用水户熟知政策，保障收费工作顺利进行。水资源费应收1651.15万元，已收1368.7万元，收完率83%。资源水价应收3091.48万元，已收2189.5万元，收完率71%。四道河子水价和水资源费两项实收3558.2万元，三项费用实收4422.2万元。做好夏季防洪工作，按照要求定期巡河，对河道险段进行及时排除，向防洪办上报水情，做好值班记录，确保防洪工作万无一失。

农机工作。认真做好农机手“科技之冬”培训工作，通过电教片等形式向农民传授先进农机技术，共完成农机手科技培训2400人次，提高农机手实际操作水平。做好农机新技术、新机具推广工作，2018年在四道河子村建立333.33公顷机采棉高产棉花综合机械化示范基地，通过在示范基地召开农机新机具、新技术现场会，取得了明显成效。全镇完成棉花机采模式种植15466.7公顷，棉花机采面积达到15266.7公顷（机采面积达到98.7%），深松作业1925.3公顷，秋季深耕施肥平整保墒1万公顷。新增残膜回收机25台，完成残膜回收面积1.4万公顷，新增动力机械23台、卫星导航无人驾驶系统5台（保有量达到20台）、其他机械166台（联合整地机7台、液压翻转犁2台、播种机142台、驱动耙2台、植保机械13台），完成精量播种面积15466.7公顷。认真抓好农机安全生产工作，组织开展农机安全宣传活动4次，与公安派出所联合执法4次，发放农机安全知识手册、法规条例等宣传资料1200余份，开展农机安全生产综合检查4次。截至2018年，共检查机车1560台次，查处纠正各类违章89起，发放反光警示标志350条，从源头上消除事故隐患，确保农机安全生产。

【党的建设】 45个基层党支部，937名党员（其中汉族802名、少数民族135名，2018年发展党员104名）。

党员干部培训。2018年，四道河子镇举办各类培训130场次，受训群众2.2万人次。

软弱涣散党组织整顿。完成3个软弱涣散党组织整改落实工作，并已通过地委组织部的检查验收。

“四老”人员队伍建设。“四老”人员人数共181人，2018年新增7人，去世人员9人，所有补助均已全部按时发放到位。

壮大集体经济。加大对村队的管理，规范集体土地发包工作，量入为出、合理开支，减少不必要的支出，确保村集体收入持续稳定增多。

“访惠聚”活动。召开“访惠聚”工作例会32次，开展明察暗访3次，严格驻村工作队考勤管理，开展不定期督查，全年未发现“访惠聚”工作队员违规违法行为。惠民生项目共37个，当年完成18个。全镇共召开例会15次，排查化解矛盾纠纷250起，解决群众信访诉求60起。开展宣传教育活动1163场次，受教育群众11.97万人次；开展民族团结一家亲联谊融情活动253场次，参与群众15732人次，开展群众性文体活动571次；开展实用技能培训276场次，带动群众就业285人；协助基层党组织开展群众“四项活动”218场次；协助开展春耕备耕、卫生清理、铺路修桥、扶老助残助困等实事好事939件，慰问群众1562户，慰问资金66万元，为群众办实事好事投入资金 144 万元，为群众捐款 8.1 万元、捐物 541 件；盘活集体土地 1.1 万余亩，集体经济增收 285 万元，帮扶困难家庭 43 户。

远程教育。沙湾县四道河子镇有 33 个远程教育点，每月完成 240 分钟播放量，培训农民党员 1 万余人，不定期维护 33 个站点系统，确保每个点位都能正常运作。

【民族团结一家亲】 2018 年，全镇各村、各单位站所开展联谊活动、宣传教育 86 余场，宣传教育覆盖干部群众 2152 人次。全镇共有 443 名干部结对认亲，其中男性 274 名、女性 169 名；汉族 350 名、少数民族 93 名。结对认亲 478 户，其中汉族 97 户、少数民族 381 户。

2018 年四道河子镇各村基本情况表

表 4

序号	村队名称	党支部书记姓名	村委会主任姓名	人口数（人）	总户数（户）	党员人数（人）	耕地面积（公顷）	牲畜存栏	集体收入（万元）	人均收入（万元）
1	许家庄村	王林喜	魏胜强	498	178	18	786.6	0 头 /150 只	30	1.9
2	高头庄村	张学国	张全仁	454	156	22	459.4	3 头 /22 只	42	2
3	三道坪村	冯金宝（蒙古族）	将请兵	468	165	23	298.61	0 头 /150 只	10	1.6
4	四道河子村	高村明		763	290	30	433.73	10 头 /20 只	19	0.5
5	上野地村，沙梁子	丁雪军	赛力江・地生（哈萨克族）	584	192	15	346.67	161 头 /0 只	23	1.3
7	野地庄村	丁治海（回族）		918	232	18	617.8	150 头 /300 只	65	1.98
8	下庄子村	杨青山	窦永远	786	277	28	736.8	0 头 /310 只	123	1.86
9	下野地村	马天水	冯世虎	251	74	11	136.3	10 头 /0 只	15	0.6
10	小树桩村	王伯新	张学庆	420	149	16	303.8	20 头 /52 只	5	1.6
11	沙窝道村	郭建锋		130	45	14	157.73	0 头 /50 只	5	2
12	八分地村	吴献民	张金国	478	190	21	366	45 头 /0 只	135	2
13	苹果园子村	李培生	李环生	175	68	68	94.4	无	25	1.8
14	李家庄村	李长忠	郑天军	357	144	19	317.8	50 头 /0 只	40	0.5
15	油坊庄子村	王亚兵	闫继军	573	210	33	476.7	95 头 /0 只	32	1.8
16	杨家道村	王刚	孙建新	279	103	16	311	0 头 /80 只	20	2
17	草湖村	蔺宏儒	李春旺	417	149	23	334.7	1 头 /0 只	34	1.86
18	桐树村	魏国明	潘存立	177	64	15	115.45	无	15.3	0.7
19	西大渠村	李吉学	李国荣	607	228	29	477.8	50 头 /0 只	50	2.2
20	新窦村	窦永升	赵建平	410	165	15	262.8	0 头 /40 只	16	1.7
21	北沙沟村	李德军	姬生荣	508	185	18	530.9	120 头 /0 只	28	2.8
22	邓家渠村	王培宇		137	57	13	173.2	110 头 /0 只	20	1.8
23	桥头村	孙德魁	邓新平	388	156	19	257.2	0 头 /15 只	17	1.56
24	沙包村	王生贵		270	96	19	230.4	98 头 /0 只	24	2
25	河滩村	哈力别克・阿合曼（哈萨克族）	包兰・呼沙英（哈萨克族）	302	106	15	1034	0 头 /50 只	80	2.1
26	三个庄子村	张守军	暂无	536	175	31	345	0 头 /22 只	40	1.2
27	中心村	刘志辉	刘会兵	488	169	19	344	0 头 /100 只	36	1.5
28	新地村	赵龙	吴国虎	805	271	32	604	0 头 /280 只	42	1.6
29	杨树庄村	李万新	陆建军	366	137	8	340.7	无	27	1.8
30	东西三岔坪村	刘金明	吕东文	321	120	21	692.1	60 头 /0 只	36	1.98
31	永盛村	贾瑞亮	杨守贵	574	202	19	7191	0 头 /300 只	65.6	2.29
32	渠边村	王德川	张桥	847	307	46	8921	235 只 /0 头	97	1.5
33	下八户	王金虎	李广荣	932	344	39	757.6	3 头 /22 只	160	2.3
34	龙口村	叶尔胡马尔・托乎提拜（哈萨克族）		244	64	15	805	0 头、240 只	60	1.6
35	沙门子村	俞中山		396	127	9	664.1	4 头 /100 只	37	1.5

乌兰乌苏镇

【概　况】2018年，辖区有22个村队。农作物总播种面积7272.33公顷；小麦454.13公顷，总产3423.8吨；玉米924.07公顷，总产13722.3吨；薯类36公顷，总产1890吨；棉花4947.73公顷，总产29315.3吨；蔬菜及食用菌523.67公顷，总产43728吨；其他作物180.07公顷。

【经济建设】2018年，新成立3家股份制合作社。2018年全镇共有合作社29家，入社土地4346.7公顷，入社农户1658户。推广和普及农业先进技术。培训新型职业农民25人，技术培训5000人次，培训农机驾驶人员1712名。推广新技术3项，新品种推广应用面积达98%以上。落实各项惠农政策。累计发放耕地地力保护、农机具、棉花价格、安居富民、草原生态等各项补贴1285.32万元。完成农业政策性保险5046.7公顷。

农业农机工作。稳步推进农业供给侧结构性改革，进一步优化产业结构，落实棉花供给侧结构性改革任务，种植棉花4947.75公顷，富硒黑小米、大米、红薯、小麦、玉米、蔬菜等农作物1581.42公顷，种植林果188.301公顷。开展农村集体产权改革试点和土地整理工作，完成21个村队的清产核资、组织成员身份界定、股权量化等工作。完成22个村队土地确权颁证合同的打印和签订、解决合同签订过程中的纠纷、改正合同签订中的错误等工作。完成了农村土地承包经营权确权颁证土地面积4871.67公顷，确权颁证资料归档5300户。完成21个村的土地整合，规范农村集体机动地承包摸底1050.67公顷，收土地承包费287余万元，清理林地面积76.93公顷，清退国有土地120.47公顷，关闭机电井1口。推广新技术3项，主要是辣椒超宽膜栽培技术、谷子和旱稻栽培技术；新品种3个，主要是水稻、谷子和红薯，种植全程机械化率达95%以上，农业综合机械化率达到96.5%以上。良种覆盖率100%，新品种推广应用面积达98%以上。

落实各项惠农政策。耕地地力保护补贴农户为607户，面积为1256.39公顷，补贴金额为576539.58元。发放农机具37台（架），其中拖拉机2台（2204拖拉机1台、954拖拉机1台），联合整地机1台，液压翻转犁6架，铺膜播种机19台，喷杆式喷雾机7台，旋耕机1台，秧苗移栽机1台。补贴资金47.73万元，发放棉花价格补贴1151.52万元（1221户）。2018年，发放安居富民补贴资金5505700元（215户），发放草原生态补贴资金13.29万元（76户），耕地地力补贴（玉米、青贮、辣椒、番茄、小麦）资金120.51万元（1762户）。共计发放补贴1285.32万元。农业政策性保险5047.47公顷，其中小麦108.2公顷、棉花4466.67公顷、玉米386.07公顷、其他86.47公顷，完成保险任务107%。

畜牧工作。全面落实牲畜防疫，从县站领取禽流感疫苗376250毫升，为养禽户发放消毒药品130公斤，禽流感防疫达63.14万羽。重大疫病防疫春秋五号病免疫牲畜累计免疫38649头（只），其中牛累计免疫2942头、羊累计免疫31151只、猪累计免疫4556头。小反刍兽疫免疫16778只。牛羊布病免疫2984头只。犬驱虫840只。“非洲猪瘟”摸排检查生猪养殖户165户（场），发放宣传单180余份。羊痘防疫1130只、羊三联四防苗防疫13250只，完成驱虫牛1640头（次）、羊19853只（次）、猪3642头（次）。加大动物产地及产品的检疫，共完成产地检疫牛32头、羊0.24万只、猪694头、鸡42万羽。品种改良工作，形成了由2个冷配点组成的服务网络，完成牛冷配420头，使良种牛普及率在99%以上。

林业工作。加快以绿廊、绿道、农田防护林为重点的林业生态基础设施建设。2018年有林地680公顷，果树林面积74.67公顷，绿色通道37.6千米已全面完成。2018年完成村队道路绿化带和农田防护林13.07公顷、经济林2.67公顷。

农田水利。一是不断完善水利基础设施，渠道维修12.8千米，引用地表水487.2万立方米。二是扎实做好防洪度汛各项工作，制定并下发了《乌兰乌苏镇夏季防洪应急预案》，储备充足的防洪物资：编织袋18000条、木桩100根、麻袋300条、铁丝200千克、铁丝网200张、铲车1台、挖掘机1台、运输车2台、土石料300立方米。对各险段安全运行开展15次检查，骆驼脖子至18连大桥至西树窝子村险段清淤6.5千米。三是完成水磨沟村213.33公顷节水滴管设计和实际勘察，持续推进农业水价综合改革，征收水利规费809.8万元（水费83.3万元、水资源费417.9万元、资源水价308.6万元）。

休闲农业和乡村旅游。推进苏家庄村沙湾县惠民源种植农民专业合作社蔬菜、樱桃、无花果等采摘、农业休闲游和农家乐。依托“鸭子泉富硒”“硒里天然”“冬海子”“博格达”等品牌，发展富硒农产品加工。2018年共接待游客3万人次，旅游收入2000万元，富硒农产品销售收入1110万元。

坚决打好“三大攻坚战”。一是坚决打好防范化解重大风险攻坚战。坚决守住不违规举债红线底线。积极化解历史遗留债务。2018年实现“零”违规举债。二是坚决打好精准脱贫攻坚战。累计投入20余万元，实现全镇23户贫困户家庭收入、人员状况稳定向好，实现稳定脱贫巩固提升的初期目标。三是坚决打好污染防治攻坚战。牢固树立“绿水青山就是金山银山”理念。加强生态保护。按10%配套农田防护林1.02万亩。完成绿色通道37.6千米。依法取缔“小散乱污”企业14家，设定28个垃圾统一堆放点、1个垃圾处理场，推行电采暖改造试点，高标准完成74家企业全国第二次污染源现场清查工作。

【党建工作】 基本情况：全镇35个党支部（村队党支部22个，机关、站所、企业、老干党支部12个，党总支1个），党员818名，其中干部职工党员194名、农村农牧民党员624名，少数民族党员131名，妇女党员228名，35岁以下党员126名，60岁以上党员183名。

抓好重点工作，推动党的建设工作上水平上台阶。认真落实“抓两头、促中间”，全年打造基层党建示范村2个，2个软弱涣散村均达到6星以上。抓好班子带好队伍，全程参与指导发展党员工作；加大党员干部队伍中“两面人”处置，开除党籍1人、立案审查11人；着力集聚爱国奉献的各方面优秀人才，全年培育新型职业农民25人，培训实用人才5000余人次；认真做好离退休老干部的年度统计工作，发挥老干部余热，带头发声亮剑，引导群众感党恩听党话跟党走。

抓好群众工作，提升党组织服务群众能力。制定群众工作上水平上台阶工作方案，制定统一标准，规范工作流程，梳理困难诉求433条，解决412条。按照“三个统一”要求，普通话学习任务全面完成，全镇少数民族群众普通话水平明显提升；开展党组织主导“四项活动”169起，涉及金额3.9万元。为特殊群体累计解决农业生产、住房、就学就医等困难诉求143条，帮助办理低保、大病救助、解决就业和子女就学106人，累计发放生活补助金、慰问品折合78万余元。

落实机制。一是认真落实从严治党“七个一”工作机制，抓好基层组织班子队伍建设。选优配强基层组织带头人，调整基层党组织书记5人。下沉机关后备干部到村任职7人。二是全面施行“抓两头、促中间”工作模式，打造基层党建示范村3个。按照工作完成情况，每月评比选出先进村2个、后进村1个，加强村队后备干部培养，确定村级后备干部76名。三是发展壮大党员队伍，全镇新增入党申请人219名、入党积极分子216名、新发展党员86名。四是规范4个办公室运行。积极实施7个村的“5+2”阵地建设项目，累计投入资金128万元配套购置电脑、桌椅等办公设备。打造基层党建示范村3个。认真组织开展周一升国旗和发声亮剑活动。

全力配合书记抓好党建工作。一是规范运行“四个办公室”，以党建综合办公室统领其他办公室，全力做好基层基础工作；常态化开展每周一升国旗宣讲，全面落实村党组织主导群众开展“四项”活动，扎实开展发声亮剑工作，依托农牧民学校针对性开展学法律、学政策、学普通话培训，让群众通过学习感党恩、听党话、跟党走。二是制定机关干部常态化下村蹲点驻点方案，全镇干部三分之二时间下村开展工作。统筹用好各级下沉力量，全镇各级下沉力量达到4664人次，累计走访12287户，排查化解矛盾纠纷184件次，慰问困难群众3241户次，发放慰问金、慰问品9.5万余元。

认真做好“访惠聚”工作。一是发挥乡镇党委的主体责任作用，党委书记每月至少研究2次以上“访惠聚”工作，每周召开1次“访惠聚”工作队工作例会；班子成员对所包村“访惠聚”工作负督促指导责任；调动村两委工作力量，落实“四步工作法”，全力支持配合工作队开展工作。二是加强“访惠聚”工作队管理服务，实行“访惠聚”工作队“积分管理法”，将工作队以及工作队员日常报送材料、考勤、落实重点工作等进行积分制管理，作为月考重要依据，确保考核公平公正。三是提升驻村实效。督促引导各驻村工作队落实好“1+2+5”，鼓励工作队争取项目资金把好事办好、让人民群众说好。全镇22支工作队共计争取项目资金1100余万元，为群众办好事实事243件，让全镇各族群众感受到“访惠聚”工作带来的实惠和家乡的变化，形成了村民高度赞扬、积极配合驻村工作的良好局面。

【党风廉政建设】 持之以恒纠正“四风”“四气”问题，强化作风建设监督检查。镇纪委坚决果断向“四风”开刀，深入贯彻落实《中共中央办公厅印发习近平总书记关于进一步纠正“四风”、加强作风建设重要批示的通知》精神，严格执行廉政准则，坚持手段共用、信息共享，建立了联合监督机制，将作风建设、效能监察、行风建设、优化发展环境等有效整合，着力解决党员干部“四风”方面的突出问题。全镇因“四风”问题共查处机关干部12人、村干部12人。其中诫勉谈话4人、提醒谈话3人、调整岗位2人，全镇通报批评15人。深入开展扶贫领域腐败和作风问题专项整治。全面落实关于扶贫领域监督执纪问责的安排部署，紧紧围绕“两不愁”“三保障”脱贫标准和“六个精准”“五个一批”要求，成立专项整治小组，采用实地走访、座谈交流、查阅资料及设立意见箱、投诉电话等方式，每月对低保、安居富民等较为集中的问题及群众反映问题较突出的村队集中进行入户排查，建立问题台账、销号台账，逐条进行整改落实；自2018年以来，扶贫领域腐败和作风问题共查处12人，其中给予全镇通报批评3人、提醒谈话2人、诫勉谈话3人、党纪处分4人（严重警告2人、警告2人）。通过专项检查、明察暗访、随机抽查、受理信访举报等方式，对廉洁过节、公车驾驶、婚丧喜庆等涉及机关干部作风、办事效率、会风会纪等情况开展专项检查6次，全镇范围内通报批评村干部25人、机关干部3人。严格纪律审查，始终保持查办案件高压态势。以“零容忍”的态度，坚持有案必查、有腐必惩。严格落实“一案双查”，既严肃查处当事人，又倒查追究相关领导责任。自觉地把党中央决策部署和治疆方略与纪检监察机关的职责任务紧密结合起来，加大对农村基层干部廉洁履行职责的监督力度，畅通群众诉求渠道，严肃查处发生在群众身边的腐败行为。为了更好地履行监察职能，在县纪委的统一安排下，2018年建设使用了集谈话室、监控室、医疗综合室、独立卫生间于一体的多功能谈话场地。同时，加强办案人员业务培训，熟练掌握办案流程，确保办案工作安全高效。截至2018年，纪律审查23件，已办结18件；立案4件；移交涉嫌犯罪线索1件。督促完成巡察整改工作。2017—2018年，沙湾县第五巡察组对乌兰乌苏镇7个村党支部开展了关于党的领导、党的建设、全面从严治党、六项纪律及落实自治区党委、地委以及县委重大决策部署等方面的巡察，共发现问题线索106条。镇纪委通过一对一实地指导，帮助村党支部建章立制，对疑难问题主动协调帮助解决，确保反馈问题件件得到整改落实，已全面整改完成。

【宣传思想】 认真学习贯彻习近平总书记在全国宣传思想工作会议上的讲话及陈全国书记在自治区宣传思想工作会议上的讲话精神，通过学习进一步提升了对意识形态领域工作的认识，为今后工作开展理清了思路、明确了方向。做好理论武装工作，每月干部理论学习篇目12篇，党的十九大精神集中学习25篇、自学13篇并下发给各支部。2018年，共开展中心组学习12次，撰写心得体会、讨论稿每名党员干部13篇。坚持正确的舆论导向，紧密围绕学习宣传贯彻党的十九大精神这一主要内容，努力营造浓厚的舆论氛围。开展面对面宣讲，组建“石榴花”宣讲小分队进村入户宣讲党的各项强农惠民政策，同时按县委统一标准做好周一升国旗、发声亮剑工作。2018年，集中宣讲320场次、入户宣讲3200户次，发放宣传单4500余份，受教育群众17000人次，创造良好的舆论环境。严格落实意识形态工作责任制，按中央意识形态领域巡视组相关要求组建专卷及时自查整改，按照县委统一要求成立镇、村两级审读专班，党政一把手负总责严把各类材料审核关。一年来，在镇村主要道路制作、悬挂宣传牌板210块，在各级媒体刊发稿件480（条），各级网站300余篇（条）。

【精神文明】 镇党委始终把思想道德建设作为精神文明建设的首要任务，常抓不懈。以重大节日和重大活动为载体，开展思想道德建设活动，推进社会主义核心价值体系建设。深化精神文明创建活动，文明村镇建设成绩斐然，黄家梁村被评为自治区文明村。

【民族团结工作】 全年组织开展民族团结一家亲活动6轮，县、乡两级干部结对认亲449户，其中乌兰乌苏镇各级干部结对认亲123户。全年开展民族团结联谊活动264场次。为各族群众办实事好事191件，捐款2.31万元，捐物289件，惠及各族群众380户。

2018年乌兰乌苏镇各村基本情况表

表5

序号	村名	党支部书记	村委会主任	总户数（户）	人口（人）	党员（人）	年末耕地面积（公顷）	年末牲畜存栏（头/只）	人均纯收入（元）
1	李家坪村	杨维康	桂建新	334	934	36	248.82	710	17724
2	头浮村	杨正宏	—	348	912	36	345.42	3240	17863
3	城庄子村	鲁世兵	王爱忠	319	779	35	332.87	469	18288
4	王家梁村	宋建军	朱　军	230	691	26	325.95	317	17570
5	皇宫村	刘　勇		264	711	33	270.96	738	17947
6	庙公地村	田　军	王月民	114	280	25	90.06	133	16722
7	鸭子泉村	刘　强	李生良	139	397	24	270.46	117	17179
8	三道桥村	雷双录	木拉提·沃特白克（哈萨克族）	90	265	16	185.29	798	17039
9	南渠村	马　云（回族）		418	1098	29	307.47	552	16895
10	乌兰乌苏村	马彦军	马俊忠（回族）	346	959	20	213.99	795	17399
11	万家槽子村	吕伟国	阿不力孜·肉孜（维吾尔族）	409	1166	29	260.43	810	17578
12	老榆树村	陈兴东		370	1109	26	316.67	403	17701
13	西树窝子村	王　强	买志龙	336	888	23	355.71	605	17798
14	水磨沟村	祁　诚	马哈沙提·哈不楞（哈萨克族）	289	814	22	296.85	697	17825

续表 5

序号	村名	党支部书记	村委会主任	总户数（户）	人口（人）	党员（人）	年末耕地面积（公顷）	年末牲畜存栏（头/只）	人均纯收入（元）
15	北湖村	魏建新	高新斌	326	950	33	386.29	889	17760
16	黄家梁村	杨鹤翔	安　强	243	771	23	440.33	404	18361
17	泉源村	买玉宏（回族）	黑生江	202	598	24	238.69	564	17367
18	下四宫村	梁　明	潘吉仁	330	941	30	290.02	810	18732
19	小庙村	林建和	邓来兵	363	937	38	323.23	911	19176
20	苏家庄村	王福国	苏春江	379	1037	35	298.86	944	16990
21	三宫店村	李根德	吐尔达力·尼扎木都（维吾尔族）	402	1376	26	354.96	1594	17054
22	下三宫村	侯东来	窦照华	287	823	35	293.02	733	18434

老沙湾镇

【概　况】2018年，辖区有37个村。年末总人口1.4万人，少数民族1475人，其中农业人口1.35万人、非农业人口0.05万人；耕地面积1.78万公顷，粮食播种面积26.7公顷，经济作物播种面积1.78万公顷。主要农产品产量：粮食355.7吨，棉花38160吨。年末牲畜存栏0.71万头（只）。全年肉类总产78吨，羊毛7.4吨，牛奶204吨，禽蛋2.1吨，水产品7.6吨。年内完成造林面积23公顷。年末拥有农牧业机械总动力128028千瓦。全年建筑业完成总产值1398万元，建筑企业施工房屋建筑面积1500平方米，竣工面积1500平方米。

全社会固定资产投资总额2155万元，其中城镇建设投资140万元、农村非农户投资940万元。年末固定电话用户911户，计算机互联网用户1310户。年末居民储蓄存款余额2.99亿元。

拥有各种专业技术人员33人，其中中级以上5人。年末广播覆盖率100%，有线电视用户1970户，覆盖率99%。有卫生院1个，拥有专业卫生技术人员16人（少数民族2人），病床10张。

农牧民人均纯收入21278元，较上年增加3%。

2018年，已有1.22万名农民参加城乡居民医疗保险。转移农村劳动力1300人次。

【经济建设】种植业。种植机采棉17666.7公顷，玉米26.7公顷，打瓜133.3公顷，山药2.1公顷。

畜牧业。开展重大动物疫病免疫工作，口蹄疫牛567头，羊9845只，猪567头，猪蓝耳567头，禽流感3712羽。羊布病5876只，四联苗8756只，羊小反刍4211只，防疫密度100%。

林果业。老沙湾镇新栽防护林23公顷，绿色通道7千米。开展第二届“我为书香古镇种棵树”大型公益植树活动。

工业。老沙湾镇的工业主要以农产品加工为主，镇域内分布着4家棉花加工厂、3家粮油加工厂、5家节水滴灌器材生产企业、1家酒类生产企业、1家番茄制品加工厂。

其他。老沙湾镇已清退农用地800公顷，关停非法机电井50眼，完成政策性农业保险13300公顷。严格落实河长制，定期巡查，及时公开河流污染源清单、河道治理项目、涉河治理项目、涉河活动等信息。

【党建工作】党组织基本情况。全镇47个基层党支部，739名党员（汉族705名、少数民族34名，2018年发展党员112名）。

党员队伍建设情况。开展党员干部大轮训2轮12批次，轮训党员干部1400余人次。组织各村党支部书记、组织委员、监委会主任等111人按时参加塔城地区基层组织建设专题培训班。推行机关干部周一升国旗、农牧民夜校、党员大会“三下沉”制度，指导督促村队扎实开展工作。并印发《“三会一课”制度和记录样本参考模板》、“5+X”主题党日操作规范等，全镇“5+X”

主题党日活动、“三会一课”、民主生活会等党内政治生活和农牧民学校、周一升国旗活动更加标准化、规范化。

软弱涣散基层党组织整顿工作。研究制定《老沙湾镇“星级化”档案收集建立指引图》，村队星级化创建更加规范。建立软弱涣散党组织定期筛查整顿退出机制，结合实际，将示范村队与4个软弱涣散党组织进行结对共建，组织扎实开展“百企（合作社）联百村”结对共建活动，并组织4名软弱涣散党组织书记到额敏县示范点开展为期20天的挂职锻炼。同时，整合组织、纪检、综治及各站所力量组建专班，深入村队帮助指导软弱涣散党组织开展整顿工作。4个软弱涣散基层党组织已全部转化升级。

村级阵地“5+2”建设情况。累计投入资金26万余元对36个村的办公阵地进行了绿化、美化、亮化，对桌椅板凳进行了补充更新。

“四老”人员情况。新增“四老”人员9名，去世“四老”人员4名。截至2018年年末，全镇共有109名“四老”人员。

壮大集体经济情况。各村发包集体土地收入1439万元。全镇开展了“三资”清理工作，各村共回收历欠48万元。

“访惠聚”驻村工作。县委共向老沙湾镇派出32支工作队，150名工作队员（保留79名老队员，新调整70名工作队员），涉及20家单位，其中地区单位1家。协助指导各村维护社会稳定、加强党的建设、筑牢群众根基、促进事业发展。

远程教育情况。推行“六项制度”管理办法，对基层管理操作人员进行了量化考核，考核结果与绩效工资挂钩。全镇村级远程教育终端接收站点选优配强站点管理员32人。

【党风廉政建设】 推进作风建设监督检查常态化，重要时间节点重温各项纪律规矩，常态化观看警示教育材料，严查不落实的人和事，对违反工作纪律的第一书记、村干部等给予全镇通报120余人，提醒谈话35人，诫勉谈话23人。镇纪委共立案审查18起，涉及党员干部18人，已办结10起。

【宣传思想】 一是聚焦总目标，牢牢掌握意识形态的领导权主动权，全力打好意识形态工作主动仗。二是建立一支政治素质过硬、文化素养高、道德品质优良的宣传队伍，对全镇新闻、信息进行初审，早预见、早发现苗头性问题，关注重大事件及突发性问题网络舆情，牢牢掌握主动权。指导规范使用党的十九大精神系列挂图、文化站图书、规范标语，逐展、逐窗、逐板清查清理不符合要求的标语、制度牌、图书等，清理不规范标语32条，清理不规范使用展板78块，清理横幅62条、展板78块、墙体标语32条、挂图936幅，指导37个村队及7个站所4幅挂图装裱，下发通报1期，对6个村进行全镇通报批评。全年共开展中心组学习、干部理论学习48次，干部夜校学习80次。

【精神文明建设】 37个村队，每村结合实际制定了村规民约，成立了红白理事会，通过流动道德讲堂不断提高村民的道德素质，建设凝聚道德力量，构筑道德高地。组建巾帼志愿者服务队和红领巾志愿者服务队，其中巾帼志愿者服务队38人、红领巾志愿者服务队25人，全年共开展志愿者服务活动19次。深入推进“把崇德向善、奋发向上的现代文化建立在组织上体现在自律公约中”主题实践活动，组织全体干部职工进行行业自律宣誓。

【民族团结工作】 自2018年以来，以结对认亲、经常走访、相互学习、开展活动、真情帮扶、表彰激励为载体，结合党的十九大精神宣讲、两会精神学习，共度元旦、春节、清明节等传统节日，共同利用春耕生产等时机开展多种形式的走访活动。本年度共开展联谊活动747场，参加人数共计22610人次。

【美丽乡村建设】 一是围绕书香古镇建设规划，

完成12个村“5+2”建设项目及惠民生项目建筑领域新建及精品维修工程建设；完成乡村9千米道路的修建；完成芦湾村养老院总体调整规划工作；完成大梁坡村、胡家海子村少数民族资金发展项目的开工前期手续；完成镇区及主干道156盏太阳能路灯建设。二是进一步加强小城镇管理工作，建立垃圾定点投放、专人清扫、定期绩效考核制度。三是严格监督检查，大力开展富民安居政策、《城乡规划法》的宣传工作，严肃依规处理违法建设行为5次。四是25户安居富民工程任务，完成率100%，竣工率100%。同时对2019—2020年全镇37个村安居富民建房需求进行摸底并建立台账，精准安居富民。五是积极做好渠道巡查及水利工程维修，全面巡查全镇41.5千米防渗渠。

（责任领导：高　扬　撰稿：郑葆冬）

2018年老沙湾镇各村基本情况表

表6

序号	村名	村委会主任	总户数（户）	人口（人）	党员（人）	年末耕地面积（公顷）	年末牲畜存栏数（头/只）	集体收入（万元）	人均纯收入（元）
1	南梁村	陈　海	65	189	10	4541	190	24.5	21300
2	上坑湾村	姚树功	95	269	14	6951	210	19.2	21100
6	渠西村	张学军	78	258	15	6386	17	23.4	21300
4	大梁坡村	许建军	175	746	29	11966	520	78.9	21120
3	海子湾村	聂新福	48	212	11	4980	95	31.2	23200
5	西野地村	郝东泉	56	249	10	7464	241	37.3	23300
7	汤家庄村	詹发高	81	271	15	4044	190	18.7	21120
8	头沟村	雷文强	141	433	24	5186	380	25.6	21100
9	郭家庄村	张常来	69	462	28	8460	280	69.3	21120
10	林家庄村	张俊廉	76	477	29	10025	430	57.3	21230
11	蒋家庄村	马建勇	67	235	24	3805	360	38.1	21100
12	老沙湾村	马国栋	206	656	20	7544	550	27.5	20010
13	贾家庄村	李银云	56	216	11	2517	120	17.8	20030
14	小东渠村	朱旭东	119	361	18	4206	280	21.6	20120
15	魏家庄村	马金录	105	329	13	4084	370	19.5	20010
16	包家庄村	李万福	131	471	24	5374	420	42.3	21120
17	坑湾村	王开峰	181	439	26	7868	190	67.5	21100
18	窟窿湾村	黄建忠	63	325	16	7036	90	31.4	21400
19	胡家渠村	伊学铭	65	433	23	6319	370	26.8	20030
20	榆树庄村	杜正江	63	249	23	3612	280	18.7	18790
21	沙窝道村	王建彪	73	245	23	3928	210	23.4	20100
22	丁家庄村	伊学春	54	282	22	5235	180	22.5	20230
23	红山庙村	—	84	352	23	5859	330	33.6	19120
24	东渠村	侯建新	85	411	23	10266	210	49.7	18230
25	陈家庄村	陈天山	69	290	18	5814	110	35.4	22300
26	胡家海子村	孙兆齐	73	249	16	4434	90	21.5	18560
27	黄家庄村	黄新有	30	308	21	7295	230	65.4	21800
28	黄沙梁村	刘新强	144	539	24	6682	110	31.2	20600
29	沙沟沿村	叶强文	100	331	23	6599	310	33.2	20130
30	七角地村	覃德铭	87	430	19	6954	240	42.3	20690
31	十坪口村	土克成	112	478	13	10207	560	64.5	22900
32	西坑湾村	万家成	104	441	17	13426	310	38.3	24878

续表 6

序号	村名	村委会主任	总户数（户）	人口（人）	党员（人）	年末耕地面积（公顷）	年末牲畜存栏数（头/只）	集体收入（万元）	人均纯收入（元）
33	八坪口村	朱光亮	197	619	21	14307	680	51.6	23900
34	白家庄村	方如军	170	670	31	16289	650	91.3	22250
35	芦湾村	温福军	121	392	12	8170	310	19.2	21120
36	太平渠村	田文举	48	204	9	11640	640	34.5	26100
37	闸板口	陈登鑫	36	140	10	5765	120	35.7	24780

柳毛湾镇

【概　况】 2018 年辖 4 个行政村、19 个自然村。年末总人口 0.8349 万人（包含少数民族人口 0.0612 万人），其中农业人口 0.7923 万人、非农业人口 0.0426 万人；耕地面积 9732 公顷，经济作物播种面积 9732 公顷。著名地方产品有棉浆粕、粘胶短纤维、油脂。

农林牧渔业总产值 46375 万元，比上年增长 5%。其中，农业产值 34000 万元、林业产值 175 万元、牧业产值 12000 万元、渔业产值 200 万元。主要农产品产量：棉花 56552 吨、水果 40 吨。年内完成造林面积 550 公顷。年末拥有农牧业机械总动力 61997 千瓦。

工业增加值 32087 万元，增长 17.19%。主要工业产品产量：棉浆粕 29596 吨、粘胶短纤维 56714 吨。

全年建筑业完成总产值 7677.4 万元，建筑企业施工房屋建筑面积 715 平方米，竣工面积 715 平方米。

全社会固定资产投资总额 8643.13 万元，其中城镇建设投资 180.4 万元、农村非农户投资 190 万元、房地产投资 77 万元。年末固定电话用户 3100 户，计算机互联网用户 1450 户。年末居民储蓄存款余额 29638 万元。

拥有各类专业技术人员 40 人，其中中级以上 4 人。年末广播覆盖率 100%。

有卫生院 1 个、个体诊所 1 个，拥有专业卫生技术人员 18 人，病床 10 张。

农牧民人均纯收入 21630 元，较上年增加 931 元。

2018 年，已有 7111 名农牧民参加新型农村医疗合作保险。转移农村劳动力 1100 人次。

【经济建设】 种植业。严格按照要求整体推进全镇农村产权制度改革各阶段工作，在自治区农村集体资产清产核资工作现场推进会上进一步推广了王家庄村的典型经验做法。2018 年，通过入股分红，3 个产权制度改革示范村共获得红利 88.6 万元（其中王家庄组 8.6 万元、陶家庄组 47 万元、汇民渠组 33 万元），直接受益农户 1141 人。将规范村集体机动地承包工作与土地清理工作相结合，全镇共规范村集体机动地 0.41 万公顷，收取土地承包费 630 万元，确保农村社会稳定。组建共营制农民土地股份合作社 2 个，土地入股面积达到 358.67 公顷，实现了小农户和现代农业发展的有机结合。严格按照上级下达的任务对水利规费进行收取，2018 年水资源费任务 2171 万元，已完成 2171 万元，完成率 100%；土地租赁金任务 217 万元，已完成 217 万元，完成率 100%；收缴水费 147 万元，已全部完成。

畜牧业。强化现代畜牧业基础设施建设，稳步推进畜牧业的发展水平。2018 年，柳毛湾镇深化重大疫病免疫工作密度，家禽防疫密度达到 200%。全镇共有 13 家畜牧养殖合作社，牲畜年存栏量牛 3500 头、羊 2.8 万只、鸡 9 万羽。依照落实好禁养区、限养区的法律政策要求，全镇确定纳入限养区养殖合作社 1 家（鑫慧养殖专业合作），严格落实 2 名干部包联一个整治工作对象的包联机制，确保责任到村、到户、到人。

林果业。坚持因绿扬名，实现绿色发展，大力实施植树造林，全年完成植树造林 550 公顷。

工业。积极做好环保整改，累计投入 1.23 亿元加快柳毛湾镇中水回用建设项目进度，项目环评已初步通过验收，在线监测装置新址已建设完成并投入使用。银鹰工贸有限公司于 8 月底获批达标试验生产，2018 年由天泰纤维公司投资 12 亿元年产 10 万吨粘胶生产线已进入试运行。切实加强对全镇棉花加工厂和收购站的监管，确保棉花交售期间 5 家棉花加工厂按时结款，各棉花收购站未出现私自收棉的行为。为确保全镇工业经济稳步回升不出问题，全镇 20 家企业已办理安评及环评手续，为企业今后依规整改提供了科学依据。

【党建工作】 党组织基本情况：全镇有 2 个党委（含沙门子新村党委）、5 个党总支、34 个基层党支部，467 名党员（汉族 440 名、少数民族 27 名，2018 年发展党员 20 名）。

党员队伍建设。组织各类党员培训 54 期，培训党员 2638 人次。通过开展集中学习、个人自学、微信群发布等学习交流方式，有效地激发广大党员参与经常性学习的热情。

村级阵地“5+2”建设情况。新建叶家庄、板桥两个支部的办公阵地，共投资 100 万元；维修办公阵地 9 个（柳毛湾、秦家渠、陶家庄、汇民渠、王家庄、杨家湾、雷家庄、皇渠庙、沙门子），共投资 70 万元。

“四老”人员情况。共有“四老”人员 82 名。严格按照“四老”人员管理办法和标准，申报 2 名老干部、1 名老党员、7 名老军人，核减“四老”人员 2 名。

壮大村集体经济情况。自 2018 年 2 月以来，柳毛湾镇“三资”清查工作全面展开，各村以土地资源为重点工作，对村集体土地进行清理。摸清底数，按照《沙湾县规范农村集体机动地承包工作的指导意见》进行规范化承包。全镇共清理出耕地面积 147208.12 亩，其中二轮确权面积 3344.5 公顷、国有土地 1412.9 公顷、村集体机动地 5056.44 公顷，共收取土地租赁金 630 万元。全镇 19 个自然村，年收入 50 万元以上的村 19 个。

“访惠聚”驻村工作。全镇共有“访惠聚”驻村工作队 4 个，按照“1+2+5”工作要求，扎实开展“访惠聚”工作。全年共计开展 75 次“四项活动”。共发放慰问资金 1.75 万元。累计入户开展惠民政策宣讲 4761 户 9076 人次，发放“明白册”1451 余册，协助发放各项惠民生补贴、补偿资金 20 万元。协调引进 169 万元惠民生项目 3 个，确定致富项目 2 个。

远程教育。按照县委组织部要求，认真督促组织各远程教育终端站点开机运行并积极组织开展集中学习活动。全镇共 5 个远程教育站点，平均开机 28.51 天，开机率 95.71%。共开展集中培训 357 场次，有效培训 323 场次，有效培训累计 14400 分钟，培训人次 1500 人次，所有站点均完成每月 240 分钟的集中学习任务。

党员干部政治审查专项活动“回头看”工作。按照《沙湾县党员、干部职工报告个人有关事项办法》的要求和填写范围，组织全镇农牧民党员 224 人、机关在职干部 34 人（其中科级领导干部 16 人）、村“两委”班子 34 人逐人填写《沙湾县党员、干部职工个人有关事项报告表》《其他需要报告的事项》等，主动报告、及时纠正存在的问题，2018 年深挖排查“两面人”1 名、党员信仰宗教 1 名，已开除党籍。

建立涉嫌违法违纪党员信息通报机制。建立党员涉嫌违纪违法信息常态通报协调处理机制，实现对违纪违法党员动态化、常态化、制度化管理。给予 1 人党内严重警告、2 人提醒谈话、2 人诫勉谈话处理，1 人立案侦查，1 人处在初核阶段。

普通话学习。全镇应参加普通话测试村级层

面少数民族党员干部群众共216人，其中45岁以上及残疾91人、45岁及以下125人。经过摸底测试，45岁及以下人员普通话水平层次评定为“熟练”97人、“较熟练”22人、“一般”1人、“不懂”5人。按照普通话水平层次进行合理分班，选派46名专兼职教师有方案、有计划地进行培训。

发展党员工作。按照自治区、地区发展党员工作规程，紧紧围绕贯彻落实总目标的需要，坚持“成熟一个发展一个”的原则，坚持发展党员工作“五审查”“六比对”“三个坚决不发展”，严把党员入口关。经过多部门联合审查，有3名党员有治安案件记录；对历年来所有积极分子进行了政审，有8名积极分子有治安案件记录，已严格按照程序作出相应的处理。

不合格党员处置。2018年处理5名不合格党员。经过党组织党员大会通过，镇党委会议研究，同意给予自行脱党处置，并报县委组织部备案。

【党风廉政建设】 “两个责任”落实。镇党委共召开党风廉政建设和反腐败专题工作会议50次，其中党政主要负责人亲自安排部署党风廉政建设工作4次、听取副职汇报4次、专题会议4次，以达到使班子成员明确本季度党风廉政建设工作重点，交流党风廉政建设好的经验做法，对本季度党风廉政建设情况进行总结、分析、研究的目的，切实做到党风廉政建设与业务工作统筹安排、同步推进。

监督检查。全年共开展督查56次，其中节日期间作风督查9次、群众工作专项督查18次、党风廉政建设专项督查3次、维稳工作专项督查26次。镇纪委共受理问题线索8起，立案调查4起，结案1起，转交组织处理3起；提醒谈话2人次，诫勉谈话8人次，已全部办结。下发督查通报3期，通报批评8名领导干部和10个站所单位。对4个工作落实不力的村队进行了通报批评。

作风建设。严格贯彻落实中央八项规定、自治区党委“十条规定”、地委“七条意见”及县委相关要求，在春节、清明节等重要时间节点前成立明察暗访组，在全镇范围内进行明察暗访，对违反规定的行为，发现一起，查处一起；扎实开展廉政风险防控、政风行风评议工作，努力办好人民满意的服务窗口。

廉政教育。组织干部观看警示教育片，学习《准则》《条例》，召开家庭助廉会，签订《廉政过节承诺书》，开展送廉政春联等各项教育活动；制订党风廉政建设学习计划，开展廉政文化“六上八进”活动，组织廉政党课活动，通过活动的开展在全镇营造出风清气正的廉政文化氛围。

实行“清单管理”制度。一是依照法律法规修改并完善了职权目录，梳理党风廉政建设权力清单37项，其中内部权力清单9项、外部权力清单28项。二是制定党风廉政建设责任清单，结合单位实际，制定党风廉政建设责任清单14项，其中制定党委领导班子责任清单1项、纪委领导班子责任清单1项、各党政班子成员责任清单6项。三是制定负面清单，围绕“两个责任”实施意见结合责任清单权力清单，制定负面清单1项，其中党委班子负面清单1项。

【宣传思想】 柳毛湾镇党委结合全面宣传贯彻落实党的十九大精神氛围营造工作。在各新村村委会大院、道路主干道、镇区重要地点等处悬挂布标20条，喷绘室外永久性展板15块，全镇每天早晚播报党的惠民政策、典型模范事迹、“民族团结”等知识不少于1小时；各单位LED电子屏每天滚动播放自治区39条宣传标语，安全生产相关知识3500余场次，并发放党的十九大、农业保险、全民健康体检、党的惠民政策明白册、宣传单共计2000余份，发放党的十九大宣传挂图，并已全部装裱上墙。

【精神文明建设】 文明创建。2018年，柳毛湾卫生院申报创建自治区文明单位，柳毛湾镇汇民渠新村、皇渠新村、柳毛湾新村申报创建自治区文明村。

文明共建。加大宣传的力度，开展诚实守信宣传教育活动，营造全社会共同参与的良好氛围，在全镇范围内开展以讲文明、讲卫生、讲科学、树新风、健康积极向上的新风尚。倡导一切诚实劳动创造美好生活的思想和精神，深入理解社会主义中国的历史性进步和光明前途，不断增强民族自尊心、自信心和自豪心。

文化体育。上架合格书籍1100余册。桌椅10套、电脑14台，可供农民上网查阅有关务工、种植、养殖方面的信息。有投影机1部、音箱1套、DVD 1部、调音台2个、功放2个。农家书屋、社区活动中心、村级活动中心接待群众、读者3000余人次。在4个新村免费播放电影，累计84场次。举办了柳毛湾镇“我运动、我健康”冬季长跑比赛，2018秧歌社火比赛，扫黑除恶签名仪式，柳毛湾新村唱红歌大赛，以及沙门子新村融情活动、皇渠新村融情活动、柳毛湾新村融情活动、汇民渠新村融情活动、柳毛湾镇中心校庆“六一”活动。柳毛湾镇开展“百日文化广场活动”“夏季文化周活动”20余场。

【民族团结】 截至2018年年底，柳毛湾镇共有116户群众与县直及镇机关干部结亲。开展六轮民族团结一家亲活动。结亲干部中县直干部16人，镇机关、工作队干部73人。举办“民族团结一家亲联谊活动”12次，举办“民族团结一家亲主题活动”12次，大型宣讲会14次。

2018年柳毛湾镇各村基本情况表

表7

序号	新村	村组	新村党总支书记	新村村民委员会主任	党支部书记	人口（人）	总户数（户）	党员（人）	年末耕地面积（公顷）	年末牲畜存栏（头/只）	集体收入（万元）	人均纯收入（元）
1	柳毛湾新村	柳毛湾组	王成宝	王成宝	王成宝	1880	727	35	951	4151	89.18	21469
2		板桥组			张　芳			14	490	1005	62.44	21610
3		秦家渠组			陶天利			20	779	1144	78.69	21547
4	汇民渠新村	叶家庄组	吕大付	暂缺	高艳芳	1893	701	19	596	1796	20.94	21537
5		陶家庄组			赵　波			26	605	2010	77.11	21641
6		新户组			刘建兵			10	610	1055	29.55	21458
7		汇民渠组			范　勇			15	613	509	79.4	21655
8	皇渠新村	葫芦峪组	王月军	彭英礼	马存刚	2398	888	16	623	10484	60.03	21570
9		王家庄组			王月军			19	268	1951	50.47	21778
10		头坪组			雷建江（1—4月）			17	457	2037	33.42	21600
11		窦家庄组			闫新兵			14	338	340	31.31	21606
12		皇渠组			巩爱民			22	429	1081	27.18	21422
13		二坪组			窦月贵			14	261	362	15.29	21511
14	沙门子新村	徐家庄组	王新兵	王新兵	卢占福	1752	632	16	219	494	41.14	21683
15		杨家湾组			王新兵			17	301	785	20.91	22049
16		雷家庄组			朱保军			15	865	1046	194.02	21647
17		皇渠庙组			赵　乐（1—9月）			16	490	595	77.6	21931
18		刘家庄组			殷建成（1—9月）怀刚刚（10—12月、支部副书记）			11	348	328	59.19	21806
19		沙门子组			吴小英			13	489	327	94.51	22054

说明：截至2018年年末，柳毛湾镇镇区户籍人口数426人，共276户

东湾镇

【概　况】2018年辖19个行政村（队）。年末总人口1.0761万人（少数民族人口占31%），其中农业人口0.9839万人、非农业人口0.0922万人；耕地面积4838公顷，粮食播种面积4501公顷，经济作物播种面积95公顷。旅游景点（区）有1个（东大塘）。

农林牧渔业总产值27470万元，比上年增长12%。其中农业产值9600万元、林业产值132万元、牧业产值17738万元。主要农产品产量：粮食53178吨，油料70吨，甜菜4099吨。年末牲畜存栏7.2万头（只）。全年肉类总产3810吨，羊毛200吨，牛奶3000吨，禽蛋46吨。年内完成造林面积39.1公顷。年末拥有农牧业机械总动力32360千瓦。工业增加值10万元，增长1%。

全年建筑业完成总产值1312.6万元，建筑企业施工房屋建筑面积9605平方米，竣工面积9606平方米。

年末固定电话用户1780户，计算机互联网用户2260户。年末居民储蓄存款余额18032万元。

拥有各类专业技术人员32人，其中中级以上11人。年末广播覆盖率100%，有线电视用户3263户，覆盖率100%。有卫生院1个，拥有专业卫生技术人员19人，病床12张。

2018年内参加县以上的文体比赛中获1个优秀组织奖。

农牧民人均纯收入14173元，较上年增加674元。

截至2018年底，已有8611名农牧民参加新型农村医疗合作保险。转移农村劳动力991人次。

【经济建设】种植业。一是科学调整优化产业结构，力促农业增效、农民增收。2018年，东湾镇在稳定粮食生产的同时，立足山区优势，不断改变传统种植模式，大力推进土地整合、土地流转，努力构建具有山区特色的现代农业发展路径。完成播种面积4796.23公顷，其中小麦186.53公顷、玉米4313.3公顷、苜蓿71.93公顷、甜菜68.27公顷、其他作物156.2公顷。二是加快农村集体产权制度改革工作进程。在全镇19个村和1个村民小组开展清产核资和集体资产管理工作。2018年，完成清查账面资产总额3767.76万元，核实资产总额5093.55万元，清查集体土地总面积33353.3公顷（包括耕地、宅基地、草地、林地）。产权制度改革确定成员人数达9966人，确定了试点9个村，完成成员代表推选183人，选举股份合作社理事会、监事会成员共90人，选举产生18位理事长、监事会主任。三是认真做好农村土地承包经营权确权登记颁证工作。按照土地确权档案要求，打印承包合同，报账员再次认真进行逐户审核，确保土地确权信息不漏户、农户身份信息完善，完成合同的签订、确权错误信息纠正、更换户主等工作。

畜牧业。一是在全县首推农民专业合作社发展模式，实行“五统一”饲养模式，截至2018年，已成立示范推广合作社4家，圈舍26座，全年合作社共解放劳动力60余人。其中，东湾镇“润年养殖场”“百佳养殖场”2个合作社社员户均可分得红利6万余元，人均收入达1.7万元。二是按照“改造提升传统畜牧养殖业，探索创新现代畜牧养殖业”发展要求，加大标准化养殖小区建设，新建高标准养殖小区2个，喂料、除粪、消毒全自动化。其中有蛋鸡标准化养殖场，占地1.3万平方米，进口澳大利亚自动化生产线，建成后蛋鸡饲养规模可达30万只，可实现年产鸡蛋6000吨，标准化养猪场全年出栏可达到3000头。三是严格落实重大动物疫病“一票否决制”和畜禽防疫行政“一把手”负责制，建立动物疫病防控工作长效机制；完成品种改良，引进新疆褐牛种公牛6头、种公猪5头，人工配种1750头。全镇牲畜两季重大疫病防疫率达到200%。四是通过积极引导农牧民参与草原生态保护建设工作，为顺利实施草原生态补助奖励机制工作营造良好的环境。东湾镇在册牧户有585户，草场总面积85557.3公顷，发放草原奖补资金410.74万元，发放宣传材料1000余份。

林果业。开展植树造林工作。现有农田防护林491.2公顷，占全镇耕地面积10.16%。已超额完成配套林地亩数，经济林20公顷，大面积片林133.33公顷，林业水费按照农业渠灌用水标准执行。绿色通道基本全部打通，在做好植树造林的同时加强林木管护，在林业病虫害防治方面实施低毒高效药剂无害生物防治，全镇林木防治率达100%。持续做好林木的修枝、刷白工作。

其他。一是土地清理及退地减水工作情况，清退农用地累计132公顷。东湾镇组成土地清理督查小组对2017年完成的退地132.27公顷进行核查，核查过程中发现2个村的村民私自耕种退地，共0.55公顷。在镇纪委、镇农经站、驻村工作队、村两委的监督下，当日整改完毕，恢复原貌。各村已上报土地清理工作说明，由村党支部书记、村委会主任及第一书记、工作队队长签字确认，确保2017年退地未被耕种。二是2018年种植业保险完成面积为1812.25公顷，其中小麦129.18公顷、玉米1635.07公顷、甜菜48公顷，共收缴保费223692.63元。完成奶牛保险1624头，保费收缴77952元。共收缴保费合计301644.63元。2018年奶牛保险核损66头，合计赔付396000元；种植业保险，春天风灾以及麦子倒伏赔付共计70000元，秋季野猪踩踏保险赔付157200元，东湾镇保险赔付共计623200元。三是全面落实河长制。严格按照《沙湾县实施河长制工作方案》文件精神，加强对玛纳斯河沙湾段、宁家河、东河坝日常巡检，掌握河段基本情况，协调落实年内迫切需要解决的问题，全面落实绿色发展理念，推进生态文明建设。严格落实水资源费征收办法，应征水资源费424603.5元、地表水费389万元。加强防洪工作，准确把握自治区党委、地委、县委关于对防汛抢险救灾工作的决策部署，把各项措施落实到行动上。结合东湾镇实际，再次修订完善细化防洪抢险救灾工作预案，强化各地段防洪值班，畅通信息，加大防洪抢险救灾物资储备，全面排查隐患，对各河段、桥梁涵闸、行洪渠道开展安全隐患排查，切实摸清洪水易发区域内的村队社区人员底数，划定风险范围、设置警示标识，确保无盲区、无缝隙、无空白点。其间，组织开展大型防洪演练1次。

【党建工作】 党组织基本情况：1个总支、28个基层党支部，557名党员（其中汉族374名、少数民族183名，2018年发展党员60名）。

加强基层组织建设。一是从严落实“七个一”工作机制，建立“月工作汇报”“周工作清单”“日工作小结”，将任务精确到天、细化到人、量化到岗。组织召开党建工作例会3次，党委会专题研究党建工作2次，听取各村党支部书记党建述职1次，对确定的2个软弱涣散党组织专题研究2次。二是加强统筹各支力量。切实发挥村党支部领导核心作用，推进村级组织“四大办公室”建设，合理设置人员配备、办公场地、挂牌等工作，建立“四大办公室”工作职责，以“责任制、清单制、问责制”规范运行，构建镇村两级服务体系，不断提升工作能力和服务水平。加强第一书记和村干部管理，调整任职党支部书记2名、第一书记3名。三是东湾镇“四老”人员共计106人，其中老干部39人、老党员46人、老军人21人。2018年新增“四老”人员10名，去世“四老”人员4人。2018年“四老”人员累计发放资金104.528万元。

加强党员干部队伍教育管理。组织召开2次基层党组织书记抓党建暨全面从严治党主体责任述职述责大会，25名基层党组织书记分别就强化从严治党、抓实党建工作责任开展了述职。组织开展基层党员大轮训10次，轮训基层党员1841

人次。开办东湾镇2018年送学下乡积极分子培训班2期，培训村级入党积极分子174人。大力推进发展党员工作。按照1∶3比例要求储备后备干部55人，其中正职后备19人、副职后备36人。

开展党组织星级化创建工作。经过村“两委”、“访惠聚”工作年初自评、党委会议确定、村队党员大会通过，全镇19个村队，评定5星党支部2个、6星党支部12个、7星党支部4个、8星党支部1个。田家庄村8颗星，西地村、卡子湾村、下东地村、青山村都是7颗星，上东地村、潘家庄村、胡家庄村、双桥村、张家庄村、宁家河村、下戈壁村、夹山孜村、宽沟村、东湾村、串庄子村、傢什窑村都是6颗星，南湾村和东山沟村是5颗星。按照“一星一档”“一村一册”，各村建立创建方案，逐步完善星级化档案，确保年底除田家庄村8星级保星外，其余村队上升一颗星。

狠抓软弱涣散基层党组织整顿工作，壮大村集体经济。一是2018年重点开展东山沟村、南湾村2个软弱涣散党组织整顿工作，召开党委专题会议研究，区别情况、分类指导、精准施策、抓好落实，按照“一支部一方案、一问题一对策”的原则，精心制定整改方案，明确细化整顿措施，针对每个具体问题逐一提出整顿措施、任务目标、时间期限和责任人，并召开专题部署会安排做好软弱涣散基层党组织村级自评、镇党委初验工作。经村级自评、乡镇初验工作组个别谈话，并根据平时掌握的情况，综合乡镇各直属站所负责人意见，对照“沙湾县软弱涣散村党组织整顿考核验收评分表”逐项打分。召开专题党委会，逐村听取初验工作组考核验收工作汇报。在充分讨论酝酿的基础上，经过集体表决，形成东湾镇考核初验工作报告上报县委组织部。2018年两个软弱涣散村队均已通过县级验收“摘帽”。二是东湾镇2018年维修改扩建项目村队有：卡子湾村、田家庄村、青山村、西地村、下戈壁村。夹山孜村新建村民服务活动中心500平方米；东湾村新建250平方米村民服务活动中心；下东地村维修改扩建项目及新建250平方米村民活动服务中心，总投资累计300余万元。三是抓党建壮大村集体经济。及时整合资产资源，杜绝集体资源浪费、私有化等现象。利用土地确权、土地整合等项目，将清理出来的土地作为集体土地，增加村集体收入。整合定居兴牧项目，利用东大塘的旅游资源优势，推进“牧家乐”旅游接待点建设。借助种养殖和合村优势，探索推进农民专业合作联社建设，采取“支部+公司+农户”的形式，不断增加村集体收入。群众反映强烈的道路、饮水、制种等方面的14个突出问题已初步得到解决。

“访惠聚”活动。2018年，东湾镇共派驻各级“访惠聚”驻村工作队18个，共有队员84名。截至年底，共完成全覆盖入户走访5轮，共走访18530户次，慰问群众749户，投入慰问资金19万余元。共开展分类宣讲950余场次，入户宣讲9800余场次，让习近平新时代中国特色社会主义思想和党的十九大精神家喻户晓。精细化做好群众困难诉求解决工作，做到群众合理诉求件件有着落、事事有回音，2018年共接待来访群众650人次，解决群众诉求500余件。统筹下沉力量，协助村队开展各项工作，共发现问题36条，镇访办通过实地查看档案材料共发现问题93条，已全部按要求整改完毕。认真落实自治区九项惠民政策，共发放工作经费170万元。拓宽致富门路，共开展村民实用技能培训122场次，帮助群众就业217人、转移就业179人。建立县、乡、村三级群众困难诉求台账，落实全程代办制度，办实事好事640余件，投入物资折合33万余元。结合视频调度、集中例会、现场观摩等多种形式召开访惠聚工作例会，进行工作总结和经验交流，2018年共召开例会28次。

远程教育。按照县委组织部要求，东湾镇坚

持“让干部经常受教育，使群众长期得实惠”，把推行农村党员干部现代远程教育工程作为建设社会主义新农村的重要手段，坚持“监管”并举，注重“学用”结合，远程教育学习取得明显成效。全镇共20个远程教育站点、19个村队站点、1个党委站点，开机率达到80%以上，村队站点参学人员达到全村党员人数的80%以上。全镇集中培训8000多场次，培训人数21600余人次，集中培训时长896小时。

【党风廉政建设】 一是围绕总目标抓好工作落实。认真贯彻落实《中国共产党纪律处分条例》，注重用好问责利器，抓住“关键少数”，组织督查组对全镇上下落实总目标情况进行监督检查，尤其是两会期间加大督促检查力度，督促镇村干部和“访惠聚”力量具体执行好总目标措施，对执行不力的村队和“访惠聚”工作队及站所进行通报和问责。共开展督查检查124次，下发督查通报37期，组织处理人数154人次，其中科级17人、其他137人，扣发落实不到位措施人员绩效补贴、基层补贴、工作队补助合计27000元。二是党委统筹领导，形成工作合力。认真落实党委主体责任，健全班子成员齐抓共管、镇纪委协调督查的领导体制和工作机制。党委书记同班子成员签订《东湾镇“一岗双责”责任书》，与各村、站所、学校党组织签订《东湾镇2018年党风廉政建设责任书》，召开党风廉政专题会议4次，完成党风廉政建设督导4次、考核2次。三是强化主体责任，严格落实党廉工作“一岗双责”。制定下发《东湾镇领导班子成员党风廉政建设任务告知书》《东湾镇党风廉政建设牵头（配合）任务通知书》，进一步明确了责任领导、牵头单位和责任单位。党政领导班子成员认真按照签订的《东湾镇“一岗双责”责任书》填写“一岗双责”手册，党委书记亲自调阅“一岗双责”手册4次，班子成员到各自的工作联系点调研党风廉政建设工作4次，班子成员向正职汇报职责范围内党风廉政建设工作4次。镇党委、纪委对村队、站所开展党风廉政建设工作检查、指导和督促4次。四是开展宣传教育活动，增强拒腐防变能力。结合“两学一做”学习教育和“学转促”专项活动开展党风廉政建设、“四风”、“四气”等方面的系列学习教育。开办“廉政夜校”5期、“纪律知识微考堂”24次、廉洁教育5次、案例通报14次，观看警示教育片2次，参加学习培训党员干部达1100人次。组织开展了党委与各支部、各支部与党员干部签订廉洁自律承诺书活动，签订人员490人。在主要街道悬挂教育月横幅3条，在各村办公室、巷道粉刷温馨提示语32条、永久性廉政标语20条，认真组织开展第二十个党风廉政宣传教育月活动，上好廉政党课。五是惩防并举，始终保持严惩腐败高压态势。镇党委定期了解纪委工作进展情况，协调解决纪委工作中遇到的重大和疑难问题，对发现的违纪线索，采取集中精力快查、快结的方式，限时移交审理，同时在办案思路上坚持“抓大不放小”，始终保持惩治腐败的高压态势。通过工作检查、信访案件查办、财务审计、发现和寻找案件线索，共立案审查13件，办结11件，移送审理2件。

【宣传思想】 一是全镇在抓好对内外宣传的同时，进一步完善外宣奖励制度，狠抓外宣奖励制度的落实。积极联络新闻媒体记者，对全镇的重点工作、重要举措进行分阶段采访。积极向《塔城日报》《伊犁日报》等党报党刊供稿，同时积极向天山网、亚心网等网站投稿；利用新媒体做好微信公众平台的转评发布工作。截至2018年，共发表信息260余条。二是始终将学习宣传贯彻党的十九大精神作为当前和今后一个时期首要政治任务，以坚决有力、管用有效的宣传推动党的十九大精神深入人心、落地生根。发掘文化能人、草根宣讲员和邀请县宣讲达人前来宣讲，组建由20名草根宣讲员组成的队伍，深入各村、站所和学校等，利用阿肯弹唱、民族歌舞、快板小品、戏曲杂话、诗歌朗诵等群众喜闻乐见的形式开展文化活动和宣讲。积极组织开展“迎端午贺佳节”“党旗映天山”“迎国庆”“庆农民丰收节”“宣讲＋系列活动”等78场文艺会演，并在全镇各村主干道、LED屏、文化墙悬挂、播出、书写大量宣传党的十九大精神标语，在宣传栏中张贴刊播报纸、点评文章或学习心得，实现党的十九大精神全覆盖，让党的声音家喻户晓、人人皆知。三是集中精力开展意识形态领域反分裂斗争。深入宣传党中央治疆方略在新疆的成功实践，深化马克思主义“五观”，以及党史、国史和新疆史“三史”教育，认真学习新疆若干历史问题研究座谈纪要精神，严格落实新闻报道、教材、文学作品等出版物“三审三校”制度。深入排查出版物、报刊文章、文艺作品、网上信息等，推动意识形态工作责任制落实；截至2018年，发声亮剑74人次，在“沙湾零距离”转载发声亮剑文章4次、《塔城日报》转载发声亮剑文章2次。四是认真开展审读及标语深度清理工作。成立审读领导小组，组织对39条标语进行认真对照自查，以及对规定范围以外标语的全部清除，墙体标语全部刷白、更换，严禁出现违反规定私自使用标语的情况，全镇共清理各类横幅48条、展板39块、墙体标语32条、挂图520幅（“访惠聚”下发的26幅挂图）。坚持攻防并举加强互联网管理，持续加强各类媒体网站和通信工具管理，下大力气营造良好的社会舆论氛围。组建网络评论员队伍，按照网信办工作安排，积极开展评论工作，加强对舆论的正面引导。截至2018年，平均每日上报300余张截图。

2018年东湾镇各村基本情况表

表8

序号	村名	党支部书记	村委会主任	人口数（人）	总户数（户）	党员人数（人）	年末耕地面积（公顷）	年末牲畜存栏（头只）	集体收入（万元）	人均纯收入（元）
1	东湾村	武东恩	王建国	482	186	32	196.6068	450	4.83	13267
2	串庄子村	司俊健	张学成	433	153	22	279.2401	800	8.42	13329
3	上东地村	张国辉	张国辉	404	133	20	406.9802	1300	25.3	15387
4	卡子湾村	谭西龙	卢海元	781	266	30	347.8202	860	14	17475
5	胡家庄村	严治杰		481	174	24	171.8001	2165	8.14	13882
6	田家庄村	屈志勇	屈志勇	354	132	22	167.8668	1300	19.45	14629
7	张家庄村	张华文	李文虎	397	136	14	237.0401	1600	14.47	13994
8	下戈壁村	董建华	康新军	557	200	20	341.9748	3062	15.2	15696
9	下东地村	罗刚	李会明	558	185	20	434.4869	1800	21.4	15295
10	夹山孜村	单学文		760	264	22	366.2402	5168	3	13588
11	阔克萨孜小组	邵国威	斯拉木汗（哈萨克族）	885	319	25	479.4136	6795	3.21	13527
12	西地村	李永新	叶尔包里·许汉（哈萨克族）	857	278	17	371.8602	6557	5.68	13476
13	潘家庄村	闫学龙	闫学龙	235	89	11	175.8268	1000	13.7	14426
14	宽沟村	吾兰·帕孜里别克（哈萨克族）	木拉提别克·买买提（哈萨克族）	295	104	9	139.3487	1537	5.57	12973
15	双桥村	芦金生	芦金生	231	107	19	108.2281	345	2.87	14782
16	南湾村	叶尔波拉提（10月任职，哈萨克族）	杨新军	564	224	18	197.7394	1683	2.03	13189
17	青山村	胡军年	王志新	476	175	23	154.2734	1669	4.02	13339
18	傢什窑村	沙合达提·哈山（哈萨克族）	努尔木哈买提·依力亚斯（哈萨克族）	524	204	16	71.176	7554	2.25	13132

续表 8

序号	村名	党支部书记	村委会主任	人口数（人）	总户数（户）	党员人数（人）	年末耕地面积（公顷）	年末牲畜存栏（头只）	集体收入（万元）	人均纯收入（元）
19	宁家河村	居马地力·吐尔地（哈萨克族）	阿地里哈孜·切坎（哈萨克族）	432	146	23	113.7867	8886	16.41	13260
20	东山沟村	巴哈提别克·胡玛尔（哈萨克族）	木乎塔尔·马里克（哈萨克族）	407	159	16	76.38	10075	2.86	13373

说明：镇区人口数 648 人，户数 393 户

（责任领导：杨　军　撰稿：李　娟）

商户地乡

【概　况】 2018 年辖 12 村。年末总人口 0.8596 万人（少数民族 1694 人），其中农业人口 0.8309 万人、非农业人口 0.0287 万人；耕地面积 9296.66 公顷，粮食播种面积 7.86 公顷，经济作物播种面积 9286.7 公顷。著名地方产品有千泉湖系列水产品和农产品。旅游景点有千泉湖。

主要农产品产量：粮食 70 吨，棉花 55732 吨。全社会固定资产投资总额 3208.6 万元。

卫生院 1 个，拥有专业卫生技术人员 14 人，病床 11 张。

农牧民人均纯收入 20252 元，较上年增加 723 元。

【经济建设】 种植业。全乡正播面积 9296.66 公顷，其中棉花 9288.8 公顷、其他 7.86 公顷。

畜牧业。商户地乡认真贯彻执行《中华人民共和国动物防疫法》，以预防为主的方针，为切实做好春、秋季动物防疫工作，先后召开了春、秋季动物防疫工作动员会、培训会。组织防疫人员做好动物防疫工作的宣传。在春、秋季动物防疫工作中，指导防疫人员进行疫苗接种，随时掌握防疫进展情况。在防疫期间，各种疫苗都接种到位，做到村不漏户、户不漏畜、畜不漏针，按时保质保量完成疫苗接种任务。严格疫情零报告制度，2018 年全乡重大动物疫病免疫共 27313 头（只）。牲畜口蹄疫共免疫 17839 头（只），其中牛免疫 1466 头、羊免疫 13392 只、猪免疫 2981 头。布病共免疫 4169 头（只），其中牛免疫 300 头、羊免疫 3869 只。小反刍兽疫免疫羊 4499 只。禽类免疫 806 羽。血清采样牛 65 份、羊 65 份、禽 65 份、猪 30 份。对禽流感抽检共计 4300 羽，按照 10% 比例进行抽检，共计抽检 434 份血清。完成商户地乡 2016 年、2017 年水源涵养地补贴信息录入工作，共 2 万亩，发放补贴 200 万元；草畜平衡 4854 亩，奖励金额 24270 元。完成商户地乡 2018 年草畜平衡信息录入工作，面积 24854 亩，奖励金额 61235 元。

林果业。为积极做好林防工作，投入 120 余万元，栽植苗木 13 余万株，完成植树造林 34.67 公顷，均为农防林。围绕沙柳公路完成绿色通道 7 千米，种植白蜡 8 万棵，红叶海棠 2 万余棵，成活率达 85%。累计完成病虫害防治面积 213.33 公顷，投入资金 3.2 万元，防治率达 100%。

教育事业。商户地乡中心小学在上级党委的领导下，2018 年绿化校园面积 4000 平方米，亮化建筑面积 1000 平方米，美化艺术宣传墙 600 多平方米，校园整体面貌得到改观。着重加强安全预防及安全教育，2018 年学校事故率为零。为积极响应阳光体育运动号召，认真实施并完成《国家学生体质健康标准》的测试和上报工作，2018 年学生体质健康达标率 100%、学生教师体检率 100%。2018 年所辖范围入学率 100%、入园率 100%。

医疗卫生与计划生育工作。商户地乡党委政府重视医疗卫生工作，新建 1900 平方米的业务用房及周转宿舍建设项目主体完工，完成 6 个村卫生室标准化建设。全民健康体检工作顺利完成，全年共免费体检 6222 人，体检率 100%。2018 年，

全乡出生人口政策符合率达100%，出生人口统计准确率达99%以上，综合避孕率达84.8%，长效避孕率达73.7%，领证率达31.47%。药具应用率100%，随访率100%。申报“自治区少生快富工程”项目户25户、“国家少生快富工程”5户，独生子女死亡伤残家庭1户，新增农村部分计划生育奖励扶助政策11人，2018年参加计划生育农村“光荣证”家庭子女考学加分29人（其中28人为区内高校、1人为初中班），全面提升了人口和计划生育整体工作水平，为全乡的经济快速发展创造了良好的人口环境。

劳动和社会保障工作。共有养老保险新增待遇领取人61人，城乡养老保险新增参保1231人，减少待遇26人，注销35人（参加职工养老，乡村医生5人，死亡30人）。全乡养老保险共有5058人参保，已达到全乡的95%。2018年缴纳2019年度的城乡居民医疗保险参保人员6795人，异地参保人员642人，完成任务的96%。办理就业创业证书40人次，实现农村劳动力转移就业550人，完成任务的100%；城镇劳动力就业100人，完成任务的100%。

农机工作。全乡农机总动力5.3万千瓦，在册拖拉机1296台，200匹马力以上大型拖拉机6台,GPS无人驾驶导航仪4台，各类采棉机13台，无人机3架，全乡农机具补贴74台架。

农田水利设施建设。全乡累计引水3275.915万立方米，其中引用地表水1313.102万立方米、提取地下水1072.813万立方米，西岸大渠泵站提水890万立方米，累计完成苗田灌溉79.052万亩次，水费2379341元，水资源费8684042.54元。

合作社经营。按照棉花供给侧结构性改革要求，结合全乡实际情况，在全乡推行“农民土地入股、合作社统一经营”模式，实现在蘑菇湖片、新桥湾片、商户地片成功运营团结、祥召、瑞祥、绿源、庆丰、春华秋实6家农民专业合作社。2018年，6家合作社辐射带动农民151户650人，瑞祥等6家共赢制合作社累计经营面积1400公顷，农业生产的集约化、标准化、规模化、组织化水平显著提高。

现代农业。推广现代农业新技术、新模式、新机具，大力推广深耕深松、秋季整地保墒、测土配方施肥、浅耙浅播浅覆土技术、综合防治病虫害、一穴一粒精量播种、棉花一膜六行机械采摘、GPS自动导航无人播种机等多项先进高效的农业生产实用技术。累计完成土地整合面积8533.3公顷，实现节水滴灌全覆盖。实现一穴一粒精量播种、测土配方、秸秆还田全覆盖。完成示范区农田主干道沙石化建设5千米，农田主干道路植树造林13.33公顷，维修农田防渗渠道12千米。通过不断发展，示范区内“路、林、渠、田、机、电、井、滴灌”八配套建设日趋完善，“田方、地平、路通、林直”的现代化农田格局已经形成。2018年平均产量383.4千克/亩，预计年底最高分红1434.4元，共赢制合作社运行机制已成熟。累计完成土地整合8533.3公顷，蘑菇湖村920公顷土地整理项目已落地，新增道路黑色化2.5千米、沙石化3千米、防渗渠道1.7千米、高压线6.6千米，高标准农田基础设施整体推进。完成导航作业1333.3公顷、深松作业1000公顷、无人机打药1400公顷、水肥一体化面积3866.7公顷，培养农民职业经理人10人，深松等九项新技术实现全覆盖。耕地面积8906.7公顷，其中棉花种植8780公顷，累计完成土地整合8106.7公顷，棉花精量播种、机采棉、节水滴灌技术实现了全覆盖。自2018年以来，重点推广了深耕深松、测土配方施肥、浅耙浅播浅覆土、两膜十二行、GPRS导航仪、微生物肥、综合防治病虫害等新技术，年底完成深耕深松666.7公顷，实现深耕深松全覆盖，农业科技化水平日益提高。共举办各类培训11场次，累计召开现场会、观摩会、农情分析会13场次，培养科技示范户130户，受教育群众达15000余人次。

落实各项惠农政策。全乡全年完成农业保险面积5466.7公顷，收缴保费115万元，奶牛保险200头。完成耕地地力保护补贴清册工作，完成全乡12个村的农作物种植面积信息采集工作，信息采集全乡集体土地面积8866.7公顷，三类补贴9.97公顷。2018年，全民健康体检人数为6222人，医疗保险参保7035人，缴费金额182.91万元，城乡居民养老保险参保4137人，缴费金额136.91万元。

脱贫攻坚工作。商户地乡对沙湾县自行确定的贫困户4户13人在2016年全部实现脱贫的基础上，全面落实扶贫户巩固提升各项措施，按照“七个一批”的要求，使脱贫收入水平得到了显著的巩固提升，4户13人年均收入全部达到了4000元以上。

【党建工作】 党组织基本情况。共有1个总支、23个基层党支部，466名党员（汉族413名、少数民族53名，2018年预备党员44名）。

党员队伍建设情况。商户地乡23个党支部共承诺事项80余项，为群众办实事好事50余件，对各村党支部书记进行“双述双评”，测评满意度100%。组织党员外出学习、观摩300余人次，开展各类培训20余场次，培养学用示范户39户。全乡党员干部带头积极参加周一升国旗、发声亮剑活动，积极参加农牧民学校学习，少数民族党员干部群众积极开展普通话学习，为商户地乡组织工作顺利开展注入活力。

班子队伍建设。对村“两委”班子成员制定学历教育培训方案，开展农村实用人才培训，对村干部进行教育培训工作。乡党委书记包联软弱涣散村队五户村，加强指导，优化班子成员，确保班子队伍强有力的领导。制定村干部管理考核办法、考核细则、后备干部培养实施方案、农村党员量化积分考核管理办法等。

开展党的十九大精神学习教育活动。积极组织党员干部学习党的十九大精神、习近平总书记系列讲话等，筑牢干部思想防线，转变工作作风，努力做合格党员。将党的十九大精神、习近平总书记系列讲话精神纳入党支部“三会一课”、主题党日学习中，组织党员干部集中学及自主学习，积极撰写读书笔记和心得体会，营造全乡学习的良好氛围。

软弱涣散基层党组织整顿工作。对一个软弱涣散基层党组织（地区级）进行专项整顿，制定整顿方案，建立工作台账，形成分析评估报告。全年乡党委共对软弱涣散基层党组织督查10余次，整改问题15个，协助解决问题15个。

“四老”人员队伍建设、管理、关怀及发挥作用情况。新增老党员2人，新增老干部4人，老军人3人；核减老党员4人，老干部4人，老模范1人。切实抓好基层“四老”人员身份和工龄核查工作，通过“访惠聚”工作队和乡派工作队大力宣传开展基层“四老”人员工龄补助工作的重要意义，使广大基层“四老”人员了解政策，及时填表申报。严格把关、专人负责，对核查工作中存在的弄虚作假和徇私舞弊行为进行严肃查处。贴心服务、多方协调，乡党委、政府安排多人协助，通过现场办公、多方联系证明人等举措，确保工作顺利推进，确保一次性完成所有符合条件人员的身份和工龄核查工作。

“访惠聚”工作。全乡共有兵团、县下派的11支工作队、56名工作队员。实施驻村工作队“三色管理法”，每月组织11支工作队交叉进行打分考评，确定“红旗”工作队2个、“蓝旗”工作队8个、“黄旗”工作队1个。通过实施“三色管理法”，形成了学习先进、比学赶超、促进工作的良好氛围。按照每2—3名干部包一个村的原则，将全乡41名干部下派至村，全年协助工作队驻村开展工作。

提高村干部待遇情况。严格落实文件要求，提高治保主任工资待遇，与村队正职干部待遇相当。全乡自筹工资20万元，报县组织部基层办审核后，作为年终村干部报酬奖励资金发放。乡党委对相关文件及时宣传、严格审查，并且按照文件要求及时对村干部待遇进行兑现落实。

远程教育情况。全乡共有远程教育接收站点13个（机关站点1个、村队站点12个）。全年开展技术辅导90余次，举办远程教育宣传活动40余场次，培养典型示范户20余户，参加远程教育的党员干部群众达3万人次。

农村实用人才情况。商户地乡实用人才现有763人，约占全乡农业人口的9%。其中有农业技术人员44人、生产能手38人、经营能手20人、能工巧匠593人、科技服务人才90人。实用人才大多数系通过实践经验获得所属专业特长。

“天池计划”人员管理、服务情况。全乡6名“天池计划”人员先后被乡党委安排到乡访办、综治办、团结办和财政所锻炼。按照“全员参与、自主管理、自我完善”原则，通过开展交流、创业培训等活动，为大学生村干部成长成才、学习交流、共谋发展搭建了良好平台，以加强培养、突出实践、多岗锻炼的方式，提高大学生村干部的政策理论水平和实际工作能力。

挂职干部实践锻炼情况。制定切合实际的挂职锻炼方案，结合乡域实际和南疆挂职干部自身特长确定挂职站所和村队，实行双挂职锻炼。强化政治理论、汉语学习，制定完善各项学习考核制度。全乡6名挂职干部共结对帮扶6户困难户、35户科技示范户，帮助群众解决实际困难20件。

【宣传思想和精神文明建设】 商户地乡党委建立健全党委中心组学习制度，制订党委中心组理论学习计划和机关干部理论学习计划，乡党委每月组织中心组集中学习1次，多角度、深层次地学习讨论贯彻党的重要会议精神。开展机关学习活动48次，副科级以上领导每人撰写20000字读书笔记、2篇调研报告、4篇心得体会，一般干部撰写10000字读书笔记、4篇心得体会。高度重视意识形态领域的斗争，用好管好舆论阵地。建好网评员队伍，加大网络巡查力度和不良网络信息举报力度，不断创新意识形态工作话语体系，以全新的视角审视并做好意识形态工作。成立15支草根宣讲员队伍，通过“宣讲+”的形式，大力开展“民族团结进步年”“民族团结一家亲”等系列宣讲活动100余次。成立各级审读小组13个，严格执行“三审三校”制度。全乡开展发声亮剑活动500余次、集体发声亮剑活动3次，各级党员干部撰写发声亮剑文章225篇。进一步规范完善村规民约和干部自律公约，签订“崇德向善”行为承诺书300余份。推荐“孝老爱亲”“民族团结”各类道德模范5人。开展清洁家园、扶贫帮困志愿服务等各类志愿服务活动100余次，张挂文明餐桌行动告示牌80余块、宣传标语200余张。开展“我们的节日”春节、元宵节、清明节、端午节等系列群众性文化活动和“双百品牌活动”60余场文艺演出，观众累计达上万人。

【民族团结工作】 全乡结亲干部共223人，结亲群众242户，做到结对认亲工作全覆盖。开展每两个月一次“结亲周”走访住户活动，完成六轮结亲走访活动，干部职工走访人数407人次，入驻结亲群众户数342人次。办实事办好事捐款7060元，捐物153件，就学39件，发展生产28件等。在全乡开展“一家人·一座城”品牌“民族团结一家亲　每月一主题”活动共48场次，大力开展民族团结政策宣传教育活动，制作悬挂横幅14条，开展民族团结教育专题报告会12场，激发了干部职工的民族自豪感和爱国热情，增强了各民族干部的凝聚力。

【美丽乡村建设】 认真落实美丽乡村建设各项要求，及时成立工作领导小组，精心制定工作方案，把美丽乡村建设工作作为年底考核的重要依据。在镇区安装压缩式垃圾箱180个，有大型垃圾清运车2辆、微型垃圾清运车3辆、冬季清雪车4辆。全年共开展乡、村两级环境卫生大扫除活动，出动2万余人次，调集垃圾清运车辆200余次，清除垃圾1200余吨，人居环境得到明显改善。镇区内商铺私搭乱建现象得到彻底整治，全乡环境卫生脏、乱、差的局面得到明显改善。

2018年商户地乡各村基本情况表

表9

行政村	党支部书记	村委会主任	人口数（人）	总户数（户）	党员人数（人）	年末耕地面积（公顷）	集体收入（万元）	人均纯收入（元）
蒲秧沟村	满江红新村党总支书记闫新波	闫新波	1834	621	91	550.32	257	20300
二桥村						349.58		
中渠村						188.52		
西梁村						686.7		
商东村	杨学席	王洪永	711	241	22	515.57	40.9	20252
商西村	孙清明	孙清明	416	135	33	370.18	63.1	20252
杨李村	杨亚军	杨亚军	706	220	28	1006.01	69.1	20252
居士堂村	郭全	马玉国	513	168	23	480.2	60.7	20252
五户村	张建学	马金军	835	260	25	926.19	61.3	20252
新桥湾村	丁加举	丁加举	541	178	31	624.61	130.2	20300
聂家渠村	叶生礼	任志刚	497	170	22	725.25	25.3	20252
湖西村	窦永军	窦永军	393	193	29	682.13	56.2	20300
泻水渠村	李毛旦	马金忠	549	193	29	609.31	79.2	20000
蘑菇湖村	金恩斯汉（哈萨克族）	阿马台（哈萨克族）	903	323	38	930.53	217.5	19800
硝坑村	徐光亮	黑巴提（哈萨克族）	279	80	17	230.43	36.6	19800

西戈壁镇

【概　况】 2018年辖19村（队）。年末总人口11464人、4324户，其中汉族4021人、哈萨克族5796人、回族1290人、维吾尔族36人、东乡族225人、蒙古族21人、壮族22人、俄罗斯族1人、藏族2人、土家族8人、土族39人、瑶族3人；其中农业人口9805人、非农业人口1659人；耕地面积7377公顷，粮食播种面积5778公顷，饲草料面积1075公顷，经济作物播种面积521公顷。著名地方特产地有1处。旅游景点（区）有5处，分别是温泉、双龙沟、大自然、怪石沟、回回沟。

全镇经济总收入预计达28525.22万元，较2017年增长6%。农村集体经济总收入223.73万元，较2017年的143.73万元增长6.4%。主要农产品产量：粮食9.5万吨，油料1000吨，甜菜2万吨，水果500吨。年末牲畜存栏6.8万头（只）。全年肉类总产量4000吨，羊毛50吨，牛奶200吨，禽蛋100吨。2018年内完成造林面积36公顷。全镇新增各种农业动力机械15台，其中大中型拖拉机7台、各种农具50多台（架）。拥有各种专业技术人员45人，其中中级以上3人。有卫生院1所，个体诊所16个，拥有专业卫生技术人员35人（少数民族22人），病床12张。农牧民人均纯收入13359元，较上年增加550元。截至年底，已有9653名农牧民参加城乡居民合作医疗。转移农村劳动力1156人次。

【经济建设】 在打造农业主导产业上下功夫，着力调整农业产业结构。在确保粮食生产安全的同时，培植壮大小麦、玉米、甜菜等主导优势产业。2018年完成农作物播种面积7598.99公顷，其中小麦876.13公顷、玉米4902.13公顷、制种玉米223.33公顷、甜菜273.2公顷、苜蓿423.8公顷、饲草料652公顷、其他作物248.4公顷。结合镇域特点和产业优势，强力推进牛羊育肥和大盘鸡原料基地两大养殖示范基地建设，推进现代畜牧业发展，实现牲畜总存栏6.8万头（只），出栏率85%，引进阿尔泰种公羊21只、新疆褐牛7头。建立了牛冷配点2个，冷配牛600头。实现出栏优质鸡1万只以上。按时完成牲畜防疫7.6万头（只）、家禽1万羽。

结合“一村一品”建设，积极引导构建“党支部＋企业＋合作社＋农户”的合作经营模式，签订春麦订单200公顷、制种玉米133.33公顷、甜菜266.67公顷、番茄40公顷，努力促进农业增产增效和农民增产增收。大力引进新品种、新技术推广与应用，优良品种覆盖率达到了90%。通过跟踪技术服务，小麦平均单产为每亩480千克。玉米新品种平均产量在1250—1450千克/亩，每亩增加农民收入120元左右。定期对全镇制种玉米进行转基因检测，未发现有转基因玉米现象。2018年新增各种农业动力机械15台，其中大中型拖拉机7台、各种农具50多台（架），农机机械化水平达到98%。进一步扩大政策性农业保险覆盖面，完成政策性农业保险参保作物4864.83公顷、母牛1700头。改善农业基础设施建设，积极申请项目维修资金70万元，新修渠道3千米，投入资金8万元对宁家河干渠剩余损坏部分进行了维修。通过村队自筹资金18万元，对宁家河干渠进行加固维修。

认真开展土地确权确认颁证工作，以户为单位建立档案，核对土地位置航拍测绘面积和1998年二轮土地户册面积。截至2018年，全镇17个村2160户已完成土地确权合同（8640份）农户签字确认工作。按照沙湾县开展农村集体产权制度改革试点工作有关要求，按照工作日程表完成人口摸底调查、人员身份界定、推荐股民代表等程序，全镇选出484名股民代表、119名理事会成员、85名监事会成员、19名理事长及监事长。通过土地清理，全镇共清理集体土地31854.66亩，作废长期低价承包合同24份，公开发包村集体机动地1212.77公顷，收取机动地承包费2237284元，全面消灭集体经济“空壳村”，有效解决了村级组织“有钱办事”的问题。全面推进农村产权制度改革和农村土地承包经营权流转规范，已经完成了19个村的清产核资工作。

积极配合温泉开发项目，高度重视沙温公路、国防公路维修项目建设，配合做好牧民房屋征迁和土地征收工作，主动做好服务，确保温泉景区开发项目正常开工建设。2018年，处理温泉建设项目相关草场纠纷5件。为进一步提升小城镇综合承载能力，以构建完善供排水、道路、绿化亮化等基础设施和公用设施为重点，进一步提升镇区综合承载能力和服务能力。镇区排水管网改造工程已完工，2018年新摊铺镇区道路9.1千米，对主街道路缘石进行了更新，安装1.6千米路灯。2018年温泉天赐酒店顺利完工营业，辐射带动全镇餐饮服务行业，镇区新增特色饭馆、农家乐9家。

【党建工作】 全镇有30个基层党支部、55个党小组，共有党员480名，其中少数民族党员230名，妇女党员113名；农村“四老”人员98名（老党员39名、老干部36名、老军人23名），农村低保户266户481人，城市低保户54户92人；“五保户”有17户21人，其中已集中供养的7人。

强基层打基础，夯实党的执政基础。一是落实好党建主体责任。以党的十九大精神宣传学习贯彻、全面抓好党政班子教育和管理，统筹工作力量，专班管理，选派1名班子成员兼任村党支部书记，对5名作用发挥不明显的村党支部书记进行调整撤换。建强后备干部队伍，新培养村级后备干部57名。突出“严管就是厚爱”，开展党建工作专项督查18次，发出整改建议书92份，督促整改各级督导问题228条，开展谈心谈话36人次；组织村干部“双述双评”2次，扎实开展党组织、党员承诺活动，推行党员先锋岗流动制，激励党员发挥作用。2018年，全镇党组织、党员承诺践诺率分别达96.2%和93.4%。二是加强基层党员队伍建设。严格“20·10·3”工作机制，研究制订发展党员计划，2018年上半年发展农牧民党员37人，培养发展对象57人。吸收入党积极分子162名，提交入党申请书285人。坚决落实政治审查制度，严把党员政治关，查处党员中的两面人5人。严格支部“三会一课”制度，结合“5+X”主题党日，组织全镇480名党员分类进行培训教育，强化理论武装，全年开展主题党日活动270次，上党课170次。加强村级后备干部培养，建立“1+N”帮带机制，培养村级后备干部252人，其中正职后备38人、副职后备76人、一般干部后备138人。三是抓实软弱涣散党组织整顿工作。按照10%比例倒排，确定2个软弱涣散基层党组织，坚持一村一策，严格定期分析评估机制，采取自查和督察相结合的方式，不断推进软弱涣散整改工作。2018年，群众反映强烈的班子凝聚力不强、干部履职尽责不到位等突出问题已有较大改观，群众满意度测评达80%以上，2个村整顿工作取得初步成效。四是抓实“访惠聚”工作。驻村工作队认真落实“八项任务”，为全镇加强民族团结、落实维护稳定措施、推进脱贫攻坚、教育引导群众等方面工作做出了贡献。2018年，累计走访23559户次、73904人次；开展宣教1304场次，培训群众45720人次；开展民族团结联谊活动128场次，参与人数8311人；协助“面对面”发放惠民资金20.2万元；投入48.47万元，办实事好事598件。五是做好“四项活动”规范化管理。2018年党支部主导“四项活动”101场次，发放慰问金23400元。六是严格干部选拔任用，通过规范选拔程序，实施干部交流，选派3名干部到“访惠聚”工作队锻炼学习，选拔3名优秀干部担任站（所）长，选派2名村党支部书记到兄弟县市挂职锻炼。

【党风廉政建设】 严肃反分裂斗争纪律，做好党风廉政建设和反腐败工作。落实“四书两报告”、党政正职“四个不直接分管”“末位表态”等制度，规范和落实“三重一大”事项集体决策，规范村干部权力运行，2018年纠正集体土地发包、农村财务、农村低保等苗头性、倾向性问题8件。加强执纪监督和执法办案力度，2018年镇纪委立案10件、结案6件，查处违纪党员4人，给予留党察看处分4人。认真贯彻落实中央八项规定以及自治区、地区、县委等各项规定，利用视联网、村干部培训等平台，开展廉政党课，通报曝光典型案例，镇纪委自查33次，未发现违反效能建设有关规定的行为。坚持问题导向，加大对扶贫资金管理使用的监督，2018年核查清退农村低保户122户186人，核查清退城市低保户35户61人，核查出不符合要求的“五保户”3户3人。自查集体土地发包、村级财务管理等问题13件，其中规范东山村集体土地发包面积705亩，原任4名村干部受到留党察看处分。同时抓好问题整改，严格实行台账管理，列出问题清单，整改问题139条。建立健全损害群众利益纠正机制，1—11月整治“四气”组织处理党员干部15人，典型案例曝光10人。

【宣传思想】 传达学习宣传党的十九大精神。将党的十九大精神学习作为重要政治任务，为每一个支部订阅《习近平新时代中国特色社会主义三十讲》《新时代面对面》《十九大100问》等读物，通过中心组学习、机关干部集中学习、村队“三会一课”、“5+X”主题党日、周一升国旗、农牧民夜校等，深入学习贯彻党的十九大精神、习近平新时代中国特色社会主义思想，采取集中轮训方式组织全镇510名党员干部进行党的十九大专题学习。各村成立宣讲小分队，在走访入户过程中面对面宣讲党的十九大精神，受教育群众3000余人次。

主动履行意识形态工作主体责任。召开专题意识形态研判会议4次，研究部署意识形态领域工作，及时与下属党支部签订了意识形态领域责任书，领导全面执行“一岗双责”，督促分管领域意识形态责任的落实，开展专项督查2次。不断强化理论武装建设，健全完善党委中心组学习制度，将部分优秀的第一书记、站（所）长纳入党委中心组范畴，全年开展集体学习21次。形成机关干部定期集中学习制度，利用领导干部讲党课、系列专题讲座、观看教育片等形式，组织全镇干部职工深入学习，组织机关站所干部集中学习16次，不断提升干部思想理论水平。加强网络安全教育。明确责任，签订网络安全承诺书4120份。成立网军队伍，培养骨干网评员、普通网评员、民语网评员。扩大对外宣传影响力。利用宣传栏、展板、大喇叭、微信群等平台，营造氛围、凝聚人心。2018年在中国新闻网、亚新网等新闻网站发布信息31条，在“沙湾零距离”微信平台发布新闻信息6条，在《塔城日报》、沙湾新闻、政府信息公开网站发布新闻23条，县级以上党报、新闻媒体采用60余条。

【民族团结】 抓好“民族团结一家亲”结对认亲和联谊活动。一是践行活动要求，确保结对认亲活动落到实处。领导带头，机关、站所干部全覆盖开展结亲活动，深入结亲户家中，与结亲户同吃、同住、同劳动、同学习，已完成六轮走访。全县352名结亲干部已经与全镇456名群众结对认亲，全镇108名机关站所干部已结对113名群众。继续落实“真帮扶”活动载体，梳理结亲群众困难诉求，发挥个人、单位的作用，力所能及解决结亲群众生产生活中的困难问题。各级干部为结亲群众共办各类好事实事180件，惠及各族群众156户。二是加强宣传教育，营造浓厚民族团结社会氛围。积极开展“学两报，我给亲戚送党报”活动，收集上报“学模范、做榜样、民族团结我先行”摄影、手机微拍展评作品。充分发挥各类媒体的作用，及时上报“民族团结一家亲”活动信息，形成良好宣传导向，将民族团结的种子撒播到全镇每一个角落，让其生根发芽、遍地开花。三是大力选树宣传先进典型。深入挖掘整理全镇涌现出来的民族团结先进个人和“民族团结一家亲”活动中的典型经验、感人故事，选出“民族团结一家亲”先进个人5名。

（责任领导：加孜拉　撰稿：马学荣）

2018年西戈壁镇各村基本情况表

表10

序号	村名	党支部书记	村委会主任	人口（人）	总户数（户）	党员（人）	年末耕地面积（公顷）	年末牲畜存栏头（只）	集体收入（万元）	人均纯收入（元）
1	白土崖子	居马哈孜·白山拜（哈萨克族）	木拉提别克·居马汉（哈萨克族）	583	207	11	358.76	1931	1.1	11061
2	十三户	达吾列提汉（哈萨克族）	哈纳提·阿瓦力汉（哈萨克族）	672	243	21	410.35	4495	12.30	10881
3	白滩	翟广建	禹剑	830	286	15	513.21	1231	35.4	12801
4	夹槽子	阿合买提汉（哈萨克族）	买尔汉·夏依多拉（哈萨克族）	732	245	18	517.46	3404	—	10989
5	曾家庄	尹红	胡兆亮	589	232	21	391.38	2548	10.95	14725
6	罗家庄	吴德军	董永雷	379	150	12	245.06	1859	2.15	14375
7	庙台子	杨树国	陈国伟	308	119	18	271.26	686	8.48	13107
8	白碱台子	黎怀华	哈则孜·胡达依比尔根（哈萨克族）	759	246	18	316.46	1173	25.79	11787
9	西戈壁	王建华	阿布扎勒汗·哈布勒拜克（哈萨克族）	332	121	7	273	4010	—	13480
10	北山	马学文（回族）	马学文（回族）	624	205	12	441.88	1257	0.5	13261
11	金河畔	王金凤	陈元长	353	133	21	299.80	893	—	14945
12	上八家户	张军	牛晓峰	617	248	24	414.28	1993	39.18	14483
13	二层台子	—	杨峰	641	242	24	526.21	1986	7.79	14296

续表 10

序号	村名	党支部书记	村委会主任	人口（人）	总户数（户）	党员（人）	年末耕地面积（公顷）	年末牲畜存栏头（只）	集体收入（万元）	人均纯收入（元）
14	西河沿	夏清松	马红军	375	130	12	419.89	2910	1.28	11016
15	小平原	张宏宝	郭宝定	273	105	14	318.31	667	—	16576
16	东山	—	木拉提江·夏力扎提（哈萨克族）	502	167	13	370.16	3430	16	12194
17	独山	梁怀学	—	515	180	10	282.63	1107	—	11419
18	阿合德尔	巴合提哈孜·吐尔德汗（哈萨克族）	提列吾汉·托列吾别克（哈萨克族）	919	334	12	599.86	13807	1.40	11637
19	五道沟	托兰·伊布拉英（哈萨克族）	萨哈提别克·合孜买提（哈萨克族）	653	222	14	407.53	16580	10	11418

牛圈子牧场

【概　况】 2018年辖6个队（3个牧业队、3个农业队）。1所寄宿制学校、1个兽医站、1个卫生院，全场共有1398户3681人（哈萨克族1209户3302人、汉族130户263人、回族25户66人、维吾尔族18户29人、其他8户21人），哈萨克族占到90%以上。其中，农业人口3194人，非农业人口489人；耕地面积1666公顷，粮食播种面积316公顷，经济作物播种面积1350公顷。著名地方产品有燕麦、黑麦、土豆。旅游景点有宁家河旅游区。

农林牧渔业总产值5120万元，比上年增长5%。其中，农业产值2010万元、林业产值120万元、牧业产值2990万元。主要农产品产量：粮食1860吨，棉花535吨，油料670吨。年末牲畜存栏5.2万头（只）。全年肉类总产490吨，羊毛120吨，牛奶2800吨，禽蛋6吨。年内完成造林面积2.67公顷。年末拥有农牧业机械总动力700千瓦。

全年建筑业完成总产值500万元，建筑企业施工房屋建筑面积2500平方米，竣工面积1600平方米。

全社会固定资产投资总额2300万元，其中城镇建设投资2000万元、农村非农户投资300万元、房地产投资100万元。年末固定电话用户848户，计算机互联网用户450户。年末居民储蓄存款余额1500万元。

拥有各类专业技术人员150人，其中中级以上50人。年末广播覆盖率90%，有线电视用户848户，覆盖率100%。

有卫生院1个，村医2个，拥有专业卫生技术人员10人（少数民族8人），病床9张。

农牧民人均纯收入11580元，较上年增长6%。

2018年，有3600名农牧民参加新型农村医疗合作保险。转移农村劳动力1500人次。

【经济建设】 农业农村工作稳步推进。一是从抓优质服务入手，积极做好为农服务工作，大力宣传各类惠农政策，做好粮食种植户的直补及良种补贴的登记造册和面积核实工作。完成各种农作物播种面积1326.6公顷。参保面积900公顷，各种农业政策性保险参保率达到100%，上缴保费97029元，超额完成任务。二是进一步巩固和延伸土地入股合作社的规范运行。对新的经济经营模式进行探索，积极引导合作社正常运行，进一步完善合作社的运行机制和夯实发展后劲，及时进行合作社的财务决算，对2018年合作社运行当中存在的问题进行认真总结，明确2018年工作目标，建立台账和工作流程，在党委层面进行责任分工。三是发展以苜蓿为主的饲草料种植基地，满足本地饲草料储备。宣传发动牧民在全场饲草料地内大面积种植以苜蓿为主的饲草料，以自给自足为基础，不断扩大面积，为牲畜越冬饲草料储备奠定基础。四是确保免疫各项指标落实到位，规范免疫档案，确保全场牲畜无大疫、有疫不流行。完成牲畜口蹄疫疫苗免疫注射48160余头（只），防疫率达到应免数的100%，参保牲畜1000头。加强对草场的监管，保障草场产草量，做好宣传工作，维护好生态平衡。完成2018年度新一轮草场生态保护奖励机制补助工作，上报已承包落实总面积89598.9公顷，其中草畜平衡面积66702.8公顷，712户；禁牧面积为22896.1公顷，542户，总上报资金为456.2万元。完成2018年牲畜防疫工作167124头（次），全场畜禽防疫密度达到200%。继续加大品种改良力度。

坚决打好“三大攻坚战”。一是坚决打好防范化解重大风险攻坚战。坚决落实“确保2018年和今后绝对零违规举债”这一硬性要求，坚决守住不违规举债的红线底线，全面化解政府隐性债务，全面梳理摸清底数。经梳理摸排，牛圈子牧场共有657万元隐性债务。牧场党委高度重视，召开专题会议，组织各村队、各单位清醒认识地方政府债务特别是政府投资项目中形成的隐性债务问题的重要性，制定和签订分年度偿还协议。二是坚决打好精准脱贫攻坚战。坚持抓好精准脱贫户巩固提升工作，以稳定脱贫、全面巩固为工作重点，做好脱贫群众巩固提升工作，围绕产业扶持、提升土地（草场）效益、就业转移、教育支持、基础设施建设、综合保障和社会帮扶7个方面，结合“民族团结一家亲”“访惠聚”驻村工作等，广泛动员组织社会力量参与扶贫攻坚。三是坚决打好污染防治攻坚战。加大突出环境问题整改力度，强化责任落实，紧盯场村结合区域、土地、河道、垃圾填埋点、养殖区，以及辖区焦化等重点污染企业的环境整治情况。利用“周一升国旗”向各族群众宣讲环境保护相关政策法规。

顺利完成国有农牧场改革工作。场党委、管委会深入贯彻落实中央、自治区改革工作，全力保民生、保稳定，保持了经济发展、社会局势持续稳定发展的好势头。场党委、管委会高度重视，成立牛圈子牧场农牧场改制工作领导小组，制定《牛圈子牧场国有农牧场改革实施方案》，由主要领导负主责，分管领导具体抓落实，各村队支部书记、队长全力配合，确保牧场改制工作顺利完成。

加强河（湖）长制管理。按照“明确目标、落实责任、长效监管、严格考核”的要求，建立河长制，实施“一河一策”。牧场及时出台了“河长制”管理实施意见，制定农村河道治水实施方案。推进辖区内6条河的重点污染整治，加强河道综合整治，健全长效管理机制等举措，全面改善河道水质和水环境，遏制乱采乱挖，减少河道水流冲刷造成的水土流失，促进经济社会与生态环境协调发展。

【党建工作】 党组织基本情况：有1个党委，8个基层党支部，131名党员（汉族15名、少数民族116名，2018年发展党员21名）。

坚持党建工作与业务工作同安排、同部署、同检查考核，形成分管领导具体抓、各支部贯彻执行配合抓的齐抓共管工作格局。一是严格落实党支部“三会一课”、“5+X”主题党日活动等要求，完善党委和各党支部制订学习计划、包片领导以及第一书记、支部书记讲党课等制度。二是抓载体。充分利用QQ、微信群、大喇叭、各村党员微信群等载体，通过“周一升国旗”、农牧民夜校等方式，制订学习计划、列出专题，推动将学习宣传覆盖到每个支部、每名党员、每名群众。三是抓关键。突出抓好牧场和村队两级党员干部学习教育，开展“中国公民唱国歌，共产党员背誓词”活动15场次，受教育干部、群众3800余人次。

稳抓基础，建强基层组织。全面贯彻新时代新要求，围绕党中央治疆方略和总目标，推进基层党组织在理念、思维、方式、机制、载体等方面全面优化提升。一是加强基础建设。规范基层组织设置，重点加强村队“四大办公室”建设，激活党的工作“神经末梢”。在6个村队均设置“四大办公室”，每个办公室配主任1名、指导员1名、成员若干名。各办公室力量相对固定，定期或不定期轮岗交流，在特殊时期、敏感节点交叉统筹开展工作。二是加强第一书记、支部书记队伍建设。严格第一书记、支部书记抓基层党建述职、目标考核制度，加强党支部书记管理监督、教育培训，提高履职能力水平。每季度开展第一书记、党支部书记述职述责大会和民主测评。开展集中教育培训6次。三是加强村级后备力量培养。按照后备干部培养要求，对村级组织后备干部进行有针对性的培养，每名村干部及“访惠聚”驻村工作队员帮带1—2名村级组织后备干部。2018年，牧场各村后备干部共18人，其中正职后备6人、副职后备12人。四是做好发展党员工作。严格落实“20 · 10 · 3”机制，严格党员发展流程，推行全程纪实制度，把好程序关。坚持“思想上入党”的根本标准，认真做好组织培养、考察等工作，把好政治关。五是严格党员管理。认真开展党员积分管理和分类量化考评，因地而宜、因人而异设置考核指标。在农牧民偏远散定居点设立“党员流动服务站”，灵活应对畜群转场、牧民流动等无法集中学习的问题。在各村队设置党员示范户、党员先锋岗等，结合“星级化”创建工作，发动党员做示范、当表率。下发牛圈子牧场基层简报13期。六是扎实开展村级党组织“星级化”创建工作。指导村级党组织第一书记统筹各方面人员力量，结合“四个办公室”职责，紧扣十星内容进行合理分工。按照创建方案明确创建责任，采取无职党员设岗定责、公开承诺等措施，引导党员发挥先锋模范作用。七是做好软弱涣散党组织整顿工作。对什巴尔塔勒队软弱涣散党组织整顿工作开展情况进行了督查，建立软整“七个一”工作机制，完善软整档案。提升组织服务能力，2018年已通过摘帽考核。

【党风廉政建设】 全面落实党风廉政建设主体责任。一是始终坚持把党风廉政建设和反腐败斗争作为全面从严治党重要内容，继续确定2018年为“执纪审查办案年”，紧紧围绕落实总目标、“三大攻坚战”、“1+3+3+改革开放”等重点工作，持续加大执纪审查力度，重点查处违反政治纪律、反分裂斗争纪律和涉黑涉恶的问题线索。二是按照党政同责、一岗双责、齐抓共管的原则制定党风廉政建设工作实施方案，成立了党风廉政建设领导小组，党委书记任组长，场长任副组长，其他领导班子成员任成员，按照党政同责、一岗双责机制，持续抓好党风廉政建设工作，形成良好的工作格局。三是突出领导带头，场党委书记率先垂范，坚持做到党风廉政建设工作亲自部署亲自抓，其他班子成展结合其他具体工作深入农村，联系群众，问需、问计、问廉于民，对听取来的意见建议逐项进行整改落实。四是健全工作机制，场党委召开专项会议，部署每年度党风廉政建设和反腐败工作，明确班子成员分工和职责落实，建立廉政谈话制度，并定期召开班子民主生活会，班子成员进行述职述廉报告。

【宣传思想】 以现代文化为引领，抓好宣传文化工作，增强群众凝聚力。持之以恒抓好意识形态工作。一是加强组织领导，构建做好意识形态工作的新格局。二是明确责任，将意识形态工作列为“一把手”工程，成立了意识形态工作领导小组，场党委书记任组长，场长、场党委副书记任副组长，相关负责人为成员，统维协调全场意识形态工作。明确要求党委书记是第一责任人，带头抓意识形态工作，重要工作亲自部署、重要问题亲自过问、重大事件亲自处理，其他成员根据工作分工，按照“一岗双责”要求，抓好分管部门村队的意识形态工作。三是完善制度强化督导检查。将意识形态工作纳入政治纪律和政治规矩监督检查范围，纳入党建工作责任制，纳入领导班子、领导干部目标管理和综合考核，将意识形态工作同其他工作一同部署、一同落实、一同检查、一同考核。抓实理论武装工作。坚持中心组学习、干部理论学习、机关干部每周一次理论学习制度，切实提高领导、机关干部的政策理论水平。组织每月一次中心组一年不少于12次党委中心组学习，包村领导带学进村，在村党支部开展送学12次。党政班子成员每人撰写读书笔记2万余字，机关干部撰写1万字的读书笔记和心得体会每月3篇，中心组成员每人负责研究1个调研课题，形成一批有思想有深度、对实践有指导意义的优秀理论成果。

【民族团结工作】 开展民族团结宣传教育，宣传人数达500余人次。全场97名干部职工，共结对认亲103户。每名干部每年走访8—10次。

2018年牛圈子牧场各队基本情况表

表11

序号	村队名称	支部书记姓名	族别	性别	总户数（户）	人口数（人）	党员人数（人）	耕地面积（亩）	牲畜存栏（头/只）	人均纯收入（元）
1	交勒萨依队	海拉提·奥肯（哈萨克族）	哈萨克族	男	286	676	19	3358	3253	11580
2	卡拉乔克队	托力肯·托合塔尔（哈萨克族）	哈萨克族	男	120	345	7	2012	4022	11580
3	三个泉子队	托列吾别克·达纳哈提（哈萨克族）	哈萨克族	男	115	315	11	2600	2245	11580
4	什巴尔塔勒队	达吾列提汉·马马尔（哈萨克族）	哈萨克族	男	255	746	19	2480	4540	11580
5	克孜勒乔克队	加尔肯·卡克木（哈萨克族）	哈萨克族	男	240	703	12	4768	9500	11580
6	萨尔托干队	克力木拜·哈比毛拉（哈萨克族）	哈萨克族	男	160	452	7	2000	5300	11580

（撰稿：马合沙提）

博尔通古乡

【概　况】 2018年辖17村。年末总人口9263人（哈萨克族7129人，占77%；汉族1235人，占13.3%；回族791人，占8.5%；东乡族94人，维吾尔族1人，壮族4人，蒙古族3人，满族3人，塔塔尔族2人，柯尔克孜族1人），其中农业人口8528人、非农业人口735人；耕地面积3132.8公顷，粮食播种面积2831.7公顷，经济作物播种面积44.6公顷。

旅游景点（区）有鹿角湾AAA级景区。

农林牧渔业总产值21007.73万元，比上年增长3.88%。其中，农业产值7276.17万元、牧业产值10188.56万元。主要农产品产量：粮食24947.84吨、马铃薯268.8吨。年末牲畜存栏8.3082万头（只）。年内完成造林面积31.5公顷。年末拥有农牧业机械总动力80822千瓦。

2018年末固定电话用户430户，计算机互联网用户554户。年末居民储蓄存款余额0.5亿元。

拥有各种专业技术人员35人，其中中级以上17人。年末广播覆盖率100%。

有卫生院1个，拥有专业卫生技术人员21人（少数民族17人），病床12张。

年内参加县以上的文体比赛中获1个第三名（沙湾县举办的元宵节秧歌社火闹新春活动）。

农牧民人均纯收入11068元，较上年增加540元。

2018年，已有7670名农牧民参加新型农村医疗合作保险。转移农村劳动力800人次。

【经济建设】 种植业。全乡完成播种面积4168

公顷，其中小麦面积1527亩公顷（冬麦1467公顷、春麦60公顷）、大麦37公顷、玉米1267.7公顷、饲草料1163.7公顷（苜蓿317公顷、青储玉米694.7公顷、其他作物152公顷）；全乡参加政策性农业保险总面积为1882.8公顷，金额为180426.6元（冬小麦1540.4公顷、春小麦37.4公顷、玉米294公顷、土豆11公顷）；完成村队清产核资工作。对9个村队开展农村集体产权制度改革试点工作，完成以农村集体经济股份合作社为主要形式，以清产核资、资产量化、股权设置、股权界定、股权管理为主要内容的农村集体产权制度改革任务。

畜牧业。扎实做好春秋季重大疫病防疫工作，加大对口蹄疫、布鲁氏病、禽流感等重大疫情防控力度，牲畜重大疫病防疫率达到100%。牲畜存栏量8.31万头，畜牧业收入10188.56万元，占总收入的48%，同比增长4.41%。不断加大牲畜品种改良，运用冷配品种改良技术，完成品种改良牛1100头、羊12000只；参加政策性养殖业保险牲畜为2867头，金额为137616元；加强草场管理力度，加大《中华人民共和国草原法》《草原防火条例》等草原法律法规的宣传，引导牧民合理利用四季草场，增强牧民法律意识，全面落实草原奖补面积126505公顷，奖励资金6891570.5元；开展草原蝗虫防治，对8000公顷草场进行飞机撒药治蝗，从源头治理蝗虫灾害。

林果业。全乡共完成农防林31.5公顷，义务种植2万株，零星植树4.5万株，对沙博公路及各村道路两旁树木修枝刷白累计36千米。

【党建工作】 党组织基本情况。全乡共有1个党委、20个基层党支部，378名党员，其中农牧民党员322人，男性党员262人、女性党员116人，2018年发展54名党员。

党员队伍建设情况。严格落实党委中心组学习，党政领导班子每季度集中学习不少于5天，党政主要领导定期查阅班子成员学习笔记。严格规范党内组织生活，定期组织党员干部开展学习，加强党员干部队伍思想政治教育和作风建设，先后2次召开专题会议研究部署党建工作。先后组织党员集中学习20余次，各支部累计学习200余次，上党课30余次。制定了党支部书记、第一书记抓党建责任清单，开展了党支部和党员承诺活动。根据年度51名农村党员发展目标，2018年已全部达成发展名额，机关各支部发展党员3名，进一步扩充机关党支部党员人数。充分利用“农牧民学校”活动开展全民普通话培训和学习工作，提升村民整体普通话水平和文化素质，增强村“两委”的凝聚力和战斗力。截至2018年底，共组织举办农牧民夜校60余次、普通话培训班20余次，参加人员5670余人次。加大后备干部的培养力度，把学历高、群众基础好、自身素质较强的致富能手、退伍军人和返乡大中专毕业生等优秀人才列入后备干部范围。截至2018年底，全乡储备村级后备干部51名。并选派4名文化程度高、责任意识强、群众威信好的干部群众参加地区级“两后生”培训班，进一步加大后备干部的培养力度。精心打造党建示范点，全面提升党建工作水平。结合星级化创建工作，积极打造喀拉巴斯陶村和下西湾村党建示范点，通过抓好基层党建工作，以先进带后进、以示范促提高，走典型带动、整体推进的路子，推动博尔通古乡村队党建工作整体提升。

软弱涣散基层党组织整顿工作，坚持力度不减、标准不降，不断巩固整顿成效。严格贯彻落实《沙湾县村级组织工作规范》《沙湾县农村党员管理办法》等管理制度，扎实开展村级党组织星级化创建活动，确保软弱涣散的组织年底在原有基础提升1—2颗星。对2个软弱涣散基层党组织进行强力整顿，通过调整包村领导，强化党组织力量，并加大后备干部的培养力度。针对确定的软弱涣散党组织存在的问题，逐一制定整改方案，建立整改台账，明确责任人和完成时限，定期对整顿情况进行分析评估，完成一项，销号一项。积极开展星级化创建工作，各村通过开展“争星月”活动，你追我赶，在年初评定星级的基础上，年内至少增加1—2颗星。2018年各村已完成年内制定的创星目标。

村级阵地“5+2”建设情况。加大村级阵地建设力度，在加尔肯加尕村、托普铁热克村、加尔苏瓦特村、喀拉巴斯陶村和下西湾村建设村民服务中心，打破全乡村民服务活动中心为零的现状。截至2018年年底，全乡17个村都有村委会办公室、村级周转房和警务室，并都已安装视频联网会议室。在阿热勒托别村、玛依托别村和加尔苏瓦特村建立村级幼儿园。除加尔肯加尕村外其余16个村队都配有卫生室，17个村委会办公室都安装了LED电子显示屏。扎实做好“四公开”，使各项工作公开透明，提升群众知晓率和满意率。能够充分利用村级阵地，切实发挥阵地作用。在重大节假日期间通过座谈会、主题宣讲、文艺晚会等形式，有计划地组织开展形式多样的主题教育活动，寓教育于节日纪念日中。“七一”期间，全乡共举办以庆“七一”为主题的各类文化活动18余场次；“十一”期间举办庆“十一”文体娱乐活动，既丰富农牧民业余生活，也增长了见识。

“四老”人员情况。严格按照管理办法和标准对“四老”人员进行管理，按照“四老”人员基本条件、申报审批程序，严把审核关，定期审核人员变动情况，完善“四老”人员档案。2018年，共有农村“四老”人员54名（老党员11名、老干部34名、老模范2名、老军人7名），为老党员和老干部每月发放生活补贴480元，为老模范每月发放生活补贴520元。2018年新增“四老”人员3名。

2018年6月28日，博尔通古乡举办庆祝建党97周年“党旗映天山”文艺会演

壮大村集体经济。严格“三资”管理，采取自查登记和清理检查相结合的方式，对村集体资金、资产、资源进行全面清理登记，摸清村级集体经济家底，并逐村建立工作台账。加快推进优势资源转换，结合村队经济基础、区位优势、资源禀赋情况，充分发挥旅游系统共生作用，将旅游产业的发展与生态环境建设有机结合起来，实现协调发展、整体优化，谋求旅游产业发展效益最大化。积极扶持小鹿角湾旅游合作社，结合哈萨克族特色文化，大力发展民俗风情体验、餐饮服务、特色食品及手工艺品加工等，用1—2年时间发展成为集“吃、住、游、购、娱”于一体的旅游服务体系，逐步形成组织化、规模化、品牌化经营链条，使旅游业真正成为牧民增收的新途径；以国防公路改建为契机，大力推进加尔肯加尕村哈萨克民俗风情园建设，依托丰富的自然生态和浓郁的哈萨克族风情等资源优势，实现全乡经济的大突破；借精准扶贫政策机遇打造玛依托别民俗特色体验村，将旅游业的发展作为全乡新的经济增长点。

“访惠聚”驻村工作。协助党支部落实“三会一课”“四务公开”制度，推动了村队民主政治建设。依托村级组织“大阵地”，搞好“小活动”，开展各类文体活动50余场次，开展职业技能、农牧业种养殖技术、农机知识等培训活动20余场次。充分利用自治区惠民生50万元项目资金、“小工程大民心”项目资金和各派出单位的支持，实施了一系列惠民生举措，先后争取到博尔通古乡项目3千米沥青路、白蜡树2000棵、红叶海棠2000棵、4.3千米防渗渠、太阳能路灯180盏、玛依托别村和托普铁热克村安全饮水管道12千米、东风多利卡压缩垃圾车1辆、5吨垃圾船20个、前置除雪机1台；驻村工作队发挥本单位优势，为群众做了一大批实事好事，如齐勒窝则克村投资5万元为村委会修建85米长的围栏和村级卡点彩钢房1个。克孜勒阿根村驻村工作队协调民政局为特困户发放米面油折合资金0.87万元，积极争取3家派出单位斥资1.5万元为贫困户沙里·扎坎新建抗震安居房，协调资金3万元对本村4.8千米水渠进行维护，与县城企业对接争取3.7万元资金为本村30户贫困户发放冬季煤60吨及发放米面油等慰问品，投资6.1万元为村委会修建1个彩钢房和1个砖房值班室。投资2万元，组织35名学生组成的夏令营到沙湾县、石河子参观红色基地，举办为期15日的红领巾小课堂，吸引50余名学生参加等。通过"访民情、惠民生、聚民心"活动的扎实开展，党群、干群关系明显改善，实现了基层党组织说话有人听、干事有人跟。

远程教育情况。严格落实远程教育终端站点学习制度，全乡10个终端站点累计学习时长2500余分钟，全乡党员干部学习覆盖率达85%，每月开机率达80%，确保年底完成计划学习任务。

【党风廉政建设】 加强对全乡各部门重点工作完成情况、工作纪律、"学转促"专项活动及节日期间廉政过节等情况的督查力度，尤其加大了对全乡各村、各单位在落实总目标等方面的督查力度。乡纪委累计开展督查30次，其中开展节日期间作风督查8次、"学转促"活动专项督查5次、党风廉政建设专项督查1次、维稳工作专项督查16次。2018年上级交办案件7件，立案7件，已办结2件；乡纪委共查处违纪案件2起，已请示县纪委，待批复；查处扶贫领域损害群众利益问题3件，已办结。乡党委共召开党风廉政建设和反腐败专题工作会议15次，其中党政主要负责人亲自安排部署党风廉政建设工作2次、听取副职汇报2次、专题会议4次、"学转促"专题会议4次，以达到使班子成员和各支部书记明确本季度党风廉政建设工作重点，交流党风廉政建设好的经验做法，对本年度党风廉政建设情况进行总结、分析、研究的目的，切实做到党风廉政建设与业务工作统筹安排、同步推进。积极组织全乡党员参加"纪律知识微考堂"网络答题活动，通过网络答题，极大地激发了全乡党员对学习《党章》《中国共产党纪律处分条例》《中国共产党廉洁自律准则》的积极性。

【宣传思想】 认真贯彻中央《党委（党组）意识形态工作责任制实施办法》的实施细则，确保意识形态领域绝对安全。抓好理论武装工作，全年组织开展中心组学习13次、干部集体学习92次，每月开展一次理论考试，考试合格率100%。充分利用鹿角湾旅游资源，展示哈萨克民俗文化，利用中央电视台、新疆电视台等大媒体平台和各大网站平台，宣传推介博尔通古乡各项工作。"博尔通古乡零距离"微信公众平台坚持发布全乡各类动态信息。根据上级指示，清除不符合要求的标语、展板等宣传物品，按要求悬挂指定标语。全乡共发放"扫黑除恶通告"1455张；悬挂党的十九大精神宣传图册1700幅；标语规范清理76条，横幅清理58条，展板154个，文化墙71面；国旗下宣讲864次，共95040人次参加；围绕党的十九大精神、惠民政策进行示范宣讲550次，24750人次参加；党的十九大精神和宪法宣传入户宣讲68次4012人次；举行发声亮剑推进会1次，68人次参加，共青团博尔通古乡委员会召开返乡大学生集中发声亮剑活动1次，56人参加，返乡大学生"四个一活动"17次，121人参加，"宪法修正案学习"解读讲座1次，60人参加、举行了"大美新疆·大爱塔城"讲故事大赛、草根宣讲员培训班、示范宣讲会。分别为两批辽宁旅游专列到博尔通古乡鹿角湾旅游游客展示哈萨克族民俗文化，促进其他地域人口到疆旅游。“七一”期间在乡政府大院百姓大舞台举办庆“七一”建党97周年“党旗映天山”系列活动，共同回顾党的光辉历程。

【精神文明建设】 成立以乡党政主要领导为组长，分管宣传领导为副组长，各包片领导、各村站（所）负责人为成员的领导小组，坚持党委统一领导，党政共同负责，工青妇齐抓共管，形成强大工作合力，建立乡领导包片、机关干部包村、村干部包组、组干部包户的“四位一体”的精神文明建设包保体系，使精神文明建设活动有人抓有人管。及时召开动员大会，制定详细的实施方案。开展第17个“公民道德建设月”活动，用身边的感人故事对村民进行宣传教育。用“小故事”说明“大道理”，开展了第108个国际妇女节各项庆祝活动，为困难群众开展一次献爱心活动，集中开展清除残雪、清扫垃圾等活动，以实际行动推动公民道德建设工作深入发展。全年共开展志愿服务、主题宣讲、农牧民夜校、远程教育主题月等各类活动816余次。“七一”期间，举办以庆“七一”为主题的各类文化活动18余场次；“十一”期间，举办庆“十一”文体娱乐活动，走访慰问少数民族困难群众、党员、“四老”人员360余人次，驻村工作队协调派出单位投入博尔通古乡基础设施建设、捐赠物品、帮扶慰问等累计约200万元。自我管理、持之以恒抓好乡风文明建设，通过“一约一团四会”解决村民议事问题16余件，调解邻里矛盾28余件，树立了良好的民风、村风、乡风。扎实指导好文明单位、文明村申报创建工作。乡党委提前谋划、精心指导，召开指导培训会1次，迎接县文明办复验1次，下西湾村、塔斯萨依村、喀拉萨依村、加尔苏瓦特村等创建水平进一步提高。

【民族团结工作】 全乡共有380名结亲干部，结对认亲群众397户。累计收集困难诉求235条，帮助解决205件。

2018年博尔通古乡各村基本情况表

表12

序号	村名	党支部书记	村委会主任	人口数（人）	总户数（户）	党员数（人）	年末耕地面积（公顷）	年末牲畜存栏（头/只）	集体收入（万元）	人均纯收入（元）
1	阿克吉也克村	哈纳什·苏力旦（哈萨克族）	哈迪里别克·达亚尔（哈萨克族）	469	119	16	200	3000	2.8	10000
2	阿热勒托别村	叶尔波拉提·布哈了汉（哈萨克族）	叶尔哈孜·马迪牙尔（哈萨克族）	637	173	15	273.3	2600	8.7	10991
3	博尔通古村	赛力克哈孜·胡尔曼（哈萨克族）	木合依提·坎杰汗（哈萨克族）	500	204	18	247	3800	2.8	9855
4	加尔肯加尕村	努尔太·波拉提（哈萨克族）	马合沙提·拜提坎（哈萨克族）	524	172	15	109.5	15800	0	9800
5	加尔苏瓦特村	努尔加娃尔·巴扎尔别克（哈萨克族，女）	叶斯木别克·达吾肯（哈萨克族）	514	184	20	330	2580	3.6	10800
6	捷勒阿尕什村	叶斯波力·吐尔斯别克（哈萨克族）	哈勒木·胡瓦尼什（哈萨克族）	282	85	15	175	1700	11	8000
7	喀拉巴斯陶村	蔡成学	胡沙音·阿不力马井（哈萨克族）	569	221	27	259	2424	41	12000
8	喀拉萨依村	叶尔波拉提·朱安汗（哈萨克族）	加那提·吾拉孜汗（哈萨克族）	631	206	19	287	21780	3.5	8750
9	克孜勒阿根村	哈布都瓦力·哈布都哈孜（哈萨克族）	哈帕斯·哈米提（哈萨克族）	530	167	13	256.7	2110	3.6	6000
10	肯阿根村	阿依波拉提·卡斯曼（哈萨克族）		686	219	19	313	3888	7.5	11874

续表 12

序号	村名	党支部书记	村委会主任	人口数（人）	总户数（户）	党员数（人）	年末耕地面积（公顷）	年末牲畜存栏（头/只）	集体收入（万元）	人均纯收入（元）
11	库勒逊托亥村	都曼·朱玛胡里（哈萨克族）	焦文学（回族）	446	127	14	268	1800	5.6	10186
12	阔克柯牙村	达吾列提·夏里甫汗（哈萨克族）	叶尔肯·拜哈里（哈萨克族）	358	135	12	152	1200	3	7500
13	玛依托别村	赛力江·热哈提（哈萨克族）	塔勒达吾·阿汗（哈萨克族）	334	108	9	192	1300	4.5	9034
14	齐勒窝则克村	哈勒木拉提·热苏里（哈萨克族）	赛里克·托列干（哈萨克族）	543	195	18	191.4	1900	7.71	10500
15	塔斯萨依村	王宪法	哈吾克西·托合塔尔别克（哈萨克族）	434	155	17	341.5	3800	7	10300
16	托普铁热克村	阿不拉买提·卡开（哈萨克族）	木拉提别克·居买（哈萨克族）	575	174	18	237.4	12000	3.2	8700
17	下西湾村	赵廷松	麻新和	409	148	30	300	1400	10	11000

三道河子镇

【概　况】 三道河子镇位于沙湾县委、县政府所在地，是全县政治、文化、经济中心。辖区面积39.5平方千米，总人口3.2万户8.4万人，流动人口1万余人，由汉族、哈萨克族、维吾尔族、回族等24个民族组成。全镇下辖14个社区、1个农场、5个站所、16个党组织（7个党总支、9个党支部），共有党员965名，社区工作人员311人，“访惠聚”工作队员107人。全镇始终围绕社会稳定和长治久安的总目标，以“强服务、保稳定、补短板、增后劲”为工作主线，全力落实维护稳定、群众工作、三大攻坚战等各项重点任务，确保了镇域社会和谐稳定。

【民族团结工作】 扎实开展“民族团结一家亲”活动。2018年，全县共有69家单位的893名干部职工与全镇893户居民结亲，其中镇机关、社区干部结对认亲201户，县直各单位结对认亲692户。镇党委认真按照每两月一次“结亲周”活动开展走访入户活动，每轮结束后由镇“团结办”对活动开展情况进行督导检查，确保活动开展真实有效。围绕“四个一”活动载体，动员社区各族党员、居民代表及“访惠聚”工作队派出单位参加每月一主题的“民族团结一家亲”融情联谊活动。2018年，全镇各社区已开展“民族团结一家亲”融情联谊活动140余场，参加活动8000余人次，初步形成了各族干部职工团结一致干事业、撸起袖子加油干的浓厚氛围，有力地促进了全镇维护稳定、服务群众各项工作的整体推进。

【宣传思想文化工作】 持续开展反分裂斗争教育。以学习贯彻党的十九大精神，全国两会精神，自治区、地委、县委扩大会议精神为主线，中心组专题讨论学习11次。镇班子成员、社区书记每周五下午进行1小时全员学习，由领导导读，讨论学习心得，提问应知应会。镇机关和社区结合“三会一课”、“党员固定学习日”、“5+X”主题活动日、远程教育、“国旗下宣讲”等形式，认真学习领会党的十九大精神。读书笔记每人完成5万字，心得体会每人11篇，每人手抄党章，镇机关、社区党员干部每人制订个人学习计划，每月对镇机关、社区党员干部进行党的十九大精神内容相关测试。镇机关、社区党员干部撰写专题发声亮剑文章800余篇。2018年，镇领导发声亮剑署名文章，在三道河子镇零距离、“沙湾零距离”发表9篇。在学懂弄通做实上狠下功夫、走在前列、全面推进，全镇党员干部开展座谈讨论，认真撰写党的十九大学习心得、学习笔记，迅速兴起学习宣传贯彻党的十九大精神热潮。2

月8日，三道河子镇举办“牢记使命、砥砺前行，坚决打赢反分裂斗争主动仗”党员干部集体发声亮剑活动。镇党政班子成员、各社区书记、主任、社区“访惠聚”工作队队长、站（所）长、返乡大学生代表60余人参加集体发声亮剑活动。

广泛开展党的十九大主题学习活动。一是举办以“党的十九大精神进万家”为主题的十九大精神知识竞赛，全镇14支代表队、42名选手参加比赛，知识竞赛创新了十九大的学习方式、增强了学习效果，帮助全镇各族党员干部群众学懂弄通做实党的十九大精神。二是参加县委宣传部举行的“不忘初心、牢记使命”主题演讲比赛活动，通过参加演讲比赛深化三道河子镇党员干部对党的十九大精神的理解和把握。三是围绕党的十九大学习开展发声亮剑活动。坚持在每次国旗下宣讲结束后，各社区升旗点领导干部、返乡大学生、道德模范等代表发声亮剑，持续推进此项工作。各社区在主要街道、主干道、办公大楼、学校、连片居民楼等重点地段显著位置，宾馆、车站等流动人口密集地及交通道路沿线，橱窗、宣传栏、墙报、板报、阅读栏、电子显示屏等宣传阵地，悬挂、张贴、播放标语口号40条。制作40块宣传展板。发放党的十九大宣传折页1万份，张贴给居民的一封信1万份。组织镇文化名人、基层文化能人、民间艺人等，围绕学习宣传贯彻党的十九大精神开展诗歌、快板词、三句半创作10篇。开展诗歌朗诵会、各类文艺演出30场次，知识竞赛1次。在电视、网站宣传110次，完成外宣累计积分120分。

抓实“小巷先锋”宣讲队，引导好“宣讲+”活动。充分发挥三道河子镇特色宣讲队、“小巷先锋”草根宣讲员、“访惠聚”驻村工作队、入户住户干部的作用，通过“民族团结一家亲”结对认亲活动、升国旗、民族团结联谊会、道德讲堂、文体活动、宣讲比赛等载体，采取领导讲理论、干部谈体会、宣讲员讲政策、层层讲典型等方式，开展民族团结教育活动，让党的十九大精神家喻户晓、人人皆知，让各族党员干部和居民群众听得懂、能领会、可落实。镇党委以党政班子成员、社区两委人员、普通党员干部、“草根”宣讲员、特色宣讲队为力量支撑，构建全镇基层宣讲工作骨干框架，配套完善相应制度机制，带动更多力量参与其中，努力形成人人都是宣讲员的工作局面。镇机关、各社区成立15支宣讲队，60名宣讲骨干参加地区、县举办的培训班3次，进一步提高基层宣讲员理论水平，做到准确掌握宣讲工作重点，学深学透，融会贯通。2018年，班子成员带头讲课50余次，社区负责人带头集中宣讲80余次，党员干部、“草根”宣讲员、“访惠聚”工作队成员、驻村管寺干部、爱国爱党宗教人士结合开展入户宣传、系列文化活动和“民族团结一家亲”等活动，进行微宣讲1000余次。国旗下宣讲600次，发声亮剑400余人。在2个社区示范开展“宣讲+”活动，14个社区共选送23个优秀的节目演出，收到很好的效果。

注重舆论引导，维护网络意识形态安全。组建一支网络文明监督员队伍。每日完成微信朋友圈、微信群、QQ群的任务，并保证每类截图不少于60张的任务数量。按照文件的要求，镇党委与县委网信办签订网络信息安全责任书，各社区党支部与镇党委签订网络信息安全责任书14份，镇党委与镇全体机关干部签订网络安全承诺书60份，各社区与辖区居民签订网络安全承诺书近万份，确保互联网信息与网络安全，营造安全和谐的网络环境。

加强意识形态阵地管理。年初以来，对不符合自治区规定的39条标语进行清理，镇机关、各社区清理40条，重新悬挂20条。清理掉色破损国旗645面，各类展板上宣传不规范的图片40处，文化墙上不规范的内容10处。镇机关、14个社区4幅规定的挂图已全部精装上墙悬挂。镇机关、各社区成立审读工作领导小组。已完成各类图书的清理，按照文广局的要求上架、下架。2018年已登记上架图书3000余本。指导少年路社区完成迎接全国“扫黄打非”调研的各项工作。指导凯旋路社区完成迎接地区宣传思想推进会的各项工作。

【精神文明工作】 注重阵地育人，文明建设工作具化于形。建好道德阵地。依托机关、社区、小区经常开展“四德”教育。以公民道德教育月和“我们的节日”为契机，广泛开展各具特色的主题活动。开展元宵节秧歌社火表演、花灯展等大型活动。开展“红红火火过大年”志愿服务系列活动。元旦、春节期间开展以“送温暖、送文化、送政策、送平安、送健康、送清洁”为主要内容的“阳光六送”活动，传递亲情友情，共享幸福生活，在全镇营造出干净舒适、欢乐喜庆、文明祥和的节日氛围。开展送春联志愿服务活动，书法爱好者现场为居民赠送春联1000余副，各社区也积极组织爱好书法的志愿者深入社区，免费为居民书写600余副对联，并通过现场送、入户送的方式，将祝福送到居民身边。建好少儿阵地。三道河子镇及各社区举办青少年“阳光七彩假日”系列活动，开展革命传统及感恩教育、手工制作培训、观看青少年科普电影或爱国电影活动，邀请文化能人、退休老干部通过“一帮一”、“老少共建”、心理咨询、“大手牵小手”等活动，切实加强对青少年的思想品德、心理、学业方面的辅导，提高他们的综合素质，促进健康成长。组织辖区返乡大学生、高中及初中生开展学生假期实践活动42次，搭建良好的社会实践平台。各社区动员社会各方力量，帮助贫困、失学、辍学、残障留守儿童等青少年中的弱势群体和特殊群体，实实在在为他们解决一些实际困难。把社会主义核心价值观转化为学生的日常价值观和生活实践，进而植根于思想意识深处。

注重以文化人，将文明建设工作融化于魂。一是弘扬传统文化。结合春节、端午节、中秋节等传统节假日，深入开展“我们的节日”主题文化活动。1. 开展文明祭祀活动。各社区发放文明祭祀倡议书1200余份，在各小区门口张贴宣传单260余份，引导居民进行“鲜花祭祖”600余人、“网络祭祖”1000余人。2. 开展喜庆端午节、母亲节活动。伊宁路、老沙湾路、天山路等社区举办包粽子比赛、送爱心粽子、有奖知识竞答、趣味小游戏等居民喜爱的文化活动。由各社区组织志愿者开展慰问帮扶活动，亲切慰问退休老党员、空巢老人、残疾人、特困家庭100余户，为他们送去祝福和慰问，并表演节目，让他们深切感受到节日的温暖。二是挖掘民间文化能人。2018年全镇共有14支文体活动队伍，文化辅导员30余人，文化活动骨干600余人。百姓乐大舞台专场演出2场，文化活动50余场，体育活动进小区10场，观众共计1.5万人，实现了社区精神文明建设由以往“独角戏”到“大合唱”的转变。

扎实开展“七个一”精神文明建设。一是“道德讲堂”主题化。镇机关及各社区设立15个道德讲堂，每两个月开展一次主题道德讲堂活动，以学习20字公民道德基本规范和“四德”要求为重点内容，以唱歌曲、学模范、诵经典、发善心、送吉祥“五个环节”活动流程为形式载体，组织开展道德讲堂活动。举办道德讲堂45次，学唱红色歌曲13首，学模范20余人，诵经典45篇，谈感悟100余人，送吉祥祝福1000余条。依托道德讲堂，不断丰富道德实践活动，进一步陶冶干部、居民情操，升华对道德的认识。二是志愿者服务常态化。利用“活动月”“宣传周”及各类节假日为60名困难儿童捐赠学习用品、生活用品，为50名孤寡老人送上生活用品，为200余户受助群众送爱心。慰问品和慰问金共折合20余万元。各社区志愿服务队开展爱心联盟、国家政策和健康知识咨询、护绿种植、卫生督导、文明劝导、环境卫生整治等志愿服务活动600余次，惠及群众2万余人。三是“文明提示牌”普遍化。全镇各社区在院落、大厅、办公楼道、居民小区等公共场所重新刷写与党的十九大、24字社会主义核心价值观有关的各类温馨提示牌100余个，书写标语、横幅等50余条。镇机关、社区都制定干部自律公约、居民公约，向社会做出了崇德向善的承诺，在14个居民示范小区张贴居民公约，规范居民言行。四是“网络文明传播”广泛化。组建普通网评员和网络文明监督员队伍。镇党委与镇全体机关干部、社区干部签订网络安全承诺书近万份，确保互联网信息与网络安全，营造安全和谐的网络环境。五是“文明餐桌”宣传常规化。镇机关、各社区向干部职工、居民群众、辖区个体工商户发放“文明餐桌”活动倡议书，号召大家遵守秩序、文明用餐，爱护环境、清净餐桌，杜绝浪费、按需取食，做到节俭用餐、安全用餐和卫生用餐。各社区在小区、家庭中发放宣传单1500余份，警示广大干部勤俭节约，从小事做起，培育节约光荣、浪费可耻的良好风气，使文明餐桌活动的效应得到有效彰显。六是“文明旅游”宣传活跃化。各社区组织干部居民开展“沙湾人游沙湾”活动，利用不同季节游翠山、沙湾东大塘、鹿角湾、玉带大桥、滑雪场、天博游泳场等。文明旅游，向外界宣传沙湾，树沙湾应有的良好形象。七是“文明交通”宣传有序化。2018年，全镇共有100余名志愿者参与此项活动，向群众发放《交通安全知识小常识》宣传单500余份，劝阻交通违章行为500余人，为居民安全出行宣传教育发挥了作用，提高了群众文明交通安全意识。

【党风廉政工作】 落实党委主体责任。按照党组织负责人“四个亲自”要求和班子成员“一岗双责”制度要求，逐项分解反腐倡廉工作任务，落实到班子成员、社区党组织。与党政领导班子成员签订“一岗双责”责任书，与各社区党组织签订《党风廉政建设目标管理责任书》。加大对党员干部特别是班子成员日常监督管理，建立党委书记约谈制度，发现苗头性、倾向性问题和轻微违纪问题及时开展提醒谈话、诫勉谈话，全年累计开展提醒谈话20余人次。坚持和完善领导干部个人有关事项报告制度，加强抽查核实，未出现虚报瞒报不实现象。发挥纪委监督作用。建立健全扶贫、救灾、救济、社保、低保、再就业等资金和物资的管理、发放、使用监督制度，规范专项资金发放流程；完善社区决策程序、重大事项议事规则、居民代表会议制度和对辖区党员干部“八小时以外”活动的监督制度，促进社区服务阳光透明。制定三道河子镇督查检查工作方案，联合组织、综治、宣传等部门成立督查领导小组。每月就区、地、县各级党委关于在维稳、民族团结一家亲、干部入户等方面的重大决策部署，对社区进行不定期督导检查。印发“三道河子镇惠民政策申报条件、程序及责任追究一览表”，主动接受广大党员干部和群众的监督。组织针对社区惠民政策落实、资金使用等情况进行2次专项督查、6次随机抽查，对14个社区下发整改建议书31份，并跟踪整改落实。自2018年以来，由地区、县纪委和三道河子镇纪委共查处全镇党员干部违规违纪案件10起，其中办理扶贫领域执纪问责案件7件，7名党员干部受到党纪处分，其中镇纪委立案查处4件，4名党员干部受到党纪处分。加强作风整治。紧盯重大节日，看住“关键少数”，深入开展明察暗访、监督检查和警示提醒，对隐形变异的“四风”问题、顶风违纪行为一律从严查处。聚焦一些站所、社区“门好进、脸好看、事不办”和部分干部庸懒散奢、执纪政策“中梗阻”等问题，深入开展机关干部不作为慢作为问题专项治理。牵头督促整改自治区及地区各类督导反馈关于社会面防控、应收尽收、干部作风、群众工作等问题155个，协调各社区整改、回头看及巩固提升，2018年已全部整改完毕。自2018年以来，针对落实总目标干部作风不实的问题，累计下发《督查通报》45期，问责党员干部147人次，其中因政策棚架、工作消极厌战被问责95人次，立案3人，干部作风明显好转。

【党建工作】 认真落实党建责任制。坚持全面从严治党“七个一”工作机制具体措施，完善党委内部议事和决策机制，狠抓党建任务清单落实，每月下发党建工作要点，及时安排部署党建工作。对县委提出的5个问题，制定整改措施，分别建立台账跟踪落实。对照自治区群众工作督查组在其他地州督查通报内容，分阶段梳理工作要点，逐一对照建立台账、整改落实。按照《关于进一步强化村级“四个办公室”规范运行的通知》要求，规范“党建综合办公室、维稳综治办公室、群众工作办公室、社区发展办公室”设置，分别制定四大办公室工作职责任务，办公室及人员整合到位。

狠抓党员干部队伍教育。严格党内政治生活，坚持“三会一课”和“5+X”机制，推进失联党员清理、欠缴党费清收、党员组织关系排查、积极分子审查等专项治理。严格发展党员程序，先后组织党总支书记、副书记、组织委员开展发展党员程序培训3次。递交申请书129人，列为入党积极分子62人，接收预备党员27人，转正8人。选拔调整6名优秀干部任社区副书记、副主任，推荐2名优秀干部考录公务员，已通过二次政审。以“两学一做”学习教育常态化制度化为抓手，组织党员干部开展大讨论6次，举办了党员干部大轮训、走访入户培训、入党介绍人培训、发展党员程序4个专题培训。每月15日以立足岗位做贡献为载体开展“5+X”主题党日活动，扎实开展庆祝建党97周年“党旗映天山”歌咏比赛、先进表彰、抱团开放式党组织活动等系列主题党日活动。组织党员干部集中开展两面人深挖细查工作，慰问困难党员和群众共计13人8400元，各联系点领导、党总支书记专题讲党课、组织党员参观红色基地教育等系列活动，引导各族党员、群众感党恩听党话跟党走。积极组织少数民族党员干部群众开展普通话培训，认真进行普通话水平摸底测试，制订普通话教学计划，指定普通话授课教师，分类别进行授课，提升广大居民群众的普通话综合水平。

深化党组织网格化管理。推动干部力量下沉，将社区干部、社区民警、辖区单位在职党员干部、楼栋长（巷道长）等5类人群编入网格队伍，以网格为单位，精确定位、精选定人、精准定责，快速处置、上报各类突发事件及异常情况，保证网格内各项维护稳定工作任务的落实。深化联合党委运行机制，重新调整划分一级网格点1个、二级网格点14个、三级网格点63个、四级网格点169个，建立网格党支部51个、党小组119个，建立党员示范中心户30个。落实第一书记工作职责，坚持早分析晚研判。

拓展联合党委机制运行。及时更新完善社区联合党委机构公示牌，更补空缺委员，完善内容，上墙公示。各社区拟定联合党委共建议题，形成《联合党委共驻共建方案》，以红头文件形式下发包联单位，及时召开联合党委扩大会和非联合党委社区的包联双促会。提前召开联络员会议，将环境卫生整治、民族团结联谊、党员开放式党组织活动、“5+X”主题党日、扶贫帮困等事宜纳入其中，按照四级引领文件，邀请县领导、镇联系点领导参加会议并主持。

强化“两栖”农牧民管理。依据《关于进一步规范和加强“两栖”农牧民管理服务工作的通知》要求，社区配合其他乡镇做好《转接函》，社区留好存根。做好两栖农牧民的积分量化管理、居民夜校培训工作。同时将本辖区的两栖居民录入“智慧党建”，与其户籍地乡镇录入保持一致，做好日常管理服务。

【民生工作】 坚持就业惠民。对“零就业”家庭发现一户、解决一户、稳定就业一户，重点加大对高校毕业生和就业困难人员的就业援助工作，扩大政策惠及面，对困难群体进行托底安置，让困难弱势群体、“零就业家庭”实现就业。全年登记失业3727人，安置就业3727人；办理“就业失业登记证”506人；认定就业困难人员152人；举办招聘会6场，提供就业岗位980多个；举办创业培训班4期103人；办理小额担保贷款初审认定12人。

坚持社保惠民。为131名公益性岗位人员发放岗位补贴338万余元，社保补贴154万余元；办理城镇居民医疗保险24752人；通过举办培训班、面对面、微信、微博等宣传形式开展意外伤害保险政策宣传达14670人次；为1091名城乡居民办理了养老保险，并为685名达到法定退休年龄城乡居民办理待遇申领156万元。为镇农场133名达到法定退休年龄的失地农民发放养老补助109.87万元。全面推开低保二维码信息公示工作，完成留守儿童、妇女、老人摸底排查，为全镇768名高龄老人发放高龄津贴37.07万元；为生活困难人员、伤残军人等特殊人群发放救助金15.38万元，审核办理大病救助57人，发放救助金28.99万元，上报审核待办大病救助7人；全镇共有60名优抚对象。截至2018年，共发放前三季度补助金60.78万元。集中对全镇低保户开展低保核查清理整顿工作，清理整顿因家庭收入发生变化而不符合享受低保条件的低保家庭。截至2018年，全镇共有低保户257户409人，累计发放低保金234.07万元。

坚持暖心惠民。按照公开、公平、公正的原则，对全镇622套公租房进行年审，对符合条件的72户低保家庭申请资料进行公示并上报住房保障办审核。经初步审查，居住廉租房2018年仍享受低保的家庭有117户，已经停发低保的有505户。按照沙湾县中低收入家庭界定标准（人均21266.7元），其中享受低保但不符合居住条件，需清退的有7户；505户已停发低保的，有404户符合转公租房条件，有72户不符合政策需清退廉租房。深化“全面二孩政策”与现行计划生育政策相衔接，完成流动人口查证验证、国家免费孕前优生健康检查等各项工作任务。扎实开展“环境卫生整治年”活动，利用党委进社区、周末全城行动日及集中整治活动，清理卫生死角千余个，清理垃圾千余吨。组织开展各类群众喜闻乐见的文体活动80余场次，营造了欢乐祥和的社会文化氛围。

坚持安全惠民。坚持不懈查隐患、堵漏洞、补短板，对辖区99个居民小区、102栋高层住宅、3091间商铺、2114处九小场所、214处“三合一”场所进行“三清”治理及消防、用电、用水、燃气等隐患排查治理，累计排查隐患2592处，完成整改1789处，移交803处；做好冬季燃煤防一氧化碳中毒和小锅炉安全隐患治理，排查辖区2019户平房住户，发放宣传单1.1万余份，签订责任书1800余份，提前安排平房住户购买烟感器，做好安全预防工作；对辖区内15家小作坊开展安全生产大检查，对经营业主进行安全生产告知、提醒；开展居民楼院消防安全隐患大检查专项行动，发现安全和消防隐患253处，整改248处。提醒居民注意道路出行安全，电动车安全充电，同时做好大风、降温等自然灾害的防范。对辖区118户“边远散”住户用电、用气、燃煤情况进行摸排，逐户提醒出行、用煤、用电、用火安全，签订责任书，并做到日回访。加强安全生产宣传教育工作，利用周一升国旗、周三居民夜校举办安全知识讲座，提升居民安全意识。

（撰稿：王芳吉、康　勋和各社区宣传员）

各社区情况

光明路社区

光明路社区位于三道河子镇东北郊，周边分别与大乡城郊西村、东村、二道河子村开发区3个村队相交，东以老沙湾路为界，南至伊宁东路，西至沙城北路，北至老沙湾路瑞隆油脂分公司。社区分 10 个居民小区，有三纵二横 5 条干道。辖区面积 1.1 平方千米，属典型的城乡接合部社区，现有居民 2265 户 6112 人，其中汉族 4799 人、维吾尔族 268 人、哈萨克族 543 人、回族 477 人、其他民族 25 人。流动人口 660 人。驻区行政企事业单位 14 个，其中行政单位 7 个、事业单位 3 个、企业单位 4 个。社区工作人员 21 名，其中公务员 2 人、事业干部 5 人、财聘干部 4 人、公益岗人员 10 人。光明路社区联合党委书记高建军，光明路社区居委会主任许玮。

光明路社区联合党委于 2010 年 6 月 4 日经县委批准成立，下设 8 个党支部，社区居民支部党员 43 人，在职、退休及单位党员 442 人。辖区有困难居民 12 户 17 人。周边城郊东、西村流动人口达到 660 余人。有 4 个网格 17 个格点。网格领导小组负责维护社区社会秩序，服务居民群众，进行治安巡逻，负责每个网格点的入户排查工作，成立了 3 支巡逻队伍，建立 42 名楼（栋）长组成的信息员队伍。

广场路社区

广场路社区成立于 2003 年 10 月，位于沙湾县城南，居住有汉族、哈萨克族等 7 个民族，辖区面积 1.3 平方千米。辖区有 72 栋居民楼，6 个居民小区，辖区常住人口 1837 户 4421 人，有行政企事业单位 13 个、社区联合党委所属居民党支部 3 个，共有党员 92 名。2018 年社区工作人员 20 人（事业干部 7 人、财政供养干部 8 人、公益岗 5 人）。社区联合党委书记营丽，居委会主任许尔伟。

广场路社区紧紧围绕“以人为本、服务优先”的服务理念，按照“分级管理、以网定格、界限清晰、服务集中、全面覆盖”的原则，将社区网格员、在职党员、社区民警等整合到网格管理服务队伍中去，将网格的工作重点放在发挥组织协调作用、收集社情民意、服务居民群众等方面。通过培训，使每名社区工作人员都能熟练地掌握政策法规、工作流程及岗位技能。继续完善全程代办、首问责任、绩效考核等制度，建立起高效便民廉洁的社区干部队伍。组织志愿服务队积极到社区参加志愿活动，开展民族团结、开放式党组织生活、红色影院等活动，积极整合辖区资源，多为辖区的居民办实事、好事。社区青少年科普工作室建立一支由社区和学校 20 多名在职教师、科技工作者组成的科技教育志愿者师资队伍，配备了 1 名专职管理人员和 2 名专职科技辅导员，明确了职责，分工协作，以协助社区科普工作室开展科教活动。社区荣获“全国科普示范社区”称号。

凯旋路社区

凯旋路社区位于县城东，面积约 2 平方千米，东接金沟河干渠，南临北疆铁路，西至金沟河南路，北到 115 省道。本辖区共有房屋 5679 套，实际入住 4651 户 13104 人（汉族 4218 户 12037 人、维吾尔族 77 户 181 人、哈萨克族 118 户 290 人、回族 196 户 491 人、其他民族 42 户 105 人）。少数民族占 6.1%，本镇户籍 2220 户 6257 人；楼房 115 套，单元 315 个，平房巷道 8 条。社区现有干部 29 人，社区党员 130 人（少数民族 6 人），共分 3 个居民党支部，4 个网格党支部，递交入党申请书 10 人，入党积极分子 5 人，预备党员 2 人，企事业单位 6 个，个体商铺 340 个（正在营业 287 家），宾馆 2 家，重点单位 2 家（城东幼儿园和恒力热力公司），广场 1 个，开销店 1 家，修理业 4 家。凯旋路社区联合党委书记马琴，社区居委会主任崔涛。

奎屯路社区

奎屯路社区位于县城西北角，地处城乡接合部，辖区南至乌鲁木齐西路，东临奎屯路，西接友好路，北至北京路，社区成立于 2000 年 5 月，辖区面积0.81平方千米。社区是2000年建成并开始使用的，辖区总人口1678户4397人（其中汉族1363户3592人，占总人口的81.7%；哈萨克族153户394人，占总人口9%；回族44户141人，占总人口3.2%；维吾尔族112户252人，占总人口5.7%；其他民族6户18人，占总人口的0.4%）。社区共有3个大网格和11个小网格，4个党小组，党员57名。低保户32户51人，特困户5户9人，"三无"人员3户3人，困难党员2人。社区现有工作人员15人（事业编6人、财聘人员4人、公益岗5人），"访惠聚"工作队员6人（县气象局2人、编办1人、档案局1人、邮政局1人、邮储银行1人）；行政、企事业单位共有10家，社区办公场所面积210平方米。社区党总支书记潘存波，居委会主任马雪红。

奎屯路社区抓住社区为民服务工作重点，将社区定位为"便民服务型"社区。充分发挥社区居民群众在建设管理有序、服务完善、文明和谐社区中的主体作用，实施"感恩社会，回报于行"行动。充分发挥社区党组织推动发展、服务群众、凝聚人心、促进和谐的作用。向居民宣传各项惠民政策、安全生产知识等，组织"扫黑除恶"承诺签名活动。通过发放宣传单、社区服务卡，组织开展"开放式主题党日""民族团结一家亲"联谊等主题实践活动，引导群众培育崇德向善、遵纪守法、团结互助的社会风尚。

老沙湾路社区

老沙湾路社区成立于2008年6月，位于沙湾县城市总体规划东北方向，是近年来沙湾县城东新区开发建设区域。总面积5.7平方千米，呈南北狭长地带状分布。东以迎宾北路为界，长4.22千米；南以115省道（原312国道乌鲁木齐东路）为界，长3千米；西以老沙湾路为界，长2.8千米；北以胜利路为界，长1.16千米。辖区共有21个居民平房巷道，8个开发新建封闭式居民小区，基督教堂1个，驻区行政企事业单位8个，是三道河子镇2018年管辖区域最大社区。辖区总人口3460户9490人。民族结构由汉族、哈萨克族、维吾尔族、回族等6个民族构成，分别为汉族2871户8168人、哈萨克族57户148人、维吾尔族61户228人、回族251户581人、其他民族220户365人。2018年，党支部有党员40名，工作人员21名，其中，事业干部6名、财政聘用10名、公益岗5名。社区办公面积1100平方米，社区党支部书记杨绪辉，社区居委会主任方宏。

林场社区

三道河子镇林场社区位于县城西北角，地处城乡接合部，四址范围：东至智慧大道西路与友好路交界北侧，南至森林公园以北林场路，西至大泉乡五道河子村，北至大泉乡三道沟村。辖区总面积0.9平方千米，社区服务中心建于2014年5月，于2016年3月正式投入使用。社区建设总面积2082平方米。共有户籍人口881户2310人，常住人口2447户6528人。由10个民族组成，其中汉族1963户5202人，占比80%；少数民族484户1326人，占比20%。社区现有工作人员19名，其中8名事业编人员、3名财聘、6名公益岗、2名协警岗。社区党支部书记王新燕，居委会主任王爱萍。

配合社区包联单位，对社区商铺进行分组，选出组长，进行常态化包联。对辖区5条路、5个小区的6000户居民进行了路牌、户牌的普查、安装工作。做好出租房屋、流动人口服务管理工作，确保有异常情况及时发现。积极开展矛盾纠纷排查及处理工作。截至2018年，排查化解各类矛盾纠纷2起。

人民路社区

人民路社区位于三道河子镇中心，坐落于沙

湾县金沟河路42号。辖区总面积2.25平方千米。共有户籍人口1136户2953人、常住人口1408户3498人；由汉族、哈萨克族、维吾尔族、回族等7个民族组成，其中汉族1176户2866人，占总人口82%；哈萨克族60户161人，占总人口的4.6%；维吾尔族89户224人，占总人口的6.4%；其他民族7户8人，占总人口的0.2%。辖区共有个体工商户1234户，从业人员3900人。社区党总支下设2个党支部、4个党小组，共有党员45名。社区工作人员17名，其中公务员1人、事业干部4人、财聘干部5人、公益岗人员7名，低保户共7户，"三无"人员2名，社区办公场所面积610平方米。居委会委员共5人。辖区学校为四小、第二幼儿园。2018年，县信访局派驻"访惠聚"工作队8人。社区成立"四个办公室"，由社区两委班子成员担任办公室主任、"访惠聚"工作队队长、副队长、队员兼指导员，切实发挥社区党组织领导核心作用，健全完善社区各支力量统筹机制。社区特色：一是创新机制，带动小微企业示范经营新格局。紧密结合辖区个体工商户较多的实际，创新推出"支部+业缘党小组+个体工商示范户"的小微企业党组织服务管理模式。二是认真履行强化基层组织、服务居民群众的工作职责，提升服务型党组织活力。完善联合党委运行机制，以"不忘初心、牢记使命"主题教育，最大限度凝聚人心。三是强化党员教育管理。严格执行"三会一课"制度和"5+X"主题党日活动。

沙城路社区

沙城路社区位于115省道以北，智慧大道以南，沙城北路以东，和平路农建巷以西。辖区共有居民2264户6149人，有汉族、维吾尔族、哈萨克族等8个民族。社区办公面积380平方米，社区工作人员21名，其中事业干部7人、财聘干部7人、公益岗人员7名。辖区单位5个，在职党员270余名，有1支文艺爱好者队伍，有宗教活动场所1座。社区联合党委书记蒲建浩，居委会主任曹文华。

社区坚持在"服务群众、促进和谐"上狠下功夫，以党建工作为统领，助推各项工作有序开展。开展党员培养教育工作，确定3名入党积极分子，开展党员主题教育活动12次，发放城市最低生活保障金134879元，其中"三无"人员4700元、80岁老龄补贴34680元、廉租补贴费1454元、其他各类补贴51915元，为精准扶贫户申请教育救助金共1000元，缴纳暖气费4500元。开展地名命名工作，完成对辖区3509户、229个单元、81个楼栋、507个门面、36个路牌、4个巷道的命名和安装。丰富居民生活，举办主题道德讲堂、年度表彰大会、冰雪趣味运动会、"寻找春天"户外融情、民族团结专场文艺演出以及"党心照童心·童心映党心"等活动，拉近社区与居民之间的距离，凝聚民心促和谐。

少年路社区

三道河子镇少年路社区成立于2003年4月，位于县城中心，东起世纪大道，西至友好南路，南接广场西路，北邻塔城西路。辖区面积1.4万平方千米，辖区总人口1785户，共计4551人，由汉族、维吾尔族、哈萨克族等9个民族组成。社区联合党委下辖3个居民楼院党支部、7个功能型网格党支部，14个居民小区，4条巷道，驻区单位55家。居委会下设居民小组11个，居民代表41名，社区服务办公阵地面积857平方米。社区工作人员24名，其中事业干部7人、财聘8人、公益岗9人。社区联合党委书记鲁慧，社区居委会主任陈春燕。

社区联合党委以打造"文化型社区"为切入点，发挥文化社团和网格党支部、党小组的带动作用，利用辖区内文化资源，开辟社区文化特色工作室，组建了社区中老年合唱团、七彩虹舞蹈队、太极扇、太极剑、太极拳队等群众文体社团，成立社区剪纸、书法、绘画、器乐等兴趣小组和“六点半”阳光辅导班、法律咨询室、心理辅导室。先后举办了四届“邻里文化节”和首届社区春晚，在辖区内打造“温情互助”“孝老爱亲”“廉政文化”“民族团结”“平安和谐”5个类型文化示范楼院。举办少年路社区全国书画、剪纸、摄影综合艺术交流展，丰富了居民群众的文化生活。

塔城路社区

三道河子镇塔城路社区成立于2000年5月，位于沙湾县私营经济繁华地段，东起河滩路，西至世纪大道，南接火车路，北临鑫沙湾步行街。辖区面积0.62平方千米，辖区共2618户6370人，由汉族、维吾尔族、哈萨克族、回族等9个民族组成。有驻区行政企事业单位16个，居委会下设居民小组26个，居民代表44名。联合党委下设3个居民党支部，党员120名；7个网格党支部，党员647名。社区工作人员25名，其中事业编制8人、工勤编制2人、财政编制8人、公益岗7人，社区办公场所面积1000平方米。社区第一书记李贺龙，居委会主任李彦。

一是围绕暖民亲民，开展社会化服务。2018年以来，社区与包联单位共慰问贫困户、贫困党员13户，共发放面粉26袋、清油13桶、大米13袋，现金2600元。为辖区9户贫困户发放冬季救灾煤炭补助金共计4500元。城乡困难群体大病救助2户2人，金额12510元，临时救助全年共1人，金额1008元。组织辖区妇女开展“爱心一元捐”活动和“两癌”筛查的体检，让各族居民感受到关爱。二是围绕安民便民，提升小区安全防范等级。利用结亲周活动挖掘身边民族团结感人故事，并利用周一升国旗活动宣讲民族团结典型事迹20余次，开展联谊活动12场次，增强了各族干部职工、居民群众爱祖国、感党恩、听党话、跟党走的信心。三是围绕惠民乐民，拉近党群干群距离。截至2018年，享受低保户数11户12人，停发低保5户8人，全年累计发放低保金额73351元。“三无”人员1户1人，全年共发放救助金5640元。同时，为了满足社区居民不断增长的精神文化需求，社区还配备了一套DVD音响设备，组建了以女性为主的3支文艺队伍，加强社区文艺队伍建设，组织开展了丰富多彩的文化活动。

体育场路社区

体育场路社区地处沙湾县三道河子镇老城区，辖区面积0.8平方千米，东起世纪大道北路，南至乌鲁木齐西路，西至奎屯路，北至智慧大道西路。成立于2003年2月，现有居民3427户9198人，由汉族、维吾尔族、哈萨克族、回族等10个民族组成。户籍人口2037户5196人。两栖居民1215户3417人。出租房屋269户，楼栋99栋，巷道8条，驻区单位15家。社区联合党委下设3个居民党支部、7个网格党支部。社区联合党委书记刘长兴，居委会主任王丽。

社区联合党委深入开展群众工作，始终坚持“党建助扶贫，扶贫促党建”理念，着力在“知民、帮民、为民、安民、乐民”上下功夫，以“关爱居民、教育居民、服务居民、凝聚居民”为工作目标，通过帮扶贫困、帮助弱势群体就业，打造“扶贫帮困型”特色社区。社区健全完善弱势群体帮扶制度，建立党员联系少数民族贫困家庭机制，组织社区党员干部开展结对认亲活动。成立“社区少数民族之家”，统筹开展面向少数民族弱势群众的职业培训、就业咨询、急难救助、法律援助、流动人口服务管理等方面的工作。整合辖区服务资源，为社区少数民族群众开展就业创业、教育医疗、社会保障、文化体育、法律援助、语言文字翻译“六大服务”。

天山路社区

三道河子镇天山路社区位于沙湾县金沟河路

南延段以西、乌奎高速路以北、西公园路以东、北疆过境铁路以南，占地约6平方千米，辖区总人口385户922人，辖区共有单位14个，党员13名，社区工作人员18名，事业干部5人，财聘干部5人，公益岗人员8名，社区办公场所面积824平方米。社区党支部书记朱哲成，社区居委会主任王小红。

天山路社区立足为民服务，紧紧围绕“以人为本、服务优先”的服务理念，积极开展各类凝民心聚民意活动，夯实基层基础，提升了社区服务水平和质量。1. 社区创新“雷锋在线”服务品牌。由社区拿出5万元作为项目资金，依托爱心超市、爱心救助站、七彩假日班、军民文化活动中心等有力载体，文化宣传志愿队、环境卫生支援服务队，主要面向社区困难党员居民、“空巢”老人、下岗职工、贫困家庭。2. 建立军民文化中心，天山路社区与驻社区部队有着浓厚的双拥共建氛围。3. 开展“黄丝带”行动，以孝为先关爱空巢老人，定期走访为他们提供家务打扫、营养送餐、衣物清洗、送医送药、方便空巢老人居家养老。4. 开办“七彩假日”，寓教于乐。5. 成立“医疗卫生服务站”服务最远一家人，每年定期为60岁以上老人进行免费体检，深受群众好评。

乌西路社区

乌鲁木齐西路社区位于县城以西，属城乡接合部，东邻大泉水渠，西至大泉开发区，北至智慧大道西路，南接乌奎铁路。辖区面积约8平方千米。现有居民1960户5611人，由汉族、哈萨克族、回族、维吾尔族等9个民族组成。驻区单位7个，社区党支部现有党员55人，社区工作人员17人，其中国家干部7人、财政供养干部4人、公益岗6人。社区办公阵地面积859平方米，社区党支部书记马坤，居委会主任刘芬荣。

2018年，社区紧紧围绕“社会稳定和长治久安”总目标，以关爱居民、教育居民、服务居民、凝聚居民为宗旨，深入开展了群众工作。民族团结一家亲工作结硕果。社区7名结亲干部每两月到结亲户家中走访、住户，开展“四同”活动，从相识、相知到相通、相助，交往、交流、交融氛围逐渐浓厚。解决特殊群体生产生活困难，解开思想困扰，提高普通话水平，增强生活信心，真正成为特殊群体的“娘家人”。

伊宁路社区

沙湾县三道河子镇伊宁路社区位于城乡接合部，辖区南至智慧大道，东至世纪大道北路，西至奎屯路，北至环城北路交界处，辖区面积1平方千米，现有总户数733户1845人。少数民族占21.3%，其中汉族557户1550人、维吾尔族89户147人、哈萨克族42户89人、回族21户47人、其他民族4户12人。社区工作人员15名，其中事业编7名、财聘5名、公益岗3名；联合党委下设3个网格党支部和1个居民党支部，6个党小组，党员28名；流动人口266人（流出67人、流入199人），出租房屋30户。

通过深化群众工作融情联谊，着力打造“民族团结互助型”社区。以民族团结“一家亲”融情联谊活动为基础，积极举办“民族团结趣味运动会”“民族团结电影周”，建立“民族团结文化大院”“民族团结文化长廊”“民族团结特色手工室”，使“民族团结互助服务”从资金互助拓展到各族之间技术互助、健康互助、文化自助、爱心互助、使各族居民交往交流交融，像石榴籽一样紧紧抱在一起，形成“一家有难大家帮、民族团结大合唱”的时代旋律。

良种场

【概　况】 2018年，辖区2个分场。年末总人口1426人，其中少数民族156人。耕地面积2150公顷，全部为经济作物播种。主要农产品产量：

棉花 12800 吨。

全社会固定资产投资总额 350 万元。年末固定电话用户 349 户，计算机互联网用户 280 户。

有卫生院 1 个、个体诊所 1 个，拥有专业卫生技术人员 8 人（其中少数民族 3 人）。

农牧民人均纯收入 17183 元，较上年增加 5%。

截至 2018 年底，已有 1111 名农民参加城乡居民医疗保险。转移农村劳动力 152 人次。

【经济建设】 种植业。积极引导农户了解市场信息，学习现代农业新技术、新方法，做强支柱产业，不断加强棉花管理，从选种、整地、播种、田管、采收，系统地进行了科学规范管理试验，为棉花产业的升级发展奠定了坚实基础。2018 年共种植棉花 2088.18 公顷。

畜牧业。依托沙湾大盘产业项目建设，坚持绿色有机发展，不断延伸枸杞产业链，发展林下生态养殖业。以鑫园农民专业合作社为典型示范，大力发展枸杞鸡养殖产业，带动林下经济发展。2018 年鑫园农民专业合作社共养殖枸杞鸡 5000 只，实现了枸杞产业链的延伸。

林果业。加大特色林果产业新品种的试验示范，围绕“设施农业 + 特色林果业”主体生产模式，不断优化枸杞品种结构，加大对枸杞新品种引进试验，将优良品种宁杞 7 号进行种植推广。

其他。与中国农业科学院棉花研究所达成协议，全力打造棉花新品种实验园，2018 年新增 20 公顷新品种良种扩繁区，将 2017 年综合试验中 5 个单产超过 500 千克的优质新品种进行扩繁。经测算，亩产预计比当地平均籽棉亩产增加 100 千克，每亩增收 600 元，带动了农户的增产增收。

【党建工作】 党组织基本情况。全场 4 个基层党支部，67 名党员（其中汉族 61 名、少数民族 6 名，2018 年发展党员 9 名）。

党员队伍建设情况。年初以来，场党委统筹推进领导班子和干部队伍建设、基层党组织和党员队伍建设，提高政治站位，履行政治责任，强化政治担当。以学习党的十九大精神为抓手，充分利用“三会一课”、远程教育、“两学一做”、“学转促”专项活动等多种形式，不断提高党员干部综合素质，开展各类培训 12 场（次），培训党员干部及群众 1100 人。印发《“三会一课”制度和记录样本参考模板》、“5+X”主题党日操作规范等，全场“5+X”主题党日活动、“三会一课”、民主生活会等党内政治生活和农牧民学校、周一升国旗活动更加标准化、规范化。

村级阵地“5+2”建设情况。累计投入资金 30 万余元对二分场办公阵地进行新建，2018 年还未竣工。

“访惠聚”驻村工作。县委共向良种场派出 1 支工作队，有 6 名工作队员。协助指导各分场维护社会稳定、加强党的建设、筑牢群众根基、促进事业发展。

远程教育情况。继续推行“六项制度”管理办法，对基层管理操作人员进行了量化考核，考核结果与绩效工资挂钩。全场村级远程教育终端接收站点选优配强站点管理员 2 人。

【党风廉政建设】 2018 年，推进作风建设监督检查常态化，认真履行监督责任，切实督查损害群众利益、“四气”、落实维稳工作不力等问题，提醒谈话 3 人，查办案件 4 起。

【宣传思想】 指导规范使用党的十九大精神系列挂图、文化站图书、39 条规范标语，逐展、逐窗、逐板清查清理不符合要求的标语、制度牌、图书等，清理不规范标语 4 条，清理不规范使用展板 11 块，墙体标语 26 条，指导各分场、站所装裱悬挂四幅挂图 5 套。理论武装：全年共开展中心组学习 13 次、干部理论学习 48 次。

【精神文明建设】 各分场结合实际制定了村规民约，成立了红白理事会，通过流动道德讲堂不断提高村民的道德素质，建设凝聚道德力量，构筑道德高地。共组建 20 人志愿者服务队，全年开展关爱“空巢”老人、送温暖献爱心、清洁家园等主题志愿者服务活动20场次。以百姓乐大舞台为平台，开展“文化暖冬”“夏季百日文体”等活动30场次。

【民族团结工作】 2018年以来，以结对认亲、经常走访、相互学习、开展活动、真情帮扶、表彰激励为载体，结合党的十九大精神宣讲、两会精神学习，共度元旦、春节、清明节等传统节日，共同利用春耕生产等时机开展多种形式走访活动。本年度共开展联谊活动10场，参加人数共计1000人次。

【美丽乡村建设】 开展植树造林活动，在沙柳公路沿线、开发区沿线、居民巷道内累计栽植各类景观树6万余株，完成绿色通道树木刷白和林床杂草清理共计21千米，进一步绿化人居环境。组织党员、干部、群众多次开展以清洁家园为主题的乡村环境卫生整洁行动，对屋边、路边、水边、田边的裸露垃圾、卫生死角进行了大清扫、大清理和大清运，并对每户农户进行“最清洁、清洁、不清洁”评比。申请惠民生项目资金100万元，落实惠民生项目，安装辖区内太阳能路灯共计180盏，完成了居民区道路照明全覆盖，方便群众出行。

（撰稿：肖　倩）

2018年良种场各分场基本情况表

表13

序号	村队名称	村党支部书记	村主任	人口数（人）	总户数（户）	党员人数（人）	年末耕地面积（公顷）	年末牲畜存栏数（头/只）	村集体收入（万元）	人均纯收入（元）
1	一分场	曹秀英	无	719	263	24	917	65056	无	18282
2	二分场	李　兵	李　兵	780	281	31	380	37354	无	18282

博尔通古牧场

【概　况】 博尔通古牧场地处沙湾县城以西37千米处，东邻沙湾县安集海镇，南傍和静县，西依奎屯市，北与农八师一三二团相连。牧场成立于1957年，1996年由南部山区搬迁至现所在地，下辖6个生产队、1个社区，是一个以农牧业为主的地方国有牧场。

牧场户籍在册人口1767户5081人，有哈萨克族、回族、汉族、东乡族、维吾尔族等民族构成，其中：哈萨克族3904人，占77%；回族601人，占11.8%；汉族445人，占8.7%；东乡族104人，占2%；维吾尔族21人，占0.4%；其他民族6人，占0.1%。共有耕地53250亩，草场面积10万公顷，年末牲畜存栏5.7万头（只）。

牧场党委下设12个党支部，其中村队党支部6个、学校党支部3个、机关党支部1个、宗教场所和宗教活动管委会党支部1个、都塘筹备处党支部1个，党员159名。其中，有哈萨克族党员109名、汉族党员39名、回族党员9名、维吾尔族党员2名。

共有流出人口765人，其中县外疆内574人、疆外国内54人、国外137人。流入人口88人。

【经济建设】 种植业。一是春播面积3587.13公顷，其中棉花3208.63公顷、小麦120.7公顷、玉米58.13公顷、辣椒2.8公顷、蔬菜16.2公顷、苜蓿20.2公顷、谷子草20.6公顷、青储139.67公顷、其他0.2公顷。二是坚持预防为主、防疫先行，严格执行牲畜防疫制度，建立牲畜合同防疫办法，规范牲畜存栏及防疫档案，切实做好牲畜强制免疫和计划免疫工作，防治率达到100%。2018年牲畜存栏数5.7万只。

畜牧业方面。发放种公牛补贴10头6万元。落实禁牧草场25218.6公顷，发放补助2269674元；落实草畜平衡草场73114.7公顷，发放补助2741802.5元；落实水源涵养草场面积1000公顷，发放补助 75 万元。

【党建工作】 一是调整党建工作领导小组，每月召开一次领导小组办公室协调推进会，每季度召开一次领导小组例会，将基层党建工作任务按月细化、量化。二是按照年初申报、半年考核、年终验收的程序，对 6 个村级党支部“星级化”创建工作进行验收，通过“星级化”创建推动基层各项工作有序推进。三是积极落实发展党员工作，严格落实“20·10·3”工作机制，开办一期 23 人参加的入党积极分子培训班，制定村队发展党员流程图，严把党员发展“入口关”，全场递交入党申请书 125 人，入党积极分子 60 人，发展党员 18 名。四是扎实开展“三会一课”，每月对党组织生活手册和党小组手册进行审阅，对落实党课工作进行督促落实，确保党课的质量和效果。五是规范干部夜校学习，每月制订统一的学习计划，确定一个讨论主题，开展一次学习讨论、开展一次集中测试，提高党员干部的思想认识及工作水平。六是认真落实“四个一”工作，做好“一卷子”测试的人员组织、考试实施、档案留存等各项工作，共开展乡村两级测试 10 场（次），参加干部 310 人 / 次。七是每月 10 日、20 日组织村队第一书记、党支部书记、支部组织委员等共 18 名基层党建工作人员参加地区党建“微课堂”测试，提高党建业务工作能力，共参加测试 22 场（次），参加干部 396 次。八是扎实开展软弱涣散党组织整顿工作，调整了村党支部书记，新吸收 1 名村干部，收回历年欠款 16 万元，选派机关干部到村队监督开展耕地测量工作，清理账目以外土地 500 余亩。九是积极开展智慧党建信息录入工作，每村队确定 2 名专职录入人员，制定月录入工作台账，进行奖惩和批评，对录入工作居前两名的村队进行奖励，对后两名的村队进行处罚，提高了工作积极性。

【党风廉政建设】 一是全年下发各类通报 25 期，扶贫领域等损害群众利益方面 4 人受到诫勉谈话处分；其他工作方面提醒谈话 2 人，通报批评 48 人，通报工作后进单位 6 个；接受上级通报 20 余期，其中通报批评 5 人、提醒谈话 1 人、诫勉谈话 7 人、党内警告 5 人，本级立案处理 3 人，结案 2 起。二是不定时对干部作风、纪律考勤、办事效率、落实维稳值班情况等进行检查，通报批评处理机关、村队、“访惠聚”工作队干部 48 人次，通报村队 6 个。三是开展节假日作风建设检查 4 次，每次都对辖区内 1 家农家乐、2 家超市、3 家食堂进行不定时检查；对牧场的 2 辆公车，要求节日期间严格按照公车管理制度运行，实行先申请、后派车制度。2018 年公车派出县外 1 次。四是集中学习《党纪处分条例》《关于新形势下党内政治生活的若干准则》等内容，受教育党员 360 余人次。五是开展主题党日系列活动，为庆祝建党 97 周年，开展了全场 130 余名党员重温入党誓词、上主题党课、共唱红歌、志愿服务等一系列主题党日活动；第 20 个党风廉政教育月活动签订各类承诺书、责任书等 128 份，发放张贴扫黑除恶画报 8 份，发送廉政微信 5 条。六是组织开展观看警示教育片、“法纪知识微考堂”网络答题、党纪党规知识竞赛等活动，共组织观看警示教育片 4 期 6 场（次）；学习通报 20 期，案例 2 期，学习人数 77 人；受教育党员干部达 177 人；知识竞赛 2 期，参与人 77 人；“法纪知识微考堂”网络答题 12 期，参与人数 33 人，360 多人次。七是清理违反计划生育政策党员和国家公职人员 11 人，缴纳社会抚养费 177330 元。

【民族团结工作】 抓好全场“民族团结一家亲”活动，研究出台工作方案，稳步推进民族团结教育“七进”活动，及时调整干部与群众“结亲”，全场结亲总户数 242 户，办实事好事 20 次，召开民族座谈会 6 场，联谊活动 11 次；双语学习 30 次，捐物 155 件。

【民生工作】 一是新建安居富民房 62 户，超额完成上级下达的任务，2018年已验收发放安居富民补助款135万元。二是发放低保金1028102元，清理低保人员95户179人。三是发放高龄补贴23人41250元。四是发放孤儿基本生活费28800元，清理孤儿身份4人，现剩2人。五是登记残疾人123人，为55名享受“两项补贴”残疾人发放补助33600元，为3名残疾人申报阳光家园资金7000元。六是组织妇女“两癌”筛查243人，发放国家少生快富奖励金15人45000元，自治区少生快富奖励金3人7500元。七是发放种公牛补贴10头6万元。八是落实禁牧草场25218.6公顷，发放补助2269674元；落实草畜平衡草场73114.7公顷，发放补助2741802.5元；落实水源涵养草场面积1000公顷，发放补助75万元。九是利用少数民族村队扶持资金30万元，为开干齐队修建防渗渠1.7千米。十是积极争取项目资金30万元，完成了大桥队村级阵地硬化及围墙修建工程。

【深化改革工作】 一是完成国有农牧场土地使用权确权登记工作。土地确权已颁证13.93万公顷，其中耕地0.13万公顷、林地0.45万公顷、草地7.19万公顷。建设用地4666.7公顷，水利及水利设施用地（冰川积雪)3.19万公顷，未利用地2.99万公顷。二是妥善开展农牧场改制工作，制定了《沙湾县博尔通古牧场改革实施方案》，成立了以场长为组长的国有农牧场改革工作领导小组，多次召开工作推进会，按照部署进行改制工作；对基本养老保险缴纳情况进行核查，博尔通古牧场16—60岁应缴费人员3217名，其中国有职工459名，已全部参保；非国有职工2758名，其中1995名已参保，未参保人员763名。按照沙湾县国有农牧场资产清查工作要求，新疆诚信有限责任会计师事务所工作组于2018年5月对牧场进行资产清查。截至2018年3月31日，账面资产总额17521272.1元，其中流动资产9353061.41元、非流动资产8168210.69元，负债13129046.63元，净资产4392225.47元，并于8月6日前出具审计报告，经公示无任何异议和举报，公示结果已上报县经工办及财政局。对18名企业职工征求了意见，初步制定了分流方案。三是共有耕地3400公顷，已规范清理2566.67公顷。

【打好“三大攻坚战”】 一是坚决打好防范化解重大风险攻坚战，按照“有多少钱办多少事”的原则，乡、村两级全年未发生违规举债。二是坚决打好精准脱贫攻坚战，牧场共有低收入户62户191人，包括脱贫巩固的53户160人、新识别的9户31人，对于脱贫巩固的53户160人，制定“一户一方案”，并于年初及年末对收入情况进行了测算。2018年，这53户均无返贫情况；对于新识别的9户31人，建立“一户一档”及“一村一档”。经过一年的帮扶，2018年除了1户因重大疾病需要大额手术费未达到脱贫标准外，其余8户均已脱贫。三是坚决打好污染防治攻坚战，围绕美丽乡村建设，重点整治道路两侧及房前屋后的垃圾，定期清理动物粪便，每月进行一次环境卫生大扫除，并进行评比奖励。

2018年博尔通古牧场各队基本情况表

表14

序号	队名	党支部书记	队长	总户数（户）	总人口（人）	党员（人）	年末耕地面积（公顷）	年末牲畜存栏（头/只）	集体收入（万元）	人均纯收入（元）
1	阔克拉乔克队	叶尔肯别克·胡加别克（哈萨克族）	哈德力·叶尔杰甫（哈萨克族）	246	816	29	165	22400	13.15	8100
2	阿克加尔队	叶尔肯别克·胡加别克（哈萨克族）	马那提·朱马别克（哈萨克族）	242	764	15	153	21000	13.15	8600
3	大桥队	古建忠（回族）	别尔克汗·克孜尔汗（哈萨克族）	89	291	20	87.33	1100	0.5	5000

续表 14

序号	队名	党支部书记	队长	总户数（户）	总人口（人）	党员（人）	年末耕地面积（公顷）	年末牲畜存栏（头/只）	集体收入（万元）	人均纯收入（元）
4	阔斯托别队	杰恩斯·胡加拜克（哈萨克族）	热哈提·杜曼（哈萨克族）	211	542	24	175.46	1800	4.2	7900
5	喀拉阔勒队	喇小山（回族）	李碧英	243	709	19	11535.3	100	70	14000
6	开干齐队	马维林（回族）	哈力·叶尔杰甫（哈萨克族）	201	584	13	280	5000	14.5	9000

小拐农业开发区管理委员会

【概　况】 沙湾县小拐农业开发区位于准噶尔盆地古尔班通古特沙漠腹地，东临玛纳斯，西临克拉玛依市小拐乡，北临和布克赛尔县，距离县城130余千米。小拐农业开发区占地面积1600多平方千米，区域内生态林面积666.7公顷，已开发种植土地面积1.73万亩，机井1000余眼，全部安装节水地灌，主要农作物以种植棉花、打瓜为主，现有土地经营户490余户，长期从业人员3000余人，秋收季节短期雇工6000余人。小拐农业开发区管理委员会成立于2016年2月。现有工作人员6人，书记兼主任职数1人，副主任职数1人，工作人员4人，另聘6人，驾驶员、食堂师傅各1人，工作人员4人。2018年共完成24千米柏油马路铺设。2018年，辖区范围内已建有滴灌带厂8个、棉花加工厂4个、移动公司通信基站1座，并有农资店5家、饭馆5家、商店7家、机井维修店5家、农机修理店5家、网套加工点2家，初步形成了以办公室为中心的政治、文化、商业中心。

【党建工作】 小拐农业开发区党委始终把基层党建工作作为首要的政治任务和一项系统工程来实施，并以创建“五型”机关为标准，不断强化自身建设。建立以党委书记为第一责任人，一级抓一级、层层抓落实的责任机制。用“服务型党组织建设年”活动思想，指导全区工作开展。党委坚持每周召开一次党委扩大会议，专题研究部署党建工作，并定期不定期地听取基层党建工作汇报，深入基层检查指导，切实做到组织领导到位、工作部署到位、指导协调到位、督促检查到位。

【主要工作】 退地减水，清理土地。共清退2106.67公顷土地，并将对清退出的土地进行复查核实，看是否有没有退的。如发现复耕情况，及时责令将复耕农作物清除，做到自愿退地，积极做好群众的思想工作。

加大植树造林投入，优化农业发展环境。管委会区域面积广、风沙大，给当地种植户带来严重的危害，影响了该区经济的发展。为提高经济效益，促进沙湾县经济持续、稳定、快速发展，重视植树造林工作。小拐农业开发区管理委员会全面开展了2018年春季植树造林动员，并在2018年秋季秋收结束后，按照每眼井管理亩数的4%比例，在农田四周整理好林带，为2019年种植树木打好基础，共绿化200公顷土地。

及时上报农作物信息。严格落实农作物信息采集工作，确保国家惠民政策落到实处、用在点上、利在民中。小拐农业开发区积极采取措施，通过广泛宣传、积极动员，落实到位、官民联动，热情周到、程序严格，数据公示、接受监督等程序，切实做好农作物信息采集工作。

完成人工影响炮点工作。为切实做好2018年的防雹工作，确保能及时掌握天气情况，本着早计划、早行动、早落实的原则，提前进行人工预防。4月底拉回了108枚炮弹，作业了46枚，将灾害降至最低点，尽量避免经济损失。

关于做好棉花保护区的各项工作。要充分发

挥合作社的作用，10月13日，召集3个合作社的负责人落实此项工作，从12月15日开始对合作社的所有成员进行培训。与沙湾县棉纺企业对接，整合资源。

【党风廉政建设】 小拐农业开发区管理委员会成立了党风廉政建设和反腐败工作领导小组，领导小组下设办公室，落实了专人负责抓好此项工作。为党风廉政建设和反腐败工作顺利开展提供了坚强的组织保障。制定了《小拐农业开发区2018年党风廉政建设责任书》，党委与驻辖区各单位签订了党风廉政建设和反腐败工作目标责任书，落实了党风廉政建设和反腐败工作责任制。严格执行中央提出的“四大纪律八项要求”和“五不准”等领导干部廉洁自律的各项规定，对重点工作进行专项治理。继续组织开展“过廉洁节”“家风建设”“廉政承诺”等专项活动。深入开展党政主要领导廉政承诺制，严格干部选拔任用工作，大力开展廉政文化“五进”活动，以学习实践科学发展观活动推进反腐倡廉教育。加强反腐倡廉理论学习，组织广大党员干部认真学习《中国共产党纪律处分条例》《行政监察法》等党政纪条规。2018年，小拐农业开发区深入开展专项治理工作，巩固自查自纠工作成果。重点围绕工程建设、土地出让、土地改造等领域，认真开展自查自纠“回头看”工作，对查找出来的突出问题认真进行整改，并研究制定了长效机制。全面推进村务公开、政务公开。

【民族团结工作】 小拐农业开发区成立了民族团结一家亲工作领导小组，积极协调推进，抓好工作落实，靠实工作责任，务求工作实效。组织开展结对认亲活动。要求每名干部“一对一”结对认亲，并建立结对交友日常联系机制、动态信息跟踪联系机制等长效机制，切实帮助认亲户解决生产生活中的实际困难。种植户与放牧人员进行结对认亲，管委会给困难放牧户提供10块免费草场和90吨棉杂。

（撰稿：胡燕利）

附　录

主要机构与负责人名录

中国共产党沙湾县委员会

中国共产党沙湾县第十二届委员会书记、副书记、常委名单

书记：乾正峰（4月离任）
　　黄佳俊（4月任职）

副书记：木合塔尔·卡里木别克（哈萨克族）
　　张道良（2月离任）
　　张大江（2月任职）
　　冯　义（正县级，援疆）
　　邹　勇（正县级，3月任职）

常委：王宏平　李永翔
　　哈米提·阿吉（维吾尔族）
　　柴红华（女，2月离任）　蒋传军
　　刘　刚　赵　震（援疆）　杨新立
　　俞天斌（3月离任，挂职）
　　于新英（女，2月任职）
　　图尔逊·木拉提（哈萨克族，2月任职）
　　肖　红（女，3月任职，挂职）
　　范正权（8月任职）

县委各部、委、办负责人

县委办公室

主任：霍峰辉

副主任：李红卫（1月离任）
　　任继刚（1月离任）　李　坚
　　单新生　孔明智（1月任职）
　　夏远冰

信息督查科科长：苏志生（1月任职）

保密局（办）局长（主任）：
　王　斌（11月离任）

经工办主任：李　坚

副主任：陈　敏（女）

机要局局长：李耘耕

副局长：张　森（1月任职）

深化改革办公室专职副主任：潘多军

信息化管理办公室主任：蒋　浩（1月离任）

专用通信局局长：蒋　浩（1月任职）

政法委

书记：张道良（2月离任）　张大江（2月任职）

副书记：蒋传军　杨新立
　　雷祖成（1月离任）
　　朱清营（1月任职）
　　罗　明（8月任职，挂职）

综治办主任：刘　俊（1月任职）

县网格化管理服务中心副主任：
　叶尔肯·包尔拜（哈萨克族，1月任职）

武装部

党委书记、政委：王宏平

党委副书记、部长：汪春强（7月离任）
田学伟（8月任职）
党委委员、纪委书记、副部长：
雒卫昌（5月离任）
沈光虎（9月任职）
党委委员：郝英振、文超柯

组织部
部长：李永翔
副部长：赵春林　鲁明学　汪　洋
任继刚（1月任职）
孙会海（援疆）
卡玛里汉·托汉别克（女，哈萨克族）
干部室主任：王洪兵
办公室主任：赵　军
基层办主任：张建辉（1月任职）
县党代表联络办主任：郑　健（11月离任）
干训室主任、远程办负责人：唐吉运
组织室主任：张魏琴（女，11月离任）
干部监督室主任：周亚明
县委人才办主任：蔚　靖（女）

宣传部
部长：柴红华（女，2月离任）
于新英（女，2月任职）
副部长：仲会奇　李昱慧（女）
孙彦斌（11月任职）
文明办副主任：刘　艳（女，回族）
外宣办主任：冯　梅（女）

统战部
部长：图尔逊·木拉提（哈萨克族，2月任职）
副部长：李　健（1月离任）　宋鸿飞
肖宜霏（女，1月任职）

党校
校长：李永翔（11月任职）
常务副校长：
王新晟（1月退休）
韩振激（1月任职）
副校长：王银珊（女）
巧盼·哈山（女，哈萨克族）

机关工委
书记：陈东伟
副书记：阿合里太·哈布都拉（哈萨克族）
刘政玲（女）
工委委员、副科级组织员：罗　菊（女）

编办
主任：蒋爱杰
副主任：史秀华（女，1月退休）

老干局
局长：汪　洋
老干活动中心主任、副局长：王文君
副局长：叶尔肯·居马哈孜（哈萨克族）
关工委办公室主任：李晓红（女）

史志办
主任：吴隋良
副主任：杨大海

网信办
主任：孙彦斌（1月任职）
副主任：秦怀华

县委巡察办
主任：王和艳（女，11月任职）
副主任：李静珊（女，11月任职）
王建新（11月任职）

巡察专员：邓新军（11 月任职）
闫建军（11 月任职）
李江红（女，11 月任职）
孟　新（11 月任职）
刘惠萍（女，11 月任职）
白承江（11 月任职）

中共沙湾县纪律检查委员会沙湾县监察委员会

中国共产党沙湾县第十二届纪律检查委员会书记、副书记、常委名单

书记：刘　刚
副书记：程子虎（1 月离任）
李　芳（女，1 月任职）
达吾列提拜·吾马尔（哈萨克族）
常委：穆合亚提·苏来曼（哈萨克族）
王和艳（女）　张建喜（12 月离任）
张建辉（1 月离任）
张魏琴（女，11 月任职）

沙湾县监察委员会主任、副主任、委员名单

主任：刘　刚（1 月任职）
副主任：李　芳（女，1 月任职）
达吾列提拜·吾马尔（哈萨克族）（1 月任职）
委员：
穆合亚提·苏来曼（哈萨克族，1 月任职）
王和艳（女，1月任职）　鲁　渊（1月任职）
姜庆基（1 月任职）

纪委监委各部室负责人

办公室主任：张建喜（11 月离任）
路庆义（11 月任职）
组宣部部长：张建辉（1 月离任）
张魏琴（女，11 月任职）
党风政风监督室主任：
王和艳（女，11 月离任）
党长城（11 月任职）
信访室主任：李　祺（女，11 月离任）
努尔古丽·波力森（女，哈萨克族，11 月任职）
案件监督管理室主任：
袁　劼（女，11 月离任）
窦欣慧（女，11 月任职）
纪检监察干部监督室主任：
王江丽（女，11 月离任）
孙秀花（女，11 月任职）
审理室主任：刘惠萍（女，11 月离任）
姜　辉（女，11 月任职）
第一纪检监察室主任：李新生
第二纪检监察室主任：刘　林
第三纪检监察室主任：代洪涛
第四纪检监察室主任：田安邦（11 月任职）
第五纪检监察室主任：袁　劼（女，11 月任职）
第一纪工委、监察分局书记、局长：程新胜
第一纪工委、监察分局副书记：
王江丽（女，11 月任职）
第二纪工委、监察分局书记、局长：
闫建军（11 月离任）
第二纪工委、监察分局副书记：
杨文品（11 月任职）
第三纪工委、监察分局书记、局长：
邓新军（11 月离任）
第三纪工委、监察分局副书记：
何承龙（11 月任职）
第四纪工委、监察分局书记、局长：
白承江（11 月离任）
第四纪工委、监察分局副局长：燕文德
第五纪工委、监察分局书记、局长：
田生荣（蒙古族）
第五纪工委、监察分局副局长：
陈克强（11 月离任）
第六纪工委、监察分局书记、局长：

叶尔哈力·托合特木拜（哈萨克族）
第六纪工委、监察分局副书记：
尹伟英（女，11月任职）

沙湾县人大常务委员会

第十六届人大常委会党组书记、主任、副主任名单
党组书记、副主任：吴　红（女）
党组副书记、主任：玉山·阿依甫（维吾尔族）
党组成员、副主任：周卫东
阿力木·哈力（哈萨克族）
马　晖（回族）
人大保留副县级待遇干部：庞双成

人大常委会办公室及工作委员会负责人
办公室主任：刘保平（2月离任）
副主任：达列勒·毛拉提汗（哈萨克族）
教科委主任：托里坤·夏依克（哈萨克族）
副主任：赵　霞（女）
代表人事委主任：刘晶晶（女，1月任职）
副主任：艾山江·司马义（维吾尔族）
财经委主任：庞双成
副主任：杨俊爱
法工委主任：陈　志（蒙古族）
副主任：司俊志

沙湾县人民政府

沙湾县第十六届人民政府县长、副县长名单
县长：木合塔尔·卡里木别克（哈萨克族）
副县长：蒋传军　赵　震
田新志（8月离任）
班军云（6月离任）　孟　虹（女）
查东升
郑　洁（女，挂职，6月离任）
张卫武（1月任职）
王立涛（9月任职）
范正权（9月任职）

县人民政府办公室
办公室主任：张新忠
副主任：姜爱斌
侨联主席、外侨办主任：程　军
信息督查科科长、法制办主任：
王子伦（1月任职）
机关事务管理局局长：王建国
副局长：白　帆（女）
电子政务办公室主任：王国军

县人民政府各工作部门及事业单位负责人
发展和改革委员会
党总支书记、副主任：龚建疆
主任：聂卫国
扶贫办专职副主任：聂卫国（11月任职）
副主任：董　斌（6月离任，援疆）
主任助理：商红阳（6月任职，援疆）
重点项目办主任：赵　栋
价格监督局局长：包新月（女）

招商局
党组书记、副局长：马军平（女）
党组副书记、局长：吴红宇
副局长：安景恕

财政局
党组书记、局长：王金海
党组副书记、副局长：韩　震
副局长：郑　灿（6月离任，援疆）
局长助理：李百慧（6月任职，援疆）
乡财局局长：张继革（1月任职）
农业开发办主任：黄继振
国库支付中心主任：陈俊涛
国资监管中心主任：孙福梅（女）
投资评审中心主任：赵红梅（女）
国资经营公司副经理：

韩晓光（6 月任职，援疆）

人力资源和社会保障局
党总支书记、副局长：高泽明
局长：鲁明学
副局长：
哈哈尔曼·努合散（哈萨克族，10 月离任）
劳动保障监察大队队长：黑学虎（回族）
创业服务中心主任：张 翔

社会保险管理局
党支部书记、副局长：党 忠
局长、党支部副书记：于海伟
副局长：何玉萍（女）
新农合管理中心主任：李金燕（女）
副主任：练桂荣（女）

农业局
党委书记、副局长：王伟民
党委副书记、局长：唐新涛
党委委员、种子管理站站长：张立新
党委委员、农经局局长：朱金斌（5 月离任）

水利局
党委副书记、局长：王道强
党委书记、副局长：
依布拉英·肖拉提（哈萨克族）
党委委员、副局长：黄 丽（女）

林业局
党组书记、局长：席 和（1 月任职党组书记）
党组成员、副局长：
薛 方（1 月任职党组成员）

农牧机械局
党组书记、局长：宋才吉（藏族）
党组成员、副局长：
邢 军 杜满·别克买提（哈萨克族）

畜牧兽医局
党委书记、副局长：严 磊
党委委员：韩建成
党委委员、草原监理所党支部书记：
哈力毕亚提·好开（哈萨克族）
党委委员、动物卫生监督所支部书记：
波拉提·吐尔逊（哈萨克族，11 月离任）

商务和经济信息化委员会
党委书记、副主任：闫 海
党委副书记、主任：赵永强
党委委员、副主任：
木尔扎别克·卡买（哈萨克族）
谷宏达（援疆） 周慧欣（援疆）
党委委员：李永飞（1 月离任）
程子虎（1 月任职） 温 刚

工业园区管委会
党工委书记：王林军
党工委副书记、管委会主任：施江平
党工委委员、管委会副主任：王 新
管委会办公室主任：陈 勇
副主任：潘 磊
招商发展局局长：肖宜菲（女，1 月离任）
孟 新（1 月任职，11 月离任）
企业服务局局长：曹斌红（女）
副局长：沈 忠
规划建设局局长：陈 源（女）
副局长：李建国

煤炭工业管理局
党支部书记、副局长：韩振激（1 月离任）
局长：温 刚

安全生产监督管理局
党支部书记、副局长：孟　新（1月离任）
党组书记、局长：李永飞（1月离任）
程子虎（1月任职）
副局长：张　蓉（女，1月离任）
于兆军（1月任职）

住建局
党委书记、副局长：朱海学（1月任职）
党委副书记、局长：母祥明
党委委员、城建监察大队队长：牛君林
党委委员、安居富民办主任：
朱海学（1月离任）
副局长：
赛博拉提·铁木尔别克（哈萨克族）
刘炫嘉（6月离任，援疆）
局长助理：罗　浩（6月任职，援疆）

房屋征补中心
党组书记、主任：徐德亮
党组成员、副主任：朱成文

城乡规划局
党组书记、局长：程苏建
党组成员、副局长：赵多军
位余庆（6月离任，援疆）
局长助理：王新军（6月任职，援疆）

交通运输局
党总支书记、副局长：王　云（11月离任）
局长：王洪斌
副局长：阿黑哈提·对山别克（哈萨克族）

退役军人事务局
党组书记、副局长：王　斌（11月任职）
党组副书记、局长：王　云（11月任职）

国土资源局
党组书记、副局长：武晓彦
党组成员、副局长：卢梦宁（主持工作）
文茂军　常　虹（女）
党组成员、纪检组组长：王会刚
党组成员：朱成武

教科局
教科党工委常务副书记、教科局党组书记、局长：谈新明
教科党工委委员、教科局党组成员、副局长：
张立民

文化体育广播影视局
党支部书记、副局长：
叶尔肯·吾仑哈孜（哈萨克族）
局长：李昱慧（女）
副局长：杨志兵
电视台台长：李国疆
广播电台台长：张　华（女）

卫计委
党工委书记、党组书记、副主任：
吴桂芸（女）
党工委副书记、党组副书记、主任：蒋　涛
党工委委员、党组成员、副主任：
托列吾汗·扎肯（女，哈萨克族）
党工委委员、党组成员：
哈依拉提·贺孜别克（哈萨克族）
党工委委员、党组成员、爱卫办主任：
王金萍（女）

旅游局
党支部书记、副局长：纪名秀（女）
局长：丁志毅
副局长：吾西宏·卡德尔拜（哈萨克族）

　　李恩久（6 月离任，援疆）
旅游执法监察大队队长：杨绪光
局长助理：王合壮（6 月任职，援疆）

民政局
党支部书记：特列吾·别尔德（哈萨克族）
局长：高西京
副局长：朱成强
老龄办主任：李　芳（女）

统计局
党组书记、副局长：张成新
党组副书记、局长：王立军
副局长：阿衣古丽·木哈买提（女，哈萨克族）

审计局
党支部书记、副局长：李　芳（女,1 月离任）
局长：朱成龙
副局长：任志愿

环保局
党组书记、局长：李启明（6 月离任）
党组副书记、副局长：朱红丽（女）
党组成员、副局长：姚韩斌
环境监测站站长：杨　艳（女）

民宗委
党支部书记、副主任：高　磊
主任：杜曼·夏热扎提（哈萨克族）
副主任：
　阿不来提·阿不力米提（维吾尔族,7 月离任）
　李　成（11 月任职）
　马玉琦（回族，11 月任职）

信访局
党组书记、局长：夏远冰
党组成员、副局长：白爱平（女）
　　加那尔别克·努尔沙帕（哈萨克族）

行政服务中心
党支部书记、副主任：张　伟（俄罗斯族）
主任：马　兵
副主任：王生刚

档案局
党组书记、局长：冯　锐
党组成员、副局长：
　阿哈里·胡斯曼（哈萨克族）

供销社
党委书记、副主任：贯永新（女）
党委副书记、主任：李　健（1 月任职）
党委委员、副主任：张　健

市场监督管理局
党组书记、副局长：曹宪华
党组副书记、局长：王江山
党组成员、副局长：王宏源、方向明
党组成员：托力肯·吐尔斯别克（哈萨克族）

公安局
党委书记、局长、督察长：杨新立
党委副书记、政委：蔡国庆（2 月任职）
党委委员、纪检书记：胡四勇
党委委员、副局长：
　孙彦斌　木哈买提汉·哈马江（哈萨克族）
　田　野（援疆）　黄建兵（1 月任职）
　罗　明（8 月任职，挂职）
党委委员：陈　钢　刘咏梅（女，回族）
　　毕国华（2 月离任）

监察局
局长：程子虎（1月离任）
副局长：
穆合亚提·苏来曼（哈萨克族，1月离任）
鲁　渊（1月离任）

司法局
党总支书记、副局长：白玉红（女）
局长：葛振龙
副局长：叶尔剑·哈山（哈萨克族）

中国人民政治协商会议沙湾县委员会

政协沙湾县第十五届委员会主席、副主席名单
党组书记、副主席候选人：张道良（2月离任）
党组副书记、主席：王瑞娟（女）
党组成员、副主席：
加里木汗·马再（哈萨克族）
周少林（回族，不驻会）
瓦尔山·艾尼（维吾尔族）
党组成员、保留副县级待遇干部：董挺建
乔　林

政协各科室负责人
政协机关党组书记、办公室主任：袁金鹏
政协机关党组副书记、办公室副主任：王剑矛
政协机关党组成员、联络议事委主任：
王生义
政协机关党组成员、办公室副主任：赵　勇

沙湾县人民法院、沙湾县人民检察院

人民法院
党组书记、副院长：陈良杰
党组副书记、院长：陈　杰
党组成员、副院长：伊卫民　许金成
努热里汗·努尔别克
（哈萨克族）
党组成员、执行局局长：马会年（3月离任）
党组成员、纪检组组长：王　新

人民检察院
党组书记、副检察长：刘平海
党组副书记、检察长：沈新华
党组成员、副检察长：牛新川、王永明
党组成员、纪检组组长：陈　溧
党组成员、反贪局局长：姜庆基（1月离任）
党组成员：
努尔古丽·波力森（女，哈萨克族,11月离任）

群众团体

总工会
总工会主席：乔　林
党支部书记：韩登斌

共青团沙湾县委员会
党组书记、团委书记：
哈里达·玛纳甫（女，哈萨克族）
党组成员、团委副书记：张　顺

妇联
党组书记、主席：刘晶晶（女，1月离任）
王　结（女，1月任职）
党组副书记、副主席：
古丽佳依娜尔·胡马尔（女，哈萨克族）

科学技术协会
党组书记、主席：贾志华
副主席：毕沙兰·胡达别尔干（女，哈萨克族）

工商联
党组书记、常务副主席：
李　健（1月离任）
肖宜霏（女，1月任职）
党组成员、副主席：于金莲（女，回族）
党组成员：韩　彤（女）

残疾人联合会
党支部书记、副理事长：吴江平
理事长：杨建军

红十字会
会长：杨修彦

社科联
常务副主席：仲会奇

文联
主席：张发军

驻县单位

中国人民解放军某部
党委书记：王天柱
党委副书记：强　金
党委常委：王怀锡（7月离任）
木拉提·达列力汗
（哈萨克族，7月离任）
凌　波（7月任职）　赵明阔
陈小强　张卫兴（7月离任）
积　辉（7月任职）　王建新

中国人民解放军某部
党委书记、政委：李桂增
党委副书记、团长：聂万军
党委常委：艾斯帕尔（维吾尔族）
周兆亮　曹晓旗　徐　斌

新疆军区石河子培训基地
主任：李　伟

武警沙湾中队
党支部书记、指导员：师昊磊
副书记、中队长：任金光

公安消防大队
教导员：李东勇
大队长：李其华

自治区天东林管局沙湾分局
党委书记、副局长：
阿布力克木·阿瓦孜（维吾尔族）
党委副书记、局长：刘新华
党委委员、副局长：王彦新
党委委员：李名军

国网沙湾县供电公司
党支部书记、副经理、工会主席：杨万军
党支部副书记、经理：黄　峰
副经理：王新捷（女）、曹向军

地区烟草公司（专卖局）
党组书记、局长、经理：谭　军
党组成员、副经理：肖　刚　马　钢
党组成员、纪检书记：杨志刚
副经理：曲学敏

沙湾县税务局
党委书记、局长：朱新江
党委副书记、副局长：齐　心　屈春花（女）
党委委员、副局长：张　琼　孟宪文
叶江帆　黄雯君（女）
艾那什（哈萨克族）
崔　建　彭一峰
党委成员、纪检组组长：籍宏伟

人民银行沙湾县支行
党组书记、行长：马宏革
副行长：鲁　静（女）　肖新耀

中国农业发展银行沙湾县支行
党支部书记、行长：王云升
副行长：叶　卉（女）

中国工商银行沙湾支行
党支部书记、行长：王　刚
副行长：张　峰　蔡志礼

中国农业银行沙湾县支行
党总支书记、行长：许智成
党总支委员、纪检委员；李延辉
党总支委员、副行长：
　刘　欢（女，9月离任）
　祁　东（9月任职）邓玲玲（女）

中国银行沙湾县支行
党支部书记、行长：甘旭东
副行长：王　亮　耿　鸿

中国建设银行沙湾县支行
党支部书记、行长：王国玺
副行长：钮凤明（1月任职）、寇海军

沙湾农商银行
党委书记、董事长：刘明辉（11月离任）
　　　　　　　　　南　磊（11月任职）
党委委员、行长：张秀俊（女）
党委委员、监事长：
　吐马尔拜·吾马尔（哈萨克族）
党委委员、副行长：郭飞飞
党委委员、行长助理：侯茂轩

沙湾人寿保险公司
经理：詹国平
经理助理：刘学峰（女）　卢　璐（女）

中国人民财产保险沙湾支公司
副经理：贾　斌　马金光
经理助理：汪清圆（3月任职）

中华联合财险公司
经理：张立忠

石河子公路管理局沙湾分局
党组书记、副局长：李春杰
党组副书记、局长：
　海拉提·阿布都外力（哈萨克族）
党组成员、副局长：龚　磊

沙湾路政管理局
党组书记、副局长：陈　韦
党组副书记、局长：张永忠

沙湾县邮政分公司
党支部书记、总经理：孙兆勇
副总经理、工会主席：耿　强

中国电信沙湾分公司
党支部书记、经理：张雁春
副经理、工会主席：程应宏
副经理：王瑞君（女）　吴　颖（女）

中国移动沙湾县分公司
党支部书记、经理：杨江鹏
副经理、工会主席：于　梅（女）
副经理：许　飞

中国联通沙湾县分公司
总经理：侯红岩
副经理：席红霞（女）

气象局
党支部书记、局长：井立军
副局长：周 斌

新华书店沙湾县连锁分店
党支部书记：刘向红（女）
经理：李 慧（女）

自治区水利厅金沟河流域管理处
党委书记：赵 苓（女）
党委副书记、局长：汪世国
党委委员、纪委书记：陆海军
党委委员、副局长：木塔力甫·木沙
副局长：苏文松（援疆，7月任职）

道路运输管理局
党组书记、副局长：史 赟
党组成员、副局长、运政执法大队副大队长：
宋 强

乡（镇、场）

安集海镇
党委书记：骆世俊（2月离任）
雷 军（2月任职）
党委副书记、镇长：雷 军（2月离任）
党委副书记、镇长人选：
刘洪财（2月任职，5月当选镇长）
党委委员、人大主席：肖 虎（11月离任）
党委副书记、人大主席人选：
史洪洲（12月任职）
党委副书记、纪委书记：董宏生（12月离任）
党委委员、纪委书记、县监察委员会派出安集海镇监察办公室主任：张建娟（女，11月任职）
党委副书记、副镇长人选：
郑金梅（女，12月任职）
党委副书记、组织干事：
郑金梅（女，2月任职，12月离任）
党委委员、武装部部长：张永生
党委委员、统战干事：吕彦云
党委委员、组织干事：
郑金梅（女，2月离任）
徐 鹏（12月任职）
党委委员、宣传干事：窦 龙
副镇长：柏晓飞（回族）
达吾列提别克·阿合买提汗（哈萨克族）
张建娟（女，11月离任）
热合曼·热买提（维吾尔族，8月任职，挂职）

大泉乡
党委书记：全 刚（3月离任）
党委副书记、乡长：张清扬（女）
党委委员、人大主席：吕东亮
党委副书记、副乡长：蔺 哲
党委副书记、纪检书记：杨文品（11月离任）
党委委员、纪委书记、县监察委员会派出大泉乡监察办公室主任：李怀明（11月任职）
党委委员、武装部部长：安 辉
党委委员、派出所所长：宋 剑
党委委员、宣传委员：马兰花（女，回族）
党委委员、组织干事：黄 玲（女）
党委委员、统战干事：
巴扎别克·克孜拜克（哈萨克族，1月离任）
马合沙提·热苏里（哈萨克族，1月任职）
副乡长：崔晓晶（女）
吐然克孜·提里瓦迪（维吾尔族，8月任职，挂职）

金沟河镇
党委书记：穆 勇
党委副书记、镇长：王卫东（回族）
党委委员、人大主席：邱 平

党委副书记、副镇长：张建武

党委副书记、纪委书记：李　成（11 月离任）

党委委员、纪委书记、县监察委员会派出金沟河镇监察办公室主任：刘宏刚（11 月任职）

党委委员、武装部部长：林　军

党委委员、组织干事：鲁嫒娟（女）

党委委员、宣传干事：张　玲（女）

党委委员、统战干事：韩　峰

党委委员：阿依米古丽·阿布力孜

（女，维吾尔族，8 月任职，挂职）

副镇长：靳　涛

木塔里甫·木拉提江（维吾尔族）

四道河子镇

党委书记：汪光辉

党委副书记、镇长：李建江

党委委员、人大主席：何蓬州

党委副书记、组织干事：

曾　刚（11 月免组织干事）

党委副书记、纪检书记：

房巨军（11 月免纪检书记）

党委委员、副书记：

艾则孜·然木吐拉（维吾尔族，8 月任职，挂职）

党委委员、统战干事：李金龙

党委委员、宣传干事；李江红（女，11 月离任）

党委委员、武装部部长；张海军

党委委员、纪委书记、县监察委员会派出四道河子镇监察办公室主任：濮传斌（11 月任职）

党委委员、组织干事：司俊强（11 月任职）

副镇长：刘金年　魏建江

曾　刚（11 月任职）

乌兰乌苏镇

党委书记：王金奎

党委副书记、镇长：

艾山江·斯拉木（维吾尔族）

党委副书记：石成强（11 月任职）　严　军

党委副书记、纪委书记：石成强（11 月离任）

党委委员、纪委书记、县监察委员会派出乌兰乌苏镇监察办公室主任：王江丽（女，11 月任职）

党委委员、宣传干事：薛建荣

党委委员、统战干事：庞　涛

党委委员、派出所所长：李　明

党委委员、组织干事：路庆义（11 月离任）

吴　倩（女，11 月任职）

副镇长：杨福军　王燕明（女）

艾海拜江·尔肯

（维吾尔族，8 月任职，挂职）

老沙湾镇

党委书记：闫　坤

党委副书记、镇长：顾光一

党委委员、人大主席：吴　军

党委副书记、纪检书记：

桑宏亮（4 月离任）

裴建军（3 月任职，11 月离任）

党委委员、纪委书记、县监察委员会派出老沙湾镇监察办公室主任：裴建军（11 月任职）

党委副书记、副镇长：陆　青（3 月离任）

李建斌（3 月任职）

党委委员、副书记：

艾克拜尔·艾热提（维吾尔族，8 月任职，挂职）

党委委员、武装部部长：雷建江（3 月任职）

党委委员、统战干事：时利尚

党委委员、宣传委员：王　媛（女、蒙古族）

党委委员、组织干事：黄　明（2 月离任）

高　扬（3 月任职）

党委委员、派出所所长：王洪伟

副镇长：邓　博

玉苏甫江·艾买提

（维吾尔族，2 月离任）

阿不力米提·艾北不拉

（维吾尔族，3月副镇长人选，
5月任职）
冯　华（女）

柳毛湾镇
党委书记：徐江涛（11月离任）
董宏生（12月任职）
党委副书记、镇长：李　鸿
党委副书记：李体陵（3月任职）
党委委员、人大主席：关维祥
党委副书记、纪委书记：刘东红（11月离任）
党委委员、纪委书记、县监察委员会派出柳毛湾镇监察办公室主任：郑　浩（11月任职）
党委副书记、组织干事：
廖海龙（11月免组织干事）
党委委员、副镇长人选：窦广杰
党委委员、宣传干事：丁洁琼（女,11月离任）
党委委员、组织干事：周　燕（女,11月任职）
党委委员、武装部部长：高　勇
党委委员、统战干事：骆　伟
党委委员：吐尔洪·托黑尼牙孜
（维吾尔族，8月任职，挂职）
副镇长：解　明　刘　龙

东湾镇
党委书记：桑晓东（3月离任）
张建喜（12月任职）
工作组组长：
袁金鹏（4月至12月主持党委工作）
党委副书记、镇长：吐尔逊·木海（哈萨克族）
党委委员、人大主席：聂海清
党委副书记、纪检书记：温志强（11月离任）
党委副书记、副镇长：
张　峰（3月任职，11月免副镇长）
郑　健（11月任职）
党委委员、副镇长：张　慧（女、回族）
党委委员、纪委书记、县监察委员会派出东湾镇监察办公室主任：杨　军（11月任职）
党委委员、统战干事：李建斌（3月离任）
党委委员、武装部部长：杨　彬（11月离任）
张　峰（11月任职）
党委委员、宣传干事：李岩伟（11月离任）
党委委员、副镇长、组织干事：陈自飞

商户地乡
党委书记：王洪杰（2月离任）
刘保平（2月任职）
党委副书记、乡长：孙福栋
党委副书记、人大主席人选：
刘东红（11月任职）
党委委员、人大主席：张建忠（11月离任）
党委副书记、副乡长：朱晓刚
党委委员、纪委书记、县监察委员会派出商户地乡监察办公室主任：陈克强（11月任职）
党委委员、武装部部长：王俊杰（1月离任）
党委委员、统战干事：赵长清
党委委员、宣传干事：李怀明（11月离任）
周　娜（女,11月任职）
党委委员、组织干事：李　磊
党委委员、派出所所长：马彦林
政府副乡长：毕文博　李晓欧
金恩斯汉·斯拉木（哈萨克族）
巴吐尔·阿不都热合曼
（维吾尔族，8月任职，挂职）

西戈壁镇
党委书记：颜　勇（1月任职）
党委副书记、镇长：
赛尔江·库尔曼（哈萨克族，3月离任）
党委委员、人大主席：
茅卫东（3月离任）
颜　勇（11月人大主席人选）

党委副书记：伊卫国

党委副书记、副镇长：夏宗新（11月任职）

党委委员、纪委书记：陈　锋（11月离任）

党委委员、纪委书记、县监察委员会派出西戈壁镇监察办公室主任：姚军文（11月任职）

党委委员、武装部部长、组织干事：

刘俊江（11月免组织干事）

党委委员、统战干事：

五扎特汉·和保克（哈萨克族，11月离任）

王　波（11月任职）

党委委员、宣传干事：

窦世娟（女，11月离任）

加孜拉·波拉提（哈萨克族，女，11月任职）

党委委员、组织干事：陈　冰（11月任职）

副镇长：

努尔木合买提·海拉提（哈萨克族）

热哈提·贺孜尔（哈萨克族）　王国志

博尔通古乡

党委书记：王建明（3月离任）

侯治国（12月任职）

工作组组长：侯治国（4—12月主持党委工作）

党委副书记、乡长：

成哈尔·帕孜别克（哈萨克族）

党委委员、人大主席：

赛里克·谢力扎提（哈萨克族）

党委副书记、组织干事：史洪洲（11月离任）

党委副书记、副乡长：张青刚（11月任职）

党委副书记、武装部部长：杨　彬（11月任职）

党委副书记、纪检书记：

胡瓦那依·胡那西（哈萨克族，8月离任）

党委委员、纪委书记、县监察委员会派出博尔通古乡监察办公室主任：

五扎特汗·和保克（哈萨克族，11月任职）

党委委员、武装部部长、副乡长：

张青刚（11月免武装部部长）

党委委员、组织干事：景　亮（11月任职）

党委委员、统战干事：杨金涛（11月任职）

党委委员、副乡长：

努尔加娃尔·巴扎尔别克

（女，哈萨克族，11月离任）

党委委员、宣传干事：李红涛

副乡长：李长友

赛尔木拉提·贺那亚提（哈萨克族）

三道河子镇

党委书记：李　艳（女）

党委副书记、镇长：

伊斯凯德·乌拉英（维吾尔族）

党委委员、人大主席：

梁学锋（11月离任）

陈　锋（11月人大主席人选）

党委副书记：张红艳（女）

党委副书记、纪委书记：党长城（11月离任）

党委委员、纪委书记、县监察委员会派出三道河子镇监察办公室主任：刘　涛（11月任职）

党委委员、武装部部长：王俊杰（1月任职）

党委委员、组织干事：张　瑜（女，回族）

党委委员、宣传干事：王芳吉（女）

党委委员、统战干事：

沙拉瓦提·阿赛提（哈萨克族）

副镇长：江　春　王　结（女，1月离任）

牛圈子牧场

党委书记：

夏里哈尔·苏里坦（哈萨克族，11月离任）

党委副书记、副场长：刘洪财（2月离任）

党委副书记、场长：夏宗新（2月任职）

党委副书记、纪检委书记：

叶尔肯·包尔拜（1月离任，哈萨克族）

党委委员、组织干事：王　波（11月离任）

党委委员、派出所所长：

哈里木别克·切尔扎（哈萨克族，11月离任）
副场长：叶尔江·哈帕斯（哈萨克族）
王敬鑫

2018年11月，撤销牛圈子牧场党委，夏里哈尔·苏里坦、夏宗新、王波、哈里木别克·切尔扎党内职务自行免除。

良种场
党委书记：唐顺天
党委副书记、场长：宋　兵
党委副书记、纪检书记：
邵　薇（女，11月离任）
党委委员、统战干事：杨国刚
党委委员、副场长：马玉琦（回族，11月离任）
党委委员、宣传委员：李开成
党委委员、组织干事：梁　辉（女）

博尔通古牧场
党委书记：买提汗·哈力克（哈萨克族）
党委副书记、场长：叶　亮
党委副书记：夏宗新（2月离任）
党委委员、统战干事：
俄合拉斯·叶尔肯（哈萨克族）
党委委员、宣传干事：
阿扎提汗·哈依沙拜克（哈萨克族）
党委委员、组织干事：潘存亮

2018年沙湾县国民经济和社会发展统计公报

2018年，在自治区党委、地委的坚强领导下，沙湾县委、县政府团结带领各族干部群众，认真贯彻习近平新时代中国特色社会主义经济思想，主动适应经济进入新时代的要求，紧紧围绕社会稳定和长治久安总目标，坚持稳中求进工作总基调，坚定不移贯彻新发展理念，以提高发展质量和效益为中心，以推进供给侧结构性改革为主线，全力做好稳增长、促改革、调结构、惠民生、防风险各项工作，全县经济平稳发展。

一、综合

全年完成地区生产总值（GDP）134.4亿元（不含兵团数据），比上年增长2.2%。分产业看，第一产业增加值56.9亿元，增长5.3%；第二产业增加值35亿元，增长-3.9%；第三产业增加值42.5亿元，增长2.8%。三次产业比例为42.3∶26∶31.7。第一产业对经济增长的贡献率为102.2%，拉动经济增长2.2个百分点；第二产业对经济增长的贡献率为-44.9%，拉动-1个百分点；第三产业对经济增长的贡献率为42.7%，拉动0.9个百分点。

二、农业

沙湾县认真贯彻落实党的农业农村政策，求真务实、真抓实干、稳中求进，使农业农村经济呈现较好发展态势。

全县完成农业总产值（现价）86.05亿元，比上年同期增长5.38%，其中：种植业完成产值63.03亿元，增长3.36%；畜牧业完成产值18亿元，增长12.71%；林业完成产值1.13亿元，增长4.63%；渔业完成产值0.4亿元，增长25%；农林牧渔服务业完成产值3.49亿元，增长5.44%。农作物正复播面积达231.68万亩，比上年同期减少4.05万亩，下降1.72%。

粮食作物面积和产量均有所减少。粮食种植

面积38.62万亩，比上年减少了5.38万亩，下降12.22%，粮食总产29.65万吨，同比减少2.08万吨，下降6.55%。其中小麦面积为10.51万亩，总产4.48万吨，同比分别下降28.9%和28.5%；玉米面积为27.89万亩，总产25.1万吨，播种面积同比持平，总产同比增长0.5%。

油料作物面积和产量大幅下降。油料作物播种面积为0.11万亩，总产0.03万吨，同比分别下降82.7%和83.3%。其中花生0.09万亩，总产300吨，同比分别下降31.9%和47.9%；油葵0.02万亩，总产40吨，同比分别下降96.6%和82.9%。

棉花面积和产量均持续增长。棉花种植面积为180.49万亩，总产270700吨，同比分别增长7.39%和10.65%。其面积占总正播面积的78.3%。

甜菜面积和产量也小幅增长。2018年甜菜种植面积0.87万亩，总产44000吨，同比分别增长13.83%和14.79%。

蔬菜面积和产量下降较大。全县蔬菜播种面积为5.67万亩，总产31.7万吨，同比分别下降33.63%和32.47%。其中工业用番茄0.877万亩，总产6.53万吨，同比分别下降37.1%和36.7%；工业辣椒3.34万亩，总产17.37万吨，同比分别下降20.86%和17.69%。

其他作物面积及产量。瓜果、打瓜、饲草料等种植面积分别为0.22万亩、1.83万亩、2.98万亩，总产分别为0.82万吨、0.35万吨2.96万吨。

年末拥有农业产业化服务组织1536家。农业机械总动力722635千瓦，拥有大中型拖拉机14398台，小型拖拉机5129台，农作物机耕面积154360公顷，农作物机播面积153176公顷。

三、工业和建筑业

工业生产保持稳步增长。规模以上工业总产值637932万元，同比下降14.9%，完成工业增加值139405万元，同比下降14.9%。工业销售产值658827万元，同比下降下5.9%。规模以上工业产品销售率103.2%，比上年增长了10.2个百分点。

建筑业稳步发展。全年建筑企业完成产值108000万元，建筑企业房屋建筑施工面积达49万平方米，竣工面积46万平方米。竣工产值101741万元。

四、固定资产投资

全县固定资产投资下降39%。其中：第一产业投资增长46.8%，第二产业投资下降14.1%，第三产业投资下降59.7%，其中房地产投资下降62.8%；三次产业投资比重由上年的8.8∶35.5∶55.7调整为2018年的12.5∶47∶40.5。一、二产业投资比重上升，第三产业投资比重下降。

五、交通运输、邮政通信业、旅游

交通运输和邮电通信业稳步发展。全年各种交通运输工具共完成货物周转量139118万吨，增长0.8%；完成旅客周转量94091万人千米，增长8.4%；客运量1962万人，增长7.5%；货运量2934万吨，增长8.3%。实现邮政业务收入2309.7万元。旅游事业蓬勃发展。全年旅游收入15.36亿元，增长30.9%。全年共接待旅游人数165.84万人次。

六、国内贸易和对外经济

全年社会消费品零售总额21.28亿元，同比增长8.7%。按经营地划分，城镇零售额为16.32亿元，增长8.4%，占整个市场的比重为77%；乡村零售额为4.96亿元，增长11.9%。按行业划分，批发和零售业零售额为17.77亿元，增长9.5%；住宿和餐饮业零售额为3.51亿元，增长9.3%。完成进出口贸易总额为2179万美元。

七、财政、金融、保险

全县地方财政收入9.69亿元，比上年减少7.8%，公共财政预算收入8.14亿元，下降16.9%；地方财政支出26.72亿元，下降1.5%，公共财政预算支出22.79亿元，下降13.2%。

金融机构运行平稳。年末金融机构各项存款余额109.6亿元，比年初增加9.62亿元，同比增长9.6%。其中住户存款为80.5亿元，比年初增加了10亿元，广义政府存款为15.17亿元，比年初减少4.1亿元。金融机构各项贷款余额79.4亿元，比年初增加7.49亿元，同比增长10.4%。其中住户贷款为30.14亿元，比年初增加2.3亿元，非金融企业及机关团体贷款为49.27亿元，比年初增加5.18亿元，存贷比72.4%。

保险事业稳步发展。完成保费收入为2.79亿元，增长4.5%。其中寿险保费收入1.31亿元，增长5.6%。财险保费收入1.48亿元。增长3.5%。

八、文教卫生事业

全县文化艺术、广播影视事业健康发展。县乡村三级文化网络基本建立健全。年末全县共有文化馆、图书馆、文物管理所、电影管理服务站、文工团各1个。全县14个乡（镇、场）全部建立健全了文化站、图书室、活动室等文化活动场所。14个乡镇场建立了文化广场。全年各乡镇场举办文化活动560场次。图书流通人数达12600人次，流通册次为11500册次。2018年广播覆盖率91.2%，电视覆盖率达91.2%。数字电视用户12100户。

体育事业蓬勃发展。全年举办各项体育赛事12余场次。全县参加体育锻炼人数23000万人。发行体育彩票675万元。

各级各类教育全面发展。全县现有各级各类学校86所（教学点2个），其中小学18所、初级中学2所、完全中学2所、九年一贯制学校8所、高级中学1所、中等职业技术学校1所；全县幼儿园55所，其中公办42所、民办10所、部队3所。全县共有教学班1044个，其中：幼儿园231个教学班、小学482个教学班、初中221个教学班、高中110个教学班。在校（园）学生31784人，其中幼儿园6624人（公办4687人、民办1872人、部队65人）、小学13378人、初中6709人、高中5073人、职业技术学校1375人。全县共有教职工3408人（在职在编3391人），其中幼儿园469人（公办园298人、民办园162人、部队9人）、小学1139人、中学1800人、职业技术学校56人。专任教师2796人（在职在编2764人），其中：幼儿园309人（公办园237人、民办园67人、部队5人）、小学918人、中学1278人、职业技术学校40人。

卫生事业稳步发展。全县共有医疗卫生机构270个，拥有床位859张；专业技术人员1358人，其中医生697人，护士472人。

九、人口与人民生活

年末常住总人口20.24万人，其中，城镇人口11.12万人，乡村人口9.12万人。城镇人口占总人口比重（常住人口城镇化率）为54.9%。全年人口出生率10.45‰，死亡率10.17‰，自然增长率0.28‰。

年末在岗职工人数2.12万人，比上年下降1.8%。其中，国有单位职工1.56万人；其他经济类型单位职工5600人。全县在岗职工工资总额为90444.9万元，比上年下降18.5%，在岗职工年平均工资42644元，下降17.7%。农村居民人均可支配收入18568元，增长4.5%；城镇居民人均可支配收入31782元，增长3.24%。

十、劳动就业与社会保障

全县通过各种途径实现城镇新增就业6150人，完成目标任务107.8%。转移农村富余劳动力14650人次。

社会保障和社会福利事业不断发展。年末基本养老保险参保（含离退休）22395人，基本医疗保险参保26123人，机关事业养老保险（含离退休）11713人，城镇居民医疗保险参保158226人，城乡居民养老保险（含60周岁以上）92230人，失业保险参保13608人，工伤保险参保13725人，生育保险参保15311人，全县有福利机构1个，收养老人80人，收养儿童56人。全县1270人次享受最低生活保障，其中城镇441人次、农村829人次。

十一、安全生产

安全生产形势呈现好转。全年全县发生各类

安全生产事故4起，同比下降55.56%；死亡4人，同比下降下50%；受伤0人，同比下降100%；造成经济损失10.1万元，同比下降66.67%。实现事故起数、死亡人数、受伤人数、经济损失四下降。

说明：

1. 本公报中生产总值数据为初步统计数据，正式数据以年鉴为准。

2. 公报中各项数据均未包含兵团。

3. 本公报价值量指标除了增加值增长速度按不变价计算外，其他均按现行价格计算。

4. 从2012年起一般预算收入改为公共财政预算收入，一般预算支出改为公共财政预算支出。

5. 规模以上工业年主营业务收入从2013年起提高至2000万元以上。

6. 资料来源：本公报中主要数据来源于沙湾县统计局和国家统计局沙湾县调查队，其他数据来源于相关部门。其中，农业机械动力来源于沙湾县农业农村局；交通数据来源于沙湾县交通局；货物进出口总量来源于沙湾县商工局；邮政业务总量数据来源于沙湾县邮政局；财政数据来源于沙湾县财政局；金融信贷数据来源于中国人民银行沙湾支行；保险收入数据来源于人保财险、人寿保险；人口数据来源于沙湾县公安局；旅游数据、艺术表演团体、博物馆、公共图书馆、文化馆、体育、广播、电视、电影数据来源于沙湾县文化旅游局；医院卫生数据来源于沙湾县卫生健康管理委员会；就业与社会保障数据来源于沙湾县人力资源和社会保障局和民政局；安全生产数据来源于沙湾县应急管理局。